Preface

Wir lernen Deutsch offers a one-year course of study for beginning students in German. The text comprises twenty-eight units that are designed to lead the student to a comprehensive knowledge of basic German vocabulary, conversational patterns, and grammatical structures.

In its conception and organization, *Wir lernen Deutsch* does not adhere to a single pedagogical theory, but presents in logical context a synthesis of modern methods which have proven most valuable and effective for classroom use. It has as its premise that all four language skills—listening, speaking, reading and writing—should be employed concurrently to focus on the actual *experience* of language itself. The experience should be an integrated and joyful one because it is the most important bond linking the diverse aspects of the learning process in a unified goal—mastery of the foreign language.

The first two units (*Einheiten*) in the text are entirely devoted to German pronunciation. Subsequent units are each divided into three "hours." The *Erste Stunde* includes a reading exercise, dialogue, vocabulary listing, questions, and a dialogue variation. The *Zweite Stunde* and *Dritte Stunde* treat elements of grammar and are supplemented by varied exercises and review exercises. Synoptic grammar tables and a listing of strong verbs appear at the back of the text for easy reference.

The introductory reading (*Leseübung*) in each unit is written in a style consistent with that found in standard German literary texts. By contrast, the dialogues, which present humorous scenes involving a German family and a visiting American student, emphasize conversational German in current use. These two sections provide a framework of vocabulary, idiomatic expressions, and grammar constructions that is carefully observed throughout the text. Questions, exercises, and examples are all based on material presented in the readings and dialogues, to ensure adequate repetition and reinforcement of basic vocabulary and structures.

The *Leseübungen* and *Dialoge* should be read and practiced repeatedly, but they are not intended for memorization, and English translations are given for orientation only. (In the first half of the book an abbreviated dialogue is included for memorization.) This material can be dictated to the students in full or in part, and they should be encouraged to retell or rewrite the dialogue scenes in their own words.

The *Dialoge* are also readily adaptable to dramatization in the classroom or on film, as a means to engaging the students' interest and direct participation. At Northern Michigan University, the dialogue scenes were originally performed on videotape in a successful program of televised classroom instruction.

Later units in the text include a few short stories and poems by German

authors. The last reading, in Unit 28, relates an interview with Goethe and has as its subject the learning of foreign languages.

Grammar explanations in the second and third hours are given in English and are stated as simply and briefly as possible, in the belief that simplicity is the mother of understanding. Grammatical structures are described according to their function in the sentence, in an effort to make grammar terminology more accessible and comprehensible to the beginning language student. Thus the terms "subject case," "possessive case," "indirect object case," and "direct object case" replace the nominative, genitive, dative, and accusative labels. Each component of German sentence structure is treated thoroughly and repeatedly, with the exception of the subjunctive mood. Only those subjunctive forms that are most often used in conversation are presented for first-year study.

Beginning with Unit 6, review exercises are regularly included, and exercise sections in later units systematically review the most important elements of grammar introduced in the text. Special attention is given to reviewing structures that are a continual problem for English-speaking students.

I would like to thank Mrs. Joan Renz for translating and typing the first classroom version of this material used at our university. I am also grateful to Mrs. Ilonka Benson and Mrs. Hannelore Patrick for their time and energy in helping to proofread galleys.

Special thanks are due to Prof. Herbert Knust, Chairman of the Department of Comparative Literature at the University of Illinois at Urbana-Champaign, who acted as Editorial Consultant in the development of *Wir lernen Deutsch* and offered many suggestions for improvements and revisions in the manuscript.

H. K.

Contents

1
Erste Einheit

BACKGROUND IN GERMAN PHONETICS: THE VOWELS

The explanations and exercises in Units 1 and 2 are organized for practical study rather than for theoretical contemplation. They present a fundamental survey of German phonetics that not only points out the differences between German and English sounds, but also teaches the skills necessary to produce the German sounds. An in-depth investigation of linguistic problems has been avoided in order to enable the student to complete this preparatory course as soon as possible with the most practical results.

The unlimited variety of sounds actually encountered in a spoken language can, of course, be learned best by imitating the voice of a native speaker—either in a classroom situation or by means of audio or audio-visual tapes. While you are learning the essentials of German pronunciation from this text, try at the same time to listen to native speakers and, if possible, to converse with them.

Notice that, in general, the sounds of the German language are produced with more muscular strength and energy than corresponding sounds in English. The difference is even more obvious when German is compared with that special brand of English known as American English.

Monophthongs

Unlike the vowels in English, German vowels are most often *monophthongs*, or single vowel sounds. They remain on the same pitch level when pronounced, and the tongue does not move. There are no gliding vowels in German other than the diphthongs, which will be discussed later in this unit.

Stressed Long Vowels

The stressed long vowels are: **a, e, i, o, u.**

The German **a** bears some similarity to the English **a**, as in *bar*. Pronounce the English word *bar* and leave off the **b**. Now pronounce it again and leave off the **r**. Open your mouth more than usual and do not move either the lips or the tongue: **a**. Try to pronounce the following German words:

Abend	Abu	Ahn
Amen	Aas	Asa

The German **e** is somewhat like the English **a** in *late*. Pronounce the word *late*, leaving off the letter **l** and the ending **te**. Then widen the lips more than you did with the German vowel **a**. Again, do not move either the tongue or the lips: **e**. Pronounce these words several times:

1

eben	Ehe	Esel
Weg	elend	Egon
Schnee	Klee	See

The German **i** is quite similar to the English **ee** in *bee*. Stretch the lips wider than you did for the vowels **a** and **e**, and move the tongue closer to the palate or roof of the mouth: **i.** Now pronounce these words:

Ida	ihm	ihn
Iwein	Igel	Ina
Ski	Knie	wie

Note: The German **ie** is pronounced like a long **i**. The **e** serves to prolong the vowel sound **i**.

Exercise

Pronounce the following list of words, comparing the three German vowels a, e, and i (ie). (Note the two kinds of German e's, as in *leben*. The first is stressed, and the second is unstressed. In the list below, stressed e's are shown in *italics*.)

a	e	i
baden	M*e*ter	bieten
da	l*e*ben	Sieg
Gabe	H*e*gel	Liebe
sagen	b*e*ten	Sie
schade	s*e*hen	die
Kahn	kn*e*ten	wir
Kabel	H*e*bel	hier

One of the most difficult German vowels is the **o**. To learn to pronounce the German **o**, first pronounce the English word *old*. Now repeat the English word and leave off the letters **ld**. Round the lips, and move neither the lips nor the tongue (in order to avoid phonetic gliding). (See Figure 1, p. 8.) An **h** after the **o** serves to prolong the vowel sound **o**. Pronounce these words:

Ofen	oben	Oper
Opel	ohne	oder
wo	roh	Floh

The German **u** is pronounced in a manner similar to the English **oo** in *booth*, but with the lips rounded even more firmly than for the German **o**. An **h** after the **u** again prolongs the vowel sound. Try pronouncing the following words:

Wut	Udo	Ufa
Ufer	Uhland	Ulan
Kuh	du	Uhu

Exercise

Compare the vowels o and u in the following list of German words.

o	u
Boden	Mut
Dohle	Kuh
mogeln	Fuß
tot	Flut
nobel	Hut
oben	gut
loben	Schule

Rules

German vowels are usually long when they are followed by only one consonant:

mir   Bibel   Not

They are always long when doubled:

Saal   Haar   See   Fee   Boot   Moos   Aachen

Notice that only the vowels **a**, **e**, and **o** are doubled. The vowel **u** can be made long only by adding **h**; but the vowels **a**, **e**, and **o** can be lengthened by doubling as well as by adding **h**. Pronounce the following words:

kahl	Zahl	Mahl
lehren	fehlen	dehnen
Beet	Saar	leer
Kohl	Mohn	Lohn
Kuh	Huhn	Ruhm

The vowel **i** is long when it is followed by an **e** or an **h**:

Sie   Kiel   Ziel   Biene   Bier   Kieme   ihm   ihn   ihr

An **h** seldom follows **ie**, as in *Vieh*.

Exercise

Practice your pronunciation by reading aloud the German dialogue below.

Emil: Guten Tag, Ute.

Ute: Guten Tag, Emil.

Emil: Wie geht es dir?

Ute: Es geht mir gut.

Emil: Wo warst du gestern abend?

Ute: Ich war im Kino.

Emil: War der Film gut?

Ute: Oh ja, er war sehr gut.

Emil: Hello, Ute.

Ute: Hello, Emil.

Emil: How are you?

Ute: I'm fine.

Emil: Where were you last night?

Ute: I was at the movies.

Emil: Was the film good?

Ute: Oh yes, it was very good.

Stressed Short Vowels

The stressed short vowels are: **a, e, i, o, u.**

There is not much difference in the position of the tongue and lips in pronouncing the stressed long vowels and the stressed short vowels. The change in mouth position from vowel to consonant is faster when short vowels are pronounced. In addition, the stressed short vowels are produced with less muscular strength than the stressed long vowels. Compare, for example, *Boden—Bonn* and *Segen— Senne.* Usually a vowel is stressed and short when it is followed by two consonants: *Sand, Heft, Sonde*—and especially when it is followed by a double consonant: *Widder, Sonne, Ball.* (The double consonant **kk** is spelled **ck** in German.)

Stressed short vowels pronounced with wide lips are: **a, e, i.**

Exercise

Pronounce the following words with short stressed vowels, being sure your lips are in a wide position.

a	e	i
alle	Ecke	bin
Falle	Fell	finden
Galle	gelb	schicken
Ball	Pelle	bitten
Tanne	Tenne	Tinte
Halle	hell	hinten
Sand	Senne	Silber
dann	denn	nisten
Kanne	kennen	Kind
Lamm	bellen	Linde
Mann	Menge	Pinsel
Panne	Penne	Pilz

The short **e** followed by the combination of **r** and another consonant, **rb**, **rf**, **rg**, etc. (with the exception of the stressed long **e** as in *Erde*), is pronounced "darker" than the **e** followed by any other consonant. The closest comparison in American English is the word *parent.* Try pronouncing the following words:

gern	Menge
fern	kenne
lernen	Penne
erben	Engel
werfen	Ecke
Scherbe	nennen
Kern	Sense
Berg	helfen

The stressed short vowels pronounced with round lips are: **o** and **u.**

Exercises

A. *Pronounce the following words containing stressed short vowels, being sure your lips are in a round position.*

o		u	
Otto	mollig	unter	mulmig
Motto	Pocken	munter	Puppe
Bolle	offen	Bulle	Umtrunk
Doktor	rollen	ducken	rund
Folge	sollen	Fund	summen
Gockel	Tonne	Guß	Tunnel
Hocker	voll	Hunger	fummeln
Kopf	wollen	Kupfer	Wunsch
locker	Zorn	schlucken	Zunder

B. *Practice your pronunciation by reading aloud the German dialogue below.*

Emil: Wohin gehst du?

Ute: Ich gehe in die Klasse.

Emil: In welche Klasse?

Ute: Ich gehe in die Englischklasse.

Emil: Interessiert dich Englisch so sehr?

Ute: Sehr sogar.

Emil: Where are you going?

Ute: I'm going to class.

Emil: To what class?

Ute: I'm going to English class.

Emil: Are you that interested in English?

Ute: Very much.

The Unstressed *e*

The German unstressed **e** usually occurs in end syllables—for example in the **–en** ending (*reden, sagen, sprechen*) or the **–te** ending (*sagte, wartete, endete, redete*). The unstressed **e** also occurs in the prefixes **be–** and **ge–**: *betrachten, gelingen, besteigen, gesungen, besiegen, genau*. In the ending **–er**, however, it decreases to a mere **a** sound, similar to the **e** in the English word *father*.

Exercise

Pronounce the following words.

–en	be–/ge–	–er
legen	beladen	lieber
sagen	besingen	Fieber
lernen	gefangen	Sieger
heben	genau	Heber
leben	besagen	Leber

Diphthongs

There are five *diphthongs* in the German language: **au, eu, äu, ei**, and **ai**. (Diphthongs are contractions of two different vowel sounds.) These five vowel combinations represent only three sounds, however. This is because the pronunciation of **eu** and **äu** is identical, as is the pronunciation of **ei** and **ai**.

The German **au** combines the sounds of **a** and an open **o**. This sound is somewhat similar to the English **ow** in *now*. Pronounce the following words containing the diphthong **au**:

Baum	Haube
Haus	Laube
Laub	Kaub
taub	schauen

The diphthong **eu/äu** is a contraction of the sounds of an open **o** and a German **y**. The **eu/äu** sound is similar to the English **oy** in *boy*. Pronounce these words:

Leute	Bäume
heute	Träume
Meute	Säume
Beute	Häute

The diphthong **ei/ai** is a contraction of the sounds **a** and **i**. It sounds identical to the English **i** in *like*. Only a few German words are spelled with **ai**. Try pronouncing the words below:

Bein	Laie
Leim	Laib
sein	Saite
dein	Mai
kein	Main
Meister	Haifisch
Heimat	Hain

Exercises

A. *Pronounce the following pairs of words, noting the difference between* **ei** *and* **ie**.

nein—nie	dein—die	fein—viel
sein—sieben	allein—fliehen	Leid—Lied
Keil—Kiel	Schein—schien	Pein—Pier

B. *Pronounce the following lists of words to compare the three diphthong sounds.*

au	eu/äu	ei/ai
Daumen	deutsch	drei
Baum	Bäume	bei
faul	Fäule	Feige
Gaul	Gäule	Geige
Haut	heute	Saite
kauen	Käufe	kein
lau	Leumund	Leim
Maus	Mäuse	Laie
Nautik	neu	nein
Pause	Säume	Pfeil
saufen	teuer	Laib
schnaufen	säuseln	sein

taufen	treu	Teil
brauchen	schäumen	Gleis

C. *Practice your pronunciation by reading aloud the German dialogue below.*

Emil: Ute! Hast du es wieder eilig?

Ute: Heute habe ich sehr viel zu tun.

Emil: Du brauchst Entspannung. Weißt du was? Ich lade dich ein. Wir gehen zur Konditorei Säuerling.

Ute: Ich habe leider keine Zeit.

Emil: Wir brauchen nicht viel Zeit. Wir trinken eine Tasse Kaffee und essen Kuchen.

Ute: Du hast manchmal gute Ideen. Ich gehe mit.

Emil: Ute! Are you in a hurry again?

Ute: I have a lot to do today.

Emil: You need a break. You know what? I will invite you to go to the Café Säuerling.

Ute: Unfortunately, I don't have any time.

Emil: We don't need much time. We will drink a cup of coffee and eat some cake.

Ute: Sometimes you do have good ideas. I'll come along.

Umlaut Vowels

As is the case with single vowels, the umlaut vowels can be either stressed and long or stressed and short; but they can never be unstressed. There are three umlaut vowels: **ä, ö, ü.**

ä	ö	ü
ähnlich	Öfen	übel
Bär	böse	bügeln
Däne	dösen	Düse

Long Umlaut Vowels

The umlaut **ä** is pronounced with wide lips, even wider than when pronouncing the German **a**. The **ä** sound is similar to the English **a** in *fair*. Pronounce the English word *fair*, then leave off the **f** and the **r**, and do not move either the lips or the tongue. Pronounce the following words:

spät	sägen	Häfen	Bäder	Mädel
Däne	Mähne	fädeln	gähnen	zähmen

To produce the German umlaut **ö**, first pronounce the German **o**. Keep the same mouth position, but lift the tongue and pronounce **ö**. The tongue curves upward, and the tip comes close to the lower teeth. (See Figure 2, p. 8.) Pronounce these words:

Möbel	Höhe	Böhmen	dösen
Vögel	Öfen	Köder	böse

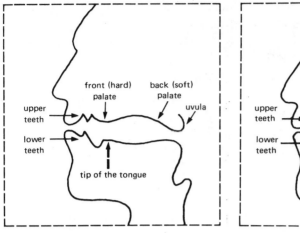

Fig. 1. The German **o**

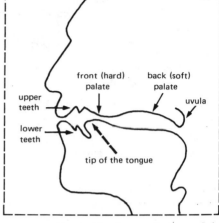

Fig. 2. The German **ö**

To pronounce the German umlaut **ü**, first pronounce the German vowel **i**. Then leave the tongue in this position and pucker the lips as if you were going to say the German vowel **o**. Move only the lips; do not move the tongue. Try pronouncing the words below:

lügen	Hügel	wüten	müde	Süden
bügeln	Tür	fühlen	Güte	Tüte

As you can see from the examples given here and earlier, umlaut vowels are usually long when they are followed by a single consonant or by an **h**.

Exercise

Pronounce the following words, comparing the three long umlaut vowels.

ä	ö	ü
Fähre	Föhn	fühlen
gähnen	böse	Güte
Häher	Höhe	Hüte
Käse	Köter	kühl
lähmen	lösen	lügen
Mähne	Möhre	Mühle
Nähe	nötig	genügen
säen	Söhne	Sühne
täglich	töricht	Tür
Väter	Vögel	führen
wählen	gewöhnlich	wühlen

Short Umlaut Vowels

The short umlauts have the same sound quality as the long umlauts but are produced with less stress. Pronounce the following words, making the short umlaut vowel sounds distinct from the long umlauts, which you practiced with the word lists above.

ä	ö	ü
Äpfel	öffnen	Ülk
bändigen	böllern	bündig
Dämpfen	dörren	Dünger
fällen	fördern	flüssig
Gäste	Götter	Günter
hämmern	Hölle	Hülle
kämmen	Köln	Kümmel
Lämmer	Löffel	Lümmel
Männer	Mönch	Mütter
Nächte	nördlich	nützen
Pächter	Pöstchen	Pütz
rändern	rösten	schütteln

Exercise

Read the left-hand column aloud.

Ute und Emil saßen beim Kaffee und plauderten gemütlich. Ute war nervös. Sie schüttete Kaffee auf ihr Kleid. Darauf entschuldigte sie sich bei Emil über ihr ungeschicktes Verhalten. Emil lächelte. Er zeigte Verständnis.

Ute and Emil had coffee and chatted pleasantly. Ute was nervous. She spilled coffee on her dress. She excused herself to Emil for her awkward behavior. Emil smiled. He showed understanding.

The Glottal Stop

German vowels start with a glottal stop at the beginning of a syllable or word. This means that words beginning with a vowel are pronounced with a slight aspiration at the beginning. For example, the correct stress of the syllables in the following phrase is *am Abend*—never *amabend*. Listen to the glottal stops as you pronounce these sentences:

Emil arbeitet am Abend immer am ausgiebigsten.
Ute antwortet einem Ausländer immer ausführlich.
Ein Anker ankert unter einer Oberfläche.

The glottal stop also occurs after prefixes and in compound nouns. Pronounce the following words:

vereinsamt	verallgemeinern	geendet	gearbeitet
Heizofen	Innenausstattung	Wiederaufbau	Unterarm

2
Zweite Einheit

BACKGROUND IN GERMAN PHONETICS: THE CONSONANTS

Most German consonants are pronounced the same as their English equivalents, but with greater muscular strength and precision. However, there are several consonantal sounds which, in fact, do not occur in English: **ch, r, z, pf, sch, st, sp, l.**

Pronunciation of ch

The German **ch** may be produced in either of two ways, depending on the vowel that precedes it. If an **a, au, o,** or **u** (the "dark" vowels) precedes **ch,** the **ch** is produced with the back of the tongue and the uvula (this is referred to as the back palatal **ch**). The uvula is the visible fingerlike projection that hangs down from the center of the back portion of the mouth cavity, just before the throat. The air is pressed between the tongue and the uvula in order to create a fricative, or rustling of the breath. See Figure 3. If, on the other hand, an **i, e, ä, ö, ü, ei, ai, äu,** or a consonant precedes **ch,** the **ch** is pronounced in the front palatal position—that is, with the front part of the tongue approaching the front palate. See Figure 4.

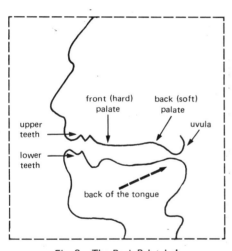

Fig. 3. The Back Palatal **ch**

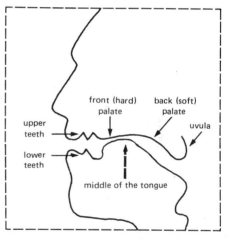

Fig. 4. The Front Palatal **ch**

Sometimes the combination **chs** is pronounced **ks:**

wachsen   Wuchs   Dachs   Wichse   Lachs

Exercise

Practice pronouncing the back palatal **ch** *in the following words.*

ach	Hauch	Koch	Fluch
Sache	auch	Loch	Geruch
lachen	Schlauch	noch	Kuchen
machen	Bauch	doch	Schlucht

The front palatal **ch** is preceded by the vowels **e** and **ä,** which have almost the same pitch level when they are followed by **ch**. The front palatal **ch** sound is also produced when **ch** follows a consonant (except **s**), as in the word *Lerche*, where **ch** begins a new syllable. If **s** precedes **ch**, we then have the consonantal sound **sch**, which will be discussed later in this unit.

Exercise

*Practice pronouncing the front palatal **ch** in the following words.*

Licht	Leuchte	weich	Arche
schlecht	Bräuche	Laich	Elch
lächeln	nicht	feucht	Richter
nüchtern	recht	Schläuche	ich
möchte	fächeln	mancher	dich

Exercise

Read aloud the following German dialogue.

Ute: Mach' das Licht an.

Emil: Es ist noch nicht dunkel.

Ute: Aber ich sehe schlecht im Dämmerlicht.

Emil: Ach! Na, gut. Ich mach' das Licht an.

Ute: Danke. Was machst du mit meinem Buch?

Emil: Es ist nicht dein Buch. Ich brauche es auch.

Ute: Interessiert es dich?

Emil: Vielleicht. Ich bin noch nicht durch.

Ute: Turn the light on.

Emil: It's not dark yet.

Ute: But I see poorly in the twilight.

Emil: Oh—okay. I'll turn the light on.

Ute: Thank you. What are you doing with my book?

Emil: It's not your book. I need it too.

Ute: Are you interested in it?

Emil: Perhaps. I'm not finished yet.

Pronunciation of r

There are two ways to pronounce the German **r**. The choice may be made by the individual, since both ways are quite acceptable. Usually the **r** is produced with the back of the tongue and the uvula, in a manner similar to that used in making the **ch** sound in *ach* or *auch*. To create this back palatal **r** sound, first pronounce the **ch** in *Dach, doch, auch,* or *Buch*. Notice the tension in the muscles of the

tongue. To pronounce **r**, release the tension, approach the uvula lightly with the back of the tongue, and exhale quickly. The **r** sound generates almost by itself. The sound approaches a dry gargle. See Figure 5.

The other **r** (front palatal) is produced with the tip of the tongue against the aveolar ridge, the ridge behind the upper front teeth. The tongue should flutter slightly against the ridge. See Figure 6.

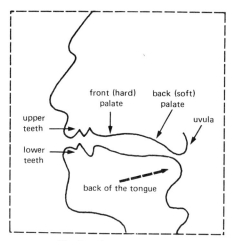

Fig. 5. The Back Palatal **r**   Fig. 6. The Front Palatal **r**

Most **r**'s are pronounced with very little force, particularly when they appear at the end of a word. Only the initial **r** before a stressed long vowel is pronounced distinctly. Generally the **r** following a vowel or preceding a short vowel is also pronounced, but less forcefully.

Exercises

A. *Pronounce the following syllables, then the jingle below.*

ra	re	ri	ro	ru
rä	rö	rü	rau	rei

Ri-Ra-Rutsch
Wir fahren mit der Kutsch.
Wir fahren mit der Eisenbahn
den allerhöchsten **Berg** hinan.
Ri-Ra-Rutsch

B. *Pronounce the following words containing an* **r** *combined with a stressed long vowel. The* **r** *sound should be quite definite.*

raten	Rabe	ragen	tragen	braten	Krater
Rebe	Regen	Regel	Frevel	kregel	drehen
Riegel	Riese	Riemen	Krise	Brief	triefen
rodeln	rot	Rom	groß	Trog	Schrot

Rudel	Ruhm	rufen	Bruder	Krug	Trug
Rübe	rühren	begrüßen	Röhre	Römer	dröhnen
Räte	räkeln	Drähte	rauben	raufen	Raum
Greuel	räumen	träumen	schreiben	treiben	Kreide

C. *Pronounce the words below; they contain the* **r** *either following a vowel or preceding a short vowel.*

rennen	raffen	rollen
recken	rechnen	Rektor
Rille	Riß	Ritt
Geruch	Rock	Ruß
Rolf	rostig	Rummel
Mark	Birne	warten
Urne	Stirn	Urgroßmutter
erben	lernen	Morgen

The **r** is pronounced much less forcefully when it appears at the end of a prefix such as:

er–   ver–   ur–   zer–

or when it appears at the beginning of the last syllable of a word, as in *bereit*.

The **r** at the end of a final syllable is not pronounced; it is reduced to an unstressed **e**.

Exercises

A. *Read the following words aloud. The* **r** *in these words should be pronounced with little intensity.*

erzählen	erleben	Erzfeind	Erzbischof
Urwald	Urvater	vernichten	vertreiben
zerlegen	zerteilen	zerstören	zerreißen

B. *Pronounce the following words which contain the unstressed* **r**.

mehr	leer	Teer
unter	erster	lieber
sehr	Heer	der

C. *Practice your pronunciation by reading aloud the German dialogue below.*

Emil: Ute, gestern traf ich Professor Bertram.

Ute: Wo hast du ihn getroffen?

Emil: Im Ratskeller.

Ute: Wieso im Ratskeller?

Emil: Rat mal, was er tat.

Ute: Wie soll ich das raten?

Emil: Er redete laut vor sich hin und trank dabei ein Glas Zitronenlimonade.

Emil: Ute, yesterday I met Professor Bertram.

Ute: Where did you meet him?

Emil: In the Ratskeller (restaurant).

Ute: Why in the Ratskeller?

Emil: Guess what he was doing.

Ute: How can I guess that?

Emil: He was talking loudly to himself and drinking a glass of lemonade.

The "Explosive" Consonants

The German **z** and the combination **pf** are called "explosive" consonants. They are produced with great muscular tension. **Z** is pronounced like the English **ts** sound. Pronounce these words:

Zeppelin   Zürich   erzählen   verzeihen

Pf combines the two English sounds **p** and **f**. Pronounce the following words:

Pfeffer   Kopf   Apfel   dumpf

The **tz** combination is pronounced like the German **z**:

ergötzen   Hitze   Netz

However, if the **t** in **tz** belongs to the prefix **ent–**, the **t** is pronounced as part of the first syllable:

entziehen = ent • ziehen

A **t** following **z** is pronounced distinctly. Try pronouncing these words:

jetzt   Arzt   geputzt   geheizt

Exercise

A. *Pronounce the following words.*

zittern	Katze	empfinden	gebeizt
zagen	Schmutz	Pflock	gespritzt
Verzeihung	Witz	klopfen	geschürzt
verzerren	schmatzen	Wipfel	gestützt
erziehen	Pfropfen	Karpfen	entzweibrechen
Weizen	Pfahl	Dampfer	entzücken

Pronunciation of sch, st, and sp

Pronunciation of the German **sch** is similar to that of the English **sh**, but it is even more rustling. The tip of the tongue is turned slightly upward, and the lips are rounded and pushed outward even more than when one is pronouncing the vowel **o**.

When the German **st** occurs initially or after a prefix, it is pronounced the same as **scht–**. The same is true for **sp**, pronounced **schp–**.

In all other positions, however, both **st** and **sp** are pronounced as they are in English—for example, *Liste* and *Wespe*.

Exercises

A. *Pronounce the following words beginning with* **sch.**

schade	Schere	schieben	Schober	Schuh	schälen	schön	Schüler
schaben	Scherbe	schielen	schon	Schule	Schäfer	Schöffe	schüren
Schale	Schemel	Schiefer	Schote	Schuß	schärfen	schöpfen	schützen

B. *Pronounce the following words, which demonstrate the combinations* **schr** *and* **rsch.**

schreiben	Schraube	schröpfen	Kirsche
schreiten	beschränken	schrubben	Urschrift
erschrecken	Schräg	Barsch	marschieren

C. *Practice the German dialogue below.*

Emil: Störe mich nicht, ich schreibe.

Ute: Was schreibst du?

Emil: Einen Brief. Der soll heute zur Post.

Ute: Es ist doch schon zu spät.

Emil: Wie spät ist es denn?

Ute: Neun Uhr.

Emil: Gut. Ich höre auf. Nimm einen Stuhl und setz' dich.

Emil: Don't disturb me; I'm writing.

Ute: What are you writing?

Emil: A letter. It has to be mailed today.

Ute: It's already too late.

Emil: How late is it?

Ute: Nine o'clock.

Emil: Good. I'll stop. Take a chair and sit down.

Pronunciation of l

Correct pronunciation of the German consonant l requires careful practice. It is produced at the front palate with a flat tongue, the tip pushed against both the alveolar ridge and the back of the upper teeth. The German double l has the same pronunciation, only the preceding vowel is short. See Figures 7 and 8 for a comparison of the different tongue positions for the German l and the English l.

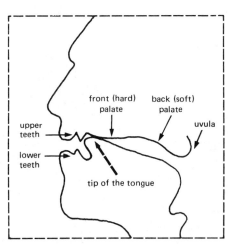

Fig. 7. The German l

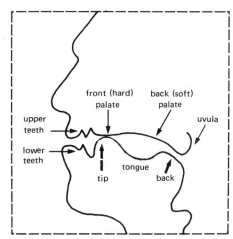

Fig. 8. The English l

Exercise

Pronounce the following words.

legen	Künstler	lange	lernen
viel	füllen	wollen	voll
Mehl	verlassen	mahlen	Lauge
beladen	lachen	verloren	lieben

The Remaining Consonants

Pronunciation of the rest of the German consonants is similar to that of their English counterparts.

The single **s** is pronounced in two different ways:

1) Before a vowel the single **s** is pronounced like the English **z**:

sagen	suchen	sehen	ersinnen	versalzen
Gelsenkirchen	lesen	reisen	Besen	Sendung

2) At the end of a word or when doubled, the **s** is unvoiced. It sounds like the **s** in the English word *sand*:

Beweis	Zeugnis	Erlebnis	Gefängnis	lassen
fassen	essen	Kissen	missen	Tasse

The double **s** (**ss**) is spelled **ß** when it follows a stressed long vowel; when it precedes a consonant; or when it appears at the end of a word. Pronounce these words containing the double **s**:

grüßen	Maß	faßt
läßt	saß	reißt

The German **ck** is a double **k**.* This doubling has the same effect as the doubling of all consonants—the preceding vowel becomes short and open. Pronounce the following words:

Glück	rücken	schicken	ticken
knacken	Lack	Nacken	Socke
backen	schlucken	Backe	Sack

The **c** not in combination with other consonants (as in **ch**, **ck**, or **sch**) is infrequent in the German language. When it occurs initially, as in the Latin names *Cäsar* and *Cicero*, it is pronounced like the German **z**. In Italian words such as *Cembalo, Cello, Celesta* (musical instruments), the **c** is pronounced **tsch**.

The German **j** is pronounced like the English **y** in *yoke*:

Josef	jagen	jeder	jetzt

---

* *Ck* is spelled *kk* if these consonants are divided at the end of a line of type.

The German **v** is spoken like the English **f**:

Vater   Vetter   voll   verlieren

However, when **v** appears at the beginning of borrowed words, i.e., words of foreign origin, it is pronounced like the English **v**:

vital   Veteran   Veto   Vase

The German **w** sounds like the English **v**. Pronounce the following words:

wollen	Wucht	Gewicht	bewerben
wetten	wohnen	wenden	wagen
wiegen	Walter	bewegen	werden

The German **y** is pronounced like the German umlaut **ü**:

Zypern   Hydrant   Sympathie   System

The German consonants **b**, **d**, **g**, **p**, **t**, and **k** are pronounced like their English counterparts, but with more muscular force than in English. Pronounce these words:

Butter	gut	Tonne
Ding	Peter	Kanne

The **ti** in **tion** is pronounced like a German **z**:

Nation   Relation   Fraktion

When **b** appears at the end of a word or syllable, it is pronounced **p**; **d** at the end of a word or syllable is pronounced **t**; and **g** is pronounced **k**:

Lob	Stand	Sog
Laub	und	Schlag
Kaub	Band	Bug

However, when **g** follows a single **i**, as in *wenig*, it is pronounced like the German **ch**.

The combination **ng** is pronounced like the English **ng** in *singer*:

lange	Dünger	streng
Finger	dringen	Gesang

The German consonant **x** sounds like **ks**. **X** seldom occurs at the beginning of a word (as it does in *Xanten, Xerxes, Xaver*); usually it appears within words such as:

Axt   Axiom   Buxtehude   Taxe

The German **k** is identical with the English **k**, but in the combination **kn**, both consonants are pronounced—as in *Knie*, pronounced *K•nie*:

knoten   kneten   knabbern

As in English, the consonant **q** is always followed by the vowel **u**. The German **qu** is pronounced like the English **kv**. Pronounce these words:

Quelle	Qualle	quitt	Quaste
Quader	quer	quirlen	Quartier

The combination **ph** sounds like **f**:

Telephon (*usually spelled* Telefon)   Philosophie   Phiole

Capitalization

Many more words are capitalized in German than in English. Always capitalized are:

1) Every noun and any word used as a noun (if it can take an article or any other modifier):

„ Ein Kunstwerk ist ein Ausschnitt aus der Schöpfung, gesehen durch das Prisma eines Temperaments." (Emile Zola)

2) The first word of every direct quotation:

Der Herr sagt: „ Guten Tag!"

3) The first word in every sentence, and usually the first word in every line of poetry. For example:

Meine Wahl	Choice
Ich liebe mir den heitern Mann	Among the several of my guests
Am meisten unter meinen Gästen:	I like the cheerful man the best.
Wer sich nicht selbst zum besten haben kann,	The man who cannot laugh in his mirror
Der ist gewiß nicht von den Besten.	Will never see himself much clearer.
—Goethe	—Translation by Philip Legler

Exercise

Read aloud the German dialogue below.

Emil: Ute, ich habe etwas entdeckt.

Emil: Ute, I have discovered something.

Ute: Was denn?

Ute: What?

Emil: Du bist ein nettes Mädchen. Ist das nicht ein Lob?

Emil: You're a nice girl. Isn't that a compliment?

Ute: Erzähl' keine Märchen. Außerdem störst du mich.

Ute: Don't tell stories. Besides, you're disturbing me.

Emil: Du bist wieder fleißig, nicht wahr?

Emil: You're busy again, right?

Ute: Natürlich! Soll ich bei der Prüfung durchfallen?

Ute: Of course! Should I fail the exam?

Emil: Das wäre eine gute Idee. Dann würde ich dich nämlich sofort heiraten.

Emil: That would be a good idea. Then I would marry you right away.

Ute: Wieso?

Ute: How come?

Emil: Frauen, die keinen Xenophon verstehen, können besser kochen.

Emil: Women who don't understand Xenophon are better cooks.

3
Dritte Einheit

ERSTE STUNDE (FIRST HOUR)

Begrüßung

Greeting

Guten Tag, meine Damen und Herren! Sie wollen Deutsch lernen. Ich bin Deutscher. Ich wohne in Düsseldorf am Rhein. Ich bin Künstler. Sie mögen denken: „Was will der Künstler hier? Wir wollen Deutsch lernen, wir brauchen einen Lehrer." Nein, Sie brauchen mich! Ich reise viel, ich sehe viel. Ich sage Ihnen, wie die Deutschen sprechen, wie sie denken, wie sie leben. Kommen Sie mit mir! Ich zeige Ihnen Deutschland.

Good afternoon, ladies and gentlemen! You want to learn German. I am a German. I live in Düsseldorf on the Rhine. I am an artist. You may wonder, "What is the artist doing here? We want to learn German; we need a teacher." No, you need me! I travel a lot; I see a lot. I'll tell you how the Germans speak, how they think, and how they live. Come along with me! I'll show you Germany.

Wortschatz (Vocabulary)

gut *good, kind, well*
der Tag, –(e)s, –e *day*
die Dame, –, –n *lady*
der Herr, –n, –en *Mr., gentleman, sir*
wollen, will, wollte, gewollt *to want to, intend to, be about to, claim to*
(das) Deutsch(e), –n *German (language)*
lernen *to learn, study*
ich bin *I am*
der Deutsche, –n, –n *German (man)*
die Deutsche, –n, –n *German (woman)*
wohnen *to reside, live, dwell*
am (an + dem) *at, near, by, on*
der Künstler, –s, – *artist (m.)*
die Künstlerin, –, –nen *artist (f.)*
mögen, mag, mochte, gemocht *to like, like to, want to, may (possibility)*
denken, denkt, dachte, gedacht *to think*
was *what, whatever; which; something*
hier *here*
wir *we*
brauchen *to need, use, take*

ein *a*
der Lehrer, –s, – *teacher (m.)*
die Lehrerin, –, –nen *teacher (f.)*
nein *no*
Sie *you*
mich (dir. obj. case) *me*
reisen (ist gereist) *to travel, journey, go*
viel *much, a great deal*
sehen, sieht, sah, gesehen *to see, look*
sagen *to say, tell*
Ihnen (indir. obj. case) *you*
wie (adv.) *how*
sprechen, spricht, sprach, gesprochen *to speak*
leben *to live, be alive*
kommen, kommt, kam, ist gekommen *to come*
mit (+ indir. obj. case) *with, along*
mir (indir. obj. case) *me*
zeigen *to show, point out, indicate*
Deutschland, –s *Germany*

Throughout this book, the nouns in the vocabulary sections are listed with their possessive case and plural endings (see pp. 42–43 and pp. 57–58). Notice that the possessive case of feminine nouns, referred to later in the text as **die**-words, undergoes no change in form. The strong verbs, often called irregular verbs, are listed in terms of the infinitive;

the third person singular, present tense; the third person singular, past tense; and the past participle. (A summary table of strong verbs is given in Appendix II.) Only the infinitive form is given for regular verbs, also called weak verbs.

Fragen

Questions

Wer *und* was

Who *and* what

1. Wer will Deutsch lernen?
   Wir wollen Deutsch lernen.
2. Wer ist Deutscher?
   Ich bin Deutscher.
3. Wer wohnt in Düsseldorf am Rhein?
   Der Lehrer wohnt in Düsseldorf am Rhein.
4. Wer ist Künstler?
   Er ist Künstler.
5. Wer braucht einen Lehrer?
   Wir brauchen einen Lehrer.
6. Wer reist viel?
   Der Künstler reist viel.
7. Wer sieht viel?
   Er sieht viel.
8. Wer sagt Ihnen, wie die Deutschen sprechen?
   Ich sage Ihnen, wie die Deutschen sprechen.
9. Wer sagt Ihnen, wie die Deutschen denken?
   Er sagt Ihnen, wie die Deutschen denken.
10. Wer sagt Ihnen, wie die Deutschen leben?
    Ich sage Ihnen, wie die Deutschen leben.
11. Wer zeigt Ihnen Deutschland?
    Der Künstler zeigt Ihnen Deutschland.
12. Was liegt auf dem Tisch?
    Das Buch liegt auf dem Tisch.
13. Was liegt auf dem Schreibtisch?
    Der Bleistift liegt auf dem Schreibtisch.
14. Was liegt auf dem Boden?
    Der Kugelschreiber liegt auf dem Boden.
15. Was steht auf dem Tisch?
    Der Fernsehapparat steht auf dem Tisch.

Who wants to learn German?
We want to learn German.
Who is a German?
I am a German.
Who lives in Düsseldorf on the Rhine?
The teacher lives in Düsseldorf on the Rhine.
Who is an artist?
He is an artist.
Who needs a teacher?
We need a teacher.
Who travels a lot?
The artist travels a lot.
Who sees a lot?
He sees a lot.
Who will tell you how the Germans speak?
I will tell you how the Germans speak.

Who will tell you how the Germans think?

He will tell you how the Germans think.

Who will tell you how the Germans live?

I will tell you how the Germans live.

Who will show you Germany?
The artist will show you Germany.

What is lying on the table?
The book is lying on the table.
What is lying on the desk?
The pencil is lying on the desk.

What is lying on the floor?
The ball-point pen is lying on the floor.

What is standing on the table?
The television set is standing on the table.

Hausarbeit *(Homework)*

Lernen Sie den folgenden Dialog auswendig. (*Memorize the following dialogue.*)

A: Guten Tag. Wie geht es Ihnen?

A: Hello. How are you?

B: Danke, gut.

B: Fine, thank you.

A: Wollen Sie Deutsch lernen?

A: Do you want to learn German?

B: Ja, ich will Deutsch lernen.

B: Yes, I do want to learn German.

A: Sind Sie Franzose (Französin)?

A: Are you a Frenchman (French-woman)?

B: Nein, ich bin Amerikaner (Amerikanerin).

B: No, I am an American (American woman).

A: Wo wohnen Sie?

A: Where do you live?

B: Ich wohne in Detroit.

B: I live in Detroit.

ZWEITE STUNDE (SECOND HOUR)

The Definite Article

The Definite Articles for All Four Cases

The definite article is equivalent to the word *the* in English.

SINGULAR

	masculine	*feminine*	*neuter*
subject case (nominative)	der	die	das
possessive case (genitive)	des	der	des
indirect object case (dative)	dem	der	dem
direct object case (accusative)	den	die	das

PLURAL

	masculine	*feminine*	*neuter*
subject case (nominative)		die	
possessive case (genitive)		der	
indirect object case (dative)		den	
direct object case (accusative)		die	

The Definite Articles in the Subject Case

In English there is one definite article for all three genders (masculine, feminine, and neuter) in both the singular and the plural: *the.*

	masculine	*feminine*	*neuter*
singular	**the** man	**the** woman	**the** house
plural	**the** men	**the** women	**the** houses

This is not so in German. Each gender has its own article.

	masculine	*feminine*	*neuter*
singular	**der** Mann	**die** Frau	**das** Haus

Only the plural shows one article for the three genders.

	masculine	*feminine*	*neuter*
plural	**die** Männer	**die** Frauen	**die** Häuser

In German the gender of a noun can be recognized only by the article preceding the noun, and the gender does not necessarily relate semantically to the subject the noun describes. For example, the German word for *girl* is **das Mädchen**, a neuter noun. A similar word is **das Fräulein**, which means *the young lady.* The endings **–lein** and **–chen** are diminutive endings which automatically transform the gender of any noun to neuter. To avoid any confusion, the terms masculine, feminine, and neuter have been omitted, and the three different genders are simply labelled:

der-words   **die**-words   **das**-words

Übungen in der Klasse (Classroom Exercises)

A. *Der Lehrer fragt die Studenten. (The teacher asks the students . . .)*

Beispiel *(Example)*

Wer zeigt Ihnen Deutschland?
___ Lehrer zeigt Ihnen Deutschland.
Der Lehrer zeigt Ihnen Deutschland.

1. Wer zeigt Ihnen Amerika?
   _____ Amerikaner zeigt Ihnen Amerika.
2. Wer zeigt Ihnen Frankreich?
   _____ Franzose zeigt Ihnen Frankreich.
3. Wer zeigt Ihnen Düsseldorf?
   _____ Künstler zeigt Ihnen Düsseldorf.
4. Was liegt auf dem Tisch?
   _____ Bleistift liegt auf dem Tisch.
5. Was liegt auf dem Schreibtisch?
   _____ Kugelschreiber liegt auf dem Schreibtisch.
6. Wer wohnt in Düsseldorf?
   _____ Lehrerin wohnt in Düsseldorf.

7. Wer wohnt in Detroit?
   _____ Amerikanerin wohnt in Detroit.
8. Wer wohnt in Paris?
   _____ Französin wohnt in Paris.
9. Was liegt auf dem Boden?
   _____ Buch liegt auf dem Boden.
10. Wer lernt Deutsch?
    _____ Mädchen lernt Deutsch.
11. Wer lernt Englisch?
    _____ Fräulein lernt Englisch.

B. *Der Lehrer fragt einen Studenten.* (*The teacher asks a student . . .*) *Give your answers to the following questions in the plural.*

Beispiel (*Example*)

Wer lernt Deutsch?
——Amerikaner lernen Deutsch.
Die Amerikaner lernen Deutsch.

1. Wer lernt Englisch?
   _____ Deutschen lernen Englisch.
2. Wer lernt Französisch?
   _____ Engländer lernen Französisch.
3. Was liegt auf dem Tisch?
   _____ Bücher liegen auf dem Tisch.
4. Was liegt auf dem Schreibtisch?
   _____ Bleistifte liegen auf dem Schreibtisch.
5. Was liegt auf dem Boden?
   _____ Kugelschreiber liegen auf dem Boden.

The Indefinite Article

The Indefinite Articles for All Four Cases

The indefinite article is equivalent to the word *a* in English.

SINGULAR

	masculine	*feminine*	*neuter*
subject case (nominative)	**ein**	**eine**	**ein**
possessive case (genitive)	**eines**	**einer**	**eines**
indirect object case (dative)	**einem**	**einer**	**einem**
direct object case (accusative)	**einen**	**eine**	**ein**

(NO PLURAL)

The Indefinite Articles in the Subject Case

From the chart above you can see that the indefinite articles in the subject case are:

ein for the **der**-words,
eine for the **die**-words,
ein for the **das**-words.

Übungen in der Klasse *(Classroom Exercises)*

A. *Der Lehrer fragt die Studenten. (The teacher asks the students . . .)*

Beispiel

Wer reist nach Deutschland?
___ Student reist nach Deutschland.
Ein Student reist nach Deutschland.

  1. Wer wohnt in Deutschland?
      _____ Künstler wohnt in Deutschland.
  2. Wer lernt Deutsch?
      _____ Franzose lernt Deutsch.
  3. Wer zeigt Ihnen Düsseldorf?
      _____ Amerikaner zeigt Ihnen Düsseldorf.
  4. Wer wohnt in Detroit?
      _____ Studentin wohnt in Detroit.
  5. Wer wohnt in Paris?
      _____ Französin wohnt in Paris.
  6. Wer reist nach Düsseldorf?
      _____ Engländerin reist nach Düsseldorf.
  7. Wer lernt Deutsch?
      _____ Amerikanerin lernt Deutsch.
  8. Was liegt auf dem Tisch?
      _____ Buch liegt auf dem Tisch.
  9. Wer zeigt Ihnen Deutschland?
      _____ Fräulein zeigt Ihnen Deutschland.
 10. Wer zeigt Ihnen Düsseldorf?
      _____ Mädchen zeigt Ihnen Düsseldorf.

B. *Ein Student fragt einen anderen Studenten. (A student asks another student . . .)*

Beispiel

Wer zeigt Ihnen Deutschland?
___ Lehrer zeigt mir Deutschland.
Der Lehrer zeigt mir Deutschland.
Ein Lehrer zeigt mir Deutschland.

  1. Wer lernt Deutsch?
      _____ Student lernt Deutsch.

2. Wer braucht einen Lehrer?
   _____ Französin braucht einen Lehrer.
3. Wer reist nach Deutschland?
   _____ Amerikaner reist nach Deutschland.
4. Wer reist nach Frankfurt?
   _____ Amerikanerin reist nach Frankfurt.
5. Was steht auf dem Boden?
   _____ Fernsehapparat steht auf dem Boden.
6. Was liegt auf dem Tisch?
   _____ Buch liegt auf dem Tisch.
7. Was liegt auf dem Schreibtisch?
   _____ Bleistift liegt auf dem Schreibtisch.

Special Nouns

Nouns that describe a person's profession, citizenship, or nationality do not require a preceding article when they are used as predicate nouns.

Ich bin Künstler.
Er ist Amerikaner.

Übungen in der Klasse

A.   _Der Lehrer fragt einen Studenten._

Beispiel

Was ist er?   _Amerikaner_
Er ist Amerikaner.

But:

Wer ist das?   _Amerikaner_
Das ist ein Amerikaner.

1. Was ist er? _Deutscher_		5. Was ist er? _Künstler_
2. Wer ist das? _Deutscher_		6. Wer ist das? _Künstlerin_
3. Was ist sie? _Deutsche_		7. Was ist er? _Amerikaner_
4. Wer ist das? _Deutsche_		8. Wer ist das? _Amerikanerin_

B.   _Replace the definite article (in italics) with the indefinite article._

Beispiel

Der Künstler lernt Deutsch.
Ein Künstler lernt Deutsch.

1. _Der_ Lehrer will Englisch lernen.
2. _Der_ Kugelschreiber liegt auf dem Tisch.
3. _Der_ Fernsehapparat steht auf dem Tisch.
4. _Die_ Amerikanerin reist nach Deutschland.
5. _Das_ Kind (_child_) spricht Deutsch.
6. _Das_ Mädchen lernt Deutsch.

 7. *Das* Fräulein braucht einen Lehrer.
 8. *Der* Schreibtisch ist in dem Haus.
 9. *Die* Frau wohnt in dem Haus.
10. *Der* Mann wohnt in Düsseldorf.
11. *Der* Amerikaner will Deutsch lernen.
12. *Die* Dame fragt den Herrn.

C. *Replace the indefinite article (in italics) with the definite article.*

Beispiel

Ein Bleistift liegt auf dem Tisch.
Der Bleistift liegt auf dem Tisch.

 1. *Ein* Künstler reist nach Deutschland.
 2. *Eine* Lehrerin reist nach Amerika.
 3. *Ein* Kugelschreiber liegt auf dem Boden.
 4. *Ein* Fräulein zeigt uns Düsseldorf.
 5. *Ein* Mädchen wohnt in Detroit.
 6. *Ein* Amerikaner fragt den Lehrer.
 7. *Ein* Fernsehapparat steht auf dem Boden.
 8. *Ein* Tisch steht in dem Haus.
 9. *Ein* Kind reist nach Deutschland.
10. *Ein* Herr lernt Englisch.
11. *Ein* Buch liegt auf dem Tisch.
12. *Eine* Dame reist nach Düsseldorf.

Real-Situation Practice

In these exercises, answer the questions from your own experience, not referring to the readings or dialogues.

1. Wie geht es Ihnen? 2. Was wollen Sie lernen? 3. Wo wohnen Sie? 4. Sind Sie Amerikaner (Amerikanerin)?

Hausarbeit *(Homework)*

The sentences in the following pronunciation exercise should be read slowly.

 1. Ich will Deutsch lernen.
 2. Sie sind Deutscher.
 3. Er wohnt in Düsseldorf.
 4. Ich brauche einen Lehrer.
 5. Wir sprechen Französisch.
 6. Sie mögen denken, was will der Künstler hier.
 7. Er wohnt am Rhein.
 8. Reisen Sie viel?
 9. Wir reisen viel.
10. Reist du viel?
11. Ich reise viel.
12. Er zeigt mir Deutschland.

DRITTE STUNDE (THIRD HOUR)

Personal Pronouns

Personal Pronouns in the Subject Case

	SINGULAR		PLURAL
ich	I	wir	we
du	you *(familiar form)*	ihr	you *(familiar form)*
er	he	sie	they
sie	she		
es	it	Sie	you *(formal address or polite form,*
man	one		*both singular and plural)*

German has both a singular and a plural form of familiar address:

singular   **du** (you)
plural   **ihr** (you)

The familiar form is used when talking to relatives, close friends, and children, or when playing with pets.
The formal address, used when talking with adults or strangers, is:

singular and plural   **Sie** (you)

Sie is always capitalized.

Negation

The English negative *not* is usually translated into German as **nicht**. When this negation is meant to apply to an entire sentence or phrase, **nicht** appears at the end of the sentence.

> Ich sehe den Bleistift **nicht**.
> Ich sage es Ihnen **nicht**.

However, **nicht** precedes a prepositional phrase if it specifically negates the prepositional phrase.

> Ich fahre **nicht** nach Deutschland.
> Das Buch liegt **nicht** auf dem Tisch.

Thus, we could continue either of the above sentences in the following manner:

> Ich fahre **nicht** nach Deutschland sondern (*but*) nach England.

The negative **kein** (*no, not a, not one, not any*) is declined in the same way as the indefinite article **ein** but has plural forms that agree with plural nouns.

The Negative *kein*

SINGULAR

	masculine	feminine	neuter
subject case (nominative)	kein	keine	kein
possessive case (genitive)	keines	keiner	keines
indirect object case (dative)	keinem	keiner	keinem
direct object case (accusative)	keinen	keine	kein

PLURAL

	masculine	feminine	neuter
subject case (nominative)		keine	
possessive case (genitive)		keiner	
indirect object case (dative)		keinen	
direct object case (accusative)		keine	

The predicate noun in "**ist**-sentences" is negated by using **kein**. **Kein** is also used in sentences in which the word *any* appears (or could be used for emphasis) in English. Study the following examples.

Das ist kein Bleistift.	That is not a pencil.
Das ist keine Amerikanerin.	That is not an American woman.
Das ist kein Buch.	That is not a book.
Ich trinke keinen Tee.	I don't drink any tea.
Ich habe keine Idee.	I don't have any idea.
Ich spreche kein Deutsch.	I don't speak (any) German.
Ich spreche kein Englisch.	I don't speak (any) English.

Übungen

A. *Negate the following sentences.*

Beispiel

Ich zeige Ihnen Deutschland.
Ich zeige Ihnen Deutschland **nicht**.

1. Wir brauchen den Lehrer.
2. Ich zeige Ihnen Saarbrücken.
3. Das Fräulein zeigt uns Düsseldorf.
4. Ich sehe das Buch.
5. Ich zeige Ihnen das Haus.
6. Wir zeigen Ihnen den Schreibtisch.
7. Wir brauchen den Fernsehapparat.
8. Ich brauche das Buch.
9. Ich brauche den Bleistift.
10. Der Lehrer fragt die Studenten.

B. *Negate the prepositional phrase in the following sentences.*

Beispiel

Wir fahren nach Deutschland.
Wir fahren **nicht** nach Deutschland.

1. Der Lehrer wohnt in Düsseldorf.
2. Das Buch liegt auf dem Tisch.
3. Der Bleistift liegt auf dem Schreibtisch.
4. Der Kugelschreiber liegt auf dem Boden.
5. Der Fernsehapparat steht auf dem Tisch.
6. Ich wohne in Detroit.
7. Die Bücher liegen auf dem Schreibtisch.
8. Düsseldorf liegt am Rhein.
9. Ich reise nach Paris.
10. Wir reisen nach Düsseldorf.

C. *Negate the following sentences, using* **kein**. *Study the examples carefully.*

Beispiele (*Examples*)

Das ist ein Bleistift.   Er ist Deutscher.
Das ist **kein** Bleistift.   Er ist **kein** Deutscher.

1. Er ist Amerikaner.
2. Das ist ein Bleistift.
3. Sie ist Amerikanerin.
4. Das ist ein Buch.
5. Wir sehen einen Schreibtisch.
6. Ich brauche einen Bleistift.
7. Er ist Künstler.
8. Sie ist Künstlerin.
9. Wir brauchen einen Fernsehapparat.
10. Er ist Student.
11. Sie spricht Englisch.
12. Wir sprechen Deutsch.
13. Sie lernen Französisch.
14. Ich spreche Spanisch.

Verbs: The Present Tense

Present Tense Verb Endings

SINGULAR

–e	ich komme
–st	du kommst
–t	er, sie, es ⎫ kommt man ⎭

PLURAL

–en	wir kommen
–t	ihr kommt
–en	sie kommen
–en	Sie kommen *(formal address, both singular and plural)*

In English, the present tense can be expressed in three different forms: *I ask*, *I am asking*, and *I do ask*. In German, there is only one form for the present tense: **ich frage**. Moreover, in colloquial German, the present tense can also describe a future action:

Morgen (*tomorrow*) kommen wir!

In the English present tense, only the third person singular receives an ending (**–s**): *he asks*. All other forms of the present tense remain the same as the infinitive. In German, by contrast, there are four different verb endings in the singular and plural that correspond to the subject of the verb. These endings are added to the stem of the verb.

To find the stem of a verb, look first at the infinitive. The infinitive of all German verbs ends in **–en**. Note the following examples:

sagen   reisen   leben

When we remove the **–en**, we have the verb stem—in these examples:

sag–   reis–   leb–

It is to this stem that the appropriate verb ending is attached: **–e**, **–st**, **–t**, or **–en**.

Some verbs have irregular conjugations. Three of the most common ones are **haben**, **sein**, and **werden**.

Present Tense Conjugation of *haben, sein,* and *werden*

haben *(to have)*	**sein** *(to be)*	**werden** *(to become)*
ich habe	ich bin	ich werde
du hast	du bist	du wirst
er, sie, es⎫ hat man ⎭	er, sie, es⎫ ist man ⎭	er, sie, es⎫ wird man ⎭
wir haben	wir sind	wir werden
ihr habt	ihr seid	ihr werdet
sie haben	sie sind	sie werden
Sie haben	Sie sind	Sie werden

Übung in der Klasse

Answer the questions below, using the word in italics as the subject of your sentence and changing the verb form accordingly.

Beispiel

Wer lernt Deutsch? *wir*
Wir lernen Deutsch.

1. Wer lernt Deutsch? *sie (they)*
2. Wer wohnt in Düsseldorf? *wir*
3. Wer braucht eine Taxe (*taxi*)? *du*
4. Wer reist nach Saarbrücken? *ihr*
5. Wer zeigt uns Detroit? *der Amerikaner*
6. Wer lebt in Amerika? *sie (she)*
7. Wer kommt aus Amerika? *wir*
8. Wer reist viel? *ich*
9. Wer sagt mir, wie die Deutschen leben? *ihr*
10. Wer braucht einen Lehrer? *ich*
11. Wer wohnt in Frankfurt? *Sie*
12. Wer lernt Englisch? *ich*
13. Wer lebt in Berlin? *du*
14. Wer reist mit dem Auto? *ihr*
15. Wer denkt, was will der Künstler hier? *wir*
16. Wer wohnt am Rhein? *Herr Heise*
17. Was liegt auf dem Tisch? *das Buch*
18. Wer hat den Fernsehapparat? *wir*
19. Wer hat den Kugelschreiber? *ich*
20. Wer hat den Bleistift? *Sie*
21. Wer hat einen Schreibtisch? *sie (she)*
22. Wer ist in Düsseldorf? *wir*
23. Wer ist in Deutschland? *Frau Heise*
24. Wer ist in Frankfurt? *wir*
25. Wer ist in Berlin? *ich*
26. Wer ist in Saarbrücken? *du*
27. Wer ist in Köln? *sie (she)*
28. Wer ist in Amerika? *Sie*
29. Wer wird Lehrer? *er*
30. Wer wird Künstler? *wir*
31. Wer wird Amerikaner? *ich*
32. Wer wird Deutscher? *ihr*
33. Wer wird Franzose? *Sie*

Hausarbeit

Übersetzen Sie schriftlich. (Translate in writing.)

1. Hello! 2. We want to learn German. 3. I live in Detroit. 4. We need a teacher. 5. We travel a lot. 6. I'll show you Düsseldorf. 7. Are you a German? 8. I am an American. 9. He is an artist. 10. I'll tell you how the Americans live.

4
Vierte Einheit

ERSTE STUNDE (FIRST HOUR)

Leseübung

Nun zeige ich Ihnen Deutschland. Wir überqueren den Atlantik auf einem fliegenden Teppich. Wir sind jetzt mitten in Frankfurt am Main. Herr und Frau Heise kommen in einer Taxe. Sie steigen aus und gehen in das Hotel „Frankfurter Hof".

Dialog: Im Hotel

Empfangschef: Guten Tag!

Herr Heise: Guten Tag! Wir brauchen ein Doppelzimmer mit Bad und ein Einzelzimmer mit Bad. Wir holen heute nachmittag unseren Neffen vom Flugplatz ab. Er kommt aus Amerika.

Empfangschef: Kommt Ihr Neffe zu Besuch?

Herr Heise: Ja. Er kommt zum ersten Mal nach Deutschland.

Empfangschef: Hoffentlich gefällt ihm unser Land.

Frau Heise: Deutschland wird ihm bestimmt gefallen.

Empfangschef: Es sind noch mehrere Zimmer frei. Hier ist ein Doppelzimmer für achtzig Mark, ein anderes für zweiundsechzig Mark und ein Zimmer für achtundfünfzig Mark. Hier ist ein Einzelzimmer für dreißig Mark und ein anderes für vierzig Mark.

Herr Heise: Was meinst du, welche Zimmer sollen wir nehmen?

Frau Heise: Ich denke, wir nehmen das Doppelzimmer für zweiundsechzig Mark und das Einzelzimmer für dreißig Mark, nicht wahr?

Empfangschef: Wie lange wollen Sie bleiben?

Reading Exercise

Now I am going to show you Germany. We are crossing the Atlantic on a flying carpet. We are now in the very heart of Frankfurt on Main. Mr. and Mrs. Heise are arriving in a taxi. They get out and enter the hotel "Frankfurter Hof."

Dialogue: In the Hotel

Receptionist: Hello.

Mr. Heise: Hello. We need a double room with bath and a single room with bath. We are picking up our nephew at the airport this afternoon. He's coming from America.

Receptionist: Is your nephew coming for a visit?

Mr. Heise: Yes. He's coming to Germany for the first time.

Receptionist: I hope he'll like our country.

Mrs. Heise: He will certainly like Germany.

Receptionist: There are still several rooms available. Here is a double room for 80 marks, another for 62 marks, and one room for 58 marks. Here is a single room for 30 marks and another for 40 marks.

Mr. Heise: What do you think? Which rooms should we take?

Mrs. Heise: I think we should take the double room for 62 marks and the single room for 30 marks, don't you think so?

Receptionist: How long do you want to stay?

Herr Heise: Wir wollen nur eine Nacht bleiben.

Empfangschef: Wollen Sie sich bitte eintragen?

Herr Heise: Ja, gern.

Empfangschef: Bedienung! Hier sind die Schlüssel für das Doppelzimmer Nummer achtzehn und für das Einzelzimmer Nummer fünfundzwanzig. Bringen Sie die Herrschaften auf ihre Zimmer.

Frau Heise: Ist das Frühstück im Preise einbegriffen?

Empfangschef: Nein, meine Dame.

Herr Heise: Bestellen Sie bitte eine Taxe. Wir müssen in einer halben Stunde zum Flugplatz fahren.

Empfangschef: Die Taxe wird pünktlich vor dem Haupteingang warten.

Herr Heise: Danke schön!

Empfangschef: Bitte schön!

Mr. Heise: We only want to stay one night.

Receptionist: Would you please register?

Mr. Heise: Yes, certainly.

Receptionist: Bellboy! Here are the keys to double room number 18 and to single room number 25. Show the lady and gentleman to their rooms.

Mrs. Heise: Is breakfast included in the price?

Receptionist: No, ma'am.

Mr. Heise: Please call a taxi. We must drive to the airport in half an hour.

Receptionist: The taxi will be waiting on time at the main entrance.

Mr. Heise: Thank you very much!

Receptionist: You're quite welcome.

Wortschatz (Vocabulary)

über (+ dir. obj. case) *across, over, above*
   überqueren *to cross*
auf (+ dir. obj. or indir. obj. case) *on, upon, to*
fliegen, fliegt, flog, geflogen *to fly*
   fliegend (present participle) *flying*
der Teppich, –s, –e *rug, carpet*
jetzt *now*
mitten in *in the very heart of, in the middle of*
in (+ dir. obj. or indir. obj. case) *in, into*
die Taxe, –, –n *taxi*
aussteigen,* steigt aus, stieg aus, ist ausgestiegen *to get out, step out*
gehen, geht, ging, ist gegangen *to go, walk*
das Hotel, –s, –s *hotel*

der Empfangschef, –s, –s *receptionist*
das Doppelzimmer, –s, – *double room*
das Bad, –es, ⸚er *bath*
das Einzelzimmer, –s, – *single room*
abholen (separable-prefix verb) *to pick up*
heute *today*
der Nachmittag, –s, –e *afternoon*
der Neffe, –n, –n *nephew*
der Flugplatz, –es, ⸚e *airport*
aus (+ indir. obj. case) *out of; from*
der Besuch, –s, –e *visit; company*
   zu Besuch *for a visit*
zu (+ indir. obj. case) *to, toward; for*
   zum ersten Mal *for the first time*
hoffentlich *hopefully, it is to be hoped*
gefallen, gefällt, gefiel, gefallen (+ indir. obj.) *to please*
   es gefällt ihm *he likes it* (literally: *it pleases him*)

---

* The accent is on the first syllable in separable-prefix verbs.

unser *our*
das Land, –es, ⁻er *land, country*
bestimmt *certainly, definitely*
mehrere *several*
das Zimmer, –s, – *room*
frei *free, available*
die Mark, – *mark (German coin; officially: DM or Deutsche Mark)*
ander *other, different*
meinen *to think, believe, suppose, mean, intend, say*
welch (–er, –e, –es) *which, what; who, which; that; some, any*
sollen, soll, sollte, gesollt *should; to be obliged to, be supposed to*
nehmen, nimmt, nahm, genommen *to take*
nicht wahr? *isn't it?, don't you agree?, right?*
wie *how, as*
lange *long, a long time; by far*
bleiben, bleibt, blieb, ist geblieben *to remain, stay*
die Nacht, –, ⁻e *night*
bitte *please*

(sich) eintragen, trägt ein, trug ein, eingetragen (separable-prefix verb) *to register*
gern *gladly*
die Bedienung, –, –en *bellboy; waiter; service*
der Schlüssel, –s, – *key*
die Nummer, –, –n *number*
bringen, bringt, brachte, gebracht *to bring; show to*
die Herrschaft, –, –en plural: *lady and gentleman, couple*
das Frühstück, –s, –e *breakfast*
der Preis, –es, –e *price*
einbegreifen, begreift ein, begriff ein, einbegriffen *to include, contain*
bestellen *to order, send for; reserve (a room)*
halb *half*
die Stunde, –, –n *hour; lesson*
fahren, fährt, fuhr, ist gefahren *to ride, drive, go by car (boat), travel*
pünktlich *punctual, on time*
der Haupteingang, –s, ⁻e *main entrance*
warten (auf + dir. obj. case) *to wait (for)*

Fragen

Wen *und* was

1. Wen holen Onkel und Tante vom Flugplatz ab?
   Onkel und Tante holen ihren Neffen vom Flugplatz ab.
2. Was brauchen Onkel und Tante?
   Onkel und Tante brauchen ein Doppelzimmer mit Bad.
3. Wen besucht der Neffe aus Amerika?

   Er besucht seinen Onkel und seine Tante in Deutschland.
4. Was ist noch frei?
   Es sind noch mehrere Zimmer frei.
5. Wen fragt Herr Heise, welche Zimmer er nehmen soll?
   Herr Heise fragt seine Frau, welche Zimmer er nehmen soll.

Questions

Whom *and* what

Whom are Uncle and Aunt picking up at the airport?
Uncle and Aunt are picking up their nephew at the airport.
What do Uncle and Aunt need?
Uncle and Aunt need a double room with bath.
Whom is the nephew from America visiting?
He is visiting his uncle and aunt in Germany.
What is still available?
There are still several rooms available.
Whom does Mr. Heise ask which rooms he should take?
Mr. Heise asks his wife which rooms he should take.

6. Wen fragt der Empfangschef, wie lange sie bleiben wollen?	Whom does the receptionist ask how long they want to stay?
Der Empfangschef fragt Herrn Heise.	The receptionist asks Mr. Heise.
7. Was gibt der Empfangschef der Bedienung?	What does the receptionist give to the bellboy?
Der Empfangschef gibt der Bedienung die Schlüssel der Zimmer.	The receptionist gives the bellboy the keys to the rooms.
8. Wen bringt die Bedienung auf das Zimmer?	Whom does the bellboy show to the room?
Die Bedienung bringt Herrn und Frau Heise auf das Zimmer.	The bellboy shows Mr. and Mrs. Heise to the room.
9. Was ist nicht im Preise einbegriffen?	What is not included in the price?
Das Frühstück ist nicht im Preise einbegriffen.	Breakfast is not included in the price.
10. Was bestellt der Empfangschef?	What does the receptionist call?
Der Empfangschef bestellt eine Taxe.	The receptionist calls a taxi.

Hausarbeit (Homework)

Lernen Sie den folgenden Dialog auswendig. (Memorize the following dialogue.)

A: Ich brauche ein Einzelzimmer mit Bad.	A: I need a single room with bath.
B: Es sind noch mehrere Zimmer frei. Hier ist ein Zimmer für sechzig Mark.	B: There are still several rooms available. Here is a room for 60 marks.
A: Ich denke, ich nehme das Zimmer.	A: I think I'll take the room.
B: Wie lange wollen Sie bleiben?	B: How long do you want to stay?
A: Ich bleibe nur eine Nacht.	A: I'll stay only one night.
B: Wollen Sie sich bitte eintragen?	B: Would you please register?
A: Ja, gern. Ist das Frühstück im Preise einbegriffen?	A: Yes, certainly. Is breakfast included in the price?
B: Nein, mein Herr.	B: No, sir.
A: Bestellen Sie bitte eine Taxe.	A: Call a taxi, please.
B: Die Taxe wird in wenigen Minuten hier sein.	B: The taxi will be here in a few minutes.

ZWEITE STUNDE (SECOND HOUR)

The Definite Articles in the Direct Object Case

Page 23 in Unit 3 contains a summary table of the definite articles for each of the four cases.

The subject case was discussed in Unit 3. The person or thing doing the acting (or about whom we are stating something) is called the *subject*:

> **Herr Heise** fragt den Empfangschef.
> **Er** ist Deutscher.

Herr Heise is the subject of the first sentence, and **er** is the subject of the second sentence.

The person or thing acted upon is called the *direct object*:

> Herr Heise fragt **den Empfangschef**.

Den Empfangschef is the direct object in the sentence above.

The direct object can be found in a sentence by asking the questions **wen** (*whom*) for persons, and **was** (*what*) for things.

Beispiele

Frage: **Wen** fragt Herr Heise?
Antwort: Herr Heise fragt *den Empfangschef*.

Frage: **Was** bestellt Herr Heise?
Antwort: Herr Heise bestellt *die Taxe*.

The definite articles for direct object nouns in the singular are:
den for der-words,
die for die-words,
das for das-words.
The definite article for direct object nouns in the plural is **die** for all three genders.

Übungen in der Klasse

A. *Change the following sentences to make the subject noun the direct object and vice versa.*

Beispiel

Der Herr fragt den Empfangschef.
Der Empfangschef fragt den Herrn.

1. Der Herr fragt die Dame.   Die Dame fragt _____.
2. Die Dame fragt den Herrn.   Der Herr fragt _____.
3. Das Fräulein fragt den Herrn.   Der Herr fragt _____.

B. *Ein Student fragt den Lehrer, ob er den Herrn kennt. (A student asks the teacher whether he knows the gentleman.)*

Beispiel

Kennen Sie den Herrn?   Ja, . . .
Do you know the gentleman?
Ja, ich kenne den Herrn.

1. Kennen Sie die Dame? Ja, . . .
2. Kennen Sie das Fräulein? Nein, . . .
3. Kennen Sie das Mädchen? Nein, . . .
4. Kennen Sie das Buch? Ja, . . .
5. Kennen Sie Düsseldorf? Nein, . . .
6. Kennen Sie Saarbrücken? Nein, . . .
7. Kennen Sie Chicago? Ja, . . .
8. Kennen Sie das Hotel? Nein, . . .
9. Kennen Sie den Empfangschef? Nein, . . .
10. Kennen Sie die Bedienung? Ja, . . .

C. *Ein Student fragt einen anderen Studenten. (A student asks another student . . .)*

Beispiel

Wen siehst du in der Klasse?   *Lehrer*
Ich sehe **den Lehrer** in der Klasse.

1. Wen sehen wir auf dem Flugplatz?   *Dame*
2. Wen sehen Sie im Hotel?   *Empfangschef*
3. Wen bringt der Onkel zum Hotel?   *das Kind*
4. Was sieht Jim auf dem Tisch?   *Buch*
5. Was sieht Herr Heise auf dem Tisch?   *Kugelschreiber*
6. Wen sehen wir in der Klasse?   *Lehrer*
7. Was brauchen wir zum Schreiben?   *Bleistift*
8. Was bestellt er im Hotel?   *Frühstück*
9. Was bringt die Bedienung?   *Schlüssel*
10. Auf wen wartet der Herr?   *Bedienung*

D. *Der Lehrer fragt einen Studenten. (The teacher asks a student . . .)*

1. Kennen Sie Herrn Heise? Ja, . . .
2. Kennen Sie Frau Heise? Nein, . . .
3. Kennen Sie Jim? Ja, . . .
4. Sehen Sie Frau Trost? Nein, . . .
5. Sehen Sie Herrn Trost? Ja, . . .
6. Kennen Sie Fräulein Weber? Nein, . . .
7. Kennst du Fräulein Weber? Ja, . . .
8. Kennst du Professor Hochgemuth? Nein, . . .
9. Kennst du Herrn Völker? Ja, . . .
10. Kennen Sie das Mädchen? Nein, . . .

E. *Answer the questions below by filling in the blanks or by giving a positive or negative reply, as indicated.*

Beispiele

Wo sind die Herren?   Kennen Sie die Frauen?
Where are the gentlemen?   *Do you know the women?*
Ich zeige Ihnen —— Herren.   Ja, ich kenne die Frauen, *or*
Ich zeige Ihnen **die** Herren.   Nein, ich kenne die Frauen nicht.

1. Wo sind die Empfangschefs? Ich zeige Ihnen _____ Empfangschefs.
2. Kennen Sie die Lehrer? Ja, . . .
3. Wo sind die Lehrerinnen? Ich zeige Ihnen _____ Lehrerinnen.
4. Kennen Sie die Mädchen? Nein, . . .
5. Wo sind die Bücher? Ich zeige Ihnen _____ Bücher.
6. Wo sind die Zimmer? Ich zeige Ihnen _____ Zimmer.
7. Wo sind die Bleistifte? Ich zeige Ihnen _____ Bleistifte.
8. Kennen Sie die Damen? Ja, . . .
9. Kennen Sie die Kinder? Nein, . . .
10. Wo sind die Taxen? Ich zeige Ihnen _____ Taxen.

The Indefinite Articles in the Direct Object Case

The indefinite articles for direct object nouns are:
einen for der-words,
eine for die-words,
ein for das-words.

See page 25 in Unit 3 for a summary table of the indefinite articles for all four cases.

The negative **kein** has the same endings as the indefinite article **ein**:
keinen for der-words,
keine for die-words,
kein for das-words.

See page 30 for a summary table for all four cases.

In contrast to the indefinite article **ein**, which obviously has no plural, the negative **kein** has the following plural forms for the subject and direct object cases:

	plural
subject case	**keine**
direct object case	**keine**

Beispiel

Bestellst du die Zimmer? *Are you reserving the rooms?*
Nein, ich bestelle **keine** Zimmer. *No, I'm not reserving any rooms.*

Übungen in der Klasse

A. *Der Lehrer fragt einen Studenten. (The teacher asks a student . . .)*

Beispiel

Geben Sie mir einen Bleistift?
Ja, ich gebe Ihnen einen Bleistift. *(Ihnen:* indirect object of *Sie)*
Nein, ich gebe Ihnen keinen Bleistift.

1. Geben Sie mir ein Buch?
2. Brauchen Sie ein Zimmer?
3. Nehmen Sie eine Taxe?
4. Geben Sie mir einen Schlüssel?

5. Zeigen Sie mir einen Flugplatz?
6. Bestellen Sie eine Taxe?
7. Brauchen Sie eine Bedienung?
8. Nehmen Sie ein Buch?
9. Kennen Sie ein Hotel?
10. Sehen Sie eine Taxe?
11. Hast du einen Kugelschreiber?
12. Hast du ein Buch?
13. Hast du einen Fernsehapparat?
14. Kennst du Herrn Heise?
15. Hast du ein Zimmer?
16. Kennst du ein Hotel?
17. Bestellst du eine Taxe?
18. Bestellst du ein Zimmer?
19. Bestellst du ein Frühstück?
20. Bestellst du ein Bad?

B. *Der Lehrer fragt die Studenten. (The teacher asks the students . . .)*

Beispiel

Geben Sie mir Bücher?
Nein, ich gebe Ihnen keine Bücher.

1. Nehmen Sie die Bleistifte?
2. Sind das Taxen? (*sind das:* are these)
3. Nehmen wir die Zimmer?
4. Sind das Kugelschreiber?
5. Zeigen Sie mir Hotels?
6. Sind das Bücher?
7. Zeigen Sie mir Bücher?
8. Sind das Flugzeuge (*airplanes*)?
9. Zeigen Sie mir Fernsehapparate?

Plural Nouns

Plural Noun Endings

Group 1	**no ending**
Group 2	**–e**
Group 3	**–er**
Group 4	**–en**
Group 5	**–s**
Group 6	**irregular**

You may have already noticed that German nouns form their plurals in different ways: some add –e, –er, –en, or –s; some add an umlaut to the stem vowel; others remain unchanged. Some of the nouns which have appeared so far belong to the following groups:

Group 1 (no ending)

Singular	Plural
der Künstler	die Künstler
der Lehrer	die Lehrer
der Kugel-	die Kugel-
schreiber	schreiber
der Boden	die Böden
das Fräulein	die Fräulein
das Mädchen	die Mädchen
das Zimmer	die Zimmer
der Schlüssel	die Schlüssel

Group 2 (–e ending)

Singular	Plural
der Tag	die Tage
der Nachmittag	die Nachmittage
der Bleistift	die Bleistifte
der Besuch	die Besuche
der Fernsehapparat	die Fernsehapparate
der Tisch	die Tische
der Teppich	die Teppiche
der Flugplatz	die Flugplätze
die Nacht	die Nächte
das Frühstück	die Frühstücke
der Haupteingang	die Haupteingänge

Group 3 (–er ending)
(mostly das-words)

der Mann	die Männer
das Haus	die Häuser
das Buch	die Bücher
das Land	die Länder
das Kind	die Kinder
das Bad	die Bäder

Group 4 (–en ending)
(mostly die-words)

die Frau	die Frauen
die Seite	die Seiten
die Taxe	die Taxen
die Dame	die Damen
die Bedienung	die Bedienungen
die Nummer	die Nummern

Group 5 (–s ending)
(mostly words of foreign origin)

das Hotel	die Hotels
der Empfangschef	die Empfangschefs

Group 6 (irregular)

der Herr	die Herren
der Neffe	die Neffen

In the vocabulary listings of this book, as well as in most commonly used German-English dictionaries, you will find nouns shown in the following manner:

das Kind, –es, –er

The **–es** indicates the ending for the possessive case singular:

des Kind**es**

The **–er** indicates the subject case plural ending:

die Kind**er**

The sign (÷) indicates that the noun takes an umlaut in the plural:

das Bad, –es, ÷er   *plural:* die Bäder

Übungen in der Klasse

A.   *Change the following sentences from singular to plural.*

Beispiel

Der Künstler wohnt in der Stadt.

_____ wohnen in der Stadt.

Die Künstler wohnen in der Stadt.

1. Der Lehrer wohnt in der Stadt.

    _____ wohnen in der Stadt.
2. Der Kugelschreiber liegt auf dem Tisch.

    _____ liegen auf dem Tisch.
3. Die Bedienung zeigt Ihnen das Zimmer.

    Die Bedienung zeigt Ihnen _____.
4. Der Empfangschef begrüßt das Fräulein.

    Der Empfangschef begrüßt _____.
5. Der Herr wartet auf das Mädchen.

    Der Herr wartet auf _____.

B. *Der Lehrer fragt die Studenten, und sie geben die Antwort im Plural. (The teacher asks the students, and they answer in the plural.)*

Beispiel

Legen Sie *das Buch* auf *den Tisch*?

Ja, ich lege **die Bücher** auf **die Tische**.

1. Stellen Sie den Fernsehapparat auf den Tisch?
2. Geben Sie dem Lehrer den Bleistift?
3. Bestellen Sie eine Taxe?
4. Bestellen Sie ein Zimmer?
5. Hat das Zimmer ein Bad?
6. Ist das ein Bleistift? (*plural:* das sind . . .)
7. Ist das ein Buch?
8. Ist das Fräulein zu Hause (*at home*)?
9. Ist das Mädchen zu Hause?

C. *Beantworten Sie die folgenden Fragen im Plural. (Answer the following questions in the plural.)*

1. Wo wohnt der Lehrer?

    _____ in Detroit.
2. Wo wohnt der Künstler?

    _____ in Düsseldorf.
3. Ist das ein Teppich?

    Ja, das sind _____.
4. Wo wohnt der Herr?

    _____ im Hotel.
5. Wo wohnt die Dame?

    _____ im Hotel.
6. Hast du den Schlüssel?

    Ja, wir _____.
7. Ist dort (*there*) das Bad?

    Ja, dort sind _____.

8. Nimmst du das Zimmer?
   Ja, wir _____.
9. Weißt du (*do you know*), wo das Hotel ist?
   Nein, ich weiß nicht, wo _____.
10. Weißt du, wo das Zimmer ist?
    Nein, ich weiß nicht, wo _____.
11. Weißt du, wo das Bad ist?
    Nein, ich weiß nicht, wo _____.
12. Weißt du, wo eine Taxe ist?
    Nein, ich weiß nicht, wo _____.

Real-Situation Practice

1. Wollen Sie nach Deutschland fliegen? 2. Wollen Sie Deutschland besuchen?
3. Haben Sie einen Onkel in Deutschland? 4. Bleiben Sie im Hotel oder (*or*) in einer
Jugendherberge (*youth hostel*)? 5. Wollen Sie Frankfurt oder Düsseldorf oder Berlin
besuchen? 6. Wohnen Sie jetzt in einem Zimmer im Studentenheim (*dormitory*) oder
in der Stadt (*city, downtown*)?

Hausarbeit: Ausspracheübung (Pronunciation Exercise)

1. Ich zeige Ihnen Deutschland. 2. Wir brauchen ein Doppelzimmer. 3. Ihr braucht
mehrere Einzelzimmer. 4. Ihr wartet auf dem Flugplatz. 5. Dieses Zimmer kostet
zweiundsechzig Mark. 6. Bringen Sie die Herrschaften auf das Doppelzimmer Nummer
zweihundertfünfundzwanzig. 7. Wir brauchen das Zimmer nur für eine Nacht. 8. Wieviel Nächte wollen Sie bleiben? 9. Er kommt mit dem Flugzeug. 10. Er bringt den
Fernsehapparat in das Zimmer.

DRITTE STUNDE (THIRD HOUR)

Verbs: The Past Tense

Past Tense Regular Verb Endings

	SINGULAR		PLURAL
ich	*verb stem* + **−(e)te**	wir	*verb stem* + **−(e)ten**
du	*verb stem* + **−(e)test**	ihr	*verb stem* + **−(e)tet**
er		sie	*verb stem* + **−(e)ten**
sie	*verb stem* + **−(e)te**	Sie	*verb stem* + **−(e)ten**
es			
man			

In English, the past tense of regular verbs is formed by adding –ed or –d to the verb stem: *to work, I worked; to live, I lived.* In German, the past tense of regular verbs is formed by adding the endings shown above to the stem of the verb. When the verb stem ends in **d** or **t**, an additional **e** (shown in parentheses in the chart above) is added to facilitate pronunciation:

reden, er red**ete** (*to talk, he talked*)

warten, er wart**ete** (*to wait, he waited*)

Compare the present tense and past tense forms of the verb **warten** (*to wait*):

Present Tense   *Past Tense*

SINGULAR

ich wart**e**	ich wart**ete**
du wart**est**	du wart**etest**
er, sie, es ⎫ wart**et**	er, sie, es ⎫ wart**ete**
man ⎭	man ⎭

PLURAL

wir wart**en**	wir wart**eten**
ihr wart**et**	ihr wart**etet**
sie wart**en**	sie wart**eten**
Sie wart**en**	Sie wart**eten**

In German, the past tense is usually referred to as the narrative past, and it is chiefly a literary tense. In everyday conversation and in colloquial speech, one normally uses the present perfect tense, to be discussed in Unit 5.

Übung in der Klasse

Change the verbs in the following sentences from the present tense to the past tense.

Beispiel

Wir *wohnen* in Düsseldorf.
Wir **wohnten** in Düsseldorf.

1. Er lernt Französisch.
2. Sie brauchen ein Zimmer.
3. Du reist nach Deutschland.
4. Er sagt: ,,Guten Tag!''
5. Ihr lebt in Frankreich (*France*).
6. Ich zeige Ihnen das Buch.
7. Sie wartet auf mich.
8. Wir lernen Deutsch.
9. Wir holen Jim ab.
10. Sie bestellt das Frühstück.
11. Die Taxe wartet.

Strong Verbs

In both English and German, strong verbs change their stems when they are transformed into the past tense or past participle. (See the listings of strong verbs

in Appendix II.) In English, for example, note the changes that occur in these two strong verbs:

Infinitive	Past Tense
to find	found
to swim	swam

The corresponding German verbs happen to be strong verbs also:

Infinitive	Past Tense
finden	fand
schwimmen	schwamm

Moreover, some irregular verbs also change their stems in the present tense in the second and third persons singular. For example:

sehen	du siehst	er sieht
fahren	du fährst	er fährt
nehmen	du nimmst	er nimmt

Such changes are indicated in the vocabulary listings in this book.

The chart below summarizes the endings for strong verbs in the past tense. The left-hand column shows the ending to be added to the past tense verb stem; the right-hand column provides two examples—the strong verbs **finden** and **schwimmen**.

Past Tense Endings for Strong Verbs

SINGULAR

ich	**no ending** *(past tense verb stem only)*	ich fand ich schwamm
du	*stem* + **–st**	du fandst du schwammst
er sie es man	**no ending** *(past tense verb stem only)*	er, sie, es fand; man fand er, sie, es schwamm; man schwamm

PLURAL

wir	*stem* + **–en**	wir fanden wir schwammen
ihr	*stem* + **–t**	ihr fandet ihr schwammt
sie	*stem* + **–en**	sie fanden sie schwammen
Sie	*stem* + **–en**	Sie fanden Sie schwammen

Past Tense of *haben, sein,* and *werden*

SINGULAR

haben	sein	werden
ich hatte	ich war	ich wurde
du hattest	du warst	du wurdest
er, sie, es⎱ hatte man ⎰	er, sie, es⎱ war man ⎰	er, sie, es⎱ wurde man ⎰

PLURAL

wir hatten	wir waren	wir wurden
ihr hattet	ihr wart	ihr wurdet
sie hatten	sie waren	sie wurden
Sie hatten	Sie waren	Sie wurden

Übungen in der Klasse

A. *Der Lehrer fragt einen Studenten.* (*The teacher asks a student . . .*) *Answer the following questions in the past tense. To find the correct past tense form of strong verbs, refer to the vocabulary following the dialogue or to the end vocabulary.*

Beispiel

Sprechen Sie mit Frau Heise?
Ja, ich _____.
Ja, ich **sprach** mit Frau Heise.

1. Sehen Sie die Taxe? Ja, ich _____.
2. Bringt er den Schlüssel? Ja, er _____.
3. Gibt sie ihm ein Zimmer? Nein, sie _____.
4. Fahrt ihr in die Stadt? Ja, wir _____.
5. Ist der Bleistift auf dem Tisch? Nein, der Bleistift _____.
6. Kommt ihr zu Besuch? Ja, wir _____.

B. *Ein Student fragt einen anderen Studenten.* (*A student asks another student . . .*) *Answer the following questions in the past tense.*

1. Gefällt dir das? Ja, mir _____.
2. Nehmen Sie das Zimmer? Nein, wir _____ _____.
3. Findet ihr das Buch? Ja, wir _____.
4. Kennst du Jim? Nein, ich _____.
5. Geht ihr nach Hause? Ja, wir _____.
6. Versprechen sie zu kommen? Ja, sie _____.
7. Bleiben Sie auf dem Flugplatz? Nein, Sie _____.
8. Bleibst du im Hotel? Ja, ich _____.
9. Bleibt er zu Hause? Nein, er _____.
10. Fährt er nach Hause? Ja, er _____.
11. Wartet die Taxe? Nein, sie _____.

Cardinal Numbers 1–30

1	eins	11	elf	21	einundzwanzig
2	zwei	12	zwölf	22	zweiundzwanzig
3	drei	13	dreizehn	23	dreiundzwanzig
4	vier	14	vierzehn	24	vierundzwanzig
5	fünf	15	fünfzehn	25	fünfundzwanzig
6	sechs	16	sechzehn	26	sechsundzwanzig
7	sieben	17	siebzehn	27	siebenundzwanzig
8	acht	18	achtzehn	28	achtundzwanzig
9	neun	19	neunzehn	29	neunundzwanzig
10	zehn	20	zwanzig	30	dreißig

Hausarbeit

Übersetzen Sie schriftlich. (Translate in writing.)

1. I will show you Germany. 2. I need a single room with bath. 3. Our nephew is coming from America. 4. Is he coming for a visit? 5. Yes, he's coming for a visit. 6. I am coming for a visit. 7. Are you calling a taxi? 8. The taxi will be waiting at the main entrance. 9. Breakfast is included in the price. 10. We must leave for the airport now.

5
Fünfte Einheit

ERSTE STUNDE

Leseübung

Nachdem die Tante sich von dem Schreck erholt hatte,* daß das Frühstück nicht im Preise einbegriffen war, fuhr sie mit ihrem Mann zum Flugplatz. Beide stehen nun vor der Zollhalle und warten auf Jim. Der Gast aus Amerika hat seine Koffer geöffnet. Der Zollbeamte durchsucht alles Gepäck, damit keiner etwas ins Land schmuggelt und Vater Staat betrügt. Jetzt ist es soweit. Jim hat seine Koffer geschlossen. Auch sein Paß ist nachgesehen und gestempelt. Er verläßt die Zollhalle.

After the aunt recovered from the shock that breakfast was not included in the price, she drove to the airport with her husband. Both of them are now standing in front of Customs and are waiting for Jim. The guest from America has opened his suitcases. The Customs official examines all baggage, so that no one smuggles anything into the country and cheats the government. Now everything is ready. Jim has closed his suitcases. His passport has also been checked and stamped. He leaves Customs.

Dialog: Auf dem Flugplatz

Dialogue: At the Airport

Frau Heise: Da kommt Jim!

Herr Heise: Wo?

Frau Heise: Aus der Zollhalle.

Herr Heise: Ja, jetzt kann ich ihn sehen.

Jim: Guten Tag, Tante! Guten Tag, Onkel!

Herr Heise: Guten Tag, Jim. Wie geht es dir?

Jim: Es geht mir gut. Wie geht es euch?

Herr Heise: Danke gut, mein Junge.

Frau Heise: Wie war der Flug?

Jim: Angenehm. Man braucht nur sieben Stunden von New York nach Frankfurt.

Mrs. Heise: Here comes Jim!

Mr. Heise: Where?

Mrs. Heise: Out of Customs.

Mr. Heise: Yes, now I can see him.

Jim: Hello, Aunt! Hello, Uncle!

Mr. Heise: Hello, Jim. How are you?

Jim: I'm fine. How are you?

Mr. Heise: Fine, thanks, my boy.

Mrs. Heise: How was the flight?

Jim: Pleasant. It only takes seven hours from New York to Frankfurt.

---

* The verb form *erholt hatte* is an example of the past perfect tense, to be discussed in Unit 7. This tense consists of the past participle *erholt* plus the conjugated form of the simple past of *haben*.

Herr Heise: Ja, die Welt wird immer kleiner.

Frau Heise: Wie geht es deinen Eltern?

Jim: Oh, danke, sehr gut. Vater ist viel auf Reisen, und Mutter arbeitet oft im Garten. Im Sommer wächst viel Unkraut und der Rasen muß oft gemäht werden. Leider kann ich ihr nicht helfen, denn ich studiere im College.

Frau Heise: Ja, ich glaube, sie arbeitet gerne im Garten. Sie liebt nämlich schöne Blumen und einen gepflegten Rasen.

Jim: Ja, sie hat die Arbeit draußen gern.

Frau Heise: Nun, sollen wir nicht etwas essen gehen?

Jim: Oh nein, Tante. Ich bin nicht hungrig. Im Flugzeug gibt es immer etwas Gutes zu essen.

Frau Heise: Kaffee und Kuchen schmecken immer.

Jim: Ja, das ist wahr.

Herr Heise: Gehen wir!

Mr. Heise: Yes, the world gets smaller and smaller.

Mrs. Heise: How are your parents?

Jim: Oh, very well, thanks. Father travels a lot and mother often works in the garden. So many weeds grow in summer and the lawn must be mowed frequently. Unfortunately, I can't help her much because I'm at college.

Mrs. Heise: Yes, I think she enjoys working in the garden. She loves beautiful flowers, of course, and a well-kept lawn.

Jim: Yes, she likes work outdoors.

Mrs. Heise: Well, shouldn't we go have something to eat?

Jim: Oh no, Aunt. I'm not hungry. There's always something good to eat on the plane.

Mrs. Heise: Coffee and cake always taste good.

Jim: Yes, that's true.

Mr. Heise: Let's go!

Wortschatz

nachdem *after; afterwards*
(sich) erholen (von + indir. obj. case) *to recover, recuperate (from)*
der Schreck, –s, –en *scare, fright, terror*
der Mann, –es, ⁓er *man; husband*
beide *both*
stehen, steht, stand, gestanden *to stand*
nun *now; well*
vor (+ indir. obj. case) *in front of, before*
die Zollhalle, –, –n *Customs building (hall)*
der Gast, –es, ⁓e *guest*
öffnen *to open*
der Koffer, –s, – *trunk, suitcase*
der Zollbeamte, –n, –n *Customs official*
durchsuchen *to examine, search*
alles *all; everything*
das Gepäck, –s *baggage, luggage*

damit *so that, in order that*
keiner *no one; not one, none*
etwas *something; some; a bit*
schmuggeln *to smuggle*
der Vater, –s, ⁓ *father*
der Staat, –es, –en *state; government*
betrügen, betrügt, betrog, betrogen *to cheat*
soweit *so far*
  es ist soweit *everything is ready*
sein *his*
schließen, schließt, schloß, geschlossen *to shut, close, lock*
auch *also, too, even*
der Paß, des Passes, die Pässe *passport*
nachsehen, sieht nach, sah nach, nachgesehen *to check, investigate, look into*
stempeln *to stamp*

verlassen, verläßt, verließ, verlassen (followed by dir. obj.) *to leave; abandon*
können, kann, konnte, gekonnt *to be able, can*
die Tante, –, –n *aunt*
der Onkel, –s, – *uncle*
Wie geht es dir? *How are you?*
Es geht mir gut. *I'm fine.*
danke *thank you, thanks*
der Junge, –n, –n *boy*
der Flug, –es, ⸚e *flight*
man braucht sieben Stunden *it takes seven hours*
angenehm *pleasant, agreeable*
von (+ indir. obj. case) *from*
nach (+ indir. obj. case) *to, toward; after; according to*
die Welt, –, –en *world*
immer *always, ever*
klein *small*
die Eltern (plural) *parents*
sehr *very; very much*
die Reise, –, –n *trip, journey*
die Mutter, –, ⸚ *mother*
arbeiten *to work*
oft *often, frequently*
der Garten, –s, ⸚ *garden*
der Sommer, –s, – *summer*
wachsen, wächst, wuchs, ist gewachsen *to grow; increase*

das Unkraut, –s, ⸚er *weed*
der Rasen, –s, – *grass, lawn*
müssen, muß, mußte, gemußt *must, have to*
mähen *to mow*
leider *unfortunately*
helfen, hilft, half, geholfen (+ indir. obj.) *to help*
denn *because, since, for*
studieren *to study; go to college*
glauben (+ indir. obj.) *to believe, think, suppose*
lieben *to love; like*
nämlich *namely; that is (to say); to be sure, of course*
schön *beautiful*
die Blume, –, –n *flower*
gepflegt (past part. of *pflegen*) *well-cared-for; well-groomed*
draußen *outside, outdoors*
die Arbeit, –, –en *work*
gern haben *to like*
essen, ißt, aß, gegessen *to eat*
hungrig *hungry*
das Flugzeug, –es, –e *airplane*
der Kaffee, –s, –s *coffee*
der Kuchen, –s, – *cake*
schmecken *to taste (good)*
wahr *true; real*

Fragen

Wem *und* wessen

1. Wem zeigt Jim die Koffer?
   Jim zeigt dem Zollbeamten die Koffer.
2. Wem gibt Jim seinen Paß?
   Jim gibt dem Zollbeamten seinen Paß.
3. Wem kann Jim nicht im Garten helfen?
   Jim kann der Mutter nicht im Garten helfen.
4. Wem gibt Jim die Koffer?
   Jim gibt dem Empfangschef die Koffer.

Questions

(To) whom *and* whose

To whom does Jim show the suitcases?
Jim shows the suitcases to the Customs official.

To whom does Jim give his passport?
Jim gives his passport to the Customs official.

Whom can't Jim help in the garden?

Jim can't help his mother in the garden.

To whom does Jim give the suitcases?
Jim gives the suitcases to the receptionist.

5. Wem gibt der Empfangschef die Schlüssel der Zimmer? | To whom does the receptionist give the keys to the rooms?
Der Empfangschef gibt der Bedienung die Schlüssel der Zimmer. | The receptionist gives the bellboy the keys to the rooms.

6. Wem sagt der Lehrer, wie die Deutschen sprechen? | Whom does the teacher tell how the Germans speak?
Der Lehrer sagt den Amerikanern, wie die Deutschen sprechen. | The teacher tells the Americans how the Germans speak.

7. Wem sagt der Lehrer, wie die Deutschen leben? | Whom does the teacher tell how the Germans live?
Der Lehrer sagt den Studenten, wie die Deutschen leben. | The teacher tells the students how the Germans live.

8. Wem zeigt der Lehrer Deutschland? | To whom does the teacher show Germany?
Der Lehrer zeigt den Studentinnen Deutschland. | The teacher shows Germany to the (female) students.

9. Wessen Zimmer ist das? | Whose room is that?
Das ist das Zimmer des Onkels. | That's the uncle's room.

10. Wessen Koffer sind das? | Whose suitcases are those?
Das sind Jims Koffer. | Those are Jim's suitcases.

11. Wessen Paß ist das? | Whose passport is that?
Das ist Herrn Heises Paß. | That is Mr. Heise's passport.

12. Wessen Garten ist das? | Whose garden is that?
Das ist Mutters Garten. | That is mother's garden.

13. Wessen Frühstück bringt die Bedienung? | Whose breakfast does the waiter bring?
Die Bedienung bringt Herrn und Frau Heises Frühstück. | The waiter brings Mr. and Mrs. Heise's breakfast.

14. Wessen Buch liest die Studentin? | Whose book is the (female) student reading?
Die Studentin liest das Buch des Lehrers (*or* des Lehrers Buch). | The (female) student is reading the teacher's book.

Hausarbeit

Lernen Sie den folgenden Dialog auswendig.

A: Guten Tag. Wie geht es dir? | A: Hello. How are you?
B: Danke, es geht mir gut. | B: I'm fine, thank you.
A: Wie geht es deinen Eltern? | A: How are your parents?
B: Danke, es geht ihnen auch gut. | B: They're fine, thank you.
A: Mußt du viel arbeiten? | A: Do you have to work much?
B: Ja, denn ich bin im College. | B: Yes, because I'm in college.
A: Was studierst du? | A: What are you studying?
B: Ich studiere Deutsch, Geschichte, und Biologie. | B: I'm studying German, history, and biology.
A: Gehst du mit in ein Café? | A: Will you go with me to a café?
B: Ja, gerne. Kaffee und Kuchen schmecken immer. | B: Yes, I'd be glad to. Coffee and cake always taste good.

ZWEITE STUNDE

The Indirect Object Case

Pages 23 and 25 in Unit 3 contain summary tables of the definite articles and the indefinite articles for all four cases.

The articles in the indirect object case in the singular are:

	der-words	**die**-words	**das**-words
definite article	**dem**	**der**	**dem**
indefinite article	**einem**	**einer**	**einem**

Compare the subject case articles with those for the indirect object case:

Subject Case	*Indirect Object Case*
der/ein Koffer	dem/einem Koffer
die/eine Mutter	der/einer Mutter
das/ein Flugzeug	dem/einem Flugzeug

The following irregular nouns (from Group 6), which have appeared in the readings, take an **–(e)n** ending in the indirect object case:

Subject Case	*Indirect Object Case*
der/ein Herr	dem/einem Herrn
der/ein Student	dem/einem Studenten
der/ein Junge	dem/einem Jungen
der/ein Beamte(r)	dem/einem Beamten

The definite article for the indirect object case in the plural is the same for all three genders: **den**. All nouns take an **–(e)n** ending in the indirect object case plural.

Note, however, the exception for Group 5 nouns—borrowed words such as *das Hotel, das Auto,* and *der Chef.* These nouns retain their **–s** ending in the indirect object case plural. For example:

Wir fahren mit **den Autos.**

Übungen in der Klasse

A. *Der Lehrer fragt die Studenten, und sie antworten ihm.*
Note: The indirect object case (dative) is used to express a situation where one person answers another in German (as in the exercise directions above):

Der Student antwortet **dem Lehrer (der Lehrerin).**

However, the direct object case (accusative) is used with the preposition **auf** when a person answers a specific question or questions:

Der Student antwortet **auf die Frage** des Lehrers.

Notice the word order in the following exercises. When a direct object and an indirect object occur in the same sentence, the indirect object precedes the direct object.

Beispiel

Gibt der Empfangschef dem Herrn ein Zimmer? Ja, ...
Ja, der Empfangschef gibt dem Herrn ein Zimmer.

1. Gibt der Empfangschef der Tante die Schlüssel? Ja, ...
2. Gibt er dem Lehrer das Buch? Nein, ...
3. Können Sie der Dame sagen, wo die Zollhalle ist? Ja, ...
4. Zeigen Sie dem Mädchen die Zollhalle? Nein, ...
5. Zeigen Sie dem Herrn den Flugplatz? Nein, ...

B. *Ein Student fragt einen anderen Studenten.*

Beispiel

Halfst du der Studentin? Ja, ...
Ja, ich half der Studentin.

1. Zeigtest du dem Studenten das Buch? Nein, ...
2. Sagst du dem Jungen, wo die Zollhalle ist? Ja, ...
3. Halfst du dem Herrn mit dem Gepäck? Nein, ...
4. Hilfst du dem Studenten mit dem Buch? Nein, ...
5. Hilfst du dem Jungen? Nein, ...

C. *Der Lehrer fragt einen Studenten.*

Beispiel

Zeigen Sie den Herren das Zimmer? Ja, ...
Ja, ich zeige den Herren das Zimmer.

1. Zeigen Sie den Fräulein das Zimmer? Ja, ...
2. Zeigen Sie den Kindern die Bücher? Nein, ...
3. Glauben die Kinder den Lehrerinnen? Ja, ...
4. Helfen die Studenten den Herren? Nein, ...
5. Bestellt der Empfangschef den Damen eine Taxe? Ja, ...
6. Geben Sie den Blumen Wasser? Nein, ...
7. Zeigen Sie den Amerikanern Frankfurt? Ja, ...
8. Zeigen Sie den Franzosen, wie die Deutschen leben? Nein, ...
9. Zeigen Sie den Deutschen, wie die Amerikaner leben? Ja, ...
10. Antwortet Jim den Zollbeamten? Nein, ...
11. Glaubt der Junge den Eltern? Ja, ...
12. Zeigen Sie den Gästen die Zimmer? Nein, ...
13. Bringen Sie den Herren die Koffer? Ja, ...
14. Halfst du den Kindern mit den Büchern? Nein, ...
15. Bestellen die Herren den Damen Tee? Ja, ...
16. Zeigst du den Jungen das Haus? Nein, ...
17. Hilfst du den Männern mit Geld (*money*)? Ja, ...
18. Zeigtest du den Künstlerinnen das Museum? Nein, ...

D. *Der Lehrer fragt einen Studenten, und er antwortet im Plural.*

Beispiel

Wem bringst du die Schlüssel? *Bedienung*
Ich bringe **den Bedienungen** die Schlüssel.

1. Wem kannst du nicht helfen? *Student*
2. Wem bringst du die Bücher? *Mädchen*
3. Wem bringst du die Bücher? *Kind*
4. Wem zeigst du das Zimmer? *Herrschaft*
5. Wem bringst du die Koffer? *Empfangschef*
6. Wem zeigen Sie Düsseldorf? *Amerikaner*
7. Wem bringen Sie die Schlüssel? *Dame*
8. Wem bringen Sie die Bleistifte? *Mädchen*

The Possessive Case

The articles in the possessive case singular are:

	der-words	**die**-words	**das**-words
definite article	**des**	**der**	**des**
indefinite article	**eines**	**einer**	**eines**

Der- and das-nouns in Groups 1–5 take an **–(e)s** ending in the possessive singular. For example:

Das Buch **des** Kindes (or **des** Kindes Buch) liegt auf dem Schreibtisch.

Similarly, the possessive of *der Vater* becomes *des Vaters.*

Das Geld **des** Vaters (or **des** Vaters Geld) liegt auf dem Tisch.

Die-words do not receive any ending in the possessive singular.

Das Zimmer **der Frau** ist sehr klein.

Now let us compare all three genders in the subject case and the possessive case.

Subject Case	Possessive Case
der/ein Künstler	des/eines Künstlers
die/eine Dame	der/einer Dame
das/ein Haus	des/eines Hauses

Exceptions (from Group 6)

der/ein Herr	des/eines Herr**n**
der/ein Junge	des/eines Junge**n**
der/ein Student	des/eines Studente**n**

But:

der Zollbeamte	des/eines Zollbeamte**n**
ein Zollbeamter	

In the plural, the definite article in the possessive case is the same for all three genders: **der.**

der-words: die Bücher **der Herren**
die-words: die Koffer **der Frauen**
das-words: die Bleistifte **der Kinder**

Übungen in der Klasse

A. *Der Lehrer fragt einen Studenten.*

Beispiel

Wessen Schreibtisch ist das?   *Herr Heise*
Das ist der Schreibtisch **des Herrn Heise.**

1. Wessen Bleistift ist das? *Student*
2. Wessen Kugelschreiber ist das? *Junge*
3. Wessen Zimmer ist das? *Herr Schmidt*
4. Wessen Garten ist das? *Frau*
5. Wessen Fernsehapparat ist das? *Zollbeamte*

B. *Ein Student fragt einen anderen Studenten.*

Note: The example below employs all four noun cases:

Beispiel

Wem hast du den Schlüssel gegeben?
(geben, gibt, gab, gegeben   *to give*)
Ich habe den Schlüssel _____ Zimmers 218 der Bedienung gegeben.
Ich habe den Schlüssel **des** Zimmers 218 der Bedienung gegeben.

1) The pronoun **ich** is in the subject case;
2) **den Schlüssel** is the direct object;
3) **der Bedienung** is the indirect object;
4) **des Zimmers** is in the possessive case and refers to **Schlüssel.**

Some of the following sentences will employ all four cases, others only two or three.

1. Wessen Haus hast du gesehen?
    Ich habe das Haus _____ Künstlers gesehen.
2. Wessen Haus hast du mir jetzt gezeigt?
    Ich habe dir das Haus _____ Künstlerin gezeigt.
3. Wer durchsuchte den Koffer?
    Der Zollbeamte _____ Flugplatzes durchsuchte den Koffer.
4. Was war nicht im Preise einbegriffen?
    Das Frühstück _____ Dame war nicht im Preise einbegriffen.
5. Wessen Koffer ist das?
    Das ist der Koffer _____ Gastes.
6. Wessen Koffer ist das?
    Das ist der Koffer _____ Herrn Heise.
7. Wem haben Sie den Paß gezeigt?
    Ich habe den Paß dem Zollbeamten _____ Flugplatzes gezeigt.
8. Ist das das Zimmer des Jungen?
    Nein, das ist nicht das Zimmer _____ Jungen.

C. *Der Lehrer fragt einen Studenten.*

Beispiel

Wie gefällt Ihnen Saarbrücken? *gut*
Saarbrücken gefällt mir gut.

1. Wie gefallen Ihnen die Blumen des Gartens? *gut*
2. Wie gefallen Ihnen die Zimmer der Hotels? *nicht*
3. Wie gefällt Ihnen der Teppich des Zimmers? *gut*
4. Wie gefällt Ihnen das Zimmer der Kinder? *nicht*
5. Wessen Kugelschreiber sind das? *Lehrer* (sing.)
6. Wessen Bleistifte sind das? *Künstler* (pl.)
7. Wessen Pässe sind das? *Gast* (pl.)
8. Wessen Gepäck ist das? *Dame* (pl.)
9. Wessen Koffer sind das? *Herr* (sing.)
10. Wem gaben Sie die Schlüssel der Zimmer? *Empfangschef* (sing.)

D. *Ein Student fragt einen anderen Studenten.*

1. Was bringst du in das (ins) Zimmer? *Koffer* (pl.) *der Gäste*
2. Was zeigst du ihm (*to him*)? *Teppiche der Zimmer*
3. Was gibst du ihm? *Pässe der Gäste*
4. Was zeigst du ihm? *Arbeiten der Kinder*
5. Wessen Pässe stempelt der Beamte? *Pässe der Herren*
6. Was zeigst du ihm? *Hotels der Amerikaner*
7. Was siehst du? *Blumen der Gärten*
8. Was siehst du? *Bücher der Franzosen*

Hausarbeit: Ausspracheübung *(Pronunciation Exercise)*

1. Er öffnet den Koffer. 2. Wir bestellen das Frühstück. 3. Das Frühstück ist nicht im Preise einbegriffen. 4. Wie war der Flug? 5. Wo liegt Saarbrücken? 6. Im Garten wächst viel Unkraut. 7. Sie liebt nämlich schöne Blumen. 8. Willst du ein bißchen essen? 9. Auf dem Rasen wachsen die Rosen (*roses*). 10. Er steht vor der Zollhalle.

Real-Situation Practice

1. Gehen Sie viel auf Reisen? 2. Gehen Sie oft durch den Zoll? 3. Was schmuggeln Sie? 4. Bleiben Sie oft in Hotels oder Motels? 5. Wieviel bezahlen (*pay*) Sie für ein Zimmer? 6. Fliegen Sie oft mit dem Flugzeug? 7. Wie lange braucht man von New York nach San Franzisko? 8. Wo studieren Sie? 9. Arbeiten Sie oft im Garten? 10. Haben Sie Blumen gern?

DRITTE STUNDE

Noun Plurals

The nouns in this unit fall into the following groups:

	Subject Case Singular	Possessive Case Singular	Subject Case Plural
Group 1 (no ending)	der Koffer	des Koffers	die Koffer
	der Vater	des Vaters	die Väter
	der Garten	des Gartens	die Gärten
	die Mutter	der Mutter	die Mütter
	der Sommer	des Sommers	die Sommer
	der Rasen	des Rasens	die Rasen
	der Kuchen	des Kuchens	die Kuchen
Group 2 (–e ending)	der Gast	des Gastes	die Gäste
	der Paß	des Passes	die Pässe
	der Flug	des Fluges	die Flüge
	das Flugzeug	des Flugzeuges	die Flugzeuge
Group 3 (–er ending)	das Unkraut	des Unkrauts	die Unkräuter
Group 4 (–en ending)	die Tante	der Tante	die Tanten
	der Schreck	des Schrecks	die Schrecken
	die Zollhalle	der Zollhalle	die Zollhallen
	der Staat	des Staates	die Staaten
	die Halle	der Halle	die Hallen
	die Stunde	der Stunde	die Stunden
	die Welt	der Welt	die Welten
	die Reise	der Reise	die Reisen
	die Blume	der Blume	die Blumen
	die Arbeit	der Arbeit	die Arbeiten
Group 5 (–s ending)	das Hotel	des Hotels	die Hotels
Group 6 (irregular)	der Zollbeamte (ein Zollbeamter)	des Zollbeamten	die Zollbeamten
	der Junge	des Jungen	die Jungen

From now on, refer to the vocabulary listing in each unit or to the end vocabulary to learn the possessive case singular and the subject case plural forms for all nouns. An explanation of the notations used in the vocabulary appears on page 21.

Verbs: The Perfect Tense

The perfect tense is a compound tense—that is, it is formed by the past participle plus an auxiliary verb, either **haben** or **sein**. Most verbs take the auxiliary **haben**. However, some intransitive verbs (verbs which do not take a direct object) form the perfect tense with **sein**.

Some strong verbs that form the perfect tense with **sein** are:

gehen	*to walk, go*
bleiben	*to stay*
laufen	*to walk, run*
schwimmen	*to swim*
kommen	*to come*
sterben	*to die*

To form the past participle of regular (weak) verbs, omit the ending –(e)n (which leaves the verb stem), and add a –t in its place. Then prefix this syllable with **ge–**.

The Past Participle of Regular Verbs

Infinitive	Prefix	Stem	Ending	Past Participle
wohnen	ge +	wohn	+ t =	gewohnt
lernen	ge +	lern	+ t =	gelernt
sagen	ge +	sag	+ t =	gesagt
leben	ge +	leb	+ t =	gelebt

You have probably noticed in the *Leseübungen* that the past participle appears at the end of the clause or sentence. This is only one of the differences in word order between English and German and will require some practice.

Beispiele

wohnen:	Er **hat** in Deutschland **gewohnt.**
lernen:	Er **hat** Deutsch **gelernt.**
fragen:	Er **hat** die Frau **gefragt.**
reisen:	Er **ist** nach Saarbrücken **gereist.**
bleiben:	Er **ist** im Hotel **geblieben.**
gehen:	Er **ist** nach Hause **gegangen.**

Verbs with the prefixes **be–**, **emp–**, **ent–**, **er–**, **ge–**, **ver–**, and **zer–** (inseparable-prefix verbs) or the ending **–ieren** do not take a **ge–** prefix. So far, we've seen the following inseparable-prefix verbs used in the text:

bestellen betrügen erholen gefallen verlassen

Study the formation of the past participle of these verbs in the following sample sentences.

Present Tense	*Perfect Tense*
Er *bestellt* das Buch.	Er **hat** das Buch **bestellt**.
Sie *betrügt* den Lehrer.	Sie **hat** den Lehrer **betrogen**.
Ich *erhole* mich von dem Schreck.	Ich **habe** mich von dem Schreck **erholt**.
Deutschland *gefällt* mir.	Deutschland **hat** mir **gefallen**.
Du *verläßt* die Zollhalle.	Du **hast** die Zollhalle **verlassen**.

Note that *bestellen* and *erholen* add a –t to form the past participle. They belong to the regular verbs. Compare the examples below:

	Infinitive	*Past Tense*	*Past Participle*
regular verb	lernen	lernte	gelernt
inseparable-prefix *verb* (*regular*)	bestellen	bestellte	bestellt

The other inseparable-prefix verbs listed above are strong verbs:

Infinitive	*Past Tense*	*Past Participle*
betrügen	betrog	betrogen
gefallen	gefiel	gefallen
verlassen	verließ	verlassen

The past participles of strong verbs do not end in –t. They generally change the stem vowel and add the ending –en.

Infinitive	*Past Tense*	*Past Participle*
gehen	ging	(ist) gegangen
bleiben	blieb	(ist) geblieben
laufen	lief	(ist) gelaufen
schwimmen	schwamm	(ist) geschwommen
kommen	kam	(ist) gekommen
sterben	starb	(ist) gestorben

In everyday language, the perfect tense is used for reporting something that happened in the past.

> Er ist nach Hause gegangen.
> *He went home.*

It is also used to describe an action of the past which reaches into the present (similar to the English present perfect) or even into the future.

> Ich habe ihn jeden Tag gefragt.
> *I have asked him every day.*

> Morgen habe ich den Brief geschrieben.
> *Tomorrow I'll have written the letter.*

If a sentence with a compound tense is negated, the negative **nicht** precedes the past participle at the end of the sentence:

> Ich habe den Brief **nicht** geschrieben.
> *I have not written the letter.*

The Perfect Tense of *haben*, *sein*, and *werden*

haben	**sein**	**werden**
ich habe gehabt	ich bin gewesen	ich bin geworden
du hast gehabt	du bist gewesen	du bist geworden
er, sie, es \} man } hat gehabt	er, sie, es \} man } ist gewesen	er, sie, es \} man } ist geworden
wir haben gehabt	wir sind gewesen	wir sind geworden
ihr habt gehabt	ihr seid gewesen	ihr seid geworden
sie haben gehabt	sie sind gewesen	sie sind geworden
Sie haben gehabt	Sie sind gewesen	Sie sind geworden

The strong verbs and the strong-weak verbs* are divided into different groupings according to their stem vowels and their endings. (See verb listings in Appendix II.) So far, the following strong, strong-weak, and irregular verbs have appeared in the *Leseübungen* and *Dialoge*.

Group 1

Infinitive	*Present Tense, Third Person Sing.*	*Past Tense, Third Person Sing.*	*Past Participle*
bleiben	bleibt	blieb	ist geblieben
einbegreifen	begreift ein	begriff ein	einbegriffen

Group 2

betrügen	betrügt	betrog	betrogen
schließen	schließt	schloß	geschlossen

Group 3

* * *	* * *	* * *	* * *

Group 4

helfen	hilft	half	geholfen
nehmen	nimmt	nahm	genommen
sprechen	spricht	sprach	gesprochen

Group 5

essen	ißt	aß	gegessen
geben	gibt	gab	gegeben

* Strong-weak verbs form the past participle with –*t*. See p. 273.

| sehen | sieht | sah | gesehen |
| nachsehen | sieht nach | sah nach | nachgesehen |

Group 6

eintragen	trägt ein	trug ein	eingetragen
fahren	fährt	fuhr	gefahren
wachsen	wächst	wuchs	gewachsen

Group 7

| gefallen | gefällt | gefiel | gefallen |
| verlassen | verläßt | verließ | verlassen |

Group 8
strong-weak verbs

| bringen | bringt | brachte | gebracht |
| denken | denkt | dachte | gedacht |

irregular verbs

| gehen | geht | ging | gegangen |
| kommen | kommt | kam | gekommen |

Übungen in der Klasse

A.   *Der Lehrer fragt die Studenten. Give your answers in the perfect tense.*

Beispiel

Haben Sie den Koffer gebracht?
Ja, ich habe den Koffer gebracht.
Nein, ich habe den Koffer nicht gebracht.

1. Haben Sie den Fernsehapparat gesehen?
2. Haben Sie einen Lehrer gebraucht?
3. Hat Ihnen die Reise gefallen?
4. Haben Sie der Mutter geholfen?
5. Haben Sie dem Amerikaner Düsseldorf gezeigt?

B.   *Ein Student fragt einen anderen Studenten.*

1. Hast du dem Franzosen Frankfurt gezeigt?
2. Habt ihr die Stadt verlassen?
3. Haben die Zollbeamten das Gepäck durchsucht?
4. Hat er in der Stadt gearbeitet?
5. Ist Herr Heise nach Amerika gereist?
6. Bist du im Hotel geblieben?
7. Ist Jim in die Stadt gefahren?
8. Sind die Blumen im Garten gewachsen?

C.   *Transform the present tense first into the past and then into the perfect tense.*

Beispiel

Ich wohne in Frankfurt.
Ich wohnte in Frankfurt.
Ich habe in Frankfurt gewohnt.

1. Ich zeige dir Deutschland.
2. Du lebst in Düsseldorf.
3. Er wartet auf den Lehrer.
4. Sie studiert auf der Universität.
5. Wir pflegen den Garten.
6. Ihr habt die Blumen gern.
7. Sie sind hungrig.

D. *Ein Student fragt einen anderen Studenten. Answer in the perfect tense.*

Beispiel

Bleiben Sie zu Hause (*at home*)?   *ich*
Ja, ich bin zu Hause geblieben.

1. Gehen Sie ins Hotel? *ich*
2. Kommen Sie nach Hause (*home*)? *ich*
3. Bin ich zu Hause? *du*
4. Fährst du nach Hause? *ich*
5. Sind wir zu Hause? *ihr*
6. Geht er nach Hause? *er*
7. Arbeiten sie zu Hause? *sie*
8. Bleibt ihr zu Hause? *wir*

Cardinal Numbers 30–110

30	dreißig	60	sechzig	90	neunzig
31	einunddreißig	61	einundsechzig	91	einundneunzig
	etc.		*etc.*		*etc.*
40	vierzig	70	siebzig	100	hundert
41	einundvierzig	71	einundsiebzig	101	hunderteins
	etc.		*etc.*	110	hundertzehn
50	fünfzig	80	achtzig		*etc.*
51	einundfünfzig	81	einundachtzig		
	etc.		*etc.*		

Hausarbeit

Übersetzen Sie schriftlich.

1. Do you have a passport? 2. The suitcase is open. 3. The suitcase is closed.
4. Here comes Mr. Heise. 5. I'll go into the Customs building. 6. How was the flight?
7. The world gets smaller and smaller. 8. I'm in college. 9. I work often in the garden.
10. I'm not hungry.

6
Sechste Einheit

ERSTE STUNDE

Leseübung

Herr und Frau Heise fuhren mit Jim in einer Taxe in die Stadt zurück. Sie gingen in ein Café, um etwas zu essen und zu trinken. Jim sollte den besten Eindruck von Deutschland erhalten. Es gibt in Frankfurt reiche Museen, ausgezeichnete Theater und ein reges Konzertleben. Aber die erste kulturelle Darbietung für Jim war ein modernes Café. Es gab Seidentapeten, teure Gemälde, gezierte Tische und bequeme Sessel. Ein kleiner, bunt beleuchteter Springbrunnen stand in der Mitte des Cafés. Er erhöhte den Eindruck der hochgezüchteten Eleganz. Jim fühlte sich in der neuen Umgebung sofort wohl. Man gewöhnt sich schneller an Bequemlichkeit und Reichtum, als an Sparsamkeit und Arbeit.

Mr. and Mrs. Heise drove back to the city with Jim in a taxi. They went into a coffeehouse to eat and drink something. Jim should receive the best impression of Germany. In Frankfurt, there are rich museums, outstanding theaters, and an active concert life. But the first cultural offering for Jim was a modern coffeehouse. There was silk wallpaper, expensive paintings, ornate tables, and comfortable armchairs. A small, colorfully illuminated fountain stood in the middle of the coffeehouse. It increased the impression of genteel elegance. Jim felt immediately at ease in the new surroundings. One becomes accustomed more quickly to comfort and affluence than to thrift and hard work.

Dialog: Im Café

Dialogue: In the Coffeehouse

Herr Heise: Hier siehst du ein typisches deutsches Café.

Jim: So etwas habe ich in Amerika noch nicht gesehen.

Herr Heise: Ich weiß. Drüben gibt es diese Häuser nicht, sondern Cafeterias und Restaurants. Restaurants haben wir auch, sehr gute sogar. Aber Cafeterias gibt es hier selten. Man hat erst nach dem Kriege angefangen, einige zu eröffnen.

Frau Heise: Ich hoffe, daß dir der Kuchen schmeckt, den du dir ausgesucht hast.

Jim: Oh, deutscher Kuchen ist berühmt. Viele Amerikaner, die einmal

Mr. Heise: Here you see a typical German coffeehouse.

Jim: I've never seen anything like this in America.

Mr. Heise: I know. Over there they don't have this kind of coffeehouse; instead, they have cafeterias and restaurants. We also have restaurants here, very good ones too. But one seldom sees cafeterias here. They first started to open some after the war.

Mrs. Heise: I hope that the cake you've chosen tastes good.

Jim: Oh, German cake is famous. Many Americans who were in Ger-

in Deutschland waren, erzählen begeistert davon.

(*Die Bedienung bringt den Kuchen.*)

Bedienung: Wer bekommt diesen Kuchen?

Frau Heise: Der ist für mich, danke.

Herr Heise: Und dieser ist für mich, danke.

Frau Heise: Bleibt noch einer, und der ist für dich, Jim.

Jim: Danke sehr. Er sieht aber gut aus!

Bedienung: Was möchten Sie zu trinken haben?

Frau Heise: Ich möchte gern eine Tasse Kaffee.

Herr Heise: Ich möchte ein Glas Tee.

Jim: Ich trinke eine Tasse Kaffee.

Bedienung: Zwei Tassen Kaffee, ein Glas Tee. Haben Sie sonst noch einen Wunsch?

Herr Heise: Danke, nein.

Bedienung: Bitte sehr.

(*geht ab*)

Herr Heise: Ich denke, wir können schon mal anfangen, den Kuchen zu probieren. Kaffee und Tee werden gleich kommen.

Frau Heise: Guten Appetit allerseits!

Jim: Guten Appetit!

(*Man ißt.*)

Frau Heise: Wie schmeckt dir der Kuchen?

Jim: Wunderbar! Ich habe einen Apfelkuchen mit . . .

Frau Heise: . . . mit Streusel. Das nennt man einen Apfelstreusel. Dies hier ist eine Buttercrèmetorte und jene, die der Onkel hat, eine Erdbeertorte.

Herr Heise: Sie ist meine Lieblingstorte.

(*Die Bedienung kommt zurück.*)

many at one time speak enthusiastically about it.

(*The waitress brings the cake.*)

Waitress: Who gets this cake?

Mrs. Heise: It's for me, thank you.

Mr. Heise: And this one is for me, thank you.

Mrs. Heise: There is still one left, and it's for you, Jim.

Jim: Thank you very much. It looks good!

Waitress: What would you like to drink?

Mrs. Heise: I would very much like a cup of coffee.

Mr. Heise: I'd like a glass of tea.

Jim: I'll drink a cup of coffee.

Waitress: Two cups of coffee, one glass of tea. Is there anything else you wish?

Mr. Heise: No, thank you.

Waitress: You're welcome.

(*She leaves.*)

Mr. Heise: I think we can begin to try the cake. The coffee and tea will come right away.

Mrs. Heise: I hope you enjoy the cake!

Jim: You too!

(*They eat.*)

Mrs. Heise: How does the cake taste?

Jim: Wonderful! I have apple cake with . . .

Mrs. Heise: . . . with crumb topping. That's called an apple crumb cake. This is a buttercream cake and the one Uncle has is a strawberry cake.

Mr. Heise: It's my favorite cake.

(*The waitress comes back.*)

Bedienung: Der Kaffee, bitte . . . Tee, bitte . . . noch ein Kaffee.	Waitress: Coffee . . . tea . . . another coffee.
Herr Heise: Danke sehr.	Mr. Heise: Thank you very much.
Bedienung: Bitte schön.	Waitress: You're very welcome.
(*geht ab*)	(*She leaves.*)
Jim: Ich muß sagen, es ist gemütlich hier.	Jim: I must say, it's congenial here.

Wortschatz

zurückfahren, fährt zurück, fuhr zurück, ist zurückgefahren *to go (drive) back*
die Stadt, –, ‥e *city, town*
das Café, –s, –s *coffeehouse, café*
essen, ißt, aß, gegessen *to eat, dine*
trinken, trinkt, trank, getrunken *to drink*
gut (besser, best–) *good (better, best)*
der Eindruck, –s, ‥e *image, impression*
erhalten, erhält, erhielt, erhalten *to get, receive; keep*
es gibt; es gab *there is (are); there was (were)*
reich *rich, abundant*
das Museum, –s, die Museen *museum*
ausgezeichnet *outstanding, excellent*
das Theater, –s, – *theater; opera house*
reg(e) *active*
das Konzert, –es, –e *concert*
das Konzertleben, –s (*no plural*) *concert life*
aber *but*
erst (adj.) *first*
kulturell *cultural*
die Darbietung, –, –en *offering, presentation*
für (+ dir. obj. case) *for*
modern *modern*
die Seidentapete, –, –en *silk tapestry; wallpaper*
teuer *expensive, dear*
das Gemälde, –s, – *painting*
geziert *ornate*
bequem *comfortable*
der Sessel, –s, – *armchair*
bunt *colored, colorful(ly); bright(ly)*
beleuchten *to illuminate, light up*
der Springbrunnen, –s, – *fountain*

die Mitte, –, –n *middle*
erhöhen *to increase; raise*
hochgezüchtet *well-bred, genteel*
die Eleganz, – (*no plural*) *elegance*
sich wohlfühlen (separable-prefix verb) *to feel comfortable*
neu *new*
die Umgebung, –, –en *surroundings, environment*
sofort *immediately, at once*
sich gewöhnen an (+ dir. obj. case) *to become accustomed to*
schnell *fast, quick(ly)*
die Bequemlichkeit, –, –en *comfort; convenience*
der Reichtum, –s, ‥er *wealth, affluence*
die Sparsamkeit, –, –en *thrift, economy*
typisch *typical*
deutsch (adj.) *German*
wissen, weiß, wußte, gewußt *to know, be aware of, understand*
drüben *over there*
das Haus, –es, ‥er *house*
sondern *but, on the contrary*
das Restaurant, –s, –s *restaurant*
sogar *to be sure, even, too, as a matter of fact*
selten *rare(ly), seldom*
erst (adv.) *only, first*
der Krieg, –(e)s, –e *war*
anfangen, fängt an, fing an, angefangen *to start, begin*
einige (pl.) *a few, some*
eröffnen *to open; start*
hoffen *to hope*
aussuchen (separable-prefix verb) *to pick out, choose*

berühmt *famous*
einmal *once, at one time*
erzählen *to tell, speak*
begeistert *enthusiastic(ally)*
davon *of it, about it*
bekommen, bekommt, bekam, bekommen *to get, receive*
aussehen, sieht aus, sah aus, ausgesehen
to look, appear, seem
Was möchten Sie? *What would you like?*
die Tasse, –, –en *cup*
das Glas, –es, ⁼er *glass*
der Tee, –s, –s *tea*

sonst *else; otherwise*
der Wunsch, –es, ⁼e *wish, desire*
probieren (hat probiert) *to try, test*
gleich *immediately, right away*
der Appetit, –(e)s, –e *appetite*
  Guten Appetit! *Enjoy your meal!*
allerseits *to all (of you); on all sides*
wunderbar *wonderful*
dies (contraction of *dieses*) *this*
die Torte, –, –n *flat cake, tart*
Lieblings– *favorite*
  Lieblingstorte *favorite cake*
gemütlich *congenial, cozy*

Fragen: Wiederholung (Review)

1. Wer fuhr in die Stadt zurück?
   Herr Heise, Frau Heise und Jim fuhren in die Stadt zurück.
2. Was gibt es in Frankfurt?
   In Frankfurt gibt es reiche Museen, ausgezeichnete Theater und ein reges Konzertleben.
3. Was war die erste kulturelle Darbietung für Jim?
   Die erste kulturelle Darbietung für Jim war ein modernes Café.
4. Was stand in der Mitte des Cafés?
   In der Mitte des Cafés stand ein Springbrunnen.
5. Wer fühlte sich in der neuen Umgebung sofort wohl?
   Jim fühlte sich in der neuen Umgebung sofort wohl.
6. Was bestellte Jim?
   Er bestellte einen Kuchen.
7. Wer bestellte eine Tasse Kaffee?
   Frau Heise bestellte eine Tasse Kaffee.
8. Wessen Kuchen ist das?
   Das ist Jims Kuchen.
9. Wessen Torte ist das?
   Das ist Herrn Heises Torte.
10. Wessen Kaffee ist das?
    Das ist Frau Heises Kaffee.
11. Wem gibt die Bedienung den Tee?
    Die Bedienung gibt Herrn Heise den Tee.
12. Wem bringt die Bedienung den Kuchen?
    Die Bedienung bringt Frau Heise den Kuchen.
13. Wem bringt die Bedienung die Erdbeertorte?
    Die Bedienung bringt Herrn Heise die Erdbeertorte.
14. Wen sah Jim auf dem Flugplatz?
    Jim sah Onkel und Tante auf dem Flugplatz.
15. Wen holten Onkel und Tante vom Flugplatz ab?
    Onkel und Tante holten Jim vom Flugplatz ab.

Hausarbeit

Lernen Sie den folgenden Dialog auswendig.

A: Sollen wir in ein Café gehen?   A: Should we go to a coffeehouse?

B: Wo ist eins?   B: Where is one?

A: Neben dem Hotel.   A: Next to the hotel.

B: Das ist nicht weit.   B: That's not far.

A: Was möchtest du trinken?   A: What would you like to drink?

B: Ich möchte eine Tasse Kaffee.   B: I would like a cup of coffee.

A: Ich trinke ein Glas Tee.   A: I'll drink a glass of tea.

B: Ist es ein elegantes Café?   B: Is it an elegant coffeehouse?

A: Ja, sehr elegant sogar.   A: Yes, very elegant, as a matter of fact.

B: Hoffentlich ist es auch gemütlich.   B: I hope it's congenial, too.

ZWEITE STUNDE

The Possessive Case of Proper Nouns

When proper nouns (names of persons, cities, countries, etc.) are used in the possessive case, the so-called Saxon genitive is used. This construction is similar to the English possessive:

Jim**'s** pencil = Jim**s** Bleistift

In German, however, there is no apostrophe between the proper noun and the **s**.

Beispiele

Düsseldorfs Gärten
Amerikas Städte
Alberts Buch
Marias Kugelschreiber
Frankfurts Theater

Übung in der Klasse

Der Lehrer fragt einen Studenten. Give a negative answer to each of the following questions.

Beispiel

Kennen Sie Amerikas Städte?
Nein, ich kenne Amerikas Städte nicht.

1. Kennst du Deutschlands Städte?
2. Kennen Sie Frankfurts botanischen Garten?
3. Haben Sie Marias Onkel gesehen?
4. Haben Sie Amerikas Präsidenten gesehen?
5. Waren Sie in Düsseldorfs Museen?
6. Ist das Jims Kugelschreiber?
7. Ist das Marias Fernsehapparat?
8. Habt ihr Jims Koffer?
9. Haben Sie Amerikas Städte gesehen?
10. Haben Sie Saarbrückens Gärten gern?
11. Kennt ihr Herrn Heises Neffen?
12. Kennst du Frau Heises Neffen?
13. Hat er Jims Vater gesehen?
14. Hat er Jims Mutter gesehen?

„Wem gehört...?"

In everyday German **wessen** (*whose*) is frequently replaced in questions by the phrase **Wem gehört ...?** (*to whom does ... belong?*).

Beispiele

Wessen Bleistift ist das?　　Das ist Jims Bleistift.
Wem gehört der Bleistift?　　Der Bleistift gehört Jim.
Wessen Bleistifte sind das?　　Das sind Jims Bleistifte.
Wem gehören die Bleistifte?　　Die Bleistifte gehören Jim.

Thus, the question **Wem gehört ...?** may be answered in two different ways:

Wem gehört der Bleistift? { Das ist Jims Bleistift.
or
Der Bleistift gehört Jim.

Übung in der Klasse

Der Lehrer fragt die Studenten. Answer the following questions using the names in italics.

Beispiel

Wem gehört der Bleistift?　　*Albert*
Das ist Alberts Bleistift.
Der Bleistift gehört Albert.

1. Wem gehört der Koffer?　*Herr Heise*
2. Wem gehören die Bleistifte?　*Jim*
3. Wem gehören die Kugelschreiber?　*Richard*
4. Wem gehört der Tisch?　*Frau Heise*
5. Wem gehört der Fernsehapparat?　*Maria*
6. Wem gehört das Haus?　*Frau Heise*
7. Wem gehört der Kuchen?　*Herr Heise*
8. Wem gehört der Kaffee?　*Maria*

9. Wem gehört der Paß? *Jim*
10. Wem gehören die Bücher? *Herr Heise*
11. Wem gehört das Gemälde? *Frau Heise*
12. Wem gehören die Blumen? *Mutter*

Question Words: wo, wohin, woher *(where)*

The question **wo** asks for a location:

Wo bist du?   *Where are you?*

The questions **wohin** and **woher** ask for a direction:

Wohin gehst du?   *Where are you going (to)?*
Woher kommst du?   *Where are you coming from?*

Übungen in der Klasse

A. *Der Lehrer fragt einen Studenten. Answer the following* **wo**-*questions, using the phrases in italics.*

Beispiel

Wo steht der Koffer?   *im Zimmer*
Der Koffer steht im Zimmer.

1. Wo steht der Tisch? *im Zimmer*
2. Wo liegt das Buch? *auf dem Tisch*
3. Wo sind die Bleistifte? *auf dem Schreibtisch*
4. Wo essen Sie Kuchen? *im Café*
5. Wo gibt es etwas zu essen? *im Ratskeller*

B. *Formulate* **wo**-*questions from the following statements.*

Beispiel

Der Paß liegt auf dem Tisch.
Wo liegt der Paß?

1. Das Flugzeug steht auf dem Flugplatz.
2. Die Taxe wartet vor dem Haupteingang.
3. Im Café ist ein Springbrunnen.
4. Im Museum sind Gemälde.
5. Auf dem Tisch liegen einige Bücher.
6. Die Herren warten im Hotel.
7. Die Studenten warten vor dem Haupteingang.
8. Die Gäste wohnen im Hotel.
9. Auf dem Tisch stehen die Blumen.
10. Auf dem Tisch steht der Fernsehapparat.

C. *Der Lehrer fragt einen Studenten. Answer the following* **wohin**-*questions, using the phrases in italics.*

Beispiel

Wohin fliegt das Flugzeug? *nach Amerika*
Das Flugzeug fliegt nach Amerika.

1. Wohin geht der Student? *nach Hause*
2. Wohin stellst du die Blumen? *auf den Tisch*
3. Wohin legst du das Buch? *auf den Schreibtisch*
4. Wohin geht Herr Walter? *ins (in das) Hotel*
5. Wohin fliegt Jim? *nach Deutschland*

D. *Formulate **wohin**-questions from the following statements, using the pronoun in italics as your subject.*

Beispiel

Ich gehe zur Universität. *du*
Wohin gehst du?

1. Er fährt nach Frankfurt. *er*
2. Wir reisen nach Düsseldorf. *ihr*
3. Sie gehen ins Hotel. *Sie*
4. Ihr fahrt nach Detroit. *wir*
5. Ich fahre nach Hause. *du*
6. Er fliegt nach Frankfurt. *er*
7. Ich lege das Buch auf den Tisch. *du*
8. Ich lege den Bleistift auf den Tisch. *Sie*
9. Er stellt die Blumen auf den Tisch. *er*
10. Wir bringen Jim das Buch. *ihr*

E. *Der Lehrer fragt einen Studenten. Answer the following **woher**-questions, using the phrases in italics.*

Beispiel

Woher kommen Sie? *aus dem Hotel*
Ich komme aus dem Hotel.

1. Woher kommt er? *aus Amerika*
2. Woher kommen Sie? *aus Deutschland*
3. Woher kommen die Blumen? *aus dem Garten*
4. Woher kommen die Bleistifte? *aus dem Schreibtisch*
5. Woher kommt Jim? *aus der Zollhalle*

F. *Formulate **woher**-questions from the following statements.*

Beispiel

Die Bücher sind aus dem Zimmer.
Woher sind die Bücher?

1. Die Bücher sind aus der Universität.
2. Jim kommt aus Detroit.
3. Richard kommt aus Deutschland.

4. Die Buttercrèmetorte ist aus dem Café.
5. Das Gemälde ist aus dem Museum.
6. Die Blumen sind aus dem Garten.
7. Jim kommt aus dem Flugzeug.
8. Der Fernsehapparat ist aus Herrn Heises Zimmer.
9. Die Bleistifte sind aus Jims Schreibtisch.
10. Die Kinder sind aus Düsseldorf.

Separable-Prefix Verbs

Separable-prefix verbs can be recognized by the fact that the prefix is stressed. Pronounce the following separable-prefix verbs which have appeared so far in the readings:

abholen	aussteigen
aussehen	einbegreifen
aussuchen	eintragen
anfangen	nachsehen

In the present tense and in the narrative past tense, the prefix goes to the end of the sentence or clause.

infinitive:	**abholen**
present tense:	Herr Heise **holt** Jim vom Flugplatz **ab**.
past tense:	Herr Heise **holte** Jim vom Flugplatz **ab**.

In the perfect tense, the prefix is joined to the past participle of the basic verb.

infinitive:	**abholen**
past participle:	**abgeholt**
perfect tense:	Herr Walter **hat** Jim **abgeholt**.

Note that the verb *einbegreifen* does not add –**ge**–, because the prefix **be**– is retained in the past participle. (See Unit 5, pages 61–62.)

Das Frühstück ist nicht im Preise **einbegriffen**.

Übungen in der Klasse

A. *Der Lehrer fragt einen Studenten. Give your answers in the perfect tense.*

Beispiel

Haben Sie die Studenten abgeholt?
Ja, ich habe die Studenten abgeholt.

1. Haben Sie Ihre Hausarbeit angefangen?
2. Hat er wie Jim ausgesehen?
3. Haben Sie sich ein Stück (*piece*) Kuchen ausgesucht? (*Ja, ich . . . mir*)
4. Sind sie vor dem Hotel ausgestiegen?
5. Ist das Frühstück im Preise einbegriffen?

6. Hat er sich in die Liste eingetragen?   (*Ja, er . . . sich*)
7. Haben Sie im Zimmer nachgesehen?
8. Sind die Kinder aus dem Autobus ausgestiegen?
9. Hat der Zollbeamte Jims Paß nachgesehen?
10. Hat die Mutter gut ausgesehen?

B. *Der Lehrer fragt einen Studenten. Answer negatively in the perfect tense.*

Beispiel

Begriff er das Frühstück im Preise ein?
Nein, er hat das Frühstück nicht im Preise einbegriffen.

1. Trugst du dich in die Liste ein?   (*ich . . . mich*)
2. Saht ihr im Koffer nach?
3. Holte sie Jim ab?
4. Stiegt ihr vor dem Hotel aus?
5. Sah das Café gut aus?
6. Suchtest du dir einen Kuchen aus?   (*ich . . . mir*)
7. Fingen Sie mit Ihrer Arbeit an?

Real-Situation Practice

1. Trinken Sie gern Kaffee?   2. Essen Sie gern Kuchen?   3. Schmeckt Buttercrèmetorte gut?   4. Gehen Sie gern in ein Museum?   5. Gehen Sie gern in ein Café?   6. Gehen
Sie oft in ein Theater?   7. Was essen Sie gern: eine Buttercrèmetorte, einen Apfelstreusel
oder eine Erdbeertorte?

Hausarbeit: Aussprecheübung (Pronunciation Exercise)

1. Ich fahre in die Stadt zurück.
2. Wir wollen wissen, wo wir Kuchen essen können.
3. Ein Springbrunnen steht in der Mitte des Cafés.
4. Warst du schon in Saarbrücken?
5. Drüben gibt es diese Häuser nicht.
6. Hier gibt es teure Gemälde.
7. Deutscher Kuchen ist berühmt.
8. Wir eröffnen eine Cafeteria.
9. Diese Torte ist für dich.
10. Man gewöhnt sich schnell an Reichtum.

DRITTE STUNDE

Wiederholungsübungen (Review Exercises)

A. *Der Lehrer fragt die Studenten. Answer the following questions in the perfect tense
and in the past tense—first affirmatively, then negatively. Conjugate the verb in all persons*
(ich, du, er, wir, ihr, sie, Sie).

1. **Frage:**   Ist jemand von Ihnen in Deutschland gewesen?
    (Has any one of you been in Germany?)

    Antwort *(affirmative)*:
    Ja, ich bin in Deutschland gewesen.
    Ja, ich war in Deutschland.
    Ja, du bist in Deutschland gewesen.
    Ja, du warst in Deutschland.
    (Continue to conjugate the verb in all persons.)

    Antwort *(negative)*:
    Nein, ich bin nicht in Deutschland gewesen.
    Nein, ich war nicht in Deutschland.
    Nein, du bist nicht in Deutschland gewesen.
    Nein, du warst nicht in Deutschland.
    (Continue to conjugate the verb in all persons.)

2. **Frage:**   Haben Sie das Buch gehabt?

    Antwort *(affirmative)*:
    Ja, ich habe das Buch gehabt.
    Ja, ich hatte das Buch.
    (Continue to conjugate the verb in all persons.)

    Antwort *(negative)*:
    Nein, ich habe das Buch nicht gehabt.
    Nein, ich hatte das Buch nicht.
    (Continue to conjugate the verb in all persons.)

3. *Answer in the present tense, then in the past tense.*

    Frage: Werden Sie Lehrer?

    Antwort *(affirmative)*:
    Ja, ich werde Lehrer (Lehrerin).
    Ja, ich wurde Lehrer (Lehrerin).
    (Continue to conjugate the verb in all persons.)

    Antwort *(negative)*:
    Nein, ich werde kein Lehrer (keine Lehrerin).
    Nein, ich wurde kein Lehrer (keine Lehrerin).
    (Continue to conjugate the verb in all persons.)

B.   *Ein Student fragt einen anderen Studenten. Answer the following questions, using the italicized word in the possessive (Saxon genitive).*

Beispiel

Wessen Garten ist das?   *Mutter*
Das ist **Mutters** Garten.

1. Wessen Koffer ist das?   *Onkel*
2. Wem gehört der Bleistift?   *Jim*
3. Wem gehören die Bücher?   *Maria*

4. Wem gehört der Kugelschreiber? *Ilse*
5. Wem gehört der Kaffee? *Jürgen*
6. Wem gehört der Kuchen? *Frau Heise*
7. Wessen Blumen sind das? *Mutter*
8. Wessen Paß ist das? *Tante*
9. Wessen Glas Tee ist das? *Herr Heise*
10. Wem gehört der Apfelkuchen? *Hannelore*

C. *Answer each of the following questions both affirmatively and negatively.*

Beispiel

Haben Sie den Empfangschef gesehen?
Ja, ich habe den Empfangschef gesehen.
Nein, ich habe den Empfangschef nicht gesehen.

1. Haben Sie das Kind gesehen?
2. Haben Sie Herrn Trost gefragt?
3. Haben Sie Fräulein Weber gekannt?
4. Haben Sie Jim das Zimmer gezeigt?
5. Haben Sie den Schlüssel des Zimmers erhalten?
6. Haben Sie den Apfelkuchen probiert?
7. Haben Sie die Buttercrèmetorte bestellt?
8. Haben Sie das gewußt?

D. *Der Lehrer fragt die Studenten. Answer the following **wer**-questions, using the pronoun in italics as the subject of your sentence.*

Beispiel

Wer hat Jim die Bücher gegeben? *ich*
Ich habe Jim die Bücher gegeben.

1. Wer hat Ilse die Kugelschreiber gebracht? *ich*
2. Wer hat Frau Trost die Bleistifte gegeben? *du*
3. Wer hat der Lehrerin das Hotel gezeigt? *sie* (fem. sing.)
4. Wer hat den Lehrerinnen die Zimmer bestellt? *sie* (pl.)
5. Wer hat dem Mädchen den Kaffee gebracht? *er*
6. Wer hat den Fräulein die Kuchen bestellt? *man*
7. Wer hat den Kindern die Bücher gebracht? *wir*
8. Wer hat den Frauen die Hotels gezeigt? *ihr*
9. Wer hat den Damen die Zimmer bestellt? *du*

E. *Transform the following sentences into both the past tense and the perfect tense.*

Beispiel

Er sieht das Flugzeug.
Er sah das Flugzeug.
Er hat das Flugzeug gesehen.

1. Sie fahren nach Frankfurt.
2. Die Bedienung bringt das Frühstück.
3. Das Hotel gefällt mir.
4. Ihr nehmt den Kuchen.
5. Ich komme mit.
6. Sie bleiben im Zimmer.

7. Es liegt auf dem Boden.
8. Wir stehen im Hotel.
9. Du hilfst dem Mädchen.
10. Ihr verlaßt Frankfurt.
11. Das Unkraut wächst.
12. Ich esse den Kuchen.
13. Sie sieht im Koffer nach.
14. Wir steigen aus.
15. Sie gibt mir das Buch.
16. Man holt den Koffer ab.
17. Er spricht Deutsch.
18. Er sucht den Kuchen aus.
19. Ich denke an Düsseldorf.
20. Ich trage mich ein.

F. *Change the following statements into questions by using one of these question words: wer, was, wen, wem, wessen, wo, wohin, woher. Sometimes two or three different questions can be formulated with different question words.*

Beispiele

Herr Walter bleibt im Hotel.
Wer bleibt im Hotel?

Der Tee ist für mich.
Für **wen** ist der Tee?

1. Die Taxe wartet vor dem Haupteingang.
2. Das Buch liegt auf dem Tisch.
3. Der Bleistift liegt auf dem Schreibtisch.
4. Der Fernsehapparat steht auf dem Tisch.
5. Der Kuchen ist für mich.
6. Der Kaffee ist für Frau Heise.
7. Das Glas Tee ist für Jim.
8. Der Herr ist in seinem Zimmer.
9. Die Dame wartet im Hotel.
10. Das Kind steht beim (bei dem) Empfangschef.
11. Der Amerikaner wohnt im Hotel.
12. Das Fräulein hat ein Frühstück bestellt.
13. Die Bedienung zeigt den Herrschaften das Zimmer.
14. Die Bedienung bringt Jim die Koffer.
15. Das sind Jims Koffer.
16. Der Fernsehapparat gehört Ilse.
17. Die Blumen sind aus Mutters Garten.
18. Die Blumen gehören Frau Trost.
19. Das ist das Buch des Kindes.
20. Die Bücher gehören Fräulein Weber.

G. *Read the following numbers in German.*

45	38	96	103	29	41	12	92
17	2	63	82	87	77	65	51
72	100	54	36	40	34	21	11

Hausarbeit

Übersetzen Sie schriftlich.

1. I haven't seen a cafeteria in Germany. 2. Is the cake for me? 3. I would like to have a cup of coffee. 4. What would you like to drink? 5. I'll drink a glass of tea. 6. I am trying the cake. 7. I would like to have a glass of tea. 8. How does the cake taste? 9. I would like to have a buttercream cake. 10. I must say, it's congenial here.

7
Siebte Einheit

ERSTE STUNDE

Leseübung

Familie Heise und Jim haben im Hotel übernachtet. Heute morgen verließen sie das Hotel. Sie fuhren in einer Taxe zum Bahnhof. Die deutsche Bundesbahn gehört dem Staat. Darum existiert sie noch. Sie ist nämlich immer bankrott. Der deutsche Bundestag ist aber großzügig. Er erhöht von Zeit zu Zeit die Fahrpreise. Das hält die Züge auf den Schienen. Die Züge sind schnell und komfortabel. Viele Leute fahren große Strecken lieber mit der Eisenbahn, als mit dem Auto. Die Eisenbahn ist sicherer als die Autobahn.

The Heises and Jim stayed overnight in the hotel. This morning they left the hotel. They went to the railway station in a taxi. The German Federal railroad belongs to the State. This is why it still exists. It is, of course, always bankrupt. The German Bundestag is generous, however. From time to time it raises the ticket prices. That keeps the trains on the rails. The trains are fast and comfortable. Many people prefer taking long trips by train rather than by car. The railroad is safer than the highway.

Dialog: Auf dem Bahnhof

Dialogue: At the Railway Station

Herr Heise: Jim, die Eisenbahn ist in Deutschland immer noch ein wichtiges Verkehrsmittel.

Jim: Es ist sehr viel Betrieb hier auf dem Bahnhof.

Herr Heise: Durch Bahnhöfe großer Städte fahren an einem Tage ungefähr siebenhundert Eisenbahnzüge.

Jim: Alles Personenzüge?

Herr Heise: Nein, auch Güterzüge.

Jim: Aber hier sehe ich keine Güterzüge.

Herr Heise: Der Frankfurter Bahnhof ist ein Personenbahnhof. Er ist außerdem ein Sackbahnhof. Hier halten nur Personenzüge.

Frau Heise: Oh nein, hier halten nicht nur Personenzüge, sondern auch Schnellzüge.*

Mr. Heise: Jim, the railroad is still an important means of transportation in Germany.

Jim: There's a great deal of traffic here at the railway station.

Mr. Heise: In one day, approximately 700 trains travel through the railway stations of the large cities.

Jim: Are they all passenger trains?

Mr. Heise: No, also freight trains.

Jim: But I don't see any freight trains here.

Mr. Heise: The Frankfurt railroad station is a passenger station. Moreover, it is a dead-end station. Only passenger trains stop here.

Mrs. Heise: Oh no. Not only local trains stop here, but express trains also.

---

* This is a play on words. *Personenzug* has a double meaning: "passenger train" and "local train."

Herr Heise: Ja, natürlich — nun bring uns doch nicht durcheinander. Ich sage Personenzüge, die nur Personen befördern, zum Unterschied von Güterzügen, die nur Frachten befördern. Daher gibt es einen Personenbahnhof und einen Güterbahnhof.

Jim: Ich kenne den Unterschied zwischen den Personenzügen. Es gibt Personenzüge, die auf allen Stationen halten. Dann gibt es Eilzüge, die nicht überall halten. Dann gibt es Schnellzüge, die nur in den größeren Städten halten und schließlich die Fernschnellzüge, die nur in den allerwichtigsten Städten halten.

Lautsprecher: Achtung! Achtung! Der Zug nach Saarbrücken läuft nicht auf Bahnsteig 14 ein, sondern auf Bahnsteig 11. Ich wiederhole: Der Zug nach Saarbrücken läuft nicht auf Bahnsteig 14 ein, sondern auf Bahnsteig 11.

Frau Heise: Wir müssen an den Fahrkartenschalter gehen und die Fahrkarten kaufen, sonst kommen wir zu spät zum Zug.

Herr Heise: Du hast recht. (*Er geht zum Schalter.*) Bitte drei Fahrkarten zweiter Klasse nach Saarbrücken.

Beamter: Einfach oder Rückfahrkarten?

Herr Heise: Einfach, bitte.

Beamter: Bitte sehr. DM 36,80 (sechsunddreißig Mark, achtzig).

Herr Heise: Hier sind fünfzig Mark.

Beamter: 50 Mark — DM 13,20 (dreizehn Mark, zwanzig) zurück, bitte sehr!

Herr Heise: Danke schön. Die Fahrkarten haben wir.

Frau Heise: Kommt jetzt auf den Bahnsteig. Wir müssen uns beeilen, sonst fährt uns der Zug vor der Nase weg.

Mr. Heise: Yes, of course, but don't confuse us. I say local trains which carry only people, to differentiate from freight trains which carry only freight. Therefore, there is a passenger station and a freight station.

Jim: I know the difference between the passenger trains. There are local trains that stop at all stations. Then there are fast trains which don't stop everywhere. Then there are the express trains, which stop only in the larger cities, and finally the long-distance express trains, which only stop in the most important cities.

Loudspeaker: Attention! Attention! The train to Saarbrücken is not stopping at platform 14, but at platform 11. I repeat: The train to Saarbrücken is not stopping at platform 14, but at platform 11.

Mrs. Heise: We must go to the ticket counter and buy tickets, or else we will arrive too late for the train.

Mr. Heise: You're right. (*He goes to the ticket window.*) Three second-class tickets to Saarbrücken, please.

Official: One-way or round-trip tickets?

Mr. Heise: One-way, please.

Official: Thirty-six marks, 80 pfennigs, please.

Mr. Heise: Here are 50 marks.

Official: 50 marks—13 marks, 20 pfennigs change.

Mr. Heise: Thank you very much. We have the tickets.

Mrs. Heise: Let's go to the platform. We must hurry; otherwise the train will pull away right in front of our nose.

Wortschatz

übernachten *to stay overnight*
heute morgen *this morning*
der Bahnhof, –s, ⸚e *railway station*
die deutsche Bundesbahn, –, –en *German Federal Railroad*
gehören (+ indir. obj.) *to belong to*
darum *therefore, for that reason*
existieren *to exist*
bankrott *bankrupt*
der deutsche Bundestag *German federal legislative assembly (corresponds to U.S. Congress)*
großzügig *generous*
erhöhen *to raise, increase*
die Zeit, –, –en *time*
der Fahrpreis, –es, –e *fare, ticket price*
halten, hält, hielt, gehalten *to keep; hold; support; contain; stop; last*
der Zug, –es, ⸚e *train; pull, tug; draught; feature, trait, characteristic*
die Schiene, –, –n *rail, track*
komfortabel *comfortable*
viele *many*
die Leute (pl.) *people*
groß (größer, größest) *big (bigger, biggest), large; tall*
die Strecke, –, –n *distance; road, route*
gern, lieber, am liebsten (+ verb) *to like to, to like more (prefer), to like most*
die Eisenbahn, –, –en *railroad, railway*
als *than, but, as*
das Auto, –s, –s *car, auto*
sicher *safe, sure, secure*
die Autobahn, –, –en *superhighway, expressway*
wichtig *important*
das Verkehrsmittel, –s, – *means of transportation*
der Betrieb, –es, –e *traffic; factory; operation*
durch (+ dir. obj. case) *through*
ungefähr *approximate(ly)*
der Eisenbahnzug, –es, ⸚e *railroad train*
der Personenzug, –es, ⸚e *passenger train, local train*
der Güterzug, –es, ⸚e *freight train*

der Personenbahnhof, –s, ⸚e *passenger station*
außerdem *moreover, besides*
der Schnellzug, –es, ⸚e *express train*
natürlich *naturally, of course*
durcheinander bringen *to confuse*
die Person, –, –en *person; pl. people*
befördern *to carry*
der Unterschied, –(e)s, –e *difference, distinction*
die Fracht, –, –en *freight*
daher *therefore*
der Güterbahnhof, –s, ⸚e *freight station*
die Station, –, –en *railway station*
dann *then*
der Eilzug, –es, ⸚e *fast train*
nur *only*
schließlich *finally*
der Fernschnellzug, –es, ⸚e *long-distance express train*
allerwichtigst *most important*
der Lautsprecher, –s, – *loudspeaker*
Achtung! *Attention!*
einlaufen, läuft ein, lief ein, ist eingelaufen *to arrive, pull in*
der Bahnsteig, –(e)s, –e *platform*
wiederholen *to repeat*
der Fahrkartenschalter, –s, – *ticket window, counter*
die Fahrkarte, –, –en *ticket (for transportation)*
kaufen *to buy*
spät *late*
recht *right*
du hast recht *you are right*
die Klasse, –, –n *class; classroom*
einfach *one-way; simple*
die Rückfahrkarte, –, –n *round-trip ticket*
der Pfennig, –s, –e *pfennig (1 Mark = 100 pfennigs)*
zurück *back*
sich beeilen *to hurry*
wegfahren, fährt weg, fuhr weg, ist weggefahren *to depart, drive away, pull away*
die Nase, –, –n *nose*

Fragen: warum, weshalb, weswegen *(why)*

1. Warum fahren Herr Heise, Frau Heise und Jim zum Bahnhof?
   Herr Heise, Frau Heise und Jim wollen nach Saarbrücken fahren.
2. Weshalb ist sehr viel Betrieb auf dem Bahnhof?
   Die Eisenbahn ist ein sehr wichtiges Verkehrsmittel.
3. Weswegen sieht Jim keine Güterzüge auf den Bahnsteigen?
   Der Frankfurter Hauptbahnhof ist ein Personenbahnhof.
4. Was ist der Unterschied zwischen einem Personenzug und einem Schnellzug?
   Ein Personenzug hält auf allen Bahnhöfen, ein Schnellzug nicht.
5. Warum muß Herr Heise zum Fahrkartenschalter gehen?
   Er muß zum Fahrkartenschalter gehen, sonst kommen die drei zu spät zum Zug.
6. Weshalb bestellt Herr Heise eine einfache Fahrkarte?
   Sie wollen nur nach Saarbrücken reisen und nicht zurück.
7. Weswegen müssen die drei sich beeilen?
   Sie müssen sich beeilen, sonst fährt ihnen der Zug vor der Nase weg.
8. Wer fährt nach Saarbrücken?
   Herr Heise, Frau Heise und Jim fahren nach Saarbrücken.
9. Warum kauft Herr Heise Fahrkarten?
   Er kauft Fahrkarten, sonst kann er nicht mit der Eisenbahn fahren.
10. Weshalb fährt Herr Heise mit der Eisenbahn?
    In der Eisenbahn ist es gemütlich.
11. Weswegen fährt Herr Heise nach Saarbrücken?
    Er wohnt in Saarbrücken.

Fragen: Wiederholung

1. Wessen Koffer ist das?
   Das ist Jims Koffer.
2. Wem gehören die Koffer?
   Die Koffer gehören Frau Heise.
3. Wen fragt Herr Heise am Fahrkartenschalter?
   Herr Heise fragt den Beamten.
4. Wohin fährt Jim?
   Jim fährt nach Saarbrücken.
5. Woher kommt Jim?
   Jim kommt aus Detroit.
6. Wo ist Jim?
   Jim ist auf dem Bahnhof in Frankfurt.
7. Wohin geht Frau Heise?
   Frau Heise geht auf den Bahnsteig.
8. Woher kommt Frau Heise?
   Sie kommt aus dem Hotel.
9. Wo ist sie?
   Sie ist auf dem Bahnsteig.

Hausarbeit

Lernen Sie den folgenden Dialog auswendig.

A: Wohin gehst du?

A: Where are you going?

B: Ich gehe zum Bahnhof.

B: I'm going to the railroad station.

A: Warum fährst du nicht mit einer Taxe?

A: Why don't you go by taxi?

B: Der Bahnhof ist nicht weit.

B: The railroad station isn't far away.

A: Wohin fährst du?

A: Where are you traveling?

B: Ich fahre nach Düsseldorf.

B: I'm going to Düsseldorf.

A: Warum fährst du nicht mit dem Auto nach Düsseldorf?

A: Why don't you go to Düsseldorf by car?

B: Mit der Eisenbahn ist es gemütlicher und sicherer zu fahren.

B: It's more pleasant and safer to go by train.

A: Hast du schon eine Fahrkarte?

A: Do you already have a ticket?

B: Nein, noch nicht. Ich muß mich beeilen, sonst fährt mir der Zug vor der Nase weg.

B: No, not yet. I must hurry; otherwise the train will pull away right in front of my nose.

ZWEITE STUNDE

Prepositions Used with the Direct Object or Indirect Object Case

The following prepositions, which have occurred in the preceding units, take either the direct object case or the indirect object case, depending on the situation:

in	*in, into*
an	*at, by, near to; on*
auf	*on, upon*
über	*over, above*
vor	*in front of, before; ago* (vor drei Jahren = *three years ago*)

The direct object case is used with these prepositions if there is motion involved (verbs such as *gehen, kommen, fahren*):

Ich gehe in (into) das Hotel.

If the verb indicates a state of being (verbs such as *sein, stehen*), the indirect object case is used with these prepositions:

Ich bin in (in) dem Hotel.

Übungen in der Klasse

A. *Fill in the blanks with articles in the direct object case or indirect object case, as indicated by the verb.*

Beispiel

Ich gehe in ___ Zimmer.
Ich gehe in **das** Zimmer.
Ich bin in ___ Zimmer.
Ich bin in **dem** Zimmer.

1. Ich gehe an _____ Rhein.
   Ich bin an _____ Rhein.
2. Ich lege das Buch auf _____ Tisch.
   Das Buch liegt auf _____ Tisch.
3. Ich hänge (*hang*) das Gemälde über _____ Tisch.
   Das Gemälde hängt über _____ Tisch.
4. Er fährt vor _____ Hotel.
   Er steht vor _____ Hotel.
5. Sie geht an _____ Schalter.
   Sie steht an _____ Schalter.
6. Wir gehen in _____ Zollhalle.
   Wir sind in _____ Zollhalle.

B. *Der Lehrer fragt einen Studenten.*

Beispiel

Wohin kommt die Sahne (*whipped cream*)?
Die Sahne kommt auf ___ Torte.
Die Sahne kommt auf **die** Torte.

1. Wo ist die Sahne? Sie ist auf _____ Torte.
2. Wohin legst du das Buch? Ich lege es auf _____ Tisch.
3. Wo liegt das Buch? Es liegt auf _____ Tisch.
4. Wohin hängt ihr das Gemälde? Wir hängen es über _____ Sessel.
5. Wo hängt das Gemälde? Es hängt über _____ Sessel.
6. Wohin fährt die Taxe? Sie fährt vor _____ Hotel.
7. Wo steht die Taxe? Sie steht vor _____ Hotel.
8. Wohin gehen die Damen? Sie gehen in _____ Zimmer.
9. Wo sind die Damen? Sie sind in _____ Zimmer.
10. Wohin gehen die Jungen? Sie gehen an _____ Fahrkartenschalter (*pl.*).
11. Wo sind die Jungen? Sie sind an _____ Fahrkartenschaltern.
12. Wohin kommt die Sahne? Sie kommt auf _____ Torten.
13. Wohin fliegen die Flugzeuge? Sie fliegen über _____ Städte.
14. Wo sind die Flugzeuge? Sie sind über _____ Städten.
15. Wohin stellen sich die Jungen? (sich stellen = *to place or station oneself*) Sie stellen sich vor _____ Hotels.
16. Wo stehen die Jungen? Sie stehen vor _____ Hotels.
17. Wohin stellst du die Blumen? Ich stelle sie auf _____ Tisch.
18. Wo wachsen die Blumen? Sie wachsen auf _____ Rasen (*sing.*).

Contractions of Prepositions

There are many instances in German where a preposition and the definite article following it are contracted into a single word. The following contractions are commonly used:

in das Zimmer = **ins** Zimmer
in dem Zimmer = **im** Zimmer
an dem Rhein = **am** Rhein
an das Wasser = **ans** Wasser
von dem Flugplatz = **vom** Flugplatz
zu dem Bahnhof = **zum** Bahnhof
zu der Schule = **zur** Schule
bei dem Empfangschef = **beim** Empfangschef
für das Zimmer = **fürs** Zimmer
durch das Hotel = **durchs** Hotel
vor das Haus = **vors** Haus

Übung in der Klasse

Der Lehrer fragt einen Studenten. Answer the following questions using the prepositional contractions listed above.

Beispiel

Wohin gehen Sie?   *in– Zimmer*
Ich gehe **ins** Zimmer.

1. Wohin fährt er?   *zu– Bahnhof*
2. Wo sind die Koffer?   *bei– Empfangschef*
3. Wo liegt (*is situated*) Düsseldorf?   *an– Rhein*
4. Wo liegt Köln?   *an– Rhein*
5. Wohin geht er?   *durch– Hotel*
6. Wo ist Jim?   *in– Zimmer*
7. Woher kommt die Taxe?   *von– Flugplatz*
8. Woher kommt ihr?   *von– Bahnhof*
9. Wo liegt das Buch?   *bei– Fernsehapparat*
10. Wo ist Ilse?   *bei– Lehrer*
11. Wohin geht das Kind?   *zu– Schule (school)*

Wiederholung: Negation

1. Most of the time the negative **nicht** is placed at the end of a sentence.

Beispiel

Er sieht den Lehrer.
Er sieht den Lehrer **nicht**.

2. If a prepositional phrase is negated, **nicht** precedes the prepositional phrase.

Beispiel

Gehst du an den Fahrkartenschalter?
Nein, ich gehe **nicht** an den Fahrkartenschalter.

3. In a compound tense, **nicht** precedes the past participle.

Beispiel

Er hat den Lehrer gesehen.
Er hat den Lehrer **nicht** gesehen.

4. In a sentence with both a compound tense and a prepositional phrase, **nicht** precedes the prepositional phrase.

Beispiel

Er ist mit dem Flugzeug geflogen.
Er ist **nicht** mit dem Flugzeug geflogen.

Übungen in der Klasse

A. *Negate the following sentences according to the preceding rules.*

1. Er zeigt ihm (*to him*) das Buch.
2. Er hat ihm das Buch gezeigt.
3. Er hat ihm das Buch in der Klasse gezeigt.
4. Der Künstler zeigt uns (*to us*) Deutschland.
5. Der Künstler hat uns Deutschland gezeigt.
6. Der Künstler hat uns Deutschland auf der Landkarte (*map*) gezeigt.
7. Wir gehen in das Hotel.
8. Wir sind in das Hotel gegangen.
9. Wir sind mit den Koffern in das Hotel gegangen.
10. Jim sieht das Flugzeug.
11. Jim hat das Flugzeug gesehen.
12. Jim hat das Flugzeug von seinem Hotel gesehen.
13. Jim gibt dem Studenten das Buch.
14. Jim gibt dem Studenten in der Klasse das Buch.
15. Jim hat dem Studenten in der Klasse das Buch gegeben.
16. Jim geht in das Flugzeug.
17. Jim ist in das Flugzeug gegangen.
18. Sie fragt den Lehrer.
19. Sie hat den Lehrer gefragt.
20. Sie hat den Lehrer in der Klasse gefragt.

B. *Der Lehrer fragt einen Studenten.*

Beispiel

Haben Sie ihm das Buch gegeben?
Nein, ich habe ihm das Buch **nicht** gegeben.

1. Fahren Sie an den Rhein?
2. Sind Sie an den Rhein gefahren?
3. Sind Sie nach Saarbrücken gefahren?
4. Wohnte er am Rhein?
5. Hat er am Rhein gewohnt?
6. Sehen Sie das Buch?
7. Haben Sic das Buch gesehen?
8. Legen Sie das Buch auf den Tisch?
9. Haben Sie das Buch auf den Tisch gelegt?
10. Lag das Buch auf dem Tisch?
11. Hat das Buch auf dem Tisch gelegen?
12. Fragen Sie den Empfangschef?
13. Haben Sie den Empfangschef gefragt?
14. Haben Sie den Empfangschef im Hotel gefragt?
15. Fliegt das Flugzeug über die Stadt?
16. Ist das Flugzeug über die Stadt geflogen?
17. Zeigen Sie der Dame das Zimmer?
18. Haben Sie der Dame das Zimmer gezeigt?
19. Hält die Taxe vor dem Haupteingang?
20. Hat die Taxe vor dem Haupteingang gehalten?
21. Wartet Herr Heise vor dem Fahrkartenschalter?
22. Hat Herr Heise vor dem Fahrkartenschalter gewartet?

Wiederholungsübungen (Review Exercises)

The Possessive Case

Ein Student fragt einen anderen Studenten. Answer the following questions, using the words in italics in the possessive.

Beispiel

Wessen Kuchen ist das? *Jim*
Das ist **Jims** Kuchen.

1. Wessen Kaffee ist das? *Herr Heise*
2. Wessen Buch ist das? *Frau Heise*
3. Wessen Glas ist das? *Ilse*
4. Wessen Blumen sind das? *Mutter*
5. Wessen Bücher sind das? *Vater*
6. Wessen Haus ist das? *Lehrer*
7. Wessen Zimmer ist das? *Lehrerin*
8. Wessen Koffer ist das? *Amerikaner*
9. Wessen Bleistift ist das? *Student*
10. Wessen Paß ist das? *Franzose*
11. Wessen Buch ist das? *Kind*
12. Wessen Fernsehapparat ist das? *Künstler*

Noun Plurals

A. *Der Lehrer fragt die Studenten, und sie beantworten die Fragen im Plural.*

Beispiel

Wo ist der Künstler? *Café*
Die Künstler sind im Café.

1.   Wo ist der Lehrer? *Hotel*
2.   Wo ist der Vater? *zu Hause*
3.   Wo ist die Mutter? *Garten*
4.   Ist das Zimmer gemütlich? *Ja, . . .*
5.   Wie gefällt Ilse der Boden des Zimmers? *gut*
6.   Ist der Sommer in Florida heiß (*hot*)? *Ja, . . .*
7.   Ist das Theater gut? *Ja, . . .*
8.   Wo hängt das Gemälde? *Café*
9.   Wo steht der Sessel? *Zimmer*
10.   Wo ist der Springbrunnen? *Café*
11.   Wo liegt der Kugelschreiber? *Tisch*

B.   *Ein Student fragt einen anderen Studenten, und er antwortet im Plural.*

Beispiel

Liegt das Buch auf dem Schreibtisch? *Ja, . . .*
Ja, die Bücher liegen auf dem Schreibtisch.

1.   Ist der Tag heiß? *Ja, . . .*
2.   Liegt der Bleistift auf dem Tisch? *Ja, . . .*
3.   Wo steht der Tisch? *Zimmer*
4.   Wo liegt der Teppich? *Hotel*
5.   Ist die Nacht heiß? *Ja, . . .*
6.   Ist der Gast im Hotel? *Ja, . . .*
7.   Fliegt das Flugzeug nach Frankfurt? *Ja, . . .*
8.   Ist der Eindruck gut? *Ja, . . .*

C.   *Fill in the plural of the nouns in italics.*

Beispiel

(*Mann*) _____ sind in der Stadt.
Die Männer sind in der Stadt.

1.   (*Haus*) _____ gehören der Stadt.
2.   (*Buch*) _____ gehören mir.
3.   (*Kind*) _____ sind im Zimmer.
4.   (*Bad*) _____ sind heiß.
5.   (*Glas*) _____ stehen auf dem Tisch.

D.   *Der Lehrer fragt einen Studenten, und er antwortet im Plural. Use either* **gut** *or* **kaum**
(*not very much*) *in your answers.*

Beispiel

Wie gefällt Ihnen *(you, formal)* die Seidentapete? (*gut* oder *kaum*)
Die Seidentapeten gefallen mir *(me)* kaum.

1. Wie gefällt Ihnen die Tasse?
2. Wie gefällt Ihnen die Blume?
3. Wie gefällt Ihnen der Springbrunnen?
4. Wie gefällt Ihnen das Hotel?
5. Wie gefällt Ihnen die Darbietung?
6. Wie gefällt Ihnen das Café?
7. Wie gefällt Ihnen das Restaurant?
8. Wie gefällt Ihnen das Museum?

Real-Situation Practice

1. Waren Sie schon (*ever*) in einem Bahnhof? 2. Sind Sie schon mit einem Zug gefahren? 3. Möchten Sie mit einem Zug fahren? 4. Fahren Sie gern mit einem Auto oder mit einem Zug? 5. Ist ein Auto sicherer als die Eisenbahn? 6. Wieviel (*how much*) kostet (*costs*) eine Reise mit dem „Greyhound" von New York nach Miami, Florida? 7. Wieviel kostet ein Flug von New York nach Frankfurt in Deutschland und zurück?

Hausarbeit: Ausspracheübung

1. Wir übernachten im Hotel. 2. Das Zimmer kostet zweiundzwanzig Mark. 3. Der Staat und die Städte sind bankrott. 4. Wir stehen mit dem Auto mitten auf der Autobahn. 5. Viele Leute fahren große Strecken lieber mit der Eisenbahn. 6. Durch Bahnhöfe großer und kleiner Städte fahren viele Eisenbahnzüge. 7. Die Züge sind komfortabel. 8. Wir fahren gern mit Schnellzügen. 9. Es gibt Unterschiede zwischen den Zügen. 10. Wir müssen auf den Bahnsteig gehen. 11. Wir stehen auf dem Bahnsteig. 12. Die Studenten stehen auf dem Bahnsteig. 13. Wir stehen schon eine Stunde mit den Studenten auf dem Bahnsteig. 14. Die Schnellzüge halten nur in wenigen (*a few*) Städten.

DRITTE STUNDE

Verbs: The Past Perfect Tense

The past perfect (or pluperfect) tense combines the past tense of **haben** or **sein** plus the past participle of the verb. In English the past perfect tense is translated as *had* plus the past participle: *I had gone, we had seen*, etc.

Beispiele

Ich **hatte** den Kuchen **gegessen.**   *I had eaten the cake.*
Er **war** nach Frankfurt **geflogen.**   *He had flown to Frankfurt.*

The past perfect tense is used to express an action already completed at a specific time in the past.

Past Perfect Tense of *sehen* and *gehen*

sehen	gehen
Ich **hatte** die Dame **gesehen**. Du **hattest** die Dame **gesehen**. Er (sie, es, man) **hatte** die Dame **gesehen**.	Ich **war** nach Hause **gegangen**. Du **warst** nach Hause **gegangen**. Er (sie, es, man) **war** nach Hause **gegangen**.
Wir **hatten** die Dame **gesehen**. Ihr **hattet** die Dame **gesehen**. Sie **hatten** die Dame **gesehen**.	Wir **waren** nach Hause **gegangen**. Ihr **wart** nach Hause **gegangen**. Sie **waren** nach Hause **gegangen**.
Sie **hatten** die Dame **gesehen**.	Sie **waren** nach Hause **gegangen**.

Past Perfect Tense of *haben*, *sein*, and *werden*

haben	sein	werden
ich hatte gehabt du hattest gehabt	ich war gewesen du warst gewesen	ich war geworden du warst geworden
er sie es } hatte gehabt man	er sie es } war gewesen man	er sie es } war geworden man
wir hatten gehabt ihr hattet gehabt sie hatten gehabt	wir waren gewesen ihr wart gewesen sie waren gewesen	wir waren geworden ihr wart geworden sie waren geworden
Sie hatten gehabt	Sie waren gewesen	Sie waren geworden

Übungen in der Klasse

A. *Der Lehrer fragt die Studenten. Give your answers in the past perfect tense.*

Beispiel

Kannten Sie das Mädchen?
Ja, ich hatte das Mädchen gekannt.
Nein, ich hatte das Mädchen nicht gekannt.

1.	Kannten Sie die Dame?	8.	Halfst du der Mutter?
2.	Schnitten Sie die Blumen?	9.	Brauchtest du das Buch?
3.	Brachte er den Kuchen?	10.	Betrogst du den Beamten?
4.	Bliebt ihr zu Hause?	11.	Bliebst du im Hotel?
5.	Flogen Sie nach Frankfurt?	12.	Fuhrst du ins Hotel?
6.	Gingen Sie ins Museum?	13.	Wohntest du in Düsseldorf?
7.	Trankst du den Tee?	14.	Brauchtet ihr die Bücher?

B. *Der Lehrer fragt die Studenten. Give your answers in the past perfect tense.*

Beispiel

Blieb sie im Hotel?
Ja, sie war im Hotel geblieben.
Nein, sie war nicht im Hotel geblieben.

1. Blieb sie im Zimmer?
2. Aß sie den Kuchen?
3. Fragte er den Lehrer?
4. Pflegtet ihr den Garten?
5. Lernten sie die Übung?
6. Ging man nach Hause?
7. Fuhr man ins Hotel?
8. Flogt ihr nach Amerika?
9. Bestelltet ihr den Kuchen?
10. Bestelltet ihr das Frühstück?

C. *Ein Student fragt einen anderen Studenten. Give your answers in the past perfect tense.*

Beispiel

Wo lag das Buch? *Tisch*
Das Buch hatte auf dem Tisch gelegen.
Das Buch hatte nicht auf dem Tisch gelegen.

1. Wo wohnte der Herr? *Düsseldorf*
2. Wer aß den Kuchen? *Jim*
3. Wem gehörte der Bleistift? *Mädchen*
4. Wohin fuhrt ihr? *Hotel*
5. Woher kamt ihr? *Amerika*
6. Wessen Paß stempelte der Beamte? *Jim*
7. Wem gaben Sie das Buch? *Ilse*
8. Was lag auf dem Tisch? *Bleistifte*
9. Was stand auf dem Tisch? *Fernsehapparat*

D. *Transform the following sentences first into the past tense then into the past perfect tense.*

Beispiel

Ich habe den Bleistift.
Ich hatte den Bleistift.
Ich hatte den Bleistift gehabt.

1. Wir haben das Buch.
2. Sie haben den Kuchen.
3. Du hast einen Garten.
4. Er hat einen Kugelschreiber.
5. Sie hat einen Jungen.
6. Er ist in Berlin.
7. Sie ist in Düsseldorf.
8. Wir sind in Frankfurt.
9. Ihr seid im Hotel.
10. Du bist in Saarbrücken.
11. Sie sind in Deutschland.
12. Ich werde Lehrer.
13. Er wird Künstler.
14. Wir werden Amerikaner.
15. Sie werden Amerikaner.
16. Sie werden Professor.
17. Du wirst Student.
18. Ihr werdet Deutsche.

E. *Ein Student fragt einen anderen Studenten. Give your answers in the perfect tense.*

Beispiel

Warst du in Frankfurt gewesen?
Ja, ich bin in Frankfurt gewesen.
Nein, ich bin nicht in Frankfurt gewesen.

1. Warst du in Detroit gewesen?
2. Warst du in Saarbrücken gewesen?
3. Hattest du ein Zimmer bestellt?
4. Hattest du ein Frühstück bestellt?
5. Hattest du einen Kuchen bestellt?
6. Hattest du eine Torte bestellt?

F. *Fill in the past perfect tense of the following verbs.*

Beispiel

gehen
Ich ____ ins Hotel _____.
Ich **war** ins Hotel **gegangen**.

1. *fliegen*   Jim _____ nach Deutschland _____.
2. *abholen*   Onkel und Tante _____ Jim _____.
3. *gehen*   Sie _____ in ein Café _____.
4. *übernachten* Jim _____ im Hotel _____.
5. *gefallen*   Das Café _____ Jim gut _____.
6. *warten*   Sie _____ auf Jim _____.
7. *sein*   Der Flug _____ angenehm _____.
8. *haben*   Jim _____ einen angenehmen Flug _____.

Wiederholungsübungen

Definite and Indefinite Articles

Fill in the correct articles.

Beispiel

Er geht in (*indef.*) _____ Haus.
Er geht in **ein** Haus.

1. (*indef.*) _____ Student fliegt nach Frankfurt.
2. (*indef.*) _____ Studentin fliegt mit ihm.
3. In Frankfurt gehen sie in (*indef.*) _____ Hotel.
4. Sie fragen (*def.*) _____ Empfangschef nach zwei Zimmern.
5. Sie gehen auf (*def.*) _____ Zimmer.
6. Die Studentin bestellt (*indef.*) _____ Frühstück.
7. Der Student nimmt (*indef.*) _____ Bleistift.
8. Er schreibt *(writes)* in (*indef.*) _____ Buch.

Personal Pronouns in the Subject Case

A. *Replace the nouns in italics with the correct personal pronouns.*

Beispiel

Der Kugelschreiber liegt auf dem Tisch.
Er liegt auf dem Tisch.

1. *Der Lehrer* gibt Deutschunterricht (*German lessons*).
2. *Die Studentin* lernt Deutsch.
3. *Jim* reist nach Deutschland.
4. *Das Flugzeug* stand auf dem Flugplatz.
5. *Die Gäste* steigen in das Flugzeug.
6. In Frankfurt steigen *die Gäste* aus.
7. *Jim* fährt ins Hotel.
8. *Ilse* fährt ins Hotel.
9. *Ilse* bestellt ein Zimmer.
10. *Das Buch* liegt auf dem Schreibtisch.
11. *Der Bleistift* liegt auf dem Tisch.
12. *Die Bedienung* bringt die Koffer.

B. *Fill in the blanks with the appropriate German pronouns.*

Beispiel

(*I*) _____ gehe nach Hause.
Ich gehe nach Hause.

1. (*I*) _____ gehe ins Hotel.
2. (*we*) _____ gehen ins Hotel.
3. (*you*) _____ bestellt euch ein Zimmer.
4. (*they*) _____ bestellen eine Taxe.
5. Fährst (*you*) _____ nach Saarbrücken?
6. Ja, (*I*) _____ fahre nach Saarbrücken.
7. Bleiben (*you*) _____ in Saarbrücken?
8. Nein, (*I*) _____ fahre nach Frankfurt zurück.

Agreement of Plural Forms

Change the words in italics into the plural.

Beispiel

Der Lehrer reist nach Deutschland.
Die Lehrer reisen nach Deutschland.

1. *Das Mädchen geht* nach Hause.
2. *Der Kuchen stand* auf dem Tisch.
3. *Das Gemälde hat* an der Wand *gehangen.*
4. *Der Tag war* heiß *gewesen.*
5. *Der Bleistift hatte* auf dem Tisch *gelegen.*

Hausarbeit

Übersetzen Sie schriftlich.

1. Jim went into a hotel. 2. He took a room with bath. 3. He called for a taxi. 4. He goes into a coffeehouse. 5. He orders a cup of coffee and (some) cake. 6. He likes the coffeehouse. 7. He goes (by car) to the railway station. 8. He went (by train) to Saarbrücken. 9. Coffee and cake always taste good. 10. How do you like Düsseldorf?

8
Achte Einheit

ERSTE STUNDE

Leseübung

Ich weiß nicht, wann der Stuhl oder der Tisch erfunden wurde. Es ist alles so selbstverständlich geworden. Man denkt nicht mehr darüber nach. Aber wenn ich mein Haus verlasse oder meine Stadt oder mein Land, vermisse ich manchmal die wichtigsten Dinge: einen Stuhl, einen Tisch oder ein Bett.

Frau Heise hat ihrem Neffen ein schönes Zimmer eingerichtet. Es fehlt an nichts. Jim soll sich wie zu Hause fühlen. Das Haus, in dem Familie Heise wohnt, ist ein Neubau, in dem viele Familien leben.

I don't know when the chair or the table was invented. Everything has become so obvious. One doesn't think about it anymore. But when I leave my house or my city or my country, I sometimes miss the most important things: a chair, a table, or a bed.

Mrs. Heise has arranged a nice room for her nephew. Nothing is lacking. Jim should feel as if he were home. The house in which the Heise family lives is a new building where many families live.

Dialog: Jims Zimmer

Dialogue: Jim's Room

Frau Heise: Dies hier ist dein Zimmer.

Jim: Es ist schön eingerichtet.

Frau Heise: Hoffentlich fühlst du dich wohl darin.

Jim: Ganz bestimmt, Tante.

Frau Heise: Wir haben leider keinen Schreibtisch für dich.

Jim: Oh, dieser Tisch genügt mir. Ich kann daran sitzen und schreiben.

Frau Heise: Außer diesem Stuhl haben wir noch einen Sessel für dich. Wenn du Besuch hast, kann er es sich darin bequem machen.

Jim: Das ist ein schönes, großes Bett.

Frau Heise: Hoffentlich kannst du gut darin schlafen.

Jim: Oh, das denke ich doch. Dies hier ist der Kleiderschrank, nicht wahr?

Frau Heise: Ja. Irgendwo mußt du doch deine Anzüge lassen.

Jim: Bei uns in Amerika findet man

Mrs. Heise: Here is your room.

Jim: It's beautifully furnished.

Mrs. Heise: I hope you will feel comfortable in it.

Jim: Very definitely, Aunt.

Mrs. Heise: Unfortunately, we don't have a desk for you.

Jim: Oh, this table is good enough for me. I can sit there and write.

Mrs. Heise: Besides this chair, we also have an armchair for you. If you have a visitor, he can make himself comfortable in it.

Jim: This is a beautiful, big bed.

Mrs. Heise: Hopefully you'll be able to sleep well in it.

Jim: Oh, I think so. This is the closet, isn't it?

Mrs. Heise: Yes. You must put your clothes somewhere.

Jim: (At home) in America you seldom

diese Schränke nur noch selten. Alles ist in die Wände eingebaut.

Frau Heise: Ja, in vielen modernen Häusern haben wir auch eingebaute Schränke, aber nicht in allen. Du hast leider kein fließendes Wasser in deinem Zimmer. Aber wir haben ein Badezimmer, wo du dich waschen und baden kannst.

Jim: Mehr brauche ich doch nicht. — Aus diesem Fenster sieht man weit in die Ferne.

Frau Heise: Ja, Saarbrücken ist eine schöne Stadt. Unser Haus liegt auf einem Hügel. Von hier aus kannst du ins Saartal sehen.

Jim: Was sind das für Türme in der Mitte der Stadt?

Frau Heise: Das sind Kirchtürme und der Turm des Rathauses.

Jim: Wo liegt die Universität?

Frau Heise: Gleich hinter den Hügeln im Osten der Stadt.

Jim: Ich freue mich darauf, die Universität zu besuchen.

Frau Heise: Nun, heute abend wirst du Fräulein Weber kennenlernen. Sie studiert auf der Universität. Sie wird dich dort einführen.

find this type of closet. Everything is built-in.

Mrs. Heise: Yes, we also have built-in closets in many modern houses, but not in all of them. Unfortunately, you have no running water in your room. But we have a bathroom where you can wash up and bathe.

Jim: I don't need anything else. —From this window one can see far into the distance.

Mrs. Heise: Yes, Saarbrücken is a beautiful city. Our house is on a hill. From here you can see into the Saar Valley.

Jim: What kind of towers are those in the middle of the city?

Mrs. Heise: Those are church towers and the city hall tower.

Jim: Where is the university located?

Mrs. Heise: Right behind the hills east of the city.

Jim: I'm looking forward to visiting the university.

Mrs. Heise: Well, this evening you will meet Miss Weber. She's studying at the university. She'll introduce you there.

Wortschatz

wann   *when, at what time*
der Stuhl, –s, ⁼e *chair*
erfinden, erfindet, erfand, erfunden *to invent*
selbstverständlich   *obvious; of course*
nachdenken (über + dir. obj. case), denkt nach, dachte nach, nachgedacht *to think about, reflect*
vermissen   *to miss*
manchmal   *sometimes*
das Ding, –es, –e   *thing*
das Bett, –es, –en   *bed*
einrichten (separable-prefix verb) *to furnish*

fehlen (+ indir. obj.)   *to lack*
nichts   *nothing*
(sich) fühlen   *to feel*
wie   *like, as*
die Familie, –, –n   *family*
der Neubau, –s, die Neubauten *new building*
ganz   *very (adv.); whole (adj.)*
bestimmt   *definitely, certainly*
leider   *unfortunately*
der Schreibtisch, –es, –e   *desk*
genügen   *to suffice, be enough*
sitzen, sitzt, saß, gesessen *to sit, be sitting*

schreiben, schreibt, schrieb, geschrieben *to write*

außer (+ indir. obj. case) *besides, except; out of*

der Sessel, –s, – *armchair*

es sich bequem machen *to make oneself comfortable*

schlafen, schläft, schlief, geschlafen *to sleep*

doch *yet, however; anyway*

der Kleiderschrank, –s, ⁼e *(clothes) closet*

irgendwo *somewhere*

der Anzug, –s, ⁼e *suit, clothes*

lassen, läßt, ließ, gelassen *to let, allow; leave; leave alone*

bei (+ indir. obj. case) *with, at, by, near, at the home of*

finden, findet, fand, gefunden *to find*

selten *seldom, rarely*

die Wand, –, ⁼e *wall*

einbauen (separable-prefix verb) *to build in; install*

fließen, fließt, floß, geflossen *to flow*

fließend *flowing, running; fluent*

das Wasser, –s, – *water*

das Badezimmer, –s, – *bathroom*

(sich) waschen, wäscht, wusch, gewaschen *to wash, wash up*

baden *to bathe*

mehr *more*

das Fenster, –s, – *window*

weit *far, distant*

die Ferne, –, –n *distance*

liegen, liegt, lag, gelegen *to lie, be situated*

der Hügel, –s, – *hill*

das Tal, –es, ⁼er *valley*

das Saartal *Saar (River) Valley*

Saarbrücken literally: *bridges over the Saar River*

der Turm, –es, ⁼e *tower*

der Kirchturm, –s, ⁼e *church tower*

das Rathaus, –es, ⁼er *city hall*

die Universität, –, –en *university*

hinter (+ dir. obj. or indir. obj. case) *behind*

der Osten, –s *east*

sich freuen auf (+ dir. obj. case) *to look forward to*

besuchen *to visit*

der Abend, –s, –e *evening*

heute abend *this evening*

kennenlernen (separable-prefix verb) *to become acquainted with, meet*

dort *there*

einführen (separable-prefix verb) *to introduce; install; induct*

Fragen: Wieviel? *(How much? How many?)*
Wie viele? *(How many?)*

1. Wieviel (wie viele) Monate (*months*) bleibt Jim in Deutschland? (*12*)
2. Wieviel (wie viele) Zimmer sind in Frau Heises Haus? (*7*)
3. Wieviel (wie viele) Anzüge hängt Jim in seinen Schrank? (*8*)
4. Wieviel (wie viele) Fenster sind in Jims Zimmer? (*2*)
5. Wieviel (wie viele) Studenten sind auf der Saarbrücker Universität? (*8000*)
6. Wieviel ist 4 + 4?
7. Wieviel ist 36 + 36?
8. Wieviel ist 103 − 53 (103 weniger *oder* minus 53)?
9. Wieviel ist 273 − 112?
10. Wieviel kostet (*costs*) das Zimmer? (*DM 25*)
11. Wieviel kosten die Blumen? (*DM 5,50 = fünf Mark fünfzig*)
12. Wieviel kostet der Fernsehapparat? (*DM 783,45*)
13. Wieviel kostet der Kaffee? (*50 Pfennig*)
14. Wieviel kostet der Kuchen? (*80 Pfennig*)
15. Wieviel kostet die Fahrkarte? (*DM 24,75*)

Fragen: Wiederholung

1. Wie gefällt Jim das Zimmer? *gut*
2. Wie gefällt Jim Saarbrücken? *gut*
3. Wie ist Jims Zimmer eingerichtet? *gemütlich*
4. Wohin fährst du? *Universität*
5. Woher kommst du? *Düsseldorf*
6. Wo bist du? *Zimmer*
7. Wem hast du den Bleistift gegeben? *Jim*
8. Wessen Buch ist das? *Ilse*
9. Wer wohnt im Hotel? *Gäste*
10. Wen hast du gefragt? *Empfangschef*

„Wie geht es Ihnen?" (How are you?)

The question **Wie geht es Ihnen?** (familiar form: **Wie geht's?**) can be answered in different ways. The answers used most often are:

Danke, gut.   **Es geht mir gut.**   **Mir geht es gut.**

All of the above mean *Fine, thank you.*

Beispiele

Wie geht es Ihnen? *How are you (polite)?*
Danke, gut.   Es geht mir gut.   Mir geht es gut.
Wie geht es dir? (Wie geht's?) *How are you (familiar, sing.)?*
Danke, gut.   Es geht mir gut.   Mir geht es gut.
Wie geht es ihm? *How is he?*
Ich denke gut.   Es geht ihm gut.   Ihm geht es gut.
Wie geht es ihr? *How is she?*
Ich denke gut.   Es geht ihr gut.   Ihr geht es gut.
Wie geht es Herrn Heise?
Ich denke gut.   Es geht ihm gut.   Ihm geht es gut.
Wie geht es Frau Heise?
Ich denke gut.   Es geht ihr gut.   Ihr geht es gut.
Wie geht es euch? *How are you (familiar, pl.)?*
Danke, gut.   Es geht uns gut.   Uns geht es gut.

Hausarbeit

Lernen Sie den folgenden Dialog auswendig.

A: Um wieviel Uhr gehst du in die Schule?

A: (At) what time do you go to school?

B: Ich gehe um viertel vor acht in die Schule.

B: I go to school at quarter to eight.

A: Wann kommst du aus der Schule?

A: (At) what time do you leave school?

B: Um halb eins.

A: Wann ißt du zu Mittag?

B: Ich esse um ein Uhr zu Mittag.

A: Wann fängt heute abend das Kino an?

B: Um acht Uhr.

A: Wie spät ist es jetzt?

B: Es ist jetzt halb fünf.

B: At twelve-thirty.

A: (At) what time do you eat lunch?

B: I eat lunch at one o'clock.

A: (At) what time does the movie start this evening?

B: At eight o'clock.

A: What time is it now?

B: It's now half past four.

ZWEITE STUNDE

Prepositions Used with the Indirect Object Case

Certain prepositions are used only with the indirect object case. To this group belong the following prepositions which have appeared in the preceding *Lese-übungen* and *Dialoge*:

aus	out of, from	**nach**	to, toward, after
bei	with, at, by, near, at the home of	**von**	from
mit	with, along	**zu**	to, toward

In some situations, the prepositions **aus** and **von** may express very similar meanings. When one is referring to buildings, institutions (such as a university), and to cities and states, either **aus** or **von** might be used. **Von** is more general; **aus**, more specific. Keep in mind the translation:

von = from   **aus** = out of

Only **von** can be used to refer to persons.

Beispiel

Von wem hast du das Buch? *Herr Schmidt*
Ich habe das Buch **von** Herrn Schmidt.

The use of **zu** and **in** may be compared with that of **von** and **aus**. The preposition **in** is used to indicate actually going *into* a place, building, etc.; **zu** is often used in a more general sense, as illustrated in the second example below.

Beispiele

Ich gehe in die Universität.
(**in** = *into the university buildings*)

Ich gehe zur (zu der) Universität.
(**zu** = *to the university, considered as an institution*)

The preposition **nach** is also used with verbs of motion to mean *to* or *toward*; it is used for cities, states, or countries.

Beispiele

Ich fahre nach Saarbrücken.
Ich fahre nach Amerika.

Übungen in der Klasse

Der Lehrer fragt die Studenten. Answer the following questions by using the specified preposition with the noun in italics.

Beispiel

aus
Woher kommen Sie? *Flugzeug*
Ich komme **aus dem Flugzeug.**

A. aus

1. Woher kommt er? *Universität*
2. Woher kommen Sie? *Düsseldorf*
3. Woher kommt sie? *Hotel*
4. Woher kommt ihr? *Zimmer*
5. Woher kommen Sie? *Café*
6. Woher kommen sie? *Theater*

B. aus *und* von

1. Woher kommen Sie? *Universität*
2. Woher kommt er? *Bahnhof*
3. Woher ist das Gemälde? *Museum*
4. Woher kommen die Studenten? *Amerika*
5. Woher sind die Bleistifte? *Schreibtisch*
6. Woher kommt der Empfangschef? *Hotel ,, Frankfurter Hof "*

C. von

1. Von wem haben Sie das Buch? *Lehrer*
2. Von wem haben Sie das Gemälde? *Künstler*
3. Von wem haben Sie den Kugelschreiber? *Studentin*
4. Von wem hat er das Geld (*money*)? *Vater*
5. Von wem hat sie die Blumen? *Student*
6. Von wem hat er den Paß? *Amerikaner*

D. bei

1. Wo wohnt Jim? *Tante*
2. Wo wohnst du? *Theater*
3. Wo ist Jim? *Zollbeamte*
4. Wo ist Jürgen? *Studentin*
5. Wo stehen die Koffer? *Empfangschef*
6. Wo ißt Jim zu Mittag? *Onkel*

E. mit

1. Mit wem fährt Jim nach Saarbrücken? *Onkel*
2. Mit wem geht Jim in die Universität? *Studentin*

3. Mit wem kommt ihr? *Lehrer (pl.)*
4. Mit wem geht Jim ins Theater? *Mädchen (pl.)*
5. Mit wem kommt sie? *Kinder*
6. Mit wem reist Jim? *Damen*

F. nach

1. Wann gehen Sie ins Theater? *das Essen (meal)*
2. Wann geht er nach Hause? *Klasse*
3. Nach wem (*for whom*) fragt er? *Empfangschef*
4. Wohin fliegt ihr? *Deutschland*
5. Wohin fahren Sie? *Düsseldorf*
6. Wohin gehen Sie? *Hause*
7. Wohin gehst du? *Hause*

G. zu *und* in

1. Wohin gehen Sie? *Universität*
2. Wohin fahren Sie? *Stadt*
3. Wohin gehen Sie? *Theater*
4. Wohin gehen die Studenten? *Bahnhof*
5. Wohin geht Jürgen? *Klasse*
6. Wohin geht Ilse? *Hotel*
7. Wohin geht ihr? *Museum*
8. Wohin geht Jim? *Café*

Wiederholungsübungen: Prepositions

The following exercises constitute a cumulative review of all the prepositions previously discussed. Answer with both the definite article and the indefinite article.

Der Lehrer fragt die Studenten.

Beispiele

in

Wohin gehen Sie? *Klasse*　　　Wo sind Sie? *Klasse*
Ich gehe **in die Klasse.**　　　Ich bin **in der Klasse.**
Ich gehe **in eine Klasse.**　　　Ich bin **in einer Klasse.**

A. in

1. Wohin bringt ihr den Tisch? *Zimmer*
2. Wo steht der Tisch? *Zimmer*
3. Wohin gehen Sie? *Universität*
4. Wo studieren die Studenten? *Universität*
5. Wohin bringen sie die Gemälde? *Museum*
6. Wo hängen die Gemälde? *Museum*

B. an

1. Wohin geht Herr Heise? *Fahrkartenschalter*
2. Wo steht Herr Heise? *Fahrkartenschalter*
3. Wohin stellst (*put, place*) du den Stuhl? *Tisch*

4. Wo steht der Stuhl? *Tisch*
5. Wohin hängt ihr das Gemälde? *Wand*
6. Wo hängt das Gemälde? *Wand*

C. auf

1. Wohin legt ihr die Bücher? *Schreibtisch*
2. Wo liegen die Bücher? *Schreibtisch*
3. Wohin stellen sie die Fernsehapparate? *Boden*
4. Wo stehen die Fernsehapparate? *Boden*
5. Wohin stellt ihr die Blumen? *Tisch*
6. Wo stehen die Blumen? *Tisch*

D. über

1. Wohin fliegt das Flugzeug? *Stadt*
2. Wo ist das Flugzeug? *Stadt*
3. Wohin hängt ihr das Gemälde? *Sessel*
4. Wo hängt das Gemälde? *Sessel*
5. Wohin hängt er seine Kleider? *Bett*
6. Wo hängen seine Kleider? *Bett*

E. vor

1. Wohin fährt die Taxe? *Hotel*
2. Wo steht die Taxe? *Hotel*
3. Wohin stellt ihr den Tisch? *Fenster*
4. Wo steht der Tisch? *Fenster*
5. Wohin stellt ihr den Sessel? *Wand*
6. Wo steht der Sessel? *Wand*

F. hinter

1. Wohin bauen (*build*) sie das Haus? *Hügel*
2. Wo liegt die Universität? *Hügel*
3. Wohin hat sie die Bücher gelegt? *Fernsehapparat*
4. Wo liegen die Bücher? *Fernsehapparat*
5. Wohin hat er das Auto gestellt? *Hotel*
6. Wo steht das Auto? *Hotel*

G. aus

1. Woher kommt Jim? *Zollhalle*
2. Woher kommt Ilse? *Klasse*
3. Woher kommt Herr Heise? *Zimmer*
4. Woher kommen die Studenten? *Universität*
5. Woher kommen die Kinder? *Stadt*
6. Woher kommen die Mädchen? *Theater*

H. bei

1. Wo ist Ilse? *Tante*
2. Wo wohnt Jim? *Universität*
3. Wo hat Herr Heise das Zimmer bestellt? *Empfangschef*

4. Wo ist Jürgen? *Lehrer*
5. Wo hat Frau Heise das Gemälde bestellt? *Künstler*
6. Wo steht das Auto? *Hotel*

I. mit

1. Womit* fahrt ihr nach Düsseldorf? *Auto*
2. Womit fährst du nach Saarbrücken? *Eisenbahn*
3. Mit wem geht Jim ins Theater? *Tante*
4. Mit wem studiert Ilse? *Lehrerin*
5. Womit kommt Jim aus Amerika? *Flugzeug*
6. Womit schreibt er? *Kugelschreiber*

J. nach

1. Nach wem (*for whom*) fragt er? *Zollbeamte(r)*
2. Nach wem fragt die Studentin? *Lehrer*
3. Wohin fliegt das Flugzeug? *Saarbrücken*
4. Wann gehst du schlafen? *Essen*
5. Wann gehst du zur Universität? *Frühstück (no indefinite article)*
6. Wohin gehst du? *Haus*

K. von

1. Von wem haben Sie die Bücher? *Lehrerin*
2. Von wem hast du den Bleistift? *Studentin*
3. Woher kommst du? *Bahnhof*
4. Von wem hat er den Paß? *Beamte(r)*
5. Von wem hat die Bedienung die Schlüssel? *Empfangschef*
6. Woher ist der Kuchen? *Café*

L. zu

1. Wohin gehst du? *Klasse*
2. Zu wem geht sie? *Lehrer*
3. Wohin bringt er das Gemälde? *Museum*
4. Wem bringt sie die Blumen? *Dame*
5. Wohin fährt die Taxe? *Flugplatz*
6. Wohin geht Ilse? *Universität*

Da-Compounds: **darin, darauf,** *etc.*

Most prepositions may be combined with **da–** to replace a pronoun in a prepositional phrase, when the pronoun refers to an inanimate object or an idea.

Beispiele

Wohnt er in dem Haus?   Was halten Sie **davon**?
Ja, er wohnt **darin**. (*in it, therein*)   *What do you think of it?*

Da-compounds cannot be used, however, to refer to persons.

---

* The compound word *womit* (with what) is used to refer to things; *mit wem* is the form used to refer to persons.

Beispiel

Geht sie mit Jim?
Ja, sie geht **mit ihm.**

An **r** is placed between the syllable **da–** and prepositions beginning with a vowel, to facilitate pronunciation. (An exception is *ohne,* which cannot be used in connection with **da–.**) If the preposition starts with a consonant, the **r** is not needed. Study the following **da**-compounds:

davor (*in front of it*)	daran (*at it, of it*)
dahinter (*behind it*)	darüber (*about it*)
danach (*after it*)	daraus (*out of it*)
damit (*with it*)	darin (*in it, therein*)
dafür (*for it, therefore*)	darunter (*under it*)

Übung in der Klasse

*Replace the prepositional phrase with the appropriate **da**-compound.*

Beispiel

Er stellt den Fernsehapparat auf den Tisch.
Er stellt den Fernsehapparat **darauf.**

1. Er legt den Bleistift auf den Schreibtisch.
2. Er stellt den Stuhl vor das Fenster.
3. Sie stellt den Tisch an die Wand.
4. Fühlst du dich wohl in dem Sessel?
5. Er macht es sich in dem Sessel bequem.
6. Wir fliegen mit dem Flugzeug.
7. Ist das Ding vor dem Fernsehapparat?
8. Hast du das Buch auf den Tisch gelegt?
9. Er stellt den Stuhl an die Wand.
10. Hängt das Gemälde über dem Stuhl?
11. Fühlt er sich wohl in dem Zimmer?

Prepositions Used with the Direct Object Case

In the readings so far we have seen only two prepositions used exclusively with the direct object case: **für** (*for*) and **durch** (*through*). There are, of course, other prepositions which require the direct object case; they will be treated in later units.

Übungen in der Klasse

Der Lehrer fragt die Studenten. Answer the following questions, using the words in italics with the preposition indicated.

Beispiel

Für wen ist das Buch? *Lehrer*
Das Buch ist **für den Lehrer.**

A. für

1. Für wen ist der Stuhl? *Studentin*
2. Für wen ist das Buch? *Kind*
3. Für wen ist der Fernsehapparat? *Gast*
4. Für wen ist das Zimmer? *Herr*
5. Für wen sind die Blumen? *Mutter*
6. Für wen sind die Betten? *Gäste*
7. Für wen ist der Kaffee? *Mädchen*
8. Für wen ist der Paß? *Herr Hunter*
9. Für wen ist der Kuchen? *Amerikaner*
10. Für wen ist der Tee? *Amerikanerin*

B. durch

1. Woher kommt Jim? *Zollhalle*
2. Wohin fährt er? *Stadt*
3. Wohin geht der Onkel? *Bahnhof*
4. Wohin geht Ilse? *Café*
5. Wohin fahrt ihr? *Universität*
6. Wohin geht der Empfangschef? *Hotel*
7. Wohin geht der Onkel? *Neubau*
8. Wohin geht die Tante? *Haus*
9. Wohin geht der Gast? *Zimmer*
10. Wohin fährt der Student? *Land*

Real-Situation Practice

1. Um wieviel Uhr fängt Ihre Deutschklasse an? 2. Wann kommen Sie aus der Deutschklasse? 3. Um wieviel Uhr essen Sie zu Mittag? 4. Wann frühstücken Sie? 5. Lernen
Sie gern Deutsch? 6. Wie viele Jahre lernen Sie jetzt Deutsch? 7. Wie heißt (*what's
the name of*) die Universität, die Sie besuchen? 8. Gibt es ein „Undergraduate Program"
auf einer deutschen Universität? 9. Kennen Sie den Unterschied zwischen einer deutschen
und einer amerikanischen Universität? 10. Fragen Sie Ihren Lehrer, was der Unterschied
zwischen einer deutschen und einer amerikanischen Universität ist.

Hausarbeit

A. *Fill in the blanks with the correct prepositions and articles.*

Beispiel

Er wohnt (*in*) _____ Hotel.
Er wohnt **in dem** Hotel.

1. Er kommt (*out of*) _____ Hotel.
2. Jim wohnt (*with*) _____ Tante.
3. Wir fahren (*by*) _____ Auto nach Saarbrücken.

4. (*after*) _____ Klasse gehe ich nach Hause.
5. Sie hat das Buch (*from*) _____ Lehrer.
6. Er stellte den Stuhl (*at*) _____ Fenster.
7. Ilse legt das Buch (*on*) _____ Tisch.
8. Das Flugzeug fliegt (*over*) _____ Stadt.
9. Die Taxe hält (*in front of*) _____ Hotel.
10. Wir steigen (*behind*) _____ Bahnhof aus.
11. Wir gehen (*to*) _____ Universität.

B. *Replace the prepositional phrase with the appropriate* **da**-*compound.*

Beispiel

Er wohnt in dem Haus.
Er wohnt **darin**.

1. Der Bleistift liegt auf dem Tisch.
2. Er stellt den Stuhl vor das Fenster.
3. Der Anzug hängt im Schrank.
4. Die Schlüssel sind beim Koffer.
5. Das Gepäck ist in der Zollhalle.
6. Jim geht durch die Zollhalle.
7. Nach der Klasse gehe ich.
8. Das Auto steht hinter dem Hotel.
9. Wir hängen das Gemälde über den Sessel.
10. Sie legt die Bleistifte vor den Fernsehapparat.
11. Er stellt den Stuhl an die Wand.
12. Ilse legt das Buch auf den Tisch.
13. Ich fühle mich wohl in dem Bett.
14. Wir fliegen mit dem Flugzeug.
15. Er nimmt den Kugelschreiber vom Tisch.
16. Das Buch liegt in dem Schreibtisch.
17. Du nimmst den Bleistift aus dem Schreibtisch.
18. Die Bleistifte liegen bei den Büchern.
19. Sie liegen hinter dem Fernsehapparat.
20. Ich lege die Bleistifte zu (*next to*) den Büchern.

DRITTE STUNDE

Personal Pronouns

The use of personal pronouns in German generally corresponds with that of personal pronouns in English.

Personal Pronouns in all Four Cases

	SINGULAR				
subject case	ich I	du you	er he	sie she	es it
*possessive case**	(meiner)	(deiner)	(seiner)	(ihrer)	(seiner)
indirect object case	mir to me	dir to you	ihm to him	ihr to her	ihm to it
direct object case	mich me	dich you	ihn him	sie her	es it

	PLURAL			FORMAL
subject case	wir we	ihr you	sie they	Sie you
*possessive case**	(unser)	(euer)	(ihrer)	(Ihrer)
indirect object case	uns to us	euch to you	ihnen to them	Ihnen to you
direct object case	uns us	euch you	sie them	Sie you

The Pronouns *ihn* and *ihm*

The pronoun **ihn** replaces a **der**-word in the direct object case. **Ihm** replaces a **der**- or a **das**-word in the indirect object case. These pronouns refer to both persons and inanimate objects.

Beispiele

Direct Object	*Indirect Object*
Ich habe *Jim* gesehen.	Er gab *Jim* ein Buch.
Ich habe **ihn** gesehen.	Er gab **ihm** ein Buch.
Er stellt *den Stuhl* ins Zimmer.	*Dem Tisch* fehlt ein Bein (*leg*).
Er stellt **ihn** ins Zimmer.	**Ihm** fehlt ein Bein.

Übungen in der Klasse

Der Lehrer fragt einen Studenten. Answer the following questions first positively, then negatively, using **ihn** *or* **ihm**.

---

* The possessive case is almost never used in conversational German and appears rarely in literature.

A. ihn

Beispiel

Stellen Sie den Fernsehapparat auf den Tisch?
Ja, ich stelle **ihn** auf den Tisch.
Nein, ich stelle **ihn** nicht auf den Tisch.

1. Stellen Sie den Stuhl vor das Fenster?
2. Stellen Sie den Tisch an die Wand?
3. Legt er den Bleistift auf den Schreibtisch?
4. Habt ihr den Rasen gemäht?
5. Haben Sie den Kugelschreiber gesehen?
6. Haben Sie einen Bleistift gesehen?
7. Hat die Mutter den Garten gern?
8. Haben Sie den Neubau gesehen?

B. ihm

Beispiel

Fehlt Jims Zimmer ein Schreibtisch?
Ja, **ihm** fehlt ein Schreibtisch.
Nein, **ihm** fehlt kein Schreibtisch.

1. Fehlt dem Fernsehapparat eine Antenne (*antenna*)?
2. Fehlt dem Hotel ein Empfangschef?
3. Fehlt dem Kuchen der Zucker (*sugar*)?
4. Fehlen dem Museum einige (*some*) Gemälde?
5. Fehlen dem Tisch die Beine (*legs*)?
6. Fehlen dem Buch einige Seiten (*pages*)?
7. Hat er dem Künstler das Gemälde gezeigt?
8. Haben Sie dem Kind den Kuchen gegeben?

The Pronouns *sie* and *ihr*

The pronoun **sie** replaces a **die**-word in the subject case and in the direct object case. **Ihr** replaces a **die**- word in the indirect object case. These pronouns refer to both persons and inanimate objects.

Beispiele

Die Bedienung bringt den Kaffee.
Sie bringt den Kaffee. *(subject)*
Wir bringen die Dame zum Bahnhof.
Wir bringen **sie** zum Bahnhof. *(direct object)*
Wir bringen der Dame einen Kuchen.
Wir bringen **ihr** einen Kuchen. *(indirect object)*

Übungen in der Klasse

Der Lehrer fragt einen Studenten. Answer the following questions first positively, then negatively, using **sie** *or* **ihr**.

A. sie

Beispiel

Haben Sie die Mutter im Garten gesehen?
Ja, ich habe **sie** im Garten gesehen.
Nein, ich habe **sie** nicht im Garten gesehen.

1. Haben Sie die Mutter gern?
2. Kennen Sie die Amerikanerin?
3. Kennen Sie die Deutsche?
4. Kennt Frau Heise den Franzose?
5. Kennen Sie die Stadt?
6. Haben Sie die Fahrkarte gefunden?
7. Wartet die Taxe vor dem Hotel?
8. Hat die Bedienung die Tasse gebracht?

B. ihr

Beispiel

Haben Sie der Frau das Buch gegeben?
Ja, ich habe **ihr** das Buch gegeben.
Nein, ich habe **ihr** das Buch nicht gegeben.

1. Zeigst du der Amerikanerin die Stadt?
2. Zeigst du der Studentin Detroit?
3. Fehlt der Torte der Zucker?
4. Hat er der Frau die Koffer gebracht?
5. Hat der Beamte der Dame die Fahrkarten gegeben?
6. Haben Sie der Blume Wasser gegeben?
7. Hat Jim der Tante die Blumen gegeben?
8. Habt ihr der Französin das Geld gegeben?

Word Order with Pronoun Objects

In the *Leseübungen* and *Dialoge* so far, we've seen that the normal word order in a German sentence is: *1) subject, 2) verb, 3) indirect object, 4) direct object.*

Der Lehrer gibt dem Studenten den Bleistift.
subject   verb   indirect object   direct object

The word order usually remains the same when a pronoun replaces the indirect object:

Der Lehrer gibt **ihm** den Bleistift.

But a pronoun direct object normally precedes the indirect object:

Der Lehrer gibt **ihn** dem Studenten.

When pronouns are used to replace both the direct object and the indirect object, the direct object pronoun precedes the indirect object pronoun:

Der Lehrer gibt **ihn ihm.**

Übung in der Klasse

First replace the direct object with a personal pronoun; then replace both the direct object and the indirect object with personal pronouns.

Beispiel

Ich gebe dem Herrn den Bleistift.
Ich gebe **ihn** dem Herrn.
Ich gebe **ihn ihm.**

1. Ich gebe dem Herrn den Kugelschreiber.
2. Ich zeige dem Empfangschef den Fernsehapparat.
3. Ich bringe Ilse den Kuchen.
4. Die Bedienung bringt Jim den Koffer.
5. Wir zeigen dem Zollbeamten den Koffer.
6. Jim zeigt dem Empfangschef den Paß.
7. Die Tante zeigt Jim die Universität.
8. Der Onkel zeigt Jim den Schrank.
9. Ilse gibt dem Künstler den Bleistift.
10. Er zeigt dem Franzosen den Bahnhof.

The Pronouns *Sie* and *Ihnen*

The pronouns **Sie** and **Ihnen** are used only when addressing persons formally, either in conversation or in writing. These pronouns are capitalized.

Sie (both singular and plural) is the subject and direct object pronoun for *you.*
Ihnen (*to you, for you*) is the indirect object form.

Beispiele

Woher kommen **Sie**? *(subject)*
Dieser Kuchen ist für **Sie**, Herr Heise. *(direct object case)*
Wie geht es **Ihnen**? *(indirect object)*

Übungen in der Klasse

Fill in the blanks with the pronouns indicated.

A. Sie

Beispiel

Hat er (*you*) _____ gestern gesehen?
Hat er **Sie** gestern gesehen?

1. Darf ich (*you*) _____ etwas fragen?
2. Kenne ich (*you*) _____ ?

3. Ich habe (*you*) _____ im Theater gesehen.
4. Wer hat (*you*) _____ ins Hotel gebracht?
5. Hat Herr Heise (*you*) _____ zum Flugplatz gebracht?
6. (*you*) _____ haben Jim in der Universität getroffen.
7. Hannelore hat (*you*) _____ in der Klasse gesehen.
8. Ich bringe (*you*) _____ zum Bahnhof.

B. Ihnen

Beispiel

Er gibt (*you*) _____ das Buch.
Er gibt **Ihnen** das Buch.

1. Hannelore zeigt (*you*) _____ Düsseldorf.
2. Jim gibt (*you*) _____ den Paß.
3. Wer zeigt (*you*) _____ die Stadt?
4. Ich kaufe (*you*) _____ die Fahrkarte.
5. Soll ich (*you*) _____ eine Taxe bestellen?
6. Die Bedienung bringt (*you*) _____ den Kuchen.
7. Bestellt Herr Heise (*you*) _____ das Zimmer im Hotel?
8. Die Bedienung bringt (*you*) _____ den Koffer.

The Pronoun *es*

The pronoun **es** replaces a **das**-word in both the subject case and the direct object case.

Beispiele

Das Haus ist groß.   Ich sehe das Haus.
Es ist groß. *(subject)*   Ich sehe **es**. *(direct object)*

When **es** is used as a direct object, it precedes the indirect object. (See the discussion of word order, page 111 in this unit.)

Beispiel

Er hat dem Lehrer das Buch gegeben.
Er hat **es** dem Lehrer gegeben.
Er hat **es** ihm gegeben.

Übungen in der Klasse

A. *Replace the **das**-words in the following sentences with the pronoun **es**.*

Beispiel

Das Zimmer ist schön eingerichtet.
Es ist schön eingerichtet.

1. Das Museum ist interessant.
2. Das Mädchen wartet bei Ilse
3. Ist das Restaurant gemütlich?
4. Haben Sie das Flugzeug gesehen?
5. Ist das Wasser kalt (*cold*)?
6. Findest du das Bett bequem?
7. Das Café gefällt mir.
8. Haben Sie das Haus gesehen?

B. *Replace the* **das-***words in the following sentences with the direct object pronoun* **es;** *then replace both the direct object and the indirect object in each sentence with pronouns.*

Beispiel

Frau Heise zeigt Hannelore das Zimmer.
Frau Heise zeigt **es** Hannelore.
Frau Heise zeigt **es ihr.**

1. Ich habe Jim das Buch gegeben.
2. Wir zeigen Herrn Heise das Haus.
3. Jim zeigt Ilse das Buch.
4. Die Tante zeigt Jim das Bett.
5. Der Onkel zeigt dem Studenten das Saartal.
6. Die Bedienung zeigt dem Gast das Zimmer.
7. Jim zeigt der Studentin das Hotel.
8. Der Herr zeigt Rita das Flugzeug.
9. Der Künstler bringt der Dame das Gemälde.
10. Das Mädchen zeigt dem Studenten das Museum.

Verbs: The Future Tense

The future tense in German is composed of a conjugated form of the auxiliary **werden** plus the infinitive of the verb. In English, future time is expressed by the auxiliaries *shall* or *will* plus the infinitive.

Beispiel

Ich **werde** nach Saarbrücken **fahren.**
I shall go to Saarbrücken.

Future Tense of *gehen*

ich werde gehen
du wirst gehen
er, sie, es⎫
   man ⎭ wird gehen

wir werden gehen
ihr werdet gehen
sie werden gehen

Sie werden gehen

In a complete sentence, the infinitive goes to the end of the sentence.

Beispiele

Ich werde nach Düsseldorf **fahren.**
Jim wird morgen um acht Uhr in die Universität **gehen.**

Future Tense of *haben, sein,* and *werden*

haben	**sein**	**werden**
ich werde haben	ich werde sein	ich werde werden
du wirst haben	du wirst sein	du wirst werden
er	er	er
sie } wird haben	sie } wird sein	sie } wird werden
es	es	es
man	man	man
wir werden haben	wir werden sein	wir werden werden
ihr werdet haben	ihr werdet sein	ihr werdet werden
sie werden haben	sie werden sein	sie werden werden
Sie werden haben	Sie werden sein	Sie werden werden

Übung in der Klasse

Formulate complete sentences in the future tense with the words below, using the pronoun in italics as the subject.

Beispiel

Theater gehen   *ich*
Ich werde ins Theater gehen.

1. Hotel übernachten   *Sie*
2. Düsseldorf fahren   *sie (sing.)*
3. Bücher lesen   *du*
4. Gemälde haben   *wir*
5. Amerika fliegen   *er*
6. Universität gehen   *ihr*
7. Arbeit anfangen   *ich*
8. Garten arbeiten   *sie (pl.)*
9. Bahnhof aussteigen   *Sie*
10. Kuchen aussuchen   *sie (sing.)*
11. Fahrkarten bekommen   *du*
12. Zimmer bestellen   *wir*
13. Ilse besuchen   *er*
14. Staat betrügen   *ihr*
15. zu Hause bleiben   *ich*
16. Lehrer werden   *er*
17. Museum sehen   *Sie*
18. Buch schreiben   *sie (sing.)*
19. Bett schlafen   *du*
20. Saarbrücken reisen   *wir*
21. Paß stempeln   *er*
22. Künstlerin sein   *sie (sing.)*
23. Zimmer nehmen   *ich*
24. Deutsch lernen   *sie (pl.)*

Hausarbeit

Übersetzen Sie schriftlich.

1. Jim lived in a hotel.   2. He will go with Ilse to the university.   3. He studied German at the university.   4. He had read many books.   5. In his room there is a table, a chair, an armchair, a bed, a (clothes) closet, and a desk.   6. A painting was hanging on the wall. 7. Jim liked the painting.   8. From the window he had seen the church tower and the city hall.   9. From the window he saw far into the distance.   10. He is looking forward to visiting the university.

9
Neunte Einheit

ERSTE STUNDE

Leseübung

Die Polizei erfreut sich nicht oft großer Beliebtheit in einem Lande. Das liegt in der Natur ihrer zwiespältigen Seele. Der Mensch lugt wie ein Eisberg nur zu einem Siebtel aus seiner Uniform heraus. Die Uniform dagegen ist die Verkörperung des Gesetzes, dem sich das Menschliche zu unterwerfen hat. Mund und Augen eines Polizisten, Ohren und Nase und leider auch seine Hände dienen alle der einen Aufgabe, das abstrakte Gesetz in konkrete Wirklichkeit zu verwandeln. Wer sich dieser Transfiguration widersetzt, wird bestraft. Jim hatte wahrscheinlich diese tiefgründige Funktion der Polizei nicht begriffen. Deshalb kam er mit ihr in Konflikt, wie uns die folgende Geschichte zeigen wird.

The police do not often enjoy great popularity in any country. This arises from the very nature of their split personality. Not unlike the well-known iceberg, only one-seventh of the man is visible through his uniform. The uniform, on the other hand, is the personification of the law, to which the human element must be subjugated. The mouth, eyes, ears, nose, and regretfully also the hands of a policeman serve the duty of converting abstract law into concrete reality. Whoever opposes this transfiguration will be punished. Jim had apparently still not comprehended this profound function of the authorities. Because of this, he came into conflict with them, as the following story will show.

Dialog: An einer Straßenkreuzung in der Stadt

Dialogue: At an Intersection in the City

Polizist: Halt! Kommen Sie mal her!

Jim: Meinen Sie mich?

Polizist: Wen denn sonst? Haben Sie nicht gesehen, daß rot war?

Jim: Wo?

Polizist: Auf der Verkehrsampel. Sie sind bei rot über die Straße gegangen.

Jim: Bin ich das wirklich? Es soll nicht wieder vorkommen. Ich werde künftig besser aufpassen.

Polizist: Tut mir leid. Ihre Papiere bitte.

Jim: Meine Papiere?

Policeman: Stop! Come here immediately!

Jim: You mean me?

Policeman: Who else? Didn't you see it was red?

Jim: Where?

Policeman: At the traffic light. You crossed the street when it was red.

Jim: Did I really? It won't happen again. I'll pay better attention in the future.

Policeman: I'm sorry. Your papers, please.

Jim: My papers?

Polizist: Ihren Ausweis!

Jim: Oh, ich habe meinen Ausweis vergessen.

Polizist: Vergessen?

Jim: Ja, nicht eingesteckt. Ich habe nichts bei mir.

Polizist: Dann muß ich Sie mit auf die Wache nehmen.

Jim: Auf die Wache?

Polizist: Wir müssen Ihre Personalien feststellen.

Auf der Wache

Oberwachtmeister: Wie heißen Sie?

Jim: Jim Hunter — oder besser: James Hunter.

Oberwachtmeister: James — Hunter?

Jim: Geschrieben: J – a – m – e – s

Oberwachtmeister: Und Hunter . . . H – a –

Jim: Nein, kein *a*, sondern *u*.

Oberwachtmeister: *u*?

Jim: *u* wie in hundert.

Oberwachtmeister: Dann heißen Sie Hunter.

Jim: Nein, Hunter — englisch ausgesprochen.

Oberwachtmeister: Warum sprechen Sie alles falsch aus?

Jim: Dasselbe könnte ich Sie auch fragen.

Oberwachtmeister: Eines Tages werde ich Englisch lernen.

Jim: Ich werde gern Ihr Lehrer sein.

Oberwachtmeister: Wann sind Sie geboren?

Jim: Am 3. Oktober 1953.

Oberwachtmeister: Am 3. Oktober 1953. Wo?

Jim: In Hyrunamizketown.

Oberwachtmeister: Um Gottes Willen! Das ist kein Wort, das ist eine Katastrophe!

Policeman: Your passport!

Jim: Oh, I have forgotten my passport.

Policeman: Forgotten?

Jim: Yes, I didn't put it in my pocket. I have nothing with me.

Policeman: Then I have to take you to the police station.

Jim: To the police station?

Policeman: We must establish your identity.

At the police station

Chief of Police: What is your name?

Jim: Jim Hunter—or better: James Hunter.

Chief of Police: James—Hunter?

Jim: It's written: J – a – m – e – s

Chief of Police: And Hunter . . . H – a –

Jim: No, not *a*, but *u*.

Chief of Police: *u*?

Jim: *u* as in hundred.

Chief of Police: Then your name is *"Hoonter."*

Jim: No, Hunter—English pronunciation.

Chief of Police: Why do you pronounce everything wrong?

Jim: I could ask you the same thing.

Chief of Police: Someday I will learn English.

Jim: I will be happy to be your teacher.

Chief of Police: When were you born?

Jim: October 3, 1953.

Chief of Police: October 3, 1953. Where?

Jim: In Hyrunamizketown.

Chief of Police: Heaven forbid! That isn't a word, that's a catastrophe!

Jim: Beleidigen Sie mich bitte nicht. Ich bin da geboren.

Oberwachtmeister: Entschuldigen Sie. Es war nicht so gemeint. Buchstabieren Sie bitte ganz langsam.

Jim: *H – y*

Oberwachtmeister: Was soll das *y* an dieser Stelle?

Jim: Das weiß ich nicht. Eines Tages wird es hoffentlich nur eine Sprache für alle Menschen geben. Dann brauchen wir keine Fremdsprachen mehr zu büffeln.

Oberwachtmeister: Hoffentlich! Also das *y* haben wir. Weiter!

Jim: *r – u – n – a*

Oberwachtmeister: Langsam! *– n – a*

Jim: *m*

Oberwachtmeister: *m* — wie in Martha?

Jim: Ja, wie in Martha oder Mond.

Oberwachtmeister: Weiter!

Jim: *i – z – k – e*

Oberwachtmeister: *k – e . . . e*, wie in Erde?

Jim: Wie in Erde. *t – o – w – n*. Das ist es.

Oberwachtmeister: *w . . . w* ist der letzte Buchstabe?

Jim: Nein, *n* ist der letzte Buchstabe.

Oberwachtmeister: Wo liegt dieses — dieses schreckliche Wort?

Jim: In Massachusetts — in den Vereinigten Staaten.

Oberwachtmeister: In den Vereinigten Staaten, das kann ich verstehen. Aber wie hieß das andere Wort?

Jim: Massachusetts. *M – a – s – s – a – c – h . . .*

Oberwachtmeister: Hören Sie auf!

Jim: Ich will es gern noch einmal für Sie buchstabieren.

Jim: Please don't insult me. I was born there.

Chief of Police: I'm sorry. It wasn't meant as such. Spell it very slowly, please.

Jim: *H – y*

Chief of Police: What's the *y* doing here?

Jim: That I don't know. One day there will hopefully be only one language for all people. Then we will no longer have to grind through foreign languages.

Chief of Police: Hopefully! Well, we have the *y*. Continue!

Jim: *r – u – n – a*

Chief of Police: Slowly! *– n – a*

Jim: *m*

Chief of Police: *m*—as in Martha?

Jim: Yes, as in Martha or moon.

Chief of Police: Continue!

Jim: *i – z – k – e*

Chief of Police: *k – e...e*, as in *earth*?

Jim: As in *earth*. *t – o – w – n*. That's it.

Chief of Police: *w...w* is the last letter?

Jim: No, *n* is the last letter.

Chief of Police: Where is this—this dreadful word located?

Jim: In Massachusetts—in the United States.

Chief of Police: In the United States, this I can understand. But what was the other word?

Jim: Massachusetts. *M – a – s – s – a – c – h . . .*

Chief of Police: Stop it!

Jim: I will be happy to spell it again for you.

Oberwachtmeister: Wissen Sie was? Dieses Mal will ich Sie laufen lassen. Aber das nächste Mal werden Sie bestraft! (*zum Polizisten*) Was hat er überhaupt getan?

Polizist: Der junge Mann ist bei rot über die Straßenkreuzung gegangen.

Oberwachtmeister: In Zukunft passen Sie besser auf!

Jim: Darauf können Sie sich verlassen! Ein zweites Mal wird mir das nicht passieren. Auf Wiedersehen!

Chief of Police: You know what? This time I will let you off. But the next time you will be punished! (*to the policeman*) What did he do, by the way?

Policeman: The young man crossed at the intersection when the light was red.

Chief of Police: In the future, pay better attention!

Jim: You can count on it! It won't happen to me a second time. Good-by!

Wortschatz

die Polizei, – (no plural) *police*
die Beliebtheit, – (no plural) *popularity*
die Natur, – (no plural) *nature; disposition*
zwiespältig *divided, conflicting*
die Seele, –, –n *soul, heart*
der Mensch, –en, –en *human being, person*
herauslugen (separable-prefix verb) *to be visible, peep out*
der Eisberg, –es, –e *iceberg*
das Siebtel, –s, – *one-seventh*
die Uniform, –, –en *uniform*
dagegen *on the other hand*
die Verkörperung, –, –en *personification, embodiment*
das Gesetz, –es, –e *law*
das Menschliche, –n (no plural) *that which is human, the human element*
unterwerfen, unterwirft, unterwarf, unterworfen *to subject to, subjugate*
der Mund, –es, –er *mouth*
das Auge, –s, –n *eye*
das Ohr, –s, –en *ear*
die Hand, –, –e *hand*
dienen (+ indirect object) *to serve*
die Aufgabe, –, –n *duty, task, assignment*
abstrakt *abstract*
konkret *concrete*
die Wirklichkeit, –, –en *reality*
verwandeln *to change, convert, transform*
die Transfiguration, –n, –en *transfiguration*

widersetzen (+ indirect object) *to oppose, resist, disobey*
bestrafen *to punish*
wahrscheinlich *probably, apparently*
tiefgründig *profound, deep*
die Funktion, –, –en *function*
begreifen, begreift, begriff, begriffen *to comprehend, understand*
deshalb *therefore, for this reason*
der Konflikt, –s, –e *conflict*
folgen (+ indirect object) *to follow*
folgend *following*
die Geschichte, –, –n *story; history*
die Straßenkreuzung, –, –en *intersection, crossroad*
herkommen, kommt her, kam her, ist hergekommen *to come here*
rot *red*
die Verkehrsampel, –, –n *traffic light*
die Straße, –, –n *street*
wirklich *real(ly); actual, true*
wieder *again*
vorkommen, kommt vor, kam vor, ist vorgekommen *to happen*
künftig *(in the) future*
aufpassen (separable-prefix verb) *to pay attention (to)*
leid tun, tut leid, tat leid, hat leid getan *to be sorry, be sorry about*
Es tut mir leid. *I am sorry.*
das Papier, –s, –e *paper; pl. identification papers*

der Ausweis, –es, –e *identification card, passport*

vergessen, vergißt, vergaß, vergessen *to forget*

einstecken (separable-prefix verb) *to stick, put in; pocket*

mitnehmen, nimmt mit, nahm mit, mitgenommen *to take along*

die Wache, –, –n *police station*

die Personalien (pl.) *particulars of a person*

feststellen (separable-prefix verb) *to determine, ascertain*

der Oberwachtmeister, –s, – *chief of police*

heißen, heißt, hieß, geheißen *to be called, named*

Wie heißen Sie? *What's your name?*

Wie heißt du? *What's your name?*

aussprechen, spricht aus, sprach aus, ausgesprochen *to pronounce*

falsch *wrong, false*

dasselbe *the same thing*

fragen *to ask*

eines Tages *someday*

geboren (past part.) *born*

(der) Oktober, –s, – *October*

der Gott, –es, –̈er *God*

der Wille, –ns, – *will*

um Gottes Willen *heaven forbid! for heaven's sake!*

das Wort, –es, –̈er *word*

die Katastrophe, –, –n *catastrophe*

beleidigen *to offend, insult*

entschuldigen *to excuse*

buchstabieren *to spell*

langsam *slow(ly)*

die Stelle, –, –n *place, spot*

die Sprache, –, –n *language, tongue*

die Fremdsprache, –, –n *foreign language*

büffeln *to grind, slave* (slang)

weiter! *continue! go on!*

der Mond, –es, –e *moon*

die Erde, –, –n *earth*

letzt *last, final; latest*

der Buchstabe, –n, –n *letter, character*

schrecklich *terrible, dreadful*

die Vereinigten Staaten (pl.) *United States*

verstehen, versteht, verstand, verstanden *to understand*

aufhören (separable-prefix verb) *to cease, stop*

noch einmal *once more*

das Mal, –es, –e *time; mark, sign*

dieses Mal *this time*

laufen lassen, läßt laufen, ließ laufen, laufen lassen *to let go, set free*

nächst *next*

überhaupt *altogether; by the way; anyway*

tun, tut, tan, getan *to do*

jung *young*

die Zukunft, – (no plural) *future*

(sich) verlassen (auf + dir. obj. case), verläßt sich auf, verließ sich auf, sich verlassen auf *to rely on, depend on*

passieren (ist passiert) *to happen*

auf Wiedersehen *good-by* (lit. *see you again*)

Fragen: welcher, welche, welches (which, what)

1. Welche Ampel hatte Jim nicht gesehen?
   Jim hatte die Verkehrsampel nicht gesehen.
2. Welche Papiere hatte Jim vergessen?
   Jim hatte seinen Ausweis vergessen.
3. Welche Personalien will* der Polizist feststellen?
   Der Polizist will Jims Personalien feststellen.
4. Welcher Polizist verhörte (*questioned, examined*) Jim?
   Der Oberwachtmeister verhörte Jim.
5. Welche Sprache verstand der Oberwachtmeister nicht?
   Der Oberwachtmeister verstand kein Englisch.

---

*Wollen (will, want to) and *können* (can, be able to) are used with the infinitive of the verb.

6. Welches Wort kann der Oberwachtmeister nicht schreiben?
   Der Oberwachtmeister kann das Wort „Massachusetts" nicht schreiben.
7. Welche Universität will Jim besuchen?
   Er will die Universität Saarbrücken besuchen.

Fragen: Wiederholung

1. Warum verstand der Oberwachtmeister das lange Wort nicht?
   Es war kein Wort, es war eine Katastrophe.
2. Weshalb ging Jim mit zur Wache?
   Er war bei rot über die Straßenkreuzung gegangen.
3. Weswegen war er bei rot über die Straßenkreuzung gegangen?
   Er hatte die Verkehrsampel nicht gesehen.
4. Wo ist Jim geboren?
   Er ist in Massachusetts geboren.
5. Woher kam Jim?
   Er kam aus den Vereinigten Staaten.
6. Wohin will er gehen?
   Er will zu seinem Onkel gehen.

Hausarbeit

Antworten Sie schriftlich.

1. Woher kam Jim? 2. Wen besuchte Jim in Deutschland? 3. Wo studierte Jim in
Deutschland? 4. Welche Möbel (*furniture*) sind in Jims Zimmer? 5. Wohin ging der
Polizist mit Jim? 6. Warum nahm der Polizist Jim mit auf die Wache?

ZWEITE STUNDE

Personal Pronouns

The Pronouns *mir* and *dir*

The pronouns **mir** and **dir** are the indirect object forms of the pronouns **ich** and **du**.
(See the complete listing of personal pronouns in Unit 8, page 109.)

Beispiele

Er gibt **mir** das Buch.
He gives me the book.
Er gibt **dir** das Buch.
He is giving the book to you.

The following verbs from the preceding lessons require an indirect object:

gefallen   fehlen
helfen   dienen
glauben   widersetzen
gehören   folgen

Übungen in der Klasse

Answer the following questions both positively and negatively.

Beispiel

Hat er Ihnen den Ausweis gegeben?
Ja, er hat **mir** den Ausweis gegeben.
Nein, er hat **mir** den Ausweis nicht gegeben.

A. mir

Der Lehrer fragt die Studenten.

1. Hat sie Ihnen die Stadt gezeigt?
2. Ist Ihnen das passiert?
3. Hat er Ihnen die Geschichte erzählt?
4. Hat er Ihnen den Brief (*letter*) geschrieben?
5. Hat sie Ihnen den Kuchen ausgesucht?
6. Ist er Ihnen in die Zollhalle gefolgt?
7. Gehört Ihnen das Buch?
8. Hat er Ihnen den Ausweis gestempelt?
9. Hat sie Ihnen das Buch versprochen?
10. Hat der Lehrer Ihnen die Hausarbeit gegeben?
11. Hat sie Ihnen das Zimmer schön eingerichtet?
12. Hat er Ihnen das Buch gezeigt?

B. dir

Ein Student fragt einen anderen Studenten.

Beispiel

Hast du mir das Buch gegeben?
Ja, ich habe **dir** das Buch gegeben.
Nein, ich habe **dir** das Buch nicht gegeben.

1. Kannst du mir das Gemälde zeigen?   *ich kann . . .*
2. Kannst du mir deinen Ausweis geben?
3. Kannst du mir ein Buch aussuchen?
4. Folgst du mir in das Café?
5. Gehören mir die Koffer?
6. Willst du mir einen Brief schreiben?   *ich will . . .*
7. Kann er mir den Paß stempeln?

8. Will er mir das Hotel zeigen?
9. Will sie mir das Zimmer einrichten?
10. Ist mir das passiert?
11. Hast du mir die Geschichte erzählt?
12. Glaubst du mir das?

The Pronouns *mich* and *dich*

The pronouns **mich** and **dich** are the direct object forms of **ich** and **du**.

Beispiele

Wen hat er gefragt?	Wen hat er gesehen?
Er hat **mich** gefragt.	Er hat **dich** gesehen.

Übungen in der Klasse

A. mich

Der Lehrer fragt die Studenten. Answer the following questions both positively and negatively.

Beispiele

Hat er Sie gefragt?
Ja, er hat **mich** gefragt.
Nein, er hat **mich** nicht gefragt.

1. Haben die Studenten Sie im Theater gesehen?
2. Hat Herr Heise Sie am Flugplatz abgeholt?
3. Hat der Polizist Sie beleidigt?
4. Hat er Sie bestraft?
5. Hat Frau Heise Sie besucht?
6. Hat die Studentin Sie betrogen?
7. Hat er Sie entschuldigt?
8. Hat Jim Sie zum Hotel gefahren?
9. Hat der Empfangschef Sie im Hotel gefunden?
10. Hat sie Sie gefragt?
11. Hat man Sie im Museum gesehen?

B. dich

Change the following statements into questions.

Beispiel

Er holt mich am Flugplatz ab.
Holt er **dich** am Flugplatz ab?

1. Er wartet auf mich im Hotel.
2. Sie sah mich im Café.
3. Er hat mich gefragt.
4. Sie haben mich im Theater gefunden.

5. Ilse hat mich zum Bahnhof gefahren.
6. Der Student hat mich betrogen.
7. Jim besuchte mich gestern (*yesterday*).
8. Die Polizei hat mich bestraft.
9. Der Oberwachtmeister hat mich beleidigt.
10. Der Künstler hat mich begeistert.
11. Man hat mich am Bahnhof abgeholt.

C. *Fill in the correct pronoun forms of du or ich; then answer the questions both positively and negatively.*

Beispiele

Hast du _____ betrogen?
Hast du **mich** betrogen?
Ja, ich habe **dich** betrogen.
Nein, ich habe **dich** nicht betrogen.

Hat er ── den Paß gezeigt?
Hat er **mir** den Paß gezeigt?
Ja, er hat **mir** den Paß gezeigt.
Nein, er hat **mir** den Paß nicht gezeigt.

1. Willst du _____ sprechen?
2. Kannst du _____ den Springbrunnen zeigen?
3. Willst du _____ die Geschichte erzählen?
4. Kannst du _____ das versprechen?
5. Kann sie _____ am Bahnhof abholen?
6. Hast du _____ das Buch gebracht?
7. Kannst du _____ eine Taxe bestellen?
8. Kann er _____ den Paß stempeln?
9. Kannst du _____ ein Zimmer im Hotel bestellen?
10. Kann sie _____ zum Bahnhof fahren?
11. Wartest du auf _____?
12. Kannst du _____ den Schlüssel geben?
13. Will er _____ besuchen?
14. Kannst du _____ helfen?
15. Glaubst du _____?
16. Versprichst du _____ zu kommen?
17. Hat er _____ beleidigt?
18. Hat der Polizist _____ beleidigt?

The Pronouns *uns* and *euch*

The pronouns **uns** and **euch** are both the direct object and the indirect object forms of **wir** and **ihr**, respectively.

Beispiele

Direct Object
Sah **uns** der Empfangschef?
Hat der Beamte **euch** beleidigt?

Indirect Object
Gibt **uns** der Lehrer deutsche Bücher?
Der Polizist hilft **euch**.

Übungen in der Klasse

Ein Student fragt einen anderen Studenten. Answer both positively and negatively.

A. euch

Beispiel

Habt ihr uns verstanden?
Ja, wir haben **euch** verstanden.
Nein, wir haben **euch** nicht verstanden.

1. Wollt ihr uns beleidigen?
2. Wollt ihr uns bestrafen?
3. Werdet ihr uns in die Universität einführen?
4. Werdet ihr uns vermissen?
5. Wollt ihr uns besuchen?
6. Habt ihr uns geschrieben?
7. Gehören uns die Koffer?
8. Habt ihr uns den Kuchen ausgesucht?
9. Habt ihr auf uns gewartet?
10. Hattet ihr uns geglaubt?
11. Könnt ihr uns zum Flugplatz fahren?
12. Könnt ihr uns zum Bahnhof bringen?

B. uns

Beispiel

Haben wir euch die Bücher gegeben?
Ja, ihr habt **uns** die Bücher gegeben.
Nein, ihr habt **uns** die Bücher nicht gegeben.

1. Hat er euch das Museum gezeigt?
2. Können wir euch etwas fragen?
3. Hat die Polizei euch gefragt?
4. Hatte euch das Zimmer gefallen?
5. Hat euch der Kuchen geschmeckt?
6. Hat man euch vom Hotel abgeholt?
7. Hatte euch der Polizist bestraft?
8. Hat euch die Bequemlichkeit gefehlt?
9. Hatte er euch zum Bahnhof gefahren?
10. Ist euch das wirklich passiert?
11. Hat man euch mit auf die Wache genommen?
12. Hatte er euch die Bücher versprochen?

The Pronouns *sie* and *ihnen*

The pronoun **sie** replaces a plural noun in the subject case and in the direct object case. The pronoun **ihnen** replaces a plural noun in the indirect object case. **Sie** and **ihnen** refer to both persons and inanimate objects.

Beispiele

Herr und Frau Heise warten auf Jim.
Sie warten auf Jim. *(subject case)*
Er fährt *die Herren* zum Bahnhof.
Er fährt **sie** zum Bahnhof. *(direct object case)*
Er bringt *den Damen* Kuchen.
Er bringt **ihnen** Kuchen. *(indirect object case)*

Compare these pronouns with the polite forms **Sie** and **Inhen,** which are always capitalized and refer only to persons.

	3rd pers. pl.	*formal or polite*
subject	**sie**	**Sie**
direct object	**sie**	**Sie**
indirect object	**ihnen**	**Ihnen**

Übung in der Klasse

Der Lehrer fragt die Studenten. Answer the following questions both positively and negatively, replacing the noun(s) with the correct pronoun(s).

Beispiele

Habt ihr *die Herren* gesehen?
Ja, wir haben **sie** gesehen.
Nein, wir haben **sie** nicht gesehen.

Hat er *den Kindern die Bücher* gegeben?
Ja, er hat **sie ihnen** gegeben.
Nein, er hat **sie ihnen** nicht gegeben.

1. Habt ihr die Vorlesungen besucht?
2. Habt ihr die schönen Blumen gesehen?
3. Habt ihr die Ausweise eingesteckt?
4. Habt ihr die Fragen verstanden?
5. Hast du die Bücher gelesen?
6. Haben Sie die Zimmer bestellt?
7. Haben Sie den Studenten die Gemälde gezeigt?*
8. Haben Sie den Kindern die Bleistifte gegeben?
9. Haben Sie den Damen die Kuchen ausgesucht?
10. Haben Sie den Gästen die Pässe gestempelt?
11. Hat er den Studenten die Stadt gezeigt?
12. Hat Jim den Polizisten die Namen buchstabiert?
13. Hast du den Studenten die Briefe geschrieben?
14. Gehören die Koffer den Studenten?
15. Gehören die Bücher den Mädchen?
16. Gehören die Bleistifte den Studentinnen?
17. Haben die Herren die Verkehrsampeln gesehen?
18. Habt ihr den Kindern die Geschichten erzählt?
19. Haben die Studenten den Polizisten geglaubt?
20. Haben die Bedienungen den Damen das Frühstück gebracht?

---

* See the discussion in Unit 8, pages 111–112, on word order in sentences containing both an indirect object pronoun and a direct object pronoun.

Real-Situation Practice

1. Wo haben Sie Ihr deutsches Lehrbuch (*textbook*) gekauft? 2. Wieviel hat es gekostet? 3. Passen Sie immer auf, wenn Sie über eine Kreuzung gehen oder fahren? 4. Mußten Sie schon auf die Polizeiwache gehen? 5. Haben Sie immer einen Ausweis bei sich? 6. Buchstabieren Sie die folgenden Wörter auf deutsch: Saarbrücken, Frankfurt, Hösel, Düsseldorf, Mähren, Jubel. 7. Haben Sie schon ein Protokoll (*police ticket*) gehabt? 8. Wieviel hat es gekostet? 9. Wer bezahlt Ihr Studium (*studies*) an der Universität?

Hausarbeit

Fill in the blanks with the appropriate German pronouns.

1. (*we*) _____ wollen Deutsch lernen.
2. (*we*) _____ fliegen nach Deutschland.
3. Herr Heise holt (*us*) _____ ab.
4. Wir haben (*to him*) _____ ein Buch gegeben.
5. Hat Jim (*you; familiar, pl.*) _____ zum Hotel gefahren?
6. Ja, er hat (*us*) _____ zum Hotel gebracht.
7. Der Empfangschef gab (*to us*) _____ ein Zimmer.
8. Das Zimmer hat (*to us*) _____ gut gefallen.
9. Aus dem Fenster konnten (*we*) _____ ins Saartal sehen.
10. Hat Jim (*to you; polite*) _____ die Universität gezeigt?
11. Nein, man hat (*to me*) _____ die Universität noch nicht gezeigt.
12. Haben (*you*) _____ Jim gesehen?
13. Nein, ich habe (*him*) _____ nicht gesehen.
14. Haben (*you*) _____ (*to her*) _____ das Buch gegeben?
15. Ja, ich habe (*it*) _____ (*to her*) _____ gegeben.
16. Hast (*you*) _____ das Kind gesehen?
17. Ja, (*it*)* _____ stand bei Jim.
18. Hast (*you*) _____ (*to him*) _____ das Buch gegeben?
19. Nein, ich habe (*him*) _____ gefragt, und (*he*) _____ wollte kein Buch.
20. Was hat der Polizist (*to you; familiar, sing.*) _____ gesagt?

DRITTE STUNDE

Verbs: The Future Perfect Tense

The future perfect tense is composed of the auxiliary **werden**, the past participle of the verb, and the infinitive **haben** or **sein**.

---

* In this sentence, the pronoun *it* refers to *das Kind* (in the preceding question). Although *das Kind* (*child*) relates to a person, a neuter pronoun is used to replace a *das*-word.

Er **wird** schon nach Hause **gegangen sein.**

conjugated   past part. infinitive
form of   of *gehen* (*sein*)
werden

Er **wird** seinen Paß vergessen **haben.**

infinitive
(*haben*)

The future perfect tense is used to express an action which will have been completed at some time in the future.

Morgen wird er seine Arbeit beendet haben.
He will have finished his work tomorrow.

The future perfect tense also expresses the probability of an action or an event.

Er wird im Theater gearbeitet haben.
He has probably worked in the theater.

Future Perfect Tense of *besuchen* and *gehen*

besuchen

Ich **werde** das Museum **besucht haben.**
Du **wirst** das Museum **besucht haben.**
Er (sie, es, man) **wird** das Museum **besucht haben.**
Wir **werden** das Museum **besucht haben.**
Ihr **werdet** das Museum **besucht haben.**
Sie **werden** das Museum **besucht haben.**
Sie *(formal)* **werden** das Museum **besucht haben.**

gehen

Ich **werde** in die Stadt **gegangen sein.**
Du **wirst** in die Stadt **gegangen sein.**
Er (sie, es, man) **wird** in die Stadt **gegangen sein.**
Wir **werden** in die Stadt **gegangen sein.**
Ihr **werdet** in die Stadt **gegangen sein.**
Sie **werden** in die Stadt **gegangen sein.**
Sie *(formal)* **werden** in die Stadt **gegangen sein.**

Übungen in der Klasse

A. *Transform the following sentences from the future tense into the future perfect tense.*

Beispiel

Er wird den Satz (*sentence*) verstehen.
Er **wird** den Satz **verstanden haben.**

1. Wir werden die Gemälde sehen.
2. Du wirst das Geld vergessen.
3. Ich werde ihn bestrafen.
4. Sie werden Fräulein Weber kennenlernen.
5. Ihr werdet ihn bei Familie Heise einführen.
6. Man wird Jim besuchen.
7. Er wird die Fahrkarten kaufen.
8. Sie werden das begreifen.
9. Wir werden den Schrank einbauen.
10. Ich werde das nächste Mal besser aufpassen.

B. *Der Lehrer fragt einen Studenten. Answer the following questions in the future perfect tense.*

Beispiel

Hat Jim seine Hausarbeit gemacht?
Jim **wird** seine Hausarbeit **gemacht haben**.
Jim has probably done his homework.

1. Hat er das verstanden?
2. Habe ich den Paß vergessen?
3. Habe ich ihn beleidigt?
4. Hat sie das Buch gefunden?
5. Haben sie Hannelore kennengelernt?
6. Ist er nach Düsseldorf geflogen?
7. Sind sie nach Amerika geflogen?
8. Ist sie zur Universität gegangen?
9. Haben Sie die Pässe eingesteckt?
10. Hat er in der Klasse geschlafen?

C. *Answer the following questions in the future perfect tense, using the words in italics.*

Beispiel

Wohin ist Jim gegangen? *Stadt*
Jim **wird** *in die Stadt* **gegangen sein**.

1. Wohin ist Ilse geflogen? *Düsseldorf*
2. Wohin sind die Kinder gereist? *Frankfurt*
3. Wohin ist die Taxe gefahren? *Hotel*
4. Wohin ist das Auto gefahren? *Universität*
5. Wohin ist der Zug gefahren? *Saarbrücken*
6. Wohin sind die Studenten gegangen? *nach Hause*
7. Wohin ist Ilse gegangen? *Café*
8. Wohin ist die Studentin gegangen? *Theater*
9. Wohin sind die Leute gegangen? *Zimmer*
10. Wohin sind die Gäste gefahren? *Bahnhof*

Verbs: The Imperative (Commands)

In English, commands are expressed by the infinitive of the verb:

Go!   Try!   Drink!   Sit down!

There are three different command forms in German:

1. **Familiar form, singular:**

Geh(e)!   Versuch(e)!   Trink(e)!   Setz(e) dich!

Commands in the familiar form, singular, are made by dropping the **–en** ending from the infinitive. (The older form retains the ending **–e**.)

Strong verbs which change their stem vowel in the second and third persons singular from **e** to **i** (**ie**) also change their stem vowel from **e** to **i** (**ie**) in the familiar singular command form.

vergessen: Vergiß!

For these verbs, the command form is derived from the third person singular present tense, omitting the ending **–t**.

geben: er gibt → Gib!
Gib mir die Fahrkarte!

2. **Familiar form, plural:**

Geht!   Versucht!   Trinkt!   Setzt euch!

Commands in the familiar form, plural, are based on the second person plural (present tense) form of the verb; the verb remains the same, but the pronoun **ihr** is dropped.

ihr geht → Geht!
ihr fragt → Fragt!
ihr lest → Lest!

3. **Formal address or polite form:**

Gehen Sie!   Versuchen Sie!   Trinken Sie!   Setzen Sie sich!

In formal commands the present tense subject-verb word order is inverted:

present tense: Sie gehen.
polite command: Gehen Sie!

Separable-prefix verbs are separated in all three command forms:

feststellen: Stell fest!
Stellt fest!
Stellen Sie fest!

The reflexive pronoun* of reflexive verbs is moved to the very end of the command form:

sich setzen: Setz dich!

Setzt euch!

Setzen Sie sich!

Übungen in der Klasse

A.   *Build the three command forms of the following verbs.*

buchstabieren	schreiben	machen
schlafen	probieren	wiederholen
halten	studieren	erzählen
folgen	warten	schneiden
schließen	bringen	fahren
bestellen	sich setzen	bleiben
gehen	zeigen	kommen
stehen	fragen	reisen
sagen	lernen	denken

B.   *Build the three command forms of the following separable-prefix verbs.*

einstecken	aufpassen	einführen
kennenlernen	einbauen	einrichten
einlaufen	aufhören	anfangen
einbegreifen	mitgehen	abholen
aussteigen	herkommen	hingehen

C.   *Build the three command forms of the following strong verbs. (Note the vowel change in the second and third persons plural, present tense.)*

sich unterwerfen	lesen
geben	essen
nehmen	versprechen
sehen	helfen

D.   *Transform the infinitive into the familiar singular of the command form.*

Beispiel

(*geben*) _____ mir den Bleistift!
Gib mir den Bleistift!

1. (*vergessen*) _____ den Garten!
2. (*lesen*) _____ das Buch!
3. (*essen*) _____ den Kuchen!
4. (*helfen*) _____ dem Kinde!
5. (*nehmen*) _____ die Koffer!
6. (*versprechen*) _____ mir zu kommen!

---

*See Unit 12 for a discussion of reflexive pronouns.

7. (*unterwerfen*) _____ dich dem Gesetz!
8. (*büffeln*) _____ die Fremdsprache!
9. (*entschuldigen*) _____ dich bei dem Polizisten!
10. (*aussprechen*) _____ den Satz richtig _____!

E. *Transform the infinitive into the familiar plural of the command form.*

Beispiel

(*fragen*) _____ euren Lehrer!
Fragt euren Lehrer!

1. (*aufpassen*) _____ auf die Verkehrsampel _____!
2. (*dienen*) _____ dem Gesetz!
3. (*sich erfreuen*) _____ _____ an dem Theater!
4. (*kennenlernen*) _____ die Deutschen _____!
5. (*besuchen*) _____ Familie Heise!
6. (*sich baden*) _____ _____ im Badezimmer!
7. (*sich waschen*) _____ _____ im Badezimmer!
8. (*machen*) _____ euere Schulaufgaben!
9. (*schlafen*) _____ gut!
10. (*lesen*) _____ das Buch!

F. *Transform the infinitive into the polite command form.*

Beispiel

(*trinken*) _____ den Tee!
Trinken Sie den Tee!

1. (*halten*) _____ an der Verkehrsampel!
2. (*sich beeilen*) _____!
3. (*probieren*) _____ den Kuchen!
4. (*widersetzen*) _____ nicht dem Gesetz!
5. (*erzählen*) _____ uns die Geschichte!
6. (*folgen*) _____ mir!
7. (*glauben*) _____ ihm!
8. (*verlassen*) _____ das Zimmer!

G. *Complete the following sentences which all contain separable-prefix verbs.*

Beispiel

Paß auf das Kind _____!
Paß auf das Kind **auf**!

1. Stecken Sie den Paß _____!
2. Führt ihn in die Universität _____!
3. Baut den Schrank in die Wand _____!
4. Suchen Sie sich ein Stück Kuchen _____!
5. Fangen Sie mit Ihrer Arbeit _____!
6. Holt Jim vom Flugplatz _____!

7. Richten Sie ihm ein schönes Zimmer _____!
8. Tragen Sie sich bitte in das Buch _____!
9. Steig am Bahnhof _____!
10. Begreifen Sie das Frühstück bitte in den Preis _____!

Cardinal Numbers 400–One Million

400	vierhundert		534	fünfhundertvierunddreißig
401	vierhunderteins		600	sechshundert
402	vierhundertzwei		601	sechshunderteins
412	vierhundertzwölf		602	sechshundertzwei
426	vierhundertsechsundzwanzig		612	sechshundertzwölf
500	fünfhundert		700	siebenhundert
501	fünfhunderteins		800	achthundert
502	fünfhundertzwei		900	neunhundert
512	fünfhundertzwölf		1000	tausend

10 000	zehntausend
100 000	hunderttausend
1 000 000	eine Million

Übung in der Klasse

Read the following numbers aloud.

428	739	749	927	635	412	593	614	594	472
836	903	364	726	126	263	854	645	633	235
316	746	615	534	958	736	857	369	7004	5378

Real-Situation Practice

1. Wohnen Sie im Studentenheim oder in der Stadt? 2. Sagen Sie, was Sie in Ihrem Zimmer haben! (Tisch, Stuhl, . . .) 3. Wieviel kostet Ihr Zimmer? 4. Wieviel kostet Ihr Studium pro Semester? 5. Haben Sie schon in einem Hotel übernachtet? 6. Was ist der Unterschied zwischen einem Hotel und einem Motel? 7. Was kostet ein Doppelzimmer in einem guten Motel? 8. Wann werden Sie Deutschland besuchen?

Hausarbeit

A. *Rewrite the following sentences. First use the past perfect tense, then the future tense, and finally the future perfect tense.*

Beispiel

Er besucht seine Tante.

Er hatte seine Tante besucht.
Er wird seine Tante besuchen.
Er wird seine Tante besucht haben.

1. Wir verlassen das Hotel.
2. Du wohnst in Düsseldorf.
3. Ihr wohnt in Saarbrücken.
4. Ich arbeite im Garten.
5. Sie ist hungrig.
6. Er hat einen Koffer.
7. Sie werden Amerikaner.
8. Man bleibt zu Hause.
9. Sie schreiben nach Hause.

B. *Decide whether to use* **ihn** *or* **ihm** *in the following sentences.*

Beispiele

Ich habe —— gesehen.
Ich habe **ihn** gesehen.

Ich gab —— das Buch.
Ich gab **ihm** das Buch.

1. Es hat _____ interessiert.
2. Er hat _____ ins Hotel gebracht.
3. Er hat _____ gefragt.
4. Wir haben _____ Saarbrücken gezeigt.
5. Wir brachten _____ ins Hotel.
6. Der Empfangschef gab _____ die Schlüssel.
7. Die Bedienung brachte _____ das Frühstück.
8. Hat es _____ interessiert?
9. Hat es _____ gefallen?
10. Der Polizist hat _____ auf die Wache gebracht.
11. Er wird _____ seinen Namen buchstabieren.
12. Ich werde _____ fragen.
13. Jim zeigt _____ seinen Ausweis.
14. Wir haben _____ gesehen.
15. Die Polizei will _____ bestrafen.

10
Zehnte Einheit

ERSTE STUNDE

Leseübung

Familie Heise hat Fräulein Weber eingeladen. Sie ist Studentin und assistiert dem Professor für Philosophie, Dr. Hochgemuth. Frl. Weber will Jim in die Universität einführen. Doch heute abend wird man unverbindlich über allgemeine Dinge reden. Jim wird über Verkehrsampeln und deren mögliche Konsequenzen sprechen. Die Tante wird über ihre Sorgen klagen und der Onkel wird mit wenigen, doch wohlgesetzten Bemerkungen das Gespräch lenken und kommentieren. Die Unterhaltung mag steif erscheinen. Doch muß man bedenken, daß Jim Frl. Weber zum ersten Male vorgestellt wird und daß die Deutschen bei einer solchen Begegnung nicht mit Formalitäten sparen. Man schüttelt sich fleißig die Hände. Erst wenn man sich eine längere Zeit kennt, wird man „informell". Doch darauf müssen wir noch etwas warten.

The Heise family has invited Miss Weber over. She is a student and assists the professor of philosophy, Dr. Hochgemuth. Miss Weber wants to introduce Jim to the university. But tonight they will speak casually about the usual things. Jim will talk about traffic lights and their possible consequences. Aunt will complain about her worries, and Uncle will lead and comment on the conversation with a few well-phrased remarks. The conversation may appear formal. But one must consider that Jim is being introduced to Miss Weber for the first time, and that at such a meeting the Germans do not spare formalities. They shake hands zealously. Only when they have known each other for a longer time do they become "informal." But we must wait a bit longer for this.

Dialog: Bei Familie Heise

Dialogue: At the Heise Family's Home

Herr Heise: Hier kommt Fräulein Weber.

Frl. Weber: Guten Abend, Frau Heise.

Frau Heise: Guten Abend, Fräulein Weber.

Herr Heise: Darf ich Ihnen Herrn Jim Hunter vorstellen? Er ist unser Neffe aus Amerika.

Frl. Weber: Guten Abend, Herr Hunter.

Jim: Guten Abend, Fräulein Weber.

Mr. Heise: Here comes Miss Weber.

Miss Weber: Good evening, Mrs. Heise.

Mrs. Heise: Good evening, Miss Weber.

Mr. Heise: May I introduce Mr. Jim Hunter to you? He is our nephew from America.

Miss Weber: Good evening, Mr. Hunter.

Jim: Good evening, Miss Weber.

Frl. Weber: Sie sind also der junge Herr, von dem ich schon soviel gehört habe.

Jim: Hoffentlich nicht zuviel Schlechtes.

Frl. Weber: Durchaus nicht.

Frau Heise: Wollen wir uns nicht an den Tisch setzen?

(*Man nimmt um den Tisch herum Platz.*)

Frl. Weber: Wann sind Sie angekommen?

Jim: Ich kam vorgestern in Frankfurt an. Dort erwarteten mich Onkel und Tante.

Frau Heise: Wir übernachteten in Frankfurt und fuhren gestern wieder nach Hause.

Frl. Weber: Wie gefällt Ihnen Saarbrücken?

Jim: Sehr gut. Allerdings hatte ich heute morgen Ärger mit der Polizei.

Frau Heise: Ja, man hatte ihn sogar mit auf die Wache genommen.

Frl. Weber: Nanu! Was haben Sie denn verbrochen?

Jim: Nicht viel. Ich hatte die Verkehrsampel nicht gesehen und ging bei rot über die Kreuzung. Außerdem hatte ich meinen Ausweis vergessen.

Frl. Weber: Nun, daß Sie das rote Licht nicht beachtet haben, ist ja nicht so schlimm. Aber daß Sie keinen Ausweis bei sich hatten, das ist auf dieser Welt sehr schlimm. Ohne Ausweis sind Sie kein Mensch.

Jim: Den Eindruck hatte ich auch. Aber im übrigen gefällt mir Saarbrücken mit seinen Bergen ringsherum sehr gut.

Herr Heise: Jim hat natürlich noch nicht sehr viel von Saarbrücken gesehen.

Jim: Aber ich habe schon schöne An-

Miss Weber: So you are the young man, whom I've already heard so much about.

Jim: Hopefully not too many bad things.

Miss Weber: Positively not.

Mrs. Heise: Shall we sit down at the table?

(*They sit down around the table.*)

Miss Weber: When did you arrive?

Jim: I arrived in Frankfurt the day before yesterday. My uncle and aunt were waiting for me there.

Mrs. Heise: We spent the night in Frankfurt and traveled back home yesterday.

Miss Weber: How do you like Saarbrücken?

Jim: Very much, though I had trouble with the police this morning.

Mrs. Heise: Yes, they even took him to the police station.

Miss Weber: There now! What did you do wrong then?

Jim: Not much. I didn't see the traffic light and went across the intersection on a red light. Moreover, I had forgotten my passport.

Miss Weber: Well, it's not so bad that you didn't notice the red light. But that you didn't have any identification card with you, that—in this world—is very bad. Without an identification card you are not a human being.

Jim: I had that impression too. But otherwise, I like Saarbrücken with its mountains all around very much.

Mr. Heise: Naturally, Jim hasn't seen much of Saarbrücken yet.

Jim: But I have already seen beautiful

lagen gesehen und Gärten und Wiesen für die Kinder.

Frau Heise: Leider hat die Stadt auch einen Nachteil.

Jim: Welchen?

Frau Heise: In der Umgebung ist sehr viel Industrie. Oft ziehen der Staub und Ruß der Werke durch das Tal, und schwarze Flocken regnen auf meine gute, weiße Wäsche.

Herr Heise: Das nennen wir den „Saarbrücker Schnee".

Frl. Weber: Aber die Universität liegt geschützt zwischen den Hügeln im Wald. Dort sieht man nichts von Industrie. Es ist eine ganz moderne Universität. Sie wurde erst nach dem letzten Krieg gegründet.

Jim: Ich freue mich schon sehr auf die Universität.

Frl. Weber: Ich sprach mit meinem Professor über Sie, und er ist gespannt, Sie kennenzulernen.

Jim: Wann gehen wir zur Universität?

Frl. Weber: Am besten gleich morgen früh.

Frau Heise: Ich glaube bestimmt, daß es dir dort gefallen wird.

parks, gardens, and fields (meadows) for the children.

Mrs. Heise: Unfortunately, the city also has a disadvantage.

Jim: What?

Mrs. Heise: There's a lot of industry in the vicinity. Often the dust and soot of the factories passes through the valley, and black flakes rain on my good, white wash.

Mr. Heise: We call that "Saarbrücken snow."

Miss Weber: But the university lies sheltered between the hills in the forest. One sees nothing of industry there. It is a completely modern university. It was only founded after the last war.

Jim: I am already looking forward to the university.

Miss Weber: I spoke with my professor about you, and he's anxious to meet you.

Jim: When will we get to go to the university?

Miss Weber: Early tomorrow morning would be best.

Mrs. Heise: I certainly think you will like it there.

Wortschatz

einladen, lädt ein, lud ein, eingeladen *to invite*

assistieren (hat assistiert) (+ indir. obj.) *to assist*

der Professor, –s, –en *professor*

die Philosophie, –, –n *philosophy*

heute abend *this evening*

reden *to talk, converse*

unverbindlich *informally, casually*

allgemein *general, usual*

möglich *possible*

die Sorge, –, –n *worry, care*

klagen *to complain*

wenige *a few, few*

wohlgesetzt *well-phrased*

die Bemerkung, –, –en *remark, observation*

das Gespräch, –s, –e *conversation*

lenken *to lead*

kommentieren (hat kommentiert) *to comment on*

die Unterhaltung, –, –en *conversation; entertainment*

steif *stiff, stilted*

erscheinen, erscheint, erschien, ist erschienen *to seem, appear*

bedenken, bedenkt, bedachte, bedacht *to consider*

vorstellen (separable-prefix verb) *to introduce; imagine*

solch (–e, –er, –es) *such*

die Begegnung, –, –en *encounter, meeting*

die Formalität, --, –en *formality*

sparen *to save; spare*

schütteln *to shake*

fleißig *industrious(ly), zealous(ly)*

lang (länger, längst) *long (longer, the longest)*

lange *a long time*

kennen, kennt, kannte, gekannt *to be acquainted with*

der, die, das Schlechte *bad; something bad, the bad one*

durchaus *absolutely, positively*

setzen *to set, place, put, seat*

sich setzen *to sit down*

der Platz, –es, ⸚e *place*

Platz nehmen *to take a seat or one's place*

um . . . herum *around*

ankommen, kommt an, kam an, ist angekommen *to arrive*

vorgestern *the day before yesterday*

erwarten *to wait for, expect*

allerdings *to be sure; though*

der Ärger, –s (no plural) *trouble, problem, annoyance*

nanu! *There now! Well, I never!*

verbrechen, verbricht, verbrach, verbrochen *to do wrong, break (the law)*

das Licht, –(e)s, –er *light*

beachten *to notice; consider, regard*

schlimm *bad, serious, severe*

ohne (+ dir. obj. case) *without*

im übrigen *for the rest, otherwise*

der Berg, –es, –e *mountain; hill*

ringsherum *all around*

natürlich *naturally, of course*

noch nicht *not yet*

die Anlage, –, –n *park, ground*

die Wiese, –, –n *meadow*

der Nachteil, –s, –e *disadvantage*

die Umgebung, –, –en *surroundings, vicinity, neighborhood*

die Industrie, –, –n *industry*

ziehen, zieht, zog, gezogen *to move, pass*

der Staub, –es (no plural) *dust*

der Ruß, –es (no plural) *soot*

das Werk, –es, –e *work; factory*

schwarz *black*

die Flocke, –, –n *flake, fleck*

regnen *to rain*

weiß *white*

die Wäsche, – (no plural) *wash, laundry*

nennen, nennt, nannte, genannt *to name, call*

der Schnee, –s (no plural) *snow*

schützen *to protect, shelter*

zwischen (+ indir. obj. case) *between*

der Wald, –es, ⸚er *woods, forest*

nichts *nothing*

gründen *to found, establish*

gespannt sein *to be anxious*

morgen früh *tomorrow morning*

Fragen

1. Wem assistiert Frl. Weber in der Universität?
   Frl. Weber assistiert dem Professor der Philosophie.
2. Wen will Frl. Weber in die Universität einführen?
   Frl. Weber will Jim in die Universität einführen.
3. Worüber spricht man heute abend?
   Heute abend spricht man über allgemeine Dinge.
4. Was wird der Onkel tun?
   Er wird das Gespräch lenken.
5. Hat Jim Frl. Weber schon einmal gesehen?
   Nein, Jim hat Frl. Weber noch nicht gesehen.

6. Wen stellt Herr Heise Frl. Weber vor?
   Herr Heise stellt Jim Frl. Weber vor.
7. Von wem hat Frl. Weber schon gehört?
   Frl. Weber hat schon von Jim gehört.
8. Bei wem wohnt Jim?
   Jim wohnt bei Onkel und Tante.
9. Woher kommt Jim?
   Jim kommt aus Amerika.
10. Wo will Jim studieren?
    Jim will auf der Universität studieren.
11. Wie gefällt Jim Saarbrücken?
    Saarbrücken gefällt Jim sehr gut.
12. Was gefällt ihm besonders gut?
    Die Berge ringsherum gefallen ihm besonders gut.
13. Welchen Nachteil hat die Stadt?
    In der Umgebung ist sehr viel Industrie.
14. Wo liegt die Universität?
    Sie liegt zwischen den Hügeln im Wald.
15. Was regnet auf Frau Heises Wäsche?
    Der Ruß regnet auf Frau Heises Wäsche.

Hausarbeit

Lernen Sie den folgenden Dialog auswendig.

A: Haben Sie meine Freundin Ilse schon kennengelernt?

A: Have you already met my (girl) friend Ilse?

B: Ja, sie wurde mir vorige Woche in der Universität vorgestellt.

B: Yes, she was introduced to me last week at the university.

A: Studieren Sie auf der Universität?

A: Are you studying at the university?

B: Ja, ich studiere Deutsch und Geschichte.

B: Yes, I'm studying German and history.

A: Wie gefällt Ihnen unsere Stadt?

A: How do you like our city?

B: Saarbrücken gefällt mir sehr gut.

B: I like Saarbrücken very much.

A: Was gefällt Ihnen besonders an Saarbrücken?

A: What do you like in particular about Saarbrücken?

B: Die Berge ringsherum gefallen mir besonders.

B: I especially like the mountains all around.

A: Leider gibt es auch viel Ruß in der Stadt.

A: Unfortunately, there's also a lot of soot in the city.

B: Ich weiß — Saarbrücken ist von großen Industriewerken umgeben.

B: I know—Saarbrücken is surrounded by big factories.

A: Es gibt Tage, da schneit es Ruß.

A: There are days when it snows soot.

B: Trotzdem bin ich gerne in Saarbrücken.

B: In spite of that, I like being in Saarbrücken.

A: Das glaube ich Ihnen. Die Wälder sind sehr schön.

B: Ich gehe gerne in den Wäldern spazieren.

A: I believe you. The woods are (very) beautiful.

B: I like walking through the woods.

ZWEITE STUNDE

Wo-*Compounds:* womit, worauf, *etc.*

Womit (*with what*), **worüber** (*about what*), **wofür** (*for what*), etc., are question words referring to inanimate objects.* They are compounds formed by the question word **wo** plus a preposition. If the preposition begins with a vowel (**auf, an, in,** etc.), an **r** is added between **wo** and the preposition: **worauf, woran, worin.**

Beispiele

Wofür interessierst du dich?
Ich interessiere mich für Philosophie.
Worüber habt ihr gesprochen?
Wir haben über das Theater gesprochen.

Übungen in der Klasse

A. *Formulate questions with* **wo**-*compounds, based on the following sentences.*

Beispiel

Wir schützen uns vor dem Ruß.
Wovor schützen wir uns?

1. Wir schützen die Wäsche vor dem Ruß.
2. Jim hat Ärger mit seinem Ausweis gehabt.
3. Der Mensch lugt aus der Uniform.
4. Er schreibt mit dem Kugelschreiber.
5. Ich brauche den Kugelschreiber zum Schreiben (*writing*).
6. Ich brauche die Koffer für meine Kleider.
7. Ich brauche eine Fahrkarte für die Eisenbahn.
8. Ich spreche mit Jim über das Buch.
9. Die Tante klagt über ihre Sorgen.
10. Wir warten auf das Auto.

---

* (See also *da*-compounds in Unit 8, pp. 105–106.)

B. *Formulate questions based on the following sentences.*

Beispiel

Wir haben uns über Jim unterhalten.
Über wen haben wir uns unterhalten?

1. Wir haben über den Professor gesprochen.
2. Ich habe an Herrn Heise geschrieben.
3. Er ist zu Ilse gegangen.
4. Er ist zu Jim gegangen.
5. Er ist zu Frau Heise gegangen.
6. Er geht mit Maria zum Professor.
7. Herr Heise geht zum Empfangschef.
8. Frau Heise richtet das Zimmer für Jim ein.
9. Wir richten das Zimmer für Ilse ein.
10. Wir nehmen die Bücher für Herrn Heise mit.

Inverted Word Order

Normal German word order in a simple sentence is the same as in English:

> Der Student   liest   das Buch.
>   subject   verb   object

This word order can be changed:

1. *to ask a question:*

> Liest der Student das Buch?

2. *to emphasize the object:*

> Das Buch lese ich.

Sometimes a German sentence does not start with the subject. Instead, it may begin with:

1. *an object:*

> Das Buch lese ich.

2. *a question word:*

> Warum liest du das Buch?

3. *a prepositional phrase:*

> In meinem Zimmer lese ich das Buch.

4. *an adverbial phrase:*

> Heute abend liest der Student das Buch.

In each case an inversion occurs, whereby the verb retains its position as the second element in the sentence; the subject then becomes the third element.

Übungen in der Klasse

A. *Transform the following statements into questions by inverting the word order.*

Beispiel

Er geht ins Theater.
Geht er ins Theater?

1. Der Ruß fliegt auf die weiße Wäsche.
2. Die Wiese ist schön.
3. Wir bekommen den Kuchen.
4. Du willst eine Fremdsprache lernen.
5. Jim sieht die Verkehrsampel nicht.
6. Es ist eine gute Unterhaltung.
7. Saarbrücken hat Nachteile.
8. Ihr habt euren Ausweis vergessen.
9. Das ist ein Auto.
10. Alles dient nur einer Aufgabe.

B. *Transform the following statements into questions. These sentences contain verbs in compound tenses.*

Beispiel

Er hat den Polizisten gesehen.
Hat er den Polizisten gesehen?

1. Herr Heise hat Frl. Weber eingeladen.
2. Frl. Weber wird Jim in die Universität einführen.
3. Jim wird über Verkehrsampeln sprechen.
4. Man hat nicht mit Formalitäten gespart.
5. Ilse hat das getan.
6. Ich darf* Ihnen Herrn Hunter vorstellen.
7. Ich darf Ihnen Herrn Heise vorstellen.
8. Ich darf Ihnen Frau Heise vorstellen.
9. Ich darf Ihnen Frl. Weber vorstellen.
10. Ich darf Ihnen Professor Hochgemuth vorstellen.

C. *Transform the following statements into questions. These sentences contain separable-prefix verbs.*

Beispiel

Ich kam in Frankfurt an.
Kam ich in Frankfurt an?

1. Sie stellen Herrn Heise vor.
2. Du lädst Ilse ein.
3. Du nimmst das Buch mit.
4. Ihr paßt auf die Verkehrsampel auf.
5. Ilse lernt Jim kennen.

---

* Like *können* and *wollen*, *dürfen* (may, be permitted to) is used with an infinitive.

6. Der Mann baut den Schrank in die Wand ein.
7. Du führst ihn in die Universität ein.
8. Frau Heise richtet Jim das Zimmer ein.
9. Jim denkt über das Buch nach.
10. Ilse sieht gut aus.

D. *Change the word order by placing the italicized phrase at the beginning of the sentence.*

Beispiel

Jim hat *seinen Paß* vergessen.
Seinen Paß hat Jim vergessen.

1. Der Ruß fliegt *auf die Wäsche.*
2. Jim gefallen *die gepflegten Anlagen.*
3. Frl. Weber ist *eine Studentin der Philosophie.*
4. Ich kam vorgestern *in Frankfurt* an.
5. Jim paßt *auf die Kinder* auf.
6. Er ist *gestern* weggefahren.
7. Wir werden *eine Fremdsprache* lernen.
8. Du hast *die Verkehrsampel* nicht gesehen.
9. Man kann aus dem Fenster *weit in die Ferne* sehen.
10. Ein Bett steht *in dem Zimmer.*

E. *Transform the following statements into questions, using the question words in italics.*

Beispiele

Er legt (*to lay*) das Buch auf den Tisch.   *worauf*
Worauf legt er das Buch?

Das ist Jims Buch.   *wessen*
Wessen Buch ist das?

1. Jim geht bei rot über die Kreuzung.   *weshalb*
2. Herr Heise stellt Jim Frl. Weber vor.   *wem*
3. Jim legt seine Wäsche in den Koffer.   *worin*
4. Er geht an den Tisch.   *woran*
5. Er legt den Bleistift auf den Tisch.   *worauf*
6. Sie fahren mit der Taxe vor den Haupteingang.   *wohin*
7. Ilse spricht über Philosophie.   *worüber*
8. Das Buch liegt hinter dem Fernsehapparat.   *wohinter*
9. Ich brauche den Bleistift zum Schreiben.   *wozu*
10. Ilse fragt nach einem Zimmer.   *wonach*
11. Er braucht eine Fahrkarte.   *was*
12. Onkel und Tante holen Jim vom Flugplatz ab.   *wen*
13. Ilse fragt Frau Heise.   *wen*
14. Jim hatte den Ausweis vergessen.   *was*
15. Herr Heise erzählt Ilse eine Geschichte.   *wem*
16. Das sind Jims Koffer.   *wessen*
17. Das ist Herrn Heises Paß.   *wessen*
18. Jim ist in Frankfurt.   *wo*
19. Frau Heise kommt aus Saarbrücken.   *woher*
20. Sie fahren nach Düsseldorf.   *wohin*

Wiederholungsübung: Commands

Change each of the following sentences into the three command forms.

Beispiel

Er bringt das Frühstück.
Bring das Frühstück!
Bringt das Frühstück!
Bringen Sie das Frühstück!

 1. Er geht auf das Zimmer.
 2. Er legt den Bleistift auf den Tisch.
 3. Er stellt Frl. Weber vor.
 4. Er paßt auf.
 5. Er bestraft den Studenten.
 6. Er dient dem Staat.
 7. Er führt ihn auf der Universität ein.
 8. Er besucht Frau Heise.
 9. Er schreibt ein Buch.
10. Er liest das Buch.

Real-Situation Practice

1. Wie gefallen Ihnen die Leseübung und der Dialog der fünften Einheit? 2. Ist die Eisenbahn in Amerika ein wichtiges Verkehrsmittel? 3. Was ist in Amerika ein wichtiges Verkehrsmittel? 4. Fliegen Sie gerne mit dem Flugzeug? 5. Wie lange braucht man von New York nach Frankfurt? 6. Sind Sie schon einmal mit einem Flugzeug geflogen? 7. Können* Sie Autofahren? 8. Kennen Sie Frankfurt? 9. Können* Sie Flugzeug-fliegen? 10. Kennen Sie Herrn Heise? 11. Können* Sie Deutsch? 12. Kennen Sie Düsseldorf? 13. Können* Sie Französisch? 14. Kennen Sie Ilse?

DRITTE STUNDE

Wiederholung: Word Order with Pronoun Objects†

In a German sentence the indirect object precedes the direct object. The word order does not change when the indirect object is replaced by a personal pronoun:

Der Lehrer gibt **ihm** den Bleistift.

---

* *Können* can be used in the sense of *to be able to* (drive, fly, speak, etc.).
† See the previous discussion of word order in Unit 8, p. 111.

But it does change when the direct object is replaced by a personal pronoun. Compare:

Der Lehrer gibt dem Studenten den Bleistift.
Der Lehrer gibt **ihn** dem Studenten.

Word order is also inverted when both the direct object and the indirect object are replaced by pronouns:

Der Lehrer gibt **ihn ihm.**

Übung in der Klasse

Replace the indirect object with a personal pronoun; then replace the direct object. Finally, replace both the direct and indirect objects with pronouns.

Beispiel

Herr Heise stellt Frl. Weber Jim vor.
Herr Heise stellt **ihr** Jim vor.
Herr Heise stellt **ihn** Frl. Weber vor.
Herr Heise stellt **ihn ihr** vor.

1. Frau Heise gibt Jim den Schlüssel.
2. Jim zeigt Ilse die Universität.
3. Herr Heise bestellt Jim ein Frühstück.
4. Die Bedienung bringt Frau Heise die Torte.
5. Jim nennt dem Polizisten seinen Namen.
6. Der Polizist zeigt Jim die Verkehrsampel.
7. Der Beamte gibt Jim den Paß.
8. Der Beamte gibt dem Onkel die Fahrkarte.
9. Er zeigt Maria das Museum.
10. Sie bringt Herrn Heise den Kuchen.

Wiederholungsübungen: **Da-*compounds and* wo-*compounds**

A. *Replace the prepositional phrases in the following sentences by the appropriate **da**-compound (**da** + preposition).*

Beispiel

Er fragt den Polizisten nach dem Bahnhof.
Er fragt den Polizisten **danach.**

1. Herr Heise fragt einen Polizisten nach einem Hotel.
2. Stellt die Blumen auf den Tisch.
3. Er stellt den Stuhl vor den Tisch.
4. Häng das Bild über den Sessel.
5. Was ist in dem Koffer?
6. Stell den Stuhl vor den Tisch.
7. Setzt euch an den Tisch.
8. Setzt euch um den Tisch.
9. Setz dich hinter den Tisch.

10. Er fährt mit der Taxe.
11. Schneide dir ein Stück (*piece*) von dem Kuchen ab.
12. Er ist bei der Arbeit.
13. Nach dem Theater gehen wir nach Hause.
14. Die Musik ist aus der Oper „Carmen".
15. Er geht durch die Zollhalle.
16. Der Preis ist für das Frühstück.

B. *Change the following statements into questions. Replace the prepositional phrases with* **wo**-*compounds* (**wo** + *preposition*) *or substitute the appropriate pronoun* (**wen, wem**) *in the prepositional phrase.*

Beispiele

Das Buch ist für den Lehrer.
Für wen ist das Buch?

Die Fahrkarte ist für die Eisenbahn.
Wofür ist die Fahrkarte?

1. Der Schreibtisch ist für Herrn Heise.
2. Die Schienen sind für die Eisenbahn.
3. Ich habe es durch Herrn Heise erfahren (*learned, heard*).
4. Jim ging durch die Halle.
5. Er trinkt den Tee aus dem Glas.
6. Er fragt nach Jim.
7. Er fragt nach einem Fernsehapparat.
8. Jim wohnt bei der Tante.
9. Jim schlief beim Studieren ein. (einschlafen = *to fall asleep*)
10. Ilse geht zu Jim.
11. Er hat das Buch vom Lehrer.
12. Der Ruß regnet auf die weiße Wäsche.
13. Herr Heise geht mit Jim in die Stadt.
14. Herr Heise fährt mit der Taxe in die Stadt.
15. Das Kind stellt sich hinter den Herrn.
16. Das Kind steht hinter dem Eingang.
17. Die Mutter steht vor dem Kind.
18. Die Mutter steht vor dem Hotel.
19. Jim spricht über Herrn Heise.
20. Jim spricht über Philosophie.

Wiederholungsübungen: Verb Tenses

A. *Der Lehrer fragt einen Studenten. Answer the following questions in the present tense.*

Beispiel

Ging er ins Zimmer?
Er geht ins Zimmer.

1. Begriff der Student den Satz nicht?
2. Schrieb der Professor ein Buch?
3. Blieb Herr Heise in dem Hotel?

4. Stiegen Sie vor dem Hotel aus?
5. Schloßt ihr die Koffer?
6. Betrog sie den Professor?
7. Zog der Staub über die Stadt?
8. Verstandet ihr die Vorlesung?
9. Trank man Tee?
10. Nannte er seinen Namen?

B. *Answer in the past perfect tense, using the pronoun in italics as the subject of your sentence.*

Beispiel

Hast du das Hotel gefunden?   *ich*
Ich hatte das Hotel gefunden.

1. Hat sie den Satz verstanden?   *sie*
2. Habt ihr mit dem Professor gesprochen?   *wir*
3. Seid ihr aus Köln gekommen?   *wir*
4. Haben Sie es Jim versprochen?   *ich*
5. Haben sie den Koffer genommen?   *sie*
6. Habt ihr den Kindern geholfen?   *wir*
7. Hat Ilse Jim mitgenommen?   *sie*
8. Hast du Herrn Heise gesehen?   *ich*
9. Habt ihr im Koffer nachgesehen?   *wir*
10. Wer hat den Kuchen gegessen?   *er*

C. *Answer in the future tense.*

Beispiel

Wird er sich eingetragen haben?
Er wird sich eingetragen.

1. Wird sie nach Frankfurt gefahren sein?
2. Wird die Blume gewachsen sein?
3. Wird Jim sie eingeladen haben?
4. Wird ihm Deutschland gefallen haben?
5. Werdet ihr das Hotel verlassen haben?
6. Wird die Vorlesung angefangen haben?
7. Werden die Autos gehalten haben?
8. Wird der Zug eingelaufen sein?
9. Werden die Studenten geschlafen haben?
10. Wird er Lehrer geworden sein?

D. *Fill in the present tense verbs.*

Beispiel

Herr Heise (*gehen*) ――――― in ein Hotel.
Herr Heise **geht** in ein Hotel.

1. Herr Heise (*ankommen*) ―――― in Frankfurt ―――.
2. Am Bahnhof (*steigen*) ―――― er in eine Taxe.

3. Er (*fahren*) _____ mit der Taxe in die Stadt.
4. Wir (*sehen*) _____ Herrn Heise ins Hotel gehen.
5. Die Bedienung (*abholen*) _____ seinen Koffer _____.
6. Er (*gehen*) _____ auf sein Zimmer.
7. Herr Heise (*bestellen*) _____ eine Taxe.
8. Er (*wollen*) _____ zum Flugplatz.
9. Auf dem Flugplatz (*warten*) _____ Jim.
10. Herr Heise, Frau Heise und Jim (*gehen*) _____ in ein Café.

E. *Fill in the past tense verbs.*

Beispiel

Der Zollbeamte (*durchsuchen*) _____ Jims Koffer.
Der Zollbeamte **durchsuchte** Jims Koffer.

1. Der Beamte (*stempeln*) _____ Jims Paß.
2. Die Herrschaften (*verlassen*) _____ das Café.
3. Die Tante (*arbeiten*) _____ im Garten.
4. (*sehen*) _____ ihr Jim?
5. (*pflegen*) _____ ihr den Garten?
6. (*schmecken*) _____ euch der Kuchen?
7. Wie (*nennen*) _____ Herr Heise seine Torte?
8. Auf welchem Bahnsteig (*einlaufen*) _____ der Zug _____?
9. (*gefallen*) _____ ihr das Zimmer?
10. Sie (*sing.*) (*vergessen*) _____ den Schlüssel.

F. *Fill in the perfect tense verbs.*

Beispiel

Jim (*schreiben*) _____ auf dem Tisch _____.
Jim **hat** auf dem Tisch **geschrieben**.

1. Man (*schlafen*) _____ in dem Bett _____.
2. Wir (*sitzen*) _____ in dem Sessel _____.
3. Es (*fehlen*) _____ ein Stuhl _____.
4. Du (*einbauen*) _____ den Schrank in die Wand _____.
5. (*kennenlernen*) _____ du Frl. Weber _____?
6. (*einführen*) _____ Sie Jim in die Universität _____?
7. (*einstecken*) _____ ihr die Pässe _____?
8. Er (*unterwerfen*) _____ sich dem Gesetz _____.
9. Ilse (*sitzen*) _____ bei Jim _____.
10. Wir (*sehen*) _____ den Ruß _____.

G. *Fill in the past perfect verbs.*

Beispiel

Der Lehrer (*wiederholen*) _____ den Satz _____.
Der Lehrer **hatte** den Satz **wiederholt**.

1. Die Studenten (*widersetzen*) _____ sich dem Polizisten _____.
2. Die Polizei (*bestrafen*) _____ Jim _____.

3. Du (*verstehen*) _____ Deutsch nicht _____.
4. Ilse (*assistieren*) _____ dem Professor _____.
5. Jim (*erscheinen*) _____ auf der Wache _____.
6. Herr Heise (*fahren*) _____ nach Saarbrücken _____.
7. Jim (*gehen*) _____ in die Universität _____.
8. Die Tante (*fliegen*) _____ nach Frankfurt _____.
9. Frau Heise (*ankommen*) _____ in Saarbrücken _____.
10. Was (*verbrechen*) _____ er _____ ?

H. *Fill in the future perfect verbs.*

Beispiel

Er (*büffeln*) _____ seine Schularbeit _____.
Er **wird** seine Schularbeit **gebüffelt haben.**

1. Man (*verstehen*) _____ das Gespräch _____.
2. Du (*beleidigen*) _____ den Polizisten _____.
3. Ihr (*finden*) _____ die Schlüssel _____.
4. Ich (*vergessen*) _____ die Papiere _____.
5. Er (*fahren*) _____ nach Saarbrücken _____.
6. Wir (*fliegen*) _____ nach Deutschland _____.
7. Sie (*sing.*) (*bleiben*) _____ im Hotel _____.
8. Sie (*polite*) (*gehen*) _____ nach Hause _____.
9. Jim (*nennen*) _____ seinen Namen _____.
10. Herr Heise (*einladen*) _____ sie _____.

Hausarbeit

Übersetzen Sie schriftlich.

1. Jim is a student. 2. We have already heard (much) about him. 3. Jim arrived in Frankfurt the day before yesterday. 4. He went to Saarbrücken by train. 5. He likes Saarbrücken very much. 6. Jim had trouble with the police. 7. He forgot his passport. 8. He had not seen the traffic light. 9. She had complained about the soot. 10. Black flakes rained on the wash.

11
Elfte Einheit

ERSTE STUNDE

Leseübung

Es lag im Wesen der europäischen Tradition, daß der Universitätsprofessor auf dem Kontinent die höchste Achtung genoß, die ein Mensch genießen kann. Er stand über dem Politiker, über dem Geschäftsmann und über dem Arzt, sofern nicht dieser selbst ein Universitätsprofessor war. Er war, besonders in deutschen Landen, die höchste Autorität. Dagegen lehnte sich auch kein Bischof auf. Nur die Studenten von heute tun das. Frl. Weber und Jim aber treten noch ehrfürchtig vor den Gewaltigen. Jim teilt dem Professor mit, daß er sich auf die Vorlesung freut. Hören Sie selbst.

It was in the nature of European tradition that the university professor on the Continent enjoyed the highest possible prestige. He stood over the politician, over the businessman, and over the physician, as long as the latter was not a university professor himself. He was, especially in German countries, the highest authority. Not even a bishop opposed this (system). Only the students of today do that. Miss Weber and Jim, however, still approach the mighty one with respect. Jim informs the professor that he is looking forward to the lectures. Listen for yourself.

Dialog: Vor dem Büro des Professors

Dialogue: In Front of the Professor's Office

Frl. Weber: Ich stelle Sie jetzt meinem Philosophieprofessor vor. Ich bin überzeugt, daß er Sie als Gast zu seinen Vorlesungen zuläßt.

Jim: Hoffentlich. Es ist doch für mich sehr interessant, Vorlesungen in einer richtigen deutschen Universität zu hören.

(*Frl. Weber klopft an. Man hört von drinnen „Herein". Sie treten ein.*)

Frl. Weber: Herr Professor, darf ich Ihnen Herrn Jim Hunter vorstellen?

Prof. Hochgemuth: Es freut mich, Sie kennenzulernen. Nehmen Sie bitte Platz. Sie kommen aus Amerika?

Jim: Ja, Herr Professor. Ich bin vor einer Woche in Frankfurt angekommen.

Prof. Hochgemuth: Frl. Weber hat mir schon manches von Ihnen erzählt. Sie

Miss Weber: I'll introduce you now to my philosophy professor. I am convinced that he will admit you as a guest to his lectures.

Jim: I hope so. It is certainly interesting for me to hear lectures in a real German university.

(*Miss Weber knocks. "Come in" can be heard from inside. They walk in.*)

Miss Weber: Professor, may I introduce Mr. Jim Hunter to you?

Prof. Hochgemuth: I am happy to meet you. Please take a seat. You come from America?

Jim: Yes, professor. I arrived in Frankfurt a week ago.

Prof. Hochgemuth: Miss Weber has already told me a great deal about you.

wollen also einige meiner Vorlesungen als Gast hören?

Jim: Wenn Sie es mir gestatten.

Prof. Hochgemuth: Aber selbstverständlich. Wie Frl. Weber mir sagte und wie ich selbst feststelle, sprechen und verstehen Sie ausgezeichnet die deutsche Sprache.

Jim: Meine Mutter ist eine geborene Deutsche.

Prof. Hochgemuth: Dann wird es Ihnen nicht schwer fallen, den Vorlesungen zu folgen. Ich lese augenblicklich Hegel.

Jim: Das ist großartig. Hegel ist für mich sehr interessant. Der Kommunismus ging doch von Hegel aus.

Prof. Hochgemuth: Bitte verfälschen Sie Hegel nicht. Ich weiß, daß man drüben in den Staaten merkwürdige Ansichten über diesen Philosophen hegt. Einige halten ihn sogar für einen preußischen Nationaldenker. Das ist natürlich verfehlt. Nun, wenn Sie an diesen Dingen interessiert sind, werden Sie viel von meinen Vorlesungen profitieren.

Jim: Ich freue mich darauf.

Prof. Hochgemuth: Wenn Sie irgendwelche Fragen haben, wenden Sie sich an Frl. Weber. Sie ist meine erste weibliche Assistentin, die ich seit Beginn meiner Laufbahn habe. Doch muß ich sagen, daß sie ihre Sache ausgezeichnet macht.

Frl. Weber: Danke sehr, Herr Professor. Dürfen wir uns jetzt verabschieden? Wir wollen noch Herrn Professor Geistreich aufsuchen. Herr Hunter möchte auch eine Vorlesung in Germanistik belegen.

Prof. Hochgemuth: Sehr gut. Lassen Sie sich bald wieder bei mir sehen! Ich möchte mich gerne mit Ihnen über Amerika unterhalten.

I understand you want to attend some of my lectures as a guest?

Jim: If you will allow me.

Prof. Hochgemuth: But of course. As Miss Weber told me and as I can see for myself, you speak and understand the German language excellently.

Jim: My mother is a native German.

Prof. Hochgemuth: Then it won't be difficult for you to follow the lectures. I am just now lecturing on Hegel.

Jim: That's splendid. Hegel is very interesting to me. Communism started with Hegel.

Prof. Hochgemuth: Please do not misconstrue Hegel. I know that over there in the States they hold curious views of this philosopher. Some even take him for a Prussian national thinker. That is obviously wrong. Well, if you are interested in these things, you will benefit a great deal from my lectures.

Jim: I'm looking forward to them.

Prof. Hochgemuth: If you have any questions at all, please address them to Miss Weber. She is the first female assistant I've had since the beginning of my career. I must say she does her job extremely well.

Miss Weber: Thank you, professor. May we leave you now? We still want to look for Professor Geistreich. Mr. Hunter would also like to attend a lecture in German philology.

Prof. Hochgemuth: Very well. Let me see you again soon! I would like to talk with you about America.

Jim: Ich besuche Sie gern.

Prof. Hochgemuth: Also, auf Wiedersehen Herr Hunter, Frl. Weber.

Frl. Weber: Auf Wiedersehen, Herr Professor.

Jim: Auf Wiedersehen, Herr Professor.

Jim: I'll gladly visit you.

Prof. Hochgemuth: Then good-by, Mr. Hunter, Miss Weber.

Miss Weber: Good-by, professor.

Jim: Good-by, professor.

Wortschatz

das Wesen, –s, – *nature; disposition; creature*

europäisch *European*

die Tradition, –, –en *tradition*

der Universitätsprofessor, –s, –en *university professor*

die Achtung, – (no plural) *respect, esteem*

der Kontinent, –s, –e *continent*

hoch (höher, höchst) *high; tall*

genießen, genießt, genoß, genossen *to enjoy*

der Politiker, –s, – *politician*

der Geschäftsmann, –es, die Geschäftsleute *businessman*

der Arzt, –es, ⁻e *medical doctor*

sofern *as long as*

besonders *especially*

die Autorität, –, –en *authority*

der Bischof, –e, ⁻e *bishop*

(sich) auflehnen (separable-prefix verb) *to oppose, resist*

treten, tritt, trat, ist *or* hat getreten *to walk, step; kick*

ehrfürchtig *respectful(ly)*

der Gewaltige, –n, –n *mighty (one), powerful (one)*

mitteilen (separable-prefix verb) *to inform; share*

das Büro, –s, –s *office*

die Vorlesung, –, –en *lecture*

zulassen, läßt zu, ließ zu, zugelassen *to admit, allow*

hören *to hear, listen to; attend a lecture*

überzeugen *to convince*

interessant *interesting*

richtig *right, correct; proper; genuine, real*

anklopfen (separable-prefix verb *to knock (at)*

drinnen *inside*

herein! *Come in!*

manches *much, a great deal*

gestatten *to permit, allow*

selbstverständlich *of course; obvious(ly)*

ausgezeichnet *excellent(ly)*

schwer *difficult; heavy*

schwer fallen, fällt schwer, fiel schwer, ist schwer gefallen *to find it difficult*

lesen, liest, las, gelesen *to read; lecture*

augenblicklich *immediate(ly); momentary, momentarily; just now*

der Kommunismus *communism*

ausgehen (+ von; separable-prefix verb) *to start (from), originate*

verfehlen *to miss, fail (to do); misconstrue, falsify*

merkwürdig *strange, peculiar, remarkable*

die Ansicht, –, –en *view, opinion*

der Philosoph, –en, –en *philosopher*

hegen *to preserve, protect; foster, entertain (an idea, hope, etc.)*

preußisch *Prussian*

der Nationaldenker, –s, – *national thinker*

interessiert sein (an + indir. obj. case) *to be interested in*

sich interessieren (+ für) *to be interested in*

profitieren (hat profitiert) *to profit*

die Frage, –, –n *question; problem*

(sich) wenden (an + dir. obj. case), wendet, wandte, gewandt *to turn (to)*

weiblich *female, feminine*

der Assistent, –en, –en *assistant*

die Assistentin, –, –nen *(female) assistant*

seit (+ indir. obj. case) *since*
der Beginn, –s, –e *beginning, start*
die Laufbahn, –, –en *career*
(sich) verabschieden *to say good-by, take
leave*

aufsuchen (separable-prefix verb) *to seek
out, visit*
belegen *to sign up for; cover*
bald *soon*
(sich) unterhalten, unterhält, unterhielt,
unterhalten *to converse; entertain*

Fragen

1. Was für einen Beruf (*what sort of profession*) hat Prof. Hochgemuth?
Prof. Hochgemuth ist Universitätsprofessor.
2. Was für eine Tradition hat die Universität von Saarbrücken?
Die Universität von Saarbrücken hat eine europäische Tradition.
3. Wofür interessiert sich Jim?
Jim interessiert sich für Philosophie und Germanistik.
4. Wer stellt Jim dem Professor vor?
Frl. Weber stellt Jim dem Professor vor.
5. Was fragt der Professor?
Wollen Sie meine Vorlesungen als Gast hören?
6. Was antwortet Jim?
Wenn Sie es mir gestatten.
7. Was für eine Stellung (*position*) hat Frl. Weber bei Prof. Hochgemuth?
Frl. Weber ist Assistentin bei Prof. Hochgemuth.
8. Wem wird es nicht schwer fallen, den Vorlesungen zu folgen?
Es wird Jim nicht schwer fallen, den Vorlesungen zu folgen.
9. Worüber liest Prof. Hochgemuth?
Prof. Hochgemuth liest über Hegel.
10. Worüber möchte sich Prof. Hochgemuth unterhalten?
Er möchte sich über Amerika unterhalten.
11. Mit wem will er sich über Amerika unterhalten?
Er möchte sich mit Jim über Amerika unterhalten.
12. Was für ein Fach (*subject*) will Jim auch noch belegen?
Jim will auch noch Germanistik belegen.
13. Woher kennt Jim Frl. Weber?
Er hat sie bei Familie Heise kennengelernt.
14. Woher kennt Jim den Prof. Hochgemuth?
Frl. Weber hat ihn dem Professor vorgestellt.
15. Woher kennt der Professor Frl. Weber?
Frl. Weber war seine Studentin.
16. Woher kennt Jim Herrn und Frau Heise?
Herr und Frau Heise sind Jims Onkel und Tante.

Hausarbeit

Lernen Sie den folgenden Dialog auswendig.

A: Guten Tag. Wohin gehst du?
B: Ich gehe zur Vorlesung.
A: Bei wem?

A: Hello. Where are you going?
B: I'm going to a lecture.
A: With whom? (Who is lecturing?)

B: Bei Professor Hochgemuth.

A: Worüber liest er jetzt?

B: Über Hegel.

A: Sind seine Vorlesungen interessant?

B: Für mich ja, denn ich hatte eine falsche Vorstellung von Hegels Philosophie.

A: Was machst du heute abend?

B: Ich weiß nicht.

A: Gehst du mit mir zum Stadttheater? Man spielt den „Wildschütz" von Lortzing.

B: Ja, diese Oper kenne ich noch nicht. Ich gehe gerne mit. Wann fängt das Theater an?

A: Um halb acht.

B: Auf Wiedersehen!

A: Auf Wiedersehen!

B: With Professor Hochgemuth.

A: What is he lecturing about now?

B: About Hegel.

A: Are his lectures interesting?

B: For me, yes, because I held misconceptions about Hegel's philosophy.

A: What are you doing this evening?

B: I don't know.

A: Will you go with me to the city theater? They are presenting "The Poacher" by Lortzing.

B: Yes, I'm not familiar with this opera. I'll gladly go with you. When does the performance begin?

A: At seven-thirty.

B: Good-by!

A: Good-by!

ZWEITE STUNDE

Was für ein...?

In the question **Was für ein . . .?** (*what sort of*), the ending of the indefinite article **ein** depends on the gender and case of the noun to which it refers. (**Was für . . .** is not used in connection with the possessive case.)

Beispiele

Was für ein Tisch ist das?   *What sort of table is that?*
Was für eine Universität ist das?   *What sort of university is that?*
Was für ein Buch ist das?   *What sort of book is that?*

Was für einem Manne hast du das Museum gezeigt?
Was für einer Frau hast du das Museum gezeigt?
Was für einem Kind hast du das Museum gezeigt?

Was für einen Kaffee hast du getrunken?
Was für eine Torte hast du gegessen?
Was für ein Haus hast du gesehen?

Was für is used in the plural, but it is used without the indefinite article.

Was für Männer sind das?   *What sort of men are they?*
Was für Eisenbahnen gibt es in Deutschland?
Was für Bücher hast du gelesen?

Was für ein . . . can also be used in connection with a preposition. The ending for **ein** then depends on the case required by the preposition.

Beispiel

Mit was für einem Kugelschreiber schreibt der Onkel?
Herr Heise schreibt mit Jims Kugelschreiber.

Übungen in der Klasse

A.   *Transform the following sentences into questions by using **Was für ein . . . .***

Beispiel

Das ist der Professor für Philosophie.
Was für ein Professor ist das?

1. Das ist die Universität von Saarbrücken.
2. Das ist das Büro von Professor Hochgemuth.
3. Das ist die Vorlesung in Germanistik.
4. Das ist der Student der Philosophie.
5. Das ist eine Boeing 707.
6. Das ist ein gutes Café.
7. Das ist der Philosoph Hegel.
8. Das ist ein Apfelkuchen.

B.   *Fill in the blanks with **Was für ein . . . .***

Beispiel

_____ Vorlesung belegt Jim?
Was für eine Vorlesung belegt Jim?

1. _____ Zimmer bestellt Herr Heise?
2. _____ Fahrkarte kauft Frau Heise?
3. _____ Beamten gibt Jim seinen Paß?
4. _____ Gesetz dient der Polizist?
5. _____ Herrn gibt Jim das Buch?
6. _____ Auto bestellt Herr Heise?
7. _____ Tisch ist das?
8. _____ Kugelschreiber hast du?

C.   *Use **Was für . . .** with plural nouns in the following sentences.*

Beispiel

_____ Politiker sind das?
Was für Politiker sind das?

1. _____ Vorlesungen sind das?
2. _____ Professoren sind das?
3. _____ Anlagen sind das?
4. _____ Spielplätze sind das?
5. _____ Fragen stellt er?
6. _____ Züge sind das?
7. _____ Verkehrsmittel fahren in die Stadt?
8. _____ Fahrkarten bestellen Sie?

D. _Use **Was für (ein)** . . . in prepositional phrases in the following sentences. Then answer the questions, using the words in italics._

Beispiel

In _____ Hotel geht Herr Heise?   _„Frankfurter Hof"_
In **was für ein** Hotel geht Herr Heise?
Herr Heise geht in das Hotel „Frankfurter Hof".

1. In _____ Hotel wohnt Ilse?   _„Europäischer Hof"_
2. Mit _____ Auto fährt Jim?   _Taxe_
3. Auf _____ Tisch stellt er den Fernsehapparat?   _Schreibtisch_
4. Von _____ Philosophen spricht der Professor?   _Hegel_
5. Aus _____ Glas trinkst du?   _Wasserglas_
6. Durch _____ Halle geht Jim?   _Zollhalle_
7. Mit _____ Zügen fahrt ihr?   _Schnellzüge_
8. Über _____ Gemälde sprecht ihr?   _Gemälde im Café_

Possessive Adjectives

Possessive Adjectives

mein	my	unser	our
dein	your *(fam.)*	euer	your *(fam.)*
sein	his	ihr	their
ihr	her	Ihr	your *(polite)*
sein	its		

The possessive adjectives take the same endings in the singular as the indefinite article **ein**. In the plural they take the same endings as **kein**.

Beispiele

Ich setze mich an meinen (einen) Tisch.
Das sind meine (keine) Bleistifte.

Übungen in der Klasse

A. *Change the indefinite article into a possessive adjective.*

Beispiel

Das ist ein Lehrer.   *mein*
Das ist **mein** Lehrer.

1. Er hat einen Garten gern.   *euer*
2. Er bringt einem Gast das Frühstück.   *sein*
3. Ich las ein Buch.   *Ihr*
4. Du ißt einen Kuchen.   *mein*
5. Wir fahren mit einem Auto.   *unser*
6. Sie gehen mit einem Onkel in die Stadt.   *ihr*
7. Sie hat einen Arzt geholt.   *ihr*
8. Er hat einen Ausweis vergessen.   *sein*
9. Sie haben eine Sache gut gemacht.   *ihr*
10. Du hattest ein Bett im Zimmer.   *dein*
11. Sie wird ein Kleid im Koffer haben.   *ihr*
12. Wir haben mit einem Kugelschreiber geschrieben.   *unser*
13. Ich hatte mit einem Bleistift geschrieben.   *mein*
14. Sie trank aus einer Tasse.   *ihr*

B. *Fill in the plural of the possessive adjectives; then replace this form with the negative* **kein.**

Beispiel

Er kauft (*sein*) ——— Fahrkarten.
Er kauft **seine** Fahrkarten.
Er kauft **keine** Fahrkarten.

1. Der Professor liest (*sein*) ——— Vorlesungen in der Universität.
2. Die Künstler zeigen (*ihr*) ——— Werke.
3. Ihr habt dem Polizisten (*euer*) ——— Ausweise gezeigt.
4. Die Stadt hat (*ihr*) ——— Spielplätze in den Anlagen.
5. Wir haben (*unser*) ——— Zimmer im Hotel.
6. Sie haben (*ihr*) ——— Kleider im Koffer.
7. Ihr seid mit (*euer*) ——— Familien nach Frankfurt gefahren.
8. Du wirst (*dein*) ——— Torten gegessen haben.
9. Sie wird (*ihr*) ——— Blumen gepflegt haben.
10. Er wird (*sein*) ——— Bücher gelesen haben.
11 Ich werde (*mein*) ——— Betten gemacht haben.
12. Sie werden (*Ihr*) ——— Papiere vergessen haben.
13. Ihr hattet (*euer*) ——— Taxen bestellt.

Wiederholungsübung: Question Words

*Complete the following sentences, using the appropriate question words (***welcher, welche, welches, wer, wessen, wem, wen, wie, wieviel, was für ein . . .***).*

Beispiele

_____ Vorlesung hast du belegt?
Welche Vorlesung hast du belegt?

_____ geht in die Klasse?
Wer geht in die Klasse?

1. _____ Kugelschreiber ist das?
2. _____ Kleider sind das?
3. _____ Bücher sind das?
4. _____ Hotels sind gut?
5. _____ Buch schreibt er?
6. _____ Gäste erwartet ihr?
7. _____ Professor liest Hegel?
8. _____ Assistentin hat er?
9. Über _____ Fragen sprechen Jim und der Professor?
10. Mit _____ Verkehrsmittel fährt Jim nach Saarbrücken?
11. Vor _____ Tisch stellt er den Stuhl?
12. In _____ Hotel zogen die Gäste?
13. In _____ Hotels wohnen sie?
14. Für _____ Hotels sind die Sessel?
15. Von _____ Tischen hat er sie genommen?
16. _____ klopft an die Tür?
17. _____ liest Germanistik?
18. _____ hat den Stuhl vor den Tisch gestellt?
19. _____ gibst du die Bücher?
20. _____ hast du die Universität gezeigt?
21. _____ hattest du gefragt?
22. Mit _____ bist du nach Düsseldorf gefahren?
23. _____ Uhr ist es?
24. _____ spät ist es?
25. Um _____ Uhr fängt das Konzert an?
26. Um _____ Uhr fährt der Zug ab?

Wiederholungsübungen: **Personal Pronouns**

Der Lehrer fragt einen Studenten. Answer first in the affirmative, then in the negative.

A. Sie, Ihnen

Beispiel

Geben Sie mir den Bleistift?
Ja, ich gebe **Ihnen** den Bleistift.
Nein, ich gebe **Ihnen** den Bleistift nicht.

1. Besuchen Sie mich morgen?
2. Zeigen Sie mir Saarbrücken?
3. Wollen Sie mir helfen?
4. Stellen Sie mich dem Professor vor?
5. Suchen Sie mich morgen auf?
6. Glauben Sie mir?
7. Tragen Sie mich in das Buch ein?
8. Geben Sie mir das Buch?
9. Zeigen Sie mir das Museum?
10. Versprechen Sie mir das?

B.   dich, dir

Beispiel

Kaufst du mir eine Fahrkarte?
Ja, ich kaufe **dir** eine Fahrkarte.
Nein, ich kaufe **dir** keine Fahrkarte.

1.	Gibst du mir einen Kuchen?	6.	Wird sie mir das Buch kaufen?
2.	Bestellst du mir eine Taxe?	7.	Wird er mich überzeugen?
3.	Wirst du mich besuchen?	8.	Bestellen Sie mir ein Zimmer?
4.	Wird er mich bestrafen?	9.	Führst du mich in die Universität ein?
5.	Zeigt er mir das Museum?	10.	Hast du mir ein Buch gekauft?

Real-Situation Practice

1. Was studieren Sie?   2. Möchten Sie gern auf einer deutschen Universität studieren?
3. Was wollen Sie werden?   4. Wie viele Semester müssen Sie noch studieren?   5. Wollen
Sie den M.A. oder den M.S. machen?   6. Wollen Sie auch für den Doktor studieren?
7. Sind Fremdsprachen wichtig (*important*)?   8. Warum ist das Studium der Fremdsprachen wichtig?   9. Warum lernen die Europäer (*Europeans*) viele Fremdsprachen?
10. Nennen Sie sechs der wichtigsten Fremdsprachen.

DRITTE STUNDE

Verbs: Modal Auxiliaries

Listed below are the six most important modal auxiliaries. Most of these verbs
are irregular.

Modal Auxiliaries

wollen	er will	er wollte	er hat gewollt
sollen	er soll	er sollte	er hat gesollt
müssen	er muß	er mußte	er hat gemußt
können	er kann	er konnte	er hat gekonnt
dürfen	er darf	er durfte	er hat gedurft
mögen	er mag	er mochte	er hat gemocht
	(present)		
	er möchte*		
	(subjunctive)		

* *Mögen* is most often used in the subjunctive form.

Wollen: *to want to, intend to, like to.* **Wollen** denotes the strongest expression of will or desire.

> Ich will das Buch haben.
> *I want (to have) the book.*

Sollen: *should, ought to, be supposed to.* **Sollen** implies an order imposed by an outside person, by law, or by conscience.

> Ich soll nach Hause gehen.
> *I should go home.*

Müssen: *must, have to.* **Müssen** is an expression of compulsion.

> Ich muß das Buch lesen.
> *I must read the book.*

Können: *can, be able to, understand, know (how to).* **Können** denotes ability or knowledge.

> Ich kann ins Theater gehen.
> *I can (am able to) go to the theater.*
> Ich kann Englisch.
> *I am able to speak English.*
> Er kann Geige spielen.
> *He is able to play the violin.*

The impersonal phrase **es kann sein** expresses possibility: *it may be, it's possible.* **Es kann sein** and **es mag sein** may be used interchangeably.

> Es mag sein, daß er kommt.
> *It may be that he is coming.*
> Es kann sein, daß es regnet.
> *It may be (that it's) raining.*

Dürfen: *may, be allowed to.* **Dürfen** implies permission granted.

> Ich darf den Kuchen essen.
> *I may (am allowed to) eat the cake.*

In the negative, **dürfen** means *must not.*

> Davon darf ich nicht sprechen.
> *I must not talk about it.*

Mögen: *like to, wish to, be possible (impersonal phrase).* The two commonly used forms of **mögen** are the present tense and the subjunctive.

Present Tense		*Subjunctive*	
ich mag	wir mögen	ich möchte	wir möchten
du magst	ihr mögt	du möchtest	ihr möchtet
er	sie mögen	er	sie möchten
sie } mag		sie } möchte	
es	Sie mögen	es	Sie möchten

The present tense forms are used to express liking of either persons or food. Compare:

Ich mag den Kuchen.   Ich möchte den Kuchen.
I like the cake.   *I'd like to have the cake.*

With inanimate objects or abstract things, however, **mögen** is not used. Instead, one must use **gefallen**.

Die Reise gefällt mir.
Düsseldorf gefällt mir.

The subjunctive **möchte**, meaning *would like*, is the polite form for ordering, buying, or requesting something; it can also be used to express a wish.

Ich möchte eine Fahrkarte nach Saarbrücken. (*request*)
Ich möchte nach Hause gehen. (*wish*)
Ich möchte Sie etwas fragen. (*request*)
Ich möchte ein Auto kaufen. (*wish*)

In all of the preceding examples, we have seen modal auxiliaries used with infinitives. In the present and past tenses, infinitives that are dependent on modal auxiliaries are placed at the end of the sentence.

Ich möchte jetzt nach Hause fahren.
Er darf sich einen Auto kaufen.

Modal auxiliaries may also be used without the infinitive if the meaning is clear or if the infinitive is a verb of motion.

Er kann das.   Er kann* kommen, wenn er will.
He is able to do that.   *He may come if he wants to.*

When a modal auxiliary is used with a verb in compound tenses (perfect, past perfect, or future) a double infinitive is required.

Er hat nach Düsseldorf fahren wollen.
He wanted to travel to Düsseldorf.

Er hatte nicht in die Stadt gehen sollen.
He should not have gone to the city.

Wir haben nach Hause kommen müssen.
We had to come home.

Sie hatte den Kuchen essen mögen.
She had liked eating the cake.

Ich habe das Bild sehen können.
I was able to see the picture.

Du hattest mit den andern gehen dürfen.
You had been allowed to go with the others.

Er wird nach Hause kommen können.
He may come home.

---

* In this context, *können* may be used to indicate permission granted.

Übungen in der Klasse: wollen *and* sollen*

A. *Der Lehrer fragt einen Studenten. Answer in both the perfect and past perfect tenses.*

Beispiel

Wollen Sie nach Deutschland reisen?
Ja, ich habe nach Deutschland reisen wollen.
Ja, ich hatte nach Deutschland reisen wollen.

1. Wollen Sie Deutsch lernen?
2. Wollen Sie deutsche Bücher lesen?
3. Wollen Sie Philosophie studieren?
4. Wollen Sie die Vorlesung besuchen?
5. Will er mir die Bücher geben?
6. Will sie mich dem Professor vorstellen?
7. Will man mich bestrafen?
8. Wollen Sie in die Universität gehen?
9. Sollt ihr die Vorlesung hören?
10. Sollt ihr nach Saarbrücken fahren?
11. Soll er in die Anlage gehen?
12. Sollen wir Jim einladen?
13. Sollen wir den Professor aufsuchen?
14. Soll uns die Taxe ins Hotel fahren?

B. *Answer in the simple past tense, first affirmatively, then negatively.*

Beispiel

Wollen Sie den Kuchen essen?
Ja, ich wollte den Kuchen essen.
Nein, ich wollte den Kuchen nicht essen.

1. Wollen Sie Politiker werden?
2. Wollen Sie Arzt werden?
3. Will sie den Fernsehapparat haben?
4. Willst du Saarbrücken sehen?
5. Wollt ihr arbeiten?
6. Willst du den Kuchen haben?
7. Sollen Sie über Hegel lesen?
8. Sollen Sic studieren?
9. Sollen Sie den Polizisten sehen?
10. Soll er seine Papiere einstecken?

Strong Verbs, Group I

All strong verbs have a specific way of changing their stem vowel. According to this change, they can be organized into nine different groups. The first group changes from **ei** in the present tense to **i** or **ie** in the past tense and in the past participle. The following verbs treated so far belong to this group:

---

* Exercises with the other modal auxiliaries will be presented in later units.

begreifen	er begreift	er begriff	er hat begriffen
bleiben	er bleibt	er blieb	er ist geblieben
aussteigen	er steigt aus	er stieg aus	er ist ausgestiegen
einbegreifen	er begreift ein	er begriff ein	er hat einbegriffen
erscheinen	er erscheint	er erschien	er ist erschienen
schneiden	er schneidet	er schnitt	er hat geschnitten
schreiben	er schreibt	er schrieb	er hat geschrieben

Übungen in der Klasse

A. *Answer in the past tense, using the words in italics. Remember: All intransitive verbs** *are conjugated with the auxiliary* **sein**.

Beispiel

Bleibt er zu Hause?   *er*
Er blieb zu Hause.

1. Wo steigen Sie aus? *ich . . . am Bahnhof*
2. Begreifst du den Satz? *ich*
3. Was schneide ich? *du . . . den Kuchen*
4. Was schreibe ich? *du . . . einen Brief*
5. Wo steige ich aus? *du . . . am Theater*
6. Wo bleibt er? *er . . . in der Universität*
7. Um wieviel Uhr erscheinen wir? *wir . . . um drei Uhr*
8. Begreifen wir die Sprache? *ihr*
9. Begreifen Sie das Frühstück im Preis ein? *ihr*
10. Schreiben sie nach Hause? *sie*

B. *Answer in the perfect tense.*

Beispiel

Stieg sie am Hotel aus?   *sie*
Ja, sie ist am Hotel ausgestiegen.

1. Erschienst du im Hotel? *ich*
2. Schnitten sie die Blumen? *sie*
3. Stieg er am Bahnhof aus? *er*
4. Begrifft ihr den Satz? *wir*
5. Blieb sie in ihrem Zimmer? *sie*
6. Begriff man die Taxe im Preis ein? *man*
7. Schrieben Sie das Buch? *ich*
8. Begriffst du das Buch? *ich*
9. Bliebt ihr im Hotel? *wir*
10. Erschien das Buch im letzten Jahr? *es*

---

* Intransitive verbs do not take a direct object. Examples: *bleiben, gehen, laufen, schwimmen.*

Verbs: The Passive Voice, Present Tense

The passive voice is a compound tense composed of the auxiliary **werden** plus the past participle of the verb.

Passive Voice, Present Tense, of *fragen*

ich werde gefragt	wir werden gefragt
du wirst gefragt	ihr werdet gefragt
er, sie, es ⎫ wird gefragt	sie werden gefragt
man ⎭	Sie werden gefragt

In the active voice, the subject performs an action, while in the passive voice, the subject of the verb is being "acted upon." Compare:

Active Voice: Er liest das Buch.
              He is reading the book.
Passive Voice: Das Buch wird gelesen.
              The book is (being) read.

In the example above, the direct object in the active voice becomes the subject in the passive voice.

The preposition **von** (+ indirect object case) is used with persons in the passive voice to express *by*:

        Der Brief wird von dem Professor geschrieben.
        The letter is (being) written by the professor.

The preposition **durch** (+ direct object case) is usually used to indicate a *means* or a *cause*:

        Die Häuser werden durch den Hagel beschädigt.
        The houses are (being) damaged by the hail.

Notice that the past participle of the verb always goes to the end of the sentence.

Übungen in der Klasse

A.   *Der Lehrer fragt einen Studenten. Answer the following questions in the present tense passive voice.*

Beispiel

Worüber wird der Student gefragt?   *Hegel*
Der Student wird über Hegel gefragt.

1. Welcher Philosoph wird oft verfälscht? *Hegel*
2. Wer wird zur Universität zugelassen? *die Studenten*
3. Werden Sie von Ilse erwartet? *Ja, ich*
4. Werden Sie von Familie Heise eingeladen? *Ja, wir*
5. Werden Sie von dem Professor eingeladen? *Ja, ich*
6. Werden Sie von einem Deutschen verstanden? *Ja, ich*
7. Werdet ihr bestraft? *Nein, wir*
8. Werdet ihr bei Familie Heise eingeführt? *Ja, wir*
9. Wird ihr Gepäck durchsucht? *Ja, mein*
10. Werden die Blumen geschnitten? *Ja, die Blumen*

B. *Ein Student fragt einen anderen Studenten. Answer the following questions in the passive voice, using* **von**.

Beispiel

Schreibst du das Buch? *Nein, Professor Geistreich*
Nein, das Buch wird von Professor Geistreich geschrieben.

1. Führst du ihn in die Universität ein? *Nein, Herr Heise*
2. Erwartet Jim dich am Flugplatz? *Nein, Hannelore*
3. Schreibst du den Brief? *Nein, mein Onkel*
4. Lädt Jim Maria ein? *Nein, Frau Heise*
5. Bringst du die Bücher zur Universität? *Nein, Hannelore*
6. Kauft ihr die Fahrkarten? *Nein, Albert*
7. Bestellst du die Zimmer? *Nein, Herr Heise*
8. Holt Jim die Studenten vom Bahnhof ab? *Nein, Ilse*
9. Kaufst du die Blumen? *Nein, Hannelore*

Wiederholungsübungen: Pronouns

A. *Replace the objects with the correct pronouns.*

Beispiel

Er liest über einen Philosophen.
Er liest über **ihn**.

1. Der Professor fragt seine Assistentin.
2. Ich stelle dich dem Professor vor.
3. Mir gefällt die Anlage.
4. Ich sehe die Kinder.
5. Er fragt den Polizisten.
6. Sie bringt Hannelore die Torte.
7. Ilse bringt dem Professor das Buch.
8. Der Onkel gibt Jim den Ausweis.
9. Der Beamte durchsucht Hannelore das Gepäck.
10. Ich bestelle Hannelore das Zimmer.

B. *Fill in the correct personal pronouns.*

Beispiel

Herr Heise unterhält (*us*).
Herr Heise unterhält **uns**.

1. Wir suchen (*you; fam. pl.*) auf.
2. Sie konnten (*us*) nicht verstehen.
3. Ich werde (*you; polite*) Herrn Heise vorstellen.
4. Wir brauchen (*you; polite*).
5. Ich werde auf (*you; fam. sing.*) warten.
6. Wir wollen auf (*them*) aufpassen.
7. Du darfst (*him*) nicht beleidigen.
8. Hast du (*her*) gesehen?
9. Ihr könnt für (*him*) arbeiten.
10. Er will (*you; fam. sing.*) sagen, wie die Deutschen leben.
11. Er wird (*you; polite*) Düsseldorf zeigen.
12. Du hast (*me*) versprochen zu kommen.
13. Kannst du (*her*) bei der Hausarbeit helfen?
14. Der Portier bestellt (*us*) eine Taxe.
15. Glauben Sie (*him*)?
16. Er gibt (*them*) den Schlüssel zum Zimmer.

Real-Situation Practice

1. Möchten Sie einmal auf einer deutschen Universität studieren?
2. Haben Sie sich schon mal* mit einem Professor unterhalten?
3. Was möchten Sie in Deutschland sehen?
4. Mit wem möchten Sie sprechen?
5. Warum werden Sie nicht bei rot über eine Straßenkreuzung gehen?
6. Buchstabieren Sie Ihren Namen nach dem deutschen Alphabet.
7. Wozu brauchen Sie einen Reisepaß?
8. Wo werden Sie in Deutschland wohnen?
9. Waren Sie schon mal in einem anderen Land in Europa?
10. Wohin möchten Sie gerne reisen?
11. Sind Sie schon mal mit der Eisenbahn gefahren?
12. Was für Züge gibt es in Deutschland?
13. Was für ein Zug hält nur auf den allerwichtigsten Städten?
14. Was für ein Zug hält auf allen Stationen?
15. Darf man zum Zug zu spät kommen?
16. Wohin werden Sie nach der Klasse gehen?
17. Was werden Sie tun?

---

* *schon mal:* abbreviation of *schon einmal.*

12
Zwölfte Einheit

ERSTE STUNDE

Leseübung

Frl. Weber trifft einen ihrer Kommilitonen und stellt ihn Jim vor. Beobachten Sie bitte, daß man sich in Deutschland, selbst unter Studenten, nicht sofort mit dem Vornamen anredet. Man bleibt lange Zeit hochformell, und der Wechsel vom *Sie* zum *du* ist eine Haupt- und Staatsaktion. Man nimmt ein Glas Wein oder Bier, umschlingt den Arm des anderen und trinkt. Sind die beiden Duzfreunde verschiedenen Geschlechts, dann wird der neue Bund oft sogar mit einem feierlichen Kuß besiegelt. Nun erst redet man sich mit dem Vornamen an. Ich weiß nicht, lieber Leser, ob wir im Verlauf unserer Geschichte eine solche Szene sehen werden. Wir dürfen ja nicht vergessen, daß wir nur wenige und kurze Augenblicke aus dem Leben in Deutschland miterleben können. Wenn Sie diese schönen und heiteren Dinge selbst erfahren wollen, dann bleibt Ihnen nichts anderes übrig, als Ihre Koffer zu packen und selbst nach Deutschland zu reisen. Tun Sie das, es lohnt sich!

Miss Weber meets one of her fellow students and introduces him to Jim. Please observe that in Germany, even among students, one does not immediately address another by his first name. One remains very formal for a long time, and the change from *Sie* to *du* is an important and ceremonial undertaking. The custom is to take a glass of wine or beer, link arms, and drink. The new alliance will even be sealed with a solemn kiss if the two close friends are of different sexes. Only then do they address each other by their first names. I do not know, dear reader, if in the course of our story we will see such a scene. We must not forget that we can witness only a few, short moments of life in Germany. If you want to discover all these beautiful and happy things yourself, you have no other choice but to pack your suitcases and travel to Germany yourself. Do that—it will be rewarding!

Dialog: In der Mensa

Dialogue: In the Cafeteria

Frl. Weber: Dort ist Jürgen. Haben Sie Herrn Völker schon kennengelernt?
Jim: Nein.
Frl. Weber: Jürgen, darf ich dir Herrn Hunter vorstellen? Er ist ein Student aus Amerika.
Jürgen: Aus Amerika! Ist es immer noch das Land der unbegrenzten Möglichkeiten?

Miss Weber: There's Jürgen. Have you already met Mr. Völker?
Jim: No.
Miss Weber: Jürgen, may I introduce Mr. Hunter to you? He's a student from America.
Jürgen: From America! Is it still the land of unlimited possibilities (opportunities)?

Jim: Vielleicht. Bei uns ist alles möglich.

Jürgen: Also, dann — willkommen in Deutschland.

Jim: Danke.

Jürgen: Wollen Sie auf unserer Uni studieren?

Jim: Ja, ich habe einige Vorlesungen belegt. Ich gehe auch in einige Seminare.

Jürgen: In welchen Fächern?

Jim: In Philosophie und Germanistik.

Jürgen: Na, da haben Sie ja genug zu tun.

Frl. Weber: Herr Hunter ist zu Besuch hier. Er wohnt bei seinem Onkel und seiner Tante. Du solltest dich etwas um ihn kümmern. Vielleicht könntet ihr euch treffen.

Jürgen: Ja. Was ist heute?

Frl. Weber: Heute ist Donnerstag.

Jürgen: Schon Donnerstag? Mein Gott, die Woche ist schnell vergangen! Am Montag hat das Semester begonnen. Am Dienstag und Mittwoch habe ich die ersten Vorlesungen gehabt. Morgen ist schon Freitag und dann naht das Wochenende.

Frl. Weber: Man kann es nicht glauben!

Jim: Können wir uns nicht am Samstag treffen?

Jürgen: Nein, ich bin schon verabredet, aber am Sonntag bin ich noch frei. Wir könnten die Deutsch-Französische Gartenschau besuchen.

Frl. Weber: Wenn ihr gestattet, komme ich mit.

Jürgen: Selbstverständlich. Du bist herzlich willkommen. Treffen wir uns am Sonntag?

Jim: Ja, wo sollen wir uns treffen?

Jim: Perhaps. Everything's possible there.

Jürgen: So, then—welcome to Germany.

Jim: Thank you.

Jürgen: Do you want to study at our university?

Jim: Yes, I've registered for some lectures. I'm also going to some seminars.

Jürgen: In what subjects?

Jim: In philosophy and German philology.

Jürgen: Oh, then you'll have enough to do.

Miss Weber: Mr. Hunter is visiting here. He's living with his aunt and uncle. You should look after him a little. Perhaps you could meet sometime.

Jürgen: Yes. What is today?

Miss Weber: Today's Thursday.

Jürgen: Already Thursday? Good heavens, the week has gone by fast! The semester began on Monday. On Tuesday and Wednesday I attended the first lectures. Tomorrow is already Friday, and the weekend is coming up.

Miss Weber: One can hardly believe it!

Jim: Couldn't we meet on Saturday?

Jürgen: No, I already have an engagement, but I'm still free Sunday. We could visit the German-French garden exhibition.

Miss Weber: If you'll permit, I'll come with you.

Jürgen: Of course. You're (most) welcome to come along. Shall we meet on Sunday?

Jim: Yes, where shall we meet?

Jürgen: Vor der Hauptpost, in der Nähe des Bahnhofs.

Jim: Gut, um wieviel Uhr?

Jürgen: Ist acht Uhr angenehm?

Jim: Für mich schon. Wie steht's mit Fräulein Weber?

Frl. Weber: Oh, ich kann schon um sieben Uhr da sein.

Jürgen: Gut, sollen wir uns alle um sieben treffen?

Jim: Gerne, je früher, desto besser.

Jürgen: Wir fahren dann mit dem Bus. Die Haltestelle ist auch dort an der Ecke.

Frl. Weber: Sehen wir uns also um sieben Uhr vor der Hauptpost.

Jim: Bis Sonntag denn. Auf Wiedersehen!

Jürgen: Auf Wiedersehen!

Jürgen: In front of the main post office near the railway station.

Jim: Good. At what time?

Jürgen: Is eight o'clock agreeable?

Jim: For me, certainly. How about Miss Weber?

Miss Weber: Oh, I can even be there at seven o'clock.

Jürgen: Good, should we all meet at seven?

Jim: Fine. The sooner, the better.

Jürgen: Then we'll take the bus. The stop is right there on the corner too.

Miss Weber: So we'll see each other at seven o'clock in front of the main post office.

Jim: Until Sunday then. Good-by!

Jürgen: Good-by!

Wortschatz

treffen, trifft, traf, getroffen *to meet, encounter; hit*
der Kommilitone, –n, –n *fellow student*
beobachten *to observe*
selbst *even; –self: myself, yourself, etc.*
der Vorname, –ns, –en *first (Christian) name*
anreden (sep. prefix verb) *to speak to, address*
hochformell *very (highly) formal*
der Wechsel, –s, – *change*
die Haupt(aktion) und Staatsaktion *important and ceremonial undertaking*
der Wein, –s, –e *wine*
das Bier, –s, –e *beer*
umschlingen, umschlingt, umschlang, umschlungen *to embrace, entwine*
der Arm, –es, –e *arm*
der Duzfreund, –es, –e *intimate friend*
verschieden *different*
das Geschlecht, –s, –er *sex, gender*
der Bund, –es, ⁼e *alliance*

feierlich *solemn; festive*
der Kuß, –sses, ⁼sse *kiss*
besiegeln *to seal*
lieb *dear*
der Leser, –s, – *reader*
ob *whether, if*
der Verlauf, –s, ⁼e *course*
kurz *short*
der Augenblick, –s, –e *moment*
miterleben (sep. prefix verb) *to witness*
heiter *cheerful, happy*
erfahren, erfährt, erfuhr, erfahren *to experience, discover, hear or learn*
übrig bleiben *to remain, be left over*
es bleibt ihm nichts übrig *he has no other choice*
packen *to pack*
sich lohnen *to be rewarding, be worth it*
unbegrenzt *unlimited*
die Möglichkeit, –, –en *possibility;* pl.: *opportunities*
willkommen *welcome*

das Seminar, –s, –e *seminar*
das Fach, –es, ¨er *subject, field*
genug *enough*
(sich) kümmern (um + dir. obj. case) *to look after, take care of*
(der) Donnerstag, –s, –e *Thursday*
die Woche, –, –n *week*
vergehen, vergeht, verging, ist vergangen *to pass, slip by*
(der) Montag, –s, –e *Monday*
das Semester, –s, – *semester*
(der) Dienstag, –s, – *Tuesday*
(der) Mittwoch, –s, –e *Wednesday*
morgen *tomorrow*
(der) Freitag, –s, –e *Friday*
nahen *to approach, come up*
das Wochenende, –s, –n *weekend*
(der) Samstag, –s, –e *Saturday*
(sich) verabreden *to make an appointment*

(der) Sonntag, –s, –e *Sunday*
die Gartenschau, –, –en *garden exhibition*
gestatten *to permit, allow*
mitkommen, kommt mit, kam mit, ist mitgekommen *to accompany, come along*
herzlich *cordial(ly), hearty, heartily*
die Hauptpost, – (no pl.) *main post office*
in der Nähe *near (the)*
angenehm *agreeable*
wie steht's mit . . . *how about . . . , how is it with . . .*
früher *sooner, earlier*
  je früher, desto besser *the sooner, the better*
die Haltestelle, –, –n *station, stop*
die Ecke, –, –en *corner*
bis *until, till*

Fragen

1. Wen traf Frl. Weber?
   Frl. Weber traf Jürgen Völker.
2. Wen stellte sie vor?
   Sie stellte Jim vor.
3. Für wann verabredeten sich die drei?
   Sie verabredeten sich für Sonntag.
4. Wann wollen sie sich treffen?
   Sie wollen sich am Sonntag treffen.
5. Um wieviel Uhr wollen sie sich treffen?
   Sie wollen sich um sieben Uhr treffen.
6. Wo verabreden sie sich?
   Sie verabreden sich an der Hauptpost.
7. Wann wollen wir uns treffen?
   Wir wollen uns um vier Uhr treffen.
8. Wo sollen wir uns treffen?
   Wir sollen uns in der Mensa treffen.
9. Wann treffen wir Jim?
   Wir treffen ihn um 8 Uhr.
10. Was haben wir heute?
    Heute haben wir Dienstag.
11. Was ist heute?
    Heute ist Mittwoch.
12. Was haben wir heute?
    Heute haben wir Donnerstag.

13. Den wievielten haben wir heute?
    Heute haben wir den 23. April.
14. Der wievielte ist heute?
    Heute ist der 10. Mai.
15. Was ist heute?
    Heute ist Freitag.
16. Wie spät ist es?
    Es ist 14³⁵ Uhr (*vierzehn Uhr fünfunddreißig*).
17. Wieviel Uhr ist es?
    Es ist 21¹⁵ Uhr.
18. Den wievielten haben wir heute?
    Heute haben wir den 11. Dezember.
19. Der wievielte ist heute?
    Heute ist der 9. August.
20. Wann kommt Jim?
    Er kommt um drei Uhr.
21. Wann kommt Jürgen?
    Er kommt um 11 Uhr.
22. Wann kommt Ilse?
    Sie kommt um 8 Uhr.

Hausarbeit

Übersetzen Sie die folgende Sätze.

1. He gave the suitcase to him. 2. The flight took seven hours. 3. Who was waiting at the ticket window? 4. The waiter had brought the cake. 5. Where does Jim live? 6. From where did Jim come? 7. Where is he going? 8. Miss Weber visited the professor. 9. Whoever wants to eat well goes to a restaurant. 10. The gentlemen want to order breakfast. 11. I'm coming on Monday (Tuesday, Wednesday, Thursday, Friday, Saturday, Sunday).

ZWEITE STUNDE

Übungen in der Klasse: müssen *and* mögen

Der Lehrer fragt einen Studenten. Answer the following questions in the corresponding verb tense.

A.   müssen

Beispiel

Müßt ihr arbeiten?
Wir müssen arbeiten.

1. Mußtet ihr nach Hause fahren?
2. Hast du deine Hausarbeiten machen müssen?
3. Mußten Sie nach Deutschland fliegen oder fahren?
4. Wann hast du deine Hausarbeiten machen müssen? *vorgestern*
5. Wohin müßt ihr gehen? *ins Hotel*
6. Mußten sie ins Konzert gehen?
7. Wer muß eine Sprache lernen? *wir*
8. Habt ihr Deutsch lernen müssen?
9. Wer muß in die Universität gehen? *die Studenten*
10. Mußte er sich beim Professor vorstellen?
11. Mußte Ilse ihn dem Professor vorstellen?
12. Habt ihr die Vorlesungen hören müssen?
13. Mußte Ilse nach Saarbrücken fahren?
14. Müssen Sie nach Saarbrücken fahren?
15. Wohin müssen Sie gehen? *in die Stadt*
16. Habt ihr eure Papiere zeigen müssen?
17. Hast du nach Hause gehen müssen?

B. mögen

Beispiele

Mögen Sie Wein?
Ja, ich mag Wein.

Möchten Sie nach Hause gehen?
Nein, ich möchte nicht nach Hause gehen.

1. Mögen Sie Bier? *nein*
2. Magst du Jim? *ja*
3. Magst du den Kuchen? *nein*
4. Mögen Sie die Erdbeertorte? *ja*
5. Magst du den Künstler? *nein*
6. Mögen Sie den Kaffee? *ja*
7. Magst du die Tante? *nein*
8. Möchtest du nach Saarbrücken fahren? *ja*
9. Möchten Sie die Gartenschau sehen? *nein*
10. Möchtest du im Café warten? *ja*
11. Möchten Sie in die Stadt gehen? *nein*
12. Möchten Sie die Blumen? *ja*
13. Möchten Sie ein Stück Kuchen? *nein*
14. Möchtest du eine Tasse Kaffee? *ja*

Wiederholungsübung: **gefallen**

Beispiel

Wie gefällt Ihnen Düsseldorf? *gut*
Düsseldorf gefällt mir gut.

1. Wie gefällt dir die Universität? *gut*
2. Wie gefällt dir Frankfurt? *nicht*
3. Wie gefällt Ihnen das Café? *gut*

4. Wie gefällt dir die Anlage? *nicht*
5. Wie gefällt dir das Mädchen? *gut*
6. Gefällt dir mein Onkel? *ja*
7. Gefällt Ihnen Ilse? *ja*
8. Wie hat dir die Vorlesung gefallen? *nicht*
9. Wie hat Herrn Völker Herr Hunter gefallen? *gut*
10. Wie hat er ihm gefallen? *gut*

Strong Verbs, Group II

The second group of strong verbs changes its stem from **i, ie,** or **ü** to **o** in the past tense and past participle. The following verbs used in the preceding *Leseübungen* and *Dialoge* belong to this group.

betrügen	er betrügt	er betrog	er hat betrogen
genießen	er genießt	er genoß	er hat genossen
schließen	er schließt	er schloß	er hat geschlossen
ziehen	er zieht	er zog	er **hat** gezogen (*to pull*)
			er **ist** gezogen (*to move*)

Übungen in der Klasse

A. *Change the verbs in the following sentences into the past tense.*

Beispiel

Er betrügt den Staat.
Er **betrog** den Staat.

1. Sie genießt das Leben.
2. Wer schließt den Koffer?
3. Betrügt der Student den Professor?
4. Wohin zieht der Ruß?
5. Sie zieht das Kleid (*dress*) an.
6. Wer betrügt Frau Heise?
7. Ich schließe die Tür.
8. Genießen wir die Torte?
9. Jim schließt seinen Koffer und zieht aus dem Hotel aus.

B. *Change the verbs in the following sentences into the perfect tense.*

Beispiel

Schloß er die Tür?
Er **hat** die Tür **geschlossen.**

1. Betrog er den Staat?
2. Schloß Jim seinen Koffer?
3. Genoß Ilse das Leben?
4. Frau Heise genoß die Torte.

5. Der Student betrog den Professor.
6. Man zog das Auto.
7. Wer schloß die Tür? *wir*
8. Zog Ilse in das Hotel? *nein*
9. Herr und Frau Heise zogen in den ,,Europäischen Hof ''.

Verbs: The Passive Voice, Past Tense

The past tense of the passive voice is formed by the past tense of **werden** plus the past participle of the verb.

Passive Voice, Past Tense, of *fragen*

ich wurde gefragt	wir wurden gefragt
du wurdest gefragt	ihr wurdet gefragt
er, sie, es⎫ wurde gefragt	sie wurden gefragt
man ⎭	Sie wurden gefragt

Beispiele

Ich wurde gefragt.
I was asked.

Das Frühstück wurde bestellt.
Breakfast was ordered.

Übungen in der Klasse

A. *Der Lehrer fragt einen Studenten. In this exercise, first answer the question in the active voice. Then interchange the subject and object to create a sentence in the passive voice, past tense (using **von**). Be sure to check agreement of the new subject with its verb!*

Beispiel

Wer lernt den Dialog? *Studenten*
Die Studenten lernen den Dialog.
Der Dialog **wurde** *von* den Studenten **gelernt**.

1. Wer kauft die Bücher? *Professor*
2. Wer beobachtet Jim und Jürgen? *Studenten*
3. Wer besiegelt die Freundschaft (*friendship*) mit einem Kuß? *Jim und Ilse*
4. Wer kauft die Fahrkarten? *Herr Heise*
5. Wer fragt Jim? *Professor*
6. Wer beachtet die Verkehrsampel nicht? *Jim*
7. Wer stempelt Jims Paß? *Beamte*
8. Wer stellt Jim Jürgen vor? *Ilse*

9. Wer macht die Tür auf? *Student*
10. Wer pflegt den Rasen? *Onkel*,

B. *Ein Student fragt einen anderen Studenten. Answer in the passive voice, past tense.*

Beispiel

Worüber wird gelesen?
Es wurde über Hegel gelesen.

1. Worüber wird gesprochen? *Studenten*
2. Wirst du zu der Vorlesung zugelassen? *ja*
3. Worüber wird geschrieben? *Theater*
4. Wirst du vom Professor eingeladen? *ja*
5. Wird Ilse auch eingeladen? *ja*
6. Wo werdet ihr abgeholt? *Hauptpost*

Wiederholungsübung: Separable-Prefix Verbs

Ein Student fragt einen anderen Studenten. Answer in the past tense.

Beispiel

Wie hast du den Professor angeredet?   *,,Herr Professor''*
Ich **redete** ihn mit ,, Herrn Professor'' **an**.

1. Wen hast du aufgesucht? *Ilse*
2. Wer hat angeklopft? *Jim*
3. Läßt die Universität ihn zu (*zulassen = to permit to enter*)? *ja*
4. Hast du es Ihnen mitgeteilt? *ja*
5. Wann seid ihr angekommen? *gestern*
6. Ist der Zug weggefahren? *nein*
7. Habt ihr die Papiere eingesteckt? *ja*
8. Wer hat den Koffer mitgenommen? *Ilse*
9. Wie hast du das Wort ausgesprochen? *nicht richtig*
10. Wer hat auf die Fracht aufgepaßt? *der Beamte*
11. Wo hat sie Sie kennengelernt? *im Theater*
12. Auf welchem Bahnsteig ist der Zug eingelaufen? *Bahnsteig 3*
13. Was für ein Fach habt ihr euch ausgesucht? *Germanistik*
14. Wann habt ihr mit der Arbeit angefangen? *gestern*
15. Haben Sie schon im Koffer nachgesehen? *nein*
16. Haben Sie das Zimmer eingerichtet? *ja*
17. Hat Jürgen Sie abgeholt? *ja*
18. Wo sind sie ausgestiegen? *Bahnhof*

Wiederholungsübung: The Past Perfect Tense

Der Lehrer fragt einen Studenten. Answer the following questions in the past perfect tense.

Beispiel

Habt ihr im Hotel gefrühstückt? *ja*
Ja, wir **hatten** im Hotel **gefrühstückt**.

1. Stiegt ihr am Hotel aus? *nein*
2. Bliebst du in deinem Zimmer? *ja*
3. Hast du die Blumen geschnitten? *nein*
4. Wer schrieb das Buch? *Goethe*
5. Hat er den Satz begriffen? *nein*
6. Wann erschien das Buch? *im Jahre 1775*
7. Betrogst du den Professor? *nein*
8. Schloß sie das Fenster? *ja*
9. Wohin zog der Staub und Ruß? *durch das Tal*
10. Glauben Sie ihm? *ja*
11. Wann wirst du deine Koffer packen? *gestern*
12. Wann machst du die Hausarbeit? *gestern*

DRITTE STUNDE

Die Zeit (Time)

American Time	Unofficial German Time	Official Time
8:00 A.M.	acht Uhr (morgens)	8^{00} acht Uhr
8:00 P.M.	acht Uhr (abends)	20^{00} zwanzig Uhr
10:30 A.M.	halb elf (morgens)	10^{30} zehn Uhr dreißig
10:30 P.M.	halb elf (abends)	22^{30} zweiundzwanzig Uhr dreißig
11:15 A.M.	viertel nach elf (morgens)	11^{15} elf Uhr fünfzehn
11:15 P.M.	viertel nach elf (abends)	23^{15} dreiundzwanzig Uhr fünfzehn
1:00 A.M.	ein Uhr (morgens)	1^{00} ein Uhr
1:00 P.M.	ein Uhr (mittags)	13^{00} dreizehn Uhr
2:45 A.M.	viertel vor drei (morgens)	2^{45} zwei Uhr fünfundvierzig
2:45 P.M.	viertel vor drei (nachmittags) *or* dreiviertel drei	14^{45} vierzehn Uhr fünfundvierzig
3:27 A.M.	drei Minuten vor halb vier (morgens)	3^{27} drei Uhr siebenundzwanzig
3:27 P.M.	drei Minuten vor halb vier (nachmittags)	15^{27} fünfzehn Uhr siebenundzwanzig
4:50 A.M.	zehn vor fünf (morgens)	4^{50} vier Uhr fünfzig
4:50 P.M.	zehn vor fünf (nachmittags)	16^{50} sechzehn Uhr fünfzig
6:08 A.M.	acht Minuten nach sechs (morgens)	6^{08} sechs Uhr acht
6:08 P.M.	acht Minuten nach sechs (abends)	18^{08} achtzehn Uhr acht
7:35 A.M.	fünf nach halb acht (morgens)	7^{35} sieben Uhr fünfunddreißig
7:35 P.M.	fünf nach halb acht (abends)	19^{35} neunzehn Uhr fünfunddreißig

Tage, Wochen, Monate und Jahre *(Days, Weeks, Months, and Years)*

Der Tag

Was ist heute?
Heute ist: Montag
Dienstag
Mittwoch
Donnerstag
Freitag
Samstag, Sonnabend
Sonntag

Die Woche

in zwei Wochen	*two weeks from now (from today)*
in vierzehn Tagen	*two weeks from now*
in acht Tagen	*one week from now*
vor zwei Wochen	*two weeks ago*
vor acht Tagen	*a week ago*

Der Monat

Wir haben: Januar, Februar, März, April,
Mai, Juni, Juli, August, September,
Oktober, November, Dezember

Das Jahr

Wann ist das passiert?
Das ist im Jahre 1927 (neunzehnhundertsiebenundzwanzig) passiert.
Das ist 1927 passiert.*

Übungen in der Klasse

A. *Ein Student fragt einen anderen Studenten.*

Beispiel

Wann wurde Goethe geboren? *1749*
Goethe wurde im Jahre 1749 geboren.
oder
Goethe wurde 1749 geboren.

---

* A frequent mistake made by American students is to express the date as it is expressed in English: *in* 1927. In German you can only say either *1927* or *im Jahre 1927.*

1. Wann wurde Schiller geboren? *1759*
2. Wann wurde Kant geboren? *1724*
3. Wann wurde Lessing geboren? *1729*
4. Wann wurde Hegel geboren? *1770*
5. Wann wurde Beethoven geboren? *1770*
6. Wann wurde Nietsche geboren? *1844*
7. Wann wurde Gerhard Hauptmann geboren? *1862*
8. Wann wurde Thomas Mann geboren? *1875*
9. Wann wurde Günter Grass geboren? *1927*

B. *Lesen Sie folgende Daten.*

Beispiel

Dienstag 23. Januar.
Heute ist Dienstag, der dreiundzwanzigste Januar.

1. Donnerstag, 5. Dezember
2. Mittwoch, 3. Mai
3. Sonntag, 26. November
4. Freitag, 20. Februar
5. Montag, 9. März
6. Samstag, 16. Juli
7. Sonnabend, 30. April
8. Mittwoch, 1. August
9. Freitag, 7. Oktober
10. Donnerstag, 19. September
11. Samstag, 3. Juni

Reflexive Pronouns

In English we say: *We'll meet in the hotel.* In German, however, we would have to say: *Wir treffen uns im Hotel.* In this sentence, **uns** is used as a reflexive pronoun.

Many more German verbs than English are used with reflexive pronouns. The reflexive pronouns are either in the direct object case or the indirect object case. They are identical with the direct and indirect object forms of the personal pronouns, with the exception of **sich**. The reflexive pronoun **sich** is used for the 3rd person singular and plural, and for the polite form. (See also table in Appendix I.)

If the verb already has a direct object, the indirect object reflexive pronoun is used:

> Ich wasche **mich**.
> *I am washing.*
> Ich wasche **mir** die Hände.
> *I am washing my hands.*

Reflexive Pronouns

INDIRECT OBJECT CASE	DIRECT OBJECT CASE
Ich wasche **mir** die Hände.	Ich treffe **mich** mit Ilse.
Du wäschst **dir** die Hände.	Du triffst **dich** mit Ilse.
Er (sie, es, man) wäscht **sich** die Hände.	Er (sie, es, man) trifft **sich** mit Ilse.
Wir waschen **uns** die Hände.	Wir treffen **uns** mit Ilse.
Ihr wascht **euch** die Hände.	Ihr trefft **euch** mit Ilse.
Sie waschen **sich** die Hände.	Sie treffen **sich** mit Ilse.
Sie *(polite)* waschen **sich** die Hände.	Sie *(polite)* treffen **sich** mit Ilse.

Übungen in der Klasse

A. *Ein Student fragt einen anderen Studenten. Answer the following questions, using reflexive pronouns in the indirect object case.*

Beispiel

Kauft ihr euch diese Bücher? *ja, wir*
Ja, wir kaufen **uns** diese Bücher.

1. Willst du dir einen Kuchen bestellen? *nein, ich*
2. Soll ich mir die Hände waschen? *ja, du*
3. Was willst du dir bestellen? *ich . . . einen Kuchen*
4. Sollen wir uns einen Kuchen aussuchen? *ja, ihr*
5. Hast du dir ein Buch gekauft? *nein, ich*
6. Haben Sie sich ein Zimmer bestellt? *ja, ich*
7. Habe ich mir ein gutes Hotel ausgesucht? *ja, du*
8. Habt ihr euch die Anlage so vorgestellt? *ja, wir*
9. Sollen wir uns die Hände waschen? *ja, ihr*
10. Hat er sich das teure Gemälde gekauft? *ja, er*
11. Wer hat sich das elegante Auto gekauft? *ich*

B. *Der Lehrer fragt einen Studenten. Answer the following questions, using reflexive pronouns in the direct object case.*

Beispiel

Haben Sie sich gut erholt? *ja, ich*
Ja, ich habe mich gut erholt.

1. Haben Sie sich gut erholt? *ja, wir*
2. Haben Sie sich um ihn gekümmert? *ja, ich*
3. Habt ihr euch um sie gekümmert? *ja, wir*
4. Hat er Sie angeredet? *ja, er*
5. Wo haben Sie sich verabredet? *ich . . . an der Hauptpost*
6. Haben Sie sich mit Ilse verabredet? *ja, wir*
7. Wird es sich lohnen, die Gartenschau zu besuchen? *ja, es*

8   Hat es sich gelohnt, ins Café zu gehen? *ja, es*
9. Setzen Sie sich? *ich*
10. Darf ich mich setzen? *ja, Sie*
11. Haben Sie sich in den Sessel gesetzt? *ja, ich*
12. Müssen wir uns beeilen? *ja, wir*
13. Habt ihr euch beim Empfangschef eingetragen? *ja, wir*
14. Hat sich der Polizist entschuldigt? *ja, er*
15. Freut sich Jim auf die Universität? *ja, er*
16. Fühlt ihr euch in Saarbrücken wohl? *ja, wir*
17. Woran sollen wir uns gewöhnen? *wir . . . an die Arbeit*
18. Wofür soll ich mich interessieren? *ich . . . für das Gemälde*
19. Wann sollen wir uns verabschieden? *ihr . . . früh*
20. Kann ich mich auf dich verlassen? *ja, du*
21. An wen müssen wir uns wenden? *ihr . . . an den Empfangschef*

Wiederholungsübung: Question Words

Change the following statements into questions which demand as an answer the italicized words.

Beispiele

Ich muß nach Hause gehen.
Wer muß nach Hause gehen?

Ich arbeite *für den Professor.*
Für wen arbeiten Sie?

1. *Ich* muß meine Hausarbeit machen.
2. Ich gehe *mit Ilse* ins Theater.
3. Heute ist *der 3. August.*
4. Ich sah *Herrn Heise* im Konzert.
5. Ich ging *mit ihr* ins Café.
6. Wir gingen *um 4 Uhr* zum Bahnhof.
7. Der Zug fuhr *um halb fünf* ab.
8. Wir haben uns *für drei Uhr* verabredet.
9. Das ist *Jims* Buch.
10. Das ist *Herrn Heises* Kugelschreiber.
11. Das ist *Frau Heises* Fernsehapparat.
12. Das ist *Ilses* Auto.

Wiederholungsübung: Pronouns

Replace the italicized nouns with the appropriate pronouns.

Beispiel

Hast du dem Polizisten *deinen Vornamen* genannt? *ja*
Ja, ich habe **ihn** dem Polizisten genannt.

1. Hat er *einen Kommilitonen* getroffen? *ja*
2. Habt ihr *die Gartenschau* gesehen? *nein*
3. Trinken Sie gerne *Wein*? *ja*

4. Trinken Sie gerne *Bier*? *nein*
5. Habt ihr *die Vorlesung* gehört? *ja*
6. Hast du *den Professor* gesehen? *ja*
7. Hat sie *den Arzt* besucht? *nein*
8. Hast du *deine Papiere* bei dir? *ja*
9. Hatte er *seinen Ausweis* bei sich? *ja*
10. Kennen Sie *diese Herren*? *ja*
11. Haben Sie *den Kindern die Bücher* gegeben? *nein*
12. Hat er *den Herren die Taxen* bestellt? *ja*
13. Hat er *den Damen die Zimmer* gezeigt? *nein*
14. Wer hat *die Blumen* gepflegt? *ich*
15. Gefallen Ihnen *die Hotels*? *ja*

Real-Situation Practice

1. Wie geht es Ihnen? 2. Haben Sie die Hausarbeit gemacht? 3. Wo wohnen Sie?
4. Wollen Sie nach Deutschland reisen? 5. Wie gefällt Ihnen die deutsche Sprache?
6. Waren Sie schon einmal (*have you ever been*) in Deutschland? 7. Waren Sie schon
einmal in Saarbrücken? 8. Waren Sie schon einmal in Frankfurt? 9. Wie viele Studenten
sind in dieser Klasse? 10. Wie viele Studenten studieren auf der Universität? 11. Wie
viele Stunden am Tage arbeiten Sie? 12. Betrügen Sie mich auch nicht? 13. Haben Sie
schon einmal deutschen Kuchen gegessen? 14. Haben Sie schon einmal den Staat
betrogen? 15. Glauben Sie, daß deutscher Kuchen gut schmeckt? 16. Wer ist Ihr
Lehrer? 17. Sind amerikanische Hotels gut? 18. Möchten Sie einmal mit dem Flugzeug
fliegen? 19. Was wollen Sie werden? 20. Haben Sie ein Zimmer zu Hause? 21. Wie
ist das Zimmer eingerichtet? 22. Haben Sie eingebaute Schränke? 23. Gibt es in
Deutschland viele moderne Häuser? 24. Wohnen Sie in einem alten oder in einem
modernen Haus? 25. Wie viele Jahre müssen Sie noch auf der Universität studieren?
26. Wie gefällt Ihnen das Leben? 27. Wie lange schlafen Sie? 28. Um wieviel Uhr
stehen Sie auf? (*aufstehen* = to get up) 29. Wie spät ist es? 30. Wieviel Uhr ist es?
31. Wann sind Sie geboren?

13
Dreizehnte Einheit

ERSTE STUNDE

Leseübung

Wie viele Gedanken werden an einem Tage gedacht und wie viele Ideen in einer Stunde geboren? Wie viele Wörter und Sätze werden in einer Woche geschrieben? Wer einen Bruchteil davon wissen will, muß nur in die Buchhandlungen und Bibliotheken gehen und die Bücher und Zeitschriften lesen, die dort aufgestapelt sind. Er muß aber auch an die Zeitungskiosks gehen und in die Zeitungen und Zeitschriften, in die Magazine und die Illustrierten sehen. In den kleinen und großen Artikeln und Glossen dieser Veröffentlichungen spiegelt sich ebenso das geistige Leben eines Volkes, wie in seinen großen Werken. Es gibt „führende Zeitschriften" und „Klatschblätter". Es gibt todernste Betrachtungen und Witzblätter mit vielen Karikaturen.

Jim und Jürgen sind derartig in ihr Gespräch über Zeitungen vertieft, daß wir alle fast vergessen, daß die beiden auf Frl. Weber warten. Sie hat sich verspätet.

How many thoughts are conceived in a day, and how many ideas are born in an hour? How many words and sentences are written in a week? Whoever wants to know a fraction of them need only go into the bookstores and libraries and read the books and periodicals that are stacked there. However, he must also go to the newspaper stands and look in the newspapers and journals, and in the magazines and illustrated papers. The intellectual life of a people is reflected in the small and large articles and annotations of these publications, just as much as in their great masterpieces. There are "leading magazines" and "gossip sheets." There are dead-serious essays and comic strips with many caricatures.

Jim and Jürgen are so absorbed in their conversation about newspapers, that we all nearly forget that they are both waiting for Miss Weber. She is late.

Dialog: Am Zeitungskiosk

Dialogue: At the Newspaper Stand

(*Vor der Hauptpost*)

Jürgen: Wie spät ist es?

Jim: Ein viertel nach sieben.

Jürgen: Das verstehe ich nicht. Sie ist sonst immer pünktlich.

Jim: Ausnahmen bestätigen die Regel.

Jürgen: Komm, wir gehen an den Kiosk, der dort drüben an der Ecke ist, und kaufen uns eine Zeitung.

(*In front of the main post office*)

Jürgen: How late is it?

Jim: A quarter past seven.

Jürgen: I don't understand it. As a rule, she's always on time.

Jim: Exceptions prove the rule.

Jürgen: Come on, we'll go to the newspaper stand over there on the corner and buy ourselves a newspaper.

Jim: Welche Zeitung wollen* wir kaufen?

(*Sie gehen an den Kiosk.*)

Jürgen: Was für eine möchtest du haben, eine Tageszeitung, ein Wochenblatt oder eine Illustrierte?

Jim: Seitdem ich in Saarbrücken bin, habe ich nichts mehr über Politik erfahren. Ich sollte mich wenigstens von Zeit zu Zeit interessieren, was in der Welt los ist.

Jürgen: In diesem Falle schlage ich ein Wochenblatt vor. Es gibt zwei besonders gute Zeitschriften. Die eine ist „Die Welt" und die andere „Die Zeit". Kennst du übrigens das berühmte Blatt den „Spiegel"?

Jim: Ich habe davon gehört. Steht darin auch etwas über Politik?

Jürgen: Sehr viel sogar. Es ist ein Magazin. Ich weiß, daß es etwas ähnliches in Amerika gibt. Dort sind es vor allem zwei Magazine die dem „Spiegel" ähneln: „Time" und „Newsweek".

Jim: Gut, ich kaufe mir den „Spiegel" und dazu eine Zeitung. Hier — die „Saarbrücker Zeitung".

Verkäufer: Sie wollen den „Spiegel" und die „Saarbrücker Zeitung"?

Jim: Ja, bitte.

Verkäufer: Einsfünfundsechzig.

Jim: Das habe ich klein. Hier, bitte schön.

Verkäufer: Danke sehr.

(*Frl. Weber erscheint am Kiosk.*)

Frl. Weber: Ich dachte, wir hätten uns vor der Hauptpost verabredet und nicht vor dem Zeitungskiosk.

Jim: Which newspaper should we buy?

(*They go to the stand.*)

Jürgen: What kind would you like— a daily paper, a weekly, or an illustrated?

Jim: Since I've been in Saarbrücken, I have heard nothing about politics. I should at least from time to time take some interest in what goes on in the world.

Jürgen: In that case, I suggest a weekly paper. There are two especially good papers. One is *Die Welt* and the other is *Die Zeit*. Do you know, by the way, the famous paper *Der Spiegel*?

Jim: I've heard of it. Is there also something about politics in it?

Jürgen: Very much, in fact. It's a magazine. I know that there's something similar to it in America. There are two magazines above all which resemble *Der Spiegel*: *Time* and *Newsweek*.

Jim: Good. I'll buy *Der Spiegel* and a newspaper in addition. Here, this one —the *Saarbrücker Newspaper*.

Salesman: You want *Der Spiegel* and the *Saarbrücker Newspaper*?

Jim: Yes, please.

Salesman: One mark, 65 pfennigs.

Jim: I have change for that. Here, thank you.

Salesman: Thank you.

(*Miss Weber appears at the newspaper stand.*)

Miss Weber: I thought we had agreed to meet in front of the main post office, and not in front of the newspaper stand.

---

* Idiomatic usage of *wollen* here requires translation as *should*.

Jürgen: Das ist denn doch die Höhe! Zuerst kommt sie zu spät und dann macht sie uns Vorwürfe!

Frl. Weber: Ich habe euch gesucht.

Jürgen: Und du willst uns erzählen, daß du darum zu spät gekommen bist, nicht?

Frl. Weber: Natürlich!

Jim: Ich kann sehen, daß man nicht alles glauben kann, was Sie sagen.

Frl. Weber: Man darf mir fast alles glauben. Ist das nicht genug?

Jürgen: Für heute, ja. Drüben kommt der Autobus, mit dem wir fahren müssen.

Jim: Gut, laßt uns hingehen!

Jürgen: Well, that is the height of it! First she comes late, and then she blames us!

Miss Weber: I've been looking for you.

Jürgen: And you want to tell us that this is why you're late, right?

Miss Weber: Naturally!

Jim: I can see that one cannot believe everything you say.

Miss Weber: One may believe almost everything. Isn't that enough?

Jürgen: For today, yes. There comes the bus we have to take.

Jim: Good, let's go!

Wortschatz

der Gedanke, –ns, –n *thought, idea*
die Idee, –, –n *idea*
der Satz, –es, ⸚e *sentence*
der Bruchteil, –s, –e *fraction*
die Buchhandlung, –, –en *bookstore*
die Bibliothek, –, –en *library*
die Zeitschrift, –, –en *magazine, periodical*
aufstapeln *to stack*
der Zeitungskiosk, –s, –s *newspaper stand*
die Zeitung, –, –en *newspaper*
das Magazin, –s, –e *magazine*
die Illustrierte, –n, –n *illustrated paper*
der Artikel, –s, – *article, newspaper report*
die Glosse, –, –n *gloss, comment*
die Veröffentlichung, –, –en *publication*
(sich) spiegeln *to reflect, mirror*
ebenso *(just) as well, as much*
geistig *intellectual, spiritual, mental*
das Volk, –es, ⸚er *a people, nation*
führen *to lead*
führend *leading*
das Klatschblatt, –es, ⸚er *gossip sheet*
todernst *dead-serious*
die Betrachtung, –, –en *view, opinion, observation, consideration*
das Witzblatt, –s, ⸚er *comic paper*
die Karikatur, –, –en *caricature*
derartig *such, of that kind*

vertieft *absorbed, wrapped up in one's thoughts*
fast *almost*
(sich) verspäten *to be late*
die Ausnahme, –, –en *exception*
bestätigen *to confirm, verify*
die Regel, –, –n *rule*
die Tageszeitung, –, –en *daily newspaper*
das Wochenblatt, –es, ⸚er *weekly paper*
seitdem *since (time)*
die Politik, –, –en *politics*
was ist los? *what is the matter? what is going on?*
der Fall, –(e)s, ⸚e *case, instance*
vorschlagen, schlägt vor, schlug vor, vorgeschlagen *to suggest, propose*
übrigens *by the way, besides*
das Blatt, –es, ⸚er *sheet; newspaper; leaf*
der Spiegel, –s, – *mirror*
ähnlich *similar, alike*
ähneln (+indir. obj.) *to resemble, be similar to*
der Verkäufer *salesman*
das Kleingeld, –(e)s, –er *change, coins*
die Höhe, –, –n *height; amount; altitude*
zuerst *(at) first*
der Vorwurf, –s, ⸚e *reproach*
Vorwürfe machen *to blame somebody*
suchen *to look for, seek*

Fragen

1. Auf wen warten Jim und Jürgen?
2. Für wann haben sie sich verabredet?
3. Wer kommt zu spät?
4. Wofür interessieren sich die beiden Herren?
5. Wohin gehen die beiden Studenten?
6. Was für Zeitungen gibt es am Kiosk?
7. Welche Wochenzeitungen sind besonders gut?
8. Worüber schreiben die Zeitungen?
9. Wofür interessiert sich Jim?
10. Was für ein Magazin ähnelt der amerikanischen „Newsweek"?
11. Welche Zeitung kauft Jim?
12. Kauft Jim auch ein Magazin?
13. Wieviel muß Jim bezahlen?
14. Wo haben sich Jim und Jürgen mit Frl. Weber verabredet?
15. Warum kann Frl. Weber die beiden nicht finden?
16. Darf man Frl. Weber alles glauben?
17. Womit wollen die drei zur Gartenschau fahren?
18. Wo hält der Autobus?
19. Was ist das für eine Zeitung?
20. Was ist das für ein Autobus? (*Nummer 16*)
21. Was sind das für Eisenbahnzüge? (*Güterzüge*)

Hausarbeit

Lesen Sie den folgenden Dialog. Wenn Sie ihn gut verstehen, lernen Sie alles auswendig.

A: Gestern kaufte ich mir den „Spiegel". Heute muß ich ihn mir noch einma kaufen.

B: Warum brauchen Sie ihn doppelt?

A: Ich kann ihn nicht mehr finden.

B: Ich lese gerne die Zeitschrift „Die Zeit". Ich glaube, sie ist eine der besten Zeitschriften, die es in Deutschland gibt.

A: Sie mögen recht haben. (*You may be right.*) Bekommen Sie keine Tageszeitung?

B: Doch. Aber darin stehen nicht so gute Kommentare, wie man sie in der „Zeit" lesen kann.

A: Das stimmt. (*That's right.*) Ich lese gerne die „Welt", oder auch die „Frankfurter Allgemeine".

B: Wollen Sie mit mir zum Kiosk gehen? Dann können wir uns einige Zeitungen kaufen.

A: Gerne. Ich wollte mir sowieso (*anyhow*) den „Spiegel" kaufen, wie ich Ihnen schon sagte.

ZWEITE STUNDE

Adjective Endings

When an adjective is used before a noun in German, it may take any one of a number of different endings. The correct ending in a particular instance depends on the gender, the case, and the number of the noun, and whether the noun is preceded by a definite or an indefinite article, or no article at all. (See also tables in appendix.)

Adjective Endings (Singular) in the Subject Case

	der-words	**die**-words	**das**-words
With preceding definite article	–e	–e	–e
*With preceding indefinite article or **ein**-word**	–er	–e	–es

Beispiele

Das ist der jung**e** Herr.	Das ist ein jung**er** Herr.
Das ist die gut**e** Zeitung.	Das ist eine gut**e** Zeitung.
Das ist das berühmt**e** Blatt.	Das ist ein berühmt**es** Blatt.

Adjective Endings (Singular) in the Direct Object Case

	der-words	**die**-words	**das**-words
With preceding definite article	–en	–e	–e
*With preceding indefinite article or **ein**-word**	–en	–e	–es

Beispiele

Iß den gut**en** Kuchen.	Iß einen gut**en** Kuchen.
Lies die heutig**e** Zeitung.	Lies eine heutig**e** Zeitung.
Buchstabiere das lang**e** Wort.	Buchstabiere ein lang**es** Wort.

* The *ein*-words are *kein* and the possessive adjectives *mein, dein, sein,* etc.

Übungen in der Klasse

A. *Replace the definite article with the indefinite article, and use the appropriate adjective ending in the subject case.*

Beispiel

Das ist *der* gepflegte Rasen.
Das ist **ein** gepfleg**ter** Rasen.

1. Das ist der schöne Garten.
2. Das ist der amerikanische Gast.
3. Der bequeme Sessel steht im Zimmer.
4. Der neue Bund wird besiegelt.
5. Dort ist der gepflegte Rasen.
6. Hier steht der gezierte Tisch.
7. Da ist der eingebaute Schrank.
8. Das ist die schöne Blume.
9. Das ist die kulturelle Darbietung.
10. In Saarbrücken ist die moderne Universität.
11. Die führende Zeitschrift wird gekauft.
12. In der Universität ist die interessante Vorlesung.
13. In der Stadt ist die schöne Anlage.
14 In Heidelberg ist die alte Universität.
15. In der Zeitung ist die gute Karikatur.
16. Das ist das moderne Café.
17. Das schöne, große Bett steht im Zimmer.
18. In der Stadt ist das gute Museum.
19. In der Gartenstraße steht das schöne, große Haus.
20. Auf dem Spielplatz spielt das artige (*good, well-behaved*) Kind.
21. In der Stadt ist das typische, deutsche Café.

B. *Der Lehrer fragt einen Studenten. Answer with the indefinite article or with **kein**, using the correct adjective ending in the direct object case. (Remember that **kein** takes the same endings as the indefinite article **ein**.)*

Beispiel

Haben Sie den jungen Herrn gesehen? *nein*
Nein, ich habe kein**en** jung**en** Herrn gesehen.

1. Haben Sie den amerikanischen Gast ins Hotel gebracht? *nein*
2. Haben Sie den schönen Tisch gesehen? *nein*
3. Kaufen Sie den bequemen Sessel? *ja*
4. Möchten Sie den eingebauten Schrank? *nein*
5. Möchten Sie den bunt beleuchteten Springbrunnen sehen? *ja*
6. Haben Sie den ausgezeichneten Kuchen gegessen? *ja*
7. Lesen Sie den interessanten Artikel in der Zeitung? *ja*
8. Haben Sie den gepflegten Rasen gesehen? *nein*

C. *Ein Student fragt einen anderen Studenten. Answer both affirmatively and negatively, first using the indefinite article, then **kein**.*

Beispiel

Fährst du in die große Stadt?
Ich fahre in eine große Stadt.
Ich fahre in keine große Stadt.

1. Magst du die hochgezüchtete Eleganz?
2. Kennst du die interessante Geschichte?
3. Gehst du auf die richtige deutsche Universität?
4. Kennst du die fremde (*foreign*) Stadt?
5. Hat er die merkwürdige Ansicht?
6. Hört ihr die gute Vorlesung?
7. Kennst du das große Gebäude?
8. Gehst du in das moderne Haus?
9. Buchstabiert er das lange Wort?
10. Legst du dich in das große Bett?
11. Kauft ihr das teure Gemälde?
12. Geht ihr in das moderne Café?
13. Kennst du das große und schöne Land?
14. Hast du das rote Licht gesehen?

Plural Adjective Endings

In all cases and for all three genders, the adjective ending is –en after the definite article and after **kein, mein, dein, sein**, etc.

Beispiele

Subject	Die jung**en** Herren warten auf Jim.
Possessive	Dies sind die Koffer ihrer klein**en** Kinder.
Indirect Obj.	Er kauft seinen artig**en** Töchtern Kuchen.
Direct Obj.	Wir laden unsere gut**en** Studenten ein.

Übung in der Klasse

Der Lehrer fragt einen Studenten. Answer in the plural, and supply the definite article when necessary.

Beispiel

Wen haben Sie gefragt?   *jung, Herr*
Ich habe die jungen Herren gefragt.

1. Was haben Sie im Museum gesehen?   *groß, Werk*
2. Was haben Sie gekauft?   *führend, Zeitschrift*
3. Was haben Sie gelesen?   *wichtig, Artikel*
4. Was haben Sie bei Prof. Geistreich gehört?   *sein, interessant, Vorlesung*

5. Was haben Sie ihm gegeben? *mein, neu, Buch*
6. Kennen Sie diese Dinge? *Ja, heiter und schön*
7. Wem haben Sie ihren Ausweis gezeigt? *deutsch, Beamte*
8. Wem gaben Sie die Bücher? *artig, Kind*
9. Wem haben Sie Düsseldorf gezeigt? *jung, Amerikanerin*
10. Wem haben Sie das Geld gegeben? *mein, gut, Freund*
11. Wem haben Sie das Museum gezeigt? *alt, Dame*
12. Was ist das für ein Land? *unbegrenzt, Möglichkeiten*
13. Woher sind die Blumen? *unser, schön, Anlage*
14. Was sind das für Bahnhöfe? *groß, Stadt*
15. Was sind das für Studenten? *modern, Universität*

Relative Pronouns

The relative pronoun agrees with its antecedent (the word to which it refers or *relates*) in gender and number. Its case depends on its function in the dependent clause, that is, whether it is used as the subject, direct object, indirect object, or possessive.

Beispiele

Subject Case, Singular

The man who is reading the book is the professor.	Der Mann, **der** das Buch liest, ist der Professor.
The woman who is reading the book is his wife.	Die Frau, **die** das Buch liest, ist seine Frau.
The child who is reading the book is his daughter.	Das Kind, **das** das Buch liest, ist seine Tochter.

Direct Object Case, Singular

The man whom* you saw is a teacher.	Der Mann, **den** du sahst, ist ein Lehrer.
The woman whom you saw is a teacher.	Die Frau, **die** du sahst, ist eine Lehrerin.
The child whom you saw is her son.	Das Kind, **das** du sahst, ist ihr Sohn.

Indirect Object Case, Singular

The man to whom I gave the book was the professor.	Der Mann, **dem** ich das Buch gab, war der Professor.
The woman to whom I gave the book was his wife.	Die Frau, **der** ich das Buch gab, war seine Frau.
The child to whom I gave the book was his son.	Das Kind, **dem** ich das Buch gab, war sein Sohn.

Possessive Case, Singular

The man whose daughter studies chemistry is a professor.	Der Mann, **dessen** Tochter Chemie studiert, ist ein Professor.
The woman whose book won the Pulitzer Prize is his wife.	Die Frau, **deren** Buch den Pulitzer Preis gewann, ist seine Frau.
The child whose father is a professor is my student.	Das Kind, **dessen** Vater ein Professor ist, ist mein Schüler.

---

* In English you may omit the relative pronoun: *The man I saw.* . . . . This is not possible in German. In a relative clause, you must always use a relative pronoun: *Der Mann, den ich sah,* . . . .

*Plural**

Subject Case

The tables which are in the room are new. Die Tische, **die** in dem Zimmer sind, sind neu.

Direct Object Case

The gentlemen whom we saw were Die Herren, **die** wir sahen, waren
 American professors.   amerikanische Professoren.

Indirect Object Case

The ladies to whom we showed the city Die Damen, **denen** wir die Stadt zeigten,
 were students.   waren Studentinnen.

Possessive Case

The children whose mother you just met Die Kinder, **deren** Mutter Sie gerade
 are playing in the garden.   kennengelernt haben, spielen im Garten.

Word Order in Relative Clauses

The verb is placed at the end of the dependent clause:

> Der Mann, der in das Zimmer **geht**, ist Herr Heise.
> Die Frau, die einen Kuchen **bestellt**, wohnt im Hotel.

In compound tenses the auxiliary verb goes to the end of the dependent clause:

> Die Herren, die nach Hause gegangen **sind**, waren Studenten.
> Die Frau, die den Kuchen gegessen **hat**, ist Frau Heise.
> Die Kinder, die auf dem Spielplatz spielen **werden**, sind ihre Kinder.

The relative clause is always separated from the main sentence by commas:

> Der Herr, der in das Café ging, setzt sich an den Tisch in der Ecke.

Relative Pronouns (Subject and Direct Object Cases†)

SUBJECT CASE

	der-words	**die**-words	**das**-words
singular	**der**	**die**	**das**
plural	**die**	**die**	**die**

DIRECT OBJECT CASE

singular	**den**	**die**	**das**
plural	**die**	**die**	**die**

---

* In the plural, the relative pronoun is the same for all three genders in each case.

† Relative pronouns in the indirect object case and the possessive case are presented in the next unit.

Übungen in der Klasse

A. *Change the sentence in parentheses into a relative clause, and insert the clause in the blank.*

Beispiel

Die Karikaturen, _____, sind ausgezeichnet. (*Sie stehen in der Zeitung.*)
Die Karikaturen, **die in der Zeitung stehen**, sind ausgezeichnet.

1. Der Artikel, _____, ist ausgezeichnet. (*Er steht in der Zeitung.*)
2. Die Glossen, _____, sind gut. (*Sie stehen in der Zeitschrift.*)
3. Das Buch, _____, ist interessant. (*Es ist in der Buchhandlung.*)
4. Die Hotels, _____, sind teuer. (*Sie stehen am Bahnhof.*)
5. Der Herr, _____, ist Herr Heise. (*Er ist an den Fahrkartenschalter gegangen.*)
6. Die Polizisten, _____, sitzen in der Wache. (*Sie haben Jim gefragt.*)
7. Die Anlagen, _____, sind schön. (*Sie liegen in der Stadt.*)
8. Das Bett, _____, ist bequem. (*Es steht im Zimmer.*)
9. Die Autos, _____, waren Taxen. (*Sie haben vor dem Hotel gewartet.*)

B. *Insert the relative clause, using the correct direct object form of the relative pronoun.*

Beispiel

Der Herr, _____, war Herr Heise. (*ich habe gesehen*)
Der Herr, **den ich gesehen habe**, war Herr Heise.

1. Der Koffer, _____, gehört Jim. (*der Zollbeamte hat nachgesehen*)
2. Der Kuchen, _____, schmeckt ausgezeichnet. (*ihr habt gegessen*)
3. Die Rückfahrkarte, _____, kostet DM 37,65. (*Herr Heise hat gekauft*)
4. Die Bücher, _____, waren in der Buchhandlung. (*ihr habt gesucht*)
5. Das Fach, _____, war Germanistik. (*Jim hat belegt*)
6. Die Damen, _____, waren Amerikanerinnen. (*du hast gesehen*)
7. Die Zeitungen, _____, lagen auf dem Boden. (*Jim hat gefunden*)
8. Der Artikel, _____, stand in der Zeitung. (*du hast gelesen*)
9. Die Magazine, _____, waren interessant. (*ihr habt gekauft*)
10. Die Szene, _____, war heiter und schön. (*ihr habt gesehen*)
11. Die Papiere, _____, waren eure Ausweise. (*du hast vergessen*)
12. Das Rathaus, _____, stand in Saarbrücken. (*ihr habt besucht*)
13. Die Studenten, _____, waren von der Universität. (*der Polizist hat bestraft*)
14. Die Zeitung, _____, ist gut. (*Jim kauft am Kiosk*)

The Subordinating Conjunction daß

Conjunctions are particles which connect two sentences or parts of sentences into a logical unit. There are two types of conjunctions:

1. The subordinating conjunction, which connects a main clause with a subordinate clause or phrase:

> I know *that* he read it.
> Ich weiß, **daß** er das gelesen hat.

2. The coordinating conjunction, which connects two equivalent or parallel sentences. (A discussion of coordinating conjunctions is presented in the next unit.)

In a subordinate clause, as in the previously discussed relative clause, the conjugated verb goes to the end of the clause.

Beispiele

Ich weiß, daß er arbeitet.
I know that he is working.

Ich weiß, daß er gearbeitet hat.
I know that he has worked.

Wir haben vergessen, daß wir auf Frl. Weber warten müssen.
We have forgotten that we must wait for Miss Weber.

When a double infinitive is used in a subordinate clause, it always assumes last position in the clause.

Beispiel

Ich weiß, daß er hat arbeiten müssen.
I know that he had to work.

Separable-prefix verbs are not separated in subordinate clauses.

Beispiel

Ich glaube, daß er mitkommt.
I believe he is coming along.

Übung in der Klasse

*Connect the two phrases by inserting **daß**; observe the change in word order.*

Beispiel

Ich weiß, _____ Frauen sind immer pünktlich.
Ich weiß, daß Frauen immer pünktlich sind.

1. Sie möchte, _____ wir warten auf sie.
2. Weißt du, _____ du kommst zu spät?
3. Er hat geglaubt, _____ wir würden auf ihn warten.
4. Ich habe erfahren, _____ er kommt uns besuchen.
5. Ich weiß, _____ es gibt etwas ähnliches in Amerika.
6. Sie sagten, _____ ,,Die Welt" ist eine gute Zeitung.
7. Ich kann sehen, _____ man redet sich in Deutschland mit ,,Sie" an.
8. Wir dürfen nicht vergessen, _____ wir erleben nur wenige Augenblicke aus dem Leben in Deutschland.
9. Man muß bedenken, _____ Jim wird Frl. Weber zum ersten Mal vorgestellt.
10. Es liegt im Wesen der Tradition, _____ der Universitätsprofessor genießt die höchste Achtung.
11. Es ist alles so selbstverständlich geworden, _____ wir denken gar nicht mehr darüber nach.
12. Das ist der Grund, _____ die Eisenbahn existiert überhaupt noch.

13. Er folgt dem Naturgesetz, _____ der Mensch gewöhnt sich schnell an Bequem-
    lichkeit.
14. Die Tante hat sich von dem Schreck erholt, _____ das Frühstück war nicht im
    Preis einbegriffen.
15. Jürgen weiß, _____ Jim kommt aus Amerika.
16. Frl. Weber hat erfahren, _____ Jim wohnt bei Familie Heise.
17. Sage Jim, _____ das Semester beginnt am nächsten Montag.
18. Weiß Jim, _____ wir wollen uns an der Hauptpost treffen?
19. Er hat mir gesagt, _____ er hat den „Spiegel" kaufen wollen.

DRITTE STUNDE

Strong Verbs, Group III

The third group of irregular verbs changes the stem vowel **i** or **e** to **a** in the past
tense, and **u**, **o**, or **a** in the past participle. The following strong verbs, which should
be familiar to you from the readings, belong to the third group:

stehen	er steht	er stand	er hat gestanden
bestehen	er besteht	er bestand	er hat bestanden
verstehen	er versteht	er verstand	er hat verstanden
trinken	er trinkt	er trank	er hat getrunken
finden	er findet	er fand	er hat gefunden
umschlingen	er umschlingt	er umschlang	er hat umschlungen

Übungen in der Klasse

A. *Der Lehrer fragt einen Studenten. Answer in the past tense.*

Beispiel

Steht Jim am Haupteingang? *ja*
Ja, Jim stand am Haupteingang.

1. Besteht die Inneneinrichtung aus schönen Dingen? *ja*
2. Trinkst du Tee? *nein*
3. Findet Ihr den Ausweis? *ja*
4. Versteht ihr die Vorlesung? *nein*
5. Umschlingt sie den Arm des Freundes? *ja*
6. Steht er an der Tür? *nein*

B. *Answer in the perfect tense.*

1. Besteht das Hotel noch? *ja*
2. Versteht er die Vorlesung? *nein*

3. Trinken Sie den Wein? *ja*
4. Werdet ihr das Geld finden? *nein*
5. Steht er noch am Kiosk? *ja*

C. *Answer in the past perfect tense.*

1. Trinken Sie den Kaffee? *nein*
2. Verstehen Sie den Professor? *ja*
3. Finde ich das Geld? *nein*
4. Umschlinge ich den Arm des Freundes? *ja*
5. Wer steht an der Tür? *Jim*

D. *Answer in the future tense.*

1. Was trinken Sie? *Wasser*
2. Besteht das Museum noch? *nein, . . . nicht mehr*
3. Stehen die Taxen vor dem Hotel? *ja*
4. Verstehen Sie die Sprache? *nein*

E. *Answer in the future perfect tense.*

1. Besteht sie das Examen? *nein*
2. Versteht ihr die Vorlesung? *ja*
3. Trinkt ihr das Bier? *nein*
4. Findet er die Fahrkarten? *ja*

Verbs: The Passive Voice, Perfect Tense

This construction consists of the present tense of **sein**, plus the past participle of the verb, plus the past participle of **werden** without the prefix **ge–**.

Passive Voice, Perfect Tense, of *fragen*

ich bin gefragt worden	wir sind gefragt worden
du bist gefragt worden	ihr seid gefragt worden
er, sie, es ⎱ ist gefragt worden	sie sind gefragt worden
man ⎰	Sie sind gefragt worden

Beispiele

Ich bin gefragt worden.
I have been asked.

Die Taxe ist bestellt worden.
The taxi has been called.

Übungen in der Klasse

A. *Der Lehrer fragt einen Studenten. Answer in the passive voice, perfect tense.*

Beispiel

Was ist mit den Zeitungen passiert? *im Kiosk aufstapeln*
Die Zeitungen sind im Kiosk aufgestapelt worden.

1. Was ist mit Prof. Geistreich passiert? *zum Rektor vorschlagen*
2. Habt ihr Jim gesucht? *von uns, suchen*
3. Warum wurde Jim bestraft? *von dem Polizisten, beobachten*
4. Wo sind die Zeitungen? *von den Studenten, kaufen*
5. Was ist mit den Werken des Philosophen passiert? *verfälschen*
6. Darf Jim die Vorlesung hören? *zu den Vorlesungen, zulassen*
7. Wann wurde die Universität gegründet? *1947, gründen*
8. Hat Frl. Weber euch vorgestellt? *Ja, wir sind . ...*
9. Habt ihr den Artikel verstanden? *ja*
10. Wo sind die Koffer? *von den Gästen, mitnehmen*
11. Warum war Jim böse (*angry*)? *von dem Polizisten, beleidigen*
12. Hat die Mutter euch vergessen? *Ja, ihr seid . . .*

B. *Change the following sentences from active voice to passive voice.*

Beispiel

Jim hat den Polizisten gefragt.
Der Polizist ist von Jim gefragt worden.

1. Herr Heise hat Jim abgeholt.
2. Frau Heise hat die Taxe bestellt.
3. Der Beamte hat den Koffer durchsucht.
4. Die Mutter hat die Blumen geschnitten.
5. Frl. Weber hat den Kuchen ausgesucht.
6. Der Staat hat die Eisenbahn modernisiert.
7. Der Professor hat euch vermißt.
8. Der Professor hat den Artikel geschrieben.
9. Der Onkel hat die Schränke eingebaut.
10. Die Universität hat den Studenten bestraft.
11. Herr Heise hat seinen Ausweis vergessen.
12. Jim hat die Wörter buchstabiert.
13. Wir haben euch erwartet.
14. Wir haben euch vorgestellt.

Übungen in der Klasse: können *and* dürfen

A. *Der Lehrer fragt einen Studenten. Answer in corresponding tense, first affirmatively, then negatively.*

Beispiel

Können Sie mir eine Zeitung kaufen?
Ja, ich kann Ihnen eine Zeitung kaufen.
Nein, ich kann Ihnen keine Zeitung kaufen.

1. Können wir uns für morgen verabreden?
2. Können Sie sich um Frl. Weber kümmern?
3. Haben Sie von den Vorlesungen profitieren können?
4. Können Sie die Verkehrsampel sehen?
5. Konnten Sie mich hören?
6. Können Sie mich verstehen?
7. Konnten Sie sich auf ihn verlassen?
8. Konnten Sie Herrn Heise besuchen?
9. Können Sie gut schlafen?
10. Haben Sie die Zeitung lesen können?
11. Konnte er die Wäsche waschen?

B. *Translate the following sentences, using the modal auxiliary* **dürfen.**

Beispiel

Were you allowed to date her?
Durftest du dich mit ihr verabreden?

1. May I order some (*etwas*) cake?
2. Are you permitted to attend the lecture?
3. Was he allowed to take his suitcases?
4. You may buy the newspapers.
5. They were permitted to go to the theater.
6. You may leave now.
7. Was it possible (*durfte man*) to read the professor's book?
8. Were you allowed to invite him?

14
Vierzehnte Einheit

ERSTE STUNDE

Leseübung

Das Mißtrauen ist in dieser Welt leider sehr verbreitet. Sie, lieber Leser, werden mir aber zustimmen, daß unsere drei Freunde (ich zähle Frl. Weber natürlich auch dazu) alles andere als Betrüger sind. Die Kellnerin, die wir in der nächsten Szene kennenlernen werden, ist davon allerdings nicht überzeugt. Wir müssen zu unserem großen Bedauern bald feststellen, daß die Kellnerin recht behält. So lehrt es wenigstens der Schein, denn unsere Freunde können ihre Zeche nicht bezahlen. Es sieht so aus, als ob Jim, der ja schon einmal mit der Polizei in Konflikt geriet, wieder einmal seinen Namen und seinen Geburtsort vor einem verzweifelten Polizeibeamten buchstabieren darf. Doch wollen wir sehen, was passiert und wie sich unsere Freunde aus der Affäre ziehen.

Mistrust is unfortunately widespread in this world. You, dear reader, will surely agree with me that our three friends (I include Miss Weber, too, of course) are anything but swindlers. The waitress whom we will meet in the next scene, however, is not convinced of that. To our great regret, we will find out that the waitress is right. At least it appears that way, for our friends cannot pay their bill. It looks as if Jim, who has already come into conflict with the police, may once again be allowed to spell his name and place of birth to a despairing police officer. Let us see what happens and how our friends get themselves out of their predicament.

Dialog: In der Gartenschau

Dialogue: At the Garden Exhibition

Jürgen: Dieser Tisch ist noch frei.

Frl. Weber: Oh ja. Hier ist es schön. (*zu Jim*) Wie gefällt Ihnen der Park?

Jim: Sehr gut. Wann ist der Park angelegt worden?

Jürgen: Ich glaube 1961 — ich weiß es nicht genau. Er ist als Deutsch-Französische Gartenschau eröffnet worden.

Frl. Weber: Nein, die Gartenschau wurde 1960 eröffnet.

(*Die Bedienung kommt an den Tisch.*)

Bedienung: Was wünschen Sie?

Frl. Weber: Ich möchte nur etwas trinken.

Jürgen: This table is still free.

Miss Weber: Oh yes. It's nice here. (*to Jim*) How do you like the park?

Jim: Very much. When was the park founded?

Jürgen: I believe in 1961—I don't know the exact date. It was opened as the German-French garden exhibition.

Miss Weber: No, the garden exhibition was opened in 1960.

(*The waitress comes to the table.*)

Waitress: What would you like?

Miss Weber: I would just like something to drink.

Jim: Ich auch.

Jürgen: Eine Tasse Tee, bitte.

Frl. Weber: Eine Tasse Kaffee.

Jim (*zu Jürgen*): Coke gibt es hier wohl nicht?

Jürgen: Du meinst Coca-Cola?

Jim: Ja.

Jürgen: Natürlich gibt es das. (*zur Bedienung*) Für den jungen Herrn eine Flasche Coca-Cola.

Bedienung: Sonst noch etwas?

Jürgen: Nein, danke.

(*Bedienung ab*)

Frl. Weber: Höflich ist die Bedienung aber nicht!

Jürgen: Ich fand sie nicht unhöflich. Mir gefällt das Mädchen.

Frl. Weber (*zu Jim*): Siehst du dort drüben den Pavillon?

Jim: Ja, er sieht aus wie ein moderner Bungalow.

Frl. Weber: Davor befindet sich im Wasser eine sogenannte Wasserorgel.

Jim: Was ist eine Wasserorgel?

Frl. Weber: Eine Anzahl von Springbrunnen, die im Rhythmus der Musik zu verschiedenen Figuren, kleinen und großen, eingestellt werden. Man drückt dazu auf Tasten, wie auf einer Orgel.

Jürgen: Das Wasserspiel sieht sehr schön aus, besonders wenn es mit buntem Licht angestrahlt wird.

Jim: Dann wollen wir hier bleiben, bis es dunkel wird.

Jürgen: Keine schlechte Idee. Wir haben ja Zeit.

Frl. Weber: Ich werde wohl gar nicht gefragt?

Jürgen: Verzeihung.

Bedienung: Ein Tee, ein Kaffee, eine Coca-Cola — bezahlen, bitte.

Jürgen: Nanu, ich dachte man bezahlt, wenn man geht.

Jim: Me too.

Jürgen: A cup of tea, please.

Miss Weber: A cup of coffee.

Jim (*to Jürgen*): I assume they don't have Coke here?

Jürgen: You mean Coca-Cola?

Jim: Yes.

Jürgen: Of course they do. (*to the waitress*) A bottle of Coca-Cola for the young man.

Waitress: Anything else?

Jürgen: No, thank you.

(*waitress leaves*)

Miss Weber: The waitress is not at all polite.

Jürgen: I didn't find her impolite. I like the girl.

Miss Weber (*to Jim*): Do you see the pavilion over there?

Jim: Yes, it looks like a modern bungalow.

Miss Weber: In front of it, in the water, is a so-called water organ.

Jim: What is a water organ?

Miss Weber: A number of fountains which are regulated to different forms, small and large, according to the rhythm of the music. One presses keys to get that effect, as on an organ.

Jürgen: The water show looks very beautiful, especially when it's illuminated by colored light.

Jim: Then let's stay here until it gets dark.

Jürgen: Not a bad idea. We have time.

Miss Weber: And am I not to be consulted?

Jürgen: I beg your pardon.

Waitress: A tea, a coffee, a Coca-Cola. Please pay now.

Jürgen: What next! I thought one pays when one leaves.

Bedienung: Viele gehen und bezahlen nicht.

Frl. Weber: Sind wir Zechpreller?

Bedienung: Ich habe schlechte Erfahrungen gemacht. Also, bezahlen Sie bitte.

Jim: Laßt mich bezahlen, ihr habt schon für mich den Autobus bezahlt. Nanu, wo ist mein Portemonnaie? Ich habe es vergessen.

Jürgen: Laß nur, ich bezahle. Wartet... Ich habe meine Börse in der anderen Hose, die ich gewechselt habe.

Frl. Weber (*nachdem sie in ihrer Tasche gesucht hat*): Und ich habe nur zwanzig Pfennig! Ich dachte, ich wäre mit Kavalieren ausgegangen!

Bedienung: Was habe ich gesagt! Ich habe doch meine Erfahrungen! Zechpreller! Bleiben Sie hier. Die Polizei wird schon mit Ihnen fertig werden!

Jürgen (*steht auf*): Aber Fräulein! Das Problem können wir doch friedlich lösen. Ich lasse Ihnen meine Uhr . . . (*hält die Armbanduhr hin*). — Sie holt die Polizei!

Frl. Weber: Und das Mädchen gefällt dir!

Waitress: Many people leave and don't pay.

Miss Weber: Are we swindlers?

Waitress: I've had bad experiences. So, please pay.

Jim: Let me pay. You've already paid for the bus. Well, where is my wallet? I forgot it.

Jürgen: Never mind, I'll pay. Wait . . . I left my wallet in my other pants, which I changed.

Miss Weber (*after she has searched in her purse*): And I have only twenty pfennigs! I thought I had gone out with gentlemen!

Waitress: What did I say! I have my experiences after all! Swindlers! Stay here. The police will soon deal with you.

Jürgen (*standing up*): But, Miss! The problem can be solved peaceably. I'll leave you my watch . . . (*holds up his wristwatch*). —She's calling the police!

Miss Weber: And you like the girl!

Wortschatz

das Mißtrauen, –s *mistrust, distrust*
verbreiten *to spread, disseminate*
zustimmen (sep. prefix verb) *to agree*
der Freund, –es, –e *(boy) friend*
  die Freundin, –, –nen *(girl) friend*
zählen *to count, number*
der Betrüger, –s, – *cheat, swindler (m.)*
  die Betrügerin, –, –nen *cheat, swindler (f.)*
der Kellner, –s, – *waiter*
  die Kellnerin, –, –nen *waitress*
allerdings *however*
das Bedauern, –s (no pl.) *regret*
recht behalten, behält, behielt, behalten
  to be right

lehren *to teach*
der Schein, –(e)s, –e *appearance*
die Zeche, –, –n *bill*
bezahlen *to pay for*
geraten, gerät, geriet, ist geraten *to get into, fall into*
der Name, –ns, –en *name*
der Geburtsort, –es, –e *birthplace*
verzweifeln *to despair*
die Affäre, –, –n *affair*
ausziehen, zieht aus, zog aus, ausgezogen
  to pull or draw out
der Park, –s, –s *park*
anlegen (sep. prefix) *to lay out, found*
genau *exact(ly)*

die Zeit, –, –en *time*
  zur gleichen Zeit *at the same time*
wünschen *to wish, desire*
wohl *indeed, probably*
die Flasche, –, –n *bottle, flask*
sonst *otherwise*
  sonst noch etwas *anything else*
höflich *polite, courteous*
  unhöflich *impolite*
das Mädchen, –s, – *girl*
der Pavillon, –s, –s *pavilion*
der Bungalow, –s, –s *bungalow*
sich befinden, befand, befunden *to be located*
sogenannt *so-called*
die Wasserorgel, –, –n *water organ*
die Anzahl, – (no pl.) *number, quantity*
der Rhythmus, –, –men *rhythm*
die Musik, – *music*
die Figur, –, –en *form, shape, figure*
einstellen (sep. prefix verb) *to regulate, adjust; hire*
drücken *to press*
die Taste, –, –n *key (piano or organ)*
die Orgel, –, –n *organ*
das Wasserspiel, –s, –e *water show*
anstrahlen (sep. prefix verb) *to illuminate, radiate*
dunkel *dark*

schlecht *bad, poor*
gar *very; full(y)*
  gar nicht *not at all*
Verzeihung *I beg your pardon; excuse me*
der Zechpreller, –s, – *one who evades paying the bill at a restaurant or bar*
die Erfahrung, –, –en *experience*
  Erfahrung machen (haben) *to have an experience*
also *thus, therefore*
das Portemonnaie, –s, –s *change purse; wallet*
die Börse, –, –n *purse, wallet; stock exchange*
die Hose, –, –n *(pair of) trousers*
wechseln *to change*
nachdem *after; afterward*
die Tasche, –, –n *purse, bag; pocket*
der Kavalier, –s, –e *gentleman, cavalier*
fertig werden *to finish with a thing, deal with something*
das Problem, –s, –e *problem*
friedlich *peaceful(ly), peaceable (peaceably)*
lösen *to solve; dissolve; loosen*
die Uhr, –, –en *watch, clock*
die Armbanduhr, –, –en *wristwatch*
holen *to fetch, get*

Fragen

1. Finden unsere Freunde einen Tisch?
2. Wann ist der Park eröffnet worden?
3. Wie gefällt Jim der Park?
4. Was bestellt sich Frl. Weber?
5. Was bestellt sich Jim?
6. Was bestellt sich Jürgen?
7. Gibt es Coca-Cola in dem Restaurant?
8. Wie findet Frl. Weber die Bedienung?
9. Findet Jürgen die Bedienung auch unhöflich?
10. Wie sieht der Pavillon aus?
11. Was sind die vielen großen und kleinen Springbrunnen?
12. Wann kann man das Wasserspiel am besten sehen?
13. Wie lange wollen unsere Freunde bleiben?
14. Können unsere Freunde ihre Zeche bezahlen?
15. Warum kann Jim nicht bezahlen?
16. Warum kann Jürgen nicht bezahlen?
17. Hat Frl. Weber Geld bei sich?

18. Wie will Jürgen das Problem lösen?
19. Was tut die Kellnerin?

Hausarbeit

Übersetzen Sie den Text.

A: Is this seat (*der Platz*) still free?
B: Yes.
A: Thank you. There is a lot of activity (*viel los*) here.
B: In (*bei*) this beautiful weather everyone (*jeder*) likes to take walks (*spazieren-gehen*).
A: Quite (*ganz*) right! Most of all, if one can walk in such a magnificent (*herrlich*) park.
B: I like it here, too. It was a good idea that they established a garden exhibition.
A: Have you already seen the water organ?
B: No, not yet.
A: You (*man*) can see the show (*das Spiel*) every hour.
B: I am looking forward (*sich freuen*) to seeing it.
A: The next show will be (*stattfinden*) in 15 minutes.

ZWEITE STUNDE

Adjective Endings (Possessive and Indirect Object Cases)

There is only one ending for adjectives following the definite or indefinite article (or **kein, mein, dein, sein**, etc.) in the possessive and indirect object cases, singular and plural: **–en**.

Beispiele

Possessive Case
Das ist das Buch des groß**en** (eines groß**en**) Künstlers.
Das ist das Buch der groß**en** (einer groß**en**) Künstlerin.
Das ist das Buch des schön**en** (eines schön**en**) Mädchens.

Indirect Object Case
Er gibt das Buch dem groß**en** (einem groß**en**) Künstler.
Er gibt das Buch der groß**en** (einer groß**en**) Künstlerin.
Er gibt das Buch dem schön**en** (einem schön**en**) Mädchen.

Übungen in der Klasse

A.   *Der Lehrer fragt einen Studenten. Answer the following questions by using the phrases in italics and adding the appropriate adjective endings.*

Beispiel

Was lesen Sie?   *einen Artikel einer führend__ Zeitung*
Ich lese einen Artikel einer führend**en** Zeitung.

1.   Was beobachten Sie?   *das Spiel der schön__ Wasserorgel*
2.   Was sehen Sie?   *den Schein des bunt__ Lichtes*
3.   Was hat er verloren (*lost*)?   *das Armband seiner elegant__ Uhr*
4.   Was ist das für ein Portemonnaie?   *meiner gut__ Freundin*
5.   Was sind das für Stühle?   *deines modern__ Bungalows*
6.   Was ist das für eine Frage?   *eines verzweifelt__ Polizeibeamten*
7.   Was ist das für ein Ausweis?   *eines amerikanisch__ Studenten*
8.   Was ist das für ein Werk?   *eines berühmt__ Künstlers*
9.   Was ist das für ein Hund?   *unseres alt__ Professors*
10. Was sind das für Parks?   *einer groß__ Stadt*
11. Was sind das für Gebäude?   *einer richtig__, deutsch__ Universität*

B.   *Ein Student fragt einen anderen Studenten.*

Beispiel

In welcher Hose hast du dein Portemonnaie?   *neu*
Ich habe es in meiner neuen Hose.

1.   Wo wohnst du?   *modern, Haus*
2.   Welchem Herrn hast du die Illustrierte gegeben?   *jung*
3.   In welcher Zeitschrift hast du den Artikel gefunden?   *führend*
4.   Wann beginnen die Vorlesungen?   *nächst, Stunde*
5.   Mit was für einem Kuß habt ihr die Duzfreundschaft beschlossen?   *feierlich*
6.   In was für einer Universität studierst du?   *richtig, deutsch*
7.   In was für einem Hause ist dein Zimmer?   *alt*
8.   In was für einem Museum hast du das Gemälde gesehen?   *gut*
9.   Welchem Gast hast du das Buch gegeben?   *amerikanisch*
10. Welchem Polizisten hast du die Geschichte erzählt?   *verzweifelt*

Wiederholungsübungen: Adjective Endings

Fill in the italicized adjectives with their proper endings.

Beispiel

der _____ Koffer *neu*
der **neue** Koffer

A.   Subject Case

1.   die _____ Welt   *klein*
2.   der _____ Tisch   *geziert*
3.   das _____ Café   *modern*
4.   die _____ Umgebung   *neu*

5. der _____ Sessel *bequem*   8. das _____ Restaurant *gut*
6. der _____ Flugplatz *groß*   9. das _____ Museum *reich*
7. das _____ Konzert *schön*   10. das _____ Wort *lang*

B. Possessive Case

1. des _____ Schrankes *eingebaut*   7. der _____ Anlage *schön*
2. des _____ Herrn *jung*   8. der _____ Figur *klein*
3. des _____ Bundes *neu*   9. des _____ Gebäudes *groß*
4. des _____ Deutschen *geboren*   10. des _____ Lichtes *rot*
5. der _____ Stadt *schön*   11. des _____ Wesens *höchst*
6. der _____ Zeit *lang*   12. des _____ Lebens *geistig*

C. Indirect Object Case

1. dem _____ Artikel *groß*   7. der _____ Karikatur *gut*
2. dem _____ Augenblick *kurz*   8. der _____ Stadt *schön*
3. dem _____ Buchstaben *letzt*   9. der _____ Dame *elegant*
4. dem _____ Betrieb *interessant*   10. dem _____ Kinde *artig*
5. der _____ Vorlesung *erst*   11. dem _____ Geschlecht *ander*
6. der _____ Ansicht *merkwürdig*   12. dem _____ Bedauern *groß*

D. Direct Object Case

1. den _____ Herrn *jung*   7. die _____ Hose *kurz*
2. den _____ Bungalow *modern*   8. die _____ Möglichkeit *unbegrenzt*
3. den _____ Augenblick *kurz*   9. das _____ Kind *artig*
4. den _____ Bund *feierlich*   10. das _____ Licht *bunt*
5. die _____ Dame *jung*   11. das _____ Wort *lang*
6. die _____ Hose *neu*   12. das _____ Wochenende *erst*

Coordinating Conjunctions

Coordinating conjunctions* are used to connect equal elements or two main clauses in a sentence. We've already seen the following coordinating conjunctions used in the *Leseübungen* and *Dialoge*: **und** (*and*), **denn** (*for, because*), **aber** (*but, however*), **oder** (*or*), **sondern** (*but, on the contrary*).

When **und, denn, aber,** or **oder** is used, there is no change in the word order:

> Ich ging nach Hause, **und** ich trank ein Bier.
> *I went home, and I drank a beer.*
>
> Gestern blieb er zu Hause, **denn** er mußte studieren.
> *Yesterday he stayed at home, because he had to study.*
>
> Gestern blieb er zu Hause, **aber** heute geht er in die Uni.
> *Yesterday he stayed at home, but today he's going to the university.*
>
> Er fährt zur Universität, **oder** er geht in ein Café.
> *He's going to the university, or he's going to a café.*

---

* See also Unit 15, page 232.

The conjunction **sondern** is used when the first statement is negated and the second brings a correction of the first statement:

> Er ist nicht in die Schule gegangen, **sondern** nach Hause.
> *He didn't go to school, but (he went) home.*

Übungen in der Klasse

A. *Connect the two sentences with the coordinating conjunction shown in italics.*

Beispiel

Er möchte uns besuchen. Er kann nicht kommen.   *aber*
Er möchte uns besuchen, aber er kann nicht kommen.

1. Er geht zum Professor. Er will ihn etwas fragen.   *denn*
2. Er sucht seine Armbanduhr. Er hat sie vergessen.   *aber*
3. Ich gehe nicht nach Hause. Ich gehe in ein Café.   *sondern*
4. Willst du eine Illustrierte kaufen? Willst du eine Zeitung kaufen?   *oder*
5. Jim kauft sich eine Zeitung. Ilse kauft sich einen Kuchen.   *und*
6. Sie wollen bleiben bis es dunkel ist. Sie wollen die Wasserorgel sehen.   *denn*
7. Ich gehe zum Bahnhof. Ilse geht zur Hauptpost.   *und*
8. Sie haben das Geld vergessen. Die Kellnerin glaubt ihnen nicht.   *aber*
9. Er trinkt keinen Kaffee. Er bestellt sich einen Kuchen.   *sondern*
10. Wir müssen uns beeilen. Der Zug fährt uns vor der Nase weg.   *oder*

B. *Select the appropriate conjunction:* **denn, aber, sondern, oder, und.**

Beispiel

Er wollte in ein Café gehen, _____ er hat seine Hausarbeit machen müssen.
Er wollte in ein Café gehen, **aber** er hat seine Hausarbeit machen müssen.

1. Der Polizist will Jim bestrafen, _____ Jim hat die Verkehrsampel nicht beachtet.
2. Hegel ist ein großer Philosoph, _____ man hat ihn oft verfälscht.
3. Herr Walter geht nicht in die Stadt, _____ bleibt zu Hause.
4. Willst du mich besuchen, _____ soll ich zu dir kommen?
5. Herr Walter fährt zum Bahnhof, _____ Jim geht ins Museum.

Verbs: The Passive Voice, Past Perfect Tense

This construction consists of the past tense of **sein**, plus the past participle of the verb, plus the past participle of **werden** without the prefix –**ge**.

Passive Voice, Past Perfect Tense of *fragen*

ich war gefragt worden	wir waren gefragt worden
du warst gefragt worden	ihr wart gefragt worden
er, sie, es } war gefragt worden man	sie waren gefragt worden Sie waren gefragt worden

Beispiele

Ich war gefragt worden. Die Taxe war bestellt worden.
I had been asked. *The taxi had been called.*

Übungen in der Klasse

A. *Der Lehrer fragt einen Studenten. Answer in the passive voice, past perfect tense, using* **von.**

Beispiel

Wer hatte den Stuhl geholt? *du*
Der Stuhl war von dir geholt worden.

1. Hatten Sie das Geld gewechselt? *ich*
2. Hatten Sie den Garten angelegt? *Herr Heise*
3. Hatten Sie die Blumen geschnitten? *Jim*
4. Wer hatte das Frühstück bezahlt? *sie (pl.)*
5. Wer hatte die Koffer gesucht? *wir*
6. Wer hatte den Koffer gepackt? *der Onkel*

B. *Ein Student fragt einen anderen Studenten. Answer in the passive voice, first in the perfect tense, then in the past perfect tense.*

Beispiel

Wer hat die Taxe bestellt? *Jim*
Die Taxe **ist** von Jim **bestellt worden.**
Die Taxe **war** von Jim **bestellt worden.**

1. Wer hat mich beobachtet? *sie (sing.)*
2. Wer hat mich gesehen? *er*
3. Wer hat euch zum Bahnhof gebracht? *Herr Heise*
4. Wer hat uns erwartet? *Ilse*
5. Wer hat uns vorgestellt? *Frau Heise*
6. Wer hat euch gefragt? *der Polizist*

Wiederholungsübung: Passive Voice

Transform the following sentences into the past, perfect, and past perfect tenses in both the active voice and passive voice.

Beispiel

Jim **holt** den Stuhl. Der Stuhl **wird** von Jim **geholt.**
Jim **holte** den Stuhl. Der Stuhl **wurde** von Jim **geholt.**
Jim **hat** den Stuhl **geholt.** Der Stuhl **ist** von Jim **geholt worden.**
Jim **hatte** den Stuhl **geholt.** Der Stuhl **war** von Jim **geholt worden.**

1. Der Professor fälscht Hegel.
2. Jim hat die Vorlesung belegt.
3. Ilse hat die Tür geöffnet.
4. Die Stadt Saarbrücken gründete die Universität.

5. Jürgen hatte den Artikel kommentiert.
6. Herr Heise stellt Jim vor.
7. Ilse lud Jim ein.
8. Jürgen beleidigt den Polizisten.
9. Der Polizist bestrafte Jürgen.
10. Ilse hat das Buch vermißt.
11. Herr Heise hat den Schrank eingebaut.
12. Der Staat elektrifiziert die Eisenbahn.
13. Ilse trinkt den Kaffee.
14. Die Mutter schnitt die Blumen.
15. Die Tante pflegt den Garten.
16. Der Zollbeamte stempelt den Paß.

Strong Verbs, Group IV

Group IV verbs change their stem vowel from **e** or **o** to **a** in the past tense and **o** in the past participle. We have encountered the following strong verbs of the fourth group in the preceding readings:

sprechen	er spricht	er sprach	er hat gesprochen
versprechen	er verspricht	er versprach	er hat versprochen
nehmen	er nimmt	er nahm	er hat genommen
mitnehmen	er nimmt mit	er nahm mit	er hat mitgenommen
helfen	er hilft	er half	er hat geholfen
unterwerfen	er unterwirft	er unterwarf	er hat unterworfen
aussprechen	er spricht aus	er sprach aus	er hat ausgesprochen
(sich) treffen	er trifft (sich)	er traf (sich)	er hat (sich) getroffen

Übungen in der Klasse

A. *Answer in the past tense.*

Beispiel

Habt ihr Jim geholfen?   *wir*
Wir halfen Jim.

1. Hast du Jürgen geholfen?   *ich*
2. Wer hat Jim geholfen?   *wir*
3. Wer hat Ilse geholfen?   *du*
4. Hat der Professor dir geholfen?   *er*

B. *Answer in the perfect tense.*

1. Unterwirft er sich dem Gesetz?   *ja*
2. Spricht er den Satz aus?   *nein*
3. Nimmt er den Kuchen?   *ja*
4. Nimmt der Portier den Koffer mit?   *nein*

C. *Answer in the present tense.*

1. Werdet ihr euch treffen? *ja*
2. Wird er dir helfen? *nein*
3. Will er das Buch mitnehmen? *ja*
4. Wird er sich dem Gesetz unterwerfen? *nein*

D. *Answer in the past perfect tense.*

1. Nimmst du den Kuchen mit? *nein, ich . . . schon gestern*
2. Wo habt ihr euch getroffen? *wir . . . gestern vor dem Kiosk*
3. Hat er dir geholfen? *nein*
4. Haben Sie es ihm versprochen? *nein*

DRITTE STUNDE

Relative Pronouns (Possessive and Indirect Object Cases)

	POSSESSIVE CASE		
	der-words	**die**-words	**das**-words
singular	**dessen**	**deren**	**dessen**
plural	**deren**	**deren**	**deren**
	INDIRECT OBJECT CASE		
singular	**dem**	**der**	**dem**
plural	**denen**	**denen**	**denen**

(See also table in appendix and previous discussion of relative pronouns, p. 194.)

Übungen in der Klasse

A. *Fill in the blanks with the correct relative pronouns in the possessive case.*

Beispiel

Der Mann, _____ Koffer beim Empfangschef steht, stieg in eine Taxe.
Der Mann, **dessen** Koffer beim Empfangschef steht, stieg in eine Taxe.

1. Der Mann, _____ Gemälde Jim kauft, ist ein Künstler.
2. Dem Manne, _____ Uhr Jim kauft, gehört das Haus.

3. Den Mann, _____ Frühstück die Kellnerin bringt, sah ich im Theater.
4. Die Frau, _____ Paß von dem Zollbeamten gestempelt wird, ist eine Lehrerin.
5. Der Dame, _____ Koffer nachgesehen werden, half ich gestern.
6. Die Dame, _____ Reichtum berühmt ist, suchten wir.
7. Das Mädchen, _____ Kuchen die Kellnerin bringt, ist eine Studentin.
8. Dem Mädchen, _____ Ausweis nachgesehen wird, gaben wir Geld.
9. Das Mädchen, _____ Vorname Ilse ist, sah ich in der Universität.
10. Die Herren, _____ Geburtsort in Deutschland ist, sind Amerikaner.
11. Den Damen, _____ Armbanduhren wir fanden, gaben wir sie zurück.
12. Die Kinder, _____ Kuchen auf dem Tisch steht, fanden wir im Garten.
13. Die Blätter, _____ Artikel interessant sind, sind Wochenblätter.
14. Die Plätze, _____ Anlagen gepflegt sind, liegen in der Stadt.
15. Die Bäder, _____ Wasser aus der Saar kommen, gehören der Stadt.
16. Der Philosoph, _____ Werke wir studieren, lebte in Griechenland (*Greece*).

B. *Fill in the blanks with the correct relative pronouns in the indirect object case.*

Beispiel

Der Herr, _____ die Kellnerin das Frühstück bringt, ist Amerikaner.
Der Herr, **dem** die Kellnerin das Frühstück bringt, ist Amerikaner.

1. Der Mann, _____ Jim die Uhr bringt, ist ein Betrüger.
2. Der Junge, _____ du das Buch gibst, ist ein Student.
3. Die Dame, _____ die Bedienung den Koffer bringt, ist Französin.
4. Der Frau, _____ Jim das Geld gibt, zeigten wir das Zimmer.
5. Die Dame, _____ Ilse hilft, saht ihr im Museum.
6. Dem Mädchen, _____ Jim die Stadt zeigt, halfen wir.
7. Das Fräulein, _____ der Portier den Koffer gibt, ist Künstlerin.
8. Den Berg, auf _____ ich stehe, sahen wir von ferne.
9. Die Stadt, in _____ ich wohne, heißt Düsseldorf.
10. Das Hotel, in _____ ich mich befinde, heißt ,,Europäischer Hof ".
11. Den Kleiderschrank, in _____ meine Kleider sind, stellt er ins Zimmer.
12. Die Wiese, auf _____ die Kinder spielen, ist groß.
13. Den Gemälden, vor _____ wir stehen, fehlen die Rahmen (*frame*).
14. Die Neubauten, vor _____ wir stehen, gehören Herrn Heise.
15. Die Damen, _____ wir die Pässe geben, bringt er zum Hotel.
16. Die Polizisten, mit _____ wir uns unterhalten, dienen dem Staat.

Wiederholungsübung: Adjective Endings

See Unit 13, p. 191, for a review of adjective endings with the indefinite article and possessive adjectives.

Ein Student fragt einen anderen Studenten.

Beispiel

Warum hast du dein Portemonnaie vergessen?
Ich habe mein Portemonnaie vergessen, weil es in der _____ Hose ist.   *alt*
Ich habe mein Portemonnaie vergessen, weil es in der **alten** Hose ist.

1. Warum gehst du nicht mehr zu Professor Geistreich?
   Ich gehe nicht mehr zu ihm, denn ich habe eine _____ Erfahrung gemacht.   *schlecht*
2. Wer wartet auf mich?
   Ein _____ Herr wartet auf dich.   *jung*
3. Was siehst du in der Ferne?
   Ich sehe in der Ferne ein _____ Licht.   *bunt*
4. Wie gefällt dir der Artikel?
   Das ist ein _____ Artikel.   *gut*
5. Wie findest du diese Idee?
   Ich denke, es ist keine _____ Idee.   *schlecht*
6. Wessen Haus ist das?
   Das ist mein _____ Haus.   *neu*
7. Was sind das für Koffer?
   Das sind die Koffer unseres _____ Gasts.   *amerikanisch*
8. Welcher Bahnhof ist das?
   Es ist der Bahnhof einer _____ Stadt.   *klein*
9. Was sind das für Artikel?
   Es sind die Artikel eines _____ Blattes.   *berühmt*
10. Was ist das für ein Fernsehapparat?
    Das ist der Fernsehapparat meines _____ Bungalows.   *modern*
11. Was sind das für Gebäude?
    Das sind die Gebäude einer _____ Universität.   *alt*
12. Was sind das für Städte?
    Das sind die Städte eines _____ Landes.   *groß, schön*
13. Wo wohnst du?
    Ich wohne in einem _____ Haus.   *alt*
14. Wem hast du die Bücher gegeben?
    Ich gab die Bücher einem _____ Herrn.   *jung*
15. Wo wohnt Ilse?
    Sie wohnt in eurem _____ Bungalow.   *modern*
16. Wo hast du dein Portemonnaie?
    Ich habe es in meiner _____ Hose.   *ander*
17. Wo hast du das gelesen?
    Ich las es in einer _____ Zeitschrift.   *führend*
18. Wo standen die Karikaturen?
    Sie standen in einem _____ Blatt.   *berühmt*
19. Wen hast du besucht?
    Ich habe unseren _____ Gast besucht.   *amerikanisch*
20. Warum magst du ihn nicht?
    Er hat eine _____ Ansicht über uns.   *merkwürdig*

Wiederholungsübungen: wollen *and* sollen

A. *Der Lehrer fragt einen Studenten. Answer in the corresponding verb tense.*

Beispiel

Wollten Sie Jim besuchen?   *ja*
Ja, ich wollte ihn besuchen.

1. Will er Ihren Namen feststellen? *ja*
2. Wollten Sie das Buch mitnehmen? *nein*
3. Wollt ihr die Polizei holen? *ja*
4. Wolltet ihr das Geld behalten? *nein*
5. Wollen Sie den Kuchen bezahlen? *ja*
6. Wollen Sie das Geld sparen? *nein*
7. Hattest du ausgehen wollen? *nein*

B. *Ein Student fragt einen anderen Studenten. Answer with* **wollen.**

Beispiel

Warum hat er die Koffer nicht durchsucht?
Er hat sie nicht durchsuchen wollen.

1. Warum hat der Polizist euch nicht bestraft?
2. Warum habt ihr euch nicht beeilt?
3. Warum seid ihr nicht gekommen?
4. Warum hat er nicht bezahlt?
5. Warum hat sie den Tee nicht getrunken?

C. *Der Lehrer fragt einen Studenten. Answer in the corresponding verb tense.*

Beispiel

Wer soll in die Universität gehen? *die Studenten*
Die Studenten sollen in die Universität gehen.

1. Wer soll Deutsch lernen? *die amerikanischen Studenten*
2. Wer hat das Zimmer bestellen sollen? *Herr Heise*
3. Solltet ihr den Kuchen essen? *nein, wir*
4. Wohin sollte Jim reisen? *nach Frankfurt*
5. Wohin soll Ilse fahren? *nach Düsseldorf*
6. Soll Jürgen in die Universität gehen? *ja, er*
7. Sollten Sie Deutsch lernen? *nein, ich*
8. Sollten Sie nach Hause gehen? *nein, ich*

D. *Ein Student fragt einen anderen Studenten. Answer in present perfect tense.*

Beispiel

Solltest du zum Flugplatz fahren? *nein*
Nein, ich habe nicht zum Flugplatz fahren sollen.

1. Wer sollte zum Flugplatz fahren? *wir*
2. Solltet ihr ihn abholen? *ja*
3. Solltest du Herrn Heise besuchen? *nein*
4. Wer sollte den Kaffee bezahlen? *ihr*
5. Wer sollte das Zimmer bestellen? *Jürgen*
6. Sollten Sie nach Detroit fahren? *ja*
7. Wer sollte den Kuchen essen? *Ilse*

Real-Situation Practice

1. Waren Sie schon mal in einem deutschen Café? 2. Was wollen Sie trinken: Kaffee, Tee, Coca-Cola, Wein oder Bier? 3. Möchten Sie einmal deutschen Kuchen essen? 4. Was essen Sie am liebsten: Buttercrèmetorte, Erdbeertorte oder Apfelstreusel? 5. Womit wird das Wasserspiel angestrahlt? 6. Haben Sie schon mal eine Wasserorgel gesehen? 7. Wieviel Geld haben Sie in Ihrem Portemonnaie? 8. Wieviel Geld haben Sie in Ihrer Börse? 9. Haben Sie schon einmal Ihr Portemonnaie vergessen? 10. Wie spät ist es? 11. Um wieviel Uhr ist die Klasse aus? 12. Haben Sie noch andere Klassen? 13. Wohin gehen Sie, wenn Sie jetzt aus der Klasse kommen? 14. Wann essen Sie zu Mittag? 15. Wann essen Sie zu Abend? 16. Welche Magazine lesen Sie? 17. Lesen Sie gerne über Politik? 18. Welche Zeitungen lesen Sie? 19. Welche Bücher haben Sie in diesem Jahr gelesen? 20. Welchen Schriftsteller (*author*) lesen Sie gerne? 21. Gibt es in Ihrer Stadt einen Zeitungskiosk? 22. Was wollen Sie einmal werden: ein Geschäftsmann, ein Universitätsprofessor, ein Arzt oder ein Bischof? 23. Wohin möchten Sie einmal reisen?

15
Fünfzehnte Einheit

ERSTE STUNDE

Leseübung

Die Menschen haben sich weit von dem Urgedanken unseres Weihnachtsfestes entfernt. Aber wir wollen nicht richten. Wir wollen uns freuen über die tausend Lampen, die man quer über die winterlichen Straßen gehängt hat, über die kleinen und großen Weihnachtsbäume, über den Nikolaus mit seinem langen, roten Mantel, dem weißen Bart und der roten Zipfelmütze — und natürlich auch über die übervollen Schaufenster mit den herrlichsten Dingen, die Menschengeist erfindet. Die Kinder können sich nicht von den Spielsachen trennen. Viele Puppen bewegen sich: Heinzelmännchen nähen und flicken, kehren und wischen und putzen. Kleine Engel tanzen zu der Musik eines großen, himmlischen Orchesters. Und um den ganzen Jahrmarkt herum fährt mit blitzenden Wagen eine elektrische Eisenbahn. Jim und die Tante bahnen sich den Weg durch das Gewimmel der Menschen, die alle ausgegangen sind, um ihre Weihnachtseinkäufe zu machen.

People have strayed far from the original idea of our Christmas festivities. But we don't want to judge. We want to rejoice about the thousand colored lights which have been hung across the wintery streets, about the small and large Christmas trees, about St. Nicholas (Santa Claus) with his long red coat, white beard and red peaked cap—and, of course, about the store windows filled to overflowing with the most splendid things that mankind invents. The children cannot part from the toys. Many dolls move about; Santa's helpers sew and mend, sweep, wipe, and polish. Small angels dance to the music of a great, heavenly orchestra. And around the whole annual fair an electric train travels with flashing cars. Jim and his aunt make their way through the crowd of people who have all gone out to do their Christmas shopping.

Dialog: Weihnachtseinkäufe

Dialogue: Christmas Shopping

Jim: Mein Gott, ist das ein Betrieb auf der Straße!

Tante: Während der Weihnachtszeit ist hier immer soviel Betrieb. Wenn ich nur wüßte, was ich für Herbert kaufen soll. Ich bin immer noch nicht schlüssig.

Jim: Es gibt doch so viele Dinge zu kaufen.

Jim: Good heavens, is there a bustle on the street!

Aunt: During the Christmas season there is always so much activity here. If only I knew what I should buy for Herbert. I'm still not sure.

Jim: There are so many things to buy.

Tante: Das macht die Wahl nur noch schwerer.

Jim: Ja, das stimmt. Meistens bekommen die Herren zu Weihnachten einen Schlips oder ein Hemd, oder einen Pullover.

Tante: Ja. Das ist es. Ich möchte ihm gerne mal etwas kaufen, was er nicht erwartet.

Jim: Hat er denn keine Gewohnheiten die er liebt, zum Beispiel guten Wein oder Cognac? Raucht er nicht?

Tante: Ja. Er trinkt öfters mal guten Wein und raucht auch gerne eine gute Zigarre. Aber das alles kommt doch zu selten vor, als daß ich ihm mit Dingen, die dazu gehören, eine Freude machen könnte.

Jim: Sieh mal hier: Alles für den Herrn — für den, der alles hat! Hier gibt es echt goldene Manschettenknöpfe, Gürtelschnallen und Krawattennadeln — sogar mit Diamanten besetzt. Guck mal: ein goldenes Zigarettenetui!

Tante: Diese Sachen sind zu teuer. Ich weiß nicht einmal, ob er sich darüber freuen würde.

Jim: Liebt er gute Musik?

Tante: Ja.

Jim: Dann kaufe ihm doch eine schöne Schallplatte.

Tante: Das ist eine gute Idee!

Jim: Ihr habt doch einen ausgezeichneten Plattenspieler.

Tante: Vielleicht kann ich ihm noch etwas dazu kaufen.

Jim: Sieh mal dort drüben! Da hat man aber einen Riesenbaum aufgestellt!

Tante: Das ist nur einer von mehreren Christbäumen, die auf den großen Plätzen stehen. Aber dieser hier ist wahrscheinlich der größte.

Aunt: That only makes the choice still more difficult.

Jim: Yes, that's right. Usually men get a necktie, or a shirt, or a sweater for Christmas.

Aunt: Yes. That's just it. I would like for once to get him something he doesn't expect.

Jim: Doesn't he have any small pleasures (habits) he enjoys, for example good wine or cognac? Doesn't he smoke?

Aunt: Yes. He sometimes drinks good wine and also likes to smoke a good cigar. But all this happens too seldom for me to be able to please him with things that pertain to it.

Jim: Look here! Everything for the man—for the man who has everything! Here are real gold cuff links, belt buckles, and tie clasps—even studded with diamonds. Look! A gold cigarette case.

Aunt: These things are too expensive. I don't even know if he'd like them.

Jim: Does he like good music?

Aunt: Yes.

Jim: Then buy him a good record.

Aunt: That is a good idea!

Jim: You do have an excellent record player.

Aunt: Perhaps I can buy him something else in addition.

Jim: Look over there! They've put up an enormous tree there!

Aunt: That's only one of several Christmas trees which are on the large squares. But this one here is probably the largest.

Jim: Der hat auch Lichter auf den Zweigen.

Tante: Ja. Es sieht schön aus, wenn die bunten Lichter nachts brennen.

Jim: Sieh mal hier: Spielt Onkel Schach?

Tante: Sehr gern sogar. Er lädt oft Freunde zu sich, um Schach zu spielen.

Jim: Dann hat er wohl schon ein Schachspiel?

Tante: Ein altes, das nicht viel wert ist.

Jim: Willst du ihm nicht das hier kaufen? Die Figuren sind aus Elfenbein handgeschnitzt.

Tante: Das wäre ein schönes Geschenk.

Jim: Sollen wir es uns ansehen?

Tante: Ja, laßt uns mal reingehen.

Jim: Warte — sind das nicht die Leute von der Heilsarmee?

Tante: Ja.

Jim: Ich möchte denen gern etwas Geld geben.

Tante: Von mir bekommst du auch eine Mark. Diese Menschen sammeln das Geld wirklich für einen guten Zweck.

Jim: Warte hier, ich bin gleich wieder zurück.

Jim: It also has lights on the branches.

Aunt: Yes. It looks beautiful when the colored lights burn at night.

Jim: Look here—does Uncle play chess?

Aunt: Very much indeed. He often invites friends to come and play chess.

Jim: Then he probably has a chess game already?

Aunt: An old one that's not worth much.

Jim: Don't you want to buy him this one here? The figures are made of ivory and are hand-carved.

Aunt: That would be a beautiful present.

Jim: Should we look at it?

Aunt: Yes. Let's go inside.

Jim: Wait—aren't those the people from the Salvation Army?

Aunt: Yes.

Jim: I would like to give them some money.

Aunt: Give them a mark from me, too. These people really collect money for a good purpose.

Jim: Wait here. I'll be right back.

Wortschatz

(sich) entfernen *to remove, withdraw, stray from*
der Urgedanke, –ns, –n *original thought or idea*
das Weihnachten, –s, – *Christmas*
das Weihnachtsfest, –es, –e *Christmas celebration*
richten *to judge*
(sich) freuen (über) *to be glad (about)*
quer über *across*
hängen *to hang (up)*

der Weihnachtsbaum, –es, ⸚e *Christmas tree*
der Mantel, –s, ⸚ *overcoat*
der Bart, –es, ⸚e *beard*
die Zipfelmütze, –, –n *tasselled cap, peaked cap*
übervoll *overfull, overcrowded*
das Schaufenster, –s, – *display or shop window*
herrlich *magnificent, splendid*
das Spielzeug, –es, die Spielsachen *toy*

(sich) trennen   *to part, separate*
die Puppe, –, –n   *doll*
(sich) bewegen   *to move*
das Heinzelmännchen, –s, –   *goblin, Santa's helper*
nähen   *to sew*
flicken   *to mend*
kehren   *to sweep*
wischen   *to wipe*
putzen   *to scour, clean, polish*
tanzen   *to dance*
himmlisch   *heavenly*
das Orchester, –s, –   *orchestra*
der Jahrmarkt, –s, ⸚e   *annual fair*
blitzen   *to lighten, flash*
  blitzend   *flashing*
der Wagen, –s, –   *car*
elektrisch   *electric*
bahnen   *to make a way*
der Weg, –s, –e   *way, road, path*
das Gewimmel, –s, –   *throng, crowd*
der Weihnachtseinkauf, –s, ⸚e   *Christmas shopping*
die Weihnachtszeit, –, –en   *Christmas time*
immer noch   *still*
schlüssig   *decided, sure*
stimmen   *to agree*
  das stimmt   *that's right*
die Wahl, –, –en   *choice, selection*
meistens   *mostly*
der Schlips, –es, –e   *necktie*
das Hemd, –es, –en   *shirt*
der Pullover, –s, –   *sweater, pullover*
die Gewohnheit, –, –en   *habit, custom, usage*
das Beispiel, –s, –e   *example*
rauchen   *to smoke*

öfters   *often*
die Zigarre, –, –n   *cigar*
die Freude, –, –n   *joy, pleasure*
echt   *real, true, genuine*
golden   *gold, golden*
der Manschettenknopf, –s, ⸚e   *cuff links*
die Gürtelschnalle, –, –n   *belt buckle*
die Krawattennadel, –, –n   *tie clasp*
der Diamant, –en, –en   *diamond*
besetzen   *to trim; cover; occupy*
  besetzt   *set, studded*
gucken   *to look*
das Zigarettenetui, –s, –s   *cigarette case*
die Sache, –, –n   *thing, object*
die Schallplatte, –, –n   *record (album)*
der Plattenspieler, –s, –   *phonograph*
der Riesenbaum, –s, ⸚e   *giant tree*
aufstellen (sep. prefix verb)   *to put up*
der Christbaum, –s, ⸚e   *Christmas tree*
der Zweig, –es, –e   *twig, branch*
nachts   *at night, nights*
brennen, brennt, brannte, gebrannt   *to burn*
das Schach, –s, –s   *chess*
das Schachspiel, –s, –e   *chess game*
wert sein   *to be of worth, value*
das Elfenbein, –s, –s   *ivory*
handgeschnitzt   *hand-carved*
das Geschenk, –s, –e   *gift, present*
ansehen, sieht an, sah an, angesehen   *to look at, consider*
reingehen, geht rein, ging rein, ist reingegangen (colloquial)   *to enter, go in*
die Heilsarmee, –, –n   *Salvation Army*
das Geld, –es, –er   *money*
sammeln   *to collect, gather*
der Zweck, –es, –e   *purpose, end, aim*
gleich   *right away, immediately*

Fragen

1. Warum ist soviel Betrieb auf der Straße?
2. Was tun die Leute, die auf der Straße sind?
3. Was bekommen die Herren meistens zu Weihnachten?
4. Möchte die Tante ihrem Mann auch so etwas kaufen?
5. Hat Herr Heise keine Gewohnheiten, die er liebt?
6. Was gibt es für den Herrn, der alles hat?
7. Warum kauft die Tante diese Sachen nicht?
8. Liebt Herr Heise gute Musik?

9. Wo kann man die Schallplatten spielen? *auf einem Plattenspieler*
10. Was steht auf den großen Plätzen?
11. Was ist auf den Zweigen der Christbäume?
12. Welches Spiel spielt der Onkel gern?
13. Was will die Tante für den Onkel kaufen?
14. Woraus ist das Schachspiel geschnitzt?
15. Wer sammelt Geld für einen guten Zweck?
16. Wieviel Geld gibt die Tante der Heilsarmee?

Hausarbeit

Lesen Sie den folgenden Dialog. Wenn Sie ihn gut verstehen, lernen Sie alles auswendig.

A: Wohin gehen Sie?

B: Ich gehe in die Stadt Weihnachtseinkäufe machen.

A: Das habe ich auch vor. (vorhaben = *to have in mind*)

B: Dann gehen wir eben zusammen. Müssen Sie noch viel kaufen?

A: Nein. Ich habe das Meiste schon eingekauft. Ich brauche noch etwas für meinen Mann.

B: Das ist nicht so leicht. Meistens kaufen wir unseren Männern ja doch nur einen Pullover, ein Hemd oder einen Schlips.

A: Ja. Ich möchte gern einmal etwas anderes kaufen. Haben Sie keine Idee?

B: Raucht Ihr Mann?

A: Ja. Vor allem sonntags, wenn er sich gemütlich in einen Sessel setzen kann, dann raucht er gerne eine Zigarre.

B: Dann kaufen Sie ihm doch ein goldenes Feuerzeug (*lighter*).

A: Das hat er schon.

B: Oder ein schönes Zigarettenetui!

A: Davon hat er schon vier.

B: Spielt er Schach?

A: Ja, aber auch nur sonntags.

B: Dann kaufen Sie ihm doch ein schönes Schachspiel.

ZWEITE STUNDE

Demonstrative Adjectives: dieser *and* jener

The demonstrative adjectives **dieser** (*this*) and **jener** (*that*) are declined like the definite articles **der, die, das.**

Demonstrative Adjectives in the Subject Case

singular	**dieser** Mann	**diese** Frau	**dieses** Kind
	jener Mann	**jene** Frau	**jenes** Kind
plural	**diese** Männer	**diese** Frauen	**diese** Kinder
	jene Männer	**jene** Frauen	**jene** Kinder

The declension follows the same pattern as the definite articles in the other cases. (See table in Appendix I.)

The adjectives **jeder** (*each, every*), **mancher** (*many a*; plural: *some*), **solcher** (*such a*), and the question word **welcher** (*which, what*) take the same endings as **dieser** and **jener**.

Übungen in der Klasse

A. *Fill in the blanks using the correct forms of* **dieser** *and* **jener**.

Beispiel

_____ Kuchen ist für mich.
Dieser Kuchen ist für mich.
Jener Kuchen ist für mich.

1. _____ Wein ist für Herrn Heise.
2. _____ Schallplatte ist für Ilse.
3. _____ Schachspiel ist für Jim.
4. _____ Christbaum ist für Familie Heise.
5. _____ Krawattennadel ist für Herrn Heise.
6. _____ Diamanten gehören Frau Heise.
7. Wer hat _____ Wein bestellt?
8. Wer hat _____ Schallplatte gekauft?
9. Wer wird _____ Buch lesen?
10. Haben Sie _____ Mantel gekauft?
11. Sie müssen _____ Zeitung lesen.
12. Besuchen Sie _____ Theater?
13. Bringst du _____ Gast ein Glas Bier?
14. Schenkt ihr _____ Kinde ein Spielzeug?
15. Schenkt ihr _____ Dame die Bücher?
16. Gehen Sie mit _____ Mädchen in die Stadt?
17. Wo ist der Paß _____ Studenten?
18. Wo sind die Papiere _____ Studentin?

B. *Fill in the blanks with the correct form of* **jeder**, **mancher**, **solcher**, *or* **welcher**.

Beispiel

_____ Mensch muß essen.   *jeder*
Jeder Mensch muß essen.

1. _____ Student soll seine Hausarbeit machen. *jeder*
2. In _____ Haus steht ein Tisch. *jeder*
3. _____ Gemälde sind teuer. *solcher*
4. Die Arbeit _____ Hausfrau wird nicht geschätzt (*appreciated*). *mancher*
5. Mit _____ Flugzeug ist er gekommen? *welcher*
6. Zechpreller sind der Ärger _____ Bedienung. *jeder*
7. Die Heilsarmee hat schon _____ Kinde geholfen. *mancher*
8. Jim hat schon einer _____ Studentin ein Geschenk gemacht. *solcher*
9. Ich gehe _____ Tag nach Hause. *jeder (dir. obj. case)*
10. Der Professor hat schon _____ Bücher gelesen. *solcher*
11. _____ Kind hat mit dieser elektrischen Eisenbahn gespielt. *mancher*
12. _____ Gast hat der Empfangschef gesehen? *welcher*
13. Ein _____ Buch hat er gelesen. *solcher*
14. Die Zollbeamten sind der Ärger _____ Reisenden. *mancher*
15. Der Empfangschef hat _____ Gast gesehen. *jeder*
16. _____ Schaufenster hast du gesehen? *welcher*
17. _____ Bedienung hast du das Geld gegeben? *welcher*
18. Die Karikatur ist der wichtigste Teil eines _____ Blattes. *solcher*
19. _____ Geschenk macht Freude. *mancher*
20. Von _____ Geld hast du das bezahlt? *welcher*

The Superlative Form of Adjectives

The superlative of adjectives is made by adding **–(e)st** plus the correct ending of the declension.

Beispiel

schön   schönst–
Das ist das **schönste** Gemälde, das ich kenne.

If the adjective ends in a **–d** or **–t**, an **e** is added between the stem and the **–st** to facilitate pronunciation.

Beispiel

bunt   buntest–
Das ist der **bunteste** Christbaum in der Stadt.

	POSITIVE	SUPERLATIVE
Subj.	der schöne Weihnachtsbaum	der schön**ste** Weihnachtsbaum
Poss.	des schönen Weihnachtsbaums	des schön**sten** Weihnachtsbaums
Dir. Obj.	dem schönen Weihnachtsbaum	dem schön**sten** Weihnachtsbaum
Indir. Obj.	den schönen Weihnachtsbaum	den schön**sten** Weihnachtsbaum

(and so on for the plural forms)

Some adjectives take an umlaut in the superlative:

groß	größte
jung	jüngste
lang	längste
hoch	höchste
alt	älteste

Certain adjectives have an irregular superlative:

gut	beste
viel	meiste
nah(e)	nächste

Übungen in der Klasse

A.   *Change the italicized adjectives to the superlative degree.*

Beispiel

Die *bunten* Lampen hängen über den Straßen.
Die **buntesten** Lampen hängen über den Straßen.

1. Die *großen* und *kleinen* Weihnachtsbäume stehen auf den Plätzen.
2. Der *lange* Mantel liegt in dem Schaufenster.
3. Die *schlechte* Idee war mein.
4. Das *berühmte* Blatt kann man am Kiosk kaufen.
5. Das ist eines der *alten* Häuser.
6. Das kann man in den *neuen* Hotels sehen.
7. Die *herrlichen* Dinge kann man kaufen.
8. Wir bleiben die *lange* Zeit im Hotel.
9. Der Professor genießt die *hohe* Achtung.
10. Das ist das *moderne* Café.
11. Das sind die *teueren* Gemälde.
12. Das sind die *wichtigen* Städte in diesem Land.
13. Das ist die Stadt der *reichen* Museen.

B.   *Change the italicized adjectives to the superlative degree. Note carefully the irregular superlative forms of these adjectives.*

Beispiel

Haben Sie eine *gute* Zigarre?
Ja, ich habe die **beste** Zigarre.

1. Haben Sie *viele* Gemälde gesehen?
2. Trinken Sie gerne *guten* Wein?
3. Wo ist ein *nahes* Restaurant?   *an der Universität*
4. Haben Sie ein *gutes* Zimmer?
5. Ißt sie gerne *viel* Kuchen?
6. Wo ist das *nahe* Postamt?   *am Bahnhof*
7. Liest der Professor *viele* Bücher?
8. Geben Sie mir bitte eine *gute* Schallplatte.

C. *In the following story fill in the superlatives of the adjectives indicated in parentheses.*

1. Wir erleben die (*schön*) _____ Zeit des Jahres. 2. Die (*bunt*) _____ Lampen brennen überall in den Straßen. 3. Der Nikolaus hat den (*lang*) _____ Bart, den ich je gesehen habe. 4. In den Schaufenstern liegen die (*herrlich*) _____ Dinge. 5. Die (*viel*) _____ Sachen sind Spielwaren (*toys*) für Kinder. 6. Die (*gut*) _____ Musik kann man überall hören. 7. Auf den (*groß*) _____ Plätzen stehen die (*hoch*) _____ Weihnachtsbäume. 8. Ein Weihnachtsbaum steht natürlich auch in dem (*klein*) _____ Zimmer der (*alt*) _____ und der (*modern*) _____ Häuser. 9. Die Heilsarmee sammelt Geld und Artikel für den (*gut*) _____ Zweck. 10. Der (*wichtig*) _____ Zweck ist aber, daß sich die Menschen freuen.

Verbs: The Passive Voice, Future Tense

The future passive is composed of the present tense of **werden**, plus the past participle of the verb, plus the infinitive **werden**.

Passive Voice, Future Tense, of *fragen*

ich werde gefragt werden	wir werden gefragt werden
du wirst gefragt werden	ihr werdet gefragt werden
er, sie, es ⎱ wird gefragt werden	sie werden gefragt werden
man ⎰	Sie werden gefragt werden

Beispiele

Ich werde gefragt werden.
I will be asked.

Die Universität wird im Herbst geöffnet werden.
The university will be opened in the fall.

Übung in der Klasse

Der Lehrer fragt einen Studenten. Answer the following questions in the passive voice, future tense.

Beispiel

Wird der Bleistift noch gebraucht?
Der Bleistift **wird** noch **gebraucht werden.**

1. Wird das Kleid genäht?
2. Werden die Zigarren geraucht?
3. Werden die Hosen geflickt?
4. Wird das Spielzeug aufgestellt?
5. Werden die Christbäume angestrahlt?

6. Wird das Frühstück bezahlt?
7. Werden wir vom Flugplatz abgeholt?
8. Werden die Bücher gekauft?
9. Werden die Koffer gepackt?
10. Wird die Fracht nach Düsseldorf befördert?

Strong Verbs, Group V

Verbs of Group V change their stem vowel from **e**, **i**, or **ie**, to **a** in the past tense and **e** in the past participle. The following strong verbs belong to the fifth group:

sehen	er sieht	er sah	er hat gesehen
liegen	er liegt	er lag	er hat gelegen
geben	er gibt	er gab	er hat gegeben
nachsehen	er sieht nach	er sah nach ·	er hat nachgesehen
vergessen	er vergißt	er vergaß	er hat vergessen
essen	er ißt	er aß	er hat gegessen
aussehen	er sieht aus	er sah aus	er hat ausgesehen
sitzen	er sitzt	er saß	er hat gesessen
lesen	er liest	er las	er hat gelesen
eintreten	er tritt ein	er trat ein	er ist eingetreten

Übung in der Klasse

Transform the following sentences first into the past and then into the past perfect tense.

Beispiel

Ich *sehe* das Flugzeug.
Ich **sah** das Flugzeug.
Ich **hatte** das Flugzeug **gesehen**.

1. Wir sehen das Gemälde.
2. Du siehst den Springbrunnen.
3. Ich liege auf dem Rasen.
4. Ihr liegt im Bett.
5. Sie gibt uns Blumen.
6. Sie geben ihnen die Pässe.
7. Er sieht in dem Buch nach.
8. Man sieht in dem Koffer nach.
9. Ich esse die Buttercrèmetorte.
10. Wir essen den Kuchen.
11. Er sieht wie ein Nikolaus aus.
12. Herr Heise tritt ein.
13. Sie vergißt die Blumen.
14. Ich sitze am Schreibtisch.
15. Du sitzt bei der Polizei.
16. Das Kind liest das Buch.
17. Wir lesen die Zeitung.
18. Ihr vergeßt eure Pässe.

DRITTE STUNDE

Wiederholungsübungen: The Passive Voice

A. *Answer in the past tense, passive voice, using the words in italics.*

Beispiel

Wo kommt der Schlüssel her?   *draußen, finden*
Er wurde draußen gefunden.

1. Wie seid ihr ins Hotel gekommen?   *von Herrn Heise, abholen*
2. Warum hat man Hegel nicht verstanden?   *verfälschen*
3. Wer legte den schönen Garten an?   *von Mutter, anlegen*
4. Wer hat die Universität gegründet?   *von der Stadt, gründen*
5. Woher sind die Bleistifte?   *von Jim, kaufen*

B. *Answer in the present perfect tense, passive voice.*

Beispiel

Wer hat die Zigarre geraucht?   *Herr Heise*
Die Zigarre ist von Herrn Heise geraucht worden.

1. Wovon wurde das Wasserspiel angestrahlt?   *Lampen*
2. Wer stellt das Spielzeug auf?   *Ilse*
3. Wer schnitzt die Figuren?   *Künstler*
4. Wer hat die Bücher geholt?   *Jim*
5. Läßt man Jim zu den Vorlesungen zu?   *ja*

C. *Answer in the past perfect tense, passive voice.*

Beispiel

Wird Jim die Bücher abholen?
Sie waren von Jim abgeholt worden.

1. Wird die Bedienung die Koffer bringen?
2. Wird Mutter die Blumen schneiden?
3. Wird Ilse das Buch aussuchen?
4. Werden die Kinder den Kuchen essen?
5. Wird Frau Heise den Kaffee trinken?

Wiederholungsübung: Adjective Endings

In the following sentences, replace the definite article in the italicized phrase by the indefinite article and change the adjective ending when necessary.

Beispiel

Der schöne Rasen wird geschnitten.
Ein schöner Rasen wird geschnitten.

1. *Die große Strecke* fahren wir mit der Eisenbahn.
2. Er will *das teure Gemälde* kaufen.
3. Wir gehen in *das moderne Café*.
4. Geht ihr gerne in *das interessante Museum*?
5. Wie gefällt euch *der gezierte Tisch*?
6. Du hast *den bequemen Sessel* in deinem Zimmer.
7. Da drüben ist *der beleuchtete Springbrunnen*.
8. Hier ist *der schön* angelegte Park*.
9. Wie schmeckt dir *der deutsche Kuchen*?
10. Die Eisenbahn ist *das wichtige Verkehrsmittel* in Deutschland.
11. Durch den Bahnhof *der großen Stadt* fahren viele Züge.
12. In *der großen Stadt* kann man viel sehen.
13. Das Museum steht an *dem neuen Platz*.
14. Du brauchst ihm nur *das richtige Wort* zu sagen.
15. Hat er *die schöne Schallplatte* gern?
16. Wir kaufen uns *den ausgezeichneten Schallplattenspieler*.
17. Der Christbaum steht auf *dem großen Platz*.
18. Nikolaus hat *den langen, roten Mantel* an.

Wiederholungsübungen: müssen *and* mögen

müssen

A. *Answer the following questions in the past tense.*

Beispiel

Müssen Sie Jim besuchen? *Ja, ich*
Ja, ich mußte Jim besuchen.

1. Muß er ihre Namen feststellen? *Ja, er*
2. Müssen Sie das Buch mitnehmen? *Nein, ich*
3. Müßt ihr die Polizei holen? *Ja, wir*
4. Mußt du das Geschenk behalten? *Nein, ich*
5. Muß ich den Kuchen essen? *Ja, du*

B. *In this exercise, give your answers in the perfect tense.*

Beispiel

Mußte er das Zimmer bestellen? *Ja, er*
Ja, er hat das Zimmer bestellen müssen.

1. Mußtest du dich entschuldigen? *Ja, ich*
2. Wer mußte das bezahlen? *du*
3. Wer mußte mich dem Professor vorstellen? *Jim*
4. Wer mußte den Kaffee trinken? *Ilse*
5. Mußtet ihr kommen? *Nein, wir*
6. Mußtet ihr euch beeilen? *Nein, wir*

---

* Note: *schön* is an adverb here and remains undeclined.

7. Mußte er Deutsch sprechen? *Ja, er*
8. Wer mußte die Koffer durchsuchen? *die Polizei*

mögen

A. *Give your answers to the following questions in the present tense.*

Beispiel

Magst du den Kuchen? *ja*
Ja, ich mag den Kuchen.

1. Magst du den Streuselkuchen? *ja*
2. Mögen Sie die Torte? *nein*
3. Mögt ihr den Apfelstreusel? *ja*
4. Mag sie die Buttercrèmetorte? *nein*
5. Mag er den Kaffee? *ja*
6. Mag sie die Blumen? *nein*
7. Mögt ihr Herrn Heise? *ja*
8. Mag sie Frl. Weber? *nein*
9. Mögen Sie den Professor? *ja*
10. Magst du die Lehrerin? *nein*

B. *Give your answers in the subjunctive.*

Beispiel

Möchtet ihr den Kuchen (haben)? *ja*
Ja, wir möchten den Kuchen (haben).

1. Möchtest du den Fernsehapparat? *ja*
2. Möchten Sie den Diamanten? *nein*
3. Möchte er die Schallplatte? *ja*
4. Möchten Sie die Zeitung kaufen? *nein*
5. Möchtet ihr die Magazine? *ja*
6. Möchtest du Deutsch lernen? *nein*
7. Möchten Sie nach Hause gehen? *ja*
8. Möchte er die Krawattennadel? *nein*
9. Möchtet ihr das Schachspiel? *ja*
10. Möchten Sie diesen Wein? *nein*

C. *Answer in the past tense. Remember:* **ich möchte** *and* **ich mag** *have the same past tense:* **ich mochte, du mochtest,** *etc.*

Beispiele

Mochtet ihr den Tee? *ja*   Mochte sie die Puppe (haben)? *ja*
Ja, wir mochten den Tee.   Ja, sie mochte die Puppe (haben).

1. Mochtest du den Kaffee? *nein*
2. Mochten Sie den Streuselkuchen? *ja*
3. Mochte sie den Apfelkuchen? *nein*
4. Mochtet ihr die Buttercrèmetorte? *ja*

5. Mochtest du den Wein? *ja*
6. Mochte er den Apfelstreusel? *nein*
7. Mochte sie das Bier? *ja*
8. Mochten die Kinder die Lehrerin? *nein*
9. Mochtest du Ilse? *ja*
10. Mochtet ihr Frau Heise? *nein*

Wiederholungsübung: Relative Pronouns

*Join the two independent sentences with a relative pronoun (**der, die, das, dem, den,** etc.).*

Beispiel

Der Diamant machte ihr Freude. Der Onkel schenkte *ihn* der Tante.
Der Diamant, den der Onkel der Tante schenkte, machte ihr Freude.

1. Das Geschenk machte dem Onkel Freude. Die Tante gab *es* dem Onkel.
2. Der Heilsarmee gibt sie immer etwas. *Sie* sammelt das Geld für einen guten Zweck.
3. Die Kellnerin ist nicht freundlich. Jim gab *ihr* das Geld.
4. Der Zollbeamte stempelt den Paß. Jim gab *ihm* seine Papiere.
5. Den Freund sah ich im Theater. Er gab *ihm* Geld.
6. Die Studentin war Amerikanerin. Jim macht *ihr* ein Geschenk.
7. Die Dame war sehr reich. Jim zeigt *ihr* die Stadt.
8. Fräulein Schmidt zeigte ihm den Artikel. Jim hatte *ihr* die Zeitung gegeben.
9. Den Kuchen fand er sehr gut. Jim bestellte *ihn.*
10. Die Torte war ausgezeichnet. Frau Heise aß *sie* im Café.
11. Das Auto war alt. Jim fuhr *es.*
12. Jim zeigte dem Polizisten seinen Paß. Er (Jim) beleidigte *ihn.*
13. Die Kellnerin holte die Polizei. *Sie* sah den Betrüger.
14. Das Mädchen kaufte sich Spielsachen. Er gab *ihm* (dem Mädchen) Geld.
15. Der Gast war Franzose. Wir konnten *seinen* Koffer nicht finden.
16. Die Dame war in dem Hotel. Wir suchten *ihre* Schlüssel.
17. Jim wartete bei dem Portier. Wir holten *seine* Koffer.
18. Ilse war in der Stadt. *Sie* fuhr mit Jürgens Auto.
19. Das Magazin lag im Kiosk. Wir wollten *es* kaufen.
20. Die Gemälde gefielen mir gut. *Sie* waren im Museum.
21. Die Herren waren Italiener. *Sie* warteten auf eine Taxe.
22. Die Damen waren Studentinnen. *Sie* studierten Deutsch.
23. Die Mädchen kamen aus Amerika. Er stempelte *ihre* Pässe.
24. Die Frauen waren von der Heilsarmee. Er schenkte *ihnen* Geld.
25. Die Damen waren Lehrerinnen. Wir sprachen mit *ihnen.*
26. Die Gemälde gefielen uns gut. Wir suchten *sie* aus.

The Conjunctions denn *and* weil

The conjunctions **denn** and **weil** are often confusing for students of German. **Denn** (*for, since*) is a coordinating conjunction in German. Therefore, normal word order is retained in the **denn**-clause. **Weil** (*because*) is a subordinating conjunction, as it is in English. **Weil**-clauses require inverted word order.

Beispiele

Ich stehe jeden Morgen um sechs Uhr auf, **denn** ich muß viel arbeiten.
Ich stehe jeden Morgen um sechs Uhr auf, **weil** ich viel arbeiten muß.

Übung in der Klasse

Join the two sentences to form a single compound sentence, first using **denn**, *then* **weil**.

Beispiel

Ich schließe das Fenster. Es wird kalt.
Ich schließe das Fenster, **denn** es wird kalt.
Ich schließe das Fenster, **weil** es kalt wird.

1. Er geht nach Hause. Er will ein Buch lesen.
2. Wir brauchen einen Lehrer. Wir wollen Deutsch lernen.
3. Sie steigen in Saarbrücken aus. Sie wollen die Stadt besuchen.
4. Sie ißt viel. Sie ist hungrig.
5. Ich will mich erholen. Ich habe viel gearbeitet.
6. Die Eisenbahn ist modernisiert worden. Sie ist noch ein wichtiges Verkehrsmittel.
7. Wir gehen ins Bett. Wir wollen schlafen.
8. Die Familie muß sich beeilen. Sonst fährt ihr der Zug vor der Nase weg.
9. Sie warten auf Jim. Er wollte kommen.
10. Wir bleiben zu Hause. Es regnet.
11. Hegel ist oft verfälscht worden. Man verstand ihn nicht.
12. Die Studenten lernen Deutsch. Sie können viel davon profitieren.

Real-Situation Practice

1. Der wievielte ist heute? 2. In wieviel Wochen ist Weihnachten? 3. Ist Weihnachten schön gewesen? 4. Was schenkten Sie ihren Eltern? 5. Können Sie Schach spielen? 6. Haben Sie ein Schachspiel zu Hause? 7. Haben Sie an Weihnachten einen Weihnachtsbaum im Zimmer? 8. Was ist auf dem Weihnachtsbaum? 9. Haben Sie richtige oder elektrische Kerzen (*candles*) auf dem Baum? 10. Möchten Sie in die Zukunft blicken können?

16
Sechzehnte Einheit

ERSTE STUNDE

Leseübung

Frl. Weber ist Gast bei Familie Heise. Man will zusammen mit Jim den Beginn des neuen Jahres feiern. Frl. Weber ist allein auf ihrem Studentenzimmer in der Universität zurückgeblieben. Sie verbrachte nicht wie gewöhnlich die ganzen Ferien bei ihren Eltern in Duisburg, sondern kehrte gleich nach Weihnachten in die Uni zurück, um in der Bibliothek zu arbeiten. Den heutigen Abend feiert sie, wie gesagt, bei Heises. Man trinkt Wein und gießt Blei, um einen Blick in die Zukunft, in das kommende Jahr zu werfen. Eine Flasche Champagner wartet gekühlt auf den Augenblick, wenn alle Uhren Deutschlands Mitternacht schlagen. Wir sagen alle Uhren Deutschlands. Die ganze Welt denkt zwar in Jahreszahlen, aber die Uhren der Welt sind sich nicht einig. So begeht jedes Land gerade, wie es gelegen ist, den Augenblick der Jahreswende: das eine früh, das andere spät — je nachdem es näher oder weiter vom Ort des Sonnenaufgangs entfernt liegt.

Miss Weber is a guest at the Heise family's home. They want to celebrate the beginning of the new year together with Jim. Miss Weber remained in her room at the university. She didn't spend the entire vacation with her parents in Duisburg, as usual, but instead returned to the university right after Christmas to work in the library. This evening, as we said, she is celebrating with the Heises. They drink wine, and pour lead in order to cast a look into the future, into the coming year. A bottle of chilled champagne awaits the moment when all the clocks of Germany strike midnight. We said all the clocks of Germany. To be sure, the whole world thinks in terms of calendar years, but the clocks of the world are not all the same. So every country celebrates the first moment of the new year depending on where the country is located: this one sooner, another later—according to whether it lies nearer or farther away from the point of sunrise.

Dialog: Die Neujahrsfeier bei Heises

Dialogue: The New Year's Celebration at the Heises

Herr Heise: Wir müssen uns beeilen. Es ist gleich zwölf Uhr.

Frau Heise (*scherzhaft pathetisch*): Dem alten Jahr ist wenig noch geblieben. Es ist Geschichte schon mit allem Unsinn, den wir trieben.

Herr Heise: War das von Goethe?

Mr. Heise: We must hurry. It's almost twelve o'clock.

Mrs. Heise (*jokingly solemn*): Little (time) remains to the old year. It's already history—all the nonsensical things we've done.

Mr. Heise: Was that by Goethe?

Frau Heise: Nein, das war von mir!

Herr Heise: Nun sind wir bald zwanzig Jahre verheiratet und erst heute abend entdecke ich, daß du eine große Dichterin bist.

Frau Heise (*immer noch pathetisch*): Du hast noch manches an mir zu entdecken bevor du stirbst.

Herr Heise: Nanu! Eine Philosophin bist du auch?

Frl. Weber: Vorsicht! Jetzt wird's dramatisch. Laßt uns lieber sehen, was Jim macht.

Herr Heise: Ist das Blei noch nicht geschmolzen?

Jim (*hält einen Löffel mit Blei über eine brennende Kerze*): Bald.

Frau Heise: Ist das nicht ein lustiges Spiel?

Jim: Oh ja, mir gefällt es gut.

Frl. Weber: Kennt man Bleigießen in Amerika auch?

Jim: Ich glaube nicht. Jedenfalls habe ich es noch nirgends gesehen. So, nun ist es soweit.

Frau Heise: Gieß' es mit einem Schwung ins Wasser.

Herr Heise: Laß sehen, was dir das neue Jahr bringt.

(*Jim gießt; alle beugen sich über die Schüssel. Jim nimmt das fertige Produkt aus der Schüssel.*)

Frau Heise: Merkwürdig!

Herr Heise: Interessant!

Frl. Weber: Eine Art Arabeske am Dogenpalast von Venedig. Das deutet auf eine Reise nach Italien.

Jim: Das sieht aus wie ein Bumerang!

Frau Heise: Nein, es sieht aus wie ein „L".

Herr Heise: Du hast recht. Es sieht aus wie ein „L".

Jim: Ein „L"! Was kann das heißen?

Mrs. Heise: No, that was me!

Mr. Heise: Soon we'll have been married for twenty years, and tonight for the first time I discover that you are a great poetess.

Mrs. Heise (*still solemn*): You still have much to discover about me before you die.

Mr. Heise: What next! You are a philosopher, too?

Miss Weber: Watch it! Now it's becoming dramatic. Let's see instead what Jim is doing.

Mr. Heise: Hasn't the lead melted yet?

Jim (*holding a spoon(ful) of lead over a burning candle*): Soon.

Mrs. Heise: Isn't that an amusing game?

Jim: Oh yes, I enjoy it.

Miss Weber: Is lead-pouring a custom in America too?

Jim: I don't think so. In any case, I haven't seen it done anywhere. There, now it's ready.

Mrs. Heise: Pour it all at once into the water.

Mr. Heise: Let's see what the new year brings you.

(*Jim pours; all bend over the dish. Jim takes the finished product out of the dish.*)

Mrs. Heise: Remarkable!

Mr. Heise: Interesting!

Miss Weber: A kind of arabesque at the Doge's palace in Venice. That means a trip to Italy.

Jim: That looks like a boomerang!

Mrs. Heise: No, it looks like an "L".

Mr. Heise: You're right. It looks like an "L".

Jim: An "L"! What can that mean?

Frl. Weber: Das kann heißen, daß Sie im nächsten Jahr sehr viel „lernen" müssen.

Frau Heise: Oh ja, „lernen" — das ist das richtige Wort.

Herr Heise: Es könnte auch „Liebe" heißen!

Frau Heise: Liebe! — Jim, du wirst dich doch nicht verlieben?!

Jim: Ich weiß ja gar nicht in wen!

Herr Heise: Es ist soweit: Nehmt eure Gläser!

Frl. Weber: In wenigen Sekunden beginnt das neue Jahr.

Frau Heise: Die Glocken fangen an zu läuten.

Jim: Hört mal: Draußen wird geschossen!

Herr Heise: Das sind die Raketen! Wir machen gleich das Fenster auf, dann könnt ihr ein richtiges Feuerwerk sehen!

Frau Heise: Ein glückliches Neujahr!

Herr Heise: Prost Neujahr!

Frl. Weber: Ein frohes, neues Jahr!

Jim: Und viel Glück!

Miss Weber: That can mean that you must "learn" a lot in the next year.

Mrs. Heise: Oh, yes, "learn"—that's the right word.

Mr. Heise: It could also mean "love."

Mrs. Heise: Love! —Jim, you won't fall in love yet?!

Jim: I don't even know with whom!

Mr. Heise: It is time—take your glasses!

Miss Weber: In a few seconds the new year will begin.

Mrs. Heise: The bells are beginning to ring.

Jim: Listen—there's shooting outside.

Mr. Heise: Those are rockets! We'll open the window right away so that you can see a real fireworks display.

Mrs. Heise: Happy New Year!

Mr. Heise: Happy New Year!

Miss Weber: A joyful new year!

Jim: And good luck to everyone!

Wortschatz

zusammen *together*
das Jahr, –es, –e *year*
feiern *to celebrate*
allein (pred. adj.) *alone*
das Studentenzimmer, –s, – *student's room*
zurückbleiben, bleibt zurück, blieb zurück, ist zurückgeblieben *to remain behind*
verbringen, verbringt, verbrachte, verbracht *to spend* (*time*)
gewöhnlich *usual(ly)*
die Ferien (pl.), – *vacation*
zurückkehren (sep. prefix verb) (ist zurückgekehrt) *to return; turn back*
gleich *right (after), right away*

gießen, gießt, goß, gegossen *to pour*
das Blei, –s *lead*
der Blick, –s, –e *glance, look*
werfen, wirft, warf, geworfen *to throw*
kühlen *to cool, chill*
die Mitternacht, –, ⸚e *midnight*
schlagen, schlägt, schlug, geschlagen *to beat, strike*
zwar *to be sure, indeed*
die Jahreszahl, –, –en *date, year*
einig (pred. adj.) *united, agreed*
begehen, begeht, beging, begangen *to celebrate; walk on; commit (an error)*
die Jahreswende, –, –n *new year* (lit.: *turn of the year*)

früh *early, soon*

je nachdem *according to (as)*

nah(e) (näher, nächst–) *close, near*

der Ort, –es, –e *place, spot, site*

der Sonnenaufgang, –s, ⁀e *sunrise, dawn*

entfernt *distant*

scherzhaft *jesting(ly), joking(ly)*

pathetisch *solemn(ly); pathetical(ly), piti-ful(ly)*

wenig *little (amount)*

der Unsinn, –s (no pl.) *nonsense, folly*

treiben, treibt, trieb, getrieben *to engage in, carry on; incite, set in motion*

verheiratet *married*

entdecken *to discover, find out*

die Dichterin, –, –nen *poetess*

sterben, stirbt, starb, ist gestorben *to die*

Vorsicht! *Be careful! Watch out!*

dramatisch *dramatic(ally)*

machen *to do, make*

schmelzen, schmilzt, schmolz, ist ge-schmolzen *to melt*

der Löffel, –s, – *spoon*

die Kerze, –, –n *candle*

lustig *gay, funny, amusing*

das Spiel, –s, –e *game; play; performance*

das Bleigießen, –s (no pl.) *custom of lead-pouring*

jedenfalls *in any case*

nirgend(s) *nowhere (at all)*

der Schwung, –s, ⁀e *swing, bounce; momentum*

(sich) beugen *to bend*

die Schüssel, –, –n *dish, bowl, basin*

fertig *ready, finished, done*

das Produkt, –es, –e *product*

merkwürdig *remarkable*

die Art, –, –en *kind, sort*

die Arabeske, –, –n *arabesque*

der Dogenpalast, –es, ⁀e *Doge's palace*

Venedig *Venice*

deuten (+ auf) *to point to(ward), mean*

Italien, –s *Italy*

der Bumerang, –s, –s *boomerang*

die Liebe, –– (no pl.) *love*

(sich) verlieben (in + dir. obj. case) *to fall in love (with)*

die Sekunde, –, –n *second*

die Glocke, –, –n *bell*

läuten *to ring, chime*

schießen, schießt, schoß, geschossen *to shoot*

die Rakete, –, –n *rocket*

aufmachen (sep. prefix verb) *to open*

das Feuerwerk, –s, –e *fireworks (display)*

glücklich *happy*

das Neujahr, –s, –e *New Year*

das Glück, –s (no pl.) *luck; happiness*

Fragen

1. Bei wem ist Frl. Weber zu Gast?
2. Was will man feiern?
3. Warum ist Frl. Weber nicht in Ferien gefahren?
4. Wo verbringt Frl. Weber gewöhnlich ihre Ferien?
5. Wo wohnen die Eltern?
6. Was wird auf den Augenblick der Jahreswende getrunken?
7. Warum wird Blei gegossen?
8. Sind die Uhren der Welt alle gleich?
9. Was sagt Herr Heise von seiner Frau?
10. Von wem war das Gedicht?
11. Wie lange sind Herr und Frau Heise schon verheiratet?
12. Worüber hält Jim den Löffel mit dem Blei?
13. Was tut er dann?
14. Was hat Jim gegossen?
15. Was kann das heißen?
16. Hat sich Jim verliebt?

Hausarbeit

Übersetzen Sie den folgenden Dialog ins Deutsche.

A: How was Christmas?

B: Oh, it was lovely.

A: Did you get many presents?

B: Yes, but mostly (*meistens nur*) things to wear (*anziehen*).

A: Did you want toys perhaps (*etwa*)?

B: No, but still (*doch*), there are beautiful things (*Sachen*) for adults (*Erwachsene*), too!

A: What, for example?

B: Books, records, etc. (*und so weiter*).

A: I had not really thought of those at all, but you are right.

B: Are you going somewhere this evening to celebrate (*um . . . zu feiern*) New Year's?

A: Yes, I have been invited by the Heises (*von Familie Heise* or *zu Heises*).

B: Oh, they are nice (*nett*). Will there be lead-pouring again this year?

A: Probably. I don't know for sure (*genau*). But it will certainly be interesting.

B: In any case, I wish you a happy New Year.

A: Thank you, the same to you (likewise = *ebenfalls*).

B: Come to visit me again, when the holidays are over (*vorüber*).

ZWEITE STUNDE

The Comparative Form of Adjectives

The comparative is formed by adding **–er** to the stem of the adjective. It is then declined like any other adjective.

	POSITIVE	COMPARATIVE
Subj.	der schöne Weihnachtsbaum	der schön**er**e Weihnachtsbaum
Poss.	des schönen Weihnachtsbaums	des schön**er**en Weihnachtsbaums
Indir. Obj.	dem schönen Weihnachtsbaum	dem schön**er**en Weihnachtsbaum
Dir. Obj.	den schönen Weihnachtsbaum	den schön**er**en Weihnachtsbaum
	(and so forth for the plural forms)	

Adjectives that take an umlaut in the superlative also take an umlaut in the comparative degree:

Positive	*Comparative*	*Superlative*
groß	größer	der/die/das größte
jung	jünger	der/die/das jüngste
lang	länger	der/die/das längste
alt	älter	der/die/das älteste

Some irregular comparatives and superlatives are:

viel	mehr	der/die/das meiste
gut	besser	der/die/das beste
hoch	höher	der/die/das höchste
nah(e)	näher	der/die/das nächste

When we use the comparative form of the adjective, we are *comparing* one thing with another. The German conjunction **als** is used in the same way as the English *than*:

> Der neue Baum ist größer **als** der alte.
> *The new tree is larger **than** the old one.*

Übung in der Klasse

A. *Change the adjectives in the following sentences first to the comparative degree, then to the superlative degree.*

Beispiel

Eine *bunte* Lampe hängt über der Straße.
Eine **buntere** Lampe hängt über der Straße.
Die **bunteste** Lampe hängt über der Straße.

1. Er sah ein schönes Feuerwerk.
2. Wir spielten ein lustiges Spiel.
3. Sie tranken einen alten Wein.
4. Er sammelte für einen guten Zweck.
5. Ich höre ein gutes Konzert.
6. Das ist ein altes Haus.
7. Wir fahren eine große Strecke mit der Eisenbahn.
8. Sie blieb eine lange Zeit.
9. Das ist eine ernste Betrachtung.
10. Sie gab einem kleinen Kind Spielsachen.
11. In einer großen Schüssel war Wasser.
12. Wir freuten uns an einem lustigen Spiel.
13. Wir lesen die Glossen einer guten Zeitschrift.
14. Das sind die Diamanten einer schönen Frau.
15. Er ist der Professor einer neuen Universität.

B. *Make a comparative statement, using the phrase in italics.*

Beispiel

Das Hotel ist alt. *der Bahnhof*
Das Hotel ist **älter als der Bahnhof.**

1. Der neue Baum ist groß. *der alte*
2. Der alte Wein ist gut. *der neue*
3. Die bunten Lampen sind schön. *die weißen*
4. Der Student ist jung. *die Studentin*
5. Die Kirche ist hoch. *das Rathaus*
6. Der Bleistift ist lang. *der Kugelschreiber*
7. Das Buch ist alt. *die Zeitung*
8. Das Café ist modern. *das Theater*
9. Das Spiel ist lustig. *die Schularbeit*
10. Das Leben ist ernst. *die Kunst*

Wiederholungsübungen: **können**

A. *Give answers to the following questions, employing the past tense of* **können.**

Beispiel

Können Sie zum Hotel kommen? *nein*
Nein, ich **konnte** nicht zum Hotel kommen.

1. Können Sie in die Zukunft sehen? *nein*
2. Kann die Rakete zum Mond fliegen? *nein*
3. Können die Kerzen brennen? *ja*
4. Kann sie die Ferien bei euch verbringen? *ja*
5. Kann das Blei schmelzen? *nein*
6. Können Sie Blei gießen? *ja*

B. *Answer in the perfect tense.*

Beispiel

Konntest du dir ein Geschenk kaufen? *ja*
Ja, ich **habe** mir ein Geschenk **kaufen können.**

1. Konntet ihr den Christbaum sehen? *ja*
2. Konnte ich mit ihr tanzen gehen? *nein*
3. Könnt ihr nähen? *ja*
4. Konnte ich hier rauchen? *ja*
5. Konnte er mit ihnen Geld sammeln gehen? *nein*

C. *Answer in the past perfect tense.*

Beispiel

Konntest du die Armbanduhr kaufen? *ja*
Ja, ich **hatte** die Armbanduhr **kaufen können.**

1. Hast du den Diamanten bezahlen können? *nein*
2. Könnt ihr Schach spielen? *ja*
3. Konnte sie den Dogenpalast besuchen? *nein*
4. Konntest du dir die Krawattennadel kaufen? *ja*
5. Konnte er die Universität besuchen? *nein*

D. *Answer in the future tense.*

Beispiel

Könnt ihr die Zeche bezahlen? *ja*
Ja, wir **werden** die Zeche **bezahlen können**.

1. Kannst du die Wasserorgel sehen? *ja*
2. Kann er mir eine Zeitung kaufen? *ja*
3. Kann sie das Buch lesen? *nein*
4. Kannst du mir die Gartenschau zeigen? *nein*
5. Könnt ihr mich bei dem Professor entschuldigen? *ja*

Verbs: The Passive Voice, Future Perfect Tense

This tense is composed of four parts:

1) the conjugated form of **werden**;
2) the past participle of the verb;
3) the past participle (auxiliary) **worden**;
4) **sein**.

Passive Voice, Future Perfect Tense, of *fragen*

ich werde gefragt worden sein	wir werden gefragt worden sein
du wirst gefragt worden sein	ihr werdet gefragt worden sein
er, sie, es \ wird gefragt worden sein	sie werden gefragt worden sein
man /	Sie werden gefragt worden sein

Beispiele

Ich werde gefragt worden sein.
I will have been asked.

Der Wein wird bis heute abend getrunken worden sein.
The wine will have been drunk by tonight.

The passive voice, future perfect tense, is most often used if something is only probable, not certain. For example:

Wurde es veröffentlicht? Ja, es wird wohl veröffentlicht worden sein.
Was it published? Yes, it seems that it has been published.

Übung in der Klasse

Der Lehrer fragt einen Studenten. Give your answers in the passive voice, future perfect.

Beispiel

Hat Jim den Polizisten beleidigt? *der Polizist*
Der Polizist **wird** von Jim **beleidigt worden sein.**

1. Hat der Professor das Buch geschrieben? *das Buch*
2. Hat die Kerze das Blei geschmolzen? *das Blei*
3. Hast du die Zigarre geraucht? *die Zigarre*
4. Ist das Buch abgeholt worden? *das Buch*
5. Ist der Mantel geflickt worden? *der Mantel*
6. Ist der Ball geworfen worden? *der Ball*

Strong Verbs, Group VI

Verbs in Group VI change their stem vowel from **a** to **u** in the past tense and back to **a** in the past participle. In the preceding *Leseübungen* and *Dialoge*, the following Group VI verbs have appeared:

eintragen	er trägt ein	er trug ein	er hat eingetragen
fahren	er fährt	er fuhr	er ist gefahren
wachsen	er wächst	er wuchs	er ist gewachsen
waschen	er wäscht	er wusch	er hat gewaschen
einladen	er lädt ein	er lud ein	er hat eingeladen
erfahren	er erfährt	er erfuhr	er hat erfahren
schlagen	er schlägt	er schlug	er hat geschlagen
vorschlagen	er schlägt vor	er schlug vor	er hat vorgeschlagen

Übung in der Klasse

Give your answers to the following questions in the past tense.

Beispiel

Habe ich mich schon eingetragen? *du*
Du trugst dich schon ein.

1. Hat er sich in das Hotelbuch eingetragen? *er*
2. Seid ihr in die Stadt gefahren? *wir . . . letzte Woche*
3. Wann sind wir nach Hause gefahren? *ihr . . . gestern*
4. Ist das Gras gewachsen? *es . . . schon hoch*
5. Sind die Blumen gewachsen? *schön im Sommer*
6. Habt ihr euch gewaschen? *wir*
7. Habe ich mir die Hände gewaschen? *du*
8. Wer hat Ilse eingeladen? *Jim*
9. Wen hat Familie Heise eingeladen? *Ilse*
10. Wann habt ihr das erfahren? *wir . . . am Montag*

11. Wer hat das vorgeschlagen? *sie, sing.*
12. Wer hat das vorgeschlagen? *Sie*
13. Habe ich das Kind geschlagen? *nein, du*
14. Wer hat den Polizisten geschlagen? *die Studenten*

Wiederholungsübungen: **Personal Pronouns**

A. *Fill in the appropriate personal pronouns.*

Beispiel

Ich habe (*him*) _____ im Hotel getroffen.
Ich habe **ihn** im Hotel getroffen.

1. Er gab (*me*) _____ die Schlüssel des Zimmers.
2. Ich ging mit (*him*) _____ in die Universität.
3. In der Universität trafen wir (*you, fam. pl.*) _____.
4. Sie will (*you, fam. sing.*) _____ eine Krawattennadel schenken.
5. Er will (*you, pol.*) _____ einen Diamanten schenken.
6. Wir wollen (*you, fam. pl.*) _____ ein Auto schenken.
7. Wir haben (*you, fam. sing.*) _____ im Theater gesehen.
8. Wir haben (*you, pol.*) _____ in der Gartenschau gesehen.
9. Ich habe (*you, fam. pl.*) _____ im Hotel gesehen.
10. Hat sie (*you, pol.*) _____ die Wasserorgel gezeigt?
11. Wer war mit (*you, pol.*) _____ im Restaurant?
12. Hat er (*you, pol.*) _____ vorgestellt?
13. Ilse will (*us*) _____ die Bücher geben.
14. Jim will (*us*) _____ besuchen.
15. Der Onkel hat (*us*) _____ einen Weihnachtsbaum mitgebracht.
16. Die Tante hat (*me*) _____ eine Schallplatte geschenkt.
17. Er hat (*me*) _____ Ilse vorgestellt.
18. Sie haben (*me*) _____ das Feuerwerk gezeigt.
19. (*I*) _____ gebe (*him*) _____ eine Zigarre.
20. (*She*) _____ geht mit (*you, fam. sing.*) _____ in die Stadt.
21. (*You*) _____ verbringst mit (*us*) _____ die Ferien.
22. (*He*) _____ bringt (*you, fam. pl.*) _____ einen Teppich.

B. *Replace the italicized nouns with pronouns or **da**-compounds.*

Beispiele

Die Tante geht mit *Jim* in die Stadt.   *Jim* bleibt im *Zimmer.*
Sie geht mit **ihm** in die Stadt.   **Er** bleibt **darin.**

1. *Jim* fährt mit *Ilse* zum Flugplatz.
2. *Der Onkel* brachte einen *Christbaum* mit.
3. *Die Studenten* studieren in *der Bibliothek.*
4. *Der Student* liest *die Bücher.*
5. *Die Studentin* liest *die Bücher.*
6. *Jim* liest *das Buch.*
7. *Die Lampen* strahlen *den Springbrunnen* an.
8. *Ilse* wirft *das Blei* in *die Schüssel.*

DRITTE STUNDE

Wiederholungsübung: Reflexive Pronouns

Answer the questions below, filling in the appropriate reflexive pronouns.

Beispiel

Hast du *dich* in Ilse verliebt?
Nein, ich habe **mich** nicht in Ilse (*oder* in sie) verliebt.

1. Habt ihr euch über die Schüssel gebeugt?
   Wir haben _____ über die Schüssel gebeugt.
2. Hast du dich über das Geschenk gefreut?
   Ich habe _____ über das Geschenk gefreut.
3. Hast du dir die Manschettenknöpfe gewünscht?
   Ich habe sie _____ gewünscht.
4. Habt ihr euch das Schachspiel gekauft?
   Wir haben es _____ gekauft.
5. Hat der Junge sich die Hände gewaschen?
   Er hat sie _____ gewaschen.
6. Haben Sie sich für die Vorlesung interessiert?
   Ich habe _____ dafür sehr interessiert.
7. Habe ich mich an dem Tisch gestoßen?
   Du hast _____ daran gestoßen.
8. Hast du dir ein Geschenk ausgesucht?
   Ich habe _____ ein Geschenk ausgesucht.

Wiederholungsübung: Separable-Prefix Verbs

Answer the following questions in the past tense, first affirmatively, then negatively.

Beispiel

Haben Sie die Tür aufgemacht?   *ich*
Ich machte die Tür auf.
Ich machte die Tür nicht auf.

1. Sind Sie von der Reise zurückgekehrt?   *ich*
2. Sind Sie in der Universität zurückgeblieben?   *ich*
3. Habt ihr die Spielsachen aufgestellt?   *wir*
4. Bist du mit Ilse ausgegangen?   *ich*
5. Wer hat den Empfangschef eingestellt (*employed*)?   *Sie*
6. Wer hat den Springbrunnen eingestellt (*installed*)?   *der Mann*
7. Wer hat den Park angelegt?   *die Stadt*
8. Wer hat dem Vorschlag (*proposal*) zugestimmt?   *wir*
9. Wer hat das vorgeschlagen?   *er*
10. Habt ihr die alten Zeitungen aufgestapelt?   *wir*
11. Wer hat euch angeredet?   *Dr. Geistreich*
12. Habt ihr angeklopft?   *wir*

13. Hat der Professor Sie zugelassen? *er*
14. Habt ihr Ilse eingeladen? *wir*
15. Haben Sie die Koffer mitgenommen? *ich*

Wiederholungsübung: Conjunctions

Connect the two sentences with the appropriate conjunction: **daß, aber,** *or* **sondern.**

Beispiel

Er hat mir gesagt, ———er kommen wird.
Er hat mir gesagt, **daß** er kommen wird.

1. Ich weiß, ——— Jim heute abend kommen will.
2. Er wollte pünktlich bei uns sein, ——— er kam zu spät.
3. Sie hat ihm keine Schallplatte gekauft, ——— eine goldene Gürtelschnalle.
4. Er wollte den Sonnenaufgang (*sunrise*) sehen, ——— er schlief zu lange.
5. Sie wollten bezahlen, ——— sie hatten das Geld vergessen.
6. Er hat ihr gesagt, ——— er ihr etwas schenken will.
7. Ich wollte keine Arabeske gießen, ——— einen Bumerang.
8. Er hat erwartet, ——— die Bedienung den Schlüssel bringt.
9. Jim kauft keine Zeitung, ——— ein Magazin.
10. Herr Heise wollte mit dem Auto fahren, ——— er mußte einen Autobus nehmen.
11. Du wolltest keinen Kaffee, ——— eine Tasse Tee.
12. Ilse wollte in der Stadt wohnen, ——— sie konnte kein Zimmer finden.

Wiederholungsübungen: Strong Verbs, Groups I–VI

A. *Respond to the following questions in the past tense.*

Beispiel

Hatte das Hotel das Frühstück im Preise einbegriffen? *nein*
Nein, das Hotel begriff das Frühstück nicht im Preise ein.

1. Wo war er ausgestiegen? *am Bahnhof*
2. Wie lange bist du in Saarbrücken geblieben? *nur zwei Tage*
3. Wer hat den Kuchen geschnitten? *Ilse*
4. Hatte das Kind den Satz begriffen? *ja*
5. Wann ist er im Hotel erschienen? *am Sonntag*
6. Hat er den Staat betrogen? *nein*
7. Hat die Mutter die Tür geschlossen? *ja*

B. *Answer the following questions in the corresponding verb tense, first affirmatively, then negatively. Replace the italicized noun by the correct pronoun.*

Beispiel

Wirst du *den Kaffee* trinken? *ich*
Ja, ich werde **ihn** trinken.
Nein, ich werde **ihn** nicht trinken.

1. Hat sie *das Examen* bestanden (*passed*)? *sie*
2. Habt ihr *den Schlüssel* gefunden? *wir*

3. Habt ihr *das Buch* verstanden? *wir*
4. Befindet sich *das Geld* im Schreibtisch?
5. Habt ihr mit *dem Professor* gesprochen? *wir*
6. Wer soll *Jim* helfen? *du*
7. Wer soll *Familie Heise* mitnehmen? *Jürgen*

C. *Respond to the following questions in the perfect tense.*

Beispiel

Wer sah das Auto? *ich*
Ich **habe** das Auto **gesehen.**

1. Wem gab ich das Geld? *Jürgen*
2. Mit wem aß ich zu Mittag? *der Professor*
3. Sah er gut aus? *ja*
4. Las sie ein Buch? *nein*
5. Was vergaßt ihr? *die Papiere*
6. Wer trug den Namen in den Paß ein? *der Beamte*
7. Wer fuhr in die Stadt? *Frau Heise*

Hausarbeit

Übersetzen Sie den folgenden Dialog ins Deutsche.

A: Have you ever (*schon einmal*) been in a typical German coffeehouse?
B: Yes, I have been in a German coffeehouse.
A: What did you eat? (*translate with the perfect tense*)
B: I ate (*perfect tense*) applecake with crumb topping.
A: What did you do in Düsseldorf?
B: I visited a museum.
A: What did you see?
B: I saw the most beautiful paintings.
A: Do you have a room in Düsseldorf?
B: Yes, I have a nice room downtown (*in the city*).
A: Is Düsseldorf a nice city?
B: Oh yes, it is a very nice city with beautiful parks.
A: What are you doing (*machen*) in Saarbrücken?
B: I am studying at the university.

Real-Situation Practice

1. Wo haben Sie Ihr letztes Neujahr gefeiert? 2. Haben Sie auch Blei gegossen? 3. Glauben Sie, daß Bleigießen ein lustiges Spiel sein kann? 4. Möchten Sie es einmal zu Neujahr spielen? 5. Haben Sie zu Hause auch ein Feuerwerk zu Neujahr? 6. Wieviel Uhr ist es in Deutschland, wenn es bei Ihnen zwölf Uhr nachts ist? 7. Wie haben Ihnen die Leseübungen und Dialoge in diesem Buch gefallen? 8. Glauben Sie, daß Sie etwas davon gelernt haben? 9. Werden Sie im nächsten Semester wieder Deutsch lernen? 10. Sind Sie verheiratet? 11. Wann wollen Sie heiraten? 12. Wie alt sind Sie? 13. Wie viele Jahre müssen Sie noch studieren?

17
Siebzehnte Einheit

ERSTE STUNDE

Leseübung

„Die Vorfreude ist die schönste Freude" — so sagen die Deutschen. Das gilt auch für die Freude auf eine Reise. Man malt sich in seinen Träumen die neuen und unbekannten Landschaften aus, die man gewöhnlich nur auf bunten Aufnahmen sieht. Oder man freut sich den Freund oder die Freundin wiederzusehen, die man lange nicht besuchte. Oder man wünscht sich neue Begegnungen und verspricht sich schöne Erlebnisse. Die ganze Natur des Glücklichen stellt sich auf die kommende Reise ein, und der Mensch glaubt aus einem dunklen und stickigen Gefängnis in die freie Luft vor den Mauern zu treten, wenn er auf eine begrenzte Zeit seinen Beruf und seine Stadt verläßt. Er vergißt, daß auch eine Reise Verdruß mit sich bringen kann — wie wir es sogleich bei unseren Freunden aus Saarbrücken erleben werden.

"The pleasure of anticipation is the most gratifying pleasure"—so say the Germans. That also holds true when one is looking forward to a trip. One imagines in one's dreams the new and unknown landscapes, which one usually sees only in color snapshots. Or one looks forward to seeing a boyfriend or girlfriend, whom one has not visited for a long time. Or one longs for new encounters and promises oneself beautiful experiences. The whole nature of the happy man prepares for the coming trip, and the man seems to step out of a dark and stuffy dungeon into the free air beyond the walls, when he leaves his profession and his city for a limited time. He forgets that a trip can also entail annoyance—as we will now experience with our friends from Saarbrücken.

Dialog: Die Abreise

Herr Heise (*zu Jim*): Ist alles in Ordnung?

Jim: Ich glaube, ja. Ich habe alles nachgesehen. Ich muß mich wundern, was alles in den kleinen Volkswagen hineingeht.

Herr Heise: Es ist wirklich ein technisches Wunderwerk, dieser Volkswagen.

Frau Heise: Na, wollen wir nicht abfahren?

Herr Heise (*tastet seine Taschen ab*): Nanu, wo sind denn meine Autoschlüssel?

Dialogue: The Departure

Mr. Heise (*to Jim*): Is everything in order?

Jim: I think so. I've checked everything. I'm surprised at what all goes into the small Volkswagen.

Mr. Heise: It's really a technical miracle, this Volkswagen.

Mrs. Heise: Well, don't we want to start off?

Mr. Heise (*feeling his pockets*): Well now, where are my keys?

Frau Heise: Welche Schlüssel?

Herr Heise: Die Wagenschlüssel.

Frau Heise: Ach — da lagen Schlüssel auf der Kommode im Schlafzimmer. Ich habe sie alle in den Koffer gepackt.

Herr Heise: Das waren bestimmt meine Schlüssel!

Frau Heise: Dann müssen wir den Koffer wieder auspacken und die Schlüssel suchen.

Jim: Kann ich euch helfen?

Frau Heise: Ja bitte, halt' das mal: (*Frau Heise öffnet den Kofferraum und legt Jim die folgenden Sachen auf den Arm*) mein Mantel, eine Decke, noch eine Decke, ein Paar Pantoffel, ein Paar Stiefel —

Herr Heise: Oh du meine Güte!

Frau Heise: Eine Mütze, ein Kissen. Hier sind die Koffer. Herbert, halt' du bitte mal den Koffer, da sind die Schlüssel bestimmt drin. (*Herr Heise hält den Koffer, so daß Frau Heise ihn öffnen kann.*) Handtücher, Pullover, ein Bademantel, Hemden . . .

Herr Heise: Wo sind denn meine Schlüssel?

Frau Heise: Nun werde nicht ungeduldig! Sie müssen hier drin sein. Hier ist deine Unterwäsche: Unterhosen, Unterhemd, Socken. Hier ist dein Sportanzug: Hose und Rock — weißt du was?

Herr Heise: Nein.

Frau Heise: Die Schlüssel sind in dem Koffer, der hinten im Wagen steht. Ich muß mal gleich nachgucken.

Jim: Leider kann ich dir nicht helfen, Tante, da ich beide Hände voll habe.

(*Jim, der seitlich an den Wagen getreten ist, während die Tante in den Wagen steigt, sieht die Schlüssel im Armaturenbrett stecken.*)

Jim: Was sind denn das für Schlüssel?

Mrs. Heise: Which keys?

Mr. Heise: The car keys.

Mrs. Heise: Ah—there were keys lying on the chest of drawers in the bedroom. I've packed them all into the suitcase.

Mr. Heise: Those were definitely my keys!

Mrs. Heise: Then we'll have to unpack the suitcase again and search for the keys.

Jim: Can I help you?

Mrs. Heise: Yes, hold this please— (*Mrs. Heise opens the trunk and lays the following things on Jim's arm*) my coat, a blanket, another blanket, a pair of slippers, a pair of boots—

Mr. Heise: Oh my goodness!

Mrs. Heise: A cap, a pillow. Here are the suitcases. The keys are certainly in here. Herbert, please hold the suitcase. (*Mr. Heise holds the suitcase so that Mrs. Heise can open it.*) Towels, sweaters, a bathrobe, shirts . . .

Mr. Heise: Where are my keys?

Mrs. Heise: Now, don't become impatient. They must be in here. Here's your underwear: underpants, undershirt, socks. Here's your sports suit: pants and coat—do you know what?

Mr. Heise: No.

Mrs. Heise: The keys are in the suitcase in the back of the car. I'll check right away.

Jim: Unfortunately I can't help you, Aunt, since I have both hands full.

(*Jim, who has stepped to the side of the car while his aunt climbs into the car, sees the keys on the dashboard.*)

Jim: Then, what keys are those?

Herr Heise: Wo?

Jim: Im Armaturenbrett!

Herr Heise: Oh Gott, das sind meine Schlüssel!

Frau Heise: Ach — Herbert!

Mr. Heise: Where?

Jim: On the dashboard!

Mr. Heise: Oh my goodness, those are my keys!

Mrs. Heise: Oh—Herbert!

Wortschatz

die Vorfreude, –, –n *pleasure of anticipation*

gelten, gilt, galt, gegolten *to be worthy, be of value; hold true*

malen *to paint*
 sich ausmalen *to fancy, imagine*

der Traum, –es, ⸚e *dream*

unbekannt *unknown*

die Landschaft, –, –en *landscape*

die Aufnahme, –, –n *photograph, snapshot*

wiedersehen, sieht wieder, sah wieder, wiedergesehen *to see again*

sich wünschen *to long for, wish for*

die Begegnung, –, –en *meeting, contact, encounter*

das Erlebnis, –ses, –se *experience*

sich einstellen auf (sep. prefix verb) *to adapt oneself to; be prepared for*

stickig *stuffy*

das Gefängnis, –ses, –se *jail, prison*

die Luft, –, ⸚e *air*

die Mauer, –, –n *wall*

treten, tritt, trat, getreten *to step, walk*

begrenzen *to limit*

der Beruf, –es, –e *occupation, profession*

der Verdruß, –sses (no pl.) *displeasure, annoyance*

sogleich *at once, immediately, right now*

erleben *to experience*

die Abreise, –, –en *departure*

die Ordnung, –, –en *order, arrangement*
 es ist in Ordnung *it is all right or in order*

sich wundern *to be surprised, marvel at, wonder*

hineingehen, geht hinein, ging hinein, ist hineingegangen *to enter, go into, be contained*

technisch *technical*

das Wunderwerk, –s, –e *brainchild, miracle*

abfahren, fährt ab, fuhr ab, ist abgefahren *to depart, leave*

abtasten (sep. prefix verb) *to feel out, probe, scan*

der Autoschlüssel, –s, – *car key*

der Wagenschlüssel, –s, – *car key*

die Kommode, –, –n *chest of drawers*

das Schlafzimmer, –s, – *bedroom*

einpacken (sep. prefix verb) *to pack (in)*

auspacken (sep. prefix verb) *to unpack*

der Kofferraum, –s, ⸚e *(car) trunk*

die Decke, –, –n *blanket*

das Paar, –s, –e *pair*

der Pantoffel, –s, – *slipper*

der Stiefel, –s, – *boot*

die Güte, – (no pl.) *goodness, kindness*

die Mütze, –, –n *cap*

das Kissen, –s, – *pillow*

das Handtuch, –es, ⸚er *towel*

der Bademantel, –s, ⸚ *bathrobe*

ungeduldig *impatient*

die Unterwäsche, – (no pl.) *underwear*

die Unterhose, –, –n *underpants*

das Unterhemd, –es, –en *undershirt*

die Socke, –, –n *sock*

der Sportanzug, –s, ⸚e *sports suit*

der Rock, –es, ⸚e *jacket (men); skirt (women)*

nachgucken (sep. prefix verb) *to investigate, look into, check*

voll *full*

seitlich *at (to) the side*

steigen, steigt, stieg, gestiegen *to climb*

das Armaturenbrett, –es, –er *dashboard*

stecken *to stick; put, place*

Fragen

1. Was sagt Herr Heise von seinem Volkswagen?
2. Worüber muß sich Jim wundern?
3. Was sucht Herr Heise?
4. Wo hat Frau Heise Schlüssel gesehen?
5. Was hat sie mit den Schlüsseln gemacht?
6. Was muß man jetzt wieder tun?
7. Was packt Frau Heise aus dem Koffer aus?
8. Was war noch in dem Koffer?
9. Hat Frau Heise die Schlüssel gefunden?
10. Konnte Jim helfen?
11. Was sah Jim?
12. Was waren das für Schlüssel?

Hausarbeit

Übersetzen Sie ins Deutsche.

1. How are you? 2. How do you do? 3. Have you been downtown? 4. What did you buy for Christmas? 5. Where did you celebrate the New Year? 6. I must hurry (*sich beeilen*). 7. Pour the coffee into the cup. 8. Do you play chess? 9. I would like something to drink. 10. A cup of tea, please. 11. Do you read the Bible? 12. I have had bad experiences. 13. This problem can be solved peaceably. 14. Since (*seitdem*) I have been (*pres. tense*) at the university, I have heard (*erfahren*) nothing about politics. 15. I made an appointment with him. 16. I have been looking for you. 17. There comes the bus that (*mit dem*) we must take (*fahren*). 18. You will have enough to do. 19. I'm leaving on Monday (Tuesday, Wednesday, Thursday, Friday, Saturday, Sunday). The week, the month, the year. 20. I was in Frankfurt a week ago (a month ago, two years ago).

ZWEITE STUNDE

Verbs Used with the Indirect Object Case

As we have already seen in Unit 9 (p. 123), certain German verbs are normally followed by the indirect object case. The following verbs, used so far in the readings and dialogues, belong to this group.

assistieren	folgen	helfen
ähneln	gefallen	(sich) widersetzen
dienen	gehören	zustimmen
fehlen	glauben	

Übung in der Klasse

Der Lehrer fragt einen Studenten. Answer the following questions by using the words in italics with the appropriate definite article.

Beispiel

Wem assistiert Ilse? *Professor*
Ilse assistiert **dem Professor.**

1. Wem ähnelt das Kind? *Mutter*
2. Wem dient die Bedienung? *Gast*
3. Wem folgt der Hund? *Mann*
4. Wem gefällt das Wasserspiel? *Gästen*
5. Wem gehören die Mützen? *Studentinnen*
6. Wem glaubt der Polizist? *Professor*
7. Wem hilft Jim den Koffer tragen? *Dame*
8. Wem widersetzt sich Jim? *Polizei*
9. Wem stimmt er zu? *Lehrer*
10. Wem fehlen die Autoschlüssel? *Onkel*

The Relative Pronoun welcher

The relative pronoun **welcher** is an alternative to the forms **der, dessen, dem, den,** etc. Although **welcher** is used in the same way as the **der** forms, it is used less frequently and does not have a form for the possessive case.

The Relative Pronoun *welcher*

	SINGULAR			PLURAL
	der-words	**die**-words	**das**-words	
Subject Case	welcher	welche	welches	welche
Poss. Case	dessen	deren	dessen	deren
Indir. Obj. Case	welchem	welcher	welchem	welchen
Dir. Obj. Case	welchen	welche	welches	welche

Beispiele

Herr Heise, *der* in die Ferien fahren wollte, konnte die Schlüssel nicht finden.
Herr Heise, **welcher** in die Ferien fahren wollte, konnte die Schlüssel nicht finden.

Übungen in der Klasse

A. *Make one compound sentence by using the proper form of* **welcher.**

Beispiel

Das Kissen war gewaschen. Es lag auf dem Bett.
Das Kissen, **welches** auf dem Bett lag, war gewaschen.

1. Der Pantoffel gehörte Herrn Heise. Er lag auf dem Boden.
2. Die Mütze gehörte Jim. Sie lag im Koffer.
3. Das Handtuch gehörte Frau Heise. Es lag im Koffer.
4. Der Christbaum stand auf dem großen Platz. Die Lichter strahlten in die Nacht hinaus.
5. Die Dame war eine Dichterin. Die Bücher habe ich gelesen.
6. Das Mädchen fährt in die Ferien. Ihr Beruf ist Studentin.
7. Der Student wohnt in der Stadt. Ich schenkte ihm die Bücher.
8. Das Fräulein kam aus Frankfurt. Ihr gehören die Koffer.
9. Der Satz war englisch. Ich buchstabierte ihn.
10. Die Wasserorgel hat mir gut gefallen. Ich sah sie.
11. Das Magazin war ausgezeichnet. Ich las es.
12. Die Herren waren Professoren. Sie warteten im Hotel.
13. Die Eisenbahnzüge sind teuer. Die Wagen sind sehr bequem.
14. Die Kinder haben sich sehr gefreut. Wir zeigten ihnen das Feuerwerk.
15. Die Stiefel sind viel zu klein. Du hast sie gekauft.

B. *Make one compound sentence by using the relative pronouns* **der**, **die**, **das** *and* **welcher**, **welche**, **welches** *(where possible).*

Beispiel

Der Mann war ein Polizist. Er brachte den Ausweis.
Der Mann, **der** den Ausweis brachte, war ein Polizist.
Der Mann, **welcher** den Ausweis brachte, war ein Polizist.

1. Der Professor war ein Philosoph. Er hielt die Vorlesung.
2. Die Bedienung war höflich. Sie brachte das Frühstück.
3. Das Ding war eine Uhr. Es hing an der Wand.
4. Der Park liegt in der Stadt. Die Rasen gefallen uns so sehr.
5. Die Straßenbahn *(streetcar)* fährt in Paris. Die Wagen sind so bequem.
6. Das Blatt erscheint in Saarbrücken. Die Karikaturen sind so gut.
7. Der Freund war Jim. Sie schenkte ihm die Manschettenknöpfe.
8. Die Kellnerin war unfreundlich. Wir gaben ihr kein Geld.
9. Das Haus gehört dem Onkel. Es steht auf dem Hügel.
10. Der Kuchen schmeckte ausgezeichnet. Wir aßen ihn.
11. Die Blume war aus Mutters Garten. Ich schenkte sie ihr.
12. Das Gebäude ist das Stadttheater. Wir sehen es dort.
13. Die Schlüssel sind Onkels Autoschlüssel. Sie stecken im Armaturenbrett.
14. Die Herren sind Professoren. Die Koffer stehen beim Portier.
15. Die Kinder haben sich gefreut. Ich erzählte ihnen die Geschichte.

Adjectives Used without an Article

Adjectives used without an article take endings identical to the definite articles, except for possessive case **der-** and **das**-words.

Endings for Adjectives without an Article

	SINGULAR			PLURAL
	der-words	die-words	das-words	
Subject Case	guter Wein	gute Frau	gutes Kind	gute Weine
Possessive Case	guten Weines	guter Frau	guten Kindes	guter Weine
Indir. Obj. Case	gutem Wein	guter Frau	gutem Kind	guten Weinen
Dir. Obj. Case	guten Wein	gute Frau	gutes Kind	gute Weine

Übung in der Klasse

Der Lehrer fragt einen Studenten. Answer the following questions by using the adjective and noun in italics.

Beispiel

Was haben Sie gesehen? *schön, Blumen*
Ich habe **schöne Blumen** gesehen.

1. Was ist auf dem Bahnhof? *groß, Betrieb*
2. Wer gründet neue Städte? *modern, Zivilisationen*
3. Was hast du auf deinem Zimmer? *fließend, Wasser*
4. Was hat große Bahnhöfe? *groß, Städte*
5. Was möchtest du trinken? *gut, Kaffee*
6. Was haben viele Menschen? *merkwürdig, Ansichten*
7. Was liest die Mutter für Zeitschriften? *interessant, Magazin*
8. Was wollt ihr sehen? *groß und schön, Landschaften*
9. Wem gebt ihr Geschenke? *gut, Menschen*
10. Wem gibt man Diamanten? *schön, Frauen*

Predicate Adjectives in the Superlative Degree

Instead of the superlative adjective **der/die/das schönste**, another form can also be used, but only as a predicate adjective:

Dies ist *das schönste* Haus.
Dies Haus ist **am schönsten**.

The form **am schönsten, am größten, am berühmtesten**, etc., has no other endings.

Übung in der Klasse

*Der Lehrer fragt einen Studenten. Answer the questions by using the form **am . . . –sten**.*

Beispiel

Ist dies ein gutes Auto?
Dieses Auto ist **am besten**.

1. Ist das ein dunkles Gefängnis?
2. Hattest du ein schönes Erlebnis?
3. War es ein lustiges Spiel?
4. Hattet ihr bunte Lampen?
5. War es ein glückliches Jahr?
6. War es ein großer Platz?
7. War es ein guter Wein?
8. Hat er gute Zigarren?
9. Hatte er einen langen Bart?
10. Ist dies ein elegantes Hotel?
11. Hatte er gute Ideen?

Adverbs

Adverbs answer the questions *when, how, where.* In English, many adverbs can be recognized by their *–ly* ending: *badly, beautifully, presently,* etc. Every German adjective can also be used as an adverb:

Adjective
Das ist ein **schönes** Gemälde.
Das ist ein **schöneres** Gemälde.
Das ist das **schönste** Gemälde.
(Das Gemälde ist **am schönsten.**)

Adverb
Das Gemälde ist **schön** gemalt.
Das Gemälde ist **schöner** gemalt.
Das Gemälde ist **am schönsten** gemalt.

Many words, however, are adverbs only. For example:

bald	*soon*	diesmal	*this time*
dann	*then*	einmal	*once*
nun	*now*	morgen	*tomorrow*
jetzt	*now*	gestern	*yesterday*
sehr	*very*	noch	*yet, still*
fast	*almost*	doch	*after all, nevertheless*
manchmal	*sometimes*	erst	*not until*
heute	*today*	schon	*already*
leider	*unfortunately*	wohl	*probably, likely*

If two or more adverbs or adverbial phrases appear in a single sentence, the following word order is used: time – attitude – place (formula: TAP).

T   A   P
Jürgen fuhr gestern sehr schnell zur Universität.

Note also that the negative **nicht** precedes adverbs of attitude (manner) and place:

Jürgen fuhr gestern **nicht** sehr schnell zur Universität.

Übung in der Klasse

Ein Student fragt einen anderen Studenten. Answer the following questions first affirmatively, then negatively, using the adverb or adverbial phrase in italics.

Beispiel

Wie hat Jim seine Arbeit gemacht?   *well*
Er hat sie **gut** gemacht.
Er hat sie **nicht gut** gemacht.

1. Wann hat er die Aufnahme gemacht?   *yesterday*
2. Wie ist ein Volkswagen gebaut?   *small*
3. Wo hast du ihn getroffen?   *here*
4. Wann hast du das Theater gesehen?   *today at noon*
5. Wie ist die Zeitung geschrieben?   *well*
6. Wo hast du es gefunden?   *over there*
7. Wann hast du die Kinder spielen sehen?   *this morning*
8. Wie sind seine Ansichten?   *strange*
9. Wo wohnst du?   *over there*
10. Wann kommst du?   *later*

Hausarbeit

Übersetzen Sie ins Deutsche.

1. Jim had to unpack his suitcase.   2. The following things were in it: a shirt, boots, socks, pants, a sports suit, slippers, underwear, a bathrobe, and towels.   3. He wants to leave on vacation (*in Ferien fahren*).   4. But he cannot find his car keys.   5. He thought they were in his suitcase.   6. They are on the dashboard.

DRITTE STUNDE

Strong Verbs, Group VII

Group VII verbs change their stem vowel from **ei**, **o**, **a**, **u**, or **au** to **ie** in the past tense and back to **ei**, **o**, **a**, **u**, **au**, or **ie**, respectively, in the past participle. The following verbs which have appeared in the *Leseübungen* and *Dialoge* belong to the seventh group:

anfangen	er fängt an	er fing an	er hat angefangen
behalten	er behält	er behielt	er hat behalten
einlaufen	er läuft ein	er lief ein	er ist eingelaufen
erhalten	er erhält	er erhielt	er hat erhalten
gefallen	er gefällt	er gefiel	er hat gefallen
geraten	er gerät	er geriet	er ist geraten

halten	er hält	er hielt	er hat gehalten
heißen	er heißt	er hieß	er hat geheißen
lassen	er läßt	er ließ	er hat gelassen
laufen	er läuft	er lief	er ist gelaufen
schlafen	er schläft	er schlief	er hat geschlafen
stoßen	er stößt	er stieß	er hat gestoßen
unterhalten	er unterhält	er unterhielt	er hat unterhalten
verlassen	er verläßt	er verließ	er hat verlassen
zulassen	er läßt zu	er ließ zu	er hat zugelassen

Übung in der Klasse

Der Lehrer fragt einen Studenten. Give your answers in the past tense.

Beispiel

Wann hast du die Arbeit angefangen?   *gestern*
Ich fing gestern an.

1. Wann hat die Vorlesung angefangen?   *um 9 Uhr*
2. Hast du das Buch behalten?   *nein*
3. Auf welchem Bahnsteig ist der Zug eingelaufen?   *auf Bahnsteig 13*
4. Habt ihr das Geld erhalten?   *ja*
5. Wie gefällt euch das Wasserspiel?   *gut*
6. Wie ist Ihnen der Kuchen geraten?   *gut*
7. Hat er sein Versprechen gehalten?   *nein*
8. Habt ihr sie (*sing.*) nach Hause gehen lassen?   *ja*
9. Wie hat er geheißen?   *Müller*
10. Wohin ist der Hund (*dog*) gelaufen?   *nach Hause*
11. Hast du im Hotel geschlafen?   *ja*
12. Wo hast du dich gestoßen?   *Kommode*
13. Über wen habt ihr euch unterhalten?   *Prof. Sintflut*
14. Wer hat die Universität verlassen?   *Prof. Geistreich*
15. Hat er euch zu seinen Vorlesungen zugelassen?   *ja*

Wiederholungsübungen: Numbers, Time, and Dates

A.   *Read the following numbers.*

5	123	84	27
19	46	479	339
217	29	837	92

B.   *Read the following times.*

Es ist 7 Uhr.	Es ist 5^{30}.*	Es ist 23^{17}.
Es ist 15^{59}.	Es ist 8^{45}.*	Es ist 7^{30}.*
Es ist 11^{25}.	Es ist 8^{15}.*	Es ist 9^{30}.*

---

* Read each of these times in two ways.

C.   *Ein Student fragt einen anderen Studenten:* **Wieviel ist . . .?**

$2 \times 2 = 4$ (*zwei mal zwei ist vier*)
$4 \times 4 = 16$
$7 \times 7 = 49$
$10 \times 10 = 100$
$4 \times 26 = 104$

$4 \div 2 = 2$ (*vier geteilt durch zwei ist zwei*)
$18 \div 2 = 9$
$24 \div 6 = 4$
$156 \div 4 = 39$
$972 \div 36 = 27$

$5 + 9 = 14$ (*fünf und neun ist vierzehn*)
$17 + 62 = 79$
$25 + 36 = 61$
$172 + 263 = 435$
$326 + 111 = 437$

$18 - 7 = 11$ (*achtzehn weniger sieben ist elf*)
$951 - 726 = 225$
$475 - 293 = 182$
$384 - 385 = -1$ (*minus eins*)
$83 - 137 = -54$ (*minus vierundfünfzig*)

D.   *Der Lehrer fragt einen Studenten:* **Der wievielte ist heute?**

Heute ist der 28. Juni.
Heute ist der 15. September.
Heute ist der 2. Mai.
Heute ist der 4. Januar.

E.   *Ein Student fragt einen anderen Studenten:* **Wann ist das passiert?**

Am 12. April 1946.   Am 2. November 1953.
Am 24. Dezember 1967.   Am 6. Juli 1963.
Am 20. Februar 1820.   Am 16. August 1942.
Am 9. März 1928.   Am 30. Oktober 1968.

Wiederholungsübungen: Noun Plurals

A.   *Answer the following questions in the plural.*

Beispiel

Ist das der Schlüssel?   *hier sind*
Hier sind die Schlüssel.

1. Wo ist der Autoschlüssel?   *hier sind*
2. Wo ist das Schlafzimmer?   *hier sind*
3. Wo ist der Bademantel?   *da sind*
4. Wo ist der Löffel?   *dort sind*
5. Wo ist das Fenster?   *oben sind*

6. Wo ist der Stuhl? *hier sind*
7. Wo ist der Kleiderschrank? *dort sind*
8. Wo ist der Pfennig? *in der Börse sind*
9. Wo ist der Jahrmarkt? *in der Stadt sind*
10. Wo ist mein Freund? *hier sind*

B. *Use the plural form of the italicized nouns to answer the following questions.*

Beispiel

Wo waren Sie? *Park*
Wir waren in den Parks.

1. Wo waren Sie? *Gartenschau*
2. Wo haben sie Kaffee getrunken? *Pavillon*
3. Was haben sie vergessen? *Portemonnaie*
4. Was haben Sie gesehen? *Baum und Garten*
5. Wo haben Sie übernachtet? *Hotel*

C. *Answer the following questions with* **manche** *plus the plural form of the italicized noun.*

Beispiel

Wer wohnt im Hotel? *Graf*
Manche Grafen wohnen im Hotel.

1. Was ist in diesem Theater gespielt worden? *Premiere*
2. Was habt ihr in den Bergen gemacht? *Tour*
3. Was habt ihr in den Ferien gemacht? *Reise*
4. Wer hat in dem Hotel gewohnt? *Dame und Generaldirektor*
5. Was fährt noch in vielen deutschen Städten? *Straßenbahn*

Wiederholungsübungen: dieser *and* jener

A. *Answer the following questions, using first* **dieser**, *then* **jener** *to modify the nouns in italics.*

Beispiel

Wen haben Sie gesehen? *Herr, Dame*
Ich habe **diesen** Herrn und **diese** Dame gesehen.
Ich habe **jenen** Herrn und **jene** Dame gesehen.

1. Wen haben Sie gesehen? *Junge, Mädchen*
2. Wen haben Sie gefragt? *Polizist,* Beamtin*

---

 * *Polizist* belongs to the same group of nouns as *Student* and *Junge*, which are declined according to the following pattern:

Singular	Plural (*all cases*)
der Polizist	Polizisten
des Polizisten	
dem Polizisten	
den Polizisten	

3. Was haben Sie besucht? *Museum, Gartenschau*
4. Was haben Sie getrunken? *Kaffee, Limonade*
5. Wen haben Sie getroffen? *Student, Kind*

B. *Respond in the plural, using* **dieser** *and* **jener** *alternately.*

Beispiel

Was haben Sie gesehen? *Autobahn, Eilzug*
Wir haben **diese Autobahnen** gesehen.
Wir haben **jene Eilzüge** gesehen.

1. Wen haben Sie gefragt? *Polizist, Lehrerin*
2. Was haben Sie gefrühstückt? *Ei, Kuchen*
3. Wen haben Sie erwartet? *Student, Gast*
4. Was haben Sie geputzt? *Kleiderschrank, Zimmer*
5. Was haben Sie geraucht? *Zigarette, Zigarre*

Real-Situation Practice

1. Wie heißen Sie? 2. Wann sind Sie geboren? 3. Wo wohnen Sie? 4. Wollen Sie sich lieber einen großen Wagen kaufen oder einen Volkswagen? 5. Haben Sie schon einmal Ihre Autoschlüssel verloren? 6. Fahren Sie oft in Ferien? 7. Wohin fahren Sie? 8. Fahren Sie mit dem Auto in die Ferien? 9. Haben Sie Verwandte (*relatives*) in Europa? 10. Tragen Sie gerne Sportanzüge?

18
Achtzehnte Einheit

ERSTE STUNDE

Leseübung

„Wer angibt, hat mehr vom Leben" — auch das ist eine deutsche Redeweise. Ist das eigentlich wahr? Wenn Sie mich fragen, so stimme ich dem Satze zu. Gewiß kenne ich die fromme Mahnung, bescheiden zu sein. Aber das sagen doch nur diejenigen, die sich bei irgendeiner Aufschneiderei ertappen ließen. Und nur ihre tiefe Reue ist es, die Beschämung, die sie zur Umkehr und Bescheidenheit zwingt. Es ist eben die Kunst, beim Schwindeln nicht erwischt zu werden. Wie verändert sich vor den eigenen Augen plötzlich die ganze Welt! Wie sicher, elegant und gewandt tritt man auf als Generaldirektor, als Universitätsprofessor, als Graf (der incognito reist), als gefeierter Künstler kurz vor der entscheidenden Premiere, als blendender Sportsmann! Wenn man intelligent genug ist, kann man vielleicht sogar eine mißtrauische Frau überzeugen. Herrn Lemmerz ist das leider nicht gelungen.

"He who brags, gets more out of life"—that is also a German saying. Is that really true? If you ask me, I agree with the saying. Of course, I am aware of the pious demand to be modest. But only those who have been caught boasting say that. And it is only their deep repentance, the embarrassment, that is, which forces them to a turnabout and modesty. It is an art, though, not to be caught cheating. How the whole world suddenly transforms itself before your very eyes! How confident, elegant, and clever one appears as a board director (of a corporation), a university professor, a count (who travels incognito); as a celebrated artist shortly before the crucial premiere, as a brilliant sportsman! If one is intelligent enough, he can even convince a cautious (mistrustful) woman. Mr. Lemmerz was unfortunately not successful.

Dialog: In der Schihütte

Herr Heise: Ich möchte wissen, wo Herr Lemmerz bleibt?

Frau Heise: Hat er dir versprochen zu kommen?

Herr Heise: Ja, er wollte mit uns frühstücken.

Jim: Wer ist dieser Herr Lemmerz?

Herr Heise: Ein guter Geschäftsfreund. Er wird dir bestimmt gefallen. Er ist immer guter Laune. — Da kommt er!

Dialogue: In the Ski Lodge

Mr. Heise: I would like to know where Mr. Lemmerz is.

Mrs. Heise: Did he promise you to come?

Mr. Heise: Yes, he wanted to eat breakfast with us.

Jim: Who is this Mr. Lemmerz?

Mr. Heise: A good business friend. You will definitely like him. He's always in a good mood. —There he comes!

Herr Lemmerz: Guten Morgen! Nun, habe ich mein Versprechen gehalten?

Herr Heise: Jawohl! Wie geht es Ihnen?

Herr Lemmerz: Ausgezeichnet! Wollen Sie heute morgen Schi laufen?

Frau Heise: Wir freuen uns darauf. Können Sie auch Schi laufen?

Herr Lemmerz: Ich bitte Sie. — Ich bin doch ein alter Sportsmann!

Herr Heise: Ich habe vergessen, Ihnen meinen Neffen aus Amerika vorzustellen. Das ist Jim Hunter.

Herr Lemmerz: Es freut mich, Sie kennenzulernen. Treibt man bei Ihnen auch Wintersport?

Jim: Natürlich. Bei uns gibt es viele Wintersportplätze und das Schi laufen ist sehr beliebt.

Herr Lemmerz: Ich glaube, es ist der schönste Sport, den es gibt. Wenn man in Schußfahrt den Hang hinuntersaust, daß einem der Wind um die Ohren pfeift, glaubt man mit den Vögeln zu fliegen.

Frau Heise: Ich wußte gar nicht, daß Sie auch Schi laufen können.

Herr Lemmerz: Sie kennen mich nur als seriösen Geschäftsmann, gnädige Frau. Aber in den Bergen fühle ich mich frei. Hier bin ich zu Hause.

Herr Heise: Das finde ich großartig. Dann sollen wir alle zusammen Schi laufen gehen.

Herr Lemmerz: Jetzt gleich? Aber ich habe ja noch gar nicht gefrühstückt. Wo bleibt denn die Bedienung?

Bedienung: Grüß Gott! Was darf ich Ihnen bringen?

Herr Lemmerz: Bringen Sie mir bitte geröstetes Brot und Butter . . .

Bedienung (*schreibt auf*): Butter . . .

Herr Lemmerz: . . . und verschiedene

Mr. Lemmerz: Good morning! Well, have I kept my promise?

Mr. Heise: Yes indeed! How are you?

Mr. Lemmerz: Excellent! Do you want to ski this morning?

Mrs. Heise: We're looking forward to it. Do you ski too?

Mr. Lemmerz: I beg your pardon. —I am an old sportsman!

Mr. Heise: I've completely forgotten to introduce you to my nephew from America. This is Jim Hunter.

Mr. Lemmerz: I'm pleased to meet you. Does one go in for winter sports where you live too?

Jim: Of course! There are many winter sports areas where I live, and skiing is very popular.

Mr. Lemmerz: I think it's the most appealing sport there is. When one whizzes down the slope like a shot, so that the wind whistles in his ears, he imagines he's flying with the birds.

Mrs. Heise: I had no idea that you could ski too.

Mr. Lemmerz: You only know me as a serious businessman, gracious lady! But in the mountains I feel free. I am at home here.

Mr. Heise: That's splendid. Then we should all go skiing together.

Mr. Lemmerz: Right now? But I haven't even had breakfast. Where's the waitress?

Waitress: Hello! What may I bring you?

Mr. Lemmerz: Please bring me toast and butter . . .

Waitress (*writing it down*): butter . . .

Mr. Lemmerz: . . . and various kinds

Arten Wurst und Käse. Einige Sorten Marmelade und vier Eier.

Bedienung: Vier Eier?! Wie möchten Sie die Eier haben?

Herr Lemmerz: Spiegeleier, bitte. Und etwas Gebäck, gewissermaßen zum Nachtisch.

Bedienung: Was möchten Sie zu trinken haben?

Herr Lemmerz: Morgens trinke ich Milch. Schließlich bin ich ein Sportsmann.

Bedienung: Danke.

Herr Lemmerz (*zu Jim*): Sehen Sie, in Deutschland sagen wir: „Gut essen und trinken hält Leib und Seele zusammen.“

Jim: Das muß ich mir merken.

Herr Lemmerz: Sie brauchen aber nicht auf mich zu warten. Bitte, nehmen Sie keine Rücksicht auf mich. Wenn Sie Schi laufen wollen, brechen Sie bitte gleich auf.

Frau Heise: Nein, wir freuen uns darauf, mit Ihnen eine gemeinsame Tour zu machen.

Herr Lemmerz: Bitte, lassen Sie sich nicht aufhalten. Es geht auch ohne mich. Schließlich muß ich noch frühstücken, und ich nehme mir dazu immer viel Zeit.

Frau Heise: Ich möchte darauf bestehen, Sie bei uns zu haben. Sie haben Erfahrung im Schilaufen und wir wollen von Ihnen lernen.

Herr Heise: Ich finde auch, daß wir zusammenbleiben sollten, dann haben wir viel mehr Spaß.

Herr Lemmerz: Das mag sein. Aber — wissen Sie — ich habe es ganz vergessen: ich bin verabredet mit – mit Freunden. Wir wollen eine kleine Tour ins nächste Dorf machen, mit dem Autobus.

of sausage and cheese. Some different kinds of jam and four eggs.

Waitress: Four eggs?! How would you like your eggs?

Mr. Lemmerz: Sunny-side up, please. And some pastry, for dessert, so to speak.

Waitress: What would you like to drink?

Mr. Lemmerz: In the morning I drink milk. After all, I am a sportsman.

Waitress: Thank you.

Mr. Lemmerz (*to Jim*): You see, in Germany we say: "Good eating and drinking keeps body and soul together."

Jim: I must remember that.

Mr. Lemmerz: But you need not wait for me. Please, don't worry about me. If you want to ski, please go right ahead.

Mrs. Heise: No, we're looking forward to making a joint trip with you.

Mr. Lemmerz: Please, don't detain yourselves. Things will go fine without me, too. After all, I must still eat breakfast, and I always take my time for that.

Mrs. Heise: Please, I must insist that you join us. You have experience in skiing, and we want to learn from you.

Mr. Heise: I think that we should stay together, too. We'll have much more fun that way.

Mr. Lemmerz: That may be. But—you know, I have completely forgotten that I made an appointment with – with friends. We want to make a short trip into the next village by bus.

Schilehrer (*tritt ein*): Ah, da finde ich Sie, Herr Lemmerz. Haben Sie ganz vergessen, daß Sie eine Schistunde haben?

Herr Lemmerz: Aber ich habe ja noch gar nicht gefrühstückt!

Schilehrer (*zu den anderen*): Entschuldigen Sie, meine Herrschaften. Ich bin der Schilehrer, und Herr Lemmerz hat heute seinen ersten Unterricht.

Ski instructor (*enters*): Ah, there you are, Mr. Lemmerz. Have you forgotten that you have a ski lesson?

Mr. Lemmerz: But I haven't eaten breakfast yet!

Ski instructor (*to the others*): Excuse me, ladies and gentlemen. I'm the ski instructor, and Mr. Lemmerz has his first lesson today.

Wortschatz

angeben, gibt an, gab an, angegeben *to brag, boast*
die Redeweise, –, –n *saying*
eigentlich *actual(ly), proper, real, true*
wahr *true*
gewiß *certain(ly), sure(ly)*
fromm *pious, devout*
die Mahnung, –, –en *warning*
bescheiden *modest*
der–, die–, dasjenige *that one;* pl. *those*
irgendein *some, any* (sing.)
die Aufschneiderei, –, –en *bragging, boasting*
ertappen *to catch*
tief *deep, profound; low*
die Reue, – (no pl.) *regret, repentance*
die Beschämung, –, –en *embarrassment, shame*
die Umkehr, –, –ungen *turnabout, complete change*
darauffolgend *following, ensuing*
die Bescheidenheit, – (no pl.) *modesty*
zwingen, zwingt, zwang, gezwungen *to force, compel*
eben (adv.) *just (now), even though*
die Kunst, –, ¨e *art, skill*
das Schwindeln, –s, Schwindeleien *swindling, cheating* (verbal noun)
erwischen *to catch*
verändern *to change*
eigen (adj.) *own, proper*
plötzlich *suddenly*
gewandt *agile, quick, clever*
der Graf, –en, –en *earl, count*
gefeiert *celebrated*

kurz (adv.) *shortly, briefly*
entscheiden, entscheidet, entschied, entschieden *to decide, settle*
entscheidend *decisive, crucial*
die Premiere, –, –n *premiere, first performance*
blendend *brilliant*
der Sportsmann, –s, Sportsleute *sportsman*
intelligent *intelligent*
vielleicht *perhaps*
gelingen (+ indir. obj.), es gelingt, es gelang, es ist gelungen *to succeed*
die Schihütte, –, –n *ski lodge*
frühstücken *to eat breakfast*
der Geschäftsfreund, –es, –e *business friend*
die Laune, –, –n *mood, humor, temper*
jawohl *yes indeed*
das Versprechen, –s, – *promise*
der Schi, –s, –er *ski*
Schi laufen (also schilaufen, skilaufen) *to ski*
der Wintersport, –s (no pl.) *winter sports*
der Wintersportplatz, –es, ¨e *winter sports area*
beliebt *popular*
die Schußfahrt, –, –en *fast downhill race*
der Hang, –es, ¨e *slope*
hinuntersausen (sep. prefix verb) *to whiz down*
der Wind, –es, –e *wind*
pfeifen, pfeift, pfiff, gepfiffen *to whistle*
der Vogel, –s, ¨ *bird*
seriös *serious*

gnädig *kind, gracious*
gnädige Frau *madam, gracious lady*
der Berg, –es, –e *mountain*
großartig *splendid, grand*
grüßen *to greet, salute, say hello*
  Grüß Gott *hello*
rösten *to toast, grill*
das Brot, –s, –e *bread*
die Butter, – *butter*
aufschreiben, schreibt auf, schrieb auf,
  aufgeschrieben *to write down*
die Wurst, –, ⁼e *sausage*
der Käse, –s, – *cheese*
die Sorte, –, –n *kind, type, variety*
das Ei, –s, –er *egg*
das Spiegelei, –s, –er *fried egg, sunny-
  side up*
das Gebäck, –s, –e *pastry*
gewissermaßen *so to speak, to some
  extent, as it were*
der Nachtisch, –es, –e *dessert*
morgens *in the morning*
die Milch, – *milk*
schließlich *after all*

zusammenhalten, hält zusammen, hielt
  zusammen, zusammengehalten *to keep
  together, hold together*
der Leib, –es, –er *body*
die Seele, –, –n *soul, psyche*
sich (indir. obj.) merken *to remember,
  keep track of*
die Rücksicht, –, –en *consideration,
  regard*
aufbrechen, bricht auf, brach auf, aufgebrochen *to set out, start on a trip;
  rise from the table; force open*
gemeinsam *joint, combined*
die Tour, –, –en *tour, trip, excursion*
aufhalten, hält auf, hielt auf, aufgehalten
  to hold up
bestehen auf, besteht auf, bestand auf,
  auf . . . bestanden *to insist on (upon)*
der Spaß, –es, ⁼e *fun, amusement; joke*
das Dorf, –es, ⁼er *village*
der Autobus, –ses, –se *bus*
die Schistunde, –, –n *ski lesson*
der Schilehrer, –s, – *ski instructor*
der Unterricht, –s (no pl.) *lesson*

Fragen

1. Wer frühstückt mit Familie Heise?
2. Wer ist Herr Lemmerz?
3. Wie fühlt Herr Lemmerz sich in den Bergen?
4. Konnte Herr Lemmerz Schi laufen?
5. Sagte er, daß er nicht schilaufen kann?
6. Gibt es in Amerika auch Wintersportplätze?
7. Was schlug Frau Heise vor?
8. Wollte Herr Lemmerz mitgehen?
9. Mit wem, sagte Herr Lemmerz, hätte er sich verabredet? (*er sagte, er hätte* . . .)
10. Was wollte er mit seinen Freunden machen?
11. War das wahr?
12. Wer trat in den Frühstücksraum ein?
13. Was wollte der Schilehrer?
14. Was sollte Herr Lemmerz lernen?

Hausarbeit

Übersetzen Sie.

1. In Amerika gibt es viele Wintersportplätze. 2. „Wer angibt hat mehr vom Leben.“
3. Herr Lemmerz wird bei einer Schwindelei ertappt. 4. Der gefeierte Künstler steht
kurz vor der entscheidenden Premiere. 5. Prof. Geistreich gibt uns eine fromme

Mahnung. 6. Der Generaldirektor ist immer guter Laune. 7. Es ist eine Kunst, beim Schwindeln nicht ertappt zu werden. 8. Jim hat sein Versprechen gehalten. 9. Können Sie Schi laufen? 10. Jürgen saust in Schußfahrt den Hang hinunter. 11. Der Wind pfeift ihm um die Ohren. 12. Mein Neffe aus Amerika möchte verschiedene Arten Wurst und Käse. 13. Jim ißt gern Spiegeleier. 14. Wenn man Schi laufen will, muß man früh aufbrechen. 15. Herr Lemmerz nimmt sich viel Zeit zum Frühstücken. 16. Morgen machen wir eine kleine Tour ins nächste Dorf. 17. Nehmen Sie keine Rücksicht auf mich.

ZWEITE STUNDE

Wiederholungsübung: Personal Pronouns

Der Lehrer fragt einen Studenten. Answer the following questions, using the pronouns in italics.

Beispiel

Wer möchte wissen, wo Herr Lemmerz bleibt? *he*
Er möchte wissen, wo Herr Lemmerz bleibt.

1. Wem hat Herr Lemmerz versprochen zu kommen? *me*
2. Mit wem wollte er frühstücken? *us*
3. Wer geht Schi laufen? *we*
4. Wem wird Herr Lemmerz gefallen? *you (fam. pl.)*
5. Wer hat sein Versprechen gehalten? *you (fam. pl.)*
6. Wen lädt Frau Heise zum Schilaufen ein? *she, him*
7. Wen lernt Herr Lemmerz kennen? *us*
8. Wer hat noch nicht gefrühstückt? *one*
9. Wo befindet sich das Dorf? *it . . . in den Bergen*
10. Glauben Sie, daß ich gerne Gebäck esse? *I, you (pol.)*
11. Wem gaben Sie Schiunterricht? *I, you (pol.)*
12. Haben Sie mich gesehen? *yes, I, you (pol.)*
13. Mit wem willst du eine Tour machen? *him*
14. Wem bringst du die Spiegeleier? *you (fam. sing.)*
15. Wen möchtest du sprechen? *you (fam. sing.)*
16. Wen hat er getroffen? *me*

Wiederholungsübung: ein *and* kein

Ein Student fragt einen anderen Studenten. Answer with either the indefinite article **ein** *or with the negative* **kein**.

Beispiele

Wo haben Sie übernachtet? *Schihütte*
Ich habe in **einer** Schihütte übernachtet.

Hatte Herr Heise ein Buch? *nein*
Nein, Herr Heise hatte **kein** Buch.

1. War Herr Lemmerz ein großer Sportsmann? *nein*
2. Wer war Herr Lemmerz? *Freund Herrn Heises*
3. Was möchtest du noch haben? *Nachtisch*
4. Wollen Sie die Wurst haben? *nein*
5. Willst du ein Spiegelei haben? *nein*
6. Womit fährst du? *Autobus*
7. Wohin geht ihr? *Schihütte*
8. Ist das eine deutsche Redeweise? *nein*
9. Wo leben sie? *Gefängnis*
10. Was hat er eingepackt? *Unterhose, Unterhemd, Sportanzug, Rock, Hose*
11. Hat er ein Kissen eingepackt? *nein*
12. Ist Herr Heise ein gefeierter Künstler? *nein*
13. Kannst du Schi laufen? *nein*

Wiederholungsübungen: Possessive Pronouns

A. *Ein Student fragt einen anderen Studenten. Fill in the blanks with the correct possessive pronouns, then answer the questions.*

Beispiel

Haben Sie (*my*) _____ Freund kennengelernt? *ja*
Haben Sie **meinen** Freund kennengelernt?
Ja, ich habe **Ihren** Freund kennengelernt.

1. Haben Sie (*my*) _____ Hausarbeit gesehen? *ja*
2. Haben Sie (*your*) _____ Versprechen gehalten? *nein*
3. Haben Sie (*our*) _____ Schallplatte gehört? *ja*
4. Haben Sie (*your*) _____ Krawattennadel gefunden? *nein*
5. Haben Sie (*his*) _____ Artikel gelesen? *ja*
6. Kennen Sie (*her*) _____ Schilehrer? *nein*
7. Haben Sic (*her*) _____ Freund Geld gegeben? *ja*
8. Haben Sie (*our*) _____ Zeche bezahlt? *nein*
9. Haben Sie (*our*) _____ Jahrmarkt gesehen? *ja*
10. Ist das das Auto (*of your*, pol.) _____ Mutter? *nein*
11. Ist das der Professor (*of our*) _____ Freundes? *nein*
12. Ist das das Fenster (*of your*, pol.) _____ Hauses? *ja*
13. Ist das die Zeitung (*of your*, fam. sing.) _____ Vaters? *nein*
14. Sind das die Häuser (*of your*, pol.) _____ Dorfes? *ja*
15. Wer hat (*his*) _____ Papiere vergessen? *mein Freund*

B. *Ein Student fragt einen anderen Studenten.*

Beispiel

Wo hast du (*your*) _____ Paß?
Wo hast du **deinen** Paß?
Ich habe (*my*) _____ Paß in der Tasche.
Ich habe **meinen** Paß in der Tasche.

1. Habt ihr (*your*) _____ Weihnachtsbaum schon gekauft?
   Ja, wir haben (*our*) _____ Weihnachtsbaum schon gekauft.

2. Habt ihr (*her*) _____ Gemälde (*pl.*) gesehen?
   Nein, wir haben (*them*) _____ nicht gesehen.
3. Ist das der Wagen (*of your*, fam. pl.) _____ Freunde?
   Ja, das ist der Wagen (*of our*) _____ Freunde.
4. Habt ihr (*his*) _____ Bücher gelesen?
   Nein, wir haben (*his*) _____ Bücher nicht gelesen.
5. Habt ihr (*his*) _____ Apfelkuchen gegessen?
   Nein, wir haben (*our*) _____ Apfelkuchen gegessen.
6. Habt ihr (*her*) _____ Diamanten gefunden?
   Nein, aber wir fanden (*your*, fam. sing.) _____ Krawattennadel.
7. Ist das (*your*, fam. pl.) _____ Auto?
   Nein, das ist (*his*) _____ Auto.

Demonstrative Pronouns

Demonstrative pronouns are declined like the relative pronouns (see Unit 13). They are commonly used for emphasis in everyday language (note that they always receive spoken emphasis):

> Wer hat das getan?
> **Der** hat das getan.   (*He did that.*)
> **Die** hat das getan.   (*She did that.*)

Demonstrative pronouns are translated in English by personal pronouns or by *this* (*one*), *that* (*one*), *these*, *those*.

Demonstrative Pronouns in All Four Cases

		SINGULAR		PLURAL
	der-words	**die**-words	**das**-words	
Subject Case	der	die	das	die
Possessive Case	dessen	deren	dessen	deren
Indir. Obj. Case	dem	der	dem	denen
Dir. Obj. Case	den	die	das	die

Persons such as **das Mädchen** or **das Fräulein** are referred to as **die** in modern German; **das Kind** is referred to as either **der** or **die**, depending on the child's sex.

Beispiele

Das Mädchen hat das gesehen.	**Die** hat das gesehen.
Das Kind (*m.*) hat es gefunden.	**Der** hat es gefunden.
Das Kind (*f.*) hat es gefunden.	**Die** hat es gefunden.
Der Koffer steht beim Portier.	**Der** steht beim Portier.

Übung in der Klasse

Der Lehrer fragt einen Studenten. Answer the following questions, replacing the italicized nouns with demonstrative pronouns.

Beispiel

Hat der Mann das getan?
_____ hat das getan.
Der hat das getan.

1. Wo sind die Koffer *des Herren*?
   _____ Koffer stehen beim Portier.
2. Wer hat die Fahrkarte *der Dame*?
   Wir haben _____ Fahrkarte.
3. Wo ist der Paß *des Gastes*?
   _____ Paß ist hier.
4. Wer hat das Buch *des Mädchens*?
   Wir haben _____ Buch.
5. Hast du *diesem Mann* das Geld gegeben?
   Ja, ich habe es _____ gegeben.
6. *Welcher Frau* hast du die Zeitung gebracht?
   _____ habe ich sie gebracht.
7. Hast du *diesem Kind* (*f.*) die Puppe geschenkt?
   Ja, _____ habe ich sie geschenkt.
8. *Welchen Polizisten* hast du gefragt?
   _____ habe ich gefragt.
9. *Welches Mädchen* hast du gesehen?
   _____ habe ich gesehen.
10. *Welches Portemonnaie* hast du gefunden?
    _____ habe ich gefunden.
11. *Welche Zeitung* hast du gelesen?
    _____ habe ich gelesen.
12. Wo sind unsere *Handtücher*?
    _____ sind im Koffer.
13. Wo sind *die Spielsachen* der Kinder?
    _____ sind im Schrank.
14. Wo sind die Spielsachen *der Kinder*?
    _____ Spielsachen sind im Schrank.
15. *Welchen Herren* hast du die Pässe gegeben?
    _____ habe ich sie gegeben.
16. *Welche Studenten* haben Deutsch gelernt?
    _____ haben Deutsch gelernt.

The Subordinating Conjunctions als *and* wenn

Als (*when*) refers to a single event in past time.

Wenn (*when, whenever, if*) refers to repetitive actions and is used exclusively with the present tense or with the subjunctive.

Beispiele

Als ich in Düsseldorf *war, besuchte* ich das Museum.
Wenn ich in Düsseldorf *bin, besuche* ich immer das Museum.

Übung in der Klasse

Insert **als** *or* **wenn** *according to the context.*

Beispiele

Als er ankam, wurde er von Familie Heise abgeholt.
Wenn er ins Hotel geht, bestellt er ein Zimmer.

1. _____ wir aufbrachen, sahen wir Herrn Lemmerz.
2. _____ wir in den Bergen sind, gehen wir schilaufen.
3. _____ wir abfahren wollten, hatten wir keine Schlüssel.
4. _____ wir in Ferien gehen, fahren wir mit der Eisenbahn.
5. _____ der Polizist ihn fragte, hatte er seinen Namen vergessen.
6. _____ wir Neujahr feierten, gossen wir Blei.
7. _____ wir das Schachspiel kaufen wollten, gab es keins mehr.
8. _____ ich eine Zigarre rauche, setze ich mich in einen bequemen Sessel.
9. _____ ich gestorben bin, wird man entdecken, daß ich ein Philosoph war.
10. _____ wir sterben, werden wir Engel.
11. _____ sie mich sah, wollte sie laufen gehen (*run away*).
12. _____ es regnet, bleibe ich zu Hause.
13. _____ er anklopft, sage ich: ,,Bleiben Sie draußen.''
14. _____ er anklopfte, sagte ich: ,,Herein (kommen Sie herein)!''
15. _____ ich sie sehe, werde ich sie grüßen.
16. _____ ich sie traf, freute ich mich.
17. _____ sie den Koffer packt, vergißt sie immer etwas.

Wiederholung: Inverted Word Order

If the main clause of a sentence does not begin with the subject but with an adverb, adverbial phrase, or a subordinate clause, a change in word order occurs: The verb (or auxiliary) retains its position as second grammatical element in the sentence, and the subject then becomes the third element.

Beispiel

| 1 | 2 | 3 | 3a | | 3 | 2 | 1 | | 3a | | 2 | 1 |
Ich gehe jetzt nach Hause.   Jetzt gehe ich nach Hause.   Nach Hause gehe ich jetzt.

Übungen in der Klasse

A. *Place the italicized elements in first position and change the word order accordingly.*

Beispiel

Ich möchte *nach dem Essen* mit Jim eine Tour machen.
Nach dem Essen möchte ich mit Jim eine Tour machen.

1. Man muß *auf eine Dame* Rücksicht nehmen.
2. Wir haben Spaß *im Autobus* gehabt.
3. Es gab Kuchen *zum Nachtisch*.
4. Ich möchte wissen, *wann er nach Hause kommt*.
5. Er bleibt zu Hause, *weil er noch arbeiten muß*.
6. Herr Heise war am Flugplatz, *als Jim von Amerika kam*.

B. *Restore the "normal" word order in the following sentences by placing the italicized subject in first position.*

Beispiel

Nach dem Schilaufen gehe *ich* ins Hotel.
Ich gehe nach dem Schilaufen ins Hotel.

1. Die Decke haben *wir* in den Koffer gepackt.
2. Aus dem Schlafzimmer holten *wir* ein Kissen.
3. Im Hotel trafen *wir* Jim.
4. Als wir nach Hause kamen, stand *das Auto* vor der Garage.
5. Als ich in Frankfurt ankam, wartete *Jim* im Hotel.
6. Wenn wir in die Vorlesungen gehen, hören *wir* Philosophie.
7. Als sie in die Schihütte kamen, packte *Frau Heise* die Koffer aus.
8. Nach dem Essen gehen *wir* schlafen.

DRITTE STUNDE

Strong Verbs, Group VIII

The verbs listed under Group VIII are the so-called strong-weak verbs. These are verbs which take a regular –t ending to form the past participle.

Strong-Weak Verbs

brennen	er brennt	er brannte	er hat gebrannt
bringen	er bringt	er brachte	er hat gebracht
verbringen	er verbringt	er verbrachte	er hat verbracht
denken	er denkt	er dachte	er hat gedacht
bedenken	er bedenkt	er bedachte	er hat bedacht
nachdenken	er denkt nach	er dachte nach	er hat nachgedacht
kennen	er kennt	er kannte	er hat gekannt
nennen	er nennt	er nannte	er hat genannt
sich wenden an	er wendet sich an	er wandte sich an	er hat sich an . . . gewandt
wissen	er weiß	er wußte	er hat gewußt

The two most important strong verbs in Group VIII are **gehen** and **kommen**, plus their many variations. We have encountered the following separable- and inseparable-prefix verbs so far:

gehen: aus-gehen, begehen, vergehen, hinein-gehen, rein-gehen
kommen: an-kommen, bekommen, vor-kommen, her-kommen, mit-kommen

The verb **tun** also belongs to this group:

gehen	er geht	er ging	er ist gegangen
kommen	er kommt	er kam	er ist gekommen
tun	er tut	er tat	er hat getan

Übungen in der Klasse

A. *Ein Student fragt einen anderen Studenten. Ask the following questions in the present tense and answer in the past tense.*

Beispiel

brennen   Was _____ ?   Die Kerze _____ .
　　　　　Was **brennt**?   Die Kerze **brannte**.

1. *bringen*
   a. Was _____ du uns? Ich _____ euch ein Buch.
   b. Wer _____ das Buch? Jim _____ es.
   c. _____ ihr uns die Koffer? Ja, wir _____ sie euch.
2. *verbringen*
   a. Wo _____ du die Ferien? Ich _____ sie in Deutschland.
   b. _____ ihr die Ferien in Saarbrücken? Ja, wir _____ sie dort.
   c. Wer _____ die Ferien in Ulm? Wir _____ sie in Ulm.
3. *denken*
   a. An was _____ du? Ich _____ an meine Arbeit.
   b. Wer _____ an das Examen? Jim _____ an das Examen.
   c. _____ ihr an die Ferien? Ja, wir _____ an die Ferien.
4. *bedenken*
   a. _____ du auch den Preis? Ja, ich _____ den Preis.
   b. Was _____ er? Er _____ den Preis.
   c. _____ ihr den Preis? Wir _____ den Preis.
5. *nachdenken*
   a. Worüber _____ du _____? Ich _____ über das Buch _____.
   b. Worüber _____ Jürgen _____? Er _____ über den Professor _____ .
   c. Worüber _____ ihr _____? Wir _____ über den Preis _____.
6. *kennen*
   a. _____ du ihn? Ja, ich _____ ihn.
   b. _____ er Ilse? Nein, ich glaube er _____ Ilse nicht.
   c. _____ er die Gefahr? Ja, er _____ die Gefahr.
7. *nennen*
   a. _____ du ihn einen Betrüger? Ja, ich _____ ihn einen Betrüger.
   b. _____ er dir eine Zahl? Nein, er _____ mir keine Zahl.
   c. Wie _____ ihr euch? Wir _____ uns Piraten.

8. *sich wenden an*
   a. _____ du dich _____ sie? Ja, ich _____ mich _____ sie.
   b. _____ wen _____ er sich? Er _____ sich _____ Tante Klara.
   c. _____ er sich _____ den Staat? Ja, er _____ sich _____ den Staat.
9. *wissen*
   a. Wer _____ das? Die Polizei _____ das.
   b. _____ ihr das? Ja, das _____ wir.
   c. _____ deine Mutter, wo du bist? Ja, sie _____, wo ich bin.

B. *Ask the following questions in the past tense and answer in the perfect tense.*

1. *bringen:* _____ er dir den Fernsehapparat? Ja, er _____ ihn mir _____.
2. *denken:* _____ er, daß ich kommen würde? Ja, er _____ es _____.
3. *kennen:* _____ du ihn? Ja, ich _____ ihn _____.
4. *brennen:* _____ das Haus? Ja, es _____ _____.
5. *verbringen:* _____ du die Ferien in Ulm? Ja, ich _____ sie in Ulm _____.
6. *bedenken:* _____ ihr das? Ja, wir _____ es _____.
7. *nachdenken:* _____ du über Ilse _____? Nein, ich _____ über Jim _____.
8. *nennen:* _____ er ihm ein gutes Hotel? Ja, er _____ mir ein gutes Hotel _____.
9. *sich wenden an:* An wen _____ ihr euch? Wir _____ uns an den Staat _____.
10. *wissen:* _____ ihr das? Nein, wir _____ das nicht _____.
11. *ausgehen:* _____ du mit Jürgen _____? Ja, ich _____ mit Jürgen _____.
12. *begehen:* _____ ihr die Jahreswende? Ja, wir _____ sie mit Feuerwerk _____.
13. *reingehen:* _____ ihr in das Café _____? Ja, wir _____ in das Café _____.
14. *vergehen:* _____ dir die Zeit schnell? Ja, sie _____ mir schnell _____.
15. *kommen:* Wann _____ Jürgen? Er _____ um 9 Uhr _____.
16. *ankommen:* Wann _____ der Zug _____? Er _____ um 10 Uhr _____.
17. *bekommen:* _____ Herr Lemmerz ein Spiegelei? Nein, er _____ vier Stück Brot _____.
18. *vorkommen:* _____ das bei euch _____? Nein, das _____ nie bei uns _____.

Infinitives Used As Nouns

Every verb can be changed into a noun (gerund) by capitalizing the infinitive. Such a noun is always a **das**-word, and it has no plural form.

Beispiel

fliegen	das Fliegen	Das Fliegen macht viel Freude.
	des Fliegens	*Flying is a lot of fun.*
	dem Fliegen	
	das Fliegen	

Übung in der Klasse

Change the following verbs into nouns.

Beispiel

einpacken

——————— dauert lange.

Das Einpacken dauert lange.

1. *gießen:* ——————— von Blei macht Freude.
2. *angeben:* ——————— ist nicht gut.
3. *profitieren:* ——————— ist der Beruf des Geschäftsmannes.
4. *regnen:* ——————— hört wieder nicht auf (*does not cease*).
5. *lesen:* ——————— macht Spaß.
6. *essen:* ——————— hält Leib und Seele zusammen.

Wiederholungsübung: The Passive Voice

Put each of the following sentences in the passive voice—present, past, and perfect tenses.

Beispiel

Ich ertappe Jim beim Schwindeln.

Jim **wird** von mir beim Schwindeln **ertappt.**

Jim **wurde** von mir beim Schwindeln **ertappt.**

Jim **ist** von mir beim Schwindeln **ertappt worden.**

1. Die Tante packt den Koffer.
2. Wir schmelzen das Blei.
3. Der Onkel bezahlt die Zeche.
4. Die Stadt legt den Park an.
5. Der Zollbeamte stempelt den Paß.
6. Wir erwarten dich.
7. Jürgen ißt den Kuchen.
8. Die Bedienung bringt den Toast.
9. Wir nennen die Zahl.
10. Jim schreibt einen Brief.
11. Mutter schneidet die Blumen.

Wiederholungsübungen: Strong Verbs, Groups I and II

Ein Student fragt einen anderen Studenten. Answer first in the past and then in the perfect tense.

Beispiel

Begreifst du das Frühstück im Preise ein?

Ich **begriff** das Frühstück im Preise **ein.**

Ich **habe** das Frühstück im Preise **einbegriffen.**

Strong Verbs, Group I

1. Wo steigst du aus?
   Ich ——————— am Bahnhof ———————. Wir ——————— am Bahnhof ———————.
2. Bleiben Sie im Hotel?
   Ich ——————— im Hotel. Wir ——————— im Hotel ———————.

3. Wer schneidet die Blumen?
    Ich _____ die Blumen. Wir _____ die Blumen _____.
4. Wer schreibt das Buch?
    Ich _____ das Buch. Er _____ das Buch _____.
5. Wer begreift die Vorlesung?
    Jim _____ die Vorlesung. Jim _____ die Vorlesung _____.
6. Wann erscheint der Artikel?
    Er _____ gestern. Er _____ gestern _____.
7. Was treiben Sie?
    Ich _____ Sport. Ich _____ Sport _____.
8. Wer bleibt zurück?
    Jim _____ zurück. Jim _____ _____.
9. Wer pfeift die Musik?
    Du _____ die Musik. Du _____ die Musik _____.

Strong Verbs, Group II

1. Betrügen sie den Staat?
    Wir _____ den Staat nicht. Wir _____ den Staat nicht _____.
2. Wer schließt den Koffer?
    Jim _____ den Koffer. Jim _____ den Koffer _____.
3. Wohin ziehen die Vögel?
    Die Vögel _____ in die Ferne. Die Vögel _____ in die Ferne _____.
4. Wer genießt den Wein?
    Er _____ den Wein. Er _____ den Wein _____.
5. Gießt ihr das Blei?
    Ja, wir _____ es. Ja, wir _____ es _____.
6. Wann schmilzt das Blei?
    Es _____ bald. Es _____ bald _____.
7. Schießen Sie ein Gewehr ab?
    Nein, ich _____ es nicht ab. Nein, ich _____ es nicht _____.
8. Wohin fliegst du?
    Ich _____ nach Amerika. Ich _____ nach Amerika _____.

Real-Situation Practice

1. Wie gefällt Ihnen die deutsche Sprache? 2. Wollen Sie noch andere Fremdsprachen lernen? 3. Studieren Sie gerne? 4. Wie viele Stunden am Tag studieren Sie?
5. Gefällt Ihnen das Leben in dieser Stadt? 6. Gehen Sie oft Schi laufen? 7. Können
Sie gut Schi laufen? 8. Gibt es hohe Berge in Ihrer Heimat? 9. Fällt dort im Winter
viel Schnee? 10. Sind Sie schon einmal beim Schwindeln ertappt worden? 11. Geben
Sie gerne fromme Mahnungen? 12. Wann fahren Sie in die Ferien?

19
Neunzehnte Einheit

ERSTE STUNDE

Leseübung

Schnee, Eis und Wintersport, diese Dinge sind unzertrennlich. Dazu gehören noch die Berge, denn auf den Bergen liegt der meiste Schnee und dort hält er sich am längsten. Da es der geheime Wunsch jedes Menschen ist, Dinge zu tun, die über die Grenzen seiner eigenen Natur hinausgehen, bindet er sich Schier unter die Füße. Sie tragen ihn schneller, als seine Beine. Er springt von einer hohen Schanze, um aus eigener Kraft fliegen zu können. Es macht ihm Freude, wenn er mit einem Schlitten in voller Fahrt in einer Schneewehe landet und der glitzernde, weiße Schnee in einer dicken Wolke um ihn herum durcheinanderwirbelt. Die klare Luft reinigt die Lungen, und die ständige Bewegung kräftigt die Muskeln. Den Höhepunkt des Wintersports stellt zweifellos das Eiskunstlaufen dar, wo sich Sport und Musik im Tanz vereinigen. — Onkel, Tante und Jim haben jedoch keine ehrgeizigen Pläne. Sie freuen sich darauf, mit ihren Schiern kleine Touren zu machen, um das winterliche Land zu genießen.

Snow, ice, and winter sports—these things are inseparable. The mountains are also part of this, for most of the snow lies on the mountains, and it remains there the longest. Since it is the secret wish of every man to do things which exceed the limits of his own nature, he attaches skis to his feet. They carry him faster than his legs. He jumps from a high ski jump, in order to be able to fly under his own power. He is glad when he lands full force on his sled in a snowdrift, and when the glittering, white snow whirls all around him in a thick cloud. The clear air purifies the lungs, and the continuous movement strengthens the muscles. No doubt, the highpoint of winter sports is figure skating, where sport and music unite in dance.—Aunt, Uncle, and Jim, however, have no ambitious plans. They are looking forward to making short runs on their skis, in order to enjoy the wintery landscape.

Dialog: Auf dem Schihügel

Dialogue: On the Ski Hill

Herr Heise: Ist das nicht ein herrliches Wetter?

Frau Heise: Ich wünschte, wir hätten dieses Wetter bei uns zu Hause.

Herr Heise: Leider wohnen wir nicht im Hochgebirge.

Jim: In Saarbrücken gefällt es mir aber

Mr. Heise: Isn't this splendid weather?

Mrs. Heise: I wish we would have this weather at home.

Mr. Heise: Unfortunately, we don't live in the mountains.

Jim: But I also like it very much in

auch sehr gut. Kann man da auch Schi laufen?

Herr Heise: Man kann es versuchen. Leider gibt es nicht viele Gelegenheiten. Die Saarländer fahren auf die französische Seite in die Vogesen.

Frau Heise: Bei uns gibt es Rodelbahnen. Schlittenfahren ist nämlich sehr beliebt. Wenn es kalt genug ist und die Teiche zugefroren sind, laufen wir auch gerne Schlittschuh.

Jim: Das ist ein eleganter Sport. Wir sehen manchmal Fernsehübertragungen von den Meisterschaften im Eiskunstlauf.

Herr Heise: Wir auch. Ich sehe mir das immer gerne an. Ich bin, als ich jung war, gerne mit einem Bobschlitten gefahren. Am liebsten saß ich vorne am Steuer und lenkte.

Jim: Ich habe noch nie auf einem Bobschlitten gesessen. Das muß aufregend sein.

Herr Heise: Oh ja. Man muß schnell reagieren, sonst fliegt man aus der Bahn.

Jim: Ich möchte wissen, ob wir unseren Skimeister treffen.

Frau Heise: Der hat sich ja schön blamiert. Das kommt davon, wenn man angibt.

Herr Heise: Ich fand ihn lustig. Es wäre doch langweilig, wenn es nicht auch solche Menschen gäbe. — Seht mal, da kommt er!

Frau Heise: Er gibt ja eine großartige Vorstellung!

Jim: Ich bin gespannt, was er tun wird. Man sieht, daß er das erste Mal auf Schiern steht.

Frau Heise: Darüber gibt es keinen Zweifel.

Saarbrücken. Can people ski there too?

Mr. Heise: One can try. Unfortunately there aren't many opportunities. People from the Saarland travel to the French side, into the Vosges.*

Mrs. Heise: There's a toboggan run near us. Sledding is very popular. When it's cold enough and the ponds are frozen over, we also like to go skating.

Jim: That's an elegant sport. Sometimes we see television broadcasts of the championships in figure skating.

Mr. Heise: We do, too. I always like to watch that. When I was young, I liked to ride on a bobsled. I liked sitting at the wheel and steering best.

Jim: I've never sat on a bobsled. It must be exciting.

Mr. Heise: Oh, yes. You have to react quickly, otherwise you'll fly off the track.

Jim: I wonder if we'll meet our ski champion.

Mrs. Heise: He has disgraced himself quite beautifully. That's what happens when one boasts.

Mr. Heise: I found him rather amusing. It would be boring if there were no such people. —Look, here he comes.

Mrs. Heise: He gives a magnificent performance!

Jim: I wonder what he'll do. One can see that he's on skis for the first time.

Mrs. Heise: There's no doubt about that.

---

* A mountain range in the upper Rhine area.

Schilehrer: So, und nun probieren wir mal den Schneepflug: die Beine auseinander — die Füße nach innen — nicht die Schier überkreuzen — langsam!

Herr Lemmerz (*sieht die Freunde, ruft*): Hallo! Ich komme! (*er fällt*)

Frau Heise: Bumms, da liegt er!

(*Herr Lemmerz steht mühsam auf, lächelt und winkt. Er steht unglücklicherweise mit einem Ski auf dem anderen und kann nicht weiter. Er schimpft.*)

Herr Lemmerz: Die Bretter soll der Teufel holen!

(*Schließlich reißt er einen Fuß aus seinem Stiefel und kommt freudestrahlend angehumpelt.*)

Frau Heise: Das haben Sie ausgezeichnet gemacht!

Schilehrer: Was ist denn jetzt? Wir sind noch nicht fertig. Kommen Sie mal schön wieder zurück! Ich lasse Sie nicht gehen, bis Sie richtig Schi laufen können!

Herr Heise: Bedauernswerter Mensch!

Ski instructor: There, now we'll try the snowplow: legs apart—feet turned inward—don't cross the skis—slowly!

Mr. Lemmerz (*seeing his friends, calls*): Hello! I'm coming! (*he falls*)

Mrs. Heise: Oops, there he goes!

(*Mr. Lemmerz gets up laboriously, smiles and waves. He is standing, unfortunately, with one ski on top of the other and cannot move further. He grumbles.*)

Mr. Lemmerz: The devil take these boards!

(*Finally he pulls one foot out of his boot, and with a smile he limps forward.*)

Mrs. Heise: You did that very well!

Ski instructor: What's this now? We're not finished yet. Come back now, please. I won't let you go until you can ski correctly!

Mr. Heise: Unfortunate man!

Wortschatz

der Schnee, –s *snow*
das Eis, –es, – *ice; ice cream*
unzertrennlich *inseparable*
geheim *secret*
die Grenze, –, –n *limit, boundary, border*
hinausgehen, geht hinaus, ging hinaus, ist hinausgegangen *to go out; surpass, exceed*
binden, bindet, band, gebunden *to bind, tie, attach*
der Fuß, –es, ⁼e *foot*
das Bein, –s, –e *leg*
springen, springt, sprang, ist gesprungen *to jump, spring*
die Schanze, –, –n *ski jump*
die Kraft, –, ⁼e *strength, power*

der Schlitten, –s, – *sled*
die Fahrt, –, –en *ride, trip, journey*
  in voller Fahrt (*at*) *full speed*
die Schneewehe, –, –n *snowdrift*
landen *to land*
glitzernd *glittering, glistening*
die Wolke, –, –n *cloud*
durcheinanderwirbeln (sep. prefix verb)
  to whirl all around
klar *clear*
reinigen *to clean, purify*
die Lunge, –, –en *lung(s)*
ständig *continuous*
die Bewegung, –, –en *movement, motion*
kräftigen *to strengthen*
der Muskel, –s, –n *muscle*

der Höhepunkt, –s, –e   *high point, climax*
darstellen (sep. prefix verb)   *to describe, represent; present; perform*
zweifellos   *doubtlessly*
das Eiskunstlaufen, –s   *figure skating*
der Tanz, –es, –e   *dance*
vereinigen   *to unite*
ehrgeizig   *ambitious*
der Plan, –es, –e   *plan*
das Wetter, –s   *weather*
das Hochgebirge, –s, –   *mountain range*
die Gelegenheit, –, –en   *opportunity*
die Seite, –, –n   *side; page*
die Rodelbahn, –, –en   *toboggan run*
das Schlittenfahren, –s   *sledding*
der Teich, –es, –e   *pond*
zufrieren, friert zu, fror zu, ist zugefroren   *to freeze over*
Schlittschuh laufen   *to ice skate*
die Fernsehübertragung, –, –en   *television transmission, broadcast*
ide Meisterschaft, –, –en   *championship*
der Eiskunstlauf, –s, –e   *figure skating*
der Bobschlitten, –s, –   *bobsled*
vorn(e)   *in front; at the beginning*
das Steuer, –s, –   *steering wheel*
lenken   *to steer*
aufregend   *exciting*

reagieren   *to react*
die Bahn, –, –en   *path, course, track; road; railroad*
der Schimeister, –s, –   *skiing champion*
(sich) blamieren   *to disgrace oneself, make a fool of oneself*
langweilig   *boring*
großartig   *magnificent*
die Vorstellung, –, –en   *performance*
der Zweifel, –s, –   *doubt*
der Schneepflug, –s, –e   *snowplow*
auseinander   *apart*
innen   *within, inside; inward*
überkreuzen   *to cross*
rufen, ruft, rief, gerufen   *to call, shout*
mühsam   *painfully, laboriously*
lächeln   *to smile*
winken   *to wave, beckon*
unglücklicherweise   *unfortunately, unluckily*
schimpfen   *to scold, holler*
das Brett, –es, –er   *board*
der Teufel, –s, –   *devil*
reißen, reißt, riß, gerissen   *to tear, pull*
freudestrahlend   *radiant, beaming*
humpeln   *to limp*
bedauernswert   *unfortunate*

Fragen

1. Wie ist das Wetter heute?
2. Ist in Saarbrücken immer schönes Wetter?
3. Liegt Saarbrücken im Hochgebirge?
4. Kann man dort Schi laufen?
5. Wohin fahren viele Saarländer?
6. Was ist ein eleganter Sport?
7. Wie wird Schlittschuhlaufen auch genannt?
8. Was hat Herr Heise gerne getan, als er jung war?
9. Was muß man tun, um nicht mit dem Bobschlitten aus der Bahn zu fliegen?
10. Kann Herr Lemmerz gut Schi laufen?
11. Was tut er?
12. Was soll Herr Lemmerz probieren?
13. Kann er das?
14. Ist die Schistunde des Herrn Lemmerz schon beendet?

Hausarbeit

Übersetzen Sie ins Englische. Dann beantworten Sie die Fragen auf Deutsch, sodaß eine kurze Erzählung zustande kommt (results).

1. Auf wen warten Familie Heise und Jim beim Frühstück in der Schihütte? 2. Wer ist Herr Lemmerz? 3. Wußte Frau Heise, daß Herr Lemmerz Schi laufen kann? 4. Was ist die Wahrheit: Kann Herr Lemmerz Schi laufen? 5. Was bestellt Herr Lemmerz sich zum Frühstück? 6. Was schlägt Frau Heise vor? 7. Nimmt Herr Lemmerz die Einladung an? 8. Warum will er nicht mit Familie Heise Schi laufen? 9. Wer wartet auf Herrn Lemmerz? 10. Was sagt der Schilehrer?

ZWEITE STUNDE

Wiederholungsübungen: **Conjunctions**

A. *Connect two sentences with one of the following conjunctions:* **weil, daß, wenn, als.**

Beispiel

Ich weiß (es). Er kommt.
Ich weiß, **daß** er kommt.

1. Jim geht auf die Universität. Er will studieren.
2. Ilse sagt (etwas) zu Jürgen. Jim kommt aus Amerika.
3. Herr Lemmerz hat sich blamiert. Er hat angegeben.
4. Man sieht (es). Herr Lemmerz kann nicht Schi laufen.
5. Wir gehen Schlittschuh laufen. Die Teiche sind zugefroren.
6. Wir gehen spazieren. Es ist schönes Wetter.
7. Herr Lemmerz war blamiert. Der Schilehrer kam.
8. Wir gingen ins Haus zurück. Es regnete.
9. Wir haben viel Schnee. Wir wohnen im Hochgebirge.
10. Wir laufen Schi. Es schneit.
11. Man sieht (es). Er kann nicht Schlittschuh laufen.
12. Ich war aufgeregt. Ich saß auf dem Bobschlitten.

B. *Follow the preceding pattern, using the following conjunctions:* **denn, aber, sondern, ob** (*if, whether, subordinating conjunction*).

1. Jim geht auf die Universität. Er will studieren.
2. Jim möchte in die Stadt gehen. Er hat kein Geld.
3. Jim studiert nicht Deutsch. Er studiert Geschichte.
4. Wissen Sie (es)? Herr Lemmerz kann schilaufen.
5. Herr Lemmerz ißt viel. Er hat viel Hunger.
6. Die Bedienung bringt Herrn Lemmerz Kuchen. Er will Eier.
7. Im Winter regnet es nicht. Es schneit.
8. Frau Heise weiß (es) nicht. Sie soll den Koffer auspacken.
9. Ilse geht zu Familie Heise. Sie ist eingeladen.
10. Ilse möchte studieren. Sie hat keine Zeit.

Wiederholungsübung: The Passive Voice

Answer the following questions first in the past perfect tense, then in the future, and finally in the future perfect. Remember that the latter two tenses can express probability.

Beispiel

Wurde das Buch gelesen?

Ja, es **war gelesen worden.**
Nein, aber es **wird gelesen werden.**
Ich denke, es **wird gelesen worden sein.**

1. Wurde der Koffer ausgepackt?   (*ja; nein, aber; ich denke*)
2. Wurde Jim vorgestellt?
3. Wurde das Zimmer eingerichtet?
4. Wurde die Hose geflickt?
5. Wurde die Zeche bezahlt?
6. Wurde der Schrank eingebaut?
7. Wurde Jim bestraft?
8. Wurde der Kuchen gegessen?
9. Wurde die Taxe bestellt?

Wiederholungsübung: Strong Verbs, Group III

Fill in the blanks with the past tense of the verb in parentheses, then change the sentence into the perfect tense.

Beispiel

(*bestehen*) Ich _____ darauf, daß die Zeche bezahlt wird.
Ich **bestand** darauf, daß die Zeche bezahlt wird.
Ich **habe** darauf **bestanden**, daß die Zeche bezahlt wird.

1. (*stehen*) Er _____ in der Zollhalle.
2. (*trinken*) Sie _____ vier Gläser Bier.
3. (*finden*) _____ ihr meine Autoschlüssel?
4. (*überstehen = to endure, survive*) Du _____ den Flug nach Amerika.
5. (*verstehen*) Der Polizist _____ kein Englisch.
6. (*umschlingen*) Man _____ den Arm des Freundes.
7. (*sich befinden*) Wir _____ _____ in Frankfurt.
8. (*erfinden*) Er _____ den Fernsehapparat.
9. (*zwingen*) Sie _____ ihn, zu kommen.
10. (*gelingen*) Es _____ uns nicht.
11. (*binden*) Ihr _____ euch die Bretter unter die Füße.
12. (*springen*) Du _____ von der Schanze.

Wiederholungsübung: Strong Verbs, Group IV

Follow the same pattern as in the preceding exercise.

1. (*sprechen*) _____ Sie mit dem Professor?
2. (*versprechen*) _____ du ihr, zu kommen?

3. (*nehmen*) _____ er den Kuchen?
4. (*helfen*) _____ du ihm?
5. (*unterwerfen*) _____ er sich dem Gesetz?
6. (*aussprechen*) _____ du den Satz richtig _____.
7. (*mitnehmen*) _____ du das Buch _____?
8. (*Platz nehmen*) _____ er an diesem Tisch _____?
9. (*treffen*) _____ du dich mit ihm?
10. (*werfen*) _____ du den Ball in die Luft?
11. (*sterben*) _____ er?
12. (*gelten*) _____ er als großer Sportsmann?
13. (*aufbrechen*) _____ du früh _____?

Verbs Ending in –ieren

Verbs ending in –**ieren** form a regular past tense but do not receive the prefix **ge–** in the perfect tense:*

studieren	ich studierte	ich habe studiert
probieren	ich probierte	ich habe probiert
passieren	es passierte	es ist passiert

Übungen in der Klasse

Ein Student fragt einen anderen Studenten. Answer in the perfect tense.

Beispiele

Hast du studiert?	Probierst du es jetzt?
Ich habe studiert.	Ich habe es schon probiert.

1. Probiert ihr den Wein jetzt?
2. Modernisiert man die Eisenbahn jetzt?
3. Elektrifiziert man die Bahn jetzt?
4. Was passierte? (*nichts*)
5. Assistierte Frl. Weber dem Professor?
6. Kommentierst du den Artikel jetzt?
7. Könnenw ir jetzt davon profitieren?
8. Reagierte er schnell?
9. Blamierte er sich?
10. Existierte das Haus noch?

Wiederholungsübung: Regular Verb Endings

Conjugate the following verbs in the present, past, and perfect tenses, adding the personal pronoun **ihn** *or* **ihm**.

Beispiel

fragen

ich frage ihn	ich fragte ihn	ich habe ihn gefragt
du fragst ihn	du fragtest ihn	du hast ihn gefragt
etc.	*etc.*	*etc.*

---

* The verb *frieren* does not belong to this group: *frieren, friert, fror, hat gefroren.*

1. glauben   3. hören   5. bestellen
2. bringen   4. zeigen   6. gestatten

DRITTE STUNDE

Introduction to the Subjunctive

So far, all verbs in their various tenses have been practiced in the indicative mood. It is the mood of reality, of objectivity. Everything that really is, was, or will be is expressed in the indicative.

The subjunctive mood expresses everything that is uncertain, or will only happen under certain conditions which are not yet established, or may never become reality. It is also used when someone relates something another person said (indirect speech). When instructions or demands of a general nature are given, or when requests are made where fulfilling the request is politely left to the other person, then again, the subjunctive is used.

The following situations call for the subjunctive:

1) Unreal situations and uncertainty

Er tat, als hätte er gearbeitet.
He acted as if he had worked.
Es scheint, als wäre er müde.
It seems (as if) he is tired.

2) Conditions (contrary-to-fact statements)

Wenn es nicht regnen würde, würde ich spazieren gehen.
If it weren't raining, I would take a walk.
An seiner Stelle hätte ich es nicht getan.
In his place I wouldn't have done it.

3) Indirect discourse

Hannelore sagte mir, Jim wäre krank.
Hannelore told me Jim was sick.
Ich habe gehört, die Bibliothek wäre geschlossen.
I learned the library was closed.

4) Instructions, directions; wishes, desires of a general nature

Man nehme einen Löffel Zucker.
Take a spoonful of sugar. (in cookbooks)
Käme er doch!
If only he would come!
Lang lebe der König!
Long live the king!

However, if you specifically state that you are not sure about something, the subjunctive is not employed.

> Ich bin nicht sicher, ob er kommt, oder nicht.
> *I'm not sure whether he'll come or not.*
>
> Ich glaube nicht, daß er arbeitet.
> *I don't think he's working.*

Forms of the Subjunctive

There are as many tenses in the subjunctive mood as there are in the indicative. But for our introduction the following main forms (mostly used in modern conversational German) are sufficient.

Past Subjunctive

haben

ich hätte
du hättest
er, sie, es⎫
   man ⎬ hätte
wir hätten
ihr hättet
sie hätten
Sie hätten

sein

ich wäre
du wärest
er, sie, es⎫
   man ⎬ wäre
wir wären
ihr wäret
sie wären
Sie wären

fragen

ich hätte gefragt
du hättest gefragt
   etc.

gehen

ich wäre gegangen
du wärest gegangen
   etc.

Present and Future Subjunctive

arbeiten

ich würde arbeiten
du würdest arbeiten
er, sie, es⎫
   man ⎬ würde arbeiten
wir würden arbeiten
ihr würdet arbeiten
sie würden arbeiten
Sie würden arbeiten

Instructions, Requests, Wishes

Instructions, requests, and wishes of a general nature are often expressed by eliminating the –en ending of the infinitive and adding the subjunctive endings, which are as follows:*

–e
–est
–e
–en
–et
–en
–en

When the auxiliaries **haben** or **sein** are to be used for the past subjunctive in this category of sentences, the following forms are needed:

haben	*sein*
ich habe	ich sei
du habest	du seist (du seiest)
er, sie, es \} man \} habe	er, sie, es \} man \} sei
wir haben	wir seien
ihr habet	ihr seiet
sie haben	sie seien
Sie haben	Sie seien

Strong Verbs in the Subjunctive

Strong verbs may be used in the subjunctive without the help of an auxiliary. In this case, the stem vowel takes an umlaut, and the regular subjunctive endings are added to the past tense stem.

Indicative (Past Tense)	*Subjunctive (Present + Future)*
Er tat es.	Er täte es.
Er flog.	Er flöge.
Er trat ein.	Er träte ein.
Er half mir.	Er hälfe mir. (*or* er hülfe mir)

Modal Auxiliaries in the Subjunctive

The present and future subjunctive of the modal auxiliaries is formed by adding an umlaut to the past tense form.

---

* This form is most frequently encountered in German literature. In modern conversational German, one normally uses *würden* plus the infinitive for the present and future subjunctive.

Indicative (Past Tense)	*Subjunctive (Present + Future)*
Er konnte kommen.	Er könnte kommen.
Er mochte es kaufen.	Er möchte es kaufen.
Er durfte kommen.	Er dürfte kommen.
Er mußte arbeiten.	Er müßte arbeiten.

The modal auxiliaries **sollen** and **wollen** do not take an umlaut.

Summary

The vast majority of all sentences in the subjunctive use the following compound forms: **hätten** or **wären** plus the past participle for the past subjunctive, and **würden** plus the infinitive for the present and future subjunctive. Modal auxiliaries add an umlaut to the past tense stem (a → ä, u → ü), with the exception of **sollen** and **wollen**, to form the present and future subjunctive. Strong verbs also add an umlaut to the past tense stem to form the subjunctive (a → ä, u → ü, o → ö).

Übungen in der Klasse

Unreal Situations and Uncertainty

A. *Put the following sentences into the subjunctive mood, adding **als ob**.*

Beispiele

Jim war müde.
Jim tat, *als ob* er müde **wäre**.
Ilse konnte Französisch.
Ilse tat, *als ob* sie Französisch **könnte**.
Frau Heise geht in die Stadt.
Frau Heise tat, *als ob* sie in die Stadt **gehen würde**.

1. Herr Lemmerz konnte Ski laufen.
2. Jim fuhr nach Hause.
3. Hannelore backt einen Kuchen.
4. Herr Heise kauft eine Zeitung.
5. Frau Heise liest eine Zeitung.
6. Jim studiert.
7. Hannelore fährt zur Universität.
8. Er probiert den Schneepflug.
9. Jim sieht Ilse nicht.
10. Jim trifft Hannelore.

B. *Put the following sentences into the subjunctive, adding the phrases **es scheint, als ob . . .** and **es sieht so aus, als ob . . . .** (Note: **als wenn** can be used instead of **als ob**.)*

Beispiel

Es schneit.
Es scheint, als ob (als wenn) es **schneien würde**.
Es sieht so aus, als ob (als wenn) es **schneien würde**.

1. Es regnet.
2. Der Teich ist zugefroren.
3. Wir haben schönes Wetter.
4. Der Zug ist uns vor der Nase weggefahren.
5. Der Professor ist nicht in seinem Büro.
6. In den Volkswagen gehen viele Koffer.
7. Er hat seine Autoschlüssel vergessen.
8. Jim hat seinen Paß verloren.
9. Hannelore kommt immer zu spät.
10. Das Flugzeug kommt zu spät an.

Conditional Sentences (Present + Future Time)

Conditional sentences use the subjunctive to express a contrary-to-fact situation. The first clause, the condition, usually begins with **wenn**, but **wenn** can be omitted and the word order inverted:

> *Wenn* ich in die Stadt ginge, würde ich dir etwas kaufen.
> Ginge ich in die Stadt, würde ich dir etwas kaufen.
> *Wenn* ich in die Stadt gehen würde, würde ich dir etwas kaufen.
> Würde ich in die Stadt gehen, würde ich dir etwas kaufen.
> *If I were going into the city, I would buy you something.*

A frequently used conditional sentence is: **Ich täte es nicht** or **ich würde es nicht tun** (*I wouldn't do it*). In this sentence the conditional clause is understood: **Wenn ich an seiner Stelle wäre, würde ich es nicht tun** (*If I were in his place, I wouldn't do it*).

Übungen in der Klasse

A. *Combine two sentences into a single conditional sentence. First form a sentence using* **wenn**, *then form a sentence omitting* **wenn** *in the conditional clause.*

Beispiel

Ich habe Geld. Ich gehe ins Theater.
Wenn ich Geld **hätte**, **würde** ich ins Theater **gehen**.
Hätte ich Geld, **würde** ich ins Theater **gehen**.

1. Es ist kalt genug. Wir gehen Schlittschuh laufen.
2. Wir haben Ferien. Wir fahren in die Berge.
3. Herr Lemmerz kann Schi laufen. Er fährt in die Berge.
4. Der Lehrer ist hier. Er hilft uns.
5. Herr Lemmerz gibt nicht an. Er blamiert sich nicht.
6. Uns gefällt die Stadt. Wir bleiben.
7. Wir reisen nach Deutschland. Wir sprechen Deutsch.
8. Der Kuchen schmeckt uns. Wir essen ihn.
9. Jim weiß, wo Hannelore wohnt. Er besucht sie.
10. Ich bin müde. Ich schlafe lange.
11. Er kommt bald. Ich warte auf ihn.
12. Ich weiß, daß Ilse kommt. Ich lade sie ein.

B. *Übersetzen Sie ins Deutsche.*

Beispiel

I wouldn't leave my parents.
Ich würde die Eltern nicht verlassen.

1. I wouldn't go on vacation.
2. I would stay at home.
3. I wouldn't wait for her.
4. I would check his passport.
5. I would ask him about it.
6. I would try it.
7. I would go into the city.
8. I would order breakfast.

Word Order with nicht

In addition to the rules given in preceding units, the following has to be observed: The negative **nicht** usually precedes the phrase which is to be negated.

> Die Bedienung hat uns **nicht** das Frühstück gebracht.
> *or:*
> Die Bedienung hat uns das Frühstück **nicht** gebracht.

The position of **nicht** is responsible for a slight difference in emphasis in the above sentences. The **nicht** in the second sentence simply negates the hypothesis *bringen*. In the first sentence the fact is being emphasized that the *waiter* did not bring the breakfast.

Remember, too, that negatives usually precede adverbs and prepositional phrases:

> Hat Jim viel gegessen?
> Nein, er hat **nicht viel** gegessen.
>
> Gehst du in das Hotel?
> Nein, ich gehe **nicht in das Hotel.**

Übungen in der Klasse

A. *Der Lehrer fragt einen Studenten. Give two negative responses to the following questions, using **nicht** in different positions to give varying emphasis.*

Beispiel

Kann man in Düsseldorf schilaufen?
Man kann **nicht** in Düsseldorf schilaufen.
Man kann in Düsseldorf **nicht** schilaufen.

1. Kann man in Saarbrücken schilaufen?
2. Kann man in Saarbrücken rodeln?
3. Kann man in der Universität einkaufen?
4. Kann Herr Lemmerz die Vorlesung hören?
5. Hat Jim die Zeitung gelesen?
6. Hat Jim das Auto gewaschen?
7. Wollte Hannelore Jim besuchen?
8. Hatte Herr Lemmerz seine Schistunde vergessen?

B. *Ein Student fragt einen anderen Studenten. Give negative responses to the following questions, in two ways when possible.*

Beispiele

Hast du gestern viel studiert?
Nein, ich habe gestern **nicht** viel studiert.

Hast du auf die Straßenbahn gewartet?
Nein, ich habe **nicht** auf die Straßenbahn gewartet.
Nein, ich habe auf die Straßenbahn **nicht** gewartet.

1. Gehst du oft ins Theater?
2. Habt ihr auf die Studentinnen gewartet?
3. Haben sie auf Herrn Lemmerz Rücksicht genommen?
4. Habt ihr euch Kuchen gekauft?
5. Macht ihr mit uns eine Tour in die Berge?
6. Hast du die Saarbrücker Universität besucht?
7. Hat sie viel studiert?
8. Habt ihr die Flugzeuge auf dem Flugplatz gesehen?
9. Könnt ihr Schi laufen?
10. Seid ihr viel Schi gelaufen?
11. Hast du die Autos vor der Schihütte gesehen?
12. Hat Ilse Jim vor dem Kino getroffen?
13. Hat Jim seine Sache gut gemacht?
14. Habt ihr einen Rodelschlitten?
15. Hat die Tante den Autoschlüssel gesucht?

Wiederholungsübungen: Separable-Prefix Verbs

A. *Insert the separable-prefix verbs in the blanks, first in the past, then in the perfect tense.*

Beispiel

zufrieren: Gestern _____ der Teich _____.
     Gestern **fror** der Teich **zu.**
     Gestern **ist** der Teich **zugefroren.**

1. *aufstehen:* Heute morgen _____ ich früh _____.
2. *ansehen:* Im Museum _____ ich mir das Gemälde _____.
3. *hinausgehen:* Er _____ aus dem Zimmer _____.
4. *Schi laufen:* Herr Heise _____ in den Bergen _____.
5. *angeben:* Herr Heise _____ sehr viel _____.
6. *auspacken:* Die Tante _____ den Koffer _____.

B. *Insert the past perfect and future tense forms in the blanks.*

Beispiel

einpacken: Er _____ den Koffer _____.
             Er **hatte** den Koffer **eingepackt**.
             Er **wird** den Koffer **einpacken**.

1. *aufmachen:*   Ilse _____ die Tür _____.
2. *zurückkehren:*   Herr Heise _____ bald _____.
3. *reingehen:*   Jim _____ ins Zimmer _____.
4. *ausgehen:*   Die Tante _____ _____.
5. *kennenlernen:*   Jim _____ den Professor _____.
6. *vorstellen:*   Der Onkel _____ Jim Ilse _____.

Real-Situation Practice

1. Treiben Sie auch Wintersport? 2. Was tun Sie am liebsten: Ski laufen, Schlittschuh laufen, oder Schlitten fahren? 3. Gibt es Wintersportplätze in Florida? 4. Warum schneit es in Florida nicht? 5. Waren Sie schon mal in Ober-Michigan? 6. Wieviel Zentimeter Schnee, glauben Sie, gibt es im Winter in Ober-Michigan? 7. Wo würden Sie lieber wohnen, am Oberen See (*Lake Superior*), oder am Golf von Mexiko? 8. Nennen Sie einige Wintersportplätze in den Vereinigten Staaten. 9. Können Sie Wasserski laufen? 10. Warum kann man in Michigan nicht im Winter Wasserski laufen?

20
Zwanzigste Einheit

ERSTE STUNDE

Leseübung

Herr Heise fährt mit seiner Frau und Jim zurück nach Saarbrücken. Er ist stolz auf seinen Volkswagen, doch nur so lange, als dieser ihn nicht im Stich läßt. Leider hat auch ein gutes Auto manchmal seine Launen und bleibt stehen und rührt sich nicht mehr, so sehr man bittet oder flucht. Herr Heise bittet erst gar nicht. Er ist von vornherein wütend. Er schimpft sogar die unschuldige Tante aus. Dann aber beginnt er zu arbeiten, schraubt hier ein bißchen, bläst da ein wenig. Das hilft dem Motor leider nicht. Herr Heise kämpft jetzt nicht nur mit dem Auto, sondern mehr noch um seinen Ruf als Kenner der Wagen. Glücklicherweise bleibt ein wirklicher Kenner, ein Automechaniker, mit seinem Motorrad stehen und stellt mit wenigen Fragen und Handgriffen die Ursache des Schadens fest.

Mr. Heise is driving back to Saarbrücken with his wife and Jim. He is proud of his Volkswagen, but only as long as it does not leave him in the lurch. Unfortunately, a good car sometimes has its moods, too, and stops and doesn't budge any more, however much one implores or curses. Mr. Heise does not even implore. From the start he is furious. He even scolds the innocent aunt. But then he begins to work, turning a few screws here, blowing a little there. Unfortunately this does not help the motor any. No, Mr. Heise is now not only struggling with the car, but more so for (to retain) his reputation as an expert on cars. Fortunately a real expert, an automechanic on his motorcycle, stops and determines the cause of the trouble with a few questions and manipulations.

Dialog: Auf der Landstraße

Dialogue: Along the Highway

(*Das Auto ist stehengeblieben.*)

Herr Heise: Springt nicht an!

Frau Heise: Wie kommt das?

Herr Heise: Das liegt bestimmt wieder an der Benzinleitung.

Jim: Ist die kaputt?

Herr Heise: Damit habe ich schon immer Schwierigkeiten gehabt. Das hat man davon, wenn man sich ein billiges Auto kauft.

Frau Heise: Nun hör' mal, bisher warst du immer zufrieden mit dem

(*The car has stopped.*)

Mr. Heise: It won't start!

Mrs. Heise: How come?

Mr. Heise: I'm sure the problem is with the fuel line.

Jim: Is it broken?

Mr. Heise: I've always had trouble with it. That's what you get when you buy a cheap car.

Mrs. Heise: Now, just listen! Up till now you were always satisfied with the

Wagen, du mußt jetzt nicht anfangen zu schimpfen.

Herr Heise: Was soll ich denn machen? Lachen? (*lacht sarkastisch*)

Jim: Wir gehen am besten raus und sehen nach.

Herr Heise: Es wird uns sowieso nichts anderes übrig bleiben.

(*Alle steigen aus.*)

Frau Heise: Huh — ist es kalt draußen!

Herr Heise: Ich habe den Winter nicht erfunden.

Frau Heise: Bitte! Nun beherrsche dich! Ich habe dir nichts angetan!

(*Herr Heise holt einen Mantel aus dem Wagen.*)

Herr Heise (*zu seiner Frau*): Hier, zieh' den an. Es ist wirklich kalt.

(*Er hilft seiner Frau in den Mantel.*)

Frau Heise: Zieh' dir auch einen Mantel an. Jim, du auch.

Jim (*hat die Motorhaube geöffnet*): Nein, danke. Uns wird bald warm werden.

(*Herr Heise hat die Werkzeugtasche geholt.*)

Herr Heise: Ich glaube, eine Düse im Vergaser ist verstopft. Aber das werden wir gleich sehen. — Wo ist der Schraubenzieher?

Jim: Hier, Onkel!

(*Herr Heise schraubt die Düse heraus.*)

Herr Heise: Wenn es nur nicht so kalt wäre! Ich kann schlecht in Handschuhen arbeiten.

Jim: Komm, ich löse dich ab.

Herr Heise: Nein, laß nur.

Frau Heise: Weißt du denn überhaupt, wo die Düse ist?

Herr Heise: Na bitte, ja?! Soviel kenne ich schließlich vom Auto, daß

car. You mustn't start complaining now.

Mr. Heise: What should I do? Laugh? (*he laughs sarcastically*)

Jim: We'd best go out and check.

Mr. Heise: There's nothing else left for us to do, anyway.

(*They all get out.*)

Mrs. Heise: Brr—it's cold outside!

Mr. Heise: I didn't invent winter.

Mrs. Heise: Please, control yourself. I haven't done anything to you!

(*Mr. Heise takes a coat out of the car.*)

Mr. Heise (*to his wife*): Here, put it on. It's really cold.

(*He helps his wife into the coat.*)

Mrs. Heise: You put on a coat too. Jim, you too.

Jim (*has raised the hood*): No, thank you. We'll be warm soon.

(*Mr. Heise has fetched the tool kit.*)

Mr. Heise: I think a fuel injector in the carburetor is plugged. But we'll soon see.—Where is the screwdriver?

Jim: Here, Uncle!

(*Mr. Heise unscrews the fuel injector.*)

Mr. Heise: If only it weren't so cold! I can hardly work with gloves on.

Jim: Come on, I'll relieve you.

Mr. Heise: No, never mind.

Mrs. Heise: Do you know where the fuel injector is anyway?

Mr. Heise: Oh, stop it. After all, I know enough about the car to know

ich weiß, wo die Vergaserdüsen sind. Hier ist eine. (*Sieht sie sich genau an.*) Ich sehe nichts.

Jim: Blase sie mal durch, Onkel.

Herr Heise: Ja. (*bläst*) So, nun wollen wir mal sehen, ob es jetzt geht.

Frau Heise: Hoffentlich klappt's! Ich bin froh, wenn wir wieder fahren können.

Jim: Ich auch, Tante. Je länger man draußen steht, desto kälter wird's.

Herr Heise: Nun will ich den Motor anlassen. Einen kleinen Augenblick. (*steigt in den Wagen und drückt auf den Anlasser*) — Nichts rührt sich.

Jim: Doch, der Anlasser regt sich. Wenigstens ist die Batterie in Ordnung.

Herr Heise: Mit der Elektrizität habe ich noch nie Ärger gehabt. Das kann nur an der Benzinleitung liegen. Paß mal auf, Jim. Ich drehe jetzt die Leitung hinter der Benzinpumpe ab. Ich lasse den Wagen an und du paßt auf, ob Benzin kommt. Dann sehen wir, ob die Benzinpumpe funktioniert.

Jim: Gut, was für Werkzeuge brauchst du? Brauchst du eine Zange?

Herr Heise: Nein, gib mir einen Schraubenschlüssel, den Vierzehner.

Jim: Den Vierzehner — hier ist er.

(*Onkel probiert.*)

Herr Heise: Nein, der ist zu groß. Gib' mir den Elfer.

Jim: Elfer — ja, hier ist er. Warum nimmst du keinen verstellbaren Schraubenschlüssel?

Herr Heise: Den Engländer? Ich glaube, die starren Schlüssel sind für solche Fälle besser. Warte einen Augenblick, nun habe ich die Leitung abgedreht. So, — ich setze mich in den Wagen. Du bleibst hier hinten, Jim, und beobachtest die Leitung.

where the fuel injectors are. Here's one. (*takes a close look at it*) I don't see anything.

Jim: Blow through it, Uncle.

Mr. Heise: Yes. (*blows*) There, let's see if it works now.

Mrs. Heise: I hope it works! I'll be glad when we can get going again.

Jim: Me, too, Aunt. The longer you stand outside, the colder it gets.

Mr. Heise: Now I'm going to start the motor. One moment. (*gets into the car and steps on the starter*)—Nothing happens.

Jim: Yes, the starter's going. At least the battery is okay.

Mr. Heise: I've never had any trouble with the electricity. The problem can only be with the fuel line. Watch out, Jim. I'm going to turn off the line behind the fuel pump now. Then I'll start the car again and you watch to see if any fuel comes out. Then we'll see if the fuel pump is working.

Jim: Okay. What kind of tools do you need? A pair of pliers?

Mr. Heise: No, give me a wrench, size 14 (mm).

Jim: Size 14—here it is.

(*Uncle gives it a try.*)

Mr. Heise: No, it's too big. Give me size 11.

Jim: Size 11—yes, here it is. Why don't you take an adjustable wrench?

Mr. Heise: The monkey wrench? I think the fixed wrenches are better in such cases. Wait a moment, I've just twisted off the line. Now then—I'm going to sit in the car. You stay back here, Jim, and watch the line.

(*Ein Motorradfahrer kommt.*)

Fahrer: Ist was kaputt?

Herr Heise: Oh, die Benzinleitung ist wahrscheinlich verstopft.

Fahrer: Verstopft?

Herr Heise: Ja. Der Motor blieb plötzlich während der Fahrt stehen — nicht direkt, er sprang nochmal kurz an. Dann war es aus.

Fahrer: Aber er tat es noch ein paar Mal? Mit anderen Worten: er bockte?

Herr Heise: Ja. Ich wollte ihn dann anlassen, als wir standen. Aber er tat es einfach nicht mehr.

Fahrer: Gut. Lassen Sie mich mal nachsehen.

Herr Heise: Verstehen Sie denn was davon?

Fahrer: Ja, wissen Sie, Sie haben Glück. Ich bin Automechaniker. Ich habe meine Werkstatt im nächsten Dorf. Dort wollte ich gerade hin.

Frau Heise: Sie schickt der Himmel!

Fahrer (*geht an den Führersitz*): Ich mache mal eben die Haube auf.

Herr Heise: Warum? — der Motor ist hinten.

Fahrer: Das weiß ich. Ich will nur was nachsehen. (*zu Frau Heise*) Haben Sie eine Taschenlampe?

Frau Heise: Ja, ich glaube, wir haben eine im Handschuhkasten. Hier ist sie.

Fahrer: Danke.

(*Fahrer schraubt den Verschluß vom Benzintank auf.*)

Herr Heise: Am Benzintank ist bestimmt nichts kaputt.

Fahrer (*leuchtet mit der Lampe in den Tank*): Wissen Sie — das Auto, das ohne Benzin fahren kann, muß noch erfunden werden!

(*A motorcyclist comes by.*)

Cyclist: Is something wrong?

Mr. Heise: Oh, the fuel line is probably blocked.

Cyclist: Blocked?

Mr. Heise: Yes, the motor stopped suddenly while (we were) driving—not immediately—it started once again abruptly. Then that was the end.

Cyclist: But it did go a couple of times? In other words, it bucked?

Mr. Heise: Yes. I wanted to start it while we stood still. But it just wouldn't go anymore.

Cyclist: Good. Let me check.

Mr. Heise: Do you know anything about it?

Cyclist: Well, you know, you're in luck. I'm an auto mechanic. I have my garage in the next village. I was just going there.

Mrs. Heise: Heaven must have sent you!

Cyclist (*goes to the driver's seat*): I'll just open the hood.

Mr. Heise: Why?—the motor's in the back.

Cyclist: I know that. I just want to check something. (*to Mrs. Heise*) Do you have a flashlight?

Mrs. Heise: Yes, I think we have one in the glove compartment. Here it is.

Cyclist: Thank you.

(*The cyclist unscrews the cap from the gas tank.*)

Mr. Heise: There is definitely nothing wrong with the gas tank.

Cyclist (*shines the light into the tank*): You know, the car that can run without gas has yet to be invented!

Wortschatz

stolz *proud, arrogant; stately*

solange *as long as*

im Stich lassen *to leave in the lurch*

(sich) rühren *to move, stir, budge*

bitten *to ask, implore, beg*

fluchen *to swear, curse*

(von) vornherein *from the start*

wütend *mad, furious*

unschuldig *innocent, faultless*

schrauben *to screw*

blasen, bläst, blies, geblasen *to blow*

der Motor, –s, –e *motor*

kämpfen *to fight, struggle*

der Ruf, –(e)s, –e *reputation; cry, call*

der Kenner, –s, – *expert*

der Automechaniker, –s, – *auto mechanic*

der Handgriff, –s, –e *manipulation; handle (of car door, etc.)*

die Ursache, –, –n *cause, reason, origin*

der Schaden, –s, ⸚ *damage, loss, injury*

stehen bleiben, bleibt stehen, blieb stehen, ist stehengeblieben *to come to a stop or standstill; leave off*

anspringen, springt an, sprang an, ist angesprungen *to start; leap at*

die Benzinleitung, –, –en *fuel line*

kaputt *broken*

die Schwierigkeit, –, –en *trouble, difficulty*

billig *cheap*

lachen *to laugh*

sarkastisch *sarcastic(ally)*

erfinden, erfindet, erfand, erfunden *to invent*

beherrschen *to control*

antun, tut an, tat an, angetan *to do something to a person*

anziehen, zieht an, zog an, angezogen *to put on (clothes)*

die Motorhaube, –, –n *car hood*

die Werkzeugtasche, –, –n *tool kit or bag*

holen *to get, fetch*

die Düse, –, –n *injector, nozzle*

der Vergaser, –s, – *carburetor*

verstopfen *to plug, block*

der Schraubenzieher, –s, – *screwdriver*

der Handschuh, –s, –e *glove*

ablösen (sep. prefix verb) *to relieve*

durchblasen, bläst durch, blies durch, durchgeblasen *to blow through*

klappen (*impersonal*): es klappt *it works*

froh *glad*

je . . . desto *the . . . the . . .*

anlassen, läßt an, ließ an, angelassen *to start*

der Augenblick, –s, –e *moment*

der Anlasser, –s, – *starter*

die Batterie, –, –n *battery*

die Leitung, –, –en *line*

abdrehen (sep. prefix verb) *to turn off*

die Benzinpumpe, –, –n *gas pump*

funktionieren *to function, work*

das Werkzeug, –s, –e *tool*

die Zange, –, –n *pliers*

der Vierzehner, –s, – *size 14 (wrench)*

der Elfer, –s, – *size 11 (wrench)*

verstellbar *adjustable*

der Engländer, –s, – *monkey wrench; Englishman*

starr *stiff, fixed, inflexible*

das Motorrad, –s, ⸚er *motorcycle*

der Motorradfahrer, –s, – *motorcyclist*

bocken *to kick, buck; sulk*

die Werkstatt, –, ⸚en *workshop, garage*

schicken *to send*

der Himmel, –s, – *heaven, sky*

der Führersitz, –es, –e *driver's seat*

die Haube, –, –n *hood*

die Taschenlampe, –, –n *flashlight*

der Handschuhkasten, –s, ⸚ *glove compartment*

der Verschluß, –sses, ⸚sse *lid, cap, lock*

der Benzintank, –s, –s *gas tank*

leuchten *to shine, emit light, gleam*

Fragen

1. Warum blieb der VW mitten auf der Landstraße stehen?
2. Weiß Herr Heise, daß er kein Benzin mehr im Tank hat?

3. Worin vermutet (*suspects*) Herr Heise den Fehler (*fault*)?
4. Warum und mit wem schimpft Herr Heise?
5. Womit kann er die Düse abschrauben?
6. Ist es kalt draußen?
7. Welchen Schraubenschlüssel braucht er?
8. Wer hilft Herrn Heise?
9. Was tut Herr Heise, um die Düse zu reinigen?
10. Springt der Motor wieder an?
11. Weshalb will Herr Heise jetzt die Benzinleitung abschrauben?
12. Wie heißt ein Engländer (das Werkzeug) auf englisch?
13. Warum hält der Motorradfahrer?
14. Versteht der Motorradfahrer etwas von Autos?
15. Wohin wollte er fahren?
16. Wonach fragt der Fahrer?
17. Was will er mit der Taschenlampe?
18. Wohin leuchtet der Motorradfahrer mit der Lampe?
19. Wieviel Benzin ist noch im Tank?
20. Was muß noch erfunden werden?

Hausarbeit

Übersetzen Sie folgenden Dialog ins Englische.

A: Verstehen Sie etwas von Autos?

B: Ja. Was ist mit Ihrem Wagen los?

A: Ich weiß nicht. Mein Wagen springt nicht an.

B: Haben Sie Benzin im Tank?

A: Der Tank ist voll. Ich habe eben erst getankt.

B: Haben Sie denn schon die Benzinleitung nachgesehen?

A: Ich habe selbst die Benzinleitung durchgeblasen. Die ist frei.

B: Arbeitet die Benzinpumpe?

A: Sie arbeitet einwandfrei (*perfectly*). Ich habe alles schon nachgeprüft (*from* nachprüfen = *to check*).

B: Dann kann es nur an der Zündung (*ignition*) liegen.

A: Es könnte auch sein, daß zuviel Benzin im Vergaser ist.

B: Ja, das könnte auch sein. Warten Sie doch eine Weile, vielleicht ist dann das Benzin abgelaufen.

A: Ja. Ich will es jetzt noch einmal versuchen.

B: Gut, lassen Sie den Motor an.

A: Er springt an! Da bin ich wirklich froh.

B: Das glaube ich Ihnen. Es ist immer unangenehm, wenn man eine Panne (*breakdown*) hat.

ZWEITE STUNDE

Use of the Subjunctive in Indirect Discourse

Indirect discourse is really "hearsay evidence." Those statements a person makes in indirect speech may be:

1) about himself:

> Er sagte, er würde heute abend nicht kommen.

2) about another person:

> Er sagte, Jim würde heute abend nicht kommen.

3) about an event:

> Er sagte, heute abend wäre ein großes Feuerwerk.

4) about a thing:

> Er sagte, das Auto wäre kaputt.
> Ich hörte, das Auto wäre kaputt.

Übungen in der Klasse

A. *Transform the phrase in parentheses into the subjunctive.*

Beispiel

Du sagtest mir, (*Jim kommt nach Hause*).
Du sagtest mir, Jim **würde** nach Hause **kommen**.

1. Jim erzählte mir, (*du arbeitest zu Hause*).
2. Herr Heise sagte, (*er ruft uns an*).
3. Ilse sagte, (*sie bleibt in der Universität*).
4. Mutter sagte uns, (*Ilse zieht ihren neuen Mantel an*).
5. Der Arzt sagte uns, (*Frau Heise steht früh auf*).
6. Der Mann sagte, (*der Motor springt nicht an*).
7. Wir hörten, (*Sie fliegen nach Amerika*).
8. Sie erzählten uns, (*ihr gießt Blei zu Sylvester* [Neujahr]).
9. Sie sagten ihnen, (*wir treffen sie an der Hauptpost*).
10. Ich sagte ihr, (*Sie fahren jetzt ab*).
11. Ich erzählte ihm, (*du liest das Buch*).
12. Er versprach uns, (*er lädt euch ein*).
13. Er erzählte mir, (*er kennt dich*).
14. Ich sagte ihm, (*ich nenne ihm den Namen*).
15. Man erzählte uns, (*der Kiosk steht an der Ecke*).
16. Sie schrieben mir, (*der alte Mann stirbt*).
17. Wir versprachen ihnen, (*wir helfen*).

18. Du erzähltest uns, (*er wirft das Buch aus dem Fenster*).
19. Jemand (*someone*) sagte ihm, (*ich fahre zur Universität*).
20. Er erzählte uns, (*die Kinder fahren nach Deutschland*).

B. *Put the following sentences into indirect discourse, using the subjunctive of* **haben** *and* **sein** *plus the past participle of the verb.*

Beispiel

Ich sagte ihm, (*du gehst in die Schule*).
Ich sagte ihm, du **wärest** in die Schule **gegangen**.

1. Er erzählte mir, (*du läufst Schi*).
2. Sie sagte mir, (*ihr bleibt zu Hause*).
3. Sie teilte uns mit, (*Jim ist angekommen*).
4. Sie teilten uns mit, (*unsere Freunde kehren zurück*).
5. Ich erzählte ihr, (*Jim sah die Verkehrsampel nicht*).
6. Du sagtest mir, (*ihr kauft euch ein Auto*).
7. Man teilte uns mit, (*der Zug verspätet sich*).
8. Der Polizist sagte, (*er ertappte ihn auf der Straße*).
9. Ihr sagtet uns, (*ihr verabredetet euch mit den Studenten*).
10. Er sagte mir, (*du liest das Buch*).
11. Er erzählte uns, (*dein Auto bleibt stehen*).
12. Sie sagte ihm, (*ihr sucht sie auf*).
13. Wir sagten ihnen, (*ihr trefft sie an der Hauptpost*).
14. Ich schrieb ihm, (*ihr seid gestern abgefahren*).
15. Er sagte mir, (*du packst unsere Koffer aus*).
16. Er erzählte uns, (*er fährt euch in die Stadt*).

Use of the Subjunctive in Instructions and Directions; Wishes and Desires

Instructions or directions of a general nature are found in cookbooks, on medicine labels, in how-to-assemble directions for hardware, etc. But in these instances the subjunctive is being used less and less in modern German.

Wishes and desires of a general nature, however, are used frequently in conversational German and require the subjunctive:

Ich wünschte, er käme!
I wish he would come!

Wishes beginning with **wenn**, adding the adverbs **doch** and **nur**, also use the subjunctive:

Wenn er doch nur käme!
If only he would come!

Wishes of this kind can also be expressed without **wenn**:

Käme er doch nur!

Übung in der Klasse

Übersetzen Sie ins Deutsche.

Beispiele

I wish he were here!
Ich wünschte, er wäre hier!
If only the motor would work!
Wenn der Motor doch nur funktionieren würde!
Würde der Motor doch nur funktionieren!

1. I wish they would come!
2. I wish I had more time!
3. If only he had not forgotten his book!
4. If only he had seen the red light!
5. If only he had more money!
6. If only I would find a good motel!
7. We wish he would work more!
8. If only the weather were better!
9. If only the motor wouldn't stop!
10. If only it weren't so cold!
11. I wish you would put on your coat!
12. He wishes you would start the motor!
13. If only an auto mechanic would come!
14. I wish I were at home!

DRITTE STUNDE

Wiederholungsübungen: **Strong Verbs, Groups V and VI**

A. *Der Lehrer fragt einen Studenten. Answer the following questions in the perfect tense.*

Beispiel

Wie sah Frau Trost aus? *gut*
Frau Trost **hat** gut **ausgesehen.**

1. Wo lag das Buch? *auf dem Schreibtisch*
2. Wem gaben Sie das Buch? *der Studentin*
3. Sahen Sie im Koffer nach? *ja, ich*
4. Wo aß sie den Kuchen? *im Café*
5. Wie sah das Mädchen aus? *gut*
6. Wohin begab sich Herr Heise (*sich begeben = to go, proceed to*)? *ins Haus*
7. Wo saß der Professor? *am Schreibtisch*
8. Was für ein Buch lasen Sie? *von Goethe*

9. Wo vergaßen Sie den Koffer? *im Bahnhof*
10. Wer trat in das Zimmer ein? *Frau Heise*
11. Wo trat der Künstler auf (*auftreten* = *to appear, perform*)? *im Theater*
12. Traten sie auf den Teppich? *ja, sie*
13. Was sahen Sie sich an? *ich . . . schönes Gemälde*
14. Gab Herr Lemmerz an? *ja, er*
15. Woran lag es? *an der Düse*

B. *Ein Student fragt einen anderen Studenten. Answer the following questions in the past perfect.*

Beispiel

Fuhrt ihr nach Düsseldorf? *ja, wir*
Ja, wir **waren** nach Düsseldorf **gefahren.**

1. Trugst du dich ins Buch ein? *ja, ich*
2. Fuhrst du nach Hause? *nein, ich*
3. Wuchs das Gras? *ja, das*
4. Wuscht ihr euch im Badezimmer? *ja, wir*
5. Ludet ihr ihn ein? *nein, wir*
6. Wann erfuhrst du das? *ich . . . gestern*
7. Was schlug er vor? *er . . . , ins Kino zu gehen*
8. Warum schlug sie dich? *sie . . . , weil sie wütend war*
9. Fuhr der Zug ab? *ja, er*
10. Trug die Bedienung den Koffer? *nein, die Bedienung*

Wiederholungsübung: Regular Verbs

Read the following sentences and fill in the proper forms of the verbs in parentheses, transforming them first into the past perfect, then into the future, and finally into the future perfect.

Beispiel

(*sich rühren*)   Das Auto _____ sich nicht _____.
            Das Auto **hatte** sich nicht **gerührt.**
            Das Auto **wird** sich nicht **rühren.**
            Das Auto **wird** sich nicht **gerührt haben.**

1. (*schimpfen*)   Herr Heise _____ mit seiner Frau _____.
2. (*schrauben*)   Jim _____ am Vergaser _____.
3. (*sich beherrschen*) Der junge Mann _____ sich nicht _____.
4. (*holen*)   Die Bedienung _____ den Koffer _____.
5. (*ablösen*)   Jim _____ Herrn Heise _____.
6. (*klappen*)   Es _____ nicht _____.
7. (*abdrehen*)   Wir _____ das Wasser _____.
8. (*schicken*)   Ihr _____ uns ein Buch _____.
9. (*leuchten*)   Du _____ mit der Taschenlampe _____.
10. (*lachen*)   Ihr _____ darüber sehr _____.
11. (*reinigen*)   Du _____ das Zimmer _____.
12. (*landen*)   Das Flugzeug _____ in Frankfurt _____.

13. (*frühstücken*) Herr Lemmerz _____ in der Skihütte _____.
14. (*rauchen*) Wir _____ alle Zigarren _____.
15. (*ertappen*) Du _____ ihn beim Schmuggeln _____.
16. (*belegen*) Ihr _____ alle Vorlesungen _____.
17. (*verändern*) Du _____ dich nicht _____.
18. (*ausmalen*) Das _____ ich mir ganz anders _____.

Wiederholungsübung: Adjective Endings after the Definite Article

Der Lehrer fragt einen Studenten. Answer the following questions, using the adjectives in italics.

Beispiel

Wer ist gekommen?
Der _____ Herr ist gekommen. *jung*
Der **junge** Herr ist gekommen.

1. Wen haben Sie eingeladen?
   Ich habe den _____ Künstler eingeladen. *groß*
2. Wer wartet draußen?
   Der _____ Geschäftsmann wartet draußen. *seriös*
3. Wer sieht Fernsehen?
   Die _____ Welt sieht Fernsehen. *ganz*
4. Wo ist das Flugzeug?
   Das Flugzeug ist in der _____ Wolke. *dick*
5. Wohin kommt der Mann?
   Er kommt in das _____ Gefängnis. *dunkel*
6. Wo steht der Christbaum?
   Er steht auf dem _____ Platz. *weit*
7. Was hast du ihm geschenkt?
   Ich habe ihm die _____ Eisenbahn geschenkt. *elektrisch*
8. Was hat er nicht gesehen?
   Er hat das _____ Licht nicht gesehen. *rot*
9. Woher haben Sie den Kuchen?
   Ich habe ihn aus dem _____ Café. *deutsch*
10. Was lernen Sie?
    Ich lerne die _____ Sprache. *deutsch*
11. Wo haben Sie das gelesen?
    Ich habe es in dem _____ Artikel in der Zeitung gelesen. *klein*
12. Wo wohnt er?
    Er wohnt in dem Haus mit den _____ Wänden. *fest*
13. Wo halten die Züge?
    Sie halten in den _____ Bahnhöfen. *groß*
14. Wann hält er seine Vorlesungen?
    Die Vorlesungen hält er in der _____ Woche. *nächst*
15. Wem haben Sie das Geld gegeben?
    Ich habe es den _____ Kindern gegeben. *artig*
16. Wohin gehen die Leute abends?
    Sie gehen abends in die _____ Theater. *ausgezeichnet*
17. Wohin setzen sie sich?
    Sie setzen sich in die _____ Sessel. *bequem*

18. Woher wissen Sie das?
    Das hat in den _____ Zeitungen gestanden. *führend*
19. Was hat er gekauft?
    Er hat die _____ Gemälde gekauft. *teuer*
20. Was haben Sie sich angesehen?
    Ich habe mir die _____ Häuser angesehen. *alt*

Wiederholungsübung: Adjective Endings after the Indefinite Article

Ein Student fragt einen anderen Studenten.

Beispiel

Wer ist gekommen?
Ein _____ Herr ist gekommen. *jung*
Ein **junger** Herr ist gekommen.

1. Wie sieht der Rasen aus?
   Es ist ein _____ Rasen. *gepflegt*
2. Was ist das für ein Café?
   Es ist ein _____ Café. *modern*
3. Gibt es kulturelle Darbietungen in der Stadt?
   Ja, es gibt ein _____ Konzertleben dort. *rege*
4. Wo hast du dich hingesetzt?
   Ich habe mich in einen _____ Sessel gesetzt. *bequem*
5. Was ist das für ein Flugplatz?
   Das ist der Flugplatz einer _____, _____ Stadt. *groß, schön*
6. Wo schläfst du?
   Ich schlafe in einem _____, _____ Bett. *schön, groß*
7. Wo wohnt sie?
   Sie wohnt in einem _____ Haus. *alt*
8. Was willst du ihm erzählen?
   Ich will ihm eine _____ Geschichte erzählen. *lang*
9. Was hast du gesehen?
   Ich habe ein _____ Gemälde gesehen. *herrlich*
10. Hast du das Wort verstanden?
    Nein, es war ein _____ Wort. *schwierig*
11. Wie lange warst du bei ihm?
    Ich war eine _____ Zeit bei ihm. *länger*
12. Wo seid ihr spazierengegangen?
    Wir sind in einer _____ Anlage spazierengegangen. *schön*
13. Was ist das für eine Universität?
    Das ist eine ganz _____ Universität. *modern*
14. Wo hast du studiert?
    Ich habe auf einer _____, _____ Universität studiert. *richtig, deutsch*
15. Wem hat er seinen Namen buchstabiert?
    Er hat seinen Namen einem _____ Polizisten buchstabiert. *verzweifelt*
16. Was ist das für eine Idee?
    Das ist keine _____ Idee. *schlecht*
17. Was ist das für ein Kaffee?
    Das ist kein _____ Kaffee. *gut*

18. Sind in alten Häusern eingebaute Schränke?
     In alten Häusern gibt es keine _____ Schränke.   *eingebaut*
19. Hast du noch eine andere Hose?
     Nein, ich habe keine _____ Hose.   *ander*
20. Hast du damit schlechte Erfahrungen gemacht?
     Nein, damit habe ich keine _____ Erfahrungen gemacht.   *schlecht*

Real-Situation Practice

1. Haben Sie schon einmal einen VW gefahren?   2. Haben Sie schon einmal ein Auto in Deutschland gefahren?   3. Hatten Sie schon einmal eine Autopanne?   4. Haben Sie geschimpft, als Sie die Panne hatten?   5. Wohin sind Sie mit dem Auto gefahren?   6. Sind Sie schon einmal in New York Auto gefahren?   7. Sind Sie lieber mit einer Taxe durch New York gefahren?   8. Wo fährt man schneller Auto, in Europa oder in Amerika?   9. Ist der Volkswagen ein gutes Auto?   10. Haben Sie schon einmal einen Merzedes-Benz gefahren?   11. Wieviel Kilometer sind eine Meile? (*1,6 Km*)   12. Fahren Sie lieber mit dem Auto, oder fliegen Sie lieber?   13. Sind Sie schon einmal in Paris gewesen?   14. Was für ein Auto möchten Sie sich kaufen?   15. Wieviel kostet ein Merzedes-Benz in Amerika?   16. Was machen Sie, wenn Ihr Auto stehen bleibt?   17. Ist in jeder Stadt eine Werkstatt?   18. Am wievielten fängt das Herbstsemester (*fall semester*) an?   19. Am wievielten fängt das Sommersemester an?   20. Freuen Sie sich auf die Ferien?   21. Wohin reisen Sie in den Ferien?

21
Einundzwanzigste Einheit

ERSTE STUNDE

Leseübung

Wir leben im Zeitalter der Perfektion. Unsere Erfolge, unsere Fortschritte, unsere Zivilisation sind perfekt. Die Musik, die wir machen oder hören, wird nur anerkannt, wenn alles an ihr „perfekt" ist. Es ist daher kein Wunder, daß Versager auch perfekt sind. Die Extreme gut und schlecht sind weiter auseinandergezogen als jemals zuvor. Früher genügte es oft, daß ein Mensch einen guten Charakter hatte, um von seinen Mitmenschen geachtet zu werden. Heute wird der gute Mensch belächelt, wenn er nicht nebenbei geniale Züge verrät, die ihn wenigstens auf einem Teilgebiet als Experten erscheinen lassen. Sokrates würde bei einem heutigen Bachelor-Examen durchfallen. Man verhungert oder erfriert, wie es Herrn Heise und seinen Getreuen beinahe ergangen wäre, nur weil der Onkel vergaß den Öltank zu prüfen, bevor er in Urlaub fuhr. Es scheint, daß der Onkel nicht viel übrig hat für gediegene Vorsorge. Wie wir feststellen konnten, waren die Ferien der Familie Heise und ihres Neffen Jim recht farbig an unvorhergesehenen Zwischenfällen. Der Onkel scheint den Anforderungen der Perfektion einfach nicht gewachsen zu sein. Doch sollen die unangenehmen Dinge nicht darüber hinwegtäuschen, daß die Ferien im Ganzen gesehen recht schön und erholsam waren. Es sei zum Abschluß noch eine deutsche Redeweise erwähnt, die unsere Freunde jetzt recht zu schätzen wissen: „Wenn einer eine Reise tut, dann kann er was erzählen."

We live in an age of perfection. Our successes, our progress, and our civilization are perfect. Even the music we make or hear is only recognized when everything about it is "perfect." It is therefore no wonder that failures are also perfect. The extremes of good and bad are pulled farther apart than ever before. Earlier, it was enough for a man to have a good character to be respected among his fellow men. Today the good man is just smiled at if he does not also display ingenious characteristics which allow him to appear an expert in at least one department. Socrates would fail today's bachelor exams. One starves or freezes to death, as almost happened to Mr. Heise and his faithful followers, only because Uncle forgot to check the oil tank before he left on vacation. It seems as if Uncle does not believe in thorough precautions. As we could see, the vacation of the Heises and their nephew Jim was really full of (colored with) unforeseen incidents. Uncle simply seems not to be a match for the demands of perfection. Still, the unpleasant events need not overshadow the fact that the vacation, on the whole, was really quite pleasant and relaxing. In closing, another German saying should be mentioned, of which our friends now know the value for the first time: "When one has made a journey, one can tell a tale."

Dialog: Die Ölheizung

Dialogue: The Oil Heating System

(*Vor dem Hause der Familie Heise*)

Herr Heise: Gott sei Dank, wir sind zu Hause!

Frau Heise: Urlaub außerhalb der Heimat ist schön, aber wieder zu Hause sein ist schöner.

Jim: Mir hat die Reise sehr gut gefallen.

Herr Heise: Nun nichts wie hinein! Jim, mach mal die Haube auf. So, jeder nimmt einen Koffer und etwas von den anderen Sachen. Hier, nimm' du die Decke und den leichten Koffer. Jim, du nimmst deinen Koffer und diese Decke. Ich packe mir den Rest. — Kommt, hinein ins Haus.

(*Im Haus*)

Frau Heise: Ich habe das Gefühl, als wären wir zehn Jahre fort gewesen. Dabei waren es doch nur vierzehn Tage. — Nun dreh mal ganz schnell die Heizung an.

Herr Heise: Das ist das erste, was ich tun werde. Es ist kalt im Haus.

(*dreht an der automatischen Heizung*)

Herr Heise: So eine Ölheizung ist doch das Praktischste, was es auf der Welt gibt. — Hört ihr, sie ist schon angegangen. In zwanzig Minuten ist das Haus warm. Nun will ich nur eben nach der Post sehen.

Frau Heise: Seid mal still — ich glaube, die Heizung ist wieder ausgegangen.

Herr Heise: Das kann doch nicht sein. Ich habe sie doch gerade angestellt. Seht, sie steht auf 25°.*

Jim: Meinst du nicht Onkel, daß das etwas zu hoch ist?

(*In front of the Heises' house*)

Mr. Heise: Thank goodness we're home!

Mrs. Heise: A vacation away from home is nice, but it's even nicer to be back home again.

Jim: I enjoyed the trip very much.

Mr. Heise: Now, let's get inside quickly. Jim, open the hood. There, everyone take a suitcase and some of the other things. Here, you take the blanket and the light suitcase. Jim, you take your suitcase and this blanket. I'll clear out the rest. Come on, let's get inside.

(*In the house*)

Mrs. Heise: I feel as if we've been away for ten years. But it was only two weeks. Now, quickly, turn on the heat.

Mr. Heise: That's the first thing I'll do. It's cold in the house.

(*turns on the automatic heating system*)

Mr. Heise: Such an oil heating system is the most practical thing in the world. —Listen, it has started already. In twenty minutes the house will be warm. Now I'll just check the mail.

Mrs. Heise: Quiet everybody—I think the heat has gone off again.

Mr. Heise: That can't be. I just turned it on. See, it's at 25°.

Jim: Don't you think, Uncle, that it's a little too high?

---

* [°] liest man *Grad*.

Herr Heise: Nur für den Anfang. Gleich können wir sie niedriger stellen. (*dreht an der Heizung*) Aber das verstehe ich nicht. Sie läuft nicht.

Frau Heise: Laßt mal in den Keller gehen und nachsehen, warum die Heizung nicht funktioniert. Ich lasse jedenfalls vorläufig meinen Mantel an.

Herr Heise: Wo ist mein Hut? Ich friere am Kopf.

Jim: Hier, Onkel.

(*Alle gehen in den Keller.*)

Jim: Das ist ein geräumiger Keller — sehr praktisch. Man kann vieles hier unterstellen.

Herr Heise: Wir brauchen auch viel Platz.

Frau Heise: Wir haben uns schon oft vorgenommen, die Hälfte davon rauszuschmeißen. Wir sind aber bis heute noch nicht dazu gekommen.

Herr Heise (*sieht in den Ofen*): Da, seht — keine Flamme.

Frau Heise: Warum funktioniert der Ofen nicht?

Jim: Habt ihr denn überhaupt Öl im Tank?

Frau Heise: Nach den Erfahrungen mit unserem Auto werden wir auch hier nichts mehr im Tank haben.

Herr Heise: Du hast recht. Da — kein Tropfen mehr im Tank! Der Zeiger steht auf Null.

Frau Heise: Das ist fein!

Herr Heise: Ich werde sofort die Ölfirma anrufen. Wir brauchen dringend Öl. Hoffentlich sind die Wasserleitungen nicht eingefroren.

(*Alle gehen wieder hinauf.*)

Jim: Wir müssen sofort überall das Wasser laufen lassen. Dann können wir sehen, ob die Leitungen noch frei sind.

Mr. Heise: Only for the beginning. In a moment we can lower it. (*resets the heat*) But I don't understand—it's not working.

Mrs. Heise: Let's go into the cellar and check why the heat isn't working. In any case, I'll leave my coat on for the time being.

Mr. Heise: Where's my hat? My head feels cold.

Jim: Here, Uncle.

(*They all go into the cellar.*)

Jim: This is a roomy cellar—very practical. You can store a lot down here.

Mr. Heise: We need the room, too.

Mrs. Heise: We have often intended to throw out half of it. To this day, however, we haven't got around to it.

Mr. Heise (*looking into the furnace*): There, see—no flame.

Mrs. Heise: Why isn't the furnace working?

Jim: Do you have any oil in the tank?

Mrs. Heise: After the experiences with our car, we probably have nothing in the tank here, either.

Mr. Heise: You're right. There—not a drop left in the tank! The pointer is at zero.

Mrs. Heise: That's great!

Mr. Heise: I'll call the oil company right away. We need oil urgently. I hope the water pipes aren't frozen.

(*They all go back upstairs.*)

Jim: We must let the water run out of all the faucets immediately. Then we can see if the pipes are still open.

Frau Heise: Ja. Ich gehe in die Küche.

Jim: Ich drehe die Wasserhähne im Bad auf.

Herr Heise: Und ich rufe die Ölfirma an.

(*Alle gehen.*)

Herr Heise (*für sich*): Wo ist das Telefonbuch? Ah, hier. Wollmann und Kompanie. W – W – Werner – Wiener – Wollmann: 3675294 — 3 – 6 – 7 – 5 – 2 – 9 – 4. (*wartet*)

Frau Heise: Das Wasser läuft in der Küche.

Jim: Auch im Bad. Die Leitungen sind also noch offen.

Frau Heise: Dann haben wir noch Glück gehabt. Die Heizung kann noch nicht lange aus sein.

Jim: Nein. Vielleicht können wir noch heute Öl bekommen.

Herr Heise: Es meldet sich keiner.

Frau Heise: Versuch's doch noch mal.

Jim: Oh je — wißt ihr, warum sich keiner meldet? Heute ist Sonntag.

(*Herr Heise legt resigniert den Hörer auf.*)

Herr Heise: Hast du etwas zu essen? Ich habe Hunger.

Frau Heise: Willst du mit Mantel und Hut essen?

Herr Heise: Ich gehe sogar mit Mantel und Hut schlafen.

Mrs. Heise: Yes. I'll go into the kitchen.

Jim: I'll turn on the water taps in the bath (room).

Mr. Heise: And I'll call the oil company.

(*Everyone goes.*)

Mr. Heise (*to himself*): Where is the telephone book? Ah, here. Wollmann and Company. W – W – Werner – Wiener – Wollmann: 3675294—3 – 6 – 7 – 5 – 2 – 9 – 4. (*waits*)

Mrs. Heise: The water is running in the kitchen.

Jim: In the bath, too. So the pipes are still open.

Mrs. Heise: Then we're still in luck. The heat can't be out for too long.

Jim: No. Perhaps we can still get oil today.

Mr. Heise: There's no answer.

Mrs. Heise: Try again.

Jim: Oh, dear—you know why no one answers? Today is Sunday.

(*Resigned, Mr. Heise puts the receiver down.*)

Mr. Heise: Do you have anything to eat? I'm hungry.

Mrs. Heise: Do you want to eat with your coat and hat on?

Mr. Heise: I'll even go to sleep with my coat and hat on.

Wortschatz

das Zeitalter, –s, – *age, time; generation*
die Perfektion, –, –en *perfection*
der Erfolg, –s, –e *success; result*
der Fortschritt, –s, –e *progress*
die Zivilisation, –, –en *civilization*
perfekt *perfect*
anerkennen, erkennt an, erkannte an, anerkannt *to recognize, acknowledge*

der Versager, –s, – *failure (person)*
das Extrem, –s, –e *extreme*
auseinanderziehen (sep. prefix verb) *to pull apart*
jemals *ever, at any time*
zuvor *before*
genügen *to be enough; satisfy*
der Charakter, –s, –e *character*

der Mitmensch, –en, –en *fellowman*

achten *to respect, hold in esteem*

belächeln *to smile at (sarcastically)*

nebenbei *close by; incidentally, besides*

der Zug, –es, –e *trait, feature; train; draft (air)*

verraten, verrät, verriet, verraten *to disclose, betray; display*

das Teilgebiet, –s, –e *specialized area*

durchfallen, fällt durch, fiel durch, durchgefallen *to fail, flunk*

verhungern *to starve*

erfrieren, erfriert, erfror, ist erfroren *to freeze (to death)*

der Getreue, –n, –n *faithful follower, friend*

beinahe *almost*

ergehen, ergeht, erging, ist ergangen *to come off (i.e., well or badly)*

der Öltank, –s, –s *oil tank*

prüfen *to examine, test, check*

der Urlaub, –s, –e *vacation*

gediegen *solid, sound; thorough*

die Vorsorge, –, –n *foresight, precaution*

farbig *colorful*

unvorhergesehen *unforeseen*

der Zwischenfall, –s, –e *incident*

die Anforderung, –, –en *demand, claim*

unangenehm *disagreeable, uncomfortable*

hinwegtäuschen (sep. prefix verb) *to deceive a person about something*

erholsam *relaxing*

der Abschluß, –sses, –sse *end, closing*

erwähnen *to mention*

schätzen *to estimate, value, regard*

die Ölheizung, –, –en *oil heating system*

außerhalb *outside of, beyond*

die Heimat, –, –en *homeland*

der Rest, –es, –e *rest, remainder*

das Gefühl, –s, –e *feeling*

andrehen (sep. prefix verb) *to turn on*

die Heizung, –, –en *heat; heating system*

automatisch *automatic(ally)*

praktisch *practical(ly)*

warm (wärmer, wärmst) *warm*

sei still *be silent, quiet*

anstellen (sep. prefix verb) *to turn on*

der Anfang, –s, –e *beginning, start*

niedrig *low; humble; base, mean*

laufen, läuft, lief, ist gelaufen *to run; walk; flow*

der Keller, –s, – *basement, cellar*

vorläufig *preliminary (adj.); for the present (adv.)*

der Hut, –(e)s, –e *hat*

frieren, friert, fror, gefroren *to freeze; be cold*

es friert mich *I am cold*

der Kopf, –(e)s, –e *head*

geräumig *roomy, spacious*

unterstellen *to store; seek shelter*

der Platz, –es, –e *room; place*

sich vornehmen, nimmt vor, nahm vor, vorgenommen *to intend, resolve*

die Hälfte, –, –n *half*

rausschmeißen, schmeißt raus, schmeiß raus, rausgeschmissen *to throw out*

dazu kommen *to get around to it*

der Ofen, –s, – *stove, oven; furnace*

die Flamme, –, –n *flame, blaze; light*

der Tropfen, –s, – *drop*

der Zeiger, –s, – *pointer, indicator*

die Null, –, –en *zero*

fein *fine; thin; delicate; refined; (coll.) grand, excellent*

die Ölfirma, –, –firmen *oil company*

anrufen, ruft an, rief an, angerufen *to call (on the phone)*

die Wasserleitung, –, –en *water pipe*

einfrieren (sep. prefix verb) *to freeze up*

die Küche, –, –n *kitchen*

der (Wasser)hahn, –s, –e *faucet*

das Bad, –es, –er *bath(room)*

das Telefonbuch, –es, –er *telephone book*

offen (adj.) *open; frank*

melden *to report; register, apply; answer the phone*

resignieren *to resign*

der Hörer, –s, – *receiver (telephone)*

Fragen

1. Wohin kehren Familie Heise und Jim zurück?
2. Wie hat Jim die Reise gefallen?

3. Ist es im Hause warm?
4. Was für eine Heizung haben die Heises im Hause?
5. Wer stellt die Ölheizung an?
6. Warum geht die Heizung wieder aus?
7. Weiß Herr Heise sofort, daß kein Öl mehr im Tank ist?
8. Wohin geht Herr Heise, um nach der Heizung zu sehen?
9. Was tat Herr Heise, als er sah, daß kein Öl mehr im Tank war?
10. Warum konnte Herr Heise die Ölfirma nicht erreichen (*reach*)?
11. War das Wasser im Hause eingefroren?
12. Wie kann man feststellen, ob das Wasser in der Leitung eingefroren ist?
13. Warum will Herr Heise mit Mantel und Hut schlafen gehen?

Hausarbeit

Übersetzen Sie den Dialog ins Englische. Dann lernen Sie ihn auswendig.

A: Wie waren deine Ferien?

B: Sehr schön. Wir waren in den Bergen.

A: Da konntet ihr aber nicht Schi laufen — es ist doch Sommer.

B: Wir sind auch nicht Schi gelaufen. Wir haben weite Spaziergänge und Wanderungen gemacht.

A: Seid ihr nicht auf Berge geklettert (*klettern = to climb*)?

B: Das war uns zu gefährlich (*dangerous*). Wir sind keine Berge gewohnt.

A: Fahrt ihr jeden Sommer in die Berge?

B: Nein. Oft fahren wir an die See.

A: Wohin fährst du lieber, an die See oder in die Berge?

B: Das ist mir egal. (*It's all the same to me*). Mir gefällt es überall, solange ich nicht arbeiten muß.

A: So geht's mir auch. Ferien ist das Schönste, was es gibt.

B: Als wir nach Hause fuhren, hatten wir eine Autopanne.

A: Was war passiert?

B: Wir hatten kein Benzin mehr. Aber mein Onkel dachte, irgend etwas am Motor wäre kaputt.

A: Na, der versteht ja auch nicht viel von Autos. Da wart ihr aber froh, als ihr schließlich wieder zu Hause wart?

B: Zu Hause funktionierte die Heizung nicht.

A: Warum nicht?

B: Der Öltank war leer (*empty*).

ZWEITE STUNDE

Conjunctions Used with the Subjunctive

The subjunctive is often used after the conjunctions **ohne daß, als daß,** and **damit.**

Beispiele

Er nahm sich das Geld, ohne daß er mich gefragt hätte.
He took the money without asking me.
Er war zu arm, als daß er sich ein Auto kaufen würde.
He was too poor to buy himself a car.
Er sparte Geld, damit er sich ein Auto kaufen könnte.*
He saved money in order to buy a car.

Übungen in der Klasse

A. *Combine the two sentences into a single compound sentence, using* **ohne daß** *and the subjunctive in the dependent clause.*

Beispiel

Er nahm sich den Kuchen. Er hatte nicht bezahlt.
Er nahm sich den Kuchen, *ohne daß* er **bezahlt hätte.**

1. Jim nahm mein Auto. Er hatte mich nicht gefragt.
2. Herr Heise fuhr in Urlaub. Er kümmerte sich nicht um die Heizung.
3. Er stellte die Heizung an. Es war kein Öl im Tank.
4. Der Motor sprang an. Es war kein Benzin im Tank.
5. Herr Heise rief die Ölfirma an. Es war jemand im Büro.
6. Er fuhr nach Hause. Er hatte nicht auf mich gewartet.
7. Sie nahm ein Bad. Sie hatte kein warmes Wasser.
8. Sie fuhr in Urlaub. Sie hatte kein Geld.
9. Er wollte die Düse nachsehen. Er hatte keinen Schraubenzieher.
10. Frau Heise öffnete einen Brief. Sie hatte nicht auf die Anschrift (*address*) gesehen.

B. *Form a single compound sentence, using* **als daß** *and the subjunctive in the dependent clause.*

Beispiel

Das Auto war zu gut. Jim verkaufte es nicht.
Das Auto war zu gut, *als daß* Jim es **verkauft hätte.**

1. Es war zu kalt. Man brauchte keinen Mantel.
2. Es war zu warm. Man ging nicht mit Hut und Mantel ins Bett.
3. Es war zu früh. Es war jemand im Büro.

---

* Notice that this sentence belongs to the category of indirect discourse: *He said, or he told me that he saved money in order to buy a car.*

4. Die Ferien waren zu schön. Der Onkel ärgerte sich nicht. (*sich ärgern* [*über*] = *to be angry, annoyed*).
5. Der Volkswagen war zu klein. Nicht alle Koffer gingen hinein.
6. Jim war zu müde. Er arbeitete nicht.
7. Herr Lemmerz hatte nicht genug gelernt. Er konnte nicht Ski laufen.
8. Herr Lemmerz aß zuviel. Er war kein Sportsmann.
9. Hannelore hatte nicht genug gearbeitet. Sie war keine gute Studentin.
10. Werner hatte nicht genug Geld. Er konnte nicht in Ferien fahren.

C. *Form a single compound sentence, using* **damit** *and the subjunctive in the dependent clause.*

Beispiele

Er studierte. Er konnte später viel Geld verdienen.
Er studierte, *damit* er später viel Geld **verdienen könnte.**

Er studierte. Er verdiente später viel Geld.
Er studierte, *damit* er später viel Geld **verdienen würde.**

1. Der Onkel gab Jim Geld. Er kaufte sich Bücher.
2. Er wollte früh gehen. Er war früh zu Hause.
3. Er machte die Haube auf. Er konnte den Tank nachsehen.
4. Der Vater schickte ihn zur Universität. Er studierte.
5. Er ging mit Mantel und Hut ins Bett. Er fror nicht.
6. Die Tante sprach mit dem Onkel. Er ärgerte sich nicht.
7. Hannelore arbeitete mehr. Sie war eine gute Studentin.
8. Helmut war um acht Uhr am Kiosk. Er traf Hannelore.
9. Herr Heise sah auf die Anschrift. Er las nicht den falschen Brief.
10. Sie machte die Heizung an. Sie fror nicht.

Wiederholungsübungen: The Passive Voice

A. *Der Lehrer fragt einen Studenten. Answer first in the present, then in the past tense.*

Beispiel

Wo ist der Stuhl? *bringen*
Der Stuhl **wird gebracht.**
Der Stuhl **wurde gebracht.**

1. Was macht ihr mit dem Kuchen? *essen*
2. Wo hält er die Vorlesung? *im Hörsaal*
3. Was machen wir mit der Heizung? *ausstellen*
4. Was machen wir mit der Düse? *reinigen*
5. Wo frühstücken wir? *im Restaurant*
6. Was machen wir zuerst? *die Koffer auspacken*
7. Was macht ihr mit dem Blei? *schmelzen*
8. Was macht die Polizei mit Zechprellern? *bestrafen*
9. Wo kann man Geld wechseln? *am Schalter*
10. Was macht man am Fahrkartenschalter? *Fahrkarten bezahlen*
11. Schießt ihr Raketen zu Silvester?
12. Was tut man, bevor man in ein Zimmer tritt? *anklopfen*

13. Wo verbringt ihr euere Ferien? *in den Bergen*
14. Was macht ihr in den Bergen? *Schi laufen*
15. Was passiert in der Neujahrsnacht? *Glocken läuten*
16. Anerkennen die Beamten diesen Paß?

B. *Ein Student fragt einen anderen Studenten. Answer in the passive voice, perfect tense.*

Beispiel

Wie kommt der Stuhl hierher? *bringen*
Der Stuhl **ist** hierher **gebracht worden.**

1. Wie kommt der Schlüssel hierher? *ins Armaturenbrett stecken*
2. Woher kommt Jim? *aus dem Restaurant rausschmeißen*
3. Habt ihr die Ölfirma angerufen?
4. Ist das Auto in Ordnung? *Motor nachprüfen*
5. Wohin hat man euch gefahren? *zum Flugplatz*
6. Wo sind die Bücher? *die Studenten mitnehmen*
7. Wer hat die Gemälde ausgesucht? *der Professor*
8. Wer hat die Zigarren geraucht? *Herr Heise*
9. Was haben Sie mit den Düsen gemacht? *durchblasen*
10. Wer hat den Polizisten beleidigt? *Jim*
11. Was ist mit der Benzinleitung passiert? *abschrauben*

Wiederholungsübung: Adjectives without an Article

Add the appropriate endings to the adjectives in italics.

Beispiel

Man trinkt abends nur (*gut*) Wein.
Man trinkt abends nur **guten** Wein.

1. Das ist (*alt*) Wein.
2. Er blieb wegen* (*dringend*) Arbeiten in der Universität.
3. In jedem Haus findet man (*geräumig, pl.*) Keller.
4. Auf Reisen nimmt man immer (*leicht, pl.*) Koffer mit.
5. Diese Schraube löst man mit (*verstellbar*) Schraubenschlüssel.
6. Ich gehe nicht gerne in (*kalt*) Wetter spazieren.
7. Der Springbrunnen wird mit (*bunt*) Licht angeleuchtet.
8. Mit (*schlecht*) Menschen macht man nur (*schlecht*) Erfahrungen.
9. Die Wasserorgel wird zu (*verschieden*) Figuren eingestellt.
10. Am Kiosk werden (*führend*) Zeitschriften verkauft.
11. Ich sah ihn nur (*kurz*) Augenblicke.
12. Die Studenten sind (*verschieden, poss.*) Geschlechts.
13. Der Professor hat (*merkwürdig*) Ansichten.
14. Er lenkt die Unterhaltung mit (*wohlgesetzt*) Bemerkungen.
15. Sie erfreut sich (*groß, poss.*) Beliebtheit.
16. Das abstrakte Gesetz wird in (*konkret, dir. obj.*) Wirklichkeit verwandelt.

---

* *wegen* (+ poss.) = because of, on account of.

17. Er erzählte (*folgend*) Geschichte.
18. Dort steht das Haus mit (*fest*) Wänden.
19. An dem großen Platz stehen (*viel, alt*) Häuser.

Wiederholungsübungen: **Word Order (Questions)**

A.   *Change the following statements into questions.*

Beispiel

Das ist die Benzinleitung.
Ist das die Benzinleitung?

1. Das ist eine deutsche Redeweise.
2. Das wird im Examen gefragt.
3. Das hat er gestern mitgebracht.
4. Das habt ihr von Jim gehört.
5. Das hat euch Ilse erzählt.
6. Das hat er in der Stadt gekauft.
7. Das konnten wir ihn nicht fragen.
8. Das hat sie ihm nicht verkaufen können.
9. Das konnten wir ihnen nicht glauben.
10. Das haben wir mit ihm nicht machen können.

B.   *Change the following statements into questions, using the question-words indicated in italics.*

Beispiel

Jim konnte gestern nicht kommen.   *warum*
Warum konnte Jim gestern nicht kommen?

1. Die Heizung funktionierte nicht.   *warum*
2. Die Wasserleitung war zugefroren.   *weshalb*
3. Der Öltank war leer.   *weswegen*
4. Sie fahren in die Berge.   *wohin*
5. Jim kommt aus Amerika.   *woher*
6. Familie Heise wohnt in Saarbrücken.   *wo*
7. Ilse geht in die Stadt.   *wohin*
8. Herr Heise kommt aus dem Café.   *woher*
9. Frau Heise arbeitet in ihrem Zimmer.   *wo*
10. Der neue Schreibtisch kommt in Jims Zimmer.   *welcher*
11. Der neue Fernsehapparat gehört Ilse.   *welcher*
12. Die Universität in Saarbrücken hat eine neue Bibliothek.   *welche*
13. Die Premiere im Stadttheater ist noch nicht aus.   *welche*
14. Das Gemälde von Salvadore gefällt mir.   *welches*
15. Das Geschenk für den Onkel ist teuer.   *welches*
16. Ich habe dem Herrn aus der Bibliothek das Buch gegeben.   *wem*
17. Ich habe Herrn Heises Auto gesehen.   *wessen*
18. Herr Heise schimpfte auf seinen Wagen.   *worauf*
19. Jim sprach mit Ilse über die Universität.   *worüber*
20. Ilse dachte an Jim.   *an wen*
21. In diesem Zimmer stehen zwei Betten.   *wie viele*

22. Der Onkel schraubte die Düse mit einem Schraubenschlüssel los. *womit*
23. Das Wetter war kalt. *wie*
24. Es war ein gutes Konzert. *wie*
25. Der Professor ist am Dienstag in seinem Büro. *wann*
26. Wir fahren morgen nach Frankfurt. *wann*
27. Heute nachmittag gehe ich mit Ilse in die Stadt. *wann*
28. Heute haben wir den 22. April. *den wievielten*
29. Morgen haben wir den 23. April. *den wievielten*
30. Gestern war der 21. April. *der wievielte*
31. Übermorgen ist der 24. April. *der wievielte*
32. Am Dienstag ist der 31. April. *der wievielte*

C. *Make questions from the following statements by using "**was für**."*

Beispiel

Ich habe ein Auto aus Berlin gesehen.
Was für ein Auto hast du gesehen?

1. Ich habe ein Gemälde von Dürer gesehen.
2. Familie Heise hat eine Ölheizung im Hause.
3. Herr Heise fährt einen Volkswagen.
4. Zum Nachtisch gibt es Apfelkuchen.
5. Das ist eine Autowerkstatt.
6. Das sind Ilses Handschuhe.
7. Das sind Jims Stiefel.
8. Das sind die Hemden des Onkels.

Wiederholungsübung: Strong Verbs, Group VII

Der Lehrer fragt einen Studenten. Answer in the past and past perfect tenses.

Beispiel

Wann verließen Sie das Hotel? *um vier Uhr*
Ich **verließ** das Hotel um vier Uhr.
Ich **habe** das Hotel um vier Uhr **verlassen.**

1. Wann ließt du ihn in die Schule gehen? *gestern*
2. Wie gefiel Ihnen das Gemälde? *gut*
3. Wann erhielten Sie das Buch? *am Montag*
4. Wann fing Jim mit seiner Arbeit an? *am Donnerstag*
5. Wo hielt das Auto? *vor der Hauptpost*
6. Wann lief der Zug ein? *um 8 Uhr*
7. Wo schliefen Sie? *im Hotel*
8. Woran stießen Sie sich? *Koffer*
9. Wie hieß diese Stadt? *Tübingen*
10. Wie lief Herr Lemmerz Schi? *ausgezeichnet*
11. Ließ der Professor Jim zur Vorlesung zu? *ja*
12. Wo unterhieltet ihr euch? *im Café*
13. Behielten Sie die Bücher? *nein*
14. Wie geriet Ihnen der Kuchen? *gut*

15. Wie hielten Sie den Koffer zusammen? *mit einer Schnur* (*string*)
16. Wo hielt Sie der Polizist auf? *an der Straßenkreuzung*
17. Was blies ihm um die Ohren? *Wind*
18. Womit ließen Sie den Motor an? *mit einem Schlüssel*
19. Verrieten Sie ihr, wo die Schlüssel liegen? *nein*
20. Was fiel im Auto durcheinander? *die Koffer*

Wiederholungsübung: Commands

Transform the following verbs into the three command forms.

Beispiel

bleiben
Bleib!
Bleibt!
Bleiben Sie!

anrufen	anlassen	laufen
stoßen	ziehen	schlafen
halten	springen	trinken
anfangen	tragen	abfahren
sich waschen	fahren	werfen
sich treffen	Platz nehmen	nehmen
sprechen	aufstehen	stehen
sich anziehen	fliegen	schießen
schließen	reißen	pfeifen
bleiben	aussteigen	schneiden
schreiben		

DRITTE STUNDE

Wiederholungsübungen: Coordinating Conjunctions

A. *Connect the following pairs of sentences with either* **aber** *or* **sondern***.*

Beispiele

Er möchte ins Theater gehen. Er hat keine Zeit.
Er möchte ins Theater gehen, **aber** er hat keine Zeit.
Er ist nicht ins Theater gegangen. Er ist ins Museum gegangen.
Er ist nicht ins Theater gegangen, **sondern** ins Museum.

Note that in the second sentence with **sondern** both subject and predicate are omitted. The verb is only omitted when it is the same in both phrases; it is not omitted when another verb is employed.

Ich fahre nicht in Ferien, sondern bleibe zu Hause.

1. Urlaub außerhalb der Heimat ist schön. Wieder zu Hause sein, ist schöner.
2. Es ist nicht warm zu Hause. Es ist kalt.
3. Wir möchten die Heizung anmachen. Sie funktioniert nicht.
4. Wir wollen abfahren. Das Auto springt nicht an.
5. Der Motor ist nicht vorne. Er ist hinten.
6. Wir brauchen dringend Öl. Es gibt keins.
7. Die Telefonnummer ist nicht 36752. Sie ist 36572.
8. Die Leitungen sind nicht offen. Sie sind zugefroren.
9. Wir haben viele Sachen im Keller. Er ist geräumig.
10. Ich gehe nicht ins Badezimmer. Ich gehe in die Küche.
11. Heute ist nicht Mittwoch. Heute ist Donnerstag.
12. Er kann heute nicht fahren. Er wird morgen fahren.
13. Das Auto ist nicht alt. Es ist neu.
14. Man soll sich kein billiges Auto kaufen. Man soll ein gutes kaufen.
15. Draußen ist es warm. Ich ziehe mir einen Mantel an.
16. Das ist nicht der richtige Schraubenschlüssel. Das ist der falsche.
18. Ich habe kein neues Auto. Es fährt noch.
19. Ich habe kein neues Auto. Ich habe ein altes.
20. Der Benzintank ist nicht voll. Es ist noch etwas drin.

B. *Connect the following sentences with* **denn**, **oder**, *or* **und**.

1. Ich fahre in die Stadt. Ich will mir einen Mantel kaufen.
2. Kann Herr Lemmerz wirklich Schi laufen? Hat er angegeben?
3. Wir fahren ins Hochgebirge. Wir wohnen in einem Hotel.
4. Er ist kein Sportsmann. Er ißt zuviel.
5. Hast du den Schlüssel in der Tasche? Hast du ihn vergessen?
6. Ich nehme die Decke. Du nimmst die Stiefel.
7. Du nimmst den Rest. Dann gehen wir ins Haus.
8. Er geht in den Keller. Er will nach der Heizung sehen.
9. Wollen Sie eine Zigarre rauchen? Rauchen Sie lieber eine Zigarette?
10. Kaufst du ihm einen Pullover? Kaufst du ihm ein Hemd?
11. Überall stehen Christbäume. Es ist Weihnachten.
12. Er fährt nach Düsseldorf. Er besucht Köln auf dem Weg.
13. Sie hat ihm ein Geschenk gemacht. Es ist Weihnachten.
14. In dem Schaufenster sieht man kleine Engel. Dort hört man ein Orchester spielen.
15. Sollen wir Neujahr zu Hause feiern? Sollen wir ausgehen?
16. Hat er sich in Ilse verliebt? Geht er mit Maria aus?
17. Ich fahre das Auto vor die Tür hin. Du holst die Koffer.
18. Gib mir die Wagenschlüssel. Ich will das Auto holen.

Wiederholungsübungen: Subordinating Conjunctions

A. *Connect the following pairs of sentences with* **wenn** *or* **wann**, *and change the word order accordingly.*

Beispiele

Ich werde den Professor fragen. Er kommt ins Büro.
Ich werde den Professor fragen, **wenn** er ins Büro kommt.

Ich werde die Assistentin fragen. Das Flugzeug fliegt ab.
Ich werde die Assistentin fragen, **wann** das Flugzeug abfliegt.

1. Können Sie mir sagen . . . ? Der Zug fährt ab.
2. Wir fahren ins Hochgebirge. Wir haben Ferien.
3. Ich weiß nicht. Jim kommt nach Hause.
4. Wir kaufen uns einen Volkswagen. Wir kaufen uns ein Auto.
5. Können Sie mir sagen . . . ? Das Flugzeug kommt an.
6. Hat der Onkel euch gesagt . . . ? Er fährt in Ferien.
7. Ich werde ihr das Buch schenken. Sie kommt aus den Ferien zurück.
8. Kann der Beamte uns sagen . . . ? Wir kommen in Düsseldorf an.
9. Ich gebe ihr das Buch. Sie besucht mich.
10. Ich werde ihn fragen. Ich treffe ihn.

B. *Fill in the blanks with* **als** *or* **wenn.**

Beispiele

Morgens, _____ die Sonne aufgeht, stehe ich auf.
Morgens, **wenn** die Sonne aufgeht, stehe ich auf.
—— er mich sah, freute er sich.
Als er mich sah, freute er sich.

1. _____ ich ihn traf, wollte er zur Universität gehen.
2. _____ er in die Vorlesung geht, trifft er Ilse.
3. Er fährt ins Hochgebirge, _____ er in Ferien fährt.
4. Der Motor blieb stehen, _____ wir in die Stadt fuhren.
5. Wir haben Hunger, _____ wir nach Hause kommen.
6. Die Heizung ging nicht an, _____ wir aus den Ferien kamen.
7. Wir gießen immer Blei, _____ wir Silvester feiern.
8. Es war sehr kalt, _____ wir eine Autopanne hatten.
9. Sie waren in der Schihütte, _____ sie Herrn Lemmerz trafen.

C. *Fill in the blanks with* **daß**, **bis** (*until*), **ob**, *or* **während** (*while*).

Beispiel

Ich weiß nicht, _____ er arbeitet.
Ich weiß nicht, **ob** er arbeitet.

1. Ich weiß, _____ er kommt.
2. Ich warte, _____ er kommt.
3. Ich weiß nicht, _____ er kommt.
4. Ich arbeite, _____ er das Buch liest.
5. Der Schilehrer fragt, _____ Herr Lemmerz da ist.
6. Herr Heise läuft Schi, _____ Herr Lemmerz frühstückt.
7. Er hat nicht gewußt, _____ der Motor hinten ist.
8. Jim studiert so lange, _____ er Deutsch richtig sprechen kann.
9. Wir wollen nicht vergessen, _____ die Ferien schön waren.
10. Ich lasse den Mantel an, _____ es warm wird.
11. Wir prüfen die Wasserleitung, _____ der Onkel die Ölfirma anruft.
12. Wir gehen in den Keller und sehen nach, _____ noch Öl im Tank ist.
13. Herr Heise läßt den Wagen an, _____ Jim die Benzinleitung beobachtet.
14. Jim guckt, _____ Benzin aus der Leitung kommt.
15. Herr Heise wartet in der Zollhalle, _____ Jim kommt.

16. Er kennt soviel vom Auto, _____ er weiß, wo der Vergaser ist.
17. Wir haben Glück gehabt, _____ die Wasserleitung nicht eingefroren ist.
18. Wir müssen warten, _____ wir wieder Öl im Tank haben.
19. Ilse hat Jim noch nicht gefragt, _____ er auf der Universität studieren will.
20. Wir beobachten die Wasserorgel, _____ die Bedienung den Kuchen bringt.

Wiederholungsübung: Double Infinitives (Modal Auxiliaries)

Der Lehrer fragt einen Studenten. Answer in the perfect tense with a double infinitive, first affirmatively, then negatively.

Beispiel

Wollte er ihr das Buch schenken?
Ja, er **hat** ihr das Buch **schenken wollen.**
Nein, er **hat** ihr das Buch **nicht schenken wollen.**

1. Wollten Sie ins Hochgebirge fahren?
2. Konnte Ilse zu Besuch kommen?
3. Sollte Jim seine Hausarbeiten machen?
4. Durfte er das Auto fahren?
5. Mußte die Tante die Koffer wieder auspacken?
6. Mochten Sie ins Theater gehen?
7. Wollte Herr Heise einen Volkswagen kaufen?
8. Konnte er die Autoschlüssel finden?
9. Sollte Jim die Benzinleitung beobachten?
10. Durfte Herr Lemmerz soviel zum Frühstück essen?
11. Mußte Herr Lemmerz Schi laufen?
12. Mochte Herr Lemmerz Schi laufen?
13. Wollte Jim den Motor anlassen?
14. Konnten die Studenten ihre Zeche bezahlen?
15. Sollten Sie diese Bücher lesen?
16. Durftest du nach Frankfurt fahren?
17. Mußtet ihr die Vorlesung hören?
18. Mochtet ihr ins Kaffeehaus gehen?

Wiederholungsübung: Word Order

In the following sentences, place the italicized words at the beginning, and change the word order accordingly.

Beispiel

Herr Heise ist *mit seinem Auto* nicht zufrieden.
Mit seinem Auto ist Herr Heise nicht zufrieden.

1. Das Auto ist *mitten auf der Straße* kaputt gegangen.
2. Der Automechaniker stellte *mit einigen Handgriffen* den Schaden fest.
3. Eine Düse *im Vergaser* ist verstopft.
4. Ich bin froh, *wenn wir wieder fahren können.*
5. Ich habe noch nie Ärger *mit der Elektrizität* gehabt.
6. Eine elektrische Eisenbahn fährt *um den ganzen Jahrmarkt herum.*

7. Ihr habt *einen ausgezeichneten Plattenspieler.*
8. Das neue Jahr beginnt *in wenigen Sekunden.*
9. Wir müssen *die Koffer* wieder auspacken.
10. Es gibt viele Wintersportplätze *bei uns.*

Wiederholungsübung: Relative Pronouns

Fill in the blanks with the correct form of the relative pronouns der, die, das.

Beispiel

Der Herr, —— dort kommt, ist Professor.
Der Herr, **der** dort kommt, ist Professor.

1. Der junge Mann, _____ dort am Tisch sitzt, ist Student.
2. Der Tisch, _____ Sie dort sehen, ist ein Schreibtisch.
3. Die Taschenlampe, _____ ich dir gab, gehört Frau Heise.
4. Die Wasserleitung, _____ wir geprüft hatten, funktionierte.
5. Das Ei, _____ Herr Lemmerz bestellte, war ein Spiegelei.
6. Das Motorrad, _____ er ihr schenkte, war schon alt.
7. Der Zug, mit _____ wir fuhren, fuhr nach Saarbrücken.
8. Die Dame, mit _____ du sprachst, war Studentin.
9. Das Geld, mit _____ du bezahlt hast, gehörte mir.
10. Die Zigarren, _____ du gekauft hast, sind gut.
11. Die Herren, _____ Koffer in der Zollhalle stehen, sind Franzosen.
12. Die Studenten, mit _____ wir sprachen, waren aus Amerika.
13. Die Handschuhe, _____ ich euch gab, gehörten Frau Heise.
14. Der Herr, _____ Auto vor dem Hotel stand, war Amerikaner.
15. Die Dame, _____ Koffer geöffnet wurde, war Französin.
16. Das Dorf, _____ Bewohner (*inhabitants*) so arm waren, lag in Süddeutschland.

Wiederholungsübungen: Time, Numbers, and Dates

A. *Read the following times, first the official, then the unofficial time.*

Beispiel

14^{27} vierzehn Uhr siebenundzwanzig
         drei Minuten vor halb drei

8^{10} acht Uhr zehn
         zehn Minuten nach Acht

23^{59}	17^{36}	16^{12}
12^{15}	9^{45}	2^{25}
13^{49}	20^{02}	18^{51}
1^{20}	5^{30}	4^{35}
14^{28}	19^{29}	21^{16}
11^{50}	6^{10}	7^{12}
17^{11}	15^{22}	22^{14}
3^{21}	10^{40}	8^{45}

B. *Read the following numbers.*

263	194	842
24	985	375
92	735	751
625	173	285
74	498	263
523	27	46
96	64	18
21	72	374

$5 \times 5 = 25$ $6 \times 8 = 48$ $10 \times 9 = 90$ $3 \times 4 = 12$

$80 \div 10 = 8$ $36 \div 6 = 6$ $81 \div 9 = 9$ $12 \div 3 = 4$

C. *Read the following dates.*

Beispiel

Montag, 23. Januar 1926

Montag, der dreiundzwanzigste (den dreiundzwanzigsten) Januar neunzehnhundert-
sechsundzwanzig

1. Dienstag, 12. Februar 1917
2. Mittwoch, 21. März 1936
3. Donnerstag, 7. April 1944
4. Freitag, 30. Mai 1896
5. Samstag (Sonnabend), 28. Juni 1902
6. Sonntag, 16. Juli 1917
7. Montag, 12. August 1921
8. Dienstag, 8. September 1938
9. Mittwoch, 19. Oktober 1958
10. Donnerstag, 24. November 1957
11. Freitag, 31. Dezember 1961

Real-Situation Practice

1. Guten Tag! 2. Darf ich Sie zu einer Tasse Kaffee einladen? 3. Wohin möchten Sie gehen: in ein Café oder in ein Restaurant? 4. Was möchten Sie essen? 5. Bestellen Sie mir bitte ein Stück Kuchen. 6. Kaufen Sie mir bitte am Kiosk eine Zeitung und ein Magazin. 7. Wohin werden Sie in Ferien fahren? 8. Sagen Sie mir, welche Fächer Sie studieren. 9. Warum studieren Sie Deutsch? 10. Warum ist die deutsche Sprache wichtig? 11. Wann werden Sie nach Deutschland reisen? 12. Welche Städte wollen Sie besuchen?

22
Zweiundzwanzigste Einheit

ERSTE STUNDE

Leseübung

Die Post ist eine lobenswerte Einrichtung. Ohne sie würden wir kaum einen Tag zu Hause sitzen können um Briefe zu schreiben, weil wir die meiste Zeit unterwegs wären, um unser Geschriebenes zu befördern. Das Chaos wäre vollkommen. Stattdessen übernimmt die Post diese Aufgabe und sammelt in verhältnismäßig wenig Gebäuden, die man Postämter nennt, alle Briefe, Päckchen und Pakete, alle Telegramme, Einschreibebriefe oder Einschreibesendungen, alle Postanweisungen, das sind Geldsendungen, und verschickt sie in alle Teile der Welt.

Sie sammelt durch ihre Postboten, die auch Briefträger genannt werden, sogar die Rundfunk- und Fernsehgebühren ein. In Deutschland muß man nämlich jeden Monat zwei Mark fürs Radio und fünf Mark fürs Fernsehen bezahlen. Dafür bleiben dem Publikum aber auch die Reklamen erspart, die in unserem Lande in dezenter Weise die Programme unterbrechen.

Das Fernsprechwesen gehört auch der Post. In Deutschland war man den Vereinigten Staaten insofern voraus, als daß man schon vor vielen Jahren Ferngespräche ohne Einschaltung der Vermittlung führen konnte. Jede Stadt oder Ortschaft hat eine besondere Nummer, sogenannte Vorwahlnummer, die man vor der gewünschten Nummer wählt. Der öffentliche Fernsprecher wird ebenso bedient, wie man es hier tut: man wirft ein Geldstück ein und wählt dann die Nummer des gewünschten Teilnehmers.

The postal service is a praiseworthy establishment. Without it we could hardly sit at home a single day to write letters, because most of the time we would be under way dispatching our own writings. Chaos would surely reign. Instead (of this), the postal service undertakes this task and collects in relatively few buildings, which we call post offices, all letters, small parcels and packages, all telegrams, registered letters and registered shipments, all money orders, i.e., remittances—and forwards them to all parts of the world.

Through its postmen, who are also called letter carriers, it collects even the radio and television fees. In Germany one must pay two marks for radio and five marks for television every month. But in return, the public is also spared the commercials, which, in our country, interrupt the programs in subtle ways.

Telephone service is also a part of the postal department. Germany was more advanced than the United States to the extent that even several years ago one could place long-distance calls without the use of an intermediary. Every city or village has a special number, the so-called area code, which one dials before the desired number. The public telephone is used in the same way as it is here: one drops in a coin and dials the number of the subscriber wanted.

Auf Briefe klebt man Brief- oder Frei-
marken. Das darf man nicht vergessen,
sonst kann es vorkommen, daß man
den Brief zurückbekommt. Das macht
sich besonders gut bei Eilbriefen mit
wichtigem Inhalt. Es ist auch von Bedeutung, daß man die Anschrift und
den Absender deutlich schreibt. Man
sollte auch, wenn man einen Brief
bekommt, sorgfältig lesen, an wen er
gerichtet ist. Öffnet man nämlich versehentlich einen Brief, der für jeman-
den anders bestimmt ist, kann das
recht peinlich werden, wie wir gleich
sehen werden.

Doch laßt uns schnell noch einen Blick
auf einen Briefumschlag werfen um zu
sehen, wie man in Deutschland Briefe
adressiert. Es wird uns auffallen, daß
der Ortsname vor dem Straßennamen
erscheint und die Hausnummer an
letzter Stelle steht. Vor den Namen der
Stadt schreibt man noch die Postleitzahl.

One puts postage stamps on all letters.
One must not forget this, otherwise it
may happen that the letter will come
back. We appreciate something like
that especially with express letters with
important contents. It is also important
that one write the address and return
address clearly. When one receives a
letter he should also carefully read to
whom it is directed. In fact, should one
by mistake open a letter which is meant
for someone else, it can be quite embarrassing, as we will soon see.

Now let us quickly glance at an
envelope to see how one addresses a
letter in Germany. We will immediately
notice that the name of the city appears
before the name of the street and that
the house number appears in the last
position. The zip-code is written before
the name of the city.

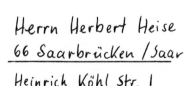

F.A. Heinen
4034 Angermund/Düsseldorf
Duisburger Str. 12a

Herrn Herbert Heise
66 Saarbrücken / Saar
Heinrich Köhl Str. 1

Dialog: Der Brief

Dialogue: The Letter

(Im Hause der Familie Heise)
Frau Heise: Herbert, mach' voran! Es
ist schon elf Uhr. Ich komme doch zu
spät!

(In the Heises' house)
Mrs. Heise: Herbert, hurry up! It's
already eleven o'clock. I'll be late!

Herr Heise (*ruft aus dem Badezimmer*): Ich bin gleich fertig. Noch zwei Minuten.

Frau Heise: Mein Gott, du brauchst eine Ewigkeit. Ich bin schon ganz nervös.

Herr Heise (*immer noch im Bad*): Du bist nervös, weil du zum Arzt mußt, das ist alles. Reg' dich nicht auf. Es ist halb so schlimm, glaub' mir das. — Ich bin sofort fertig.

(*Es klingelt. Der Briefträger kommt.*)

Briefträger: Guten Morgen, Frau Heise. Ich habe einen Einschreibebrief für Sie. Würden Sie bitte unterschreiben? Außerdem ist hier noch ein Päckchen.

(*Frau Heise nimmt dem Briefträger Brief und Päckchen so heftig aus der Hand, daß ihm auch noch andere Briefe hinfallen. Frau Heise hilft ihm die Briefe aufzuheben. Sie entschuldigt sich.*)

Frau Heise: Oh, entschuldigen Sie bitte. Ich bin augenblicklich so nervös. Es tut mir wirklich leid.

Briefträger: Ist schon gut, Frau Heise. Machen Sie mal langsam und beruhigen Sie sich. So, vergessen Sie aber bitte nicht, hier zu unterschreiben.

(*Frau Heise unterschreibt.*)

Briefträger: Ja, danke sehr. Und auf Wiedersehen!

Frau Heise: Auf Wiedersehen.

(*Frau Heise hat einen Brief in den Händen, den sie achtlos aufreißt, weil sie meint er sei der Einschreibebrief.*)

Frau Heise (*liest, erst leise dann lauter*): „ . . . und hoffe, dich bald wiederzusehen. Ich weiß nicht, wie alles gekommen ist. Aber jetzt denke ich nur noch an dich." (*Frau Heise erschrickt.*) „Zu dumm, daß du alles geheimhalten

Mr. Heise (*calling from the bathroom*): I'm almost ready. Just two minutes.

Mrs. Heise: Good heavens—you need an eternity. I'm already so nervous.

Mr. Heise (*still in the bathroom*): You're nervous because you have to go to the doctor, that's all. Don't get excited. It isn't half so bad, believe me.—I'll be ready immediately.

(*The doorbell rings. The mailman appears.*)

Mailman: Good morning, Mrs. Heise. I have a registered letter for you. Would you please sign? In addition, here's a package.

(*Mrs. Heise takes the letter and package out of the mailman's hand so vigorously, that still other letters fall to the ground. Mrs. Heise helps him pick up the letters. She apologizes.*)

Mrs. Heise: Oh, please excuse me. I'm so nervous just now. I'm really sorry.

Mailman: It's all right, Mrs. Heise. Easy does it and calm yourself. But please don't forget to sign here.

(*Mrs. Heise signs.*)

Mailman: Yes, thank you. And good-by!

Mrs. Heise: Good-by.

(*Mrs. Heise has a letter in her hands, which she inattentively rips open because she thinks it is the registered letter.*)

Mrs. Heise (*reads, first softly, then louder*): ". . . and hope to see you again soon. I don't know how all this has come about. But now I think only of you." (*Mrs. Heise is startled.*) "How silly that you must keep everything a

mußt. Wenn wir das doch nur ändern könnten. Ich möchte am liebsten auf die Straße laufen und ganz laut rufen, wie lieb ich dich habe." (*Frau Heise unterbricht, ist entsetzt und wiederholt.*) „. . . alles geheimhalten . . . laut rufen, wie lieb ich dich habe . . . (*liest weiter*) Wann kommst du wieder zu mir? Ich warte jeden Abend auf dich." (*Frau Heise wiederholt*) „ . . . warte jeden Abend auf dich. . . ."

(*Herr Heise kommt.*)

Herr Heise: Was liest du denn da?

Frau Heise: Herbert, wo warst du gestern Abend?

Herr Heise: Was ist denn jetzt los?

Frau Heise: Wo warst du vorgestern Abend? Im Schachklub? Im Kegelklub?

Herr Heise: Erlaube mal, kannst du mir bitte erklären, was das heißen soll?

Frau Heise (*aufgelöst*): Daß du mir untreu bist, das soll das heißen — daß du zu einer andern gehst!

Herr Heise: Nun hört doch alles auf! Bist du verrückt? Woher hast du denn das?

Frau Heise: Hier steht's! (*zeigt auf den Brief*) Hier, schwarz auf weiß!

Herr Heise: Ein Brief? Zeig' mal her! Das wollen wir gleich aufklären.

Frau Heise: Da ist nichts aufzuklären. Das ist alles ganz klar geschrieben.

Herr Heise (*nimmt den Brief und liest*): „Mein Liebster! Ich kann mich noch gar nicht darin finden. . . . (*überfliegt den Rest*) Wo ist der Umschlag?

Frau Heise: Welcher Umschlag?

Herr Heise: Der Briefumschlag!

Frau Heise: Hier. (*Gibt ihm den Umschlag. Es klingelt. Herr Heise macht die Tür auf. Der Briefträger ist wieder da.*)

secret. If only we could change that. I would like (best) to run onto the street and cry out loud how much I love you." (*Mrs. Heise breaks off, is shocked and repeats.*) ". . . keep everything a secret . . . cry out loud how I love you . . . (*reads further*) When will you come to me again? I wait for you every evening." (*Mrs. Heise repeats*) ". . . wait for you every evening. . . ."

(*Mr. Heise comes in.*)

Mr. Heise: What are you reading there?

Mrs. Heise: Herbert, where were you last night?

Mr. Heise: What's the matter now?

Mrs. Heise: Where were you the night before last? At the chess club? At the bowling club?

Mr. Heise: I beg your pardon; can you please explain what this means?

Mrs. Heise (*shaken*): That you are unfaithful to me, that's what it means —that you're seeing another woman!

Mr. Heise: Now, stop everything! Are you crazy? Where did you get that from?

Mrs. Heise: Here it is! (*shows him the letter*) Here, in black and white!

Mr. Heise: A letter? Show it here! We're going to clear this up right now.

Mrs. Heise: There's nothing to clear up. It's all written very clearly.

Mr. Heise (*takes the letter and reads*): "My dearest! I still can't imagine all this. . . ." (*glances over the rest*) Where's the envelope?

Mrs. Heise: Which envelope?

Mr. Heise: The one that belongs to this letter.

Mrs. Heise: Here. (*Gives him the envelope. The doorbell rings. Mr. Heise opens the door. The mailman is there again.*)

Briefträger: Entschuldigen Sie bitte, wenn ich nochmal störe. Habe ich hier vielleicht einen Brief aus Versehen liegen lassen? Er ist für den jungen Herrn Fröhlich von nebenan. Ich meine, ich hätte bestimmt einen Brief für ihn gehabt. Sie wissen, uns sind doch eben ein paar Briefe hingefallen, Frau Heise.

Herr Heise (*liest den Umschlag*): Herrn Gottlieb Fröhlich. — Den Brief hat meine Frau soeben gelesen.

Mailman: Please excuse me for disturbing you again. Perhaps I left a letter here by mistake? It's for the young Mr. Fröhlich next door. I'm sure I had a letter for him. You know, we dropped a few letters before, Mrs. Heise.

Mr. Heise (*reads the envelope*): Mr. Gottlieb Fröhlich.—My wife has just finished reading the letter.

Wortschatz

die Post, – *mail; mail delivery; post office*
lobenswert *praiseworthy, commendable*
die Einrichtung, –, –en *arrangement, establishment*
kaum *scarcely, hardly*
der Brief, –(e)s, –e *letter*
meist *most*
unterwegs *under way, on the way*
das Geschriebene, – *writing, that which is written*
befördern *to dispatch*
das Chaos *chaos*
vollkommen *perfect(ly), complete(ly)*
stattdessen *instead*
übernehmen, übernimmt, übernahm, übernommen *to undertake; take over*
verhältnismäßig *relatively*
das Gebäude, –s, – *building*
das Postamt, –(e)s, –̈er *post office*
das Päckchen, –s, – *parcel, small package*
das Paket, –(e)s, –e *packet, package*
das Telegramm, –s, –e *telegram*
der Einschreibebrief, –es, –e *registered letter*
die Einschreibesendung, –, –en *registered shipment*
die Postanweisung, –, –en *money order*
die Geldsendung, –, –en *remittance*
verschicken *to send out, dispatch; forward*
der Teil, –(e)s, –e *part; portion, share*

einsammeln (sep. prefix verb) *to collect, gather*
der Postbote, –n, –n *postman*
der Briefträger, –s, – *mailman, letter carrier*
die Rundfunkgebühr, –, –en *radio fee*
die Fernsehgebühr, –, –en *television fee*
der Monat, –(e)s, –e *month*
das Radio, –s, –s *radio*
das Fernsehen, –s, – *television*
das Publikum, –s *public*
die Reklame, –, –n *advertisement, commercial*
ersparen *to save, spare*
dezent *subtle*
die Weise, –, –n *manner, way; melody*
das Programm, –s, –e *program; lecture*
unterbrechen, unterbricht, unterbrach, unterbrochen *to interrupt, stop*
das Fernsprechwesen, –s *telephone service*
insofern *insofar, to that extent*
voraus *ahead, in front*
das Ferngespräch, –(e)s, –e *long-distance call*
die Einschaltung, –, –en *insertion; switching on*
die Vermittlung, –, –en *intervention; mediation*
die Ortschaft, –, –en *village*
besonder *special; particular*
sogenannt *so-called*
die Vorwahl, –, –en *area code*

gewünscht   *desired, wanted*
wählen   *to choose, elect*
 eine Nummer wählen   *to dial*
öffentlich   *public*
der Fernsprecher, –s, –   *telephone*
bedienen   *to operate; work; use; wait on*
 (*e.g., a table*)
einwerfen, wirft ein, warf ein, eingeworfen
 to throw in, deposit
das Geldstück, –(e)s, –e   *coin*
der Teilnehmer, –s, –   *subscriber; partic-*
 ipant
kleben   *to paste, stick*
die Briefmarke, –, –n   *postage stamp*
die Freimarke, –, –n   *postage stamp*
zurückbekommen, bekommt zurück, bekam zurück, zurückbekommen   *to get*
 back
(sich) machen   *to do well, get on; happen*
der Eilbrief, –(e)s, –e   *express letter*
der Inhalt, –(e)s, –e   *content(s)*
die Bedeutung, –, –en   *meaning; im-*
 portance
die Anschrift, –, –en   *address (on letters)*
der Absender, –s, –   *sender; return address*
deutlich   *distinct(ly); clear(ly)*
sorgfältig   *careful(ly), painstaking(ly),*
 accurate(ly)
richten   *to direct (to someone's attention)*
versehentlich   *by mistake*
jemand   *somebody*
anders   *else; otherwise; differently*
bestimmen   *to intend for; determine; fix;*
 define
peinlich   *embarrassing; painful*
der Briefumschlag, –(e)s, ⁻e   *envelope*
adressieren   *to address*
auffallen, fällt auf, fiel auf, ist aufgefallen
 to be noticeable, attract attention
die Hausnummer, –, –n   *street number*
die Postleitzahl, –, –en   *zip-code*
voran   *onward, forward*
 mach' voran!   *hurry up!*
rufen, ruft, rief, gerufen   *to call, shout,*
 cry out
das Badezimmer, –s, –   *bathroom*
die Ewigkeit, –   *eternity*
nervös   *nervous*
(sich) aufregen (sep. prefix verb)   *to get*
 excited
schlimm   *bad, awful*
klingeln   *to ring (the doorbell)*

unterschreiben, unterschreibt, unterschrieb, unterschrieben   *to sign*
heftig   *vigorous(ly); violent(ly)*
hinfallen, fällt hin, fiel hin, ist hingefallen
 to fall down
aufheben, hebt auf, hob auf, aufgehoben
 to pick up; raise
(sich) entschuldigen   *to apologize*
(sich) beruhigen   *to calm down; rest*
achtlos   *careless(ly)*
aufreißen, reißt auf, riß auf, aufgerissen
 to rip up or open
leise   *low, soft (sounds)*
laut   *loud; aloud*
wiedersehen, sieht wieder, sah wieder,
 wiedergesehen   *to see again*
erschrecken, erschrickt, erschrak, ist erschrocken   *to be frightened or startled*
dumm   *stupid; silly*
geheimhalten, hält geheim, hielt geheim,
 geheimgehalten   *to keep secret*
ändern   *to alter, change*
entsetzen   *to frighten, shock*
wiederholen   *to repeat; review*
weiter   *further, onward*
gestern   *yesterday*
der Schachklub, –s, –s   *chess club*
der Kegelklub, –s, –s   *bowling club*
erlaube mal!   *I beg your pardon!*
erklären   *to explain, make clear*
auflösen (sep. prefix verb)   *to loosen;*
 melt; unravel
 aufgelöst   *shaken*
untreu   *unfaithful*
verrückt   *crazy*
aufklären (sep. prefix verb)   *to clear up,*
 explain
der, die, das Liebste   *dearest; beloved*
überfliegen, überfliegt, überflog, überflogen   *to glance over quickly; pass*
 swiftly across
der Rest, –(e)s, –e   *remainder, rest*
die Tür, –, –en   *door*
nochmal(s)   *once more, again*
stören   *to disturb; interrupt*
das Versehen, –s, –   *oversight, mistake*
liegen lassen, läßt liegen, ließ liegen, liegen
 gelassen   *to leave behind, let lie*
nebenan   *next door, close by*
ein paar   *some, a few*
soeben   *just, just now*

Fragen

1. Warum ist Frau Heise so nervös?
2. Wo ist Herr Heise?
3. Wer klingelt?
4. Was bringt der Briefträger?
5. Was muß Frau Heise tun, um den Einschreibebrief zu erhalten?
6. Was passierte, als Frau Heise dem Briefträger den Brief aus der Hand nahm?
7. Warum erschrak Frau Heise, als sie den Brief las?
8. Wo, glaubt Frau Heise, wäre ihr Mann gewesen?
9. Was hat Frau Heise falsch gemacht?
10. Was sucht der Briefträger?
11. Was sagt Herr Heise dem Briefträger?
12. Welcher Unterschied besteht zwischen der Anschrift auf einem deutschen und einem amerikanischen Brief?
13. Wieviel Geld muß man für Radio- und Fernsehgebühren ausgeben?
14. Wer sammelt diese Gebühren ein?
15. Wird im deutschen Fernsehen das Programm durch Reklamen unterbrochen?
16. Was muß man auf einen Brief kleben?

Hausarbeit

Übersetzen Sie ins Deutsche.

1. A vacation is beautiful.   2. Turn the heat (heating system) on.   3. I'll leave my coat on.   4. This is a roomy cellar.   5. We must let the water run from all the faucets. 6. I'll go into the kitchen.   7. Do you want to eat with your coat and hat on?   8. Mr. Heise is driving back to Saarbrücken with his wife and Jim.   9. I'll never buy a cheap car. 10. It is cold outside.   11. I'll be glad when we can drive back home.   12. Please start the motor.   13. Is something wrong?   14. The people of the Saarland travel a lot. 15. I always like to watch that.   16. It must be exciting.   17. Turn the radio on; turn it off.   18. Turn the lights on; turn them off.   19. They have a beautiful home.   20. If you send a letter to Germany, write the name of the city first and then the name of the street.

ZWEITE STUNDE

The Use of um . . . zu

The expression **um . . . zu** (*in order to, to*) is used with the infinitive of the verb in a subordinate clause. The **zu** always immediately precedes the infinitive, and the entire phrase is set off by a comma.

Ich gehe an den Kiosk, **um** eine Zeitung **zu** kaufen.

Note that with separable-prefix verbs, **zu** is placed between the prefix and the verb.

Er fährt jetzt schon ab, **um** in der Stadt früh **anzukommen**.

Übung in der Klasse

Der Lehrer fragt einen Studenten. Answer the following questions by using the phrase in italics with **um . . . zu.**

Beispiel

Warum gehen Sie an den Kiosk?   *eine Zeitung kaufen*
Ich gehe an den Kiosk, **um eine Zeitung zu kaufen.**

1. Warum gehen Sie in das Geschäft?   *ein Geschenk kaufen*
2. Warum blieb Ilse in der Universität?   *dort arbeiten*
3. Warum ging Ilse zu Familie Heise?   *Neujahr feiern*
4. Warum öffnete Frau Heise alle Koffer?   *nach dem Schlüssel suchen*
5. Warum fährt Frau Heise zur Schihütte?   *Schi laufen*
6. Warum sagt Herr Lemmerz, er könne gut Schi laufen?   *angeben*
7. Warum geht Herr Heise ans Telefon?   *die Ölfirma anrufen*
8. Warum geht Jim ins Auto?   *den Motor anlassen*
9. Wozu braucht Herr Heise den Schraubenschlüssel?   *die Benzinleitung losschrauben*
10. Warum setzen sich alle ins Auto?   *abfahren*
11. Warum geht Jim an die Tür?   *sie aufmachen*
12. Wofür sind die Scheinwerfer (*spotlights*)?   *die Wasserorgel anstrahlen*
13. Warum ruft Jim Ilse an?   *ins Café einladen*

Verbs: brauchen *and* gebrauchen

The verbs **brauchen** and **gebrauchen** are sometimes confused because of their similar spellings. Their meanings, however, are quite different:

$$\text{brauchen} = \textit{to need}$$
$$\text{gebrauchen} = \textit{to use}$$

Beispiele

Wir brauchen eine Freimarke.
We need a stamp.
Wir gebrauchen den Schraubenschlüssel, um etwas zu schrauben.
We are using the wrench to turn something.

Brauchen is also used in the negative sense of "I need not."

Beispiel

Mußt du den Brief schreiben?
Nein, ich **brauche** ihn nicht zu schreiben.

Übungen in der Klasse

A.   *Ein Student fragt einen anderen Studenten. Fill in the blanks with the correct verb:* **brauchen** *or* **gebrauchen**.

Beispiel

Wozu _____ du den Autoschlüssel?
Wozu **brauchst** du den Autoschlüssel?
Ich _____ ihn, um den Wagen anzulassen.
Ich **brauche** ihn, um den Wagen anzulassen.

1. Könnt ihr den Besen (*broom*) _____?
   Ja, wir können den Besen _____.
2. _____ der Onkel einen neuen Pullover?
   Nein, er _____ keinen neuen Pullover.
3. Kannst du dieses Zigarettenetui _____?
   Ja, ich kann es _____.
4. Wozu _____ ihr den Löffel?
   Wir _____ ihn, um Blei zu gießen.
5. _____ du einen Koffer?
   Ja, ich _____ einen Koffer.
6. Könnt ihr den Ausweis _____?
   Nein, wir können ihn nicht _____.
7. Kannst du das Licht _____?
   Ja, ich will lesen, darum kann ich das Licht _____?
8. Könnt ihr diese Düse noch _____?
   Nein, wir können sie nicht mehr _____.
9. _____ du eine Fahrkarte?
   Ja, ich _____ eine Fahrkarte.

B. *Ein Student fragt einen anderen Studenten. Answer negatively, using* **brauchen**.

Beispiel

Mußt du das tun?
Nein, ich **brauche** es nicht zu tun.

1. Mußt du das Buch lesen?
2. Mußt du nach Saarbrücken fahren?
3. Mußt du studieren?
4. Mußt du das Frühstück bezahlen?
5. Mußt du zur Polizei?
6. Mußt du die Ölfirma anrufen?

Wiederholungsübung: **Reflexive Verbs**

Der Lehrer fragt einen Studenten.

Beispiel

Haben Sie sich darüber aufgeregt? *ja, ich*
Ja, ich habe mich darüber aufgeregt.

1. Habt ihr euch in der Universität wiedergesehen? *ja, wir*
2. Hat der Professor sich beruhigt? *nein, er*
3. Hast du dich schon angezogen? *ja, ich*
4. Habe ich mich nicht beherrscht? *ja, du*
5. Hat Herr Lemmerz sich blamiert? *nein, er*
6. Konnten wir uns das merken? *ja, ihr*
7. Haben sie sich darüber gewundert? *nein, sie*

8. Hätte ich mich darauf einstellen können? *ja, Sie*
9. Hat Ilse sich verliebt? *ja, sie . . . in Jim*
10. Habt ihr euch darüber gefreut? *nein, wir*
11. Was wünschen Sie sich? *ich . . . ein schönes Auto*
12. Wofür interessieren Sie sich? *ich . . . für Geologie*
13. Was kaufen Sie sich? *ich . . . eine Krawatte*
14. Fühlen Sie sich in diesem Haus wohl? *nein, ich*
15. Lohnt es sich, ins Theater zu gehen? *ja, es*
16. Trefft ihr euch morgen? *ja, wir*
17. Habt ihr euch gut unterhalten? *ja, wir*
18. Haben Sie sich gut unterhalten? *ja, ich*
19. Wann haben Sie sich verabschiedet? *ich . . . um 11 Uhr*
20. Wohin hat er sich gesetzt? *er . . . in den Sessel*

Wiederholungsübungen: The Subjunctive

A. *Der Lehrer fragt einen Studenten. Answer using both subjunctive forms of the strong verbs.*

Beispiel

Hat er dir gesagt, wann er kommt? *Er sagte mir, er . . . morgen abend*
Er sagte mir, er **käme** morgen abend.
Er sagte mir, er **würde** morgen abend **kommen**.

1. Hat er gesagt, wann er anruft? *Er sagte, er . . . morgen*
2. Hat er sich das vorgenommen? *Er sagte mir, . . .*
3. Hat der Professor gesagt, Hans würde durchfallen? *Er sagte uns, . . .*
4. Was soll ich anziehen? *Die Tante sagte mir, du . . . den Mantel*
5. Wer geht nach Hause? *Der Onkel sagte mir, du . . .*
6. Wer steht früh auf? *Jim sagte mir, du . . .*
7. Wer kann Schi laufen? *Er sagte mir, Jim . . .*
8. Wer gibt an? *Herr Heise erzählte mir, Herr Lemmerz . . .*
9. Wer packt den Koffer aus? *Die Tante sagte mir, du . . .*
10. Wer telefoniert? *Er sagte, wir . . .*

B. *Ein Student fragt einen anderen Studenten. Answer in the past subjunctive.*

Beispiel

Fährt das Auto?
Das Auto _____ _____, wenn wir Benzin im Tank gehabt _____.
Das Auto **wäre gefahren**, wenn wir Benzin im Tank **gehabt hätten**.

1. Funktioniert das Telefon?
   Das Telefon _____ _____, wenn er Geld eingeworfen _____.
2. Hast du den Brief eingeworfen?
   Ich _____ den Brief _____, wenn eine Freimarke darauf gewesen _____.
3. Hast du ihm den Namen genannt?
   Ich _____ ihm den Namen _____, wenn ich ihn gewußt _____.
4. Bist du nach Frankfurt gefahren?
   Ich _____ nach Frankfurt _____, wenn ich Geld gehabt _____.

5. Habt ihr die Heizung angedreht?
   Wir _____ die Heizung _____, wenn Öl drin gewesen _____.
6. Seid ihr verhungert?
   Wir _____ _____, wenn er uns nicht geholfen _____.
7. Ist er bei der Prüfung durchgefallen?
   Er _____ bei der Prüfung _____, wenn er nicht studiert _____.
8. Hat sie den Ausweis geholt?
   Sie _____ den Ausweis _____, wenn sie ihn gefunden _____.
9. Ist der Motor angesprungen?
   Er _____ _____, wenn er nicht kaputt gewesen _____.
10. Ist Jim stehengeblieben?
    Jim _____ _____, wenn er nicht so viel vom Auto gewußt _____.

C. *Ein Student fragt einen anderen Studenten. Answer using the present and future subjunctive with* **würden.**

Beispiel

Wird Jim uns besuchen?
Er hat mir gesagt, er _____ uns _____.
Er hat mir gesagt, er **würde** uns **besuchen.**

1. Wird er sich das Buch kaufen?
   Er hat gesagt, er _____ sich das Buch _____.
2. Wird sie uns anrufen?
   Sie sagte mir, sie _____ uns morgen _____.
3. Dreht ihr die Heizung an?
   Wir _____ die Heizung _____, wenn wir Öl hätten.
4. Wollt ihr frühstücken?
   Wir _____ _____, wenn wir Hunger hätten.
5. Wer soll auf die Kinder aufpassen?
   Die Tante sagte uns, ihr _____ auf die Kinder _____.
6. Wer soll den Kuchen bezahlen?
   Ilse sagte, du _____ den Kuchen _____.
7. Wer will die Zigarren rauchen?
   Jim sagte uns, wir _____ die Zigarren _____.
8. Wer soll den Koffer auspacken?
   Der Onkel sagte, du _____ den Koffer _____.
9. Wer interessiert sich für Gemälde?
   Jim sagte mir, du _____ dich für Gemälde _____.
10. Wird der Polizist euch bestrafen?
    Er hat gesagt, er _____ uns nicht _____.

Wiederholungsübung: Verb Agreement

Replace the subject by the italicized word and make all the necessary changes.

Beispiel

Jim fuhr mit seinem Freund nach Saarbrücken.   *wir*
Wir fuhren mit unseren Freunden nach Saarbrücken.

1. Ein Auto hat manchmal seine Launen. *Frauen*
2. Ich war mit dem Auto zufrieden. *du*
3. Wir dürfen nicht schimpfen. *ihr*
4. Herr Heise schraubt die Düse heraus. *ich*
5. Ich ziehe meinen Mantel an. *ihr*
6. Ich habe mir eine Zeitung gekauft. *du*
7. Er bläst die Düse durch. *Sie*
8. Ich nehme meinen Koffer. *sie*
9. Der Mantel gehört mir. *die Stiefel*
10. Ich war sehr nervös. *wir*
11. Wo wart ihr vorgestern abend? *er*
12. Die Herren bekommen zu Weihnachten einen Schlips. *der Junge*
13. Man trinkt Wein. *wir*
14. Wir sind zwanzig Jahre verheiratet. *ich*
15. Er war Philosoph. *Sie*

Wiederholungsübungen: Modal Auxiliaries

A. *Ein Student fragt einen anderen Studenten. Answer in the present tense.*

Beispiel

Mußt du eine Freimarke auf den Brief kleben?
Ja, ich muß eine Freimarke auf den Brief kleben.

1. Mögen Sie den Kuchen?
2. Wollt ihr nach Berlin fahren?
3. Kannst du Deutsch?
4. Darf er schimpfen?
5. Was möchten Sie haben?
6. Müssen sie in die Universität gehen?
7. Soll ich das Buch lesen?

B. *Answer negatively in the past tense.*

Beispiel

Mochtest du den Kaffee?
Nein, ich mochte den Kaffee nicht.

1. Wolltet ihr zu Hause bleiben?
2. Konnte sie das Flugzeug sehen?
3. Durften wir die Vorlesung hören?
4. Mochtest du den Schlips haben?
5. Mußtet ihr studieren?
6. Sollten wir eine Zeitung kaufen?

C. *Answer in the future perfect.*

Beispiel

Wird er den Kuchen mögen?
Er wird den Kuchen gemocht haben.

1. Werdet ihr das Magazin wollen?
2. Werden sie Französisch können?
3. Werdet ihr die Vorlesung besuchen dürfen?
4. Werden sie die Vorlesung besuchen müssen?
5. Wirst du das Buch lesen müssen?

DRITTE STUNDE

Wiederholungsübungen: Verbs with the Stems *gehen* and *kommen*

A. *Ein Student fragt einen anderen Studenten. Answer in the perfect tense.*

Beispiel

Ging er in die Stadt? *ja*
Ja, er **ist** in die Stadt **gegangen.**

  1. Wer bekam den Kuchen? *wir*
  2. Kam das bei euch vor? *nein*
  3. Wann kamt ihr an? *gestern*
  4. Wann kam er an? *vor einer Stunde*
  5. Verging die Zeit langsam? *ja*
  6. Ging sie hin? *nein*
  7. Wann gingen sie aus? *um drei Uhr*
  8. Wer beging diesen Fehler? *ich*
  9. Gingen Sie in das Haus rein? *nein*
 10. Wer ging hinaus? *Jim*

B. *Answer in the past tense.*

Beispiel

Bist du in die Stadt gegangen? *ja*
Ja, ich **ging** in die Stadt.

  1. Seid ihr nach Hause gegangen? *nein*
  2. Ist er schon gegangen? *ja*
  3. Habt ihr die Bücher bekommen? *ja*
  4. Wo ist das vorgekommen? *an unserer Schule*
  5. War Ilse gekommen? *ja*
  6. Wann seid ihr angekommen? *gestern*
  7. Ist euch die Zeit schnell vergangen? *ja, uns*
  8. Bist du gestern ausgegangen? *nein*
  9. Ist er da reingegangen? *ja*
 10. Wer ist aus der Tür hinausgegangen? *du*

Wiederholungsübungen: Prepositions Used with the Direct Object or Indirect Object Case

A. *Complete the prepositional phrases by writing in the correct form of the nouns in parentheses.*

Beispiel

(*das Café*)   Er geht in _____.
                Er geht **ins (in das) Café.**

1. (*ein Restaurant*) Er sitzt in _____.
2. (*unser Land*) In _____ gibt es Fernsehen.
3. (*die Hauptpost*) Ilse und Jim gehen in _____.
4. (*der Briefumschlag*) Wir steckten den Brief in _____.
5. (*die Düse*) In _____ befindet sich Staub.
6. (*ein Teich*) Das Kind fiel in _____.
7. (*das Dorf*) Wir fuhren mit dem Auto in _____.
8. (*der Fahrkartenschalter*) Der Onkel geht an _____.
9. (*die Heizung*) Wir stellten die Stiefel an _____.
10. (*das Schachspiel*) Sie setzten sich an _____.
11. (*der Kleiderschrank*) Der Tisch stand an _____.
12. (*die Hauptpost*) Wir treffen uns an _____.
13. (*das Haus*) Das Motorrad steht an _____.
14. (*der Schreibtisch*) Lege das Buch bitte auf _____.
15. (*eine Tasse*) Man legt das Brot nicht auf _____.
16. (*das Kissen*) Die Tante setzte sich auf _____.
17. (*der Tisch*) Die Bücher liegen auf _____.
18. (*die Kommode*) Die Socken liegen auf _____.
19. (*das Kleid*) Die Handschuhe liegen auf _____.
20. (*der Rasen*) Er fährt mit dem Auto über _____.
21. (*die Stadt*) Das Flugzeug fliegt über _____.
22. (*das Sofa*) Wir hängen das Gemälde über _____.
23. (*der Stuhl*) Die Decke liegt über _____.
24. (*die Landschaft*) Dunkle Wolken hängen über _____.
25. (*das Sofa*) Das Gemälde hängt über _____.
26. (*der Weihnachtsbaum*) Der Onkel stellt das Geschenk neben _____.
27. (*die Kommode*) Wir stellen den Koffer neben _____.
28. (*das Hotel*) Sie fahren mit dem Auto vor _____.
29. (*ein Schrank*) Der Stuhl steht vor _____.
30. (*die Hauptpost*) Wir warten vor _____.
31. (*das Schlafzimmer*) Die Koffer stehen vor _____.
32. (*das Hotel*) Wir fahren den Wagen hinter _____.
33. (*ein Brett*) Die Kerze liegt hinter _____.
34. (*der Dogenpalast*) Die Markuskirche steht hinter _____.
35. (*der Weihnachtsbaum*) Wir legen das Geschenk hinter _____.
36. (*die Benzinpumpe*) Der Vergaser liegt hinter _____.
37. (*die Heizung*) Er warf die Zeitung hinter _____.
38. (*das Buch*) Der Bleistift liegt zwischen _____ und _____ Fernsehapparat.
39. (*das Hotel*) Man setzt das neue Haus zwischen _____ und _____ Bahnhof.
40. (*die Kommode*) Die Pantoffel stehen zwischen _____ und _____ Sessel.
41. (*die Kommode*) Er stellt die Pantoffel zwischen _____ und _____ Sessel.
42. (*der Rasen*) Wir fahren das Auto zwischen _____ und _____ Mauer.
43. (*der Mantel*) Dein Kleid hängt zwischen _____ und _____ Hut.
44. (*eine Zeitung*) Der Schlüssel liegt unter _____.
45. (*der Teller*) Das Geld liegt unter _____.
46. (*das Licht*) Er hält die Zeitung unter _____.
47. (*das Bad*) Die Küche befindet sich unter _____.
48. (*der Sessel*) Er stellt die Pantoffel unter _____.
49. (*eine Decke*) Er legt sich unter _____.

B. *In the following story fill in the blanks with the appropriate prepositions.*

Herr Heise fährt _____ die Stadt. _____ einer Straßenkreuzung bleibt er stehen, weil die Verkehrsampel rot ist. Dann fährt er _____ Postamt. Er steigt aus und geht _____ das Postamt. _____ der Tür und dem Schalter ist ein Briefkasten (*mailbox*). Er klebt eine Briefmarke _____ den Brief und wirft den Brief _____ den Briefkasten. Als Herr Heise nach Hause kommt, wartet ein Herr _____ ihn. Herr Heise geht mit ihm _____ Zimmer. Die beiden Herren setzen sich _____ das Sofa. _____ dem Sofa hängt ein Gemälde. _____ dem Fenster steht ein Sessel. Ein runder Tisch steht mitten _____ Zimmer. _____ dem Tisch stehen Blumen. Frau Heise bringt Kuchen und stellt ihn _____ den Tisch.

Wiederholungsübungen: **Comparative Adjectives**

A. *Der Lehrer fragt einen Studenten. Answer using the comparative form of the adjective.*

Beispiel

Ist das ein großes Haus?
Das ist ein **größeres** Haus.

1. Ist das ein reiches Museum?
2. Ist das ein modernes Café?
3. Sind das gute Theater?
4. Sind das teuere Gemälde?
5. Setzt er sich in den bequemen Sessel?
6. Wie gefällt Ihnen die neue Umgebung? (*sehr gut*)
7. Gehen Sie in das gute Restaurant?
8. Fahren Sie die große Strecke mit dem Auto?
9. Haben Sie warmes Wasser?
10. Wo stehen die alten Häuser? (*hier*)
11. Haben Sie ein schönes, großes Bett?
12. Wie heißt das lange Wort? (*Düsseldorf*)
13. Kennen Sie den jungen Mann?
14. Wo ist der kurze Bleistift? (*hier*)
15. Wo ist das lange Brett? (*hier*)
16. Ist es warm draußen?

B. *Fill in the comparative form of the adjective in parentheses.*

Beispiel

(*lang*) Das Bett ist _____ als der Tisch.
  Das Bett ist **länger** als der Tisch.

1. (*lang*) Der Bleistift ist _____ als der Kugelschreiber.
2. (*warm*) Drinnen ist es _____ als draußen.
3. (*alt*) Der Ford ist _____ als der Chevrolet.
4. (*viel*) Auf dem Platz sind _____ Menschen als in der Schule.
5. (*hoch*) Die Häuser in der Stadt sind _____ als auf dem Land.
6. (*nah*) Die Tankstelle im Dorf ist _____ als die in der Stadt.
7. (*schön*) Am Fluß sind _____ Anlagen als in der Stadt.
8. (*schlecht*) Ich habe dort _____ Erfahrungen gemacht als zu Hause.

9. (*berühmt*) Das Buch von H. ist _____ als das von F.
10. (*gut*) Es gibt _____ Zeitungen als diese.
11. (*groß*) Im Hotel sind _____ Zimmer als im Motel.
12. (*kurz*) Diese Bleistifte sind _____ als jene.

Wiederholungsübungen: Superlative Adjectives

A. *Ein Student fragt einen anderen Studenten. Answer using the superlative form of the adjective.*

Beispiel

Ist das ein großes Haus?
Das ist das **größte** Haus.

1. Hast du den kurzen Bleistift?
2. Hattest du einen guten Eindruck?
3. Ist das eine große Stadt?
4. Sind dort große Häuser?
5. Warst du dort eine lange Zeit?
6. Gab es gute Weine?
7. Fuhrst du mit einem schönen Auto?
8. Habt ihr in schlechten Hotels geschlafen?
9. Habt ihr die bunten Lichter gesehen?
10. Wo waren die kleinen Puppen? (*in den Schaufenstern*)
11. Habt ihr in einem modernen Bungalow gewohnt?
12. Ist das eine führende Zeitschrift?
13. Habt ihr warme Tage gehabt?
14. Hast du einen kurzen Bleistift?
15. Hat er eine junge Frau?
16. Sind das lange Straßen?
17. Hast du ein gutes Frühstück gehabt?
18. Habt ihr viele Gemälde gesehen?
19. Wohnt ihr in einem hohen Haus?
20. Gab es verschiedene Artikel zu kaufen?

B. *Der Lehrer fragt einen Studenten. Answer in the superlative, following the pattern below.*

Beispiel

War das eine gute Idee?
Diese Idee war **am besten**.

1. Gefiel Ihnen das Theater gut?
2. Ist das ein kurzer Weg?
3. Ist das ein langer Bleistift?
4. Sind das schöne Städte?
5. Sind das hohe Häuser?
6. Ist das ein altes Hotel?
7. Ist das ein großes Museum?
8. Sind das teuere Gemälde?
9. Haben sie warmes Wasser?
10. Ist das eine berühmte Zeitung?
11. Ist das ein wichtiges Verkehrsmittel?
12. Sind das moderne Cafés?
13. Ist das ein reiches Museum?
14. Sind das bequeme Sessel?
15. Sind das artige Kinder?

Wiederholungsübungen: dieser *and* jener

A. *Fill in the blanks with the correct form of the demonstrative adjective* **dieser***.*

Beispiel

Wie gefällt Ihnen _____ Einrichtung?
Wie gefällt Ihnen **diese** Einrichtung?

1. Was haben Sie mit _____ Paket gemacht?
2. Gebrauchen Sie _____ Fernsprecher!
3. Haben Sie _____ Nummer gewählt?
4. Wie ist der Name _____ Absenders?
5. Sie bezahlte mit _____ Geldstück.
6. Wer hat _____ Briefumschläge gebraucht?
7. _____ Wasserleitungen frieren nicht ein.
8. Wo sind die Handschuhe _____ Dame?
9. Wo ist der Motor _____ Autos?
10. _____ Marmelade mag ich.

B. *Fill in the blanks with the correct form of the demonstrative adjective* **jener***.*

Beispiel

Wo haben Sie _____ Koffer gefunden?
Wo haben Sie **jenen** Koffer gefunden?

1. Wo ist die Wohnung _____ Dame?
2. Wo ist das Büro _____ Professors?
3. Wollen Sie _____ Zigarettenetui kaufen?
4. Ich habe das Geld _____ Kellnerin gegeben.
5. Ich habe das Geld _____ Herrn gegeben.
6. Ich habe in _____ Restaurant gegessen.
7. Ich habe ihr _____ Armbanduhr geschenkt.
8. Ich habe es in _____ Magazin gelesen.
9. Das ist das Spielzeug _____ Kindes.
10. Herr Heise spricht mit _____ Zollbeamten.

Real-Situation Practice

1. Haben Sie schon mal einen Brief nach Deutschland geschrieben? 2. Worauf müssen Sie achten, wenn Sie einen Briefumschlag nach Deutschland richten? 3. Schreiben Sie oft Briefe? 4. An wen schreiben Sie Briefe? 5. Was schreiben Sie meistens in Ihren Briefen? 6. Was für eine Freimarke brauchen Sie für: 1) einen einfachen Brief, 2) einen Luftpostbrief? 7. Wenn Sie Ihren Eltern einen Brief schreiben, fragen Sie dann oft um Geld? 8. Wozu brauchen Sie Geld? 9. Wohin gehen Sie öfters, in eine Kneipe (*bar, pub*), oder in ein Kino? 10. Haben Sie schon mal vergessen zu tanken? 11. Was haben Sie gemacht, oder was würden Sie tun, wenn der Motor mitten auf der Landstraße stehen bleiben würde? 12. Haben Sie zu Hause auch eine Ölheizung? 13. War die Heizung schon mal mitten im Winter kaputt? 14. Was würden Sie tun, wenn Sie zu Hause wären und die Heizung kaputt wäre? 15. Was würden Sie tun, wenn es kein Benzin mehr im ganzen Lande gäbe?

23
Dreiundzwanzigste Einheit

ERSTE STUNDE

Leseübung

Die Seele steht zum Körper in einem Verhältnis, das nicht immer ungetrübt ist. Es kommt nämlich nicht selten vor, daß ein durchaus munterer Geist sich mit einem erbärmlichen Gefäß zufrieden geben muß, während umgekehrt sich manch blühender Leib in bösen Seelenqualen windet. Die rechte Mitte zu finden ist bekanntlich seit undenklichen Zeiten des Menschen Streben gewesen, und gerade darin hat er bis auf den heutigen Tag seine größten Schlappen erlitten. Denn auf diesem Gebiet läßt sich leider kein technischer Fortschritt erzwingen.

Frau Trost, eine Bekannte und Hausgenossin Frau Heises, liegt mindestens einmal in der Woche mit einem speziellen Leiden im Bett. Sie gibt sich dann der Analyse ihrer Schmerzen hin, wie der gute Christian Buddenbrook, dessen Nerven bekanntlich zu kurz waren. Doch, Gott sei's gedankt, bald erscheint sie wieder inmitten ihrer Freundinnen und redet mit ungeschmälerter Vitalität schneller, als sie denken kann. Wir werden dieser Person in mehreren unserer nächsten Dialoge begegnen und Sie, lieber Leser, werden zweifellos Ihre Freude an ihr haben.

The soul stands in a relationship to the body that is not always untroubled. In fact, it happens not infrequently that a thoroughly lively spirit must be content with a miserable container, while on the other hand, many a blossoming body twists in agony of mind. As is well known, from time immemorial, the struggle of man has been to find the happy medium, and to the present day he has suffered his greatest setbacks in that struggle. For in this area, unfortunately, technical progress cannot be brought to bear.

Mrs. Trost, an acquaintance and fellow tenant of Mrs. Heise, lies in bed at least once a week with a particular ailment. She devotes herself then to an analysis of her pain like the good Christian Buddenbrook, whose nerves, as you know, were too short. Still, thank heavens, she soon appears again in the midst of her friends and, with undiminished vitality, talks faster than she can think. We will meet this person in several of our next dialogues and you, dear reader, will undoubtedly enjoy her.

Dialog: Beim Arzt

Dialogue: At the Doctor's Office

(*Im Wartezimmer des Arztes*)

Frau Trost (*die gerade hereingekommen ist*): Guten Morgen, Frau Heise! Was tun Sie hier?

(*In the waiting room at the doctor's office*)

Mrs. Trost (*who has just come in*): Good morning, Mrs. Heise! What are you doing here?

Frau Heise: Guten Morgen, Frau Trost! Ich warte auf den Arzt.

Frau Trost: Ich sah Sie hier hineingehen und da dachte ich, da mußt du sie doch gleich mal fragen, ob es schlimm ist.

Frau Heise: Ich hoffe nicht. Ich habe Schwierigkeiten mit meinem Magen.

Frau Trost: Oh, das habe ich auch öfters: ein furchtbares Magendrücken, und Kopfschmerzen, dann Übelkeit. Manchmal denke ich: du hast Magengeschwüre!

Frau Heise: Ja, das dachte ich auch.

Frau Trost: Ich habe aber keine Magengeschwüre. Nur manchmal kann ich kaum laufen. Ich habe Rheumatismus, Gelenkrheumatismus: in den Knien, in den Füßen; die Zehen schmerzen, das Bein ist geschwollen, die Hüften ziehen, die Arme reißen — manchmal kann ich nicht einmal den Kopf bewegen.

Frau Heise: Was sagt denn der Arzt dazu?

Frau Trost: Der Arzt kann nichts sagen. Da helfen nur heiße Umschläge und Dampfbäder. Ich nehme jeden Tag ein Schwitzbad. Nur bekomme ich davon Ausschlag — wissen Sie, im Gesicht, die Nase, unterm Kinn, die Backen, die Stirn, die Ohren, die Augen — alles rot! Die Kopfhaut juckt und es geht bis in die Haarspitzen. Letzte Woche habe ich gedacht: Da — jetzt hat dein letztes Stündlein geschlagen. — Ich konnte mich nicht mehr bewegen!

Frau Heise: Das ist ja schrecklich!

Frau Trost: Ja — es war ganz schrecklich. Ich lag im Bett und konnte nicht mehr aufstehen.

Frau Heise: Was hatten Sie denn da?

Frau Trost: Wenn ich das wüßte! Es

Mrs. Heise: Good morning, Mrs. Trost! I'm waiting for the doctor.

Mrs. Trost: I saw you come in here and I thought, You must ask her immediately if it's something bad.

Mrs. Heise: I hope not. I'm having trouble with my stomach.

Mrs. Trost: Oh, I often have that, too—a terrible stomach pressure, and headaches, then nausea. Sometimes I think, You have gastric ulcers!

Mrs. Heise: Yes, I thought that, too.

Mrs. Trost: But I don't have gastric ulcers. Only sometimes I can hardly walk. I have rheumatism, articular rheumatism—in my knees, in my feet; my toes hurt, my leg is swollen, my hips ache, my arms pull—sometimes I can't even move my head.

Mrs. Heise: What does the doctor say about it?

Mrs. Trost: The doctor can say nothing. Only hot compresses and steambaths help. Every day I take a Turkish bath. Only I get a rash from that—you know, on the face, the nose, under the chin, the cheeks, the forehead, the ears, the eyes—all red! My scalp itches and it tingles all the way to the hair tips. Last week I thought, There—now your last hour has struck. —I couldn't move any more!

Mrs. Heise: That's terrible!

Mrs. Trost: Yes—it was really terrible. I lay in bed and couldn't get up anymore.

Mrs. Heise: What did you have then?

Mrs. Trost: If I only knew that! It

lag wie eine Eisenstange, wie eine vierkantige Strebe in meinem Rücken. Und das tat weh, sag' ich Ihnen! Ich konnte kaum noch atmen. Ich hatte vielleicht einen Schrecken bekommen. Ich dachte, es sei Kinderlähmung. Aber das war es nicht. Ich lag da wie ein sterbender Fisch. Ich konnte mich nur mit äußerster Mühe ins Bad schleppen.

Frau Heise: Hätten Sie mich doch angerufen, dann hätte ich Ihnen helfen können.

Frau Trost: Oh, ich konnte nicht mal zum Telefon kriechen. Am nächsten Tag war es endlich besser. Nur der Bauch tat noch weh.

Frau Heise: Wieso der Bauch?

Frau Trost: Da war ich drauf gefallen, als ich aus der Wanne wollte. Der Boden war nämlich schlüpfrig und schon lag ich da. Ich hätte mir alle Knochen brechen können. Sie wissen doch, wie es dem amerikanischen Astronauten gegangen ist: um die Erde ist er gesaust und in der Badewanne flog er hin! Ich fiel mit dem Bauch auf den Rand und habe mir auch noch beide Ellbogen aufgeschlagen. Ich habe geweint, so weh hat das getan!

Frau Heise: Oh das tut mir aber wirklich leid!

Frau Trost: Dann bekam ich auch noch Zahnschmerzen. Ein Unglück kommt selten allein. Aber es war ja auch kein Wunder.

Frau Heise: Wieso kein Wunder?

Frau Trost: Alles geschah letzten Freitag, an einem dreizehnten.

Frau Heise: Sind Sie abergläubig?

Frau Trost: Soll man es dabei etwa nicht werden? Vor kurzem lief mir an einem blauen Montag eine schwarze Katze von links nach rechts über den Weg. Zwei Schritte weiter, und ich

was like an iron rod, like a square brace, in my back. And it hurt, I tell you! I could hardly breathe anymore. What a shock that was. I thought it was polio (infantile paralysis). But it wasn't that. I lay there like a dying fish. I could only drag myself to the bathroom with the utmost effort.

Mrs. Heise: If you had called me, then I could have helped you.

Mrs. Trost: Oh, I couldn't even crawl to the telephone. The next day it was finally better. Only my stomach still hurt.

Mrs. Heise: But why your stomach?

Mrs. Trost: I had fallen on my stomach trying to get out of the tub. The floor was of course slippery—so, there I lay. I could have broken all my bones. You know what happened to the American astronaut: he whizzed all around the earth, and he took a spill in the bathtub. I hit my stomach on the edge of the tub and also bruised both my elbows. I cried, it hurt so much.

Mrs. Heise: Oh, I'm really sorry.

Mrs. Trost: On top of that, I also got a toothache. It never rains but it pours! But it was no wonder.

Mrs. Heise: Why no wonder?

Mrs. Trost: Everything happened last Friday, on the 13th.

Mrs. Heise: Are you superstitious?

Mrs. Trost: Considering that, shouldn't one be? A short time ago on a blue Monday, a black cat ran from left to right across my path. Two steps further and I twisted my left foot. My

knickte mir den linken Fuß um. Der Enkel schwoll sofort an und ich mußte mit einer Taxe nach Hause gefahren werden.

Sprechstundenhilfe (*an der Tür zur Praxis*): Der Nächste, bitte!

Frau Heise: Frau Trost, wollen Sie nicht vor mir hineingehen? Ich warte gerne noch etwas.

Frau Trost: Wer, ich? Ich wollte doch nur mit Ihnen etwas plaudern. Ich bin kerngesund!

ankle swelled up immediately and I had to be driven home by taxi.

Receptionist (*at the door to the clinic*): Next, please!

Mrs. Heise: Mrs. Trost, wouldn't you like to go in before me? I'll gladly wait a while.

Mrs. Trost: Who, me? I only wanted to chat with you. I'm perfectly healthy!

Wortschatz

der Körper, –s, – *body*
das Verhältnis, –ses, –se *relation, proportion*
ungetrübt *untroubled*
munter *lively*
der Geist, –es, –er *spirit, mind; ghost*
erbärmlich *miserable, pitiful*
das Gefäß, –es, –e *container, vessel*
zufrieden *content, satisfied*
während (conj.; also prep. with poss.) *while*
umgekehrt *on the other hand, conversely*
blühen *to blossom, flourish*
böse *bad; sore; evil; hard; mad*
die Seelenqual, –, –en *agony of mind*
(sich) winden, windet, wand, gewunden *to twist; writhe*
die rechte Mitte *happy medium*
bekanntlich *as is (well) known*
undenklich *immemorial, unimaginable*
das Streben, –s *endeavour, effort, struggle*
heutig *present, today's*
die Schlappe, –, –n *setback*
erleiden, erleidet, erlitt, erlitten *to suffer*
das Gebiet, –es, –e *territory, field, area*
erzwingen, erzwingt, erzwang, erzwungen *to force, compel*
die Bekannte, –n, –n *acquaintance*
die Hausgenossin, –, –nen *fellow tenant (f.)*
mindestens *at least*
speziell *particular, special*
das Leiden, –s, – *ailment*

(sich) hingeben, gibt sich hin, gab sich hin, sich hingegeben *to give oneself up to, devote oneself to*
die Analyse, –, –n *analysis*
der Schmerz, –es, –en *pain; grief, sorrow*
der Nerv, –s, –en *nerve*
danken (+ indir. obj.) *to thank*
inmitten *in the midst of*
ungeschmälert *undiminished*
die Vitalität, –, –en *vitality*
mehrere (pl.) *several*
begegnen (+ indir. obj.) (ist begegnet) *to meet*
das Wartezimmer, –s, – *waiting room*
die Schwierigkeit, –, –en *trouble, problem*
der Magen, –s, – *stomach*
öfters *often, frequently*
furchtbar *horrible, frightful*
das Magendrücken, –s *stomach pressure*
der Kopfschmerz, –es, –en *headache*
die Übelkeit, –, –en *nausea*
das Magengeschwür, –s, –e *gastric ulcer(s)*
der Rheumatismus, –ses, Rheumatismen *rheumatism*
der Gelenkrheumatismus, –ses, –rheumatismen *articular rheumatism*
das Knie, –s, – *knee*
der Fuß, –es, ⁻e *foot*
die Zehe, –, –n *toe*
schmerzen *to ache, hurt; grieve*
schwellen, schwillt, schwoll, ist geschwollen *to swell*

die Hüfte, –, –n *hip*
bewegen *to move, stir*
der Umschlag, –s, –̈e *bandage, compress; covering*
das Dampfbad, –es, –̈er *steambath*
das Schwitzbad, –es, –̈er *Turkish bath*
der Ausschlag, –es, –̈e *rash*
das Gesicht, –es, –er *face; sight, vision*
das Kinn, –(e)s, –e *chin*
die Backe, –, –n *cheek*
die Stirn(e), –, –n *forehead*
das Ohr, –es, –en *ear*
das Auge, –es, –n *eye*
die Kopfhaut, –, –̈e *scalp*
jucken *to itch*
die Haarspitze, –, –n *tip of the hair*
das Stündlein, –s, – *(one short) hour*
schlagen, schlägt, schlug, geschlagen *to beat, strike*
aufstehen, steht auf, stand auf, ist aufgestanden *to stand up, rise, get up*
die Eisenstange, –, –n *iron rod*
vierkantig *four-cornered, square*
die Strebe, –, –n *brace, support, prop*
der Rücken, –s, – *back*
weh tun (+ indir. obj.), tut weh, tat weh, weh getan *to ache, hurt*
atmen *to breathe*
die Kinderlähmung, – *infantile paralysis*
der Fisch, –es, –e *fish*
äußerst *extreme(ly), utmost*
die Mühe, –, –n *trouble, effort*
(sich) schleppen *to drag on, move slowly*
kriechen, kriecht, kroch, gekrochen *to crawl*
endlich *final(ly)*
der Bauch, –es, –̈e *stomach*
wieso *why, but why, how*
die Wanne, –, –n *tub*
der Boden, –s, –̈ *floor, ground; attic*

schlüpfrig *slippery*
der Knochen, –s, – *bone*
brechen, bricht, brach, gebrochen *to break*
der Astronaut, –en, –en *astronaut*
sausen *to whiz, dash*
die Badewanne, –, –n *bathtub*
hinfliegen, fliegt hin, flog hin, ist hingeflogen *to fall down, take a spill*
der Rand, –es, –̈er *edge; verge*
der Ellbogen, –s, – *elbow*
aufschlagen, schlägt auf, schlug auf, aufgeschlagen *to break open, bruise*
weinen *to weep, cry*
der Zahnschmerz, –es, –en *toothache*
das Unglück, –(e)s (no pl.) *misfortune, accident*
geschehen, geschieht, geschah, ist geschehen *to happen, occur*
abergläubig *superstitious*
dabei *thereby, in view of that*
etwa *about; perhaps*
vor kurzem *a short time ago*
blau *blue*
schwarz *black*
die Katze, –, –n *cat*
links *(to, on, at the) left*
rechts *(to, on, at the) right*
der Schritt, –(e)s, –e *step, pace*
umknicken (sep. prefix verb) *to twist, bend over*
der Enkel, –s, – *ankle*
anschwellen, schwillt an, schwoll an, ist angeschwollen *to swell up*
die Sprechstundenhilfe, –, –n *receptionist*
die Praxis, –, Praxen *clinic, practice*
plaudern *to chat*
kerngesund *thoroughly sound or healthy*

Fragen

1. Wo trifft Frau Trost Frau Heise?
2. Warum geht Frau Heise zum Arzt?
3. Warum denkt Frau Trost, sie hätte Magengeschwüre?
4. Wo hat Frau Trost Gelenkrheumatismus?

5. Was sagt der Arzt dazu?
6. Was hilft gegen Rheumatismus?
7. Was nimmt Frau Trost jeden Tag?
8. Was bekommt Frau Trost davon?
9. Was ist Frau Trost letzte Woche passiert?
10. Warum konnte Frau Trost ihre Freundin nicht anrufen?
11. Warum tat ihr der Bauch weh?
12. Wie kam es, daß Frau Trost im Badezimmer hinfiel?
13. Wer bekam Zahnschmerzen?
14. Ist Frau Trost abergläubig?
15. Was lief ihr über den Weg?
16. Warum mußte Frau Trost von einer Taxe nach Hause gebracht werden?
17. Warum geht Frau Trost nicht vor Frau Heise zum Arzt hinein?

Hausarbeit

Übersetzen Sie ins Deutsche.

A: Where were you (*pol.*) yesterday?

B: I was at home.

A: Why? What was wrong (*fehlen* + *indir. obj.*) with you?

B: I had trouble with my stomach.

A: Oh, I often have that, too. Did you go to the doctor?

B: Yes, but he couldn't help me much.

A: Does your stomach still hurt?

B: No. Now I have a toothache (*pl. in German*).

A: A toothache can be terrible.

B: I went to the dentist (*der Zahnarzt*) last week. He pulled two teeth (*die Zähne*).

A: I must really go to the dentist, too.

B: Do you go to Dr. Ziehwell?

A: I don't know him at all. Is he a good dentist?

B: He is excellent.

A: Good, I won't forget his name.

B: Do you still have some time? Should we go drink a cup of coffee?

A: Oh, thanks. Unfortunately I have no time. It's late already, and my family is waiting for me at home.

ZWEITE STUNDE

Wiederholungsübungen: Prepositions Used with the Indirect Object Case

A. *Der Lehrer fragt einen Studenten. Answer the following questions with a prepositional phrase.*

Beispiel

mit   Womit ist er gekommen?   *die Eisenbahn*
         Er ist **mit der Eisenbahn** gekommen.

1. *mit*   a. Womit seid ihr gefahren?   *das Auto*
            b. Womit hat er bezahlt?   *sein Geld*
            c. Mit wem ist er ausgegangen?   *seine Freunde*
2. *von*   a. Von wem hast du das Buch?   *mein Lehrer*
            b. Wovon redet er?   *das Buch*
            c. Woher hat er das Magendrücken?   *die Magengeschwüre*
3. *zu*   a. Wohin geht sie?   *ihr Freund*
            b. Wohin gehen Sie?   *die Vorlesung*
            c. Wohin gehen sie?   *der Zahnarzt*
4. *bei*   a. Wo wohnt Jim?   *seine Tante*
            b. Wo liegen die Zigarren?   *die Bücher*
            c. Wo ist die Tante?   *der Arzt*
5. *nach*   a. Wonach sucht er?   *der Schraubenzieher*
            b. Wohin gehen Sie?   *Hause*
            c. Wann geht ihr ins Theater?   *das Essen*
6. *aus*   a. Woher kommst du?   *die Universität*
            b. Woher ist der Schreibtisch?   *das Zimmer des Onkels*
            c. Woher wißt ihr das?   *die Zeitungen*

B. *Fill in the blanks with the correct article.*

Beispiel

Außer (*besides, except*) _____ Kindern war keiner auf dem Bahnsteig.
Außer **den** Kindern war keiner auf dem Bahnsteig.

1. Außer _____ Schraubenzieher war alles in der Werkzeugtasche.
2. Außer _____ Rundfunkgebühren zieht die Post noch die Fernsehgebühren ein.
3. Außer (*mein*) _____ Freunden habe ich keinen Gast eingeladen.
4. Wir schicken unsere Briefe mit _____ Post.
5. Wir haben die Bücher von _____ Professoren bekommen.
6. Er fuhr mit seinem Auto zu _____ Bahnhof.
7. Er wohnt bei _____ Freund.
8. Nach _____ Schule fahren wir nach Hause.
9. Der Onkel kommt mit Jim aus _____ Bahnhof.

Wiederholungsübung: Possessive Adjectives

Fill in the blanks with the correct possessive pronoun.

Beispiel

Ich habe (*my*) _____ Börse vergessen.
Ich habe **meine** Börse vergessen.

1. Frau Trost geht zu (*her*) _____ Arzt.
2. Sie hatte sich alle (*her*) _____ Knochen gebrochen.
3. Jim hat (*his*) _____ schwarze Katze verloren.
4. Hast du (*my*) _____ Brief bekommen?
5. Wir haben (*your, fam. pl.*) _____ Pakete auf der Post abgegeben.
6. Seid ihr mit (*your, fam. pl.*) _____ Auto gekommen?
7. Habt ihr (*our*) _____ Heizung abgestellt?
8. Seid ihr mit (*your*) _____ Autos gekommen?
9. Wo habt ihr (*your*) _____ Weihnachtsbaum gekauft?
10. Wo sind (*your, fam. sing.*) _____ Koffer geblieben?
11. Haben Sie (*your*) _____ Motor nachgesehen?
12. Wir spielen mit (*your, fam. sing.*) _____ Schachspiel.
13. Er schreibt mit (*his*) _____ Kugelschreiber.
14. Ich sitze am liebsten in (*my*) _____ Sessel.
15. Ich lese am liebsten in (*her*) _____ Büchern.
16. Ich höre am liebsten (*their*) _____ Schallplatten.
17. Er hat (*his*) _____ Beruf gern.
18. Gefällt dir (*my*) _____ Auto?
19. Sie schläft in (*her*) _____ Bett.
20. Sie bringt (*his*) _____ Mantel.

Wiederholungsübung: Adjective Endings

In the following sentences, transform the predicate adjective into a descriptive adjective.

Beispiel

Der Schrank ist eingebaut.
Das ist ein _____ Schrank.
Das ist ein **eingebauter** Schrank.

1. Der Himmel war blau.
   Wir fuhren unter einem _____ Himmel.
2. Die Frau ist kerngesund.
   Sie war eine _____ Frau.
3. Die Panne war schlimm.
   Das war eine _____ Panne.
4. Das Haus ist alt.
   Sie wohnte in einem _____ Haus.
5. Die Lampen sind bunt.
   Das sind _____ Lampen.
6. Der Schraubenschlüssel ist verstellbar.
   Gib mir bitte den _____ Schraubenschlüssel.

7. Die Zipfelmütze ist rot.
   Das ist die ———— Zipfelmütze.
8. Der Junge war achtlos.
   Er war ein ———— Junge.
9. Das Land ist groß und schön.
   Das ist ein ———— und ———— Land.
10. Die Arbeit war lobenswert.
    Das war eine ———— Arbeit.
11. Sein Charakter war gut.
    Er hatte einen ———— Charakter.
12. Die Manschettenknöpfe sind golden.
    Es sind die ———— Manschettenknöpfe.
13. Das Auto war billig.
    Er kaufte das ———— Auto.
14. Der Sport war elegant.
    Er liebte den ———— Sport.
15. Die Premiere war entscheidend.
    Es war eine ———— Premiere.
16. Die Volkswagen waren klein.
    Wir kaufen die ———— Volkswagen.
17. Das Spiel ist lustig.
    Das ist ein ———— Spiel.
18. Der Wein ist gut.
    Das ist der ———— Wein.
19. Das Magazin ist berühmt.
    Das ist das ———— Magazin.
20. Die Gemälde sind teuer.
    Es sind ———— Gemälde.

Wiederholungsübung: Strong-Weak Verbs

Der Lehrer fragt einen Studenten. Answer the following questions first in the past tense (*affirmatively*), *then in the perfect tense* (*negatively*).

Beispiel

Hatte sie das Kissen gebracht?
Ja, sie **brachte** das Kissen.
Nein, sie **hat** das Kissen nicht **gebracht**.

1. Hattet ihr uns den Schraubenzieher gebracht?
2. Hatte ich den Herrn gekannt? *du*
3. Hatte man das gewußt?
4. Hatte er darüber nachgedacht?
5. Hattet ihr ihn als euren Lehrer anerkannt?
6. Wie hatten wir das genannt? *Unsinn*
7. An wen hattet ihr euch gewandt? *an euch*
8. Wo hatte das Licht gebrannt? *in dem alten Haus*
9. Wo hattet ihr euere Ferien verbracht? *in Frankfurt*
10. Hattet ihr das bedacht?

Wiederholungsübungen: **Pronouns**

A.   *Fill in the blanks with the correct personal pronouns.*

Beispiel

Er gab _____ das Buch.   *ich*
Er gab **mir** das Buch.

1. Er schenkte _____ eine Katze.   *sie (sing.)*
2. Wir brachten _____ zum Bahnhof.   *er*
3. Er hat _____ den Brief gegeben.   *ich*
4. Ihr habt _____ in Urlaub geschickt.   *wir*
5. Wir haben _____ gesehen.   *ihr*
6. Ich bringe _____ nach Hause.   *sie (pl.)*
7. Ich bringe _____ nach Hause.   *sie (sing.)*
8. Er bringt _____ die Bücher.   *ihr*
9. Jim hat _____ aufgesucht.   *ich*
10. Hat Ilse _____ kennengelernt?   *du*
11. Ich habe _____ auf den Schreibtisch gelegt.   *es*
12. Wer hat _____ den Brief gegeben?   *Sie*

B.   *In the following sentences, replace the italicized nouns with the correct pronouns.*

Beispiel

Die Post ist eine lobenswerte Einrichtung.
Sie ist eine lobenswerte Einrichtung.

1. Wir können *den Brief* nicht zur Post bringen.
2. Er hat *das Telegramm* abgeschickt.
3. Sie ging mit *dem Briefträger* in das Postamt.
4. *Die Seele* steht zum Körper in einem ungetrübten Verhältnis.
5. Die Seele steht *zum Körper* in einem ungetrübten Verhältnis.
6. Gehen Sie *zum Arzt*?
7. Er schenkt *den Kindern* ein Spielzeug.

C.   *Replace the italicized phrases by the appropriate **da**-compounds: **damit**, **dazu**, etc.*

Beispiel

Er ist *mit dem Auto* gefahren.
Er ist **damit** gefahren.

1. Er hat den Schraubenschlüssel *zum Schrauben* gebraucht.
2. Sie sind *mit dem Flugzeug* geflogen.
3. Er hat das Geld *für die Uhr* gebraucht.
4. Wir haben *mit dem Geld* bezahlt.
5. Ihr habt *für das Geld* eine Zeitung gekauft.
6. Wir sind *in dem Zimmer* gewesen.
7. Der Stuhl hat *an dem Tisch* gestanden.
8. Der Rock lag *auf der Kommode*.
9. Die Pantoffel stehen *unter dem Bett*.

10. Der Zug fährt *durch den Bahnhof.*
11. Ich habe die Briefmarken *von der Post.*
12. Er kommt *aus der Zollhalle.*
13. Die Studenten sprechen *über die Vorlesung.*
14. Die Taxe steht *vor der Hauptpost.*
15. Die Werkzeugtasche liegt *hinter dem Führersitz.*
16. Der Schraubenschlüssel liegt *zwischen den Sitzen.*

Wiederholungsübung: Question Words

Transform the following statements into questions that refer to the italicized words.

Beispiele

Der Motor ist stehengeblieben.
Was ist stehengeblieben?

Ich warte auf *den Arzt.*
Auf wen wartest du?

1. *Die Wasserleitung* ist zugefroren.
2. *Gestern* gingen sie in die Stadt.
3. Das ist ein *großer* Briefumschlag.
4. Er ist um *die Erde* gesaust.
5. Das ist eine *gute* Taschenlampe.
6. Das sind *Jims* Koffer.
7. *Dein Freund* hat dich betrogen.
8. Es gibt *schöne und heitere* Dinge.
9. Das ist ein *blauer* Teppich.
10. $3 + 3 = 6.$
11. Die Kinder haben *den Nikolaus* gesehen.
12. Er sitzt in *der Badewanne.*
13. Sie konnte nicht *zum Telefon* gehen.
14. Das ist ein *geräumiger* Keller.
15. Sie bekam *Zahnschmerzen.*
16. Die Briefmarken gibt es *in der Post.*
17. Sie hat *ein Schwitzbad* genommen.
18. $4 \times 5 = 20.$
19. Das sind *alte* Häuser.
20. Ihm lief *eine junge Studentin* über den Weg.
21. Das ist *ein Sackbahnhof.*
22. Sie hat den Brief *dem Briefträger* gegeben.

Wiederholungsübung: Noun Plurals

Der Lehrer fragt einen Studenten. Answer the following questions, using the plural form of the italicized nouns.

Beispiel

Was schwimmt im Wasser? *Fisch*
Die Fische schwimmen im Wasser.

1. Was bewegt sich? *Puppe*
2. Was hast du gefangen? *Fisch*
3. Was nimmst du? *Schwitzbad*
4. Wer ist im Sprechzimmer? *Frau*
5. Was verkauft er? *Badewanne*
6. Was ist im Haus? *Telefon*
7. Was hat die Dame? *Kopfschmerz*
8. Was haben Sie da? *Geldstück*
9. Wer war da? *Postbote*
10. Wen haben Sie gesehen? *Briefträger*
11. Wer ist weggefahren? *Motorradfahrer*
12. Was ist zugefroren? *Wasserleitung*
13. Wohin fahrt ihr? *Berg*
14. Was ißt der Junge gerne? *Wurst*
15. Was macht er? *Spaß*
16. Was nehmt ihr? *Deutschstunde*
17. Was kauft der Leser? *Zeitung*
18. Was kauft Jim? *Magazin*
19. Wer hat das gesagt? *Arzt*
20. Worauf warten die Kinder? *Mutter*

DRITTE STUNDE

Wiederholungsübungen: Word Order

A. *Form two simple sentences from the following compound sentences.*

Beispiel

Der Herr, den ich gestern kennengelernt habe, wohnt im Hotel.
Der Herr wohnt im Hotel. Ich habe ihn gestern kennengelernt.

1. Die Seele steht zum Körper in einem Verhältnis, das nicht immer ungetrübt ist.
2. Das Magendrücken, das ich öfters habe, ist nicht schlimm.
3. Der Arzt, zu dem ich gehe, kann nichts sagen.
4. Ich bekomme von dem Schwitzbad, das ich täglich nehme, Ausschlag.
5. Die Katzen, die ich ihr geschenkt habe, sind schwarz.
6. Die Weihnachtsbäume, die in den Schaufenstern stehen, sind bunt geschmückt.
7. Er hat sich über das Geschenk, das ich ihm gemacht habe, sehr gefreut.
8. Das Schachspiel, das du ihm geschenkt hast, ist sehr schön.
9. Der Wein, den wir gestern tranken, war gekühlt.
10. Das Jahr, das gestern zu Ende ging, war interessant.
11. Das „ L", das du gegossen hast, muß „ lernen" heißen.
12. Der Volkswagen, den er sich gekauft hat, ist ein technisches Wunderwerk.
13. Die Stiefel, die in dem Koffer liegen, gehören Herrn Heise.
14. Herr Lemmerz, der mit uns gefrühstückt hat, ist gar kein Sportsmann.
15. Die Schilehrer, die uns unterrichten, wohnen im nächsten Dorf.

B. *Combine the following simple sentences to form complex sentences.*

Beispiel

Herr Heise fährt nach Frankfurt. Wir trafen ihn in Saarbrücken.
Herr Heise, den wir in Saarbrücken trafen, fährt nach Frankfurt.

1. Herr Heise ist stolz auf sein Auto. Er hat es sich gestern gekauft.
2. Frau Heise freut sich über den Teppich. Herr Heise hat ihn ihr geschenkt.
3. Die Taschenlampe war im Handschuhkasten. Ich habe sie gesucht.
4. Der Schraubenzieher gehörte mir nicht. Du brauchtest ihn.
5. Der Vergaser funktioniert wieder. Wir haben ihn gereinigt.
6. Die Wurst hat die Tante mitgebracht. Sie schmeckt dir so gut.
7. Die Mütze war im Koffer. Ich habe sie gesucht.
8. Das Kissen gehört auf das Sofa. Er hat es gebraucht.
9. Das Magazin ist berühmt. Du hast es dir gekauft.
10. Die Leute warten auf den Zug. Sie stehen auf dem Bahnsteig.
11. Die jungen Leute waren Studenten. Wir gaben ihnen das Geld.
12. Die Damen kamen aus Frankreich. Wir zeigten ihnen die Stadt.
13. Die Kinder kamen aus der Schule. Sie spielten auf dem Spielplatz.
14. Der Student wohnt bei Familie Heise. Ich habe ihm das Buch gegeben.
15. Die junge Dame ist eine Studentin. Ich traf sie in der Mensa.
16. Die junge Dame geht zur Universität. Ich gab ihr die Fahrkarte.
17. Die Frau ist arm. Ich gab ihr Geld.
18. Das Kind geht zur Schule. Ich sah es auf dem Spielplatz.

C. *Combine the following simple sentences to form complex sentences, changing the* da-*compounds (**darin, damit, daran,** etc.) to* wo-*compounds (**worin, womit, woran,** etc.).*

Beispiel

Der Koffer war neu. Die Kleider lagen darin.
Der Koffer, worin die Kleider lagen, war neu.

1. Die Badewanne war kaputt. Er hat darin gebadet.
2. Er hat den Schraubenzieher verloren. Er hat damit geschraubt.
3. Sie hat das Auto in die Garage gefahren. Wir sind damit gefahren.
4. Wir haben die Schier ins Haus gebracht. Wir sind damit gefahren.
5. Der Stuhl stand im Weg. Sie hat sich daran gestoßen.
6. Wir haben das Sofa in das andere Zimmer gestellt. Ihr habt darauf geschlafen.
7. Der Autoschlüssel liegt auf dem Tisch. Du läßt damit den Wagen an.
8. Die Glocke hängt im Kirchturm. Man läutet damit.
9. Das Schachspiel ist ein Geschenk der Tante. Der Onkel spielt gerne damit.
10. Die Koffer stehen beim Portier. Wir müssen damit zur Zollhalle.
11. Der Tisch steht im Wohnzimmer. Die Bücher liegen darauf.
12. Der Tisch steht am Springbrunnen. Wir setzen uns daran.
13. Das Buch ist bald fertig. Er arbeitet daran.
14. Der Schreibtisch steht in Onkels Zimmer. Er arbeitet daran.
15. Der Sessel steht am Fenster. Sie setzt sich darin.
16. Das Geld gehört der Mutter. Wir haben damit bezahlt.
17. Wir haben den Schlitten in die Garage gestellt. Wir waren damit auf der Rodelbahn.
18. Wir haben die Zange in die Werkzeugtasche getan. Wir haben damit geschraubt.

Wiederholungsübung: Verb Agreement

Ein Student fragt einen anderen Studenten. Answer in the perfect tense.

Beispiel

Saht ihr den Empfangschef? *wir*
Wir **haben** den Empfangschef **gesehen.**

1. Mußtet ihr euch beeilen? *wir*
2. Wer blieb zu Hause? *ich*
3. Saht ihr sie wieder? *wir*
4. Regten wir uns auf? *ihr*
5. Erholtet ihr euch gut? *wir*
6. Freute ich mich auf die Reise? *du*
7. Wuschst du dir das Gesicht? *ich*
8. Wuscht ihr euch? *wir*
9. Wünschte ich mir das? *du*
10. Bewegten sich die Puppen? *sie*
11. Wer heiratete? *wir*
12. Wer blamierte sich? *Herr Lemmerz*
13. Wer aß den Kuchen? *sie (pl.)*
14. Erfanden Benz und Daimler das Auto? *sie (pl.)*
15. Besuchten sie euch? *sie*
16. Wer packte den Koffer aus? *wir*

Wiederholungsübungen: Strong Verbs

A. *Ein Student fragt einen anderen Studenten. Answer positively in the past tense.*

Beispiel

Hat die Katze auf dem Sofa geschlafen?
Die Katze **schlief** auf dem Sofa.

1. Hat der Professor ihn zu den Vorlesungen zugelassen?
2. Ist er rausgegangen?
3. Ist der Künstler aufgetreten?
4. Hat Herr Lemmerz wieder angegeben?
5. Hast du an den Tisch gestoßen?
6. Habt ihr das Buch begriffen?
7. Ist er an der Verkehrsampel stehengeblieben?
8. Ist Hannelore in das Zimmer eingetreten?
9. Hat er im Sessel Platz genommen?
10. Haben die Studenten die Bücher gelesen?
11. Hat Jim angerufen?
12. Ist ihm das Werk gelungen?
13. Habt ihr mit dem Professor gesprochen?
14. Habt ihr Herrn Heise wiedergesehen?
15. Haben Sie das Geld vergessen?
16. Hast du das Hotel verlassen?

B. *Answer positively, in the perfect tense.*

Beispiel

Bliebt ihr im Hotel?
Wir **sind** im Hotel **geblieben.**

1. Hast du deine Ferien genossen?
2. Flogt ihr nach Amerika?
3. Schmolzen wir das Blei in dem Löffel?
4. Verstandst du die Vorlesung?
5. Schien die Sonne?
6. Kroch er über den Schnee?
7. Blieb sie an der Straßenkreuzung stehen?
8. Trankt ihr den Tee?
9. Nahmst du den Brief mit?
10. Sprang er ins Wasser?
11. Standen sie früh auf?
12. Nahmen wir auf dem Sofa Platz?
13. Erfandst du das Fernsehen?
14. Warf ich das Geldstück ein?
15. Las Ilse das Buch?
16. Erschrak sie sich?
17. Saht ihr euch auf dem Flugplatz wieder?
18. Blies er die Düse durch?
19. Schliefst du bis zum Mittag?

Wiederholungsübung: Noun Plurals

Put the italicized nouns into the plural and make all other necessary changes.

Beispiel

Die Katze läuft mir über den Weg.
Die Katzen laufen mir über den Weg.

1. *Der Zahnschmerz* wird immer schlimmer.
2. Er geht langsam über *den Weg.*
3. *Der Bauch* ist voll.
4. Das Flugzeug fliegt über *das ganze Gebiet.*
5. *Das Flugzeug* fliegt über das ganze Gebiet.
6. *Das Gesicht* war schwarz.
7. Hast du *die Nummer* gefunden?
8. Wo ist *der Umschlag?*
9. Ist *der Eilbrief* gekommen?
10. Hast du *guten Erfolg* gehabt?
11. Habt ihr *den Anlasser* nachgeprüft?
12. Ist *der Teich* zugefroren?
13. Fahrt ihr *den Hang* hinunter?
14. Sind wir schon an *der Grenze?*
15. Ist *der Handschuh* im Handschuhkasten?
16. Ißt du *das Ei* zum Frühstück?

17. Kannst du mir *deinen Traum* erzählen?
18. Hat er *den Sportanzug* in den Schrank gehängt?
19. Wohin habt ihr *die Schüssel* gestellt?
20. Wohin habt ihr *meine Socken* getan?
21. Wohin hast du *den Autoschlüssel* gelegt?
22. *Der Vogel* fliegt in der Luft.
23. *Die Glocke* läutet.
24. Willst du dir *die Armbanduhr* kaufen?
25. Hast du die Glosse in *der Zeitung* gelesen?
26. *Das Volk* zieht in den Krieg.
27. *Der Wein* ist in diesem Jahr sehr gut.

Adverbs of Time

The following adverbs of time refer to habitual or repeated actions. These adverbs are not capitalized.

morgens = mornings, in the morning
vormittags = mornings, in the morning
mittags = at noon
nachmittags = afternoons, in the afternoon
abends = evenings, in the evening
nachts = nights, at night
sonntags = (on) Sundays
werktags = (on) workdays

Note, however, capitalization in the following adverbial phrases:

jeden Morgen = every morning
jeden Vormittag = every morning, forenoon
jeden Mittag = every noon
jeden Nachmittag = every afternoon
eines Abends = one evening
jede Nacht = every night
eines Sonntags = one Sunday
jeden Werktag = every workday
eines Tages = one day, some day

Übungen in der Klasse

Ein Student fragt einen anderen Studenten. Fill in the blanks with the adverb of time indicated in italics.

Beispiel

Gehst du (*mornings*) _____ in die Universität?
Gehst du **morgens** in die Universität?

Ich gehe (*every morning*) _____ in die Universität.
Ich gehe **jeden Morgen** in die Universität.

1. Wann gehen Sie (*evenings*) _____ ins Bett?
   Ich gehe (*every evening*) _____ früh ins Bett.
2. Wohin gehst du (*at noon*) _____ essen?
   Ich gehe (*every noon*) _____ in die Mensa.
3. Schlafen Sie (*at night*) _____ gut?
   Ich schlafe (*every night*) _____ sehr gut.
4. Haben Sie (*afternoons*) _____ eine Vorlesung?
   Ich habe (*every afternoon*) _____ eine Vorlesung.
5. Werden Sie (*one day*) _____ nach Deutschland reisen?
   Ich werde (*one day*) _____ nach Deutschland reisen.
6. Werden Sie mit Herrn Heise (*evenings*) _____ in den Park gehen?
   Ich werde (*Sundays*) _____ mit Herrn Heise in den Park gehen.
7. Bleiben Sie (*evenings*) _____ zu Hause?
   Ich bleibe (*every evening*) _____ zu Hause.
8. Schreiben Sie (*every evening*) _____ Briefe?
   Ich schreibe (*afternoons*) _____ Briefe.
9. Werden Sie ihn (*one day*) _____ besuchen?
   Ich werde ihn (*one Sunday*) _____ besuchen.
10. Arbeiten Sie auch (*Sundays*) _____?
    Ich muß (*every Sunday*) _____ arbeiten.
11. Bringen Sie Ihre Briefe (*mornings*) _____ zur Post?
    Ich bringe sie (*afternoons*) _____ zur Post.
12. Sind Sie (*forenoons*) _____ in der Bibliothek?
    Ja, ich bin (*forenoons*) _____ in der Bibliothek.
13. Wirst du (*one day*) _____ zum Arzt gehen?
    Ich werde (*one workday*) _____ zum Arzt gehen.

Real-Situation Practice

1. Wo gehen Sie mittags essen? 2. Wann haben Sie Deutschunterricht? 3. Haben Sie vormittags auch Unterricht? 4. Welche Fächer haben Sie am liebsten? 5. Was ist Ihr Hauptfach? 6. Was wollen Sie später werden? 7. Sind Sie schon einmal krank gewesen? 8. Waren Sie schon einmal beim Arzt? 9. Wie lange schlafen Sie? 10. Schlafen Sie auch während des Unterrichts? 11. Haben Sie schon einmal einen Brief aus Deutschland erhalten? 12. Schreiben Sie gerne Briefe? 13. An wen schreiben Sie Briefe? 14. Wo wohnen Ihre Eltern? 15. Was schreibt man auf einen Briefumschlag in Deutschland? 16. Haben Sie zu Hause eine Ölheizung, eine Gasheizung oder eine elektrische Heizung? 17. Können Sie Schi laufen? 18. Möchten Sie gerne Schi laufen? 19. Wo kann man Schi laufen? 20. Können Sie Schlittschuh laufen? 21. Haben Ihre Eltern ein Auto? 22. Was für ein Auto haben Ihre Eltern? 23. Haben Sie einen Führerschein (*driver's license*)? 24. Fahren Sie oft Auto? 25. Gehen Sie gerne spazieren? 26. Ist es gesund, spazieren zu gehen?

24
Vierundzwanzigste Einheit

ERSTE STUNDE

Leseübung

Kochen, braten, backen — Weißbrot, Schwarzbrot, Graubrot — Brötchen, Teilchen, Kuchen, Torte — Kotelett, Schnitzel, Bauernwurst, Wiener Wurst, Knackwurst — Salat, Gemüse, Gurken, Zwiebeln, Salz, Pfeffer, Senf — das sind einige Vokabeln, die Sie, lieber Leser, lernen müssen. Sonst müssen Sie hungern, wenn Sie Ihren ersten Besuch in Deutschland machen. Hier noch einige Tricks: eine ,, kalte Ente '' ist ein Getränk. In Köln gibt es einen ,, halben Hahn '': das ist ein Käsebrot. Wenn Sie in der Bäckerei einen ,, Bismarck '' kaufen wollen, dann fragen Sie nach einem ,, Berliner ''. Der berühmte amerikanische ,, Hamburger '' heißt dagegen in Deutschland ,, Deutsches Beefsteak '' oder ,, Frikadelle ''. Zu Ihrer Beruhigung darf ich Ihnen aber verraten, daß in vielen guten Restaurants die Speisekarten oft in mehreren Sprachen, darunter natürlich Englisch, gedruckt sind. Im allgemeinen ist in Deutschland noch kein Ausländer Hungers gestorben. Die deutsche Küche hat zwar nicht einen solchen weltweiten Ruf wie die französische, aber die Speisen sind reichhaltig und abwechslungsreich. Die Kartoffel bildet das wichtigste Nahrungsmittel, außerdem wird sehr viel Gemüse gegessen. Fleisch wird zwar gern gegessen, aber spielt keine solch wichtige Rolle in der Ernährung, wie in den Vereinigten Staaten.

Wir werden jetzt einen Blick in die Küche von Frau Heise werfen, die gerade dabei ist, das Mittagessen vorzubereiten. Sie wird allerdings von Frau Trost unterbrochen, was nicht ohne üble Folgen bleibt.

Cooking, roasting, baking—white bread, rye bread, brown bread—rolls, sweet rolls, cake, tarts—chops, cutlets, Bauernwurst, Wiener Wurst, Knackwurst—salad, vegetables, pickles, onions, salt, pepper, mustard—these are some words which you, dear reader, must learn. Otherwise, you must go hungry when you make your first visit to Germany. A few tricks: a "cold duck" is a drink. In Cologne there is a "half rooster," which is an open-face cheese sandwich. If you want to buy a "Bismarck" in the bakery, then you ask for a "Berliner." The famous American "hamburger," on the contrary, is called "German beefsteak" or "Frikadelle" in Germany. But for your ease of mind, may I disclose to you that in many good restaurants the menus are often printed in several languages, naturally including English. In general, no foreigner has yet died of hunger in Germany. German cooking, to be sure, doesn't have such a worldwide reputation as French cooking, but the food is plentiful and full of variety. The potato constitutes the most important food, and very many vegetables are eaten. Meat is of course a favorite but doesn't play such an important role in the diet as in the United States.

We will now take a look into the kitchen of Mrs. Heise, who is just about to prepare lunch. She is, however, interrupted by Mrs. Trost, which is not without unfortunate results.

Dialog: In der Küche

Dialogue: In the Kitchen

(*Frau Trost kommt.*)

Frau Trost: Guten Tag, Frau Heise! Oh, Sie kochen. Ich will nicht lange stören. Ich wollte nur wissen, wie's beim Arzt war.

Frau Heise: Gott sei Dank ist es nichts Besonderes. Ich habe einen nervösen Magen, das ist alles. Ich würde mich gern mit Ihnen ins Wohnzimmer setzen, aber ich muß hier aufpassen, daß mir der Kuchen nicht anbrennt.

(*Während des Folgenden drehen sich die Frauen mit dem Rücken zum Ofen.*)

Frau Trost: Ich gehe auch nie aus der Küche heraus, wenn ich koche oder backe. Das war doch Dummheit von der Schmitz, den Kuchen im Ofen zu vergessen.

Frau Heise: Ja, die ganze Nachbarschaft war in Aufregung. Der schwarze Rauch zog durchs Treppenhaus und durch Fenster und Türen bis auf die Straße. Ich hatte schon angefangen, meine gute Wäsche aus dem Schlafzimmerfenster auf den Hof zu werfen.*

Frau Trost: Ich auch, ich auch. Sie kennen doch die schönen Vorhänge in meinem Wohnzimmer?

Frau Heise: Natürlich, die kurzen, grünen . . .

Frau Trost: Nein, die langen, roten! Ich habe sie alle abgehängt, und eben erst, bevor ich zu Ihnen kam, bin ich fertig geworden, sie wieder aufzuhängen.

Frau Heise: Das ganze Haus hätte abbrennen können. Der Ofen steht ja neben dem Fenster.

(*Mrs. Trost comes in.*)

Mrs. Trost: Hello, Mrs. Heise! Oh, you're cooking. I won't disturb you for long. I only wanted to know how it was at the doctor's.

Mrs. Heise: Oh, thank heavens, it's nothing unusual. I have a nervous stomach, that's all. I'd gladly sit down with you in the living room, but I've got to watch that my cake doesn't burn.

(*During the following, the women turn their backs to the oven.*)

Mrs. Trost: I never go out of the kitchen either, when I cook or bake. That was stupid of the Schmitz woman to forget her cake in the oven.

Mrs. Heise: Yes, the whole neighborhood was in an uproar. The black smoke rose through the stairwell and through the windows and doors onto the street. I had already begun to throw my good linens out the bedroom window into the back yard.

Mrs. Trost: Me too, me too. You know the beautiful drapes in my living room?

Mrs. Heise: Of course, the short, green . . .

Mrs. Trost: No, the long, red ones! I took them all down, and I didn't finish hanging them up again until just before I came over to your house.

Mrs. Heise: The whole house could have burned down. The oven is next to the window.

---

* During air raids in World War II, people would often throw their belongings out the windows, to save whatever they could—a few linens, perhaps.

Frau Trost: Nein, der Schrank steht daneben, und der ist ganz mit Papier ausgelegt, — sogar Papierrüschen hat sie an den Schrankfenstern.

Frau Heise: An den Schrankfenstern?

Frau Trost: Ja, wie altmodisch, nicht? Eine einzige Flamme aus dem Ofen hätte genügt, und der ganze Schrank wäre abgebrannt!

Frau Heise: . . . und das Zimmer . . .

Frau Trost: . . . die ganze Wohnung . . .

Frau Heise: . . . das ganze Haus!

Frau Trost: Ich habe mich wirklich aufgeregt! Es war verantwortungslos von der Schmitz, aus der Küche zu gehen, wo sie wußte, daß sie einen Kuchen im Ofen hatte.

Frau Heise: Mir kann sowas nicht passieren, weil ich die Küche nicht verlasse, bevor alles fertig und alles ausgeschaltet ist.

Frau Trost: Ich weiß es doch, Frau Heise. Bei uns kann so etwas nicht vorkommen. Wir haben schließlich Verstand im Kopf.

Frau Heise: Sagen Sie — riechen Sie nichts?

Frau Trost: Natürlich! Schon die ganze Zeit rieche ich etwas. Schmitz! Das ist die Schmitz! Bei der brennt bestimmt wieder ein Kuchen an!

(*Beide Frauen eilen ans Fenster, öffnen es und schauen hinaus. Nach einer Weile drehen sie sich wieder um, sehen sich an und schütteln die Köpfe.*)

Frau Heise: Nichts . . .

Frau Trost: Nein, nichts . . .

(*Nun sehen sie Rauch aus dem Ofen steigen. Frau Heise stürzt an den Ofen.*)

Frau Heise: Mein Kuchen!

Mrs. Trost: No, the cupboard is next to it, and it's completely inlaid with paper—she even has paper frilling on the cupboard windows.

Mrs. Heise: On the cupboard windows?

Mrs. Trost: Yes — old-fashioned, isn't it? A single flame from the oven would have been enough, and the whole cupboard would have burned down!

Mrs. Heise: . . . and the room . . .

Mrs. Trost: . . . the whole apartment . . .

Mrs. Heise: . . . the whole house!

Mrs. Trost: I was really upset! It was irresponsible of the Schmitz woman to go out of the kitchen when she knew that she had a cake in the oven.

Mrs. Heise: Something like that can't happen to me, because I don't leave the kitchen before everything is finished and everything is turned off.

Mrs. Trost: I know, Mrs. Heise. Such a thing can't happen to us. After all, we have brains in our heads.

Mrs. Heise: Say—Don't you smell something?

Mrs. Trost: Of course! The whole time I've smelled something. Schmitz! That's the Schmitz woman! A cake is definitely burning at her place again!

(*Both women hurry to the window, open it and look out. After a while they turn around again, look at each other and shake their heads.*)

Mrs. Heise: Nothing . . .

Mrs. Trost: No, nothing . . .

(*Now they see smoke rising out of the oven. Mrs. Heise rushes to the oven.*)

Mrs. Heise: My cake!

Wortschatz

kochen *to cook, boil, stew*

braten, brät, briet, gebraten *to roast, broil, fry*

backen, bäckt, buk (*or* backte), gebacken *to bake*

das Weißbrot, –(e)s, –e *white bread*

das Schwarzbrot, –(e)s, –e *rye bread*

das Graubrot, –(e)s, –e *brown bread*

das Brötchen, –s, – *hard roll*

das Teilchen, –s, – *sweet roll; particle*

das Kotelett, –(e)s, –e *chop, cutlet (with bones)*

das Schnitzel, –s, – *cutlet (boneless)*

die Bauernwurst, –, ⸚e; die Wiener Wurst, –, ⸚e; die Knackwurst, –, ⸚e *special kinds of sausage*

der Salat, –(e)s, –e *salad*

das Gemüse, –s, – *vegetable*

die Gurke, –, –n *pickle; cucumber*

die Zwiebel, –, –n *onion*

das Salz, –es, –e *salt*

der Pfeffer, –s, – *pepper*

der Senf, –(e)s, –e *mustard*

die Vokabel, –, –n *word; vocabulary*

hungern *to be hungry*

der Trick, –s, –e *or* –s *trick*

die Ente, –, –n *duck*

das Getränk, –(e)s, –e *drink*

Köln *Cologne*

der Hahn, –(e)s, ⸚e *rooster*

das Käsebrot, –(e)s, –e *bread with cheese*

die Bäckerei, –, –en *bakery*

die Beruhigung, –, –en *ease of mind; relaxation*

die Speisekarte, –, –n *menu*

darunter *including, among them; underneath*

drucken *to print*

im allgemeinen *in general*

der Ausländer, –s, – *foreigner*

der Hunger, –s, – *hunger*

die Küche, –, –n *kitchen; (style of) cooking*

weltweit *worldwide, universal*

die Speise, –, –n *food; meal; dish*

reichhaltig *abundant, plentiful*

abwechslungsreich *varied, diversified*

die Kartoffel, –, –n *potato*

bilden *to constitute; form, shape; educate*

das Nahrungsmittel, –s, – *food (supply)*

das Fleisch, –es *meat; flesh*

spielen *to play, act; pretend*

die Rolle, –, –n *role, part; roll, spool*

die Ernährung, – *diet, nourishment*

das Mittagessen, –s, – *noon meal, lunch*

vorbereiten (sep. prefix verb) *to prepare*

übel (übler, üble, übles) *bad, evil*

die Folge, –, –n *result, consequence*

stören *to disturb*

das Wohnzimmer, –s, – *living room*

anbrennen, brennt an, brannte an, angebrannt *to burn, scorch*

(sich) drehen *to turn*

herausgehen, geht heraus, ging heraus, ist herausgegangen *to go out, leave*

die Dummheit, –, –en *stupidity; stupid action*

die Nachbarschaft, –, –en *neighborhood, neighbors (collective)*

die Aufregung, –, –en *excitement; reception*

der Rauch, –(e)s *smoke*

das Treppenhaus, –(e)s, ⸚er *stairwell*

der Hof, –(e)s, ⸚e *yard, court; farm*

der Vorhang, –(e)s, ⸚e *curtain*

grün *green*

abhängen (sep. prefix verb) *to take down; take off (telephone receiver)*

aufhängen (sep. prefix verb) *to hang up*

abbrennen, brennt ab, brannte ab, abgebrannt *to burn down*

der Schrank, –es, ⸚e *cupboard; closet*

auslegen (sep. prefix verb) *to spread out; inlay; display*

die Papierrüsche, –, –n *paper ruffle, frilling*

altmodisch *old-fashioned, out-moded*

einzig *single; only, sole; unique*

genügen (+ indir. obj.) *to be enough*

die Wohnung, –, –en *apartment, house, residence*

verantwortungslos *irresponsible*

sowas *something like that*

ausschalten (sep. prefix verb) *to disconnect, switch off*

schließlich *after all, finally*

der Verstand, –(e)s *mind; intellect, brains; understanding*
riechen, riecht, roch, gerochen *to smell*
eilen *to hurry*
hinausschauen (sep. prefix verb) *to look out*

die Weile, – *while, (short period of) time*
schütteln *to shake*
(sich) umdrehen (sep. prefix verb) *to turn around*
stürzen *to rush, dash; plunge; crash; throw*

Fragen

1. Was will Frau Trost von Frau Heise wissen?
2. Ist Frau Heise krank (*sick*)?
3. Was hat sie?
4. Warum bleibt Frau Heise in der Küche?
5. Was ist Frau Schmitz passiert?
6. Warum war die ganze Nachbarschaft in Aufregung?
7. Womit hatte Frau Heise schon angefangen?
8. Welche Vorhänge hat Frau Trost im Wohnzimmer?
9. Was hat Frau Trost mit den Vorhängen machen müssen?
10. Was hätte abbrennen können?
11. Was steht bei Frau Schmitz neben dem Ofen?
12. Womit ist der Schrank ausgelegt?
13. Was hat Frau Schmitz an den Schrankfenstern?
14. Was hätte genügt, daß alles abgebrannt wäre?
15. Wann geht Frau Heise aus der Küche?
16. Warum kann Frau Heise und Frau Trost „so etwas" nicht passieren?
17. Was riechen die beiden Frauen plötzlich?
18. Warum öffnen sie das Fenster?
19. Wo, glauben die beiden Frauen, brennt wieder ein Kuchen an?
20. Wessen Kuchen brannte wirklich an?

Hausarbeit

Übersetzen Sie ins Deutsche.

A: Hello, how are you?

B: Fine, thank you. I haven't seen you for a long time. Where were you?

A: I was sick. But now I am well (*gesund*) again.

B: Have you already met my nephew?

A: No, not yet. Is that the young man who comes from America?

B: Yes. We picked him up in Frankfurt last week.

A: How do you like it in Germany?

C: I haven't seen much of Germany yet. But I like Saarbrücken very much.

A: How long will you be staying in Germany?

C: I want to stay here a year and study at the university.

B: My nephew is a student at the university where he's studying German.

A: But you speak excellent German.

C: Oh, thank you. But there is always so much to learn in a language, especially about the literature (*die Literatur*).

A: That's true.

B: He has also signed up (*belegen*) for philosophy and history.

A: Then you will have a lot to do!

C: Oh, yes. I must be very diligent, otherwise I will fail in the final examination (*die Schlußprüfung*).

ZWEITE STUNDE

Wiederholungsübungen: Verbs Used with the Indirect Object Case

A. *Fill in the correct form of the pronoun in italics.*

Beispiel

Das Buch gefällt (*ich*) _____.
Das Buch gefällt **mir.**

1. Ihr könnt (*wir*) _____ glauben.
2. Du kannst (*ich*) _____ glauben.
3. Wir glauben (*er*) _____.
4. Sie glauben (*sie, sing.*) _____.
5. Ich kann (*ihr*) _____ nicht helfen.
6. Wir helfen (*sie, pl.*) _____.
7. Ich helfe (*Sie*) _____.
8. Wie gefällt (*er*) _____ Deutschland?
9. Der Garten gefällt (*ich*) _____.
10. Folgt (*wir*) _____!
11. Er dankt (*ich*) _____.
12. Die Zeitung gehört (*sie, sing.*) _____.

B. *Fill in the blanks with the correct form of the italicized nouns.*

Beispiel

Der Bleistift gehört (*der Student*) _____.
Der Bleistift gehört **dem Studenten.**

1. Das Museum ähnelt (*ein Bahnhof*) _____.
2. Die Kinder ähneln (*die Eltern*) _____.
3. Wir beugen uns (*das Gesetz*) _____.
4. Wir assistieren (*die Polizei*) _____.
5. Die Kinder gehorchen (*to obey*) (*der Lehrer*) _____.

6. Die Kinder gehorchen (*die Eltern*) —————.
7. Das Geld genügt (*die Studentin*) —————.
8. Das Geld genügt (*der junge Mann*) —————.
9. Ich stimme (*die Damen*) ————— zu.
10. Wir stimmen (*die Lehrer*) ————— zu.
11. Ihr stimmt (*die Lehrerin*) ————— zu.
12. Er widersetzt sich (*die Polizei*) —————.
13. Er widersetzt sich (*die Gesetze*) —————.
14. Wir dienen (*der Staat*) —————.
15. Sie dienen (*die Stadt*) —————.
16. Das Buch gehört (*die Studenten*) —————.
17. Das Buch gehört (*die Studentinnen*) —————.
18. Das Buch gehört (*der Student*) —————.
19. Das Buch gehört (*die Studentin*) —————.
20. Folgt (*die Dame*) —————.
21. Wir folgen (*der Lehrer*) —————.
22. Die Kinder folgen (*die Lehrerin*) —————.
23. Wir helfen (*das Mädchen*) —————.
24. Er hilft (*eine Studentin*) —————.
25. Wir helfen (*ein Student*) —————.
26. Deutschland gefällt (*die Amerikanerin*) —————.
27. Wir begegnen (*eine Studentin*) —————.
28. Ich begegnete (*die Gäste*) —————.
29. Er begegnete (*ein Professor*) —————.
30. Ich danke (*der Herr*) —————.
31. Ihr dankt (*die Tante*) —————.
32. Wir danken (*der Polizist*) —————.
33. Er dankt (*die Damen*) —————.

Wiederholungsübungen: The Subjunctive with *als ob* and *als wenn*

A. *Use the italicized verbs in the present and future subjunctive with* **als ob** *and* **als wenn**.

Beispiel

Jim tut so, (*arbeiten*).
Jim tut so, *als ob* (*als wenn*) er **arbeitete**.
Jim tut so, *als ob* (*als wenn*) er **arbeiten würde.**

1. Frau Heise tut so, (*kochen*).
2. Jim tut so, (*studieren*).
3. Frau Trost tut so, (*arbeiten*).
4. Es sieht so aus, (*regnen*).
5. Es sieht so aus, (*die Tante kommt*).
6. Es sieht so aus, (*der Kuchen verbrennt*).
7. Herr Heise tut so, (*versteht etwas vom Autos*).
8. Ilse tut so, (*verliebt sein*).
9. Jürgen tut so, (*Zeitung kaufen*).
10. Herr Walter tut so, (*zum Kiosk gehen*).
11. Er sieht so aus, (*schlafen*).
12. Sie sieht so aus, (*arbeiten*).

13. Es sieht so aus, (*das Flugzeug fliegt nach Kuba*).
14. Er tut so, (*will zur Universität gehen*).
15. Sie tut so, (*will uns besuchen*).
16. Sie tut so, (*ein Buch lesen*).
17. Wir tun so, (*ins Theater gehen*).
18. Ihr tut so, (*unschuldig sein:* to be innocent).
19. Er tut so, (*unschuldig sein*).
20. Sie tut so, (*unschuldig sein*).

B.   *Use the past subjunctive with* **als ob.**

Beispiel

Es sieht so aus, (*regnen*).
Es sieht so aus, *als ob* es **geregnet hätte.**

1. Es sieht so aus, (*schneien*).
2. Es sieht so aus, (*der Kuchen verbrennt*).
3. Es sieht so aus, (*Jim ist nicht zu Hause*).
4. Er tut so, (*weiß es nicht*).
5. Er tut so, (*kennt Ilse nicht*).
6. Sie tat so, (*ist nicht zu Hause*).
7. Er tat so, (*ist nicht im Theater*).
8. Der Onkel tat so, (*ist nicht am Bahnhof*).
9. Sie taten so, (*sind nicht am Flugplatz*).
10. Ihr tatet so, (*sind nicht mit dem Flugzeug gekommen*).
11. Wir taten so, (*sehen euch nicht*).
12. Ich tat so, (*höre ihn nicht*).
13. Er tat so, (*versteht mich nicht*).
14. Er tat so, (*trifft mich nicht*).
15. Er tat so, (*vergißt es*).

Wiederholungsübung: Comparative Adjectives

Use the comparative form of the adjective to answer the following questions.

Beispiel

Ist das Haus klein?   *Hotel*
Das Haus ist **kleiner** als das Hotel.

1. Ist die Anlage schön?   *Park*
2. Ist das Museum interessant?   *Gartenschau*
3. Ist der Kaffee warm?   *Wasser*
4. Ist das Eis kalt?   *Wasser*
5. Ist der Bahnhof groß?   *Theater*
6. Ist der Satz lang?   *Wort*
7. Ist die Dame jung?   *Herr*
8. Ist der Bleistift kurz?   *Kugelschreiber*
9. Ist der Ruß dunkel?   *Wolke*
10. Ist die Schanze hoch?   *Haus*
11. Ist der Sessel bequem?   *Stuhl*

12. Ist das Café modern? *Restaurant*
13. Ist der Wein gut? *Tee*
14. Ist der Schrank alt? *Bett*
15. Ist das Auto billig? *Flugzeug*

Wiederholungsübungen: Superlative Adjectives

A. *Answer the following questions with the superlative.*

Beispiel

Ist der Bleistift kurz?
Das ist der **kürzeste** Bleistift.

1. Ist das ein hohes Gebäude?
2. Ist das ein altes Hotel?
3. Ist der Sessel bequem?
4. Sind die Bücher neu?
5. Ist die Dame jung?
6. Ist die Schanze hoch?
7. Ist das eine gute Uhr?
8. Ist das ein langer Zug?
9. Ist das ein kleines Zimmer?
10. Ist das eine berühmte Zeitung?
11. Ist das ein großes Museum?
12. Ist das ein leichter Koffer?
13. Hast du schlechte Erfahrungen gemacht?
14. Sind das schöne Gemälde?
15. Ist da viel Betrieb?

B. *Answer using the superlative,* **am . . . –sten.**

Beispiel

Ist dieser Tee besser?
Dieser Tee ist **am besten.**

1. Sind die Magenschmerzen furchtbar?
2. Ist das Wasser klar?
3. Ist die Anschrift deutlich?
4. Ist der Brief wichtig?
5. Ist das Bad erholsam?
6. Ist das Radio billig?
7. Ist das Haus klein?
8. Ist das ein schönes Geschenk?
9. Ist das eine gute Idee?
10. Ist das Wasser tief?
11. Ist das ein eleganter Mann?
12. Ist das Haus alt?
13. Ist das ein langer Satz?
14. Ist das eine moderne Universität?
15. Ist das ein kurzer Bleistift?

Wiederholungsübungen: **Conjunctions**

A. *Fill in the blanks with one of the following conjunctions:* **als, daß, ob, während, wenn.**

Beispiel

Frau Trost sagte, ____ ihr kein Kuchen anbrennen könne.
Frau Trost sagte, **daß** ihr kein Kuchen anbrennen könne.

1. Frau Heise antwortete, _____ sie Essen koche.
2. Frau Trost sagte, _____ Frau Heise sie nicht stören wolle.
3. Frau Heise sagte, _____ sie auf den Kuchen aufpaßte.
4. Frau Trost erzählte, _____ sie Kaffee trank, _____ Frau Schmitz dumm wäre.
5. Frau Heise war, _____ sie die Wäsche auf den Hof warf, in großer Aufregung.
6. Frau Heise steht auf, _____ die Sonne aufgeht.
7. _____ Jim den Professor trifft, spricht er über Kant.
8. _____ Jim Jürgen traf, gingen sie in die Mensa.

B. *Fill in the blanks with the appropriate conjunction:* **bis** *or* **ob.**

1. Ilse wartet, _____ Jim wiederkommt.
2. Ilse fragt, _____ Jim wiederkommt.
3. Er studiert, _____ er alles weiß.
4. Der Professor fragt ihn, _____ er alles weiß.
5. Wir unterhalten uns, _____ das Essen fertig ist.
6. Wir fragen, _____ das Essen fertig ist.
7. Sie will wissen, _____ der Kuchen angebrannt ist.
8. Sie geht nie aus der Küche, _____ alles fertig ist.

C. *Fill in the blanks with the appropriate conjunction:* **oder, und, denn,** *or* **weil.**

1. Gehst du nach Hause, _____ gehst du in die Stadt?
2. Nimmst du den Koffer _____ die Decke mit?
3. Er nahm die Decke mit, _____ es war kalt.
4. Er nahm die Decke mit, _____ es kalt war.
5. Sie warf die Vorhänge _____ die Wäsche aus dem Fenster.
6. Sie warf alles aus dem Fenster, _____ das Haus brannte.
7. Steht der Schrank am Fenster _____ der Ofen?
8. Frau Heise war nervös, _____ ihr Mann kam nicht nach Hause.
9. Frau Heise war nervös, _____ ihr Mann nicht nach Hause kam.
10. Jim packte seine Koffer, _____ er wollte verreisen.
11. Jim packte seine Koffer, _____ er verreisen wollte.

D. *Fill in the blanks with the appropriate conjunction:* **aber** *or* **sondern.**

1. Jim wollte verreisen, _____ er hatte kein Geld.
2. Jim wollte nicht verreisen, _____ studieren.
3. Frau Heise wollte auf den Kuchen aufpassen, _____ Frau Trost kam.
4. Frau Heise konnte nicht auf den Kuchen aufpassen, _____ mußte mit Frau Trost sprechen.
5. Bei Frau Schmitz war der Kuchen nicht angebrannt, _____ bei Frau Heise.
6. Frau Heise möchte zu Hause bleiben, _____ sie muß zum Arzt gehen.
7. Frau Trost geht nicht in die Stadt, _____ zum Arzt.

E. *Fill in the blanks with the appropriate conjunction:* **wenn, wann,** *or* **als.**

1. Können Sie mir sagen, _____ der Zug ankommt?
2. Kannst du mich rufen, _____ Jim kommt?
3. Kannst du mich rufen, _____ der Kuchen fertig ist?
4. Sage mir bitte, _____ das Theater anfängt.
5. Stehst du auf, _____ die Sonne aufgeht?
6. Wo waren Sie, _____ das passierte?
7. War er zu Hause, _____ du anriefst?
8. Ist er immer zu Hause, _____ du anrufst?
9. Weißt du, _____ er nach Hause kam?
10. Trafst du ihn, _____ du zur Universität gingst?

DRITTE STUNDE

Wiederholungsübung: The Passive Voice, Past Tense

Ein Student fragt einen anderen Studenten. Answer the following questions in the passive voice, past tense.

Beispiel

Druckt er das Buch?
Das Buch **wurde** schon **gedruckt.**

1. Backt sie den Kuchen?
2. Kocht Frau Heise das Essen?
3. Hat er dich gestört?
4. Hat man sie beruhigt?
5. Hat sie die Briefe aufgehoben (*to save*)?
6. Hast du die Briefe eingeworfen?
7. Wird er mich bedienen?
8. Wird man die Pakete verschicken?
9. Stellt der Direktor den Portier an?
10. Prüft man den Motor?
11. Hat man den Plan verraten?
12. Hat man das Buch anerkannt?
13. Hast du die Benzinleitung abgedreht?
14. Habt ihr den Wagen angelassen?
15. Hat der Onkel die Düsen durchgeblasen?
16. Hat Ilse Jim geholt?
17. Frühstückte man im Wohnzimmer?
18. Ertappte man ihn beim Angeben?
19. Hast du einen Koffer ausgepackt?
20. Habt ihr den Kaffee bezahlt?

Wiederholungsübung: Definite and Indefinite Articles in the Direct Object Case

Fill in the blanks, using the definite or indefinite article as indicated.

Beispiel

Jim hat _____ gesehen.   *Museum (def.)*
Jim hat **das Museum** gesehen.

1. Ich habe _____ gesprochen.   *Professor (def.)*
2. Er hat _____ gelebt.   *gutes Leben (indef.)*
3. Wir zeigen ihm _____.   *Museum (def.)*
4. Fragt ihr _____?   *Arzt (indef.)*
5. Wir holen _____ ab.   *Koffer, pl.*
6. Nimmst du _____ nach Köln?   *Fahrkarte (indef.)*
7. Bringt er _____?   *Frühstück (def.)*
8. Bestellt ihr _____?   *Zimmer (indef.)*
9. Ich kenne _____.   *Studentin (def.)*
10. Der Beamte durchsucht _____.   *Koffer, pl.*
11. Er betrog _____.   *Staat (def.)*
12. Sie schloß _____.   *Tür (def.)*
13. Der Beamte stempelte _____.   *Paß (def.)*
14. Wir verließen _____.   *Stadt (def.)*
15. Ich schneide _____.   *Brot (indef.)*
16. Die Mutter liebt _____.   *Blumen, pl.*
17. Sie pflegt _____.   *Garten (def.)*
18. Habt ihr _____ probiert?   *Wurst (def.)*
19. Sie hat _____ vermißt.   *Schlüssel (def.)*
20. Hast du alle _____ gelesen?   *Buch, pl.*

Wiederholungsübung: Prepositions

Ein Student fragt einen anderen Studenten. Use the appropriate preposition and the italicized word to answer the following questions.

Beispiel

Wo wohnst du?   *Düsseldorf*
Ich wohne **in** Düsseldorf.

1. An wen denkst du?   *du*
2. Wohin reisen Sie?   *Amerika*
3. Mit wem spricht Jim?   *Onkel*
4. Worauf wartet er?   *Straßenbahn*
5. Wovon erholt er sich?   *Reise*
6. Woran arbeitet der Professor?   *Buch*
7. Woran kann er sich nicht gewöhnen?   *Zigarren*
8. Worüber denkst du nach?   *Artikel*
9. Worauf freut ihr euch?   *Ferien*
10. Worauf müßt ihr aufpassen?   *Kinder*
11. Bei wem habt ihr euch entschuldigt?   *Polizei*

12. Worüber klagst du? *Hotel*
13. An wen müssen wir uns wenden? *Professor*
14. Von wem hast du dich verabschiedet? *Ilse*
15. Um wen kümmerst du dich? *Student*
16. Mit wem habt ihr euch verabredet? *Jim*
17. Wofür interessiert ihr euch? *Oper*
18. In wen hat er sich verliebt? *Ilse*
19. Worauf stellt sie sich ein? *Reise*
20. Worüber wundert er sich? *Wasserorgel*
21. Woran liegt das Problem? *Düse*
22. An wen richtet ihr den Brief? *Frau Heise*
23. An wen adressierst du den Brief? *Ilse*
24. Worüber regt sie sich auf? *Brief*

Wiederholungsübung: Possessive Adjectives

Replace the definite article with the possessive adjective.

Beispiel

Das ist *das* gute Getränk. *ich*
Das ist **mein** gutes Getränk.

1. Das ist *die* neue Küche. *sie (sing.)*
2. Er geht zum Arzt wegen (*because of;* + *poss.*) *des* nervösen Magens. *er*
3. Im Schrank liegt *die* gute Wäsche. *wir*
4. Sie wirft *die* schönen Vorhänge aus dem Fenster. *sie (sing.)*
5. *Das* ganze Haus hätte abbrennen können. *ihr*
6. Er geht in *das* neue Badezimmer. *er*
7. Ich schicke *das* große Paket an Ilse. *ich*
8. Wo ist *der* Einschreibebrief? *Sie*
9. Herr Heise wohnt in *dem* modernen Haus. *er*
10. Frau Heise bringt *die* guten Koffer. *sie (sing.)*
11. Jim läßt *den* warmen Mantel an. *er*
12. *Die* neue Heizung funktioniert nicht. *wir*
13. Wir spielen mit *dem* neuen Schachspiel. *wir*
14. Im Zimmer steht *der* große Weihnachtsbaum. *ihr*
15. Wie war *das* heutige Examen? *du*
16. Wir fahren mit *dem* kleinen Volkswagen. *ihr*
17. *Der* kleine Volkswagen ist ein Wunderwerk. *ich*
18. Mir gefällt *die* neue Schallplatte. *ihr*
19. Wo ist *der* lange Wintermantel? *du*
20. Wo ist *das* lange Kleid? *du*

Wiederholungsübungen: sein

A. *Der Lehrer fragt einen Studenten. Answer in the past tense.*

Beispiel

Ist Frau Heise in der Küche?
Frau Heise **war** in der Küche.

1. Ist Frau Heise beim Arzt?
2. Ist Frau Trost zu Besuch?
3. Ist Frau Heise aufgeregt?
4. Sind die Kinder zu Hause?
5. Seid ihr in der Küche?
6. Bist du im Wohnzimmer?
7. Sind Sie bei Frau Schmitz?

B. *Answer in the perfect tense.*

Beispiel

Sind Sie in der Universität?
Ich **bin** schon in der Universität **gewesen.**

1. Bist du in der Post?
2. Ist der Brief im Briefkasten?
3. Ist der Onkel im Badezimmer?
4. Seid ihr im Schachklub?
5. Sind die Kinder auf der Straße?
6. Ist die Heizung an?
7. Seid ihr im Keller?
8. Sind wir eingeladen?
9. Sind wir in Düsseldorf?
10. Ist das Auto kaputt?

C. *Answer in the past perfect tense.*

Beispiel

Bist du im Auto?
Ich **war** im Auto **gewesen.**

1. Sind wir in Deutschland?
2. Ist es Winter?
3. Sind wir in der Universität?
4. Ist die Düse verstopft?
5. Seid ihr zu Hause?
6. Ist die Taschenlampe im Handschuhkasten?
7. Ist der Motor hinten im Wagen?
8. Ist die Düse im Vergaser?
9. Seid ihr in der Schihütte?
10. Ist Jim im Auto?

Wiederholungsübungen: dieser and *jener*

A. *Replace the italicized article with the correct form of* **dieser.**

Beispiel

Der Schreibtisch gehört in ihr Zimmer.
Dieser Schreibtisch gehört in ihr Zimmer.

1. Er setzt sich in *den* Sessel.
2. Ich kaufte mir *das* Gemälde.
3. Ich fahre mit *dem* Zug.
4. Ich fahre mit *der* Taxe.
5. Hast du *die* Fahrkarten geholt?
6. Hänge deine Anzüge in *den* Kleiderschrank!
7. Ich gehe auf *den* Berg.
8. Die Kinder spielen auf *den* Spielplätzen.
9. Ich kaufe mir *das* Magazin.
10. *Die* Stiefel sind im Schrank.

B. *Replace the italicized article with the correct form of* **jener**.

Beispiel

Wo ist *das* Café?
Wo ist **jenes** Café?

1. Dort ist *der* Schraubenzieher.
2. Er wohnt in *dem* Haus.
3. Sie wohnen in *den* Wohnungen.
4. Gib mir bitte *die* Speisekarte.
5. Hast du *das* Fleisch gekauft?
6. Wo ist *der* Vorhang?
7. Wir gehen in *die* Bäckerei.
8. Bring *den* Brief zur Post.
9. Wo ist *das* Geldstück?
10. Er fährt mit *dem* Auto.

Real-Situation Practice

1. Haben Sie einen Küchenschrank bei Ihnen zu Hause? 2. Ist er ein eingebauter Schrank? 3. Welches Fleisch essen Sie am liebsten? 4. Haben Sie schon einmal deutsches Schwarzbrot gegessen? 5. Was ist ein „Brötchen"? 6. Essen Sie lieber ein Käsebrot oder ein Schinkenbrot (*ham sandwich*)? 7. Was ist ein „halber Hahn" auf der kölnischen Speisekarte? 8. Was sagen Sie dem Kellner, wenn Sie sich ein Kotelett in einem Restaurant bestellen wollen? (*Herr Ober, . . .*) 9. Was sagen Sie, wenn Sie sich eine Wiener Wurst bestellen wollen? 10. Was würden Sie tun, wenn die Schule abbrennen würde? 11. Haben Sie schon einmal Kuchen gebacken? 12. Wie lange bleibt der Kuchen im Backofen? 13. Welchen Kuchen essen Sie am liebsten? 14. Würden Sie ein Teilchen, einen Kuchen oder eine Torte bestellen, wenn Sie in einem deutschen Café wären?

25
Fünfundzwanzigste Einheit

ERSTE STUNDE

Leseübung

Lieber Leser! Selbst wenn ich in den schlechten Ruf gerate, daß ich mich am längsten beim Essen aufhalte, muß ich doch noch einmal auf die Speisen zurückkommen, denn ich möchte noch etwas über die Mahlzeiten im allgemeinen sagen. In vielen europäischen Ländern, so auch in Deutschland, ist das Mittagessen die Hauptmahlzeit. Es gibt Fleisch und Kartoffeln, Gemüse, Salat und als Nachtisch entweder Obst, Pudding oder Kuchen. Zum Frühstück am Morgen gehören in Deutschland die Brötchen. Sie sind so groß wie eine kräftige Männerfaust, von weißem Teig mit harter Kruste gebacken. Man schneidet sie in der Mitte durch und bestreicht sie mit Butter und Marmelade, Gelee oder Honig. Manche Leute essen morgens auch Käse und Wurst, doch kommt das seltener vor. Man trinkt Kaffee oder Milch.

Abends gibt es meistens kaltes Essen. In den Restaurants bestellt man sich eine ,, kalte Platte ". Man nimmt eine Scheibe Brot und belegt sie mit Butter und Aufschnitt. Aufschnitt heißen verschiedene, in Scheiben geschnittene Wurst- und Käsesorten. Man trinkt Kaffee, Tee oder Milch. Viele trinken auch Bier oder Wein beim Abendessen.

Zwischen dem Mittagsmahl und dem Abendessen haben viele Leute einen Nachmittagskaffee, bei dem dann sogenannte Teilchen und auch Kuchen sgegessen werden. Dieses Gebäck ist besonders fein und schmackhaft. Wenn man schon nicht jeden Tag eine solche Kaffeestunde hält, so wird sie mindestens am Sonntag gehalten und oft werden Freunde und Verwandte dazu eingeladen.

Dear reader, even if I fall into the bad reputation of dwelling the longest on (the theme of) eating, still I must once again return to the subject of food, for I would like to say something else about mealtimes in general. In many European countries, as in Germany too, the midday meal is the main one. There are meat and potatoes, vegetables, salad, and for dessert either fruit, pudding, or cake. In Germany, hard rolls are a part of breakfast in the morning. They are as big as a strong man's fist, baked from white dough with a hard crust. One cuts them in two through the middle and spreads them with butter and jam, jelly, or honey. Many people also eat cheese and sausage in the morning, yet that occurs more rarely. One drinks coffee or milk.

In the evening there is usually a cold meal. In the restaurants one orders a "cold plate." One takes a slice of bread (and covers it) with butter and cold cuts. Cold cuts are different kinds of sausage and cheese cut in slices. One drinks coffee, tea, or milk. Many also drink beer or wine with the evening meal.

Between the midday meal and the evening meal, many people have an afternoon coffee break, at which so-called sweet rolls and also cake are eaten. These baked goods are especially fine and tasty. If one doesn't have such a coffee hour every day, the custom is at least observed on Sunday, and often friends and relatives are invited.

Der wesentliche Unterschied in den Tischsitten besteht in der ständigen Benutzung des Messers, das man mit der rechten Hand führt, während man die Gabel stets in der linken Hand hält. Das Messer dient nicht nur zum Schneiden des Fleisches, sondern auch zum Füllen der Gabel. Jim hat noch einige Schwierigkeiten dabei, denn er ist es von Haus aus nicht gewohnt.

The essential difference in table manners lies in the constant use of the knife, which one handles with the right hand while always keeping the fork in the left hand. The knife serves not only to cut the meat, but also to fill up the fork. Jim still has a few difficulties with this procedure, for he was not brought up with it.

Dialog: Am Mittagstisch

Dialogue: At the Lunch Table

Jim: Wer ist das eigentlich, die Frau Trost?

Frau Heise: Sie wohnt über uns — eine nette Frau. Sie spricht nur manchmal etwas viel.

Herr Heise: Wie ein Wasserfall kommt es von ihren Lippen. Sie will übrigens unbedingt dabei sein, wenn wir deinen Abschied feiern.

Frau Heise: Ob ihr's glaubt oder nicht, sie will dich sogar mit uns zur Bahn begleiten, wenn du deine Reise durch Deutschland antrittst.

Jim: Mich will sie begleiten?

Frau Heise: Ja, natürlich nur bis zum Bahnhof. Sie meinte, das wäre sie der allgemeinen Völkerverständigung schuldig. Sie hat mir sogar erzählt, daß sie sich dafür einen neuen Hut kaufen wollte.

Jim: Welche Ehre! Darf ich noch ein paar Kartoffeln haben?

Herr Heise: Natürlich, nimm dir soviel du willst. Hier ist noch Fleisch.

Jim: Ja, danke. Der Kalbsbraten schmeckt vorzüglich.

Herr Heise: Du hast recht. Meine Frau versteht zu kochen.

Jim: Who is she anyway, this Mrs. Trost?

Mrs. Heise: She lives above us—a nice woman. Only sometimes she talks a bit much.

Mr. Heise: It comes from her lips like a waterfall. By the way, she definitely wants to be there when we celebrate your departure.

Mrs. Heise: Whether you believe it or not, she even wants to accompany us to the train when you set out on your trip through Germany.

Jim: She wants to accompany me?

Mrs. Heise: Yes, only to the railroad station of course. She thinks she owes it to the general understanding between peoples. She has even told me that she wants to buy a new hat for the occasion.

Jim: What an honor! May I have a few more potatoes?

Mr. Heise: Of course, take as many as you want. Here's some more meat.

Jim: Yes, thank you. The roast veal tastes delicious.

Mr. Heise: You're right. My wife knows how to cook.

Frau Heise: Wie schmeckt dir der Spargel?

Jim: Ausgezeichnet. Wann wollen wir unseren Abschiedsabend veranstalten?

Herr Heise: Wir werden ihn halten, wie es sich gehört: am Abend vor deiner Abreise. Einer meiner Freunde hat ein Album mit sehr schönen Farbbildern von deutschen Städten. Er wird mir das Buch bestimmt leihen. Wir können uns dann anhand einer Landkarte und den Bildern ansehen, welche Städte du besuchen willst.

Jim: Das ist eine fabelhafte Idee! Hast du eine Landkarte?

Herr Heise: Ja, in meinem Büro habe ich eine. Ich bringe sie morgen Abend mit. Darauf kannst du dir deine künftige Reiseroute ansehen.

Jim: Auf diese Reise freue ich mich sehr. Ich will vor allen Dingen viele Aufnahmen machen. Es ist doch schön, wenn man sich später Bilder eines Landes anschauen kann, die man selbst geknipst hat. So viele schöne Erinnerungen sind dann mit jedem Bild verbunden.

Frau Heise: Das ist wahr. Wir haben auch einige schöne Photoalben und sehen uns von Zeit zu Zeit gern die alten Bilder an. Mit jedem Bild werden wir in die frühere Zeit zurückversetzt und wir sind glücklich dabei.

Jim: Das glaube ich gern. Wißt ihr, daß ich noch immer Schwierigkeiten habe, nach deutscher Sitte zu essen?

Herr Heise: Du meinst, mit Messer und Gabel?

Jim: Ja, das Messer rechts, die Gabel links.

Frau Heise: Richtig. Aber du machst es doch ganz ordentlich. Übrigens muß ich etwas beichten.

Herr Heise: Was denn?

Mrs. Heise: How does the asparagus taste?

Jim: Excellent. When shall we arrange our farewell evening?

Mr. Heise: We will hold it as is proper —on the evening before your departure. One of my friends has an album with very beautiful color pictures of German cities. He will certainly lend it to me. Then, with the help of a map and the pictures, we can consider which cities you'll want to visit.

Jim: That's a marvelous idea! Do you have a map?

Mr. Heise: Yes, I have a very good one in my office. I'll bring it along tomorrow evening. You can look at your future itinerary on it.

Jim: I'm looking forward to this trip very much. Most of all, I want to take a lot of pictures. It's really nice when you can later look at pictures of a country you've taken yourself. So many beautiful memories are connected with each picture.

Mrs. Heise: That's true. We have some beautiful photo albums, too, and like to look at the old pictures from time to time. With every picture we're transported into the past, and that makes us happy.

Jim: I can believe that. Do you know that I still have difficulty eating in the German manner?

Mr. Heise: You mean with knife and fork?

Jim: Yes, the knife in the right hand, the fork in the left.

Mrs. Heise: Right. Yet you do it quite well. By the way, I must confess something.

Mr. Heise: What then?

Frau Heise: Zum Nachtisch wollte ich euch eigentlich einen leckeren Kuchen servieren. Aber er ist mir verbrannt.

Jim: Verbrannt?

Frau Heise: Ja. Ich habe mich von Frau Trost aufhalten lassen. Wir redeten und redeten und ich vergaß den schönen Kuchen. Ist das nicht traurig?

Herr Heise: Das kann man wohl sagen!

Frau Heise: Ich habe dafür einen feinen Pudding gekocht.

Jim: Pudding! Das ist noch besser. Zum Nachtisch esse ich lieber Pudding als Kuchen!

Mrs. Heise: I really wanted to serve you a delicious cake for dessert. But I burned it.

Jim: Burned?

Mrs. Heise: Yes. I let myself be detained by Mrs. Trost. We talked and talked and I forgot the beautiful cake. Isn't that sad?

Mr. Heise: You can say that again!

Mrs. Heise: So instead, I made a fine pudding.

Jim: Pudding! That's better yet. I'd rather eat pudding than cake for dessert!

Wortschatz

(sich) aufhalten, hält auf, hielt auf, aufgehalten *to stay, stop over; dwell on*
zurückkommen, kommt zurück, kam zurück, ist zurückgekommen *to come back, return*
die Mahlzeit, –, –en *mealtime*
die Hauptmahlzeit, –, –en *main mealtime*
der Nachtisch, –es, –e *dessert*
entweder . . . oder *either . . . or*
das Obst, –es, –arten *fruit*
der Pudding, –, –e *oder* –s *pudding*
kräftig *robust; strong, powerful; nourishing*
die Männerfaust, –, –̈e *man's fist*
der Teig, –(e)s, –e *dough, batter*
hart *hard, harsh*
die Kruste, –, –n *crust*
durchschneiden, schneidet durch, schnitt durch, durchgeschnitten *to cut in two*
bestreichen, bestreicht, bestrich, bestrichen *to spread over, smear*
die Butter, – *butter*
  mit Butter bestreichen *to butter*
das Gelee, –s, –s *jelly*
der Honig, –s *honey*
manche (pl.) *many*

die Platte, –, –n *plate, dish, platter*
die Scheibe, –, –n *slice*
das Brot, –(e)s, –e *bread*
belegen *to cover, line*
der Aufschnitt, –es, –e *cut, slice; cold cuts*
das Mittagsmahl, –(e)s, –e *oder* –̈er *midday meal, lunch*
das Abendessen, –s, – *evening meal, supper*
schmackhaft *tasty*
dazu *for that purpose; in addition*
der, die Verwandte, –n, –n *relative, relation*
wesentlich *essential, real, considerable*
die Tischsitte, –, –n *table manners*
bestehen, besteht, bestand, bestanden *to be, consist; last, endure*
ständig *constant, continuous*
die Benutzung, –, –en *use*
das Messer, –s, – *knife*
die Gabel, –, –n *fork*
stets *always, regularly, continually*
füllen *to fill up*
von Haus aus *originally, from the beginning*
nett *nice*
der Wasserfall, –es, –̈e *waterfall*

die Lippe, –, –n *lip*
unbedingt *absolute(ly), unconditional(ly)*
der Abschied, –s, –e *departure*
begleiten *to accompany, escort*
antreten, tritt an, trat an, angetreten *to set out on, enter upon, begin*
die Völkerverständigung, – *understanding between peoples*
schuldig *in debt, owing; guilty*
die Ehre, –, –n *honor*
der Kalbsbraten, –s, – *roast veal*
vorzüglich *excellent, superior*
der Spargel, –s, – *asparagus*
der Abschiedsabend, –s, –e *farewell evening*
veranstalten *to arrange, bring about*
(sich) gehören *to be suitable or proper*
die Abreise, –, –n *departure*
das Album, –s, Alben *album, scrapbook*
das Farbbild, –es, –er *color picture*
leihen, leiht, lieh, geliehen *to lend*
anhand (von) *with the aid of, on the basis of, by means of*
die Landkarte, –, –n *map*
das Bild, –es, –er *picture, image*
fabelhaft *fabulous, marvelous*

mitbringen, bringt mit, brachte mit, mitgebracht *to bring along*
die Reiseroute, –, –n *itinerary*
vor allen Dingen *most of all, primarily, before anything else*
anschauen (sep. prefix verb) *to look at, inspect*
knipsen *to photograph, take a snapshot*
die Erinnerung, –, –en *memory, remembrance*
verbinden, verbindet, verband, verbunden *to tie together, connect*
zurückversetzen (sep. prefix verb) *to put back, restore; go back (in one's mind)*
glücklich *happy, fortunate, lucky*
die Sitte, –, –n *custom, fashion, manner*
rechts *on or to the right*
links *on or to the left*
ordentlich *proper(ly), regular, according to plan*
beichten *to confess*
lecker *delicious, tasty*
servieren *to serve*
verbrennen, verbrennt, verbrannte, verbrannt *to burn, scorch*
traurig *sad, dismal*

Fragen

1. Wer spricht manchmal etwas viel?
2. Wer will unbedingt dabei sein, wenn Jim Abschied feiert?
3. Wen will Frau Trost zum Bahnhof begleiten?
4. Wer will sich einen neuen Hut kaufen?
5. Wen lobt (*praises*) Jim für das gute Essen?
6. Wer versteht zu kochen?
7. Wem schmeckt der Spargel?
8. Wessen Abschiedsabend soll gefeiert werden?
9. Wem will der Onkel das Album mit den Bildern deutscher Städte zeigen?
10. Wessen Album ist das?
11. Wem will der Freund das Album leihen?
12. Wer hat eine Landkarte im Büro?
13. Was will Jim auf der Reise machen?
14. Was ist mit jedem Bild verbunden?
15. Was sieht sich Frau Heise von Zeit zu Zeit gerne an?
16. Wessen Kuchen ist verbrannt?
17. Was hat Frau Heise gekocht?
18. Wer ißt lieber Pudding als Kuchen?

Hausarbeit

Übersetzen Sie ins Deutsche.

1. In Germany the main meal is the midday meal. 2. For lunch the Germans eat potatoes, meat, vegetables, and salad. 3. For dessert they (*man*) eat fruit, pudding, or cake. 4. For breakfast most have rolls with butter and jam, jelly, or honey, and sometimes cheese and sausage. 5. Coffee and milk are the most usual beverages. 6. Cold meals are usually eaten in the evening. 7. Often, in the afternoon, many people have a coffee break with cake or sweet rolls. 8. The difference in table manners is in the constant use of the knife. 9. One handles the knife with the right hand and keeps the fork in the left hand. 10. One must become accustomed (*sich gewöhnen*) to it before one can do it well.

ZWEITE STUNDE

Die Katze war im Schnee erfroren von Wolfgang Borchert

Männer gingen nachts auf der Straße. Sie summten.[1] Hinter ihnen war ein roter Fleck[2] in der Nacht. Es war ein häßlicher[3] roter Fleck. Denn der Fleck war ein Dorf. Und das Dorf, das brannte. Die Männer hatten es angesteckt.[4] Denn die Männer waren Soldaten.[5] Denn es war Krieg. Und der Schnee schrie[6] unter ihren benagelten[7] Schuhen.[8] Schrie häßlich, der Schnee. Die Leute standen um ihre Häuser herum.[9] Und die brannten. Sie hatten Töpfe[10] und Kinder und Decken unter die Arme geklemmt.[11] Katzen schrien im blutigen[12] Schnee. Und der war vom Feuer[13] so rot. Und er schwieg.[14] Denn die Leute standen stumm[15] um die knisternden[16] seufzenden[17] Häuser herum. Und darum konnte der Schnee nicht schrein. Einige hatten auch hölzerne[18] Bilder bei sich. Kleine, in gold und silber[19] und blau. Da war ein Mann drauf zu sehen mit einem ovalen[20] Gesicht und einem braunen[21] Bart. Die Leute starrten[22] dem sehr schönen Mann wild[23] in die Augen. Aber die Häuser, die brannten und brannten und brannten doch.

Bei diesem Dorf lag noch ein anderes Dorf. Da standen sie in dieser Nacht an den Fenstern. Und manchmal wurde der Schnee, der mondhelle[24] Schnee, sogar

[1] hummed, whispered
[2] spot
[3] ugly

[4] set on fire
[5] soldiers
[6] cried
[7] studded
[8] shoes
[9] stood around
[10] pots
[11] clutched
[12] bloody
[13] fire
[14] was silent
[15] speechless
[16] crackling
[17] groaning
[18] wooden
[19] silver
[20] oval
[21] brown
[22] stared
[23] wildly
[24] moonlit

etwas rosa[25] von drüben. Und die Leute sahen sich an.[26]
Die Tiere[27] bumsten[28] gegen die Stallwand.[29] Und die
Leute nickten im Dunkeln vielleicht vor sich hin.[30]

Kahlköpfige[31] Männer standen am Tisch. Vor zwei
Stunden hatte der eine mit einem Rotstift[32] eine Linie[33]
gezogen. Auf eine Karte.[34] Auf dieser Karte war ein
Punkt.[35] Der war das Dorf. Und dann hatte einer tele-
foniert. Und dann hatten die Soldaten den Fleck in die
Nacht reingemacht:[36] das blutig brennende Dorf. Mit
den frierenden schreienden Katzen im rosanen Schnee.
Und bei den kahlköpfigen Männern war wieder leise
Musik. Ein Mädchen sang irgendwas.[37] Und es don-
nerte[38] manchmal dazu. Ganz weit ab.

Männer gingen abends auf der Straße. Sie summten.
Und sie rochen die Birnbäume.[39] Es war kein Krieg.
Und die Männer waren keine Soldaten. Aber dann war
am Himmel ein blutroter Fleck. Da summten die Männer
nicht mehr. Und einer sagte: Kuck mal,[40] die Sonne.[41]
Und dann gingen sie wieder. Doch sie summten nicht
mehr. Denn unter den blühenden Birnen schrie rosaner
Schnee. Und sie wurden den rosanen Schnee nie wieder
los.[42]

In einem halben Dorf spielen Kinder mit verkohltem[43]
Holz.[44] Und dann, dann war da ein weißes Stück Holz.
Das war ein Knochen. Und die Kinder, die klopften[45]
mit dem Knochen gegen die Stallwand. Es hörte sich an,[46]
als ob jemand auf eine Trommel[47] schlug. Tock, machte
der Knochen, tock und tock und tock. Es hörte sich an,
als ob jemand auf eine Trommel schlug. Und sie freuten
sich. Er war so hübsch[48] hell.[49] Von einer Katze war er,
der Knochen.

---

[25] pink
[26] looked at one another
[27] animals
[28] banged against
[29] stable wall
[30] nodded sleepily
[31] bald-headed
[32] red pencil
[33] line
[34] map
[35] dot
[36] cleaned up

[37] something or other
[38] thundered

[39] pear trees

[40] Look!
[41] sun

[42] *los werden* = to be rid of
[43] charred
[44] wood
[45] tapped
[46] sounded
[47] drum

[48] beautifully
[49] light (in color)

Fragen

1. Wer waren die Männer, die nachts auf der Straße gingen?
2. Was hatten die Männer getan?
3. Warum hatten die Männer das Dorf angesteckt?
4. Wie sah das brennende Dorf in der Nacht aus?
5. Wo standen die Leute?
6. Was hatten die Leute unter die Arme geklemmt?
7. Was taten die Katzen?
8. Wer war auf den hölzernen Bildern zu sehen?
9. Warum starrten die Leute dem Christus auf den Bildern wild in die Augen?
10. Was taten die Leute in dem anderen Dorf?

11. Warum wurde der Schnee rosa?
12. Was taten die Tiere?
13. Wer waren die kahlköpfigen Männer?
14. Was taten sie mit dem Rotstift?
15. Warum hatte einer der Offiziere telefoniert?
16. Was taten die Männer nach dem Krieg?
17. Was war der blutrote Fleck am Himmel?
18. Warum summten die Männer nicht mehr?
19. Womit spielten die Kinder in dem verbrannten Dorf?
20. Wovon war der Knochen?

Menschen getroffen
von Gottfried Benn

Ich habe Menschen getroffen, die,
wenn man sie nach ihrem Namen fragte,
schüchtern[1]— als ob sie gar nicht beanspruchen[2] könnten,
auch noch eine Benennung[3] zu haben —
„Fräulein Christian" antworteten[4] und dann:
„wie der Vorname", sie wollten einem die Erfassung[5]
  erleichtern,[6]
kein schwieriger[7] Name wie „Popiol" oder
  „Babendererde" —
„wie der Vorname" — bitte, belasten[8] Sie Ihr
  Erinnerungsvermögen[9] nicht!

Ich habe Menschen getroffen, die
mit Eltern und vier Geschwistern[10] in einer Stube[11]
aufwuchsen,[12] nachts, die Finger[13] in den Ohren,
am Küchenherde[14] lernten,
hochkamen,[15] äußerlich[16] schön und ladylike wie
  Gräfinnen[17]—
und innerlich[18] sanft[19] und fleißig wie Nausikaa,*
die reine[20] Stirn der Engel trugen.[21]

Ich habe mich oft gefragt und keine Antwort[22] gefunden,
woher das Sanfte und das Gute kommt,
weiß es auch heute nicht und muß nun gehn.

[1] shyly
[2] claim
[3] name, title
[4] complete phrase = schüchtern antworten
[5] comprehension
[6] to make easier
[7] more difficult
[8] burden
[9] ability to remember
[10] brothers and sisters
[11] room
[12] grew up
[13] fingers
[14] kitchen stove
[15] arose
[16] outwardly
[17] countesses
[18] inwardly
[19] gentle
[20] pure
[21] bear
[22] answer

---

* Greek princess who harbored the stranded Odysseus.

DRITTE STUNDE

Wiederholungsübungen: Question Words

A. *Transform the following statements into questions, using* **wer** *to replace the subject.*

Beispiel

Ich gerate in einen schlechten Ruf.
Wer gerät in einen schlechten Ruf?

1. Ich möchte Ihnen etwas über die Mahlzeiten sagen.
2. Wir essen Fleisch, Gemüse und Kartoffeln.
3. Zum Frühstück eßt ihr Brötchen.
4. Man schneidet die Brötchen in der Mitte durch.
5. Manche Leute essen auch Käse und Wurst am Morgen.
6. In den Restaurants bestellen wir uns eine ,, kalte Platte".
7. Abends trinken sie Bier.
8. Er hält jeden Tag eine solche Kaffeestunde.
9. Bei Tisch benutzen wir immer das Messer.
10. Frau Trost wohnt über uns.

B. *Transform the following statements into questions, using* **wen** *to replace the direct object.*

Beispiel

Frau Trost besucht Frau Heise.
Wen besucht Frau Trost?

1. Frau Trost will Jim zum Bahnhof begleiten.
2. Frau Trost will Frau Heise nicht stören.
3. Jim will den Zollbeamten fragen.
4. Ilse will Jürgen wiedersehen.
5. Der Onkel will die Tante beruhigen.
6. Der Onkel will die Ölfirma anrufen.
7. Der Professor wird den Studenten prüfen (*to test*).
8. Jim trifft Ilse.
9. Jürgen sucht den Professor in der Universität auf.
10. Der Arzt erwartet Frau Heise.

C. *Transform the following statements into questions, using* **wem** *to replace the indirect object.*

Beispiel

Herrn Heise hat das Gemälde gut gefallen.
Wem hat das Gemälde gut gefallen?

1. Jim kann der Studentin das Buch geben.
2. Das Frühstück genügt mir.
3. Wir müssen den Gesetzen gehorchen.

4. Wir müssen uns den Gesetzen beugen.
5. Ich stimme dem Direktor zu.
6. Sie ähnelt dir.
7. Der Professor gestattet dem Studenten, seine Vorlesung zu hören.
8. Sie hat ihm die Geschichte erzählt.
9. Er hat ihr die Geschichte mitgeteilt.
10. Ilse assistiert dem Professor.

Wiederholungsübungen: Prepositions

Fill in the blanks with the correct preposition and article.

Note: Prepositions are used without an article (as in English) when the object is of a general nature:

$$\begin{aligned}
\text{in Geschäften} &= \textit{in shops} \\
\text{ohne Geld} &= \textit{without money} \\
\text{für Fahrkarten} &= \textit{for tickets}
\end{aligned}$$

A. *Prepositions used with the direct object case:* ***für, durch, um,*** *and* ***ohne.***

Beispiel

Jim bringt das Buch _____ _____ Studenten mit.
Jim bringt das Buch **für den** Studenten mit.

1. Das Gebäck ist _____ _____ Abschiedsabend.
2. Jim geht _____ _____ Zollhalle.
3. Wir stellen die Stühle _____ _____ Tisch.
4. Wir können _____ Auto nicht in die Ferien fahren.
5. Das Frühstück ist _____ _____ Dame.
6. Ilse kommt _____ _____ Tür.
7. Die Taxe fährt _____ _____ Hotel.
8. Wir können nicht _____ Fahrkarten mit dem Zug fahren.
9. Das ist der Schraubenschlüssel _____ _____ Vergaser.
10. Ich habe den Ausschlag _____ _____ Schwitzbad bekommen.
11. Die Spielsachen standen _____ _____ Weihnachtsbaum.
12. Sie ging _____ _____ Briefe zum Postamt.

B. *Prepositions used with the indirect object case:* ***aus, außer, bei, mit, nach, von, zu.*** *Use contractions where possible.*

Beispiel

Wir fahren _____ Bahnhof.
Wir fahren **zu dem** Bahnhof.
Wir fahren **zum** Bahnhof.

1. Hannelore geht _____ Professor in die Universität.
2. Jim hat das Buch _____ Professor bekommen.
3. Wir gehen _____ Universität.
4. _____ _____ Bad ging er in ein Café.
5. Frau Trost kriecht _____ _____ Badewanne.

6. _____ _____ Stuhl war nichts im Badezimmer.
7. Jürgen hat _____ _____ Arzt gewartet.
8. Er geht _____ _____ Studentin in die Mensa.
9. Jim fährt _____ _____ Autobus.
10. Wir fahren _____ Bahnhof.
11. _____ _____ Vorlesung gehen wir ins Konzert.
12. Hannelore nahm das Geld _____ _____ Portemonnaie.
13. _____ _____ Wurst hat er noch Kartoffeln bestellt.
14. Er wohnte _____ _____ Eltern.
15. Sie kommen _____ _____ Schule.
16. Wir sind _____ _____ Auto in Ferien gefahren.
17. Jim hat die Geschichte _____ _____ Mädchen erfahren.
18. Ich fahre _____ Hotel.
19. _____ _____ Feuerwerk fahren wir alle nach Hause.
20. Jim spricht _____ _____ Dame.
21. Sie nahm die Puppe _____ _____ Schaufenster.
22. _____ _____ Schachspiel stand nichts mehr auf dem Tisch.
23. Er hat _____ (sein–)_____ Freunden gewohnt.
24. Wir gingen _____ _____ Studentinnen in die Stadt.

C. *Prepositions used with the possessive case:* **trotz** *(in spite of),* **während** *(during) and* **wegen** *(because of).*

Beispiel

Wir gehen _____ _____ schlechten Wetters spazieren.
Wir gehen **trotz des** schlechten Wetters spazieren.

1. _____ _____ schlechten Erfahrung, die wir machten, tranken wir wieder Bier.
2. _____ _____ Reise schliefen wir im Zug.
3. _____ _____ vielen Arbeit konnte Hannelore uns nicht besuchen.
4. _____ _____ guten Lehrers lernten nur wenige Studenten Deutsch.
5. _____ _____ Krieges konnten wir nicht reisen.
6. Er schlief _____ _____ Konzerts.
7. Ich habe _____ _____ harten Kissens nicht schlafen können.
8. _____ _____ Fluges gab es gut zu essen.
9. _____ _____ reichlichen Frühstücks konnte ich nichts mehr essen.
10. _____ _____ Ferien studierte Ilse noch auf der Universität.
11. Die Studenten schliefen immer _____ _____ Vorlesungen.
12. _____ _____ verstopften Vergaserdüsen blieb der Motor stehen.

D. *Prepositions with either the direct or indirect object case:* **an, auf, hinter, in, neben, über, unter, vor,** *and* **zwischen.** *Use contractions where possible.*

Beispiele

Ich gehe _____ Hotel.　　　Herr Heise wartet _____ Hotel.
Ich gehe **in das** Hotel.　　Herr Heise wartet **in dem** Hotel.
Ich gehe **ins** Hotel.　　　Herr Heise wartet **im** Hotel.

1. Wir gehen mit Jim _____ Zimmer.
2. Wir unterhalten uns _____ Zimmer.

3. Die Gäste setzen sich ＿＿＿ ＿＿＿ Tisch.
4. Die Gäste sitzen ＿＿＿ Tisch.
5. Wir freuen uns ＿＿＿ ＿＿＿ Flug.
6. Es gab ＿＿＿ ＿＿＿ Flug viel zu sehen.
7. Das Flugzeug fliegt ＿＿＿ ＿＿＿ Stadt.
8. Das Flugzeug kreiste ＿＿＿ ＿＿＿ Stadt.
9. Wir stellten das Sofa ＿＿＿ ＿＿＿ Fenster.
10. Wir tranken den Wein ＿＿＿ ＿＿＿ Mahlzeit.
11. Jim setzt sich ＿＿＿ ＿＿＿ Steuer des Bobschlittens.
12. Die Sprungschanze liegt ＿＿＿ ＿＿＿ Dorf.
13. Wir stellen den Stuhl ＿＿＿ ＿＿＿ Tisch und ＿＿＿ Schrank.
14. Der Stuhl steht ＿＿＿ ＿＿＿ Tisch und ＿＿＿ Schrank.
15. Hannelore stellt ihre Pantoffeln ＿＿＿ ＿＿＿ Bett.
16. Ihre Pantoffeln stehen ＿＿＿ ＿＿＿ Bett.
17. Jim sitzt ＿＿＿ ＿＿＿ Dame auf dem Sofa.

Wiederholungsübung: **Noun Plurals**

Substitute the plural form of the italicized nouns and make any other necessary changes.

Beispiel

Der Ofen wärmt das Haus.
Die Öfen wärmen das Haus.

1. Man schneidet Fleisch mit *dem Messer.*
2. Wir haben *den Wasserfall* gesehen.
3. Er hat *ein Farbbild* gemacht.   (*einige*)
4. *Die Gabel* liegt auf dem Tisch.
5. Die Direktoren arbeiten *im Büro.*
6. Wir heizen mit *dem Ofen.*
7. Im Wohnzimmer hängt *der Vorhang.*
8. *Das Telefon* ist in der Hauptpost.
9. *Der Teilnehmer* meldet sich.
10. Der Postbote hat *den Brief* gebracht.
11. Wir haben *den Wasserhahn* zugedreht.
12. Die Jungen fahren mit *dem Motorrad.*
13. Der Onkel hat *die Düse* abgeschraubt.
14. Wir suchen nach *der Ursache* der Panne.
15. Der Automechaniker guckt in *den Benzintank.*
16. Wir fahren mit *dem Schlitten* den Hügel herunter.
17. Ich habe mir *den Fuß* umgeknickt.
18. Er ißt *das Ei* zum Frühstück.
19. Wir packen *die Decke* in den Koffer.
20. Wo ist *das Zigarettenetui?*
21. *Der Autoschlüssel* lag auf dem Tisch.
22. Sie hat *den Sportanzug* in *den Schrank* gehängt.
23. *Das Handtuch* hängt im Badezimmer.
24. Das Geld ist in *der Tasche.*
25. Wir gehen *im Park* spazieren.

Wiederholungsübung: Adjective Endings

Add the correct endings to the adjective stems.

Beispiel

Das ist eine traurig___ Geschichte.
Das ist eine **traurige** Geschichte.

1. Das ist ein glücklich___ Augenblick.
2. Wir haben ein fabelhaft___ Gemälde gesehen.
3. Hast du die nett___ Dame kennengelernt?
4. Ich habe die verschieden___ Aufnahmen gesehen.
5. Das war eine schmackhaft___ Mahlzeit.
6. Ich habe vorzüglich___ Gebäck gekauft.
7. Er schenkte ihr rosafarbig___ Blumen.
8. Das waren altmodisch___ Zimmer.
9. Sie hat die rot___ Vorhänge aufgehängt.
10. Sie trägt nur kurz___ Kleider.
11. Frau Trost hat einen nervös___ Magen.
12. Der Volkswagen ist ein technisch___ Wunderwerk.
13. Der Geschäftsmann macht eine erbärmlich___ Reklame.
14. Sie nimmt den leicht___ Koffer.
15. Dieser Mensch hat einen gut___ Charakter.
16. Es gibt unangenehm___ Dinge im Leben.
17. Gib mir den verstellbar___ Schraubenschlüssel.
18. Wir haben uns ein billig___ Auto gekauft.
19. Er schimpft die unschuldig___ Tante aus.
20. Das war eine großartig___ Vorstellung.
21. Schilaufen ist ein elegant___ Sport.
22. Draußen ist ein herrlich___ Wetter.
23. Die Familie fährt in das winterlich___ Land.
24. Er fühlte sich wohl im Sturm der wirbelnd___ Kristalle.
25. Er sprang von einer hoh___ Schanze.

Real-Situation Practice

1. Haben Sie schon einmal ein deutsches Frühstück gegessen? 2. Was ist in Amerika dem deutschen Brötchen am ähnlichsten? 3. Was wird auf ein Brötchen geschmiert (*spread*)? 4. Wenn Sie in Deutschland zu Mittag essen würden, was würden Sie bestellen? 5. Haben Sie schon versucht, mit Messer und Gabel zu essen? 6. Kennen Sie den Unterschied zwischen einem Hamburger und einer Frikadelle? 7. Essen Sie gern Kuchen? 8. Was essen Sie lieber, ein Steak oder ein Stück Kuchen? 9. Was essen Sie am liebsten? 10. Was passiert, wenn Sie zuviel essen? 11. Wo und wann haben Sie am besten gegessen? 12. Muß man unbedingt Fleisch essen, oder ist vegetarisches Essen auch gesund? 13. Was darf man nicht essen, wenn man koscher essen will? 14. In Deutschland heißen *french fried potatoes* ,,pommes frites". Aus welcher Sprache kommt dieser Ausdruck?

26
Sechsundzwanzigste Einheit

ERSTE STUNDE

Leseübung

Frau Trost kauft sich einen neuen Hut. Das läßt sich einfach sagen. Die Wirklichkeit ist aber komplizierter, denn Frau Trost weiß nicht genau, was sie wählen soll. Ihr schwebt ein ausgefallenes Modell vor, etwas besonders Elegantes. Darum geht sie in das führende Hutgeschäft der Stadt, das sich auf Damenhüte, auf erregende Kreationen spezialisiert hat. In solchen Geschäften kann man die einfachsten Kopfbedeckungen zu unerhörten Preisen erwerben.

Es gibt natürlich in Deutschland auch große Kaufhäuser und neuerdings auch Supermärkte, die Durchschnittswaren zu Durchschnittspreisen anbieten. Sie sind das eigentliche Zeichen unserer Zeit, die es liebt, in großen Mengen zu denken. Der einzelne Kunde bleibt anonym, er ist eine Lochkarte im Elektronengehirn der Geschäftsleitung. Frau Trost betrachtet sich aber durchaus nicht als Lochkarte und legt auch keinen Wert auf Anonymität. Sie will gelten, sie will gesehen werden. Sie bevorzugt den Kleinhandel, das Einzelgeschäft. Allerdings kann sie es sich nicht leisten, immer nur in die teuersten Geschäfte zu gehen. Das tut sie nur einmal in drei Jahren zu ganz besonderen Gelegenheiten. Man sieht sie dagegen täglich in der Bäckerei, im Lebensmittelgeschäft, in der Metzgerei, im Milchgeschäft (Milch, Butter, Eier, Käse), dem Gemüseladen, dem Obstgeschäft oder in der Konditorei. In diesen kleinen Läden trifft sie sich mit ihrer Nachbarschaft. Sie kennen sich alle unter-

Mrs. Trost buys herself a new hat. That is easy to say. But in reality it is more complicated, because Mrs. Trost doesn't know exactly what she should choose. She has in mind an unusual model, something especially elegant. For that reason she goes into the town's leading hat shop which specializes in ladies' hats—in exciting "creations." In such shops one can acquire the most simple headgear at unheard-of prices.

Naturally, there are also large department stores in Germany, and—the most recent development—supermarkets, which offer average goods at average prices. They are the true symbol of our time, which likes to think in great quantities. The individual customer remains anonymous; he is a computer card in management's electronic brain. But Mrs. Trost definitely does not consider herself a computer card and also places no value on anonymity. She wants to count for something; she wants to be seen. She prefers the small trade, the independent merchant; only she can't afford always to go into the most expensive stores. She does that only once every three years for very special occasions. On the other hand, one sees her daily in the bakery, in the grocery store, in the butcher shop, the dairy store (milk, butter, eggs, cheese), the vegetable store, the fruit shop, or the pastry shop. In these small shops she gets together with her neighbors. They all know each other and know the owners of the

einander und kennen auch die Besitzer der Läden, die noch selbst hinter den Ladentischen stehen und die Kundschaft bedienen. Dabei werden die neuesten Nachrichten der engeren Umgebung besprochen. Dieser Klatsch ist herzerfrischend, erleichtert das Gemüt und spart mancher geplagten Frauenseele den Gang zum Psychiater. Frau Trost beteiligt sich recht intensiv an solchen Konferenzen und es kann vorkommen, daß ein halbes Pfund Butter sie eineinhalb Stunde Diskussion kostet. Doch, wie schon eingangs erwähnt, treffen wir sie diesmal in einem distinguierten Geschäft, in dem man sich nur gedämpft und im Konjunktiv unterhält. Wir müssen schon fast fürchten, daß sie in Schwierigkeiten gerät.

shops, too, who still stand behind the counters and serve the customers themselves. In this way the latest news of the immediate vicinity is discussed. This gossip is refreshing, relaxes the mind, and saves many a tormented woman's soul the trip to a psychiatrist. Mrs. Trost participates quite intensively in such conferences, and it may happen that a half pound of butter costs her one and a half hours of discussion. However, as mentioned at the beginning, this time we meet her in a distinguished store, in which one confers only softly and in the subjunctive. We must already be fearful that she will come into difficulty.

Dialog: Im Hutgeschäft

Frau Trost: Ich würde mir gerne einen Sommerhut ansehen.

Verkäuferin: Haben Sie etwas Besonderes im Sinn?

Frau Trost: Hätten Sie vielleicht etwas mit frischen Farben, sommerlich leicht?

Verkäuferin: Oh, wir führen eine große Auswahl. Darunter ist bestimmt etwas, was Ihnen gefallen wird. (*holt einen Hut*) Wie gefällt Ihnen dieses Modell?

Frau Trost: Ja, wissen Sie, ich wünschte mir ein kräftigeres Farbenspiel — auch mehr Abwechslung in den Formen.

Verkäuferin: Wie wäre es mit diesem Hut?

Frau Trost: Er könnte vielleicht etwas höher sein. Diese Machart wäre mir zu flach.

Dialogue: In the Hat Shop

Mrs. Trost: I would like to look at a summer hat.

Saleslady: Do you have something special in mind?

Mrs. Trost: Would you perhaps have something with fresh colors, summery light?

Saleslady: Oh, we carry a large selection. There's certainly something that will please you. (*gets a hat*) How do you like this style?

Mrs. Trost: Yes, you know, I would like something with a brighter color scheme—also more variety of pattern.

Saleslady: How would this hat be?

Mrs. Trost: It could perhaps be somewhat higher. This style would be too flat for me.

Verkäuferin: Wollen Sie diesen Hut mal anprobieren? Das ist wirklich ein elegantes Stück. Sie wissen doch, daß wir nur an Kunden aus ersten Kreisen verkaufen.

Frau Trost: Glauben Sie, sonst käme ich zu Ihnen? Ich erwarte die beste, zuvorkommendste Bedienung!

Verkäuferin: Das ist eine Selbstverständlichkeit! — Vielleicht probieren Sie einmal dieses Modell.

Frau Trost: Zu dunkel. Das sieht ja nach Beerdigung aus. Nein, ich würde etwas Lebhafteres bevorzugen. Haben Sie keine Tulpen?

Verkäuferin: Wieso Tulpen?

Frau Trost: Ich meine als Dekoration. Ich liebe Tulpen!

Verkäuferin: Nein — leider nicht. Aber wir haben hier ein Modell mit künstlichen Phantasiearrangements. Ist das nicht ein Gedicht von einem Hut?

Frau Trost: Meinen Sie, daß mir das stehen würde?

Verkäuferin: Probieren Sie ihn bitte einmal auf. Warten Sie, ich rücke Ihnen den Spiegel zurecht. — Geht es so?

Frau Trost: Ja, danke.

Verkäuferin: Sie sehen bezaubernd darin aus!

Frau Trost: Aber, sehen Sie nur dieses Rot! Das beißt sich mit der Farbe meines Kleides!

Verkäuferin: Der Hut würde vielleicht zu einem anderen Kleid gut passen.

Frau Trost: Ich kaufe mir doch kein Kleid, nur weil ich einen neuen Hut habe.

Verkäuferin: Warum nicht, wenn man sich's leisten kann? — Versuchen wir mal diesen Hut.

Frau Trost: Der ist doch viel zu hoch

Saleslady: Would you like to try this hat on? This is really an elegant selection. You know we sell only to a limited circle of customers (clientele).

Mrs. Trost: Do you think I would have come to you otherwise? I expect the best, most polite service!

Saleslady: That's understood!—Perhaps you would like to try on this model.

Mrs. Trost: Too dark. That looks like it's for a funeral. No, I would prefer something more lively. Don't you have any tulips?

Saleslady: Why tulips?

Mrs. Trost: I mean as decoration. I love tulips!

Saleslady: No—unfortunately not. But we have a style here with an artificial abstract design. Isn't that a poem of a hat?

Mrs. Trost: Do you think it would suit me?

Saleslady: Please try it on. Wait, I'll move the mirror the right way for you. —All right now?

Mrs. Trost: Yes, thank you.

Saleslady: You look charming in it!

Mrs. Trost: If it weren't for this red! That clashes with the color of my dress!

Saleslady: Maybe the hat would suit another dress.

Mrs. Trost: I don't buy myself a dress just because I have a new hat.

Saleslady: Why not, if one can afford it?—Let's try this hat.

Mrs. Trost: This is much too high and

und ohne Rand. Das ist ein Glockenturm! Man muß sich bücken, wenn man durch die Türe geht. Ich brauche etwas Dezenteres.

Verkäuferin: Ah, nun verstehe ich Sie: ein Modell mit einer heiteren Note.

Frau Trost: Durchaus. Ich werde dabei sein, wenn wir einen amerikanischen Freund verabschieden. Ein junger Mann. Ach, der ist ja so sympathisch. Sie sollten ihn kennenlernen. Wir müssen doch einen guten Eindruck auf das Ausland machen. Was würde der zu Hause erzählen, wenn ich mit diesem Turm käme!

Verkäuferin: Sie haben recht. Vielleicht sollte man etwas wählen, was man auch drüben trägt.

Frau Trost: In den Staaten? Nein, wir brauchen doch nichts nachzuäffen.

Verkäuferin: Selbstverständlich nicht. Wie gefällt Ihnen diese Schöpfung? Der Hut hat eine ganz eigene Note. Ist es nicht ein apartes Stück?

Frau Trost: Das viele Gelb! Das ist ein Herbstmodell.

Verkäuferin: Im Sommer gibt's auch gelbe Blumen.

Frau Trost: Zeigen Sie mir doch mal bitte den Hut dort drüben, den mit dem Schleier.

Verkäuferin: Sofort, gnädige Frau. (*holt den Hut*)

Frau Trost: Ich glaube, ein Schleier würde mich gut kleiden. Finden Sie nicht auch?

Verkäuferin (*ermüdet*): Ganz wie Sie meinen.

Frau Trost: Entzückend! (*probiert den Hut auf*) Mein Gott, der Schleier krabbelt mir an der Nase. Das ist aber unangenehm.

Verkäuferin: Man gewöhnt sich daran.

Frau Trost (*sieht sich um*): Was haben

has no brim. It's a steeple! I'd have to bend down to go through doors. I need something more proper.

Saleslady: Ah, now I understand you: a style with a brighter note.

Mrs. Trost: Exactly. I will be there when we see an American friend off. A young man. Ah, he is so likeable. You should meet him. We certainly must make a good impression on foreigners. What would he say at home, if I came with this tower!

Saleslady: You're right. Perhaps you should choose something similar to what they wear over there.

Mrs. Trost: In the States? No, we don't need to imitate anything.

Saleslady: Of course not. How do you like this creation? The hat has a note all its own. Isn't it an unusual piece?

Mrs. Trost: All that yellow! That's a fall style.

Saleslady: There are yellow flowers in summer, too.

Mrs. Trost: Please show me the hat over there, the one with the veil.

Saleslady: Right away, madam. (*gets the hat*)

Mrs. Trost: I think a veil would suit me well. Don't you think so, too?

Saleslady (*tired out*): Just as you say.

Mrs. Trost: Delightful! (*tries the hat on*) Good heavens, the veil tickles my nose. That's so unpleasant.

Saleslady: One gets used to it.

Mrs. Trost (*looks around*): What kind

Sie denn dort hinten für ein Modell?

Verkäuferin: Meinen Sie den Hut mit dem grünen Putz?

Frau Trost: Ja, den hätte ich gerne mal probiert.

Verkäuferin: Selbstverständlich, gnädige Frau. (*holt den Hut*)

(*Eine halbe Stunde später: der ganze Ladentisch ist voller Hüte.*)

Verkäuferin (*zeigt einen anderen Hut, erschöpft*): Das ist der letzte Hut, den wir zur Zeit vorrätig haben.

Frau Trost: Eine hübsche Komposition. Wirklich, ein elegantes Stück. (*probiert*) Oh, er drückt, er preßt mir den Kopf — unmöglich!

Verkäuferin: Vielleicht versuchen Sie es mal in einem anderen Geschäft!

Frau Trost: In einem anderen Geschäft? Das ist wohl nicht Ihr Ernst! Dieses hier ist das vornehmste Hutgeschäft, davon spricht die ganze Stadt. Ich kann mir doch keinen billigen Tand leisten — wo denken Sie hin! Wissen Sie was? Ich werde morgen wiederkommen. Bis dahin haben Sie gewiß noch etwas Neues hereinbekommen. — Auf Wiedersehen.

(*Die Verkäuferin sinkt hinter ihrem Ladentisch zusammen.*)

of style do you have in back there?

Saleslady: Do you mean the hat with the green trim?

Mrs. Trost: Yes, I would like to try that one.

Saleslady: Of course, madam. (*gets the hat*)

(*A half hour later: the whole counter is full of hats.*)

Saleslady (*shows another hat, exhausted*): That's the last hat that we have in stock at this time.

Mrs. Trost: A beautiful composition. Really, an elegant piece. (*tries it*) Oh, it pinches, it presses on my head—impossible!

Saleslady: Perhaps you can try in another store?

Mrs. Trost: In another store? You aren't serious! This is the most fashionable hat shop—the whole city talks about it. I can't afford any cheap junk—what are you thinking of! You know what? I'll come again tomorrow. By that time you'll certainly have gotten in something new. —Good-by.

(*The saleslady collapses behind her counter.*)

Wortschatz

kompliziert *complicated*
vorschweben (sep. prefix verb) *to hover before; be in someone's mind*
ausgefallen *unusual*
das Modell, –s, –e *model, style*
führend *leading, top*
das Hutgeschäft, –(e)s, –e *hat shop*
das heißt *that is*
erregend *exciting*
die Kreation, –, –en *creation*
(sich) spezialisieren (auf) *to specialize (in)*

das Geschäft, –(e)s, –e *store, business*
die Kopfbedeckung, –, –en *hat, headgear*
unerhört *unheard of; shocking, scandalous*
erwerben, erwirbt, erwarb, erworben *to gain, acquire*
das Kaufhaus, –es, ¨er *department store*
neuerdings *recently, of late*
der Supermarkt, –(e)s, ¨e *supermarket*
die Durchschnittsware, –, –n *article of average or mediocre quality*

der Durchschnittspreis, –es, –e *average price*

anbieten, bietet an, bot an, angeboten *to offer*

das Zeichen, –s, – *symbol, sign, evidence*

die Menge, –, –n *crowd; quantity*

einzeln *single, individual; alone*

der Kunde, –n, –n *customer*

anonym *anonymous*

die Lochkarte, –, –n *computer card*

das Elektronengehirn, –(e)s, –e *electronic brain*

die Geschäftsleitung, –, –en *(business) management*

betrachten *to consider, view, examine*

durchaus (nicht) *completely or not at all*

legen *to lay, place*

die Anonymität, – *anonymity*

bevorzugen *to prefer, favor*

der Kleinhandel, –s *retail trade*

das Einzelgeschäft, –(e)s, –e *independent shop or business(man)*

(sich) leisten *to afford, treat oneself to*

die Gelegenheit, –, –en *opportunity, occasion*

täglich *daily*

teuer *expensive*

das Lebensmittelgeschäft, –(e)s, –e *grocery store*

die Metzgerei, –, –en *butcher shop*

das Milchgeschäft, –(e)s, –e *dairy store*

der Gemüseladen, –s, – *oder* –̈ *vegetable shop*

das Obstgeschäft, –(e)s, –e *fruit shop*

die Konditorei, –, –en *confectioner's shop, café*

der Laden, –s, –̈ *store; shutter*

die Nachbarschaft, –, –en *neighbors (collective), neighborhood*

untereinander *among themselves*

der Besitzer, –s, – *owner*

der Ladentisch, –(e)s, –e *counter (in a store)*

die Kundschaft, – *customers (collective), clientele*

die Nachricht, –, –en *news, information, report*

eng *narrow, tight; limited*

besprechen, bespricht, besprach, besprochen *to discuss, talk over*

der Klatsch, –es, –e *gossip; slap*

herzerfrischend *refreshing*

erleichtern *to lighten, make easier*

das Gemüt, –(e)s, –er *heart; soul; mind, temper, disposition*

plagen *to torment, worry*

der Gang, –(e)s, –̈e *walk, path, corridor*

der Psychiater, –s, – *psychiatrist*

(sich) beteiligen *to take part in*

intensiv *thorough(ly), intensive(ly)*

die Konferenz, –, –en *conference, discussion*

das Pfund, –(e)s, –e *pound*

eineinhalb *one and a half*

die Diskussion, –, –en *discussion*

kosten *to cost;* fig.: *require*

eingangs *at the beginning*

distinguiert *distinguished*

dämpfen *to soften, muffle, put the damper on; steam*

der Konjunktiv, –s, –e *subjunctive*

(sich) unterhalten, unterhält, unterhielt, unterhalten *to converse; enjoy oneself*

fürchten *to fear, be afraid of*

die Verkäuferin, –, –nen *saleslady, salesgirl*

der Sinn, –(e)s, –e *mind, sense, meaning*

frisch *fresh*

die Farbe, –, –n *color; paint*

sommerlich *summery, summerlike*

leicht *light; easy*

das Farbenspiel, –s, –e *play of colors, iridescence*

die Abwechslung, –, –en *variety, alteration, change*

die Form, –, –en *pattern, form, shape*

die Machart, –, –en *style, kind*

flach *flat*

anprobieren (sep. prefix verb) *to try on*

der Kreis, –es, –e *circle*

verkaufen *to sell*

zuvorkommend *friendly, obliging, polite*

die Selbstverständlichkeit, –, –en *matter of course, foregone conclusion*

die Beerdigung, –, –en *burial, funeral*

lebhaft *lively, vivid, gay*

die Tulpe, –, –n *tulip*

die Dekoration, –, –en *adornment, decoration*

künstlich *artificial*

das Phantasiearrangement, –s, –s *imaginative, fanciful arrangement, abstract design*

das Gedicht, –(e)s, –e *poem*

stehen, steht, stand, gestanden *to fit, suit; stand*

aufprobieren (sep. prefix verb) *to try on (a hat)*

rücken *to move, bring nearer, approach*

zurecht *in the right place, in order*

bezaubernd *bewitching, enchanting, fascinating*

beißen, beißt, biß, gebissen *to bite*

sich beißen *to clash (colors)*

das Kleid, –(e)s, –er *dress*

passen *to fit, suit; be convenient*

der Glockenturm, –(e)s, ⁺e *steeple, belfry*

(sich) bücken *to stoop, bend down, bow*

heiter *cheerful, bright*

die Note, –, –n *note; flair*

(sich) verabschieden *to see off; send away, dismiss; take leave*

sympathisch *likeable, congenial*

das Ausland, –(e)s, *foreign country*

tragen, trägt, trug, getragen *to wear; carry, bear*

nachäffen (sep. prefix verb) *to mimic, imitate*

die Schöpfung, –, –en *creation*

apart *unusual, interesting, cute*

gelb *yellow*

das Herbstmodell, –s, –e *fall style*

der Schleier, –s, – *veil*

kleiden *to dress, adorn, fit, become*

ermüden *to tire out*

entzückend *delightful*

krabbeln *to tickle, itch; crawl, creep*

(sich) umsehen (sep. prefix verb) *to look around; look back*

hinten *in the rear, at the back*

der Putz, –es *trim, adornment*

erschöpfen *to drain, exhaust*

vorrätig *in stock, on hand*

hübsch *pretty, fine, handsome*

die Komposition, –, –en *composition*

pressen *to press, squeeze, strain*

unmöglich *impossible*

der Ernst, –es *seriousness*

vornehm *fashionable, stylish*

der Tand, –(e)s *junk, frivolity*

Wo denken Sie hin? *What are you thinking of?*

hereinbekommen, bekommt herein, bekam herein, hereinbekommen *to receive, get (in)*

zusammensinken, sinkt zusammen, sank zusammen, zusammengesunken *to sink down, collapse*

Fragen

1. Was für einen Hut wollte Frau Trost kaufen?
2. Welche Farben möchte Frau Trost gerne haben?
3. Welche Machart bevorzugt Frau Trost?
4. Warum möchte Frau Trost kein dunkles Modell haben?
5. Welche Blumen möchte sie auf dem Hut haben?
6. Warum gefällt Frau Trost das Rot des Hutes nicht?
7. Womit vergleicht (*compares*) sie den hohen Hut ohne Rand?
8. Warum will sie überhaupt einen neuen Hut kaufen?
9. Warum will sie keinen, so wie man in den Vereinigten Staaten trägt?
10. Warum will sie keinen gelben Hut?
11. Warum gefällt ihr der Hut mit dem Schleier nicht?
12. Weshalb nimmt sie nicht den letzten Hut, der noch im Geschäft ist?
13. Warum sinkt die Verkäuferin hinter dem Ladentisch zusammen?

Hausarbeit

Write a simple dialogue in German about shopping: 1) in a hat shop, 2) in a bakery, 3) in a butcher shop, 4) in a dairy store, or 5) in a vegetable store.

ZWEITE STUNDE

Zwei Welten
von Helmut Kreitz

Der Guru saß im Lotossitz[1] auf der Kommandobrücke[2] des Ozeandampfers.[3] Er hatte die Arme ausgebreitet[4] und hielt die Finger gespreizt[5] bis auf den Mittelfinger, der den Daumen[6] berührte.[7] So saß er seit einer Stunde. Eigentlich saß er immer in dieser Stellung irgendwo auf irgendeinem Deck des Schiffes. Er hatte keinen Blick für die Erfolgsmenschen[8] aus Europa. Er hatte auch keine Worte für sie. Er hielt Augen und Mund geschlossen. Er war der Meditation völlig ergeben.[9]

Diesmal hatte er seine Schau nach Innen, oder ins Nichts, auf die Kommandobrücke verlegt,[10] weil das ungefähr der höchste Ort war, der noch aus dem Wasser ragte,[11] denn der Dampfer sank.[12] Er war versehentlich[13] mitten auf dem Meer[14] von einem Frachter[15] gerammt[16] worden: im Nebel,[17] trotz Radar.

Der Kapitän[18] stand neben dem Guru. Er hielt auf der Kommandobrücke aus,[19] weil das seine Pflicht[20] war. Der Guru schwieg.[21] Der Kapitän brüllte[22] Befehle[23] und fluchte wie ein moderner Student. ,,Frauen und Kinder zuerst!'', das war ein Gesetz, von Europäern erfunden, als wenn die Männer keine Menschen wären.

Der Kapitän spuckte[24] auf den Guru und entschuldigte sich sofort, es wäre ein Versehen gewesen, er hätte den Inder[25] im Tumult der Situation vergessen.

Dabei wußte jeder, wie sehr er den Guru verachtete.[26] Der Kapitän war ein Mann der Tat. Er fluchte bei dem Gedanken, einen Luxusdampfer[27] dirigieren[28] zu müssen. Am liebsten hätte er eine Segelfregatte[29] kommandiert,[30] gekämpft, erobert,[31] so wie die alten Europäer den Rest der Welt bezwangen[32] mit Kanonen[33] und Missionaren.[34]

Dem Inder rann[35] die Spucke[36] langsam die Wange[37] herunter, aber er rührte sich nicht. In seiner Haltung[38] wohnte die Würde,[39] oder auch die Verachtung[40] der Menschheit,[41] geübt[42] in Jahrtausenden.[43] Der Kapitän wollte ihn in ein Rettungsboot[44] tragen lassen, aber als man ihn packen wollte, öffnete er die Augen und maß[45] die Matrosen mit einem Blick, der sie erschrocken zurückweichen[46] ließ. Der Kapitän murmelte:[47] ,,Laßt ihn versaufen!''[48] Der Guru schloß wieder die Augen.

[1] lotus position   [2] bridge
[3] ocean liner
[4] stretched out
[5] wide apart
[6] thumb
[7] touched
[8] successful men
[9] completely devoted
[10] shifted
[11] towered up
[12] was sinking
[13] by mistake
[14] ocean
[15] freighter
[16] rammed
[17] fog
[18] captain
[19] held out
[20] duty
[21] was silent
[22] bellowed
[23] orders
[24] spit
[25] Indian
[26] despised
[27] luxury liner
[28] lead, direct
[29] frigate
[30] be in command
[31] conquered
[32] vanquished
[33] cannons
[34] missionary
[35] ran
[36] spit
[37] cheek
[38] attitude, bearing
[39] dignity
[40] disdain
[41] mankind
[42] practiced
[43] millenia
[44] life boat
[45] eyed
[46] shrink back from
[47] muttered
[48] drown

Als das Wasser über die Kommandobrücke spülte,[49] befahl[50] der Kapitän dem Inder, das Schiff sofort zu verlassen. Aber er sprach ins Nichts, ins Nirwana, in die Vereinigung[51] von Körper und Wasser, und als der Inder schon von den Fluten[52] getragen mit seinen weißen Fingerspitzen[53] in die Nase des Kapitäns stach[54] gurgelte[55] dieser noch einen letzten, kräftigen Fluch. Dann versanken[56] uralte[57] Weisheit[58] und europäisches Pflichtbewußtsein[59] in den Tiefen des Ozeans.

[49] washed
[50] ordered
[51] union
[52] flood, waves
[53] finger tips
[54] stuck
[55] gurgled
[56] went down
[57] very old, ancient
[58] wisdom
[59] consciousness of duty

Die Ameisen[1]
von Joachim Ringelnatz

[1] ants

In Hamburg lebten zwei Ameisen,
Die wollten nach Australien reisen.
Bei Altona[2] auf der Chaussee[3]
Da taten ihnen die Beine weh,
Und da verzichteten[4] sie weise[5]
Dann auf den letzten Teil der Reise.

[2] suburb of Hamburg
[3] highway
[4] gave up
[5] wisely

DRITTE STUNDE

Wiederholungsübung: Word Order

*Combine the two sentences by making the second sentence a subordinate clause. Use either a conjunction (**daß, denn, weil, als**) or a relative pronoun (**der, die, das,** etc.).*

Beispiele

Ich wußte es und wartete auf ihn. Er würde kommen.   *(conj.)*
Ich wußte, **daß** er kommen würde, und wartete auf ihn.
Die Kinder spielten auf der Straße. Sie waren noch sehr klein.   *(rel. pron.)*
Die Kinder, **die** noch sehr klein waren, spielten auf der Straße.

1. Frau Trost kaufte einen neuen Hut. Sie wohnte im selben Haus wie Frau Heise. *(rel. pron.)*
2. Er ging in ein Restaurant. Er sah mich. *(conj.)*
3. Wir bestellten noch Nachtisch. Wir waren noch hungrig. *(conj.)*
4. Dem Studenten gefiel Deutschland. Er kam aus Amerika. *(rel. pron.)*
5. Die Kinder kauften sich ein Spielzeug. Ich gab ihnen Geld. *(rel. pron.)*
6. Er kaufte alle Bücher. Er sah sie. *(rel. pron.)*

7. Jeder wußte es. Christian Buddenbrook arbeitete nicht gern.   (*conj.*)
8. Er ging in den Bahnhof. Er sah Herrn Heise.   (*conj.*)
9. Das Fernsprechwesen gehört der Post. Es bringt viel Geld ein.   (*rel. pron.*)
10. Öffnet man einen Brief, kann das peinlich werden. Er ist für einen anderen bestimmt. (*rel. pron.*)
11. Jeder Teilnehmer hat eine besondere Nummer. Man will ihn sprechen.   (*rel. pron.*)
12. Der Onkel hatte sich ein Zimmer im Hotel bestellt. Er wollte über Nacht bleiben. (*conj.*)

Wiederholungsübungen: Comparative and Superlative Adjectives

A. *Change the italicized adjectives in the following sentences first to the comparative degree, then to the superlative degree.*

Beispiel

Wir haben einen *glücklichen* Tag erlebt.
Wir haben einen noch **glücklicheren** Tag erlebt.
Wir haben **den glücklichsten** Tag erlebt.

1. Das ist eine *vorzügliche* Mahlzeit.
2. Das ist ein *nettes* Mädchen.
3. Wir haben ein *schmackhaftes* Essen gehabt.
4. Das Auto hat einen *kräftigen* Motor.
5. Er hat sich ein *schlechtes* Motorrad gekauft.
6. Im Zimmer steht ein *altmodischer* Sessel.
7. Wir machten eine *herrliche* Tour.
8. In den Bergen hatten wir eine *schlimme* Panne.
9. Er ist ein *zufriedener* Mensch.
10. Sie hat einen *munteren* Geist.
11. Das ist eine *wichtige* Aufgabe.
12. Wir gehen in den *geräumigen* Keller.
13. Hier ist das *niedrige* Zimmer.
14. Sie trägt den *leichten* Koffer.
15. Wir kaufen uns ein *kleines* Auto.
16. Hier liegt *viel* Schnee.
17. Er hat einen *guten* Charakter.
18. Wir fahren in das *nahe* Dorf.
19. Wir wohnen in dem *großen* Haus.
20. Wir setzen uns in das *warme* Zimmer.
21. Er nimmt den *kurzen* Bleistift.
22. Das sind *junge* Studenten.
23. Sie nimmt den *langen* Bleistift.
24. Wir gehen in das *hohe* Haus.
25. Hier steht der *alte* Plattenspieler.

B. *Rewrite the following sentences, using the superlative form* **am . . . –sten.**

Beispiel

Das ist ein *hohes* Haus.
Dieses Haus ist **am höchsten.**

1. Das ist eine *schlechte* Hose.
2. Der Weihnachtsbaum ist *bunt*.
3. Das ist ein *großes* Werk.
4. Das ist eine *gute* Zeitschrift.
5. Der Künstler ist *berühmt*.
6. Das sind *feste* Wände.
7. Der Bungalow war *modern*.
8. Das war ein *schönes* Geschenk.
9. Diese Bibliothek ist *alt*.
10. Das ist ein *bequemer* Sessel.
11. Das sind *teuere* Gemälde.
12. Das sind *gepflegte* Rasen.
13. Das ist ein *langes* Wort.
14. Das ist eine *kurze* Hose.
15. Das Café ist *klein*.
16. Das ist *warmes* Wasser.
17. Das ist ein *junger* Student.
18. Er hat *merkwürdige* Ansichten.
19. Der Polizist ist *verzweifelt*.
20. Der Herr ist *elegant*.

Wiederholungsübungen: Question Words (*wessen* and *wem gehört*)

A. *Transform the following sentences into questions using* **wessen**.

Beispiel

Das ist mein Hut.
Wessen Hut ist das?

1. Das ist Onkels Lieblingstorte.
2. Das ist Onkels Photoalbum.
3. Das sind Tischsitten der Deutschen.
4. Das ist die Wohnung von Frau Trost.
5. Das ist Ilses Brief.
6. Das ist unser Keller.
7. Das ist Jims Schraubenzieher.
8. Das ist der Handschuh der Tante.

B. *Formulate questions with the construction* **wem gehört**.

Beispiel

Das ist Onkels Photoalbum.
Wem gehört das Photoalbum?

1. Das ist das Auto von Herrn Lemmerz.
2. Das ist die Werkzeugtasche des Automechanikers.
3. Das ist Jims Rodelschlitten.
4. Das ist das Frühstück der Tante.
5. Das ist mein Zigarettenetui.
6. Das ist Ilses Schallplatte.

7. Das ist die Zipfelmütze von Jürgen.
8. Das ist unsere Zeitschrift.
9. Das sind die Bücher des Professors.
10. Das ist der Hund der Tante.

Wiederholungsübung: Possessive Adjectives

Replace the word in parentheses by the appropriate form of the possessive pronoun.

Beispiel

Ilse bringt (*our*) _____ Photoalbum.
Ilse bringt **unser** Photoalbum.

1. Wo ist (*my*) _____ Butter?
2. Hier kommt (*our*) _____ Nachtisch.
3. Das ist die Folge (*of your, fam. pl.*) _____ Dummheit.
4. Ich gehe mit in (*his*) _____ Wohnung.
5. Hast du (*her*) _____ Brief bekommen?
6. Wie ist (*your, fam. pl.*) _____ Anschrift?
7. Er fährt mit (*my*) _____ Auto.
8. Ist (*our*) _____ Heizung kaputt?
9. Was macht ihr auf (*your*) _____ Urlaub?
10. Hier, nimm (*my*) _____ Schraubenzieher.
11. Ist er in (*your, fam. sing.*) _____ Wohnung gewesen?
12. Hast du (*their*) _____ Koffer gesehen?
13. Kennst du (*her*) _____ Hausnummer?
14. Wo ist (*my*) _____ Frühstück?
15. Das ist (*their*) _____ Auto.
16. Das ist das Haus (*of my*) _____ Onkels.
17. Hier sind die Schlittschuhe (*of my*) _____ Freunde.
18. Ich habe (*your, fam. sing.*) _____ Freundin die Taschenlampe gegeben.
19. Können Sie mir (*your*) _____ Adresse geben?
20. Ich habe in der Zeitung (*your, fam. sing.*) _____ Artikel gelesen.
21. Hat der Beamte (*his*) _____ Ausweis gesehen?
22. Das ist das Haus (*of his*) _____ Mutter.
23. Hier steht das Haus (*of our*) _____ Eltern.
24. Sind das (*your, fam. pl.*) _____ Betten?

Wiederholungsübung: haben, sein, and werden

Insert the correct form of the verb: **haben**, **sein**, *or* **werden**.

Beispiel

Er _____ bei seinen Eltern _____. (*past perfect*)
Er **war** bei seinen Eltern **gewesen**.

1. Wir _____ ein Haus. (*pres.*)
2. Jim _____ in der Stadt. (*past*)
3. _____ ihr in der Universität _____? (*perfect*)
4. _____ ihr viele Freunde _____? (*past perf.*)

5. Ihr _____ in der Vorlesung. (*past*)
6. Du _____ ein Auto. (*past*)
7. Sie _____ Lehrerin. (*pres.*)
8. Sie _____ Lehrerin _____. (*future*)
9. Sie _____ Lehrerin _____ _____. (*fut. perf. with werden*)
10. Wir _____ einen Fernsehapparat _____. (*past perf.*)
11. Du _____ in der Stadt _____. (*past perf.*)
12. Er _____ in der Universität _____ _____. (*fut. perf.*)
13. Ihr _____ den Schraubenzieher _____ _____. (*fut. perf.*)
14. Er _____ zu Hause _____. (*future*)
15. Er _____ Automechaniker _____ _____. (*fut. perf. with werden*)
16. _____ du gestern zu Hause _____? (*perfect*)
17. Wir _____ viele Bücher. (*past*)
18. Wir _____ vor zwei Jahren in Saarbrücken . (*perfect*)
19. Ihr _____ beim Professor _____. (*perfect*)
20. Ich _____ einen großen Fernsehapparat. (*past*)

Wiederholungsübung: Negation

Answer the following questions negatively, using **nicht** or **kein**.

Beispiele

Hat Jim im Restaurant gegessen?
Nein, Jim hat **nicht** im Restaurant gegessen.

Hast du Hannelore die Bücher gegeben?
Nein, ich habe ihr **keine** Bücher gegeben.

1. Ißt Ilse Brötchen zum Frühstück?
2. Trinkt der Onkel Bier zum Essen?
3. Hat ihm das Gebäck geschmeckt?
4. Ist Frau Trost zu Besuch gekommen?
5. Spricht Frau Trost viel?
6. Wohnt Frau Heise in Düsseldorf?
7. Wird der Onkel Jim zum Bahnhof begleiten?
8. Wird Jürgen durch Deutschland reisen?
9. Darf Ilse noch ein paar Kartoffeln haben?
10. Versteht Frau Heise zu kochen?
11. Ist der Spargel gut?
12. Hat der Onkel ein Photoalbum?
13. Hat die Tante eine Landkarte?
14. Hat Jim ein Auto?
15. Hat Ilse eine Gabel?
16. Hat Jim Bilder mitgebracht?

Wiederholungsübungen: Verb Tenses (Active and Passive Voice)

A. Transform the verbs in the following sentences into the past tense.

Beispiel

Sie sieht sich einen Hut an.
Sie **sah** sich einen Hut **an**.

1. Der Hut gefällt mir.
2. Ich weiß, daß Ihnen der Hut steht.
3. Sie probiert den Hut auf.
4. Frau Trost begibt sich in das Geschäft.
5. Sie hält sich in dem Geschäft auf.
6. Wir tragen elegante Hüte.
7. Jim fährt mit dem Zug.
8. Sie essen in einem guten Restaurant.
9. Du bestreichst das Brot mit Butter.
10. Der Wind pfeift mir um die Ohren.

B. *Transform the verbs in the following sentences into the future tense.*

Beispiel

Er bricht morgen auf.
Er **wird** morgen **aufbrechen.**

1. Es bleibt nichts übrig.
2. Wir treffen uns morgen.
3. Ihr übernehmt das Gepäck.
4. Sie schläft im Hotel.
5. Wir bitten ihn, zu kommen.
6. Herr Lemmerz gibt wieder an.
7. Er ruft ihn an.
8. Wir fahren nach Düsseldorf.
9. Jim wendet sich an den Polizisten.
10. Du denkst an deinen Freund.

C. *Transform the verbs in the following sentences into the perfect tense.*

Beispiel

Wir sehen uns wieder.
Wir **haben** uns **wiedergesehen.**

1. Herr Heise läßt den Motor an.
2. Wir unterhalten uns im Zimmer.
3. Die Sonne scheint.
4. Du leihst dir ein Auto.
5. Wir riechen den Käse im ganzen Haus.
6. Er steht früh auf.
7. Ihr tragt die Koffer ins Hotel.
8. Ich sehe mir das Gemälde an.
9. Er nimmt den Hut mit.
10. Sie treten in das Zimmer ein.

D. *Transform the verbs in the following sentences into the past tense, passive voice.*

Beispiel

Er findet den Koffer.
Der Koffer **wurde gefunden.**

1. Er schmilzt das Blei.
2. Er unterbricht die Unterhaltung.
3. Er bindet die Bücher.
4. Er reißt das Paket auf.
5. Er gießt das Blei.
6. Er trinkt den Wein.
7. Er liest die Bücher.
8. Er bringt die Zeitungen.
9. Er erfindet das Auto.
10. Er unterschreibt den Brief.

E. *Transform the verbs in the following sentences into the perfect tense, passive voice.*

Beispiel

Er erzwingt ein Gesetz.
Ein Gesetz **ist erzwungen worden.**

1. Er findet den Bleistift.
2. Er ißt den Kuchen.
3. Er verläßt die Stadt.
4. Er brät das Fleisch.
5. Er nimmt die Zeitung mit.
6. Er schließt die Tür ab.
7. Er schmeißt den Zechpreller raus.
8. Er lädt Ilse ein.
9. Er versteht den Philosophen.
10. Er begreift das Frühstück im Preise ein.

Hausarbeit

Übersetzen Sie ins Deutsche.

1. She buys a new hat. 2. I'm ordering dinner. 3. We take a walk through the city and the parks. 4. They are going to Düsseldorf by train. 5. Mrs. Heise goes to the doctor. 6. We are writing a letter. 7. On the envelope we write first the name, then the city, and finally the street and the number. 8. After our vacation we are returning home. 9. At home we have oil heating. 10. It becomes cold when we forget to fill the tank. 11. The Volkswagen is a good car. 12. We want to drive through the mountains. 13. The hills are covered with snow. 14. Snow, ice, and winter sports: these things are inseparable. 15. In the summertime the weather is warm. 16. We like summer better than winter. 17. Here is a telephone. I will call the doctor. 18. Everything happened on a Friday. 19. I can't open the door. I am taking a bath. 20. I fell in the bathtub. I could have broken all my bones.

27
Siebenundzwanzigste Einheit

ERSTE STUNDE

Leseübung

Wir sehen Jim umgeben von Freunden und Kommilitonen. Wir befinden uns im Studentinnenheim der Universität des Saarlandes in Saarbrücken. Ja, Sie haben richtig gelesen und gehört: Studentinnenheim. In Saarbrücken, wie in den meisten deutschen Universitäten, darf man zu bestimmten Zeiten die Damen auf ihren Zimmern besuchen, und ich darf Ihnen die erfreuliche Mitteilung machen, daß bis heute darunter weder die Moral noch der Lerneifer der Studenten zusammengebrochen ist. Übrigens stellen wir fest, daß Jim sich endlich mit den Kommilitonen duzt, auch mit Fräulein Weber. Nun, nach fast einem ganzen Jahr engen Zusammenlebens konnte man das wohl erwarten. Heute feiert man Jims Abschied von der Universität. Wenn wir uns für kurze Zeit in das Zusammensein der jungen Leute einblenden, müssen wir doch verstehen, daß das Fest keineswegs seinen Höhepunkt erreicht hat. Man wird auch im Laufe des Abends „den Standort wechseln", d.h., man wird in die Stadt in eine Kneipe gehen und dort mit Bier und Gesang den Kummer zu vergessen suchen, daß ein so netter Kommilitone wie Jim Abschied nehmen muß. Doch werden wir bemerken, daß Jim und seine Freunde sich in bester Stimmung befinden, und daß der jugendliche Geist begonnen hat, die sonderbarsten Ideen zu entwerfen, wie man sie eben nur ersinnt, solange man noch jung ist. Leider gleicht unser Alter allzu oft einem Beerdigungsinstitut schöpferischer Gedanken. Doch darüber laßt uns nicht grübeln, sondern

We see Jim surrounded by friends and fellow students. We are in the women's dormitory of the University of the Saarland in Saarbrücken. Yes, you have read and heard correctly: women's dormitory. In Saarbrücken, as in most German universities, one is permitted at certain times to visit the ladies in their rooms, and I can present you with the gratifying report that, to this time, neither the students' morality nor their zeal for learning has broken down because of this. By the way, we notice that Jim has finally become close to his fellow students, and to Miss Weber also. Well, after almost an entire year of living together, one can easily expect that. Today they're celebrating Jim's departure from the university. If, for a short time, we become part of this togetherness of the young people, we should understand however that the party has by no means reached its peak. During the course of the evening they will also "change location," that is, they will go downtown into a pub and there, with beer and song, will try to forget their sorrow that such a nice colleague as Jim must (take) leave. However, we will notice that Jim and his friends are in the best of moods and that their youthful spirit has begun to project the strangest ideas, as one only conceives while one is still young. Unfortunately, our old age all too often resembles a funeral home for creative thoughts. But let's not meditate on this subject, but rather watch how our students transform the farewell party into a cheerful celebration.

zuschauen, wie unsere Studenten die Abschiedsfeier in ein heiteres Fest umgestalten.

Dialog: Im Studentinnenheim

(*Jim, Jürgen, Hans, Josef, Ilse Weber, Anni, Gertrud, Elisabeth*)

Hans (*hält eine Glaskugel, die mit Wasser gefüllt als Vase dient*): Seht hier, das ist die Erdkugel. Nun lasse ich am Äquator ...

Josef: Wo, vorne oder hinten?

Jürgen: In der Mitte, Ignorant!

Hans: Stört nicht meinen Gedankenflug. ...

Jim (*singt*): Hoch soll er fliegen, hoch soll er fliegen ...

Jürgen: Sei still, Deserteur!

Jim: Das ist eine Beleidigung. Ich fordere Satisfaktion!

Jürgen: Womit — Bierglas oder Kuchenhcbcr?

Hans: Ruhe! Ich habe eine geniale Idee: Rund um den Äquator, doch natürlich nur da, wo Land ist, lasse ich Atomraketen einbauen.

Ilse: Atomraketen — wer hat die erfunden?

Hans: Kommt noch. Also, ich lasse Atomraketen rings um den Äquator so einbauen, daß sie gegen die Erddrehung schießen. Denkt nach: zuerst dreht sich die Kugel langsamer, immer langsamer, der Tag, die Nacht dauern 48 Stunden, 96 Stunden —

Jim: 192 Stunden —

Hans: Nun bleibt die Erde stehen.

Dialogue: In the Women's Dormitory

(*Jim, Jürgen, Hans, Joseph, Ilse Weber, Annie, Gertrude, Elisabeth*)

Hans (*holding a glass ball, which serves as a vase when filled with water*): Look here, this is the globe. Now I have at the equator ...

Joseph: Where, in front or behind?

Jürgen: In the middle, stupid!

Hans: Don't disturb my train of thought. ...

Jim (*sings*): High shall he fly, high shall he fly. ...

Jürgen: Be quiet, deserter!

Jim: That's an insult. I demand satisfaction!*

Jürgen: With what—beer glass or cake server?

Hans: Quiet! I have an ingenious idea: Around the equator, but naturally only where there is land, nuclear rockets will be installed.

Ilse: Nuclear rockets—who invented them?

Hans: That's yet to come. So, I have nuclear rockets installed around the equator, so that they will shoot in a direction opposite to the rotation of the earth. Think about it—at first the globe turns more slowly, and still more slowly; the day, the night last 48 hours, 96 hours—

Jim: 192 hours—

Hans: Now the earth stops. Then it

---

* I.e., a duel.

Dann fängt sie wieder an, sich zu drehen. Ganz langsam erst —

Gertrud: 120 Stunden — 60 Stunden —

Hans: Die Tage werden kürzer, kürzer — die Kugel dreht sich schneller, immer schneller — (*Er demonstriert seine Erzählung mit Hilfe der Glaskugel.*)

Josef: Bis alles, was da kreucht und fleucht ins Weltall wirbelt!

Hans: Nein, nicht so schnell. Ganz normal: bis der Tag wieder seine 24 Stunden hat, aber anders herum!

Anni: Anders herum?

Hans: Natürlich. Die Sonne geht jetzt im Westen auf und im Osten unter. Triumph des Genies! Das todlangweilige Spiel des ewigen Sonnenaufgangs im Osten hat aufgehört. Und außerdem: warum soll immer der Osten das Vergnügen des Sonnenaufgangs haben?

Jim: Wie wär's mal mit dem Süden?

Hans: Wie du willst — mit meinen Raketen ist alles möglich.

Elisabeth: Warum machen wir nicht aus unserer ganzen Erde ein Raumschiff? Wir stecken alle Raketen gebündelt in die Sahara und lassen uns in die Unendlichkeit schießen.

Hans: Ah — bleib' realistisch!

Jürgen (*singt*):
Wir sitzen auf dem Erdenball
getrieben von Raketen
und taumeln durch das Weltenall,
daß alle Englein beten.

Josef: Mann, hör' das Gesinge auf! Du hast eine Stimme, als ob bei uns zu Hause das letzte Badewasser durch den Abfluß gurgelt.

Anni: Ja, also — deinen Plan mit den Raketen finde ich großartig. Kannst du den nicht verkaufen?

Ilse: An Jules Verne.

begins to turn again. Very slowly at first—

Gertrude: 120 hours—60 hours—

Hans: The days become shorter, shorter—the globe turns faster, ever faster— (*He illustrates his story by means of the glass ball.*)

Joseph: Until everything that creeps and flies whirls into the universe.

Hans: No, not that fast. Completely normal—until the day has its 24 hours again, but the other way around!

Annie: The other way around?

Hans: Of course. The sun now rises in the West and sets in the East. Triumph of genius! The deadly boring role of the eternal sunrise in the East has ceased. And besides—why should the East always have the pleasure of the sunrise?

Jim: How would it be with the South?

Hans: As you wish—with my rockets, everything is possible.

Elisabeth: Why don't we make our whole earth a spaceship? We'll bunch up all the rockets in the Sahara and let ourselves be shot into infinity.

Hans: Ah—be realistic!

Jürgen (*sings*):
We sit on the globe
driven by rockets
and reel through the universe,
so that all the angels pray.

Joseph: Man, stop the howling! You have a voice like the last bathwater gurgling through our bathtub drain.

Annie: Well, I find your plan with the rockets splendid. Can't you sell it?

Ilse: To Jules Verne.

Jim: Ich habe Durst. Wie wär's mit einem Bier?

Jürgen: Seht an, unser Deserteur stellt Ansprüche.

Ilse: Seid doch nicht so grausam zu unserem guten Jim!

Jürgen: Richtig. Auf zur nächsten Kneipe. Wer bezahlt die erste Runde?

Elisabeth: Das müssen wir losen!

Josef: Ausgezeichnete Idee. Jeder zahlt eine Runde!

Gertrud: Wieviele Runden trinken wir denn?

Jürgen: Wenn jeder eine Runde bezahlt, macht das — (zählt) 1, 2, 3, 4, 5, 6, 7, 8 eisgekühlte Bierchen!

Gertrud: Acht Bier? Wie komme ich bloß nach Hause?

Hans: Laß das unsere Sorge sein!

Josef (zu Gertrud): Ich werde dich auf Händen tragen!

Ilse: Mein lieber Jim, da hast du ja was angestellt.

Jim: Wieso ich?

Ilse: Du wolltest doch das Bier.

Jim: Ja, eins — aber keine acht.

Jürgen: Jim — nicht kneifen!

Jim: Nein, ich geh' ja mit.

Hans: Mutig gesprochen, alter Knabe. Warum halten wir uns solange bei der Vorrede auf? Laßt uns doch endlich gehen.

Jürgen: Verlassen wir die Kemenate unserer Damen und begeben uns in männliche Bereiche. Jim — wir werden dir einen Abschied bescheren, an den du dein Leben lang denken wirst!

Jim: Wo gehen wir denn überhaupt hin?

Josef: In die Altstadt. Dort gibt es herrliche Kneipen!

Jim: I'm thirsty. How about a beer?

Jürgen: Look, our deserter is making demands.

Ilse: Don't be so cruel to our good Jim!

Jürgen: Right. Off to the nearest pub. Who's paying for the first round?

Elisabeth: We must draw lots for that!

Joseph: Excellent idea. Everyone pays for a round!

Gertrude: How many rounds will we drink then?

Jürgen: If everyone pays for a round, that makes— (counts) 1, 2, 3, 4, 5, 6, 7, 8 ice-cold beers!

Gertrude: Eight beers? How will I ever get home?

Hans: Let that be our worry!

Joseph (to Gertrude): I'll carry you in my arms!

Ilse: My dear Jim, now you've really started something.

Jim: What do you mean, me?

Ilse: You wanted the beer.

Jim: Yes, one—but not eight.

Jürgen: Jim—don't chicken out!

Jim: No, I'm going with you.

Hans: Courageously spoken, old boy. Why are we dwelling so long on the prologue? Let's get going!

Jürgen: We leave the bower of our ladies and proceed to a manly domain. Jim—we'll give you a farewell you'll remember your whole life long!

Jim: Then where in the world are we going?

Joseph: Into the old city. There are wonderful bars there!

Wortschatz

das Studentinnenheim, –(e)s, –e *women's dormitory*

erfreulich *delightful, satisfactory, gratifying*

die Mitteilung, –, –en *information, report, announcement*

die Moral, – *morals, morality*

der Lerneifer, –s *zeal for learning*

zusammenbrechen, bricht zusammen, brach zusammen, ist zusammengebrochen *to break down, collapse*

(sich) duzen *to be on familiar terms with, have a "first name" relationship*

das Zusammensein, –s *togetherness*

einblenden (sep. prefix verb) *to fade or blend in, become part of*

das Fest, –es, –e *celebration, festival*

keineswegs *by no means, not at all*

der Lauf, –(e)s, ⁓e *course, current, race*

der Standort, –(e)s, –e *location, position, station*

die Kneipe, –, –n *tavern, pub, bar*

der Gesang, –es, ⁓e *singing, song*

der Kummer, –s, – *grief, sorrow*

bemerken *to notice, say, remark*

die Stimmung, –, –en *mood, humor, atmosphere*

jugendlich *youthful*

sonderbar *odd, peculiar, strange*

entwerfen, entwirft, entwarf, entworfen *to plan, design, draw up, outline, project*

ersinnen, ersinnt, ersann, ersonnen *to think out, conceive, devise, create*

gleichen, gleicht, glich, geglichen *to resemble; be equal to*

das Beerdigungsinstitut, –s, –e *funeral home*

schöpferisch *creative, productive*

grübeln *to mull over, meditate*

die Abschiedsfeier, –, –n *farewell party or celebration*

umgestalten (sep. prefix verb) *to transform*

die Glaskugel, –, –n *glass ball*

die Vase, –, –n *vase*

die Erdkugel, –, –n *globe*

der Äquator, –s *equator*

der Ignorant, –en, –en *stupid person*

der Gedankenflug, –(e)s, ⁓e *train of thought*

singen, singt, sang, gesungen *to sing*

der Deserteur, –s, –e *deserter*

die Beleidigung, –, –en *insult, offense*

fordern *to demand*

die Satisfaktion, –, – *satisfaction*

der Kuchenheber, –s, – *spatula, cake server*

die Ruhe, – *quiet, rest, calm, peace*

rund *around; round*

die Atomrakete, –, –n *nuclear rocket*

einbauen (sep. prefix verb) *to install*

erfinden, erfindet, erfand, erfunden *to invent*

rings (um) *around*

die Erddrehung, –, –en *rotation of the earth*

schießen, schießt, schoß, geschossen *to shoot*

nachdenken, denkt nach, dachte nach, nachgedacht *to consider, think*

die Kugel, –, –n *ball, globe, sphere*

dauern *to last, continue, endure*

demonstrieren *to demonstrate, illustrate*

die Erzählung, –, –en *tale, narration, story*

das Weltall, –s *the universe*

die Sonne, –, –n *sun*

aufgehen, geht auf, ging auf, ist aufgegangen *to rise*

der Westen, –s *the West*

der Osten, –s *the East*

untergehen, geht unter, ging unter, ist untergegangen *to set, sink, perish*

der Triumph, –(e)s, –e *triumph, victory*

das Genie, –s, –s *genius*

todlangweilig *deadly boring*

ewig *eternal, everlasting*

außerdem *besides*

das Vergnügen, –s, – *pleasure, enjoyment, amusement, fun*

der Süden, –s *the South*

das Raumschiff, –(e)s, –e *spaceship*

stecken, steckt, stak *oder* steckte, gesteckt *to stick (into)*

bündeln *to bundle (up), bunch*

die Unendlichkeit, – *infinity*

taumeln *to reel, stagger*
das Englein, –s, – *angel (diminutive)*
beten *to pray*
das Gesinge, –s *singing* (pejorative form
  of *der Gesang*)
die Stimme, –, –n *voice; vote*
der Abfluß, –es, ⸚sse *drain*
gurgeln *to gurgle, gargle*
der Plan, –s, ⸚e *plan*
großartig *magnificent, splendid*
der Durst, –es *thirst*
stellen *to place, put*
der Anspruch, –s, ⸚e *demand, claim*
grausam *cruel*
die Runde, –, –n *round*
losen *to draw lots (for)*
zahlen *to pay (for)*

bloß *ever, mere(ly), bare*
anstellen (sep. prefix verb) *to set in
  operation, start something; appoint*
kneifen *to withdraw, shirk; pinch*
mutig *courageous(ly)*
der Knabe, –n, –n *boy*
die Vorrede, –, –n *prologue, words of
  introduction*
die Kemenate, –, –n *bower: lady's room
  in a castle outfitted with a fireplace
  (Kamin)*
(sich) begeben, begibt, begab, begeben
  to set out, proceed, go
männlich *manly, male, masculine*
der *oder* das Bereich, –s, –e *domain,
  area, scope, range*
bescheren *to bestow upon*

Fragen

1. Womit stellt Hans die Erdkugel dar?
2. Wie nennt Jürgen Jim?
3. Was will Hans rings um den Äquator einbauen lassen?
4. Warum will er Atomraketen gegen die Erddrehung schießen?
5. Wo ginge die Sonne auf, wenn sich die Erde andersherum drehen würde?
6. Was schlägt Elisabeth vor?
7. Worauf hat Jim Durst?
8. Wieviele Runden wollen die Studenten trinken?
9. Was feiern die Studenten?
10. Wovor hat Gertrud Angst?
11. Wieviel Bier wollte Jim trinken?
12. Wohin gehen die Studenten?
13. Woraus besteht dieser Stadtteil, den man Altstadt nennt?
14. Wie lange war Jim auf der Universität Saarbrücken?

Hausarbeit

Übersetzen Sie ins Deutsche.

1. Jim and his friends are in the women's dormitory at the University of the Saarland.
2. At certain times men are permitted to visit the women in their rooms. 3. The morals
of the students have not broken down. 4. Jim and his fellow students have had a year
of living together. 5. Jim has become close to (*sich duzen*) his fellow students. 6. Later
they will go into a pub. 7. The youthful spirit of the students has transformed the sad
farewell into a cheerful celebration. 8. The nuclear rockets are installed around the
equator. 9. The days and nights become longer and longer. 10. The earth stops, then
starts to turn again. 11. The sun now rises in the West and sets in the East. 12. The
West will have the pleasure of the sunrise. 13. Will you sell the idea to Jules Verne?
14. Can you drink eight rounds of beer? 15. There are wonderful taverns in the old city.

ZWEITE STUNDE

Hans Huckebein der Unglücksrabe
von Wilhelm Busch

Hier sieht man Fritz, den muntern Knaben,
Nebst[1] Huckebein, dem jungen Raben.[2]

Und dieser Fritz, wie alle Knaben,
Will einen Raben gerne haben.

Schon rutscht[3] er auf dem Ast[4] daher,
Der Vogel, der mißtraut[5] ihm sehr.

Schlapp! macht der Fritz von seiner Kappe[6]
Mit Listen[7] eine Vogelklappe.[8]

---

[1] with   [2] raven   [3] slides   [4] branch   [5] mistrusts   [6] cap   [7] craftiness   [8] bird trap

Beinahe hätt' er ihn! — Doch ach!
Der Ast zerbricht[9] mit einem Krach.[10]

In schwarzen Beeren[11] sitzt der Fritze,
Der schwarze Vogel in der Mütze.

Der Knabe Fritz ist schwarz betupft;[12]
Der Rabe ist in Angst und hupft.[13]

Der schwarze Vogel ist gefangen,[14]
Er bleibt im Unterfutter[15] hangen.

,,Jetzt hab' ich dich, Hans Huckebein,
Wie wird sich Tante Lotte freun!''

Die Tante kommt aus ihrer Tür;
,,Ei!'' spricht sie, ,,welch ein gutes Tier!''[16]

---

[9] breaks   [10] noise, crack   [11] berries   [12] spotted   [13] hops   [14] caught   [15] lining of the cap
[16] animal

Kaum ist das Wort dem Mund entflohn,[17]
Schnapp! — hat er ihren Finger schon.

„Ach!" ruft sie, „er ist doch nicht gut!
Weil er mir was zuleide tut!!"[18]

Hier lauert[19] in des Topfes[20] Höhle[21]
Hans Huckebein, die schwarze Seele.

Den Knochen, den er Spitz[22] gestohlen,[23]
Will dieser jetzt sich wieder holen.

So ziehn mit Knurren[24] und Gekrächz[25]
Der eine links, der andre rechts.

Schon denkt der Spitz, daß er gewinnt,[26]
Da zwickt[27] der Rabe ihn von hint'.

---

[17] escaped   [18] causes me pain   [19] lies in wait   [20] pot's   [21] cavity   [22] Pomeranian dog
[23] stole (from)   [24] growling   [25] croaking   [26] wins   [27] pinches

O weh! Er springt auf Spitzens Nacken,[28]
Um ihm die Haare auszuzwacken.[29]

Der Spitz, der ärgert sich[30] bereits[31]
Und rupft[32] den Raben seinerseits.[33]

Derweil[34] springt mit dem Schinkenbein[35]
Der Kater[36] in den Topf hinein.

Da sitzen sie und schaun und schaun. —
Dem Kater ist nicht sehr zu traun.[37]

Der Kater hackt[38] den Spitz, der schreit,
Der Rabe ist voll Freudigkeit.[39]

Schnell faßt[40] er, weil der Topf nicht ganz,[41]
Mit schlauer[42] List den Katerschwanz.[43]

---

[28] neck   [29] pluck out   [30] is annoyed   [31] already   [32] nips   [33] for his part   [34] meanwhile
[35] ham bone   [36] tomcat   [37] to be trusted   [38] claws   [39] joy   [40] grabs   [41] because the pot
is not intact (has a hole)   [42] crafty, sly   [43] cat's tail

Es rollt der Topf.[44] Es krümmt[45] voll Quale[46]
Des Katers Schweif[47] sich zur Spirale.

Und Spitz und Kater fliehn im Lauf.[48] —
Der größte Lump[49] bleibt obenauf!! —[50]

Nichts Schönres gab's für Tante Lotte
Als schwarze Heidelbeerkompotte.[51]

Doch Huckebein verschleudert[52] nur
Die schöne Gabe der Natur.

Die Tante naht voll Zorn[53] und Schrecken;[54]
Hans Huckebein verläßt das Becken.[55]

Und schnell betritt[56] er, angstbeflügelt,[57]
Die Wäsche, welche frisch gebügelt.[58]

---

[44] the pot begins to roll   [45] writhes   [46] pain   [47] tail   [48] flee at a clip   [49] bum
[50] at the top   [51] huckleberry preserves   [52] wastes   [53] anger   [54] horror   [55] basin, pan
[56] tread upon   [57] winged on by fear   [58] ironed

O weh! Er kommt ins Tellerbord;[59]
Die Teller rollen rasselnd[60] fort.

Auch fällt der Korb,[61] worin die Eier —
Ojemine![62]— und sind so teuer!

Patsch![63] fällt der Krug.[64] Das gute Bier
Ergießt sich[65] in die Stiefel hier.

Und auf der Tante linken Fuß
Stürzt sich des Eimers Wasserguß.[66]

Sie hält die Gabel in der Hand,
Und auch der Fritz kommt angerannt.[67]

Perdums![68] da liegen sie. — Dem Fritze
Dringt[69] durch das Ohr die Gabelspitze.[70]

---

[59] plate rack   [60] clattering   [61] basket   [62] ah!   [63] smack!   [64] jug   [65] gushes forth   [66] torrent
of water from the pail   [67] comes running   [68] Kerplump!   [69] penetrates   [70] tip of the fork

Dies wird des Raben Ende sein —
So denkt man wohl — doch leider nein!

Denn — schnupp! — der Tante Nase faßt er;
Und nochmals triumphiert das Laster![71]

Jetzt aber naht sich das Malheur,[72]
Denn dies Getränke ist Likör.[73]

Es duftet[74] süß.[75] — Hans Huckebein
Taucht[76] seinen Schnabel[77] froh hinein.

Und läßt mit stillvergnügtem[78] Sinnen
Den ersten Schluck[79] hinunterrinnen.[80]

Nicht übel! Und er taucht schon wieder
Den Schnabel in die Tiefe nieder.[81]

---

[71] troublesome pest   [72] misfortune approaches   [73] liqueur, cordial   [74] smells   [75] sweet
[76] dunks   [77] beak   [78] serene   [79] gulp, swallow   [80] flow down   [81] down deep

Er hebt[82] das Glas und schlürft[83] den Rest,
Weil er nicht gern was übrig läßt.

Ei, ei! Ihm wird so wunderlich,[84]
So leicht und doch absunderlich.[85]

Er krächzt[86] mit freudigem Getön[87]
Und muß auf einem Beine stehn.

Der Vogel, welcher sonsten fleucht,[88]
Wird hier zu einem Tier, was kreucht.[89]

Und Übermut[90] kommt zum Beschluß,[91]
Der alles ruinieren muß.

Er zerrt[92] voll roher Lust[93] und Tücke[94]
Der Tante künstliches Gestricke.[95]

---

[82] lifts   [83] slurps   [84] strange   [85] peculiar (*absonderlich*)   [86] croaks   [87] noise
[88] flies (archaic form of *fliegen*)   [89] crawls (archaic form of *kriechen*)   [90] cleverness, fancifulness
[91] deciding factor   [92] pulls, tears   [93] crude pleasure   [94] malice   [95] knitting

Der Tisch ist glatt[96]— der Böse taumelt —
Das Ende naht — sieh da! Er baumelt.[97]

„Die Bosheit[98] war sein Hauptpläsier,[99]
Drum", spricht die Tante, „hängt er hier!"

DRITTE STUNDE

Wiederholungsübungen: **Uses of the Subjunctive**

The Subjunctive in Indirect Discourse

A. *In the sentences below, transform the clauses in parentheses into the subjunctive. Use two forms with strong verbs.*

Beispiel

Hans erzählte uns, (du gehst auf die Universität).
Hans erzählte uns, du **gingest** auf die Universität.
Hans erzählte uns, du **würdest** auf die Universität **gehen**.

1. Hans sagte mir, (sie bauen Raketen in die Sahara ein).
2. Jim sagte, (die Glaskugel ist die Erde).
3. Hans erzählte uns, (Jürgen erfindet Atomraketen).
4. Josef sagte, (du trägst sie auf Händen).
5. Jim erzählte mir, (er fährt morgen nach Bielefeld).
6. Gertrud erzählte uns, (sie trinkt heute abend 8 Bier).
7. Ilse sagte mir, (sie liest Jules Verne).
8. Elisabeth sagte uns, (Hans verkauft seine Raketen nach Rußland).
9. Man sagte uns, (die Erde dreht sich anders herum).
10. Jürgen erzählte uns, (ihr geht in die Stadt).
11. Jim sagte mir, (Frau Trost kauft sich einen neuen Hut).
12. Die Verkäuferin sagte uns, (Frau Trost sucht ein ausgefallenes Modell).

---

[96] smooth   [97] dangles   [98] naughtiness   [99] main pleasure

B. *Transform the clauses in parentheses into the subjunctive past time, first with the conjunction **daß**, then without the conjunction.*

Beispiel

Hans erzählte uns, (er studiert auf der Universität).
Hans erzählte uns, *daß* er auf der Universität **studiert hätte.**
Hans erzählte uns, er **hätte** auf der Universität **studiert.**

1. Jürgen sagte uns, (Jim geht in die Stadt).
2. Die Verkäuferin sagte uns, (Frau Trost kauft diesen Hut).
3. Frau Trost sagte der Verkäuferin, (diese Machart ist zu flach).
4. Die Verkäuferin sagte Frau Trost, (dieses Modell ist ein Gedicht).
5. Er sagte mir, (Frau Trost ist eine nette Frau).
6. Sie sagte mir, (Frau Trost spricht zuviel).
7. Frau Heise sagte mir, (Frau Trost begleitet Jim).
8. Sie sagten uns, (sie haben einen schönen Abschiedsabend).
9. Jim erzählte mir, (der Onkel zeigt ihm schöne Bilder).
10. Jim sagte mir, (er macht viele Aufnahmen von Deutschland).
11. Frau Heise erzählte, (ihr Kuchen verbrennt).
12. Jim sagte, (er ißt Pudding).

The Subjunctive to Express Wishes

A. *Übersetzen Sie ins Deutsche.*

Beispiele

I wish I were at home.
Ich wünschte, ich **wäre** zu Hause!

If only I were at home!
Wenn ich doch nur zu Hause **wäre!**

1. I wished he were here.
2. Long live the king!
3. If only he would work harder!
4. If only we had more money!
5. If only she would dress better (*sich hübscher anziehen*)!
6. If only she would buy the green hat!
7. If only the hat would go with (*passen*) her dress!
8. If only he had seen the red light!
9. If only we would find a good hotel!
10. If only the motor wouldn't stop!
11. If only it weren't Sunday!
12. If only it weren't so cold!
13. If only an auto mechanic would come!
14. I wish (*wünschte*) you would start (*anlassen*) the motor.
15. I wish you would put on your coat.
16. I wish you would go to the university.
17. I wish she were gone.
18. I wish Jim would come.

B. *Der Lehrer fragt die Studenten. Put the following sentences into the subjunctive mood.*

Beispiel

Ich wünsche, daß er morgen kommt.
Ich wünschte, er käme morgen.
Ich wünschte, er würde morgen kommen.

1. Er wünscht, daß wir ihn besuchen.
2. Sie wünschen, daß wir die Ölfirma anrufen.
3. Er wünscht, daß der Ofen funktioniert.
4. Ich wünsche, daß der Motor anspringt.
5. Du wünschst, daß sie das Buch mitbringt.
6. Wir wünschen, daß wir hum Wintersport fahren.
7. Ich wünsche, daß er mit uns frühstückt.
8. Er wünscht, daß er schilaufen kann.
9. Ich wünsche, daß er nicht soviel ißt.
10. Wir wünschen, daß wir zusammen eine Reise machen.
11. Ich wünsche, daß ich den Schlüssel finden kann.
12. Sie wünscht, daß er den Koffer nicht auspackt.

C. *Change into the subjunctive to express a wish.*

Beispiel

Er kommt.
Käme er doch!

1. Er spricht.	13. Ihr fallt nicht hin.	25. Es schmilzt.
2. Er begreift.	14. Du läßt den Motor an.	26. Sie verbinden sich.
3. Du erscheinst.	15. Es brennt nicht an.	27. Er trinkt.
4. Wir steigen aus.	16. Sie nennt es.	28. Es gilt.
5. Wir fliegen.	17. Er hilft uns.	29. Ihr lest.
6. Er riecht es.	18. Sie kommt an.	30. Er fährt ab.
7. Ihr schießt.	19. Er bleibt.	31. Sie fängt an.
8. Es beginnt.	20. Die Sonne scheint.	32. Ihr ruft an.
9. Wir finden es.	21. Ihr schreibt.	33. Er kennt uns.
10. Es bricht.	22. Sie bieten es an.	34. Wir erwerben es.
11. Ihr nehmt es.	23. Es friert.	35. Er stirbt nicht.
12. Du ladest sie ein.	24. Er kommt zurück.	

Conditional Sentences in the Subjunctive

Transform the sentences below into the subjunctive. Use two forms with strong verbs.

Beispiel

Wenn er uns verläßt, schenken wir ihm ein schönes Buch.
Wenn er uns **verließe, würden** wir ihm ein schönes Buch **schenken.**
Wenn er uns **verlassen würde, würden** wir ihm ein schönes Buch **schenken.**

1. Wenn ich Zeit habe, gehe ich in die Stadt.
2. Wenn ich singen kann, singe ich ein Lied.

3. Wenn das Buch gut ist, behalte ich es.
4. Wenn du ihn bittest, läßt er dich gehen.
5. Wenn er den Sportanzug anzieht, fällt er auf.
6. Wenn wir nach Deutschland reisen, fliegen wir mit dem Flugzeug.
7. Wenn ihr euch das Bild anseht, nehmt ihr es.
8. Wenn es kalt ist, friert der See zu.
9. Wenn die Sonne scheint, gehen wir spazieren.
10. Wenn er sich ein Buch leiht, gibt er es nicht zurück.
11. Wir lassen das Essen nicht anbrennen, wenn wir kochen.
12. Ich gehe nicht aus der Küche, wenn ich koche.
13. Das ganze Haus kann abbrennen, wenn man nicht aufpaßt.*
14. Wir gehen zum Arzt, wenn wir krank sind.
15. Du nimmst heiße Umschläge, wenn du Rheumatismus hast.
16. Er tut sich weh, wenn er fällt.

The Subjunctive with *als ob*

A. *Transform the clause in parentheses into the subjunctive, adding the conjunction* **als ob**. *Use two forms.*

Beispiel

Jim tut so, (er schläft).
Jim tut so, *als ob* er **schliefe**.
Jim tut so, *als ob* er **schlafen würde**.

1. Frau Trost tut so, (sie bleibt).
2. Das Fleisch sieht so aus, (es brät).
3. Das Haus sieht aus, (es brennt).
4. Hans tut, (er denkt).
5. Sie tun so, (sie essen).
6. Er tut so, (er fährt).
7. Es sieht so aus, (das Flugzeug fliegt).
8. Du siehst aus, (du frierst).
9. Sie tun so, (sie gehen).
10. Die Lampe sieht aus, (sie hängt an der Decke).
11. Er tut so, (er kennt mich).
12. Sie tun so, (sie helfen).
13. Es sieht so aus, (der Onkel kommt).

B. *Follow the same pattern as in the preceding exercise, only use* **als** *as the conjunction. (Note the change in word order.)*

Beispiel

Jim tut so, (er schläft).
Jim tut so, *als* **schliefe** er.
Jim tut so, *als* **würde** er **schlafen**.

---

* Do not use the future subjunctive with *würden*; put the modal auxiliary into the subjunctive instead.

1. Es hört sich an, (der Motor läuft).
2. Sie tut so, (sie liest).
3. Es sieht so aus, (er lügt).
4. Es riecht, (ein Knochen stinkt).
5. Sie tut so, (sie denkt nach).
6. Der Hund tut, (er riecht an dem Knochen).
7. Es hört sich an, (sie ruft Jim).
8. Der Rabe tut, (er trinkt den Likör).
9. Die Tante tut, (sie schläft).
10. Der Junge tut, (er schlägt die Katze).
11. Er tut, (er schreibt den Brief).
12. Es hört sich an, (die Tante schreit).
13. Es sieht so aus, (der Hund schwimmt im Wasser).

C. *Use the past subjunctive with* **als ob**.

Beispiel

Es hörte sich an, (der Vogel pfeift).
Es hörte sich an, *als ob* der Vogel **gepfiffen hätte**.

1. Er tat, (er sieht mich nicht).
2. Es hörte sich an, (der Vogel singt).
3. Es sah aus, (der Junge sitzt auf dem Baum).
4. Er tat so, (er spricht mit dem Tier).
5. Er sah aus, (er springt ins Wasser).
6. Der Rabe tat, (er stiehlt den Knochen).
7. Es sah aus, (er stirbt).
8. Sie taten, (sie streiten sich).
9. Es sah aus, (er trinkt zuviel).
10. Er tat, (er vergißt es).
11. Sie tat, (sie verliert es).
12. Es sah aus, (er verschwindet).
13. Er sah aus, (er wäscht sich).
14. Er tat, (er weiß es).

Real-Situation Practice

1. Wie groß, verglichen (*compared*) mit einem amerikanischen Staat, ist ungefähr Westdeutschland? 2. Wieviel Einwohner hat Westdeutschland? 3. Wieviel Einwohner hat Ostdeutschland? 4. Wann wurde Deutschland in zwei Teile geteilt? 5. In Amerika werden viele Häuser aus Holz (*wood*) gebaut. Woraus werden in Deutschland die meisten Häuser gebaut? 6. Wie heißt die älteste Stadt in den Vereinigten Staaten? 7. Wohnen Sie lieber in einer großen, oder in einer kleinen Stadt? 8. Schätzen (*estimate*) Sie, wieviel Einwohner die folgenden deutschen Städte haben: Hamburg, München, Köln, Düsseldorf, Münster, Saarbrücken. 9. Wieviel Dollars würde eine Reise nach Deutschland von New York und ein Aufenthalt (*stay*) von zwei Monaten kosten? 10. Welche Städte würden Sie besuchen und was wollten Sie sehen, wenn Sie nach Deutschland reisen würden? 11. Würden Sie auch andere europäische Länder besuchen, wenn Sie nach Deutschland reisen würden? 12. Welche Städte würden Sie zum Beispiel in Frankreich sehen wollen? 13. Was möchten Sie später werden? 14. Muß man viel Geld verdienen (*earn*), um glücklich zu werden?

28
Achtundzwanzigste Einheit

ERSTE STUNDE

Leseübung

Lieber Leser! Nun ist der Augenblick gekommen, wo ich mich von Ihnen verabschieden muß. Ich darf Ihnen versichern, daß es mir eine Freude war, Ihnen einige Ausschnitte aus dem Leben in Deutschland zu zeigen, und ich hoffe, daß Sie, ganz nebenbei übrigens, auch etwas Deutsch gelernt haben. Sollten wir uns jemals treffen, bin ich selbstverständlich bereit, mit Ihnen durch Deutschland zu reisen und Ihnen die schönsten Dinge zu zeigen, die das Land bietet. Ich würde Sie gerne an kulturellen Ereignissen, wie Opern, Schauspielen und Konzerten teilnehmen lassen. Vergessen Sie nicht, daß auch ich von Haus aus Künstler bin, wie ich Ihnen zu Anfang unserer Begegnung schon sagte. Ich hoffe, daß Sie bis zu unserem Wiedersehen Ihre Deutschkenntnisse erweitert haben, damit wir uns fließend in dieser Sprache unterhalten können.

Bis dahin bleibe ich mit den besten Empfehlungen,

Ihr Erzähler

Dear Reader: The moment has now come in which I must say farewell to you. May I assure you that it was a pleasure for me to show you some segments of life in Germany, and moreover I hope that, in the process, you have also learned some German. Should we ever meet, I will be ready, of course, to travel with you through Germany and show you the most beautiful things the country has to offer. I would like to have you participate in cultural events, such as operas, plays, and concerts. Don't forget that I too am originally an artist, as I already told you at the beginning of our encounter. I hope that, by the time we meet again, you will have furthered your knowledge of German, so that we will be able to converse fluently in this language.

Until then, I remain with best regards,

Your narrator

Dialog: Im Wohnzimmer der Familie Heise

Dialogue: In the Heise Family's Living Room

Herr Heise: Ich habe eine Deutschlandkarte mitgebracht. Wir legen sie am besten hier auf den Tisch.

Jim: Das ist aber eine große Karte!

Herr Heise: Ja — wenn Deutschland auch klein geworden ist, so gibt es immer noch große Landkarten!

Jim: Welcher Maßstab ist das?

Mr. Heise: I've brought a map of Germany with me. It's best that we lay it here on the table.

Jim: That's a huge map!

Mr. Heise: Yes—even though Germany has become small, there are still large maps!

Jim: What scale is that?

Herr Heise: 1 : 400,000 (*1 cm = 4 km = 2.5 miles*).

Frau Heise: Die Karte paßt nicht einmal auf den Tisch. Faltet sie doch in der Mitte zusammen.

Herr Heise: Das ist eine gute Idee.

Jim: Warte, Onkel, ich helfe dir.

(*Es schellt.*)

Herr Heise: Wer ist das?

Frau Heise: Keine Ahnung. Ich gehe aufmachen.

Herr Heise: So — nun sehen wir uns erst die nördliche Hälfte an und später die südliche Hälfte.

(*Frau Heise führt Frau Trost ins Zimmer.*)

Frau Trost: Ah, sie haben eine Landkarte! Sie sehen sich bestimmt die Reiseroute an. Wie interessant! — Wie fühlen Sie sich denn so am letzten Abend vor der großen Fahrt? Haben Sie noch kein Reisefieber?

Jim: Doch. Ich freue mich wirklich auf die Reise.

Frau Heise: Setzen Sie sich zu uns!

Frau Trost: Ja, gerne.

Herr Heise: Nehmen Sie bitte diesen Stuhl, dann können Sie an unserer Tour quer über die Landkarte teilnehmen.

Frau Trost: Oh, vielen Dank. Wo geht es denn zuerst hin?

Jim: Nach Koblenz.

Herr Heise: In Koblenz fließt die Mosel in den Rhein. Sieh hier: (*zeigt auf die Karte*) die Mosel kommt aus Frankreich, bildet einen kurzen Teil der deutschen Grenze und fließt bei Trier in deutsches Land. In vielen Windungen geht es abwärts nach Koblenz. Die Stadt war ursprünglich eine römische Gründung und hieß „Apud Confluentes", das bedeutet

Mr. Heise: 1 : 400,000.

Mrs. Heise: The map doesn't even fit on the table. Fold it together in the middle.

Mr. Heise: That's a good idea.

Jim: Wait, Uncle, I'll help you.

(*The doorbell rings.*)

Mr. Heise: Who is that?

Mrs. Heise: I can't imagine. I'll get it.

Mr. Heise: So—now we'll look at the northern half first and later the southern half.

(*Mrs. Heise leads Mrs. Trost into the room.*)

Mrs. Trost: Oh, you have a map! You must be considering your itinerary. How interesting!—Well, how do you feel on the last evening before your great journey? You still don't have travel fever?

Jim: Yes, sure. I'm really looking forward to the trip.

Mrs. Heise: Sit down with us!

Mrs. Trost: Yes, gladly.

Mr. Heise: Please take this chair; then you can take part in our tour across the map.

Mrs. Trost: Oh, thank you. Where does it lead to first?

Jim: To Koblenz.

Mr. Heise: In Koblenz the Moselle flows into the Rhine. Look here: (*points on the map*) the Moselle comes out of France, forms a small part of the German border, and flows by Treves into German territory. It makes many turns going down to Koblenz. The city was originally a Roman settlement and was called "Apud Confluentes," which means "at the

„am Zusammenfluß". Die Stelle, wo Rhein und Mosel sich treffen heißt „Deutsches Eck".

Jim: Ich habe das schon auf Bildern gesehen.

Frau Trost: Oh ja — ich war auch schon da. Und gleich gegenüber ist die Festung Ehrenbreitstein. Sie wurde nach dem ersten Weltkrieg geschleift. Und nun liegt Koblenz ganz ungeschützt da.

Frau Heise: Wer will die Stadt angreifen — Napoleon?

Herr Heise: Nimm dir Zeit, die alte Brücke über die Mosel zu sehen. Sie wurde von den Römern gebaut und wird noch heute benutzt.

Jim: Die Brücke ist doch ganz in der Nähe des Deutschen Ecks, nicht wahr?

Herr Heise: Ja. Am Deutschen Eck sind auch die Landungsbrücken der Rheinschiffe. Dort steigst du auf ein Schiff und fährst den Rhein abwärts nach Bonn. Schau hier auf die Karte.

Frau Heise: Das ist eine der schönsten Reisen, die du in Deutschland machen kannst. Auf den Bergen stehen Ritterburgen aus dem Mittelalter. Du kommst an bekannten Orten vorbei wie Neuwied, Andernach, Niederbreisig, Remagen, Königswinter und Bad Godesberg. In Remagen überquerten übrigens die Amerikaner den Rhein gegen Ende des zweiten Weltkrieges.

Herr Heise: Das Rheintal ist von Bergen eingeengt, die sich oft bis an den Fluß heranschieben. Auf der Sonnenseite der Talhänge liegen die Weingärten, aus deren Trauben die Weinbauern den weltberühmten Rheinwein keltern. Die Burgen sind heute meistens Ruinen. Es gibt noch einige guterhaltene Bauwerke, aber auch diese sind meistens restauriert.

junction of rivers." The place where the Rhine and the Moselle meet is called the "Deutsches Eck."

Jim: I've already seen that in pictures.

Mrs. Trost: Oh, yes, I was there already, too. And exactly opposite is Fort Ehrenbreitstein. It was leveled after the First World War. And now Koblenz lies there completely unprotected.

Mrs. Heise: Who wants to seize the city—Napoleon?

Mr. Heise: Take time to see the old bridge over the Moselle. It was built by the Romans and is still used today.

Jim: Yet the bridge is very close to the "Deutsches Eck," isn't it?

Mr. Heise: Yes. The piers for the Rhine ships are also at the "Deutsches Eck." There you will board a ship and travel down the Rhine to Bonn. Look here at the map.

Mrs. Heise: That is one of the most beautiful trips you can make in Germany. Knights' castles from the Middle Ages are on the mountains. You'll pass by well-known places like Neuwied, Andernach, Niederbreisig, Remagen, Königswinter, and Bad Godesberg. At Remagen, by the way, the Americans crossed the Rhine toward the end of the Second World War.

Mr. Heise: The Rhine Valley is hemmed in by mountains, which often reach out into the river. On the sunny side of the valley slopes lie the vineyards, from whose grapes the winegrowers press the world-famous Rhine wine. Today the castles are mostly ruins. There are still some well-preserved buildings, but these are mostly restored, too.

Frau Trost: Die Burgen sind so romantisch. Ich war mal auf dem Drachenfels, und da haben wir alle gesungen: ,,Ich weiß nicht, was soll es bedeuten, daß ich so traurig bin . . .''

Herr Heise: Das Gedicht ist von Heinrich Heine. Es bezieht sich aber auf die Loreley, einen gewaltigen Felsen, der bei St. Goarshausen in den Rhein hineinragt. Du wirst ihn nicht sehen, weil er rheinaufwärts liegt. Aber du wirst auf dem Schiff viele freundliche Menschen kennenlernen und mit ihnen bei Wein und Gesang bald Freundschaft schließen.

Frau Trost: Ja — und die rheinischen Mädchen — manchmal kommen mir die Rheinländer ja ein bißchen affektiert vor — finden Sie nicht auch, Frau Heise?

Frau Heise: Durchaus nicht. Ich finde sie reizend — Jim, trinke nur nicht zuviel. Es gibt sehr viele schöne Dinge zu sehen.

Herr Heise: In Bonn bleibst du den ganzen Tag, nicht?

Jim: Ja, so habe ich es geplant.

Herr Heise: Wie so viele Städte am Rhein entlang war auch Bonn ein römisches Kastell. Es gibt ein Museum, in dem viele Überbleibsel aus der römisch-germanischen Zeit zu sehen sind. Du mußt dir natürlich auch die Regierungshäuser der Bundesregierung ansehen. Aber das Wichtigste ist wohl das Geburtshaus Beethovens, das den Krieg unversehrt überstanden hat.

Frau Trost: Beethoven! Den liebe ich so sehr — seine herrlichen Opern!

Frau Heise: Er hat nur eine komponiert.

Frau Trost: Aber die ist besonders gut.

Herr Heise: Von Bonn ist es nicht

Mrs. Trost: The castles are so romantic. I was on the Drachenfels once, and there we all sang: "I don't know what it should mean, that I am so sad . . ."

Mr. Heise: That poem is by Heinrich Heine. But it refers to the Lorelei, a huge cliff that juts out into the Rhine at St. Goarshausen. You won't see it, because it lies further upstream on the Rhine. But you will meet many amiable people on the ship and soon become friends with them over wine and song.

Mrs. Trost: Yes—and the girls from the Rhine area—often the Rhinelanders seem to me a bit affected—don't you think so, too, Mrs. Heise?

Mrs. Heise: Certainly not. I find them charming.—Jim, just don't drink too much. There are so many beautiful things to see.

Mr. Heise: You'll stay in Bonn the whole day, won't you?

Jim: Yes, that's what I've planned.

Mr. Heise: Like so many cities along the Rhine, Bonn was also a Roman fort. There is a museum, in which many remains of Roman-Germanic times can be seen. Of course, you must also see the government buildings of the West German government. But probably the most important is the birthplace of Beethoven, which has survived the war undamaged.

Mrs. Trost: Beethoven! I love him so much—his wonderful operas!

Mrs. Heise: He only composed one.

Mrs. Trost: But that one is especially good.

Mr. Heise: From Bonn it's not much

mehr weit bis Köln. Sieh hier (*zeigt auf die Karte*). Du fährst am besten wieder mit dem Zug. Wenn du in die Stadt fährst, siehst du schon von weitem den Kölner Dom. Seine Grundsteinlegung fand im Jahre 1248 statt. Oft denke ich mir aus, wie es wohl damals war. Zwei der größten Geister des Mittelalters waren bei der Grundsteinlegung zugegen: Albert der Große und sein Schüler Thomas von Aquin. Der Bau wurde zwar begonnen, stand aber jahrhundertelang still und wurde erst 1880 vollendet — allerdings nach den ursprünglichen Plänen.

Frau Heise: Es gibt aber noch ältere Kirchen in Köln.

Herr Heise: Ja. Eine der ältesten ist St. Maria im Kapitol — 1065 vollendet. In Köln gibt es auch sehenswerte Museen mit weltbekannten Gemälden, wie die gotischen Meisterwerke Lochners. Wenn du Gelegenheit hast, solltest du der Universität auch einen Besuch abstatten. Wenn du über den Ring spazieren gehst oder auch mit der Straßenbahn fährst, siehst du noch ein Stück der alten Stadtmauer und einige der alten gotischen Stadttürme. Der Ring zieht sich um den alten Kern der Stadt, genau dem alten Stadtgraben folgend. Übrigens bezeichnet das Wort Ring in diesem Falle eine Grünanlage, die auf Veranlassung von Konrad Adenauer angelegt wurde, der Anfang der dreißiger Jahre Oberbürgermeister der Stadt Köln war.

Frau Trost: Wohin fahren Sie von Köln?

Jim: Die nächste Stadt, die ich besuche, ist Düsseldorf.

Frau Heise: Das ist eine moderne Stadt. Man nennt sie auch manchmal ,,klein Paris", oder auch ,,Schreibtisch des Ruhrgebiets" — die Düssel-

further to Cologne. Look here (*indicates on the map*). It's best if you travel by train again. When you come into the city, you'll see the Cologne Cathedral from afar. The laying of its cornerstone took place in 1248. I often imagine what it was probably like at that time. Two of the greatest minds of the Middle Ages were present at the laying of the cornerstone: Albert the Great and his student Thomas Aquinas. The building was indeed begun, but stood untouched for centuries, and was first completed in 1880—according to the original plans, of course.

Mrs. Heise: But there are even older churches in Cologne.

Mr. Heise: Yes. One of the oldest is St. Maria im Kapitol—finished in 1065. In Cologne there are also museums worth seeing, with world famous paintings like the Gothic masterpieces of Lochner. If you have the opportunity, you should also pay a visit to the university. If you walk across the ring or even go by street car, you will still see a portion of the old city wall and some of the old Gothic city towers. The ring goes around the old nucleus of the city, following the old town moat exactly. By the way, the word " ring," in this case, designates a park, which was established through the initiative of Konrad Adenauer, who was the lord-mayor of Cologne at the beginning of the thirties.

Mrs. Trost: Where do you go from Cologne?

Jim: The next city I visit is Düsseldorf.

Mrs. Heise: That's a modern city. People often call it " Little Paris," or also " Desk of the Ruhr"—Düsseldorfers also arrogantly call it the

dorfer nennen sie auch großspurig ,,Tochter Europas".

Frau Trost: Jetzt geht mir ein Licht auf!

Frau Heise: Wieso?

Frau Trost: Ich hatte mal einen Düsseldorfer als Freund. Der nannte mich immer Tochter Europas. Damals war ich stolz darauf, aber jetzt weiß ich, daß er den Ausdruck nicht einmal selbst erfunden hat!

Herr Heise: Vielleicht ist es sogar von ihm. Vielleicht war er ein Dichter! Vergessen Sie nicht, daß ein anderer großer Dichter dort geboren wurde, Heinrich Heine.

Frau Heise: Düsseldorf hat noch andere Vorzüge: herrliche Parkanlagen, noch von Napoleon angelegt, unterbrechen das Einerlei der Häuserwände. Die Rheinfront mit der Altstadt als Mittelpunkt bietet Abwechslung. Eine große und bekannte Malerakademie, ein großes Opernhaus, ein Schauspielhaus, an dem die größten deutschen und ausländischen Künstler wirken, eine Konzerthalle und viele gute Museen bilden den kulturellen Schwerpunkt der Stadt.

Jim: Es gibt also soviel zu sehen, daß ich dort wohl auch einen ganzen Tag oder noch länger bleiben sollte.

Herr Heise: Das solltest du tun. Von Düsseldorf aus fährst du nach Essen. Wie du hier auf der Karte siehst, liegt Essen mitten im Ruhrgebiet. Die Stadt ist die Heimat der weltberühmten Firma Krupp.

Frau Trost: Und soviel Ruß ist da!

Frau Heise: Auch nicht mehr als bei uns. Ähnlich wie hier in Saarbrücken ist auch Essen von Wäldern umgeben. Eine der bekanntesten und größten Gartenanlagen Deutschlands, die ,,Gruga", befindet sich in Essen.

"Daughter of Europe."

Mrs. Trost: Now I begin to see!

Mrs. Heise: What do you mean?

Mrs. Trost: Once I had a Düsseldorfer as a boyfriend. He always called me Daughter of Europe. At the time, I was proud of it, but now I know that he didn't think of the name himself!

Mr. Heise: Maybe it really is by him. Maybe he was a poet! Don't forget that another great poet, Heinrich Heine, was born there.

Mrs. Heise: Düsseldorf has still other good points: wonderful parkgrounds, established by Napoleon, break the monotony of house after house. The section bordering the Rhine, with the old city as its center, offers variety: A great and well-known art academy, a grand opera house, a theatre, in which the greatest German and foreign artists work, a concert hall, and many good museums form the cultural emphasis of the city.

Jim: Then there is so much to see, that I should probably stay there for a whole day, too, or even longer.

Mr. Heise: That you should do. From Düsseldorf you travel to Essen. As you see here on the map, Essen lies in the middle of the Ruhr. The city is the home of the world famous Krupp firm.

Mrs. Trost: And there's so much soot there!

Mrs. Heise: Although not more than we have. Like (here in) Saarbrücken, Essen is also surrounded by forests. One of the largest and best known park grounds in Germany, the "Gruga," is in Essen.

Herr Heise: Interessant ist außerdem die Tatsache, daß diese Stadt, ein Symbol des technischen Zeitalters, aus einer Klostergründung des 9. Jahrhunderts hervorgegangen ist. Das romanische Münster ist noch aus dieser Zeit. Essen, das heute über 700 000 Einwohner hat, war noch 1803 ein Bauerndorf ohne jegliche Industrie.

Jim: Ich will vor allem versuchen, das alte Münster zu besichtigen. Ich habe mal einige schöne Aufnahmen davon gesehen.

Herr Heise: Von Essen aus fährst du wieder mit der Eisenbahn quer durchs Ruhrgebiet nach Münster und Osnabrück.

Jim: Nördlich des Ruhrgebietes gibt es bis Münster keine einzige Großstadt.

Herr Heise: Das Land dient hier dem Ackerbau und der Viehzucht. Die Städte Münster und Osnabrück haben eine besondere Bedeutung: Hier wurde der Friede geschlossen, der den dreißigjährigen Krieg beendete. Das war einer der furchtbarsten Kriege, der Deutschland je heimgesucht hat. Am Ende war Deutschland völlig erschöpft. Es hatte nach vorsichtigen Schätzungen ungefähr zwei Drittel seiner Einwohner verloren. Unschätzbare Werte wurden vernichtet. Nicht nur deutsche Staaten hatten ihre Religionskämpfe, sondern die damaligen Großmächte Frankreich und Schweden fochten ihre Streitigkeiten auf deutschem Boden aus. Nach dem Kriege war Deutschland lange Zeit politisch ohnmächtig. Die Türken griffen außerdem im Osten an und belagerten Wien. Frankreich nutzte die Gelegenheit aus, Elsaß und Lothringen zu besetzen. Aus dieser Zeit stammt wahrscheinlich der Haß zwischen Deutschen und Franzosen. Es ist eine der glücklichsten Entwicklungen

Mr. Heise: Moreover, it is interesting that this city, symbol of the technical age, developed from a cloister settlement of the ninth century. The Romanesque cathedral dates back to this time. Essen, which today has over 700,000 residents, was still a farming village without any industry in 1803.

Jim: Most of all I want to try to visit the old cathedral. I've seen some beautiful pictures of it.

Mr. Heise: From Essen you will travel by railroad again across the Ruhr area to Münster and Osnabrück.

Jim: North of the Ruhr all the way to Münster there's not a single large city.

Mr. Heise: The country here is used for farming and cattle breeding. The cities of Münster and Osnabrück have a special significance: the peace which ended the Thirty Years War was made here. That was one of the most terrible wars that ever afflicted Germany. At the end, Germany was completely exhausted. According to careful estimates, about two-thirds of its population was lost. Things of priceless value were destroyed. Not only did the German states have their religious wars, but also the great powers of that time, France and Sweden, fought out their quarrels on German soil. After the war, Germany was politically helpless for a long time. Moreover, the Turks attacked in the East and besieged Vienna. France took advantage of the opportunity to occupy Alsace-Lorraine. The hatred between the Germans and the French probably stems from this time. It's one of the happiest developments of our day that friendship is gradually opening a way between these great peoples.

unserer Tage, daß sich zwischen den beiden großen Völkern allmählich Freundschaft anbahnt.

Jim: Ein neuer Krieg würde wohl ganz Europa vernichten.

Herr Heise: Bestimmt! Von Osnabrück willst du nach Hamburg fahren?

Jim: Ja. Davon habe ich schon so viele Bilder gesehen, ich glaube, ich werde mich gar nicht fremd fühlen, wenn ich dort ankomme.

Herr Heise: Hamburg ist eine weltoffene, große Hafenstadt mit 1,83 Millionen Einwohnern.

Frau Heise: Du mußt unbedingt eine Hafenrundfahrt machen.

Frau Trost: Habe ich auch mal mitgemacht. Da ist es mir aber so schlecht geworden, daß ich die Hälfte der Fahrt über der Reling hing.

Jim: Hoffentlich wird mir das nicht passieren.

Herr Heise: Ich muß dir etwas aus der Musikgeschichte Hamburgs erzählen. Die erste bürgerliche deutsche Oper wurde dort 1678 eröffnet. Das war neuartig, weil doch damals die ganze Kunst in Händen der Kirche und der Fürsten lag.

Frau Trost: So früh schon eine Oper? Was haben die denn bloß gemacht ohne Wagner und ,,Carmen"?

Herr Heise: Man spielte Opern der Zeit, meist biblische Stoffe. Bald kamen auch griechische Götter- und Heldensagen dazu. Georg Friedrich Händel war eine kurze Zeit selbst dort tätig. Leider konnte sich die Oper nur wenige Jahrzehnte halten.

Frau Heise: Geh zu den Landungsbrücken in St. Pauli. Dort sind die Anlegeplätze der Ozeanschiffe. Ein

Jim: A new war would probably destroy all of Europe.

Mr. Heise: Certainly! Do you want to go on from Osnabrück to Hamburg?

Jim: Yes. I have already seen so many pictures of it, that I think I won't feel at all strange when I arrive there.

Mr. Heise: Hamburg is a great international seaport with 1.83 million inhabitants.

Mrs. Heise: You must definitely take a sight-seeing trip around the port.

Mrs. Trost: I took one once, too. But it made me so sick that I hung over the railing for half of the trip.

Jim: I hope that doesn't happen to me.

Mr. Heise: I must tell you something about the music history of Hamburg. The first middle-class German opera house was opened there in 1678. That was something new, because at that time all art was still in the hands of the church and the nobles.

Mrs. Trost: An opera so early? What did they ever do without Wagner and "Carmen?"

Mr. Heise: They put on the operas of the time, mostly biblical material. Soon Greek legends of gods and heros were also added. Georg Friedrich Händel himself was active there for a short time. Unfortunately, opera could only support itself there for a few decades.

Mrs. Heise: Go to the piers in St. Pauli. The docks of the ocean ships are there. A large ship still offers an

großes Schiff bietet immer noch einen überwältigenden Anblick, auch wenn heutzutage die modernen internationalen Verkehrsmittel die Flugzeuge sind.

Herr Heise: Ein großes Erlebnis steht dir bevor, wenn du nach Berlin reist. Es wird am besten sein, wenn du ein Flugzeug nimmst; dann sparst du den langen und unangenehmen Aufenthalt an der Grenze. Du siehst, daß Berlin mitten im kommunistischen Teil Deutschlands liegt. Von der Grenze Westdeutschlands bis nach Berlin sind es ungefähr 150 km.

Frau Heise: In Berlin gibt es natürlich eine Fülle der interessantesten Dinge zu sehen: Museen, Theater und Konzerte, auch moderne Architektur. Eine der berühmtesten Straßen ist der Kurfürstendamm.

Frau Trost: Es ist wichtig zu erwähnen, daß Berlin einst die Hauptstadt Deutschlands war.

Herr Heise: Natürlich. Seit der unglücklichen Spaltung Deutschlands in einen demokratischen und einen kommunistischen Teil, wurde auch Berlin in zwei Teile geteilt.

Frau Trost: Und das mitten im 20. Jahrhundert!

Frau Heise: Man darf nicht darüber nachdenken.

Herr Heise: Westberlin ist heute wieder ein Zentrum für Industrie und Handel. 45 Prozent des deutschen Kleiderbedarfs wird hier hergestellt, und ein wichtiger Teil der deutschen Elektroindustrie befindet sich in Westberlin.

Jim: Ist es schwierig, den Ostsektor der Stadt zu besuchen?

Herr Heise: Nein, vor allem nicht für Ausländer.

overwhelming view, even if nowadays airplanes are the modern means of international transportation.

Mr. Heise: A great experience awaits you when you travel to Berlin. It will be best if you take a plane; then you save yourself the long and unpleasant delay at the border. You see, Berlin lies in the middle of the communist part of Germany. It's about 150 km. from the border of West Germany to Berlin.

Mrs. Heise: In Berlin there is, of course, an abundance of the most interesting things to see: museums, theatres, and concerts—modern architecture, too. One of the most famous streets is the Kurfürstendamm.

Mrs. Trost: It's important to mention that Berlin was once the capital of Germany.

Mr. Heise: Of course. Since the unfortunate division of Germany into a democratic and a communist part, Berlin has also been divided into two parts.

Mrs. Trost: And that in the middle of the twentieth century!

Mrs. Heise: One should not ponder it.

Mr. Heise: West Berlin is again a center of industry and trade today. Forty-five percent of German clothing needs is manufactured here, and an important part of the German electrical industry is located in West Berlin.

Jim: Is it difficult to visit the East sector of the city?

Mr. Heise: No, above all not for foreigners.

Frau Heise: Du brauchst nur deinen Reisepaß vorzulegen und kannst dann über die Grenze fahren. Am besten fährst du mit der Untergrundbahn.

Jim: Ich werde es versuchen.

Frau Trost: Mein Gott, in den Ostsektor zu den Kommunisten?! Wenn man Sie einsperrt?

Jim: Warum? Ich bin doch kein Spion!

Frau Heise: Wohin fliegst du von Berlin aus?

Jim: Nach Nürnberg.

Frau Heise: Das ist eine schöne Stadt. Die Altstadt ist weltberühmt. Sie wurde während des Krieges zum großen Teil zerstört, ist aber wieder aufgebaut. Ich habe sie noch vor der Zerstörung gesehen. Als ich damals in Nürnberg herumspazierte, kam ich mir wie ein Mensch des Mittelalters vor. Es fehlte mir nur die alte Kleidung, dann wäre ich vor jedem Auto erschrocken. Es wundert mich nicht, daß Richard Wagner hier Anregungen zu seiner Oper ,,Die Meistersinger von Nürnberg" empfing.

Herr Heise: Die Stadtmauer mit ihren schweren Türmen ist 5 km lang und noch vollständig erhalten. Auf der Burg über der Stadt haben sich die deutschen Kaiser oft aufgehalten.

Frau Heise: Einer der größten deutschen Maler und Graphiker, Albrecht Dürer hat in Nürnberg gelebt, etwa zur gleichen Zeit, als der Volksdichter Hans Sachs, von Beruf eigentlich Schuhmacher, seine Possen schrieb.

Jim: Ich werde wohl zwei oder drei Tage dort bleiben und Unterkunft in der Jugendherberge suchen.

Frau Trost: Jugendherberge! Ich wäre doch schon zu alt für eine Jugendherberge, finden Sie nicht? Auf Stroh schlafen — mit meinem Rheuma!

Mrs. Heise: You'll only have to show your passport and then you can travel over the border. The best way is to travel by subway.

Jim: I'll try it.

Mrs. Trost: Good heavens, in the East sector with the Communists?! What if they imprison you?

Jim: Why? I'm no spy!

Mrs. Heise: Where will you fly from Berlin?

Jim: To Nuremberg.

Mrs. Heise: That's a beautiful city. The old city is world famous. It was largely destroyed during the war but has been rebuilt. I saw it even before the destruction. When I walked around Nuremberg at that time, I imagined myself a person of the Middle Ages. Only the medieval clothing was missing, then I would have been frightened by every car. It doesn't surprise me that Richard Wagner was inspired to compose his opera "The Mastersingers of Nuremberg" here.

Mr. Heise: The city wall with its heavy towers is 5 km. long and is still perfectly preserved. The German Kaisers often lived in the fortress over the city.

Mrs. Heise: One of the greatest German painters and illustrators, Albrecht Dürer, lived in Nuremberg about the same time that the popular poet Hans Sachs, really a shoemaker by profession, wrote his farces.

Jim: I'll probably stay there for two or three days and seek lodgings in the youth hostel.

Mrs. Trost: Youth hostel! I would be too old for a youth hostel, don't you think? Sleeping on straw—with my rheumatism! If anything, then a hotel!

Wenn schon, dann ein Hotel!

Jim: Ich muß Geld sparen.

Frau Trost: Sie, als reicher Amerikaner!

Jim: Das ist eine Redensart, die leider nicht auf Studenten zutrifft.

Herr Heise: Von Nürnberg fährst du nach München. Die Landschaft, durch die du kommst, ist wunderschön, und du solltest dir viel Zeit nehmen, aus dem Zugfenster zu sehen.

Jim: Darauf freue ich mich. Was München selbst betrifft, so gibt es da wahrscheinlich soviel zu sehen, daß ich wohl eine Woche dort bleiben werde.

Frau Heise: München ist ein Mittelpunkt von Wissenschaft, Kunst und Handel.

Herr Heise: Die Universität wurde schon im Jahre 1472 gegründet.

Frau Trost: Mein Gott, wie alt! Gab's denn damals schon Bier?

Herr Heise: Ja, Bier wurde schon im Altertum gebraut.

Frau Trost: Und dann das Oktoberfest. Ich glaube, ich muß doch noch mal München besuchen.

Herr Heise: Vergiß nicht das Schloß Nymphenburg zu besichtigen. Gleich daneben liegt auch die berühmte Porzellanmanufaktur.

Frau Heise: Von München aus kannst du einen Abstecher in die Alpen machen.

Jim: Ich will auch noch in die andere Richtung nach Rothenburg reisen.

Herr Heise: Rothenburg ist heute vom Fremdenverkehr überlaufen. Dennoch verliert es nicht seinen Reiz. Sieh dir vor allem den Blutalter von Tilman Riemenschneider in der St. Jakobs-Kirche an.

Frau Heise: Diese Stadt ist eine der wenigen in Deutschland, die unver-

Jim: I have to save money.

Mrs. Trost: You, a rich American!

Jim: That's a figure of speech that unfortunately doesn't apply to students.

Mr. Heise: From Nuremberg you'll travel to Munich. The countryside through which you'll travel is very beautiful and you should take plenty of time to look out of the train window.

Jim: I'm looking forward to that. As far as Munich itself is concerned, there's probably so much to see there that I'll surely stay a week.

Mrs. Heise: Munich is a focal point of science, art, and business.

Mr. Heise: The university was established back in 1472.

Mrs. Trost: Good heavens, how old! Was there beer already at that time?

Mr. Heise: Yes. Beer was brewed in ancient times.

Mrs. Trost: And then the October Festival. I think I'll have to visit Munich once again.

Mr. Heise: Don't forget to see the Nymphenburg castle. Also, right next to it is the famous porcelain factory.

Mrs. Heise: From Munich you can make an excursion into the Alps.

Jim: I want to travel in the other direction, to Rothenburg, too.

Mr. Heise: Today Rothenburg is overrun by tourist traffic. Still it hasn't lost its charm. Above all, visit the blood-altar of Tilman Riemenschneider in the St. Jakob's Church.

Mrs. Heise: This city is one of the few in Germany that has come unscathed

sehrt aus dem Mittelalter auf unsere Tage gekommen ist. Übrigens ist das ganze Land zwischen Donau und Main voll von sehenswürdigen Städtchen, die wie Museen nicht nur die schönsten mittelalterlichen Bauten bewahren, sondern auch die herrlichsten Kunstwerke aus dem Mittelalter und der Barockzeit.

Herr Heise: Von München aus fährst du nach Westen über Augsburg und Ulm nach Stuttgart. In Augsburg mußt du die Fuggerei besuchen, eine der frühesten sozialen Wohnbauunternehmungen in Europa. In Ulm, das, wie du siehst, an der Donau liegt, steht das Münster mit dem höchsten Kirchturm der Welt.

Frau Trost: Ich habe mal eine Geschichte von einem Schneider gelesen, der in Ulm wohnte. Er baute sich Flügel und wollte damit über die Donau fliegen.

Herr Heise: Ja. Das ist eine wahre Geschichte aus der Pionierzeit der Fliegerei.

Frau Trost: Er fiel aber ins Wasser.

Herr Heise: Wir dürfen nicht vergessen, daß einer der größten deutschen Wissenschaftler, Albert Einstein, im Ulm geboren wurde. Er wirkte lange in Berlin, bis er 1933 vor einer verbrecherischen Regierung emigrieren mußte.

Frau Heise: In Stuttgart wirst du wohl ein oder zwei Tage bleiben.

Jim: Ja, das habe ich vor.

Herr Heise: Die Stadt liegt in einer großen Talsenke, umgeben von Weinbergen, die bis in die Stadtmitte hineinreichen.

Frau Heise: Du solltest auch auf den Fernsehturm fahren. Oben befindet sich ein Restaurant, von wo du weit

out of the Middle Ages (to our day). Moreover, the entire country between the Danube and the Main is full of small cities worth seeing, which, like museums, preserve not only the most beautiful medieval buildings, but also the most magnificent works of art from the Middle Ages and the Baroque period.

Mr. Heise: From Munich you'll travel west across Augsburg and Ulm to Stuttgart. In Augsburg you must visit the Fuggerei, one of the earliest social apartment building enterprises in Europe. In Ulm, which, as you see, lies on the Danube, there's the cathedral with the highest church tower in the world.

Mrs. Trost: I once read a story about a tailor who lived in Ulm. He built wings for himself and wanted to fly over the Danube.

Mr. Heise: Yes. That's a true story from the pioneer time of aviation.

Mrs. Trost: But he fell into the water.

Mr. Heise: We must not forget that one of the greatest German scientists, Albert Einstein, was born in Ulm. He worked for a long time in Berlin until he had to emigrate in 1933 in the face of a criminal regime.

Mrs. Heise: You'll probably stay in Stuttgart for one or two days.

Jim: Yes, I plan to.

Mr. Heise: The city lies in a large basin-shaped valley, surrounded by vineyards which reach out into the middle of the city.

Mrs. Heise: You should also go to the television tower. There's a restaurant on top from where you can see

über das Land sehen kannst.

Herr Heise: Bei gutem Wetter kann man bis zu den Alpen sehen.

Frau Trost: Wenn ich an die Alpen denke, träume ich nur von Schi laufen. Sind Sie schon mal Schi gelaufen, Jim?

Jim: Das erste Mal im letzten Winter, als Onkel und Tante mich mit in Ferien nahmen. Das war ein Erlebnis! Onkel kann Ihnen eine interessante Geschichte von seinem Bekannten, Herrn Lemmerz, erzählen. Ich hoffe aber im nächsten Winter bei uns in den Vereinigten Staaten wieder Schi zu laufen.

Herr Heise: Eine gute Idee! Von Stuttgart fährst du weiter nach Heidelberg, nicht wahr?

Jim: Ja. Darf ich mal eben auf die Karte sehen? Fahre ich über Karlsruhe?

Herr Heise: Nein. Du kommst bei Bruchsal in das Rheintal, nördlich von Karlsruhe. Du fährst nach Heidelberg.

Jim: Ja, ich sehe das jetzt. Heidelberg ist auch in Amerika bekannt.

Frau Trost: „Ich hab' mein Herz in Heidelberg verloren . . . in einer lauen Sommernacht." Kennen Sie das schöne Lied?

Jim: Nein. Ich habe aber gehört, daß es Studentenlieder gibt, die von Heidelberg handeln.

Herr Heise: Da hast du recht. Heidelberg ist nämlich die älteste Universitätsstadt auf deutschem Boden. Die Universität wurde dort im Jahre 1386 gegründet. Das herrliche Renaissanceschloß wurde nach dem dreißigjährigen Krieg zerstört und steht heute noch als romantische Ruine am Bergabhang.

Jim: Davon habe ich schon sehr viele Bilder gesehen. Wird es nicht bei festlichen Gelegenheiten bunt bestrahlt?

far over the countryside.

Mr. Heise: In good weather you can see as far as the Alps.

Mrs. Trost: Whenever I think about the Alps, I dream only of skiing. Have you been skiing already, Jim?

Jim: The first time last winter, when Aunt and Uncle took me with them on vacation. That was an experience! Uncle can tell you an interesting story about his acquaintance, Mr. Lemmerz. I hope, however, to go skiing again next winter at home in the States.

Mr. Heise: A good idea! So now, from Stuttgart you go on to Heidelberg, don't you?

Jim: Yes. May I look at the map? Do I travel through Karlsruhe?

Mr. Heise: No. You'll come by Bruchsal into the Rhine Valley, north of Karlsruhe. You'll go to Heidelberg.

Jim: Yes, I see that now. Heidelberg is also well known in America.

Mrs. Trost: "I lost my heart in Heidelberg . . . on a mild summer night." Do you know that beautiful song?

Jim: No. But I've heard there are student songs which deal with Heidelberg.

Mr. Heise: You're right there. In fact, Heidelberg is the oldest university city in Germany. The university was founded there in 1386. The splendid Renaissance castle was destroyed after the Thirty Years War and still stands today as romantic ruins on the mountain slope.

Jim: I've already seen so many pictures of it. Isn't it illuminated on festive occasions?

Frau Heise: Ja. Es gibt dann auch ein Feuerwerk.

Frau Trost: Das stelle ich mir sehr romantisch vor, alles in dem engen Tal des Rheins.

Herr Heise: Des Neckars! Direkt am Rhein liegt Mannheim, wodurch Jim fährt, wenn er von Heidelberg nach Frankfurt will.

Jim: Frankfurt ist meine letzte Station. Wenn ich dort ankomme, werde ich wohl etwas traurig sein, denn mein Aufenthalt in Deutschland ist dann zu Ende.

Frau Heise: Wir werden dich in Frankfurt treffen und zum Flugplatz begleiten.

Frau Trost: Vielleicht komme ich auch — wenn Sie es gestatten?

Herr Heise: Natürlich dürfen Sie mit uns fahren, wenn Sie möchten.

Frau Heise: In Frankfurt gibt es gute Hotels und weiche Betten.

Herr Heise: Neben all den interessanten Dingen, die es in Frankfurt zu besichtigen gibt, ist das Wichtigste doch wohl das Goethe-Haus, in dem einer der größten Geister Deutschlands im Jahre 1749 geboren wurde.

Frau Heise: Ich hoffe, daß du weißt, daß Goethe auch ein Wissenschaftler war. Noch vor Darwin hat er die Evolutionstheorie begründet. Er kannte viel von der Geologie, schrieb eine Licht- und eine Farbenlehre, war Rechtsanwalt und Staatsminister, sprach mehrere Sprachen, wollte eigentlich Maler werden und wurde Deutschlands größter Dichter.

Jim: Es kann einem schwindelig werden, wenn man das Lebenswerk eines solchen Mannes betrachtet.

Herr Heise: Wir wollen hoffen, daß du eine gute Reise hast.

Mrs. Heise: Yes. There are also fireworks then.

Mrs. Trost: I imagine that's very romantic, all in the narrow valley of the Rhine.

Mr. Heise: The Neckar! Right on the Rhine lies Mannheim, through which Jim will travel when he wants to go from Heidelberg to Frankfurt.

Jim: Frankfurt is my last stop. When I arrive there, I'll no doubt be somewhat sad, because my stay in Germany will then be at an end.

Mrs. Heise: We'll meet you in Frankfurt and accompany you to the airport.

Mrs. Trost: Perhaps I'll come, too— if you'll permit?

Mr. Heise: Of course, you may ride with us if you like.

Mrs. Heise: In Frankfurt there are good hotels and soft beds.

Mr. Heise: Of all the interesting things that there are to visit in Frankfurt, the most important is certainly the Goethe house, where one of the greatest minds of Germany was born in 1749.

Mrs. Heise: I hope you know that Goethe was also a scientist. Even before Darwin, he established the theory of evolution. He knew a great deal about geology, wrote a theory of light and color, was an attorney and Secretary of State, spoke several languages, actually wanted to become a painter, and became Germany's greatest poet.

Jim: It can make a person dizzy when he considers the life's work of such a man.

Mr. Heise: We hope you'll have a good trip.

ZWEITE STUNDE

Aus: *Gespräche mit Goethe in den letzten Jahren seines Lebens*
von Johann Peter Eckermann

Montag den 10. Januar 1825

Bei seinem großen Interesse für die englische Nation hatte Goethe mich ersucht,[1] die hier anwesenden jungen Engländer ihm nach und nach[2] vorzustellen. Heute um fünf Uhr erwartete er mich mit dem englischen Ingenieuroffizier[3] Herrn H., von welchem ich ihm vorläufig viel Gutes hatte sagen können. Wir gingen also zur bestimmten Stunde hin und wurden durch den Bedienten[4] in ein angenehm erwärmtes[5] Zimmer geführt, wo Goethe in der Regel[6] nachmittags und abends zu sein pflegt. Drei Lichter brannten auf dem Tische; aber Goethe war nicht darin, wir hörten ihn in dem anstoßenden[7] Saale sprechen.

Herr H. sah sich derweile[8] um und bemerkte außer den Gemälden und einer großen Gebirgskarte an den Wänden ein Repositorium[9] mit vielen Mappen, von welchen ich ihm sagte, daß sie viele Handzeichnungen[10] berühmter Meister und Kupferstiche[11] nach den besten Gemälden aller Schulen enthielten, die Goethe im Leben nach und nach gesammelt habe und deren wiederholte Betrachtung ihm Unterhaltung gewähre.[12]

Nachdem wir einige Minuten gewartet hatten, trat Goethe zu uns herein und begrüßte uns freundlich. ,,Ich darf Sie geradezu in deutscher Sprache anreden,‟ wendete er sich an Herrn H., ,,denn ich höre, Sie sind im Deutschen schon recht bewandert.‟[13] Dieser erwiderte hierauf mit wenigem freundlich, und Goethe bat uns darauf, Platz zu nehmen.

Die Persönlichkeit des Herrn H. mußte auf Goethe einen guten Eindruck machen, denn seine große Liebenswürdigkeit[14] und heitere Milde[15] zeigte sich dem Fremden gegenüber heute in ihrer wahren Schönheit. ,,Sie haben wohlgetan,‟ sagte cr, ,,daß Sie, um Deutsch zu lernen, zu uns herübergekommen sind, wo Sie nicht allein die Sprache leicht und schnell gewinnen, sondern auch die Elemente, worauf sie ruht,[16] unsern Boden, Klima,[17]

[1] asked, bade
[2] one after the other

[3] engineer officer

[4] servant
[5] heated, warmed
[6] usually

[7] adjacent

[8] meanwhile

[9] repository
[10] hand sketches
[11] copperplate engravings

[12] gave, granted

[13] familiar with

[14] charm
[15] gentleness

[16] is based on
[17] climate

Lebensart,[18] Sitten, gesellschaftlichen Verkehr, Verfassung[19] und dergleichen mit nach England im Geiste hinübernehmen.''

,, Das Interesse für die deutsche Sprache'', erwiderte Herr H., ,, ist jetzt in England groß und wird täglich allgemeiner, so daß jetzt fast kein junger Engländer von guter Familie ist, der nicht Deutsch lernte.''

,, Wir Deutschen'', versetzte[20] Goethe freundlich, ,, haben es jedoch Ihrer Nation in dieser Hinsicht[21] um ein halbes Jahrhundert zuvorgetan.[22] Ich beschäftige mich seit fünfzig Jahren mit der englischen Sprache und Literatur, so daß ich Ihre Schriftsteller und das Leben und die Einrichtung Ihres Landes sehr gut kenne. Käme ich nach England hinüber, ich würde kein Fremder sein.

,, Aber, wie gesagt, Ihre jungen Landsleute[23] tun wohl, daß sie jetzt zu uns kommen und auch unsre Sprache lernen. Denn nicht allein daß unsre eigene Literatur es an sich verdient,[24] sondern es ist auch nicht zu leugnen, daß wenn einer jetzt das Deutsche gut versteht, er viele andre Sprachen entbehren[25] kann. Von der französischen rede ich nicht, sie ist die Sprache des Umgangs[26] und ganz besonders auf Reisen unentbehrlich,[27] weil sie jeder versteht und man sich in allen Ländern mit ihr statt eines guten Dolmetschers[28] aushelfen kann. Was aber das Griechische, Lateinische, Italienische und Spanische betrifft, so können wir die vorzüglichsten Werke dieser Nationen in so guten deutschen Übersetzungen lesen, daß wir ohne ganz besondere Zwecke nicht die Ursache haben, auf die mühsame Erlernung[29] jener Sprachen viele Zeit zu verwenden.[30] Es liegt in der deutschen Natur, alles Ausländische in seiner Art zu würdigen[31] und sich fremder Eigentümlichkeit[32] zu bequemen.[33] Dieses und die große Fügsamkeit[34] unsrer Sprache macht denn die deutschen Übersetzungen durchaus treu und vollkommen.

,, Und dann ist wohl nicht zu leugnen, daß man im allgemeinen mit einer guten Übersetzung sehr weit kommt. Friedrich der Große konnte kein Latein, aber er las seinen Cicero in der französischen Übersetzung ebenso gut als wir andern in der Ursprache.''

Dann das Gespräch auf das Theater wendend, fragte Goethe Herrn H., ob er es viel besuche. ,, Ich besuche das Theater jeden Abend'', antwortete dieser, ,, und ich finde, daß der Gewinn[35] für das Verstehen der Sprache sehr groß ist.'' — ,, Es ist merkwürdig'', erwiderte Goethe, ,, daß das Ohr und überall das Vermögen[36] des Ver-

[18] way of life
[19] constitution

[20] replied
[21] respect
[22] surpassed

[23] countrymen

[24] not primarily that ... deserves
[25] do without
[26] social intercourse
[27] indispensable

[28] interpreter

[29] learning process
[30] to spend
[31] to value, appreciate
[32] peculiarity
[33] to put up with
[34] adaptability

[35] profit

[36] ability

stehens dem des Sprechens vorauseilt,[37] so daß einer bald sehr gut verstehen, aber keineswegs alles ausdrücken[38] kann." — „Ich finde täglich", entgegnete Herr H., „daß diese Bemerkung sehr wahr ist; denn ich verstehe sehr gut alles, was gesprochen wird, auch sehr gut alles, was ich lese, ja ich fühle sogar, wenn einer im Deutschen sich nicht richtig ausdrückt. Allein wenn ich spreche, so stockt[39] es, und ich weiß nicht recht zu sagen, was ich möchte. Eine leichte Konversation bei Hofe,[40] ein Spaß mit den Damen, eine Unterhaltung beim Tanz und dergleichen gelingt mir schon. Will ich aber im Deutschen über einen höhern Gegenstand[41] meine Meinung hervorbringen, will ich etwas Eigentümliches[42] und Geistreiches[43] sagen, so stockt es und ich kann nicht fort." — „Da trösten[44] und beruhigen Sie sich nur", erwiderte Goethe, „denn dergleichen Ungewöhnliches[45] auszudrücken wird uns wohl in unsrer eigenen Muttersprache schwer."

Goethe fragte darauf Herrn H., was er von deutscher Literatur gelesen habe. „Ich habe den ‚Egmont' gelesen", antwortete dieser, „und habe an dem Buche so viele Freude gehabt, daß ich dreimal zu ihm zurückgekehrt bin. So auch hat ‚Torquato Tasso' mir vielen Genuß gewährt. Jetzt lese ich den ‚Faust'; ich finde aber, daß er ein wenig schwer ist." Goethe lachte bei diesen letzten Worten. „Freilich",[46] sagte er, „würde ich Ihnen zum ‚Faust' noch nicht geraten haben. Es ist tolles Zeug[47] und geht über alle gewöhnlichen Empfindungen[48] hinaus. Aber da Sie es von selbst getan haben, ohne mich zu fragen, so mögen Sie sehen, wie Sie durchkommen. Faust ist ein so seltsames[49] Individuum, daß nur wenige Menschen seine innern Zustände[50] nachempfinden[51] können. So der Charakter des Mephistopheles ist durch die Ironie und als lebendiges Resultat einer großen Weltbetrachtung[52] wieder etwas sehr Schweres. Doch sehen Sie zu, was für Lichter sich Ihnen dabei auftun.[53] Der ‚Tasso' dagegen steht dem allgemeinen Menschengefühl bei weitem näher, auch ist das Ausführliche[54] seiner Form einem leichtern Verständnis günstig."[55] — „Dennoch", erwiderte Herr H., „hält man in Deutschland den ‚Tasso' für schwer, so daß man sich wunderte, als ich sagte, daß ich ihn lese." — „Die Hauptsache beim ‚Tasso' ", sagte Goethe, „ist die, daß man kein Kind mehr sei und gute Gesellschaft nicht entbehrt habe. Ein junger Mann von guter Familie mit hinreichendem[56] Geist und Zartsinn[57] und genugsamer[58] äußern Bildung, wie sie aus dem Umgange

[37] proceed at a faster rate
[38] to express

[39] I hesitate, stutter
[40] at the royal court

[41] object, theme
[42] something particular or specific
[43] something witty, intelligent
[44] take comfort
[45] something unusual

[46] naturally
[47] foolish stuff
[48] feelings, sensations

[49] strange
[50] conditions
[51] sympathize with

[52] view of the world

[53] open up

[54] the detail
[55] favorable

[56] sufficient
[57] sensitivity
[58] sufficient, enough

mit vollendeten Menschen der höhern und höchsten Stände[59] hervorgeht, wird den ‚Tasso‘ nicht schwer finden.“

[59] social classes

Das Gespräch lenkte sich auf den ‚Egmont‘, und Goethe sagte darüber Folgendes: „Ich schrieb den ‚Egmont‘ im Jahre 1775, also vor fünfzig Jahren. Ich hielt mich sehr treu an die Geschichte und strebte nach möglichster Wahrheit. Als ich drauf zehn Jahre später in Rom war, las ich in den Zeitungen, daß die geschilderten[60] revolutionären Szenen in den Niederlanden[61] sich buchstäblich[62] wiederholten. Ich sah daraus, daß die Welt immer dieselbe bleibt, und daß meine Darstellung einiges Leben haben mußte.“

[60] portrayed, described
[61] the Netherlands
[62] literally

Unter diesen und ähnlichen Gesprächen war die Zeit des Theaters herangekommen, und wir standen auf und wurden von Goethe freundlich entlassen.[63]

[63] were dismissed

Im Nachhausegehen fragte ich Herrn H., wie ihm Goethe gefallen. „Ich habe nie einen Mann gesehen“, antwortete dieser, „der bei aller liebevollen Milde so viel angeborne Würde[64] besäße. Er ist immer groß, er mag sich stellen und sich herablassen[65] wie er wolle.“

[64] innate dignity
[65] may condescend, deign

Fragen

1. Warum hatte Goethe Eckermann ersucht, ihm die anwesenden Engländer vorzustellen?
2. Weshalb führte der Diener die Gäste in das Zimmer mit den Gemälden und Gebirgskarten?
3. Weswegen war Goethe nicht in dem Zimmer?
4. Warum hatte Goethe die Handzeichnungen und Kupferstiche berühmter Meister gesammelt?
5. Warum konnte Goethe Herrn H. in deutscher Sprache anreden?
6. Weshalb war Goethe sehr liebenswürdig?
7. Weswegen ist es gut, nach Deutschland zu reisen, wenn man Deutsch lernen will?
8. Seit wann beschäftigte sich Goethe mit der englischen Sprache und Literatur?
9. Welche Sprache ist außer der englischen und deutschen wichtig?
10. Warum ist die deutsche Sprache wichtig?
11. Welche Sprachen sind ins Deutsche übersetzt worden?
12. In welcher Sprache las Friedrich der Große den Cicero?
13. Warum geht Herr H. jeden Abend ins Theater?
14. Was lernt man in einer fremden Sprache leichter, das Hören und Verstehen, oder das Sprechen?
15. Weswegen ist es schwer, in einer fremden Sprache etwas Geistreiches zu sagen?
16. Worüber unterhalten sich Goethe und der Engländer?
17. Warum ist es schwer, den „Faust“ zu verstehen?
18. Weshalb steht der „Tasso“ dem allgemeinen Menschengefühl näher?
19. Warum wunderte man sich, daß der Engländer den „Tasso“ liest?
20. Wann hatte Goethe den „Egmont“ geschrieben?
21. Was sagte der Engländer von Goethe?

APPENDIX I: GRAMMATICAL TABLES

Definite Articles and Demonstrative Adjectives

Singular

der-words (masculine)

	the	this	that	each	many (a)	such (a)	which
Subject	der	dieser	jener	jeder	mancher	solcher	welcher
Possessive	des	dieses	jenes	jedes	manches*	solches*	welches
Indir. Obj.	dem	diesem	jenem	jedem	manchem	solchem	welchem
Dir. Obj.	den	diesen	jenen	jeden	manchen	solchen	welchen

die-words (feminine)

	the	this	that	each	many (a)	such (a)	which
Subject	die	diese	jene	jede	manche	solche	welche
Possessive	der	dieser	jener	jeder	mancher	solcher	welcher
Indir. Obj.	der	dieser	jener	jeder	mancher	solcher	welcher
Dir. Obj.	die	diese	jene	jede	manche	solche	welche

das-words (neuter)

	the	this	that	each	many (a)	such (a)	which
Subject	das	dieses	jenes	jedes	manches	solches	welches
Possessive	des	dieses	jenes	jedes	manches	solches	welches
Indir. Obj.	dem	diesem	jenem	jedem	manchem	solchem	welchem
Dir. Obj.	das	dieses	jenes	jedes	manches	solches	welches

Plural

	the	these	those	all	some	such	which
Subject	die	diese	jene	alle	manche	solche	welche
Possessive	der	dieser	jener	aller	mancher	solcher	welcher
Indir. Obj.	den	diesen	jenen	allen	manchen	solchen	welchen
Dir. Obj.	die	diese	jene	alle	manche	solche	welche

The Negative kein

	Singular der-words	die-words	das-words	Plural (all genders)
Subject	kein	keine	kein	keine
Possessive	keines	keiner	keines	keiner
Indir. Obj.	keinem	keiner	keinem	keinen
Dir. Obj.	keinen	keine	kein	keine

---

*Mancher and solcher sometimes show an −en ending in the possessive case singular: manchen, solchen.

Indefinite Articles and Possessive Adjectives

To Modify a Singular Noun

der-words (masculine)

	a	my	your	his	her	its	our	your	their	your
Subject	ein	mein	dein	sein	ihr	sein	unser	euer	ihr	Ihr
Possessive	eines	meines	deines	seines	ihres	seines	unseres	eueres	ihres	Ihres
Indir. Obj.	einem	meinem	deinem	seinem	ihrem	seinem	unserem	euerem	ihrem	Ihrem
Dir. Obj.	einen	meinen	deinen	seinen	ihren	seinen	unseren	eueren	ihren	Ihren

die-words (feminine)

	a	my	your	his	her	its	our	your	their	your
Subject	eine	meine	deine	seine	ihre	seine	unsere	euere	ihre	Ihre
Possessive	einer	meiner	deiner	seiner	ihrer	seiner	unserer	euerer	ihrer	Ihrer
Indir. Obj.	einer	meiner	deiner	seiner	ihrer	seiner	unserer	euerer	ihrer	Ihrer
Dir. Obj.	eine	meine	deine	seine	ihre	seine	unsere	euere	ihre	Ihre

das-words (neuter)

	a	my	your	his	her	its	our	your	their	your
Subject	ein	mein	dein	sein	ihr	sein	unser	euer	ihr	Ihr
Possessive	eines	meines	deines	seines	ihres	seines	unseres	eueres	ihres	Ihres
Indir. Obj.	einem	meinem	deinem	seinem	ihrem	seinem	unserem	euerem	ihrem	Ihrem
Dir. Obj.	ein	mein	dein	sein	ihr	sein	unser	euer	ihr	Ihr

To Modify a Plural Noun (All Genders)

	my	your	his	her	its	our	your	their	your
Subject	meine	deine	seine	ihre	seine	unsere	euere	ihre	Ihre
Possessive	meiner	deiner	seiner	ihrer	seiner	unserer	euerer	ihrer	Ihrer
Indir. Obj.	meinen	deinen	seinen	ihren	seinen	unseren	eueren	ihren	Ihren
Dir. Obj.	meine	deine	seine	ihre	seine	unsere	euere	ihre	Ihre

Plural Nouns

German nouns are classified into six different groups according to their plural endings. (Group VI nouns are irregular and are treated on p. 449.) All plural nouns, except those of Group V, take an –(e)n ending in the indirect object case.

Group I (no ending)

(der Kuchen)
die Kuchen
der Kuchen
den Kuchen
die Kuchen

Only two *die*-words belong to Group I:

(die Mutter)	*(die Tochter)*
die Mütter	die Töchter
der Mütter	der Töchter
den Müttern	den Töchtern
die Mütter	die Töchter

Group II (–e)	Group III (–er)	Group IV (–[e]n)[*]	Group V (–s)
(der Tisch)	*(das Gras)*	*(die Blume)*	*(das Auto)*
die Tische	die Gräser	die Blumen	die Autos
der Tische	der Gräser	der Blumen	der Autos
den Tischen	den Gräsern	den Blumen	den Autos
die Tische	die Gräser	die Blumen	die Autos

---

*Most *die*-words belong to Group IV.

Irregular Nouns

Some nouns take an –(e)n ending in the singular, except in the subject case:

der Held
der Herr
der Junge
der Mensch
der Neffe
der Student

		Singular	Plural
Beispiel:	Subject	der Held	die Helden
	Possessive	des Helden	der Helden
	Indir. Obj.	dem Helden	den Helden
	Dir. Obj.	den Helden	die Helden

The following nouns take an –(e)ns ending in the possessive case singular:

	Possessive Sing.
der Friede	des Friedens
der Gedanke	des Gedankens
der Glaube	des Glaubens
der Name	des Namens
der Wille	des Willens

The noun *das Herz* is declined as follows:

	Singular	Plural
Subject	das Herz	die Herzen
Possessive	des Herzens	der Herzen
Indir. Obj.	dem Herzen	dem Herzen
Dir. Obj.	das Herz	die Herzen

All irregular nouns take an –(e)n ending in the plural of all four cases.

Verbs Used as Nouns (Gerunds)

Every German verb can be changed into a noun by capitalizing the infinitive form. The nouns formed in this way are das-words, and they have no plural.

Beispiel: Infinitive: *fliegen*	Subject	das Fliegen *(flying)*
	Possessive	des Fliegens
	Indir. Obj.	dem Fliegen
	Dir. Obj.	das Fliegen

Prepositions

Prepositions with the Direct Object or Indirect Object Case

an	at, on, to	über	above, over, concerning *or* about
auf	on, upon	unter	under, among
hinter	behind	vor	before, in front of
in	in, into	zwischen	between
neben	beside, next to		

Prepositions with the Indirect Object Case

aus	out of, from	nach	after, according to, to *(e.g., city or country)*
außer	besides, except	seit	since, for *(of time)*
bei	by, near, with, at, at the home of	von	from, of, by
		zu	to *(specific goal, e.g., person or object)*
mit	with		

Prepositions with the Direct Object Case

durch	through, by means of	**ohne**	without
für	for	**um**	around, at *(of time)*
gegen	against	**wider**	against, contrary to

Prepositions with the Possessive Case

anstatt	instead of	**während**	during
statt	instead of	**wegen**	because of, on account of
trotz	in spite of		

Pronouns

Personal Pronouns

Singular

	I	*you*	*he*	*she*	*it*
Subject	ich	du	er	sie	es
Possessive	(meiner)	(deiner)	(seiner)	(ihrer)	(seiner)
Indir. Obj.	mir	dir	ihm	ihr	ihm
Dir. Obj.	mich	dich	ihn	sie	es

Plural

	we	*you*	*they*	*you (pol.)*
	wir	ihr	sie	Sie
	(unser)	(euer)	(ihrer)	(Ihrer)
	uns	euch	ihnen	Ihnen
	uns	euch	sie	Sie

Relative Pronouns*

	Singular			Plural
	der-words	*die*-words	*das*-words	(All genders)
Subject	der	die	das	die
Possessive	dessen	deren	dessen	deren
Indir. Obj.	dem	der	dem	denen
Dir. Obj.	den	die	das	die
Subject	welcher	welche	welches	welche
Possessive	dessen	deren	dessen	deren
Indir. Obj.	welchem	welcher	welchem	welchen
Dir. Obj.	welchen	welche	welches	welche

Interrogative Pronouns

Subject	**wer** (who); **was** (what)
Possessive	**wessen** (whose)
Indir. Obj.	**wem** (to *or* for whom)
Dir. Obj.	**wen** (whom); **was** (what)

The Pronouns *jemand* and *niemand*

	someone	*no one*
Subject	jemand	niemand
Possessive	jemand	niemandes
Indir. Obj.	jemand(em)	niemand(em)
Dir. Obj.	jemand(en)	niemand(en)

---

*Demonstrative pronouns are declined like the relative pronoun *der*.

Reflexive Pronouns

Indirect Object	Direct Object
mir	mich
dir	dich
sich	sich
uns	uns
euch	euch
sich	sich
sich	sich

Adjective Endings

Weak Adjective Endings: after *der*-word *(der, dieser, jener, etc.)*

	Singular			Plural
	Masculine	Feminine	Neuter	(All Genders)
Subject	der große Tisch	die große Tür	das große Haus	die großen Tische
Possessive	des großen Tisches	der großen Tür	des großen Hauses	der großen Tische
Indir. Obj.	dem großen Tisch	der großen Tür	dem großen Haus	den großen Tischen
Dir. Obj.	den großen Tisch	die große Tür	das große Haus	die großen Tische

Mixed Adjective Endings: after *ein*-word *(ein, mein, dein, etc.)*

	Singular			Plural
	Masculine	Feminine	Neuter	(All Genders)
Subject	ein großer Tisch	eine große Tür	ein großes Haus	keine großen Tische
Possessive	eines großen Tisches	einer großen Tür	eines großen Hauses	keiner großen Tische
Indir. Obj.	einem großen Tisch	einer großen Tür	einem großen Haus	keinen großen Tischen
Dir. Obj.	einen großen Tisch	eine große Tür	ein großes Haus	keine großen Tische

Strong Adjective Endings: not preceded by *der*- or *ein*-word

	Singular			Plural
	Masculine	Feminine	Neuter	(All Genders)
Subject	schwarzer Kaffee	frische Milch	kaltes Bier	gute Weine
Possessive	schwarzen Kaffees	frischer Milch	kalten Biers	guter Weine
Indir. Obj.	schwarzem Kaffee	frischer Milch	kaltem Bier	guten Weinen
Dir. Obj.	schwarzen Kaffee	frische Milch	kaltes Bier	gute Weine

APPENDIX II: VERBS

Weak (Regular) Verb Conjugation: *fragen*

Active Voice

Present Indicative	Simple Past	Future
ich frage	ich fragte	ich werde fragen
du fragst	du fragtest	du wirst fragen
er fragt	er fragte	er wird fragen
wir fragen	wir fragten	wir werden fragen
ihr fragt	ihr fragtet	ihr werdet fragen
sie fragen	sie fragten	sie werden fragen
Sie fragen	Sie fragten	Sie werden fragen

Present Perfect	Past Perfect	Future Perfect
ich habe gefragt	ich hatte gefragt	ich werde gefragt haben
du hast gefragt	du hattest gefragt	du wirst gefragt haben
er hat gefragt	er hatte gefragt	er wird gefragt haben
wir haben gefragt	wir hatten gefragt	wir werden gefragt haben
ihr habt gefragt	ihr hattet gefragt	ihr werdet gefragt haben
sie haben gefragt	sie hatten gefragt	sie werden gefragt haben
Sie haben gefragt	Sie hatten gefragt	Sie werden gefragt haben

Strong (Irregular) Verb Conjugation: *gehen*

Active Voice

Present Indicative	Simple Past	Future
ich gehe	ich ging	ich werde gehen
du gehst	du gingst	du wirst gehen
er geht	er ging	er wird gehen
wir gehen	wir gingen	wir werden gehen
ihr geht	ihr gingt	ihr werdet gehen
sie gehen	sie gingen	sie werden gehen
Sie gehen	Sie gingen	Sie werden gehen

Present Perfect	Past Perfect	Future Perfect
ich bin gegangen	ich war gegangen	ich werde gegangen sein
du bist gegangen	du warst gegangen	du wirst gegangen sein
er ist gegangen	er war gegangen	er wird gegangen sein
wir sind gegangen	wir waren gegangen	wir werden gegangen sein
ihr seid gegangen	ihr wart gegangen	ihr werdet gegangen sein
sie sind gegangen	sie waren gegangen	sie werden gegangen sein
Sie sind gegangen	Sie waren gegangen	Sie werden gegangen sein

Passive Voice: *sehen*

Present Indicative	Simple Past	Future
ich werde gesehen	ich wurde gesehen	ich werde gesehen werden
du wirst gesehen	du wurdest gesehen	du wirst gesehen werden
er wird gesehen	er wurde gesehen	er wird gesehen werden
wir werden gesehen	wir wurden gesehen	wir werden gesehen werden
ihr werdet gesehen	ihr wurdet gesehen	ihr werdet gesehen werden
sie werden gesehen	sie wurden gesehen	sie werden gesehen werden
Sie werden gesehen	Sie wurden gesehen	Sie werden gesehen werden

Present Perfect	Past Perfect	Future Perfect
ich bin gesehen worden	ich war gesehen worden	ich werde gesehen worden sein
du bist gesehen worden	du warst gesehen worden	du wirst gesehen worden sein
er ist gesehen worden	er war gesehen worden	er wird gesehen worden sein
wir sind gesehen worden	wir waren gesehen worden	wir werden gesehen worden sein
ihr seid gesehen worden	ihr wart gesehen worden	ihr werdet gesehen worden sein
sie sind gesehen worden	sie waren gesehen worden	sie werden gesehen worden sein
Sie sind gesehen worden	Sie waren gesehen worden	Sie werden gesehen worden sein

The Auxiliaries *haben, sein,* and *werden*

haben	sein	werden

Present Indicative

haben	sein	werden
ich habe	ich bin	ich werde
du hast	du bist	du wirst
er hat	er ist	er wird
wir haben	wir sind	wir werden
ihr habt	ihr seid	ihr werdet
sie haben	sie sind	sie werden
Sie haben	Sie sind	Sie werden

Simple Past

haben	sein	werden
ich hatte	ich war	ich wurde
du hattest	du warst	du wurdest
er hatte	er war	er wurde
wir hatten	wir waren	wir wurden
ihr hattet	ihr wart	ihr wurdet
sie hatten	sie waren	sie wurden
Sie hatten	Sie waren	Sie wurden

Future

haben	sein	werden
ich werde haben	ich werde sein	ich werde werden
du wirst haben	du wirst sein	du wirst werden
er wird haben	er wird sein	er wird werden
wir werden haben	wir werden sein	wir werden werden
ihr werdet haben	ihr werdet sein	ihr werdet werden
sie werden haben	sie werden sein	sie werden werden
Sie werden haben	Sie werden sein	Sie werden werden

Present Perfect

ich habe gehabt	ich bin gewesen	ich bin geworden
du hast gehabt	du bist gewesen	du bist geworden
er hat gehabt	er ist gewesen	er ist geworden
wir haben gehabt	wir sind gewesen	wir sind geworden
ihr habt gehabt	ihr seid gewesen	ihr seid geworden
sie haben gehabt	sie sind gewesen	sie sind geworden
Sie haben gehabt	Sie sind gewesen	Sie sind geworden

Past Perfect

ich **hatte** gehabt	ich war gewesen	ich war geworden
du hattest gehabt	du warst gewesen	du warst geworden
er hatte gehabt	er war gewesen	er war geworden
wir hatten gehabt	wir waren gewesen	wir waren geworden
ihr hattet gehabt	ihr wart gewesen	ihr wart geworden
sie hatten gehabt	sie waren gewesen	sie waren geworden
Sie hatten gehabt	Sie waren gewesen	Sie waren geworden

Future Perfect

ich werde gehabt haben	ich werde gewesen sein	ich werde geworden sein
du wirst gehabt haben	du wirst gewesen sein	du wirst geworden sein
er wird gehabt haben	er wird gewesen sein	er wird geworden sein
wir werden gehabt haben	wir werden gewesen sein	wir werden geworden sein
ihr werdet gehabt haben	ihr werdet gewesen sein	ihr werdet geworden sein
sie werden gehabt haben	sie werden gewesen sein	sie werden geworden sein
Sie werden gehabt haben	Sie werden gewesen sein	Sie werden geworden sein

Subjunctive (Most Commonly Used Forms)

Present and Future Subjunctive

sehen   **kommen**

(Conditional)		(Conditional)	
ich sähe	ich würde sehen	ich käme	ich würde kommen
du sähest	du würdest sehen	du kämest	du würdest kommen
er sähe	er würde sehen	er käme	er würde kommen
wir sähen	wir würden sehen	wir kämen	wir würden kommen
ihr sähet	ihr würdet sehen	ihr kämet	ihr würdet kommen
sie sähen	sie würden sehen	sie kämen	sie würden kommen
Sie sähen	Sie würden sehen	Sie kämen	Sie würden kommen

Past Subjunctive

ich habe gesehen	ich hätte gesehen	ich sei gekommen	ich wäre gekommen
du habest gesehen	du hättest gesehen	du seiest gekommen	du wärest gekommen
er habe gesehen	er hätte gesehen	er sei gekommen	er wäre gekommen
wir haben gesehen	wir hätten gesehen	wir seien gekommen	wir wären gekommen
ihr habet gesehen	ihr hättet gesehen	ihr seiet gekommen	ihr wäret gekommen
sie haben gesehen	sie hätten gesehen	sie seien gekommen	sie wären gekommen
Sie haben gesehen	Sie hätten gesehen	Sie seien gekommen	Sie wären gekommen

Modal Auxiliaries

dürfen, darf, durfte, gedurft
may, be permitted or *allowed to*
können, kann, konnte, gekonnt
can, be able to; understand, know (how to)
mögen, mag, mochte, gemocht
to like, like to, wish to; be possible

müssen, muß, mußte, gemußt
must, have to
sollen, soll, sollte, gesollt
should, ought to, be supposed to
wollen, will, wollte, gewollt
to want to, intend to, like to

Strong Verbs

Group I: ei – ie – ie / ei – i – i

bleiben, bleibt, blieb, ist geblieben *to remain, stay* stehenbleiben (sep.) (ist) *to stop* übrigbleiben (sep.) (ist) *to remain, be left over* zurückbleiben (sep.) (ist) *to remain behind*
greifen, greift, griff, gegriffen *to seize, grasp* begreifen *to understand, comprehend* einbegreifen (sep.) *to include, contain*
kneifen, kneift, kniff, gekniffen *to pinch, squeeze; withdraw, shirk*
leiden, leidet, litt, gelitten *to suffer, bear, tolerate* erleiden *to suffer, endure*
pfeifen, pfeift, pfiff, gepfiffen *to whistle*
rausschmeißen, schmeißt raus, schmiß raus, rausgeschmissen *to throw out*
reißen, reißt, riß, gerissen *to tear, pull* aufreißen (sep.) *to tear open*

scheinen, scheint, schien, geschienen *to shine; appear, seem* erscheinen (ist) *to appear; seem*
schleifen, schleift, schliff, geschliffen *to slide, glide; raze, demolish*
schneiden, schneidet, schnitt, geschnitten *to cut*
schreiben, schreibt, schrieb, geschrieben *to write* unterschreiben *to sign*
steigen, steigt, stieg, ist gestiegen *to climb* aussteigen (sep.) (ist) *to step out* einsteigen (sep.) (ist) *to step into, board*
streichen, streicht, strich, gestrichen *to stroke, spread; paint* bestreichen *to spread (over)*
treiben, treibt, trieb, getrieben *to drive, set in motion; urge, incite; carry on*

Group II: ie – o – o / i – o – o / e – o – o / ü – o – o

betrügen, betrügt, betrog, betrogen *to cheat, deceive*
bieten, bietet, bot, geboten *to offer; bid, wish* anbieten (sep.) *to offer*
fliegen, fliegt, flog, ist geflogen *to fly*
fließen, fließt, floß, ist geflossen *to flow*
frieren, friert, fror, hat (ist) gefroren *to freeze* erfrieren (ist) *to freeze to death* zufrieren (sep.) (ist) *to freeze over*
genießen, genießt, genoß, genossen *to enjoy*
gießen, gießt, goß, gegossen *to pour*
heben, hebt, hob, gehoben *to lift, raise* aufheben (sep.) *to pick up; lift, raise*
kriechen, kriecht, kroch, ist gekrochen *to creep, crawl*
lügen, lügt, log, gelogen *to lie, deceive*

riechen, riecht, roch, gerochen *to smell, scent*
schieben, schiebt, schob, geschoben *to shove*
schießen, schießt, schoß, geschossen *to shoot*
schließen, schließt, schloß, geschlossen *to shut, close; conclude*
schmelzen, schmilzt, schmolz, geschmolzen *to melt*
schwellen, schwillt, schwoll, ist geschwollen *to swell, grow bigger*
verlieren, verliert, verlor, verloren *to lose*
ziehen, zieht, zog, gezogen *to pull, draw* anziehen (sep.) *to put on (clothing); attract* sich anziehen (sep.) *to dress* auseinanderziehen (sep.) *to pull apart* sich ausziehen (sep.) *to undress*

Group III: i – a – u / i – a – o / e – a – a

beginnen, beginnt, begann, begonnen *to begin*
binden, bindet, band, gebunden *to bind, tie; unite* verbinden *to bind, join, connect*
finden, findet, fand, gefunden *to find; consider* sich befinden *to be, feel* erfinden *to invent, discover*
gelingen, gelingt, gelang, ist gelungen, (impers.) (+ indir. obj.) *to succeed*

singen, singt, sang, gesungen *to sing*
sinken, sinkt, sank, ist gesunken *to sink*
sinnen, sinnt, sann, gesonnen *to think, think over, brood* ersinnen *to think out, devise, conceive*
springen, springt, sprang, ist gesprungen *to spring, jump*

stehen, steht, stand, gestanden *to stand* **auf-stehen** (sep.) (ist) *to stand up, get up* bestehen *to be, exist; last, endure, pass (an examination)* bestehen **auf etwas** *to insist on something* bestehen **aus** *to consist of* überstehen *to endure, survive, get through* verstehen *to understand, comprehend* trinken, trinkt, trank, getrunken *to drink*

umschlingen, umschlingt, umschlang, um-schlungen *to embrace, entwine in* werben, wirbt, warb, geworben *to recruit; solicit, woo* erwerben *to gain, acquire* winden, windet, wand, gewunden *to wind, twist* sich winden *to writhe, twist* zwingen, zwingt, zwang, gezwungen, *to force, compel* erzwingen *to enforce; gain by force*

Group IV: e – a – u / e – a – o

brechen, bricht, brach, gebrochen *to break* aufbrechen (sep.) (hat) *to break open;* (ist) *to set out (on a trip, etc.); rise from the table* unterbrechen *to interrupt, stop* zusammen-brechen (sep.) (ist) *to break down, collapse* (sich) erschrecken, erschrickt, erschrak, er-schrocken *to be frightened* gelten, gilt, galt, gegolten *to be worth, be of value; mean, matter* helfen, hilft, half, geholfen (+ indir. obj.) *to help* nehmen, nimmt, nahm, genommen *to take* mitnehmen (sep.) *to take with one* Platz nehmen *to sit down, take a seat* teilnehmen (sep.) *to take part in, participate* überneh-men *to take over, undertake;* (sep.) *to trans-*

fer; shoulder arms vornehmen (sep.) *to un-dertake, take in hand* sich vornehmen (sep.) *to intend, resolve, make up one's mind* sprechen, spricht, sprach, gesprochen *to speak* aussprechen (sep.) *to pronounce, utter, ex-press* besprechen *to discuss, arrange* ver-sprechen *to promise* sterben, stirbt, starb, ist gestorben *to die* treffen, trifft, traf, getroffen *to hit, strike; meet; concern* sich treffen *to meet* be-treffen *to befall, surprise; concern* werfen, wirft, warf, geworfen *to throw* ein-werfen (sep.) *to throw in* or *down, deposit* entwerfen *to sketch, outline, plan* unter-werfen *to subjugate, subject (to)* sich unter-werfen *to submit, yield, resign oneself to*

Group V: e – a – e / i – a – e / ie – a – e

bitten, bittet, bat, gebeten *to ask (for); request; beg* essen, ißt, aß, gegessen *to eat* geben, gibt, gab, gegeben *to give* angeben (sep.) *to tell, declare; brag, boast* sich begeben *to go, proceed (to), set out (for)* sich hingeben (sep.) *to submit, resign oneself to* umgeben *to surround, encircle* lesen, liest, las, gelesen *to read; lecture* liegen, liegt, lag, gelegen *to lie, be situated* sehen, sieht, sah, gesehen *to see; look* ansehen (sep.) *to look at, consider* aussehen (sep.) *to*

look, appear, seem besehen *to look at, in-spect* nachsehen (sep.) *to check, examine* wiedersehen (sep.) *to see again* sitzen, sitzt, saß, gesessen *to sit; be situated; stick, adhere* treten, tritt, trat, ist getreten *to step, walk* an-treten (sep.) (hat or ist) *to begin, set out (on)* auftreten (sep.) (hat) *to kick open;* (ist) *to appear, take the floor* eintreten (sep.) (ist) *to enter, go in* vergessen, vergißt, vergaß, vergessen *to forget*

Group VI: a – u – a

backen, bäckt, buk, gebacken *to bake* fahren, fährt, fuhr, ist gefahren *to go, ride, travel* abfahren (sep.) (ist) *to leave, depart* erfahren *to learn, find out, experience* laden, lädt, lud, geladen *to load* einladen (sep.) *to invite* schlagen, schlägt, schlug, geschlagen *to beat,*

strike vorschlagen (sep.) *to propose, suggest* tragen, trägt, trug, getragen *to carry, bear; wear* eintragen (sep.) *to carry in; introduce; record* sich eintragen (sep.) *to register (oneself)* wachsen, wächst, wuchs, ist gewachsen *to grow* (sich) waschen, wäscht, wusch, gewaschen *to wash (oneself)*

Group VII: ei – ie – ei / a – ie – a / a – ie – ie / au – ie – au /
o – ie – o / u – ie – u / a – i – a

blasen, bläst, blies, geblasen *to blow* **durchblasen** (sep.) *to blow through*
braten, brät (bratet), briet, gebraten *to roast, bake*
fallen, fällt, fiel, ist gefallen *to fall* **auffallen** (sep.) (ist) *to attract attention, be noticeable* **durcheinanderfallen** (sep.) (ist) *to fall into confusion, get mixed up* **durchfallen** (sep.) (ist) *to fail* **gefallen** (+ indir. obj.) *to please* **hinfallen** (sep.) (ist) *to fall down*
fangen, fängt, fing, gefangen *to catch, capture* **anfangen** (sep.) *to begin, start* **empfangen** *to take, receive; welcome*
hängen, hängt, hing, gehangen *to hang*
halten, hält, hielt, gehalten *to hold, keep, contain; stop* **aufhalten** (sep.) *to hold up, stop* **behalten** *to keep, retain* **erhalten** *to get; receive; preserve, keep* **unterhalten** *to sustain, support; amuse, entertain* **sich unterhalten** *to converse; amuse oneself* **zusammenhalten** (sep.) *to hold together; compare; support*
heißen, heißt, hieß, geheißen *to be called or named; mean, signify*
lassen, läßt, ließ, gelassen *to let, allow; leave (be); have something done* **anlassen** (sep.) *to start, turn on; leave on* **verlassen** *to leave, abandon* **sich verlassen auf** *to rely on, depend on* **zulassen** (sep.) *to leave closed; permit, admit*
laufen, läuft, lief, ist gelaufen *to run; walk; flow* **einlaufen** (sep.) (ist) *to arrive, pull in*
raten, rät, riet, geraten *to advise; guess* **geraten** (ist) *to get, fall or come into* **verraten** *to betray, disclose*
rufen, ruft, rief, gerufen *to call, shout; summon* **anrufen** (sep.) *to call up, phone*
schlafen, schläft, schlief, geschlafen *to sleep* **einschlafen** (sep.) (ist) *to fall asleep*
stoßen, stößt, stieß, gestoßen *to push, shove*

Group VIII:

Irregular Strong Verbs *(gehen, kommen, tun)*

gehen, geht, ging, ist gegangen *to go, walk* **angehen** (sep.) (ist) *to approach; concern (someone)* **aufgehen** (sep.) (ist) *to rise; evaporate; open* **ausgehen** (sep.) (ist) *to go out; proceed, start* **begehen** *to traverse, walk on; celebrate; commit (an error)* **hervorgehen** (sep.) (ist) *to go or come forth; result from* **hinausgehen** (sep.) (ist) *to go out; exceed* **hingehen** (sep.) (ist) *to proceed, go to that place* **hineingehen** (sep.) (ist) *to go into; be contained* **rausgehen** (sep.)(ist) *to go out, leave* **reingehen** (sep.) (ist) *to enter, go into* **vergehen** *to pass (of time), slip by, vanish*
kommen, kommt, kam, ist gekommen *to come* **ankommen** (sep.) (ist) *to arrive* **bekommen** *to get, receive* **herkommen** (sep.) (ist) *to come here, approach; arise (from)* **mitkommen** (sep.) (ist) *to come along* **vorkommen** (sep.) (ist) *to come forward; happen; seem, appear*
tun, tut, tat, getan *to do, make*

Strong-Weak Verbs

brennen, brennt, brannte, gebrannt *to burn* **abbrennen** (sep.) (ist) *to burn down* **anbrennen** (sep.) (ist) *to scorch, burn* **verbrennen** *to burn (up), scorch*
bringen, bringt, brachte, gebracht *to bring* **mitbringen** (sep.) *to bring along* **verbringen** *to spend or pass (time)*
denken, denkt, dachte, gedacht *to think* **bedenken** *to consider, think over* **nachdenken** (sep.) *to think, reflect*
kennen, kennt, kannte, gekannt *to know, be acquainted with* **erkennen** *to recognize* **anerkennen** (sep.) *to recognize, acknowledge*
nennen, nennt, nannte, genannt *to name, call*
rennen, rennt, rannte, ist gerannt *to run*
(sich) wenden, wendet, wandte, gewandt *to turn, turn around* **sich wenden an** *to turn to*
wissen, weiß, wußte, gewußt *to know (fact), have knowledge of*

GERMAN-ENGLISH VOCABULARY

ab away from, down, off

abbrennen, brennt ab, brannte ab, ist abgebrannt to burn down

abdrehen *(sep.)* to shut off, turn off

der Abend, –s, –e evening

abends evenings, in the evening

das Abendessen, –s, – evening meal, supper

aber but

abergläubisch superstitious

abfahren, fährt ab, fuhr ab, ist abgefahren to depart, leave

der Abfluß, –(ss)es, –̈e drain

abgeben, gibt ab, gab ab, abgegeben to deliver, hand over

abhängen *(sep.)* to take down; hang up (telephone receiver); depend upon

abhängig dependent

abholen *(sep.)* to pick up, fetch

ablehnen *(sep.)* to reject, decline

ablösen *(sep.)* to relieve (someone)

die Abreise, –, –n departure

abschicken *(sep.)* to send off, dispatch

der Abschied, s, e departure

der Abschiedsabend, –s, –e farewell evening

die Abschiedsfeier, –, –n farewell celebration

der Abschluß, –(ss)es, –̈(ss)e end, closing

der Abschnitt, –s, –e section, segment

abschrauben *(sep.)* to unscrew

der Absender, –s, – sender, return address

abstatten *(sep.)* to pay (a visit); give, render

der Abstecher, –s, – short excursion, trip

abstellen *(sep.)* to put away, put down

abstrakt abstract

abtasten *(sep.)* to feel out, investigate by touch

abwärts downwards; aside

abwechseln *(sep.)* to alternate

die Abwechslung, –, –en variety; alternation; change

abwechslungsreich full of variety

achten to respect, hold in esteem

achten auf *(+ dir. obj.)* to regard, pay attention to

achtlos careless(ly)

die Achtung, – respect; attention

der Ackerbau, –s agriculture

die Adresse, –, –n address

adressieren to address

die Affäre, –, –n affair

ähneln *(+ indir. obj.)* to resemble, be similar to

ähnlich similar, like

die Ähnlichkeit, –, –en similarity, resemblance

das Album, –s, Alben album, scrapbook

all all

das All, –s the universe

allein alone *(pred. adj.);* but *(conj.)*

allerdings to be sure, of course

allerlei all kinds of

allerwichtigst most important

alles everything; all

allgemein general

im allgemeinen in general

allmählich gradual(ly), by degrees

als as; when; than

als ob as though

also thus, therefore

alt old

das Alter, –s age, old age

das Altertum, –s antiquity

altmodisch old-fashioned, out-moded

(das) Amerika, s, –s America

der Amerikaner, –s, – the American *(m.)*

die Amerikanerin, –, –nen the American *(f.)*

amerikanisch American *(adj.)*

an *(+ dir. obj. or indir. obj.)* at, near, by; on; to, up to

die Analyse, –, –n analysis

sich anbahnen *(sep.)* to be in the making; open a way for oneself

anbieten, bietet an, bot an, angeboten to offer

der Anblick, –s, –e view, sight; appearance

anbrennen, brennt an, brannte an, ist angebrannt to burn, scorch

ander other, different

anders otherwise, differently

ändern to alter, change *(tr.)*

sich ändern to change *(intr.)*

die Änderung, –, –en alteration, change

andrehen *(sep.)* to turn on

anerkennen, erkennt an, erkannte an, anerkannt to recognize

der Anfang, –s, –̈e beginning, start

anfangs at the beginning

anfangen, fängt an, fing an, angefangen to begin, start

der **Anfänger,** –s, – beginner
anfänglich initial(ly)
die **Anforderung,** –, –en claim, demand, requirement
angeben, gibt an, gab an, angegeben to brag, boast; declare, state
der **Angeber,** –s, – bragger
angehen, geht an, ging an, ist angegangen to concern
angenehm pleasant, agreeable
angreifen, greift an, griff an, angegriffen to attack, seize
anhand (von) with the aid of; on the basis of; by means of
anhören *(sep.)* to listen to
anhumpeln *(sep.)* (ist angehumpelt) to come hobbling, limp
animieren to animate, enliven
anklopfen *(sep.)* to knock (at the door)
ankommen, kommt an, kam an, ist angekommen to arrive
der **Ankömmling,** –s, –e newcomer
die **Ankunft,** –, ⸚e arrival
die **Anlage,** –, –n park, grounds
anlassen, läßt an, ließan, angelassen to start, turn on; leave on
der **Anlasser,** –s, – starter
anlegen *(sep.)* to establish, plan, found
der **Anlegeplatz,** –es, ⸚e dock, pier
annehmen, nimmt an, nahm an, angenommen to accept; take on, assume
anonym anonymous
die **Anonymität,** – anonymity
anprobieren *(sep.)* to try on
anreden *(sep.)* to address, speak to
die **Anregung,** –, –en stimulation
anrufen, ruft an, rief an, angerufen to call up, telephone
anschauen *(sep.)* to look at
die **Anschrift,** –, –en address (on letters)
anschwellen, schwillt an, schwoll an, ist angeschwollen to swell up, increase *(intr.)*
ansehen, sieht an, sah an, angesehen to look at; consider
die **Ansicht,** –, –en view; opinion
die **Ansichtskarte,** –, –n picture postcard
anspringen, springt an, sprang an, ist angesprungen to start an engine *(intr.)*
der **Anspruch,** –s, ⸚e demand, claim
anstatt *(+ poss.)* instead of
anstellen *(sep.)* to set in operation; appoint, employ; place or put near
anstrahlen *(sep.)* to illuminate, radiate
die **Antenne,** –, –n antenna
der **Antrag,** –s, ⸚e application
antreten, tritt an, trat an, ist angetreten to set out on, begin, enter upon
die **Antwort,** –, –en answer
antworten to answer
anwesend present *(adj.)*
die **Anzahl,** – number, quantity

anziehen, zieht an, zog an, angezogen to put on (clothing); attract *(tr.)*
sich anziehen to dress *(intr.)*
der **Anzug,** –s, ⸚e suit
apart uncommon, interesting; cute
der **Apfelkuchen,** –s, – apple cake
der **Appetit,** –s appetite
Guten Appetit! Enjoy your meal!
der **Äquator,** ⸳s equator
die **Arabeske,** –, –n arabesque
die **Arbeit,** –, –en work
der **Arbeiter,** –s, – workman, worker
arbeiten to work
der **Ärger,** –s annoyance
sich ärgern (über) to be annoyed, angry (about)
arm poor
der **Arm,** –(e)s, –e arm
das **Armaturenbrett,** –s, –er dashboard
die **Armbanduhr,** –, –en wristwatch
die **Art,** –, –en manner; kind
artig well-behaved; nice; pretty
der **Artikel,** –s, – article; newspaper report
der **Arzt,** –es, ⸚e physician
ärztlich medical
der **Assistent,** –en, –en assistant *(m.)*
die **Assistentin,** –, –nen assistant *(f.)*
assistieren *(+ indir. obj.)* to assist
der **Ast,** –es, ⸚e branch
der **Astronaut,** –en, –en astronaut
der **Atem,** –s, – breath
atemlos breathless
atmen to breathe
die **Atomrakete,** –, –n nuclear rocket
auch also, too; even
auf *(+ dir. obj. or indir. obj.)* on, upon; to, toward
aufbauen *(sep.)* to erect, build
aufbrechen, bricht auf, brach auf, ist aufgebrochen to start or set out on a journey; rise from the table
aufdringlich obtrusive; gaudy
der **Aufenthalt,** –(e)s, –e stay, sojourn; stopover; delay
auffallen, fällt auf, fiel auf, ist aufgefallen to be noticeable; attract attention
auffordern *(sep.)* to invite, ask
die **Aufgabe,** –, –n assignment; task; problem
aufgeben, gibt auf, gab auf, aufgegeben to give up; assign a lesson
aufgehen, geht auf, ging auf, ist aufgegangen to rise
aufgestapelt stacked
aufhalten, hält auf, hielt auf, aufgehalten to hold up, stop *(tr.)*
sich aufhalten to stay, dwell on *(intr.)*
aufhängen *(sep.)* to hang up
aufheben, hebt auf, hob auf, aufgehoben to pick up; lift, raise; keep, save
aufhören *(sep.)* to cease, leave off, stop
aufklären *(sep.)* to clear up, explain

sich **auflehnen** *(sep.)* to oppose, resist
auflösen *(sep.)* to loosen; melt; unravel
  aufgelöst shaken
aufmachen *(sep.)* to open
die **Aufnahme**, –, –n snapshot, photograph
aufpassen *(sep.)* to pay attention; watch
aufregen *(sep.)* to stir up, excite
  sich **aufregen** *(sep.)* to get excited
  aufregend exciting
die **Aufregung**, –, –en excitement; agitation
aufreißen, reißt auf, riß auf, aufgerissen to rip open
aufschlagen, schlägt auf, schlug auf, aufgeschlagen to hit, strike, beat
die **Aufschneiderei**, –, –en bragging, boasting
der **Aufschnitt**, –(e)s, –e cut, slice; coldcuts
aufschreiben, schreibt auf, schrieb auf, aufgeschrieben to write down
aufstapeln *(sep.)* to stack, pile up
aufstehen, steht auf, stand auf, ist aufgestanden to stand up, rise, get up
aufstellen *(sep.)* to put or set up
aufsuchen *(sep.)* to visit; seek out, look for
auftreten, tritt auf, trat auf, ist aufgetreten to appear, take the floor
das **Auge**, –s, –n eye
der **Augenblick**, –s, –e moment
  augenblicklich momentary; present(ly); immediate(ly); just now
die **Augenbraue**, –, –n eyebrow
aus *(+ indir. obj.)* out of, from; (made) of
ausdenken, denkt aus, dachte aus, ausgedacht to think out; conceive, imagine
der **Ausdruck**, –s, ̈-e expression, idiom
auseinander apart, asunder; separate(ly)
ausfechten, ficht aus, focht aus, ausgefochten to fight (out)
ausgefallen unusual
ausgehen (von), geht aus, ging aus, ist ausgegangen to go out; proceed, emanate
ausgeschaltet turned off
ausgezeichnet excellent, outstanding; extremely well
das **Ausland**, –s foreign country
der **Ausländer**, –s, – foreigner
  ausländisch foreign
auslegen *(sep.)* to spread out, display; inlay; lay out, establish
sich **ausmalen** *(sep.)* to fancy, imagine
die **Ausnahme**, –, –n exception
ausnehmen, nimmt aus, nahm aus, ausgenommen to take out; except, exclude
auspacken *(sep.)* to unpack
ausreichen *(sep.)* to suffice, last
ausrufen, ruft aus, rief aus, ausgerufen to cry out, call out; proclaim
ausschalten *(sep.)* to disconnect, switch off
ausschauen *(sep.)* to look out, peep
ausschimpfen *(sep.)* to scold, yell at (someone)
der **Ausschlag**, –s, ̈- rash, breaking out
der **Ausschnitt**, –s, –e section, clipping

aussehen, sieht aus, sah aus, ausgesehen to look, seem, appear
außen outside *(adv.)*
außer *(+ indir. obj.)* out of; except, besides
außerdem moreover
außerhalb *(+ poss.)* outside of
außerordentlich extraordinary, exceptional(ly)
äußerst extreme, utmost
die **Aussicht**, –, –en view, prospect
aussprechen, spricht aus, sprach aus, ausgesprochen to pronounce; utter, express
aussteigen, steigt aus, stieg aus, ist ausgestiegen to step out or off
aussuchen *(sep.)* to pick out, select
die **Auswahl**, –, –en choice, selection
der **Ausweis**, –es, – identification card, passport
das **Auto**, –s, –s automobile, car
die **Autobahn**, –, –en superhighway, expressway
der **Autobus**, –ses, –se bus, omnibus
der **Autohändler**, –s, – car dealer
automatisch automatic
der **Automechaniker**, –s, – auto mechanic
das **Automobil**, –s, –e automobile, car
die **Autorität**, –, –en authority
der **Autoschlüssel**, –s, – car key

die **Backe**, –, –n cheek
backen, bäckt, buk, gebacken to bake
die **Bäckerei**, –, –en bakery
das **Bad**, –es, ̈-er bath; bathroom
baden to bathe, swim
der **Bademantel**, –s, ̈- bathrobe
die **Badewanne**, –, –n bathtub
das **Badezimmer**, –s, – bathroom
die **Bahn**, –, –en path, course; lane (of a highway); railroad
bahnen to make way, prepare a way
der **Bahnhof**, –s, ̈-e railway station
der **Bahnsteig**, –s, –e platform (at a railway station)
bald soon
baldig quick, early *(adj.)*
der **Band**, –(e)s, ̈-e volume (of a book)
bankrott bankrupt
der **Bart**, –es, ̈-e beard
die **Batterie**, –, –n battery
der **Bau**, –es, –ten building, construction
der **Bauch**, –es, ̈-e stomach
bauen to build
die **Bauernwurst**, –, ̈-e kind of sausage
der **Baum**, –(e)s, ̈-e tree
das **Bauwerk**, –s, –e building
beachten to observe, notice
der **Beamte**, –n, –n (ein Beamter) official
das **Bedauern**, –s, sorrow, regret
bedenken, bedenkt, bedachte, bedacht to consider, think over
bedeuten to mean, signify
  bedeutend significant, important

die **Bedeutung**, -, -en meaning, significance
bedienen to serve, wait on (a table)
die **Bedienung**, -, -en service
sich **beeilen** to hurry
beenden to finish, conclude; bring to an end
die **Beerdigung**, -, -en burial, funeral
das **Beerdigungsinstitut**, -s, -e funeral home
die **Beere**, -, -n berry
sich **befassen** (mit) to occupy oneself with, concern oneself with
sich **befinden**, befindet, befand, befunden to be (located); to feel
befördern to carry, transport
sich **begeben**, begibt, begab, begeben to set out, proceed, go
begegnen (ist begegnet) *(+ indir. obj.)* to meet
die **Begegnung**, -, -en encounter
begehen, begeht, beging, begangen to celebrate; traverse, walk on; commit (an error)
begeistern to inspire
  sich **begeistern** to be enthusiastic
  begeistert enthusiastic
der **Beginn**, -(e)s, -e beginning, start
beginnen, beginnt, begann, begonnen to begin, start
begleiten to accompany, escort
begreifen, begreift, begriff, begriffen to understand, comprehend
begrenzen to limit; border
begründen to establish, found; prove
begrüßen to greet, welcome
die **Begrüßung**, -, -en greeting, salutation
behalten, behält, behielt, behalten to keep, retain
behandeln to treat, deal with
behaupten to affirm, assert, maintain
die **Behauptung**, -, -en assertion
beherrschen to control, rule
bei *(+ indir. obj.)* at; with; by; near; at the home of; at the time of; in case of
beichten to confess
beide both
das **Bein**, -s, -e leg
beinahe almost
das **Beispiel**, -s, -e example
  zum **Beispiel** for example
beißen, beißt, biß, gebissen to bite
  sich **beißen** to clash (colors)
bekannt known, well-known
der, die **Bekannte**, -n, -n acquaintance
bekanntlich as is well known
bekommen, bekommt, bekam, bekommen to get, receive
belagern to besiege
belegen to cover; register for (a course); to verify
beleidigen to offend, insult
die **Beleidigung**, -, -en insult, offense
beleuchten to light up, illuminate
beliebt popular
die **Beliebtheit**, - popularity

bemerken to notice; say, remark
die **Bemerkung**, -, -en notice; comment; observation
benutzen to use
die **Benutzung**, -, -en use
das **Benzin**, -s, -e gasoline
  die **Benzinleitung**, -, -en fuel line
  die **Benzinpumpe**, -, -n fuel pump
  der **Benzintank**, -s, -s gas tank
beobachten to observe, watch
bequem comfortable, convenient
die **Bequemlichkeit**, -, -en comfort, convenience
der or das **Bereich**, -s, -e domain, area; scope, range
bereit ready
bereiten to prepare
bereits already, previously
der **Berg**, -(e)s, -e mountain, hill
der **Bergabhang**, -s, -̈e mountain slope
berichtigen to correct
der **Beruf**, -s, -e job, occupation, profession
sich **beruhigen** to rest, calm down
die **Beruhigung**, - ease of mind; relaxation; reassurance
berühmt famous
beschädigen to damage, harm
beschäftigen to employ, occupy
  sich **beschäftigen** to work at, be occupied
  beschäftigt busy
die **Beschämung**, - embarrassment, shame
der **Bescheid**, -s, -e answer, reply; information
bescheiden modest
die **Bescheidenheit**, - modesty
bescheren to bestow upon, give
beschließen, beschließt, beschloß, beschlossen to finish; decide upon, resolve
besehen, besieht, besah, besehen to look at, inspect
der **Besen**, -s, - broom
besetzen to occupy
besichtigen to inspect, view
besiegeln to seal
besiegen to defeat, vanquish
sich **besinnen**, besinnt, besann, besonnen to remember, recollect; consider
der **Besitzer**, -s, - owner
besonder special, particular
besonders especially
besorgen to provide for, take care of
besprechen, bespricht, besprach, besprochen to discuss; arrange
bestehen, besteht, bestand, bestanden to be, exist; last, endure; pass (an examination)
  bestehen auf *(+ dir. obj.)* to insist on
  bestehen aus *(+ indir. obj.)* to consist of
bestellen to order, send for, call; reserve (a room)
bestimmen to determine, fix; define; intend for
bestimmt definite(ly), certain(ly); fixed

bestrafen to punish
bestrahlen to shine upon, irradiate
bestreichen, bestreicht, bestrich, bestrichen
 to spread (over), smear
der **Besuch, –s, –e** visit; company, visitor
besuchen to visit, call on
der **Besucher, –s, –** caller, visitor
sich **beteiligen** to take part in
beten to pray
betrachten to look at, consider, examine
die **Betrachtung, –, –en** view; opinion; consideration
betreffen, betrifft, betraf, betroffen to concern; befall, surprise
 was ... betrifft as for ..., as far as ... is
 concerned
der **Betrieb, –s** traffic
betrügen to cheat, deceive
der **Betrüger, –s, –** swindler, cheater
das **Bett, –(e)s, –en** bed
sich **beugen** to bend down, bow down
bevorzugen to prefer, favor
bewahren to keep, preserve
bewegen to move, stir *(tr.)*
 sich **bewegen** to move *(intr.)*
die **Bewegung, –, –en** movement; motion,
 agitation
bewilligen to allow, permit, grant
bewundern to admire, wonder at
bewußt conscious, aware; deliberate(ly)
bezahlen to pay (for)
die **Bezahlung, –, –en** payment
bezaubernd bewitching, enchanting; fascinating
bezaubert enchanted
bezeichnen to designate, signify
bezweifeln to doubt
die **Bibel, –, –n** Bible
die **Bibliothek, –, –en** library
biblisch biblical
das **Bier, –s, –e** beer
 das **Bierglas, –es, –er** beer glass
bieten, bietet, bot, geboten to offer, bid
das **Bild, –es, –er** picture, image
bilden to form, shape; educate
billig cheap
die **Binde, –, –n** bandage
binden, bindet, band, gebunden to bind, tie,
 unite
die **Biologie, –** biology
bis until *(conj.);* to, up to, until *(prep. + indir.
 obj.)*
bisher until now
ein **bißchen** a little, a bit
bitte please; don't mention it
die **Bitte, –, –n** request
bitten, bittet, bat, gebeten to ask (for),
 request; beg, implore
sich **blamieren** to disgrace oneself, make a
 fool of oneself
blasen, bläst, blies, geblasen to blow

das **Blatt, –(e)s, ¨er** leaf; sheet; newspaper
blau blue
das **Blei, –s** lead
 das **Bleigießen, –s** lead pouring
bleiben, bleibt, blieb, ist geblieben to remain,
 stay
der **Bleistift, –s, –e** pencil
blendend brilliant, dazzling
der **Blick, –(e)s, –e** glance, look
blicken to look
der **Blitz, –es, –e** lightning
blitzen to lighten (emit lightning); flash
bloß bare, naked; mere *(adj.);* only, merely
 (adv.)
blühen to blossom, bloom; flourish
die **Blume, –, –n** flower
der **Bobschlitten, –s, –** bobsled
bocken to buck
der **Boden, –s, ¨** floor; ground; attic
die **Börse, –, –n** purse, wallet; stock exchange
böse bad, evil; angry
braten, brät *or* bratet, briet, gebraten to roast,
 broil, fry
der **Braten, –s, –** roast
der **Brauch, –(e)s, ¨e** custom; use
brauchbar useful
brauchen to need; make use of
brauen to brew
braun brown
brechen, bricht, brach, gebrochen to break
brennen, brennt, brannte, gebrannt to burn
das **Brett, –es, –er** board
der **Brief, –(e)s, –e** letter
der **Briefkasten, –s, ¨** mailbox
die **Briefmarke, –, –n** postage stamp
der **Briefträger, –s, –** postman, mailman
der **Briefumschlag, –s, ¨e** envelope
bringen, bringt, brachte, gebracht to bring
das **Brot, –(e)s, –e** bread
das **Brötchen, –s, –** hard roll
der **Bruchteil, –s, –e** fraction
die **Brücke, –, –n** bridge
das **Buch, –(e)s, ¨er** book
die **Buchhandlung, –, –en** bookstore
der **Buchstabe, –ns, –n** letter of the alphabet,
 character
buchstabieren to spell
sich **bücken** to stoop, bend down; bow
büffeln to grind one's way through *(slang)*
der **Bumerang, – s, –s** boomerang
der **Bund, –es, ¨e** alliance, union
bündeln to bundle (up), bunch
die **Bundesregierung, –** West German Government
der **Bungalow, –s, –s** bungalow
bunt colored, bright, gay
die **Burg, –, –en** castle
bürgerlich middle-class, bourgeois; civic
das **Büro, –s, –s** office, bureau
die **Butter, –** butter
die **Buttercrèmetorte, –, –en** buttercream torte

das **Café**, –s, –s café, coffeehouse
das **Chaos**, – chaos
der **Charakter**, –s, –e character
der **Chef**, –s, –s chief, head
der **Christbaum**, –s, ¨e Christmas tree

da there *(adv.)*; since, as *(conj.)*
dabei thereby; in view of that; with that
dafür for that purpose; in return for that; instead of it (that)
dagegen on the contrary, on the other hand; in return for it (that)
daher from there *(adv.)*; therefore *(conj.)*; along, away *(sep. prefix)*
dahin to that place, time, or state *(adv.)*; along, away *(sep. prefix)*
dahinten at (in) the back, behind
damalig of that time *(adj.)*
damals at that time, then *(adv.)*
die **Dame**, –, –n lady
damit in order that, so that *(conj.)*; therewith *(adv.)*
das **Dampfbad**, –(e)s, ¨er steambath
dämpfen to soften, muffle, dampen
daneben next to it
der **Dank**, –(e)s thanks, gratitude
dankbar thankful, grateful
danken *(+ indir. obj.)* to thank
dann then, at that time
daran thereon, thereat, thereby
darauf thereon; afterwards, next
die **Darbietung**, –, –en presentation. performance
darein therein
darin therein; within
darstellen *(sep.)* to present, perform; describe; represent
darum therefore, for that reason, on that account; around it
darunter including, among them; underneath it (that)
dasein, ist da, war da, ist dagewesen to exist, be there
das **Dasein**, –s existence
daß that, so that *(conj.)*
dauern to last, continue
davon thereof, therefrom; of that
davor before that; in front of that
dazu thereto, for that purpose; in addition
die **Decke**, –, –n cover; blanket; ceiling
der **Deckel**, –s, – lid, cover
decken to cover
die **Dekoration**, –, –en adornment, decoration
demokratisch democratic
demonstrieren to demonstrate
denken, denkt, dachte, gedacht to think
  denken an *(+ dir. obj.)* to think of, remember
das **Denkmal**, –s, ¨er *or* –e monument
denn because, for *(conj.); also used as particle*
derselbe, dieselbe, dasselbe the same (thing)

der **Deserteur**, –s, –e deserter
deshalb therefore, for that reason
desto *(+ comparatives)* the . . . (so much) the
deswegen for that reason, on that account
deuten to indicate, signify
deutlich distinct, clear
deutsch German *(adj.)*
(das) **Deutsch**(e), –n German *(language)*
  auf deutsch in German
  der **Deutschunterricht**, –(e)s German lessons
der **Deutsche**, –n, –n the German *(m.)*
die **Deutsche**, –n, –n the German *(f.)*
(das) **Deutschland**, –s Germany
dezent subtle
der **Dialog**, –s, –e dialogue
der **Dichter**, –s, – poet *(m.)*
  die **Dichterin**, –, –nen poet *(f.)*
die **Dichtung**, –, –en poetry; work of poetry
dick thick; fat
dienen *(+ indir. obj.)* to serve
der **Diener**, –s, – servant
der **Dienst**, –es, –e service
der **Dienstag**, –s, –e Tuesday
dieser, diese, dieses this, these
  dies *contraction of* dieses
diesmal this time
diesseit(s) *(+ poss.)* on this side of
das **Ding**, –es, –e thing
  die **Dinger** *(pl.)* things (of little value)
direkt direct(ly)
der **Direktor**, –s, –en manager
die **Diskussion**, –, –en discussion
distinguiert distinguished
doch yet, however; anyway; surely, certainly; after all
der **Dogenpalast**, –es, ¨e doge's palace
der **Dollar**, –s, –s dollar
der **Dom**, –(e)s, –e cathedral; dome
der **Donnerstag**, –s, –e Thursday
doppelt double *(adj. or adv.)*
das **Doppelzimmer**, –s, – double room
das **Dorf**, –(e)s, ¨er village
dort there
dorthin that way, to that place
dramatisch dramatic
draußen outside
sich drehen to turn *(intr.)*
dringend urgent
drinnen inside, within
das **Drittel** third *(fraction)*
drüben over there, on the other side
der **Druck**, –(e)s, –e pressure; printing, print
drucken to print
drücken to press, squeeze
duften to smell *(intr.)*, be fragrant
dumm stupid
die **Dummheit**, –, –en stupidity; stupid action
dunkel dark
die **Dunkelheit**, –, –en darkness
dunkeln to darken, grow dark

durch *(+ dir. obj.)* through, by means of
durchaus thoroughly; absolutely
durchblasen, bläst durch, blies durch, durchgeblasen to blow through
durchblättern *(sep.)* to thumb through (pages)
durcheinander bringen to confuse
durcheinander wirbeln to whirl all around
durchfallen, fällt durch, fiel durch, ist durchgefallen to fail
durchschneiden, schneidet durch, schnitt durch,
durchgeschnitten to cut in two
der Durchschnittspreis, -es, -e average price
die Durchschnittsware, -, -n article of average
or mediocre quality
durchsuchen *(sep.)* to examine; search
dürfen, darf, durfte, gedurft to be permitted;
may
der Durst, -es thirst
dursten to be thirsty
durstig thirsty
die Düse, -, -n jet, nozzle; fuel injector
sich duzen to be on familiar terms with, have
a first name relationship
der Duzfreund, -(e)s, -e intimate friend

eben even, flat *(adj.)*; just now *(adv.)*
ebenfalls likewise
ebenso just so, just as
echt real, genuine, true
das Eck, -s, -e angle
das Deutsche Eck Rhine elbow
die Ecke, -, -en edge; corner, angle
egal alike; even; the same
Das ist mir egal. It's all the same to me.
die Ehre, -, -n honor
ehren to honor, respect
ehrfürchtig respectful
ehrgeizig ambitious
ehrlich honest(ly)
das Ei, -(e)s, -er egg
der Eifer, -s eagerness
eifersüchtig jealous
eigen own, proper
die Eigenschaft, -, -en quality; property,
attribute
eigentlich proper(ly); real(ly), true(ly);
strictly speaking
das Eigentum, -s, ⸚er property
der Eilbrief, -s, -e express letter
die Eile, -haste, speed
eilen to hurry
der Eilzug, -s, ⸚e fast train, express train
der Eimer, -s, - pail
einander one another
einbauen *(sep.)* to build in, install
einbegreifen, begreift ein, begriff ein; einbegriffen to include
einblenden *(sep.)* to fade in
der Eindruck, -(e)s, ⸚e image, impression
eineinhalb one and a half
einengen to hem in, confine

einerlei uniform, of one sort; immaterial
das Einerlei, -s monotony
einfach simple; one-way (ticket, *etc.)*
einfrieren, friert ein, fror ein, ist eingefroren
to freeze in *or* up
einführen *(sep.)* to introduce, usher in
der Eingang, -(e)s, ⸚e entrance
eingangs at the beginning
einig united, agreed *(pred. adj.)*
einige *(pl.)* a few, some
einladen, lädt (ladet) ein, lud ein, eingeladen
to invite
die Einladung, -, -en invitation
einlaufen, läuft ein, lief ein, ist eingelaufen
to arrive, pull in
einmal once; once upon a time; sometime
noch einmal once more, once again
einpacken *(sep.)* to pack
einrichten *(sep.)* to set right, arrange; furnish
die Einrichtung, -, -en arrangement, set-up
einsam lonesome; alone *(adv.)*
einsammeln *(sep.)* to collect, gather
die Einschaltung, -, -en switching on;
insertion
einschlafen, schläft ein, schlief ein, ist eingeschlafen to fall asleep
der Einschreibebrief, -es, -e registered letter
die Einschreibesendung, -, -en registered
letter *or* packet
einsperren *(sep.)* to imprison
einstecken *(sep.)* to put *or* stick in; pocket
einstellen *(sep.)* to put in, install, hire; regulate
sich einstellen (auf) to prepare for
sich eintragen, trägt ein, trug ein, eingetragen
to register (oneself)
eintreten, tritt ein, trat ein, ist eingetreten
enter, go in; to enter upon, begin
der Eintritt, -(e)s, -e entrance, admission
einwandfrei faultless(ly), perfect(ly)
einwerfen, wirft ein, warf ein, eingeworfen to
throw in *or* down, deposit
der Einwohner, -s, - resident, inhabitant
das Einzelgeschäft, -(e)s, -e independent shop
or business(man)
die Einzelheit, -, -en detail, particulars *(pl.)*
einzeln single, individual; alone
einzelne *(pl.)* a few, some
das Einzelzimmer, -s, - single room
einziehen, zieht ein, zog ein, eingezogen to
draw in, collect
einzig single; only, sole; unique
das Eis, -es ice; ice cream
der Eisberg, -s, -e iceberg
das Eisen, -s, - iron
die Eisenbahn, -, -en railroad, railway
der Eisenbahnzug, -s, ⸚e railway train
die Eisenstange, -, -n iron rod
eisgekühlt ice-cold; cooled with ice
der Eiskunstlauf, -s, ⸚e (art of) figure skating
das Eiskunstlaufen, -s (act of) figure skating
elegant elegant

die **Eleganz,** – elegance
elektrifizieren to electrify
elektrisch electric
das **Elektronengehirn,** –(e)s, –e electronic brain
das **Elfenbein,** –s ivory
der **Elfer,** –s, – No. 11 (screwdriver)
der **Ell(en)bogen,** –s, – elbow
die **Eltern** *(pl.)* parents
empfangen, empfängt, empfing, empfangen to take; receive; welcome
der **Empfangschef,** –s, –s receptionist
die **Empfehlung,** –, –en recommendation
das **Ende,** –s, –n end
  zu Ende at an end, at the end
endgültig definite, final
endlich final(ly); finite
die **Endung,** –, –en ending
eng narrow, tight; close
der **Engel,** –s, – angel
der **Engländer,** –s, – monkey wrench; Englishman
englisch English
  auf englisch in English
der **Enkel,** –s, – ankle
entdecken to discover, find out
die **Ente,** –, –n duck
entfernen to remove, take away
  sich entfernen to leave, withdraw *(intr.)*
  entfernt distant, far away
die **Entfernung,** –, –en distance
enthalten to contain, include
entlang *(+ indir. obj.)* along
entscheiden, entscheidet, entschied, entschieden to settle, decide
  sich entscheiden to make up one's mind
  entscheidend crucial; decisive
die **Entscheidung,** –, –en decision
entschieden decided(ly); emphatically
entschuldigen to excuse
  sich entschuldigen to apologize
entsetzt frightened
entweder ... oder either ... or
entwerfen, entwirft, entwarf, entworfen to plan, design, draw up, outline
die **Entwicklung,** –, –en development
entzückend delightful, charming
erbärmlich miserable, pitiful
die **Erdbeertorte,** –, –n strawberry cake
die **Erde,** –, –n earth
  die **Erddrehung,** –, –en rotation of the earth
  die **Erdkugel,** –, –n globe
das **Ereignis,** –ses, –se event, occurrence
erfahren, erfährt, erfuhr, erfahren to learn, hear, find out; experience
die **Erfahrung,** –, –en experience
erfinden, erfindet, erfand, erfunden to invent
der **Erfolg,** –s, –e result; success
erfolgen to ensue, result (from)

erfolgreich successful
sich erfreuen an *(+ indir. obj.)* to enjoy, be glad about
erfreulich delightful; satisfactory, gratifying
erfrieren, erfriert, erfror, ist erfroren to freeze to death
ergänzen to complete
erhalten, erhält, erhielt, erhalten to get, receive; keep
erhöhen to increase, raise
sich erholen (von) to recuperate, recover
erholsam healthy
erinnern to remind
  sich erinnern *(+ poss.)* or **an** *(+ dir. obj.)* to remember
die **Erinnerung,** –, –en memory; remembrance
sich erkälten to catch cold
die **Erkältung,** –, –en cold; chill
erkennen, erkennt, erkannte, erkannt to recognize
erklären to explain, make clear
die **Erklärung,** –, –en explanation
erlauben to allow, permit
  Erlaube mal! I beg your pardon!
die **Erlaubnis,** –, –se permission
erleben to experience; live to see
das **Erlebnis,** –ses, –se experience
erleichtern to lighten, make easier
erleiden, erleidet, erlitt, erlitten to suffer
ermüdet tired out
die **Ernährung,** – diet, nourishment
ernst serious
der **Ernst,** –es seriousness
eröffnen to open, start
erregend exciting
erreichen to reach, attain, arrive at
die **Errungenschaft,** –, –en achievement
das **Ersatzteil,** –s, –e replacement part
erscheinen, erscheint, erschien, ist erschienen to appear (on the scene); seem
erschießen, erschießt, erschoß, erschossen to shoot (dead)
erschöpfen to drain, exhaust
sich erschrecken, erschrickt, erschrak, erschrocken to be frightened, be startled
ersehen, ersieht, ersah, ersehen to see, learn
ersinnen, ersinnt, ersann, ersonnen to think out, conceive, devise, create
ersparen to spare, save
erst first, foremost *(adj.);* at first
erstens in the first place; only, just, first of all, not until *(adv.)*
erstaunen to astonish
  erstaunt astonished
erstaunlich astonishing(ly)
ertappen to catch
der **Erwachsene,** –n, –n adult, grown-up
erwähnen to mention
erwarten to expect, wait for
die **Erwartung,** –, –en expectation
erweitern to enlarge, widen

erwerben, erwirbt, erwarb, erworben   to gain, acquire
erwidern   to reply
erwischen   to catch
erzählen   to tell, relate
die Erzählung, –, –en   tale, narration, story
erzwingen, erzwingt, erzwang, erzwungen   to force
essen, ißt, aß, gegessen   to eat, dine
das Essen, –s, –   food, meal
das Eßzimmer, –s, –   dining room
etwa   about, nearly; perhaps
etwas   a little, some, somewhat *(adv.);* something *(pron.)*
europäisch   European
ewig   everlasting, eternal
die Ewigkeit, –   eternity
das Examen, –s, Examina   examination
existieren   to exist
das Extrem, –s, –e   extreme

fabelhaft   fabulous
das Fach, –(e)s, ⸚er   subject
fahren, fährt, fuhr, gefahren   to drive, convey *(tr.)*
   ist gefahren   to ride, go by car *or* vehicle *(intr.)*
die Fahrkarte, –, –n   ticket (for transportation)
der Fahrkartenschalter, –s, –   ticket window
der Fahrpreis, –es, –e   fare
die Fahrt, – , – en   journey, trip
   in voller Fahrt   at full speed
der Fall, –(e)s, ⸚e   fall; case, instance
fallen, fällt, fiel, ist gefallen   to fall
fällen   to cause to fall; fell
   ein Urteil fällen   to pronounce judgment
falsch   false; wrong
fälschen   to falsify
die Familie, –, –n   family
das Farbbild, –es, –er   color picture
die Farbe, –, –n   color; paint
das Farbenspiel, –s, –e   opalescence
farbig   colorful
fassen   to grasp, seize; contain
fast   almost
die Faust, –, ⸚e   fist
fehlen *(+ indir. obj.)*   to lack, be missing
der Fehler, –s, –   error; fault; defect
fehlerhaft   faulty
die Feier, –, –n   celebration
feierlich   solemn; festive
feiern   to celebrate; rest (from work)
der Feiertag, –s, –e   holiday
fein   fine; refined; elegant
der Fels, –en, –en   rock, cliff
das Fenster, –s, –   window
die Ferien *(pl.)*   vacation
fern   far, distant
die Ferne, –, –n   distance
das Ferngespräch, –s, –e   long-distance call

der Fernschnellzug, –s, ⸚e   long-distance express train
der Fernsehapparat, –s, –e   TV, television set
das Fernsehen, –s   television (network)
die Fernsehgebühr, –, –en   television fee *or* tax
der Fernsehturm, –s, ⸚e   television tower
die Fernsehübertragung, –, –en   television transmission *or* program
der Fernsprecher, –s, –   telephone
das Fernsprechwesen, –s, –   telephone service
fertig   finished, done; ready
   fertig werden   to finish with a thing
   mit einem fertig werden   to manage *or* deal with a person
das Fest, –es, –e   festival, celebration
   festlich   festive
fest   firm, solid
feststellen *(sep.)*   to determine, ascertain, establish
die Festung, –, –en   fortification, fort
das Feuerwerk, –s, –e   fireworks
das Feuerzeug, –(e)s, –e   lighter
die Figur, –, –en   figure, form, shape
finden, findet, fand, gefunden   to find
der Fisch, –es, –e   fish
flach   flat, even, smooth; shallow
die Flamme, –, –n   flame, blaze; light
die Flasche, –, –n   bottle, flask
das Fleisch, –es   meat, flesh
der Fleiß, –es   diligence
fleißig   industrious(ly), diligent(ly), regular(ly)
fleugen   *archaic form of* fliegen
flicken   to mend, repair
fliegen, fliegt, flog, ist geflogen   to fly
fliehen, flieht, floh, ist geflohen   to flee; avoid
fließen, fließt, floß, ist geflossen   to flow
   fließend   fluent, flowing
die Flocke, –, –en   flake
fluchen   to curse, swear
die Flucht, –, –en   flight; escape
der Flug, –(e)s, ⸚e   flight
der Flügel, –s, –   wing
der Flugplatz, –es, ⸚e   airport
das Flugzeug, –s, –e   airplane
der Fluß, –sses, ⸚sse   river
die Folge, –, –n   result, consequence
folgen *(+ indir. obj.)* (ist gefolgt)   to follow (after)
folgend   following
folglich   as a result
fordern   to demand, require, ask
die Forderung, –, –en   demand
die Form, –, –en   form, shape; pattern; usage
die Formalität, –, –en   formality
formell   formal
der Fortschritt, –(e)s, –e   progress, improvement
die Fracht, –, –en   freight
die Frage, –, –n   question; problem
   eine Frage stellen   to ask a question
fragen   to ask (a question)

fragen + nach to ask (for), inquire (about)
  sich fragen to wonder
(das) Frankreich, –s France
der Franzose, –n, –n Frenchman
die Französin, –, –nen Frenchwoman
französisch French
die Frau, –, –en woman; wife; Mrs.
das Fräulein, –s, – young lady; Miss
frei free, available; frank
die Freiheit, –, –en freedom, liberty
freilich of course, admittedly
die Freimarke, –, –n postage stamp
der Freitag, –s, –e Friday
die Freizeit, –, –en free time
fremd unfamiliar, strange; foreign
der Fremdenverkehr, –s tourist trade
die Fremdsprache, –, –n foreign language
die Freude, –, –n joy
freudestrahlend smiling, radiant
freuen to make happy, give pleasure to
  sich freuen to be glad
  es freut mich I am glad (that)
  sich freuen auf *(+ dir. obj.)* to look forward
    to
der Freund, –(e)s, –e friend *(m.)*
die Freundin, –, –nen friend *(f.)*
freundlich friendly, cheerful, kind
die Freundschaft, –, –en friendship
der Friede(n), –ns peace; tranquility
friedlich peaceable(ly), peaceful(ly)
frieren, friert, fror, ist gefroren to freeze
  hat gefroren to be cold
frisch fresh
froh glad, joyful
fromm pious, merciful, devout
der Frost, –es, ⁻e frost, chill
früh early
  früher earlier, sooner; former
das Frühjahr, –s, –e spring (season)
der Frühling, –s, –e spring (season)
das Frühstück, –s, –e breakfast
frühstücken to eat breakfast
fühlen to feel, sense, be aware of *(tr.)*
  sich fühlen to feel *(intr.)*
führen to lead, direct; carry *(in stock)*
  führend leading
der Führer, –s, – leader, driver; guide, guide-
    book
der Führerschein, –s, –e driver's license
der Führersitz, –es, –e driver's seat
die Fülle, – abundance; intensity
füllen to fill up
der Fund, –(e)s, –e find, discovery
die Funktion, –, –en function
funktionieren to function, work
für *(+ dir. obj.)* for
die Furcht, – fright, fear
furchtbar horrible, dreadful
fürchten to be afraid of, fear
fürchterlich horrible, frightful
der Fürst, –en, –en prince, sovereign

der Fuß, –es, ⁻e foot
der Fußboden, –s, ⁻ floor

die Gabe, –, –n gift
die Gabel, –, –n fork
der Gang, –(e)s, ⁻e walk, path, corridor
ganz whole, complete *(adj.);* very, entirely
  (adv.)
gar ready, prepared, cooked *(adj.);* very, fully;
  even, at all *(adv.)*
die Garage, –, –n garage
der Garten, –s, ⁻ garden
die Gartenschau, –, –en garden exhibition
die Gasheizung, –, –en gas heating system
der Gast, –es, ⁻e guest
das Gebäck, –s, –e pastry
das Gebäude, –s, – building
geben, gibt, gab, gegeben to give
  es gibt there is, there are
das Gebiet, –s, –e territory; field; area
das Gebirge, –s, – mountain range
(ist) geboren born
der Gebrauch, –s, ⁻e use, usage
gebrauchen to use
gebräuchlich usual(ly), customary
gebündelt bound; connected
die Geburt, –, –en birth
der Geburtsort, –s, –e birthplace
der Geburtstag, –(e)s, –e birthday
der Gedanke, –ns, –n thought, idea
der Gedankenflug, –s, ⁻e train of thought
das Gedicht, –s, –e poem
gediegen solid, sound
geeinigt unified
gefährlich dangerous
gefallen, gefällt, gefiel, gefallen *(+ indir. obj.)*
  to please
  es gefällt mir I like it
der Gefallen, –s, – favor
die Gefälligkeit, –, –en kindness
gefangen caught, captured
das Gefängnis, –ses, –se jail, prison
das Gefäß, –es, –e container
das Gefühl, –s, –e feeling
gegen *(+ dir. obj.)* against
gegenüber *(+ indir. obj.)* opposite, toward
geheim secret, confidential
geheimhalten, hält geheim, hielt geheim,
  geheimgehalten to keep secret
gehen, geht, ging, ist gegangen to go, walk
gehorchen *(+ indir. obj.)* to obey
gehören *(+ indir. obj.)* to belong (to)
der Gehorsam, –s obedience
  gehorsam obedient
der Geist, –es, –er spirit; mind; ghost
geistig mental, intellectual, spiritual
geistlich religious
gekühlt chilled
gelb yellow
das Geld, –(e)s, –er money
die Geldsendung, –, –en remittance

das Geldstück, -s, -e coin
das Gelee, -s, -s jelly
gelegen situated; convenient
die Gelegenheit, -, -en opportunity; chance; occasion
gelegentlich occasional(ly)
der Gelenkrheumatismus, -ses, Gelenkrheumatismen articular rheumatism
geliefert delivered
gelingen (impers., + indir. obj.), gelingt, gelang, ist gelungen to succeed
gelten, gilt, galt, gegolten to be worth, be of value; mean, matter
die Geltung, -, -en value; validity
das Gemälde, -s, - painting
gemeinsam joint, held in common, combined
das Gemüse, -s, - vegetable
der Gemüseladen, -s, - or ∸ vegetable shop
das Gemüt, -s, -er heart; soul; mind; temper, disposition
gemütlich comfortable; agreeable; cozy
genau exact(ly)
genial ingenious, full of genius
das Genie, -s, -s genius
genießen, genießt, genoß, genossen to enjoy
die Genossin, -, -nen companion, comrade (f.)
genug enough, sufficient
genügen (+ indir. obj.) to suffice, be enough
der Genuß, -sses, ∸sse enjoyment, pleasure
die Geologie, - geology
das Gepäck, -(e)s luggage, baggage
der Gepäckträger, -s, - porter
gerade just, exactly (adv.)
geraten, gerät, geriet, ist geraten to get, fall or come into
geräumig roomy, spacious
gern(e), lieber, am liebsten gladly, with pleasure
  gern haben (ich habe es gern) to like (I like it)
  gern + verb (ich esse gern) to like to (I like to eat)
der Geruch, -s, ∸e smell, scent, odor
gesamt entire
der Gesamteindruck, -s, ∸e general impression
der Gesang, -es, ∸e singing, song
das Geschäft, -s, -e business, store
der Geschäftsfreund, -s, -e business friend
die Geschäftsleitung, -, -en business management
der Geschäftsmann, -s, Geschäftsleute businessman
geschehen, geschieht, geschah, ist geschehen to happen
das Geschehnis, -ses, -se event, happening
das Geschenk, -s, -e gift, present
die Geschichte, -, -n story; history; state of affairs
das Geschlecht, -es, -er sex, gender
der Geschmack, -s, ∸e taste, flavor

geschmückt decorated
das Geschriebene, -n that which is written
geschwollen swollen
das Gesetz, -es, -e law
das Gesicht, -s, -er face; sight; vision
gespannt sein to be anxious, eager, intent
  ich bin gespannt I wonder
das Gespräch, -s, -e conversation
gestatten to permit, allow
gestern yesterday
gestrig yesterday's, of yesterday (adj.)
gesund healthy, well; sound, wholesome
die Gesundheit, - health
das Getränk, -s, -e drink
der Getreue, -n, -n follower, friend
gewahr aware
die Gewalt, -, -en power; control; violence
gewaltig powerful; huge; violent
der Gewaltige, -n, -n the mighty one
gewaltsam forceful; violent
gewandt agile; quick
das Gewehr, -(e)s, -e rifle
das Gewicht, -s, -e weight
das Gewimmel, -s, - throng, crowd
gewiß certain(ly), sure(ly)
gewissermaßen so to speak; as it were; to some extent
das Gewitter, -s, - thunderstorm
sich gewöhnen an (+ dir. obj.) to become accustomed to
die Gewohnheit, -, -en habit, custom, fashion
gewöhnlich usual(ly)
geziert ornate; affected
gießen, gießt, goß, gegossen to pour
das Glas, -es, ∸er glass
gläsern (made of) glass; glassy
die Glaskugel, -, -n glass ball or globe
glatt smooth
der Glaube(n), -ns, -n belief; faith; creed
glauben (+ indir. obj.) to believe, trust in; think, suppose
gläubig believing, religious
glaublich believable, credible
gleich same, equal, just alike, equivalent (adj.); right away, immediately, soon (adv.)
gleichen, gleicht, glich, geglichen (+ indir. obj.) to resemble; be equal to
glitzernd glittery
die Glocke, -, -n bell
der Glockenturm, -(e)s, ∸e steeple, belfry
die Glosse, -, -n comment; gloss, annotation
das Glück, -(e)s good luck; prosperity; happiness; chance
  Glück haben to be lucky, be happy
glücklich happy; fortunate, lucky
glücklicherweise luckily
der Glückwunsch, -s, ∸e congratulation(s)
gnädig kind, gracious
  gnädige Frau Madam
gotisch Gothic
der Gott, -es, ∸er God; god

Gott sei Dank! thank God! thank goodness!
mein Gott! good heavens!
um Gottes Willen! for heaven's sake!
die **Göttin**, -, -nen goddess
göttlich godlike, divine
der **Graf**, - en, -en earl, count
der **Graphiker**, - s, - illustrator
das **Gras**, -es, ⁼er grass
das **Graubrot**, -s, -e brown bread
grausam cruel
die **Grenze**, -, -n border, boundary; limit
grenzen to border (on), adjoin
grenzenlos boundless
(das) **Griechenland**, -es Greece
griechisch Greek
groß big, tall, grand
großartig splendid, grand
die **Größe**, -, -n size, magnitude, greatness
die **Großherzigkeit**, - magnanimity
die **Großmacht**, - , ⁼e great power
großspurig arrogant(ly)
die **Großstadt**, - , ⁼e city of more than 100,000
großzügig generous
grün green
die **Grünanlage**, -, -n park, parkgrounds
der **Grund**, -(e)s, ⁼e bottom; ground; reason, cause
gründen to found, establish
gründlich thorough(ly)
die **Grundsteinlegung**, -, -en laying of the foundation stone
die **Gründung**, - , -en establishment, foundation, settlement
die **Gruppe**, -, -n group
der **Gruß**, -es, ⁼e greeting
grüßen to greet, say hello; salute
gucken to look
gurgeln to gurgle; gargle
die **Gurke**, -, -n pickle, cucumber
die **Gürtelschnalle**, -, -n belt buckle
gut good, kind *(adj.)*; well *(adv.)*
die **Güte**, - kindness, goodness; quality
Oh du meine Güte! Oh, my goodness!
der **Güterbahnhof**, -s, ⁼e freight yard; freight station
guterhalten well-preserved
der **Güterzug**, -s, ⁼e freight train

das **Haar**, - (e)s, -e hair
die **Haarspitze**, -, -n tip of the hair
haben, hat, hatte, gehabt to have
die **Hafenrundfahrt**, - , -en sightseeing tour of the harbor
die **Hafenstadt**, -, ⁼e seaport (town)
der **Hahn**, -(e)s, ⁼e rooster
halb half *(adj.)*
die **Hälfte**, -, -n half
die **Halle**, -, -n hall
der **Halt**, -s, -e stop; support, hold
haltbar durable, tenable

halten, hält, hielt, gehalten to hold, support, contain; keep; last; stop
halten für to consider, think, take to be
die **Haltestelle**, -, -n stop, stopping place
die **Hand**, -, ⁼e hand
der **Handel**, -s trade, commerce; business
handeln to act; bargain, deal (in); deal (with), be about
sich handeln um to be about, be a question of
handgeschnitzt hand-carved
der **Handgriff**, -es, -e manipulation; grip, grasp
der **Händler**, -s, - dealer, storekeeper, merchant
die **Handlung**, -, -en trade, commerce; business; action
der **Handschuh**, -s, -e glove
der **Handschuhkasten**, -s, ⁼ glove compartment
das **Handtuch**, -s, ⁼er towel
die **Handvoll**, - Händevoll handful
der **Handwerker**, -s, - artisan, workman
der **Hang**, -es, ⁼e slope, incline
hängen, hängt, hing, gehangen to hang (up), suspend
hart hard, harsh
die **Härte**, -, -n hardness; severity
hartnäckig obstinate
der **Haß**, -sses hatred
häßlich ugly, hideous, loathsome
die **Haube**, -, -n hood (of a car)
das **Haupt**, -(e)s, ⁼er head; leader
Haupt- main, chief . . .
der **Haupteingang**, -s, ⁼e main entrance
das **Hauptfach**, -(e)s, ⁼er major (subject)
die **Hauptmahlzeit**, -, -en main mealtime
die **Hauptpost**, -, -en general (main) post office
die **Hauptsache**, -, -n main thing
hauptsächlich mainly
die **Hauptstadt**, -, ⁼e capital
das **Haus**, -(e)s, ⁼er house, home, household
zu Hause at home
die **Hausaufgabe**, -, -n homework
die **Hausgenossin**, -, -nen fellow tenant, fellow roomer *(f.)*
häuslich domestic
die **Hausnummer**, -, -n street number
heben, hebt, hob, gehoben to lift, raise
heftig furious(ly), violent(ly), vigorous(ly)
hegen to foster; enclose, protect
die **Heilsarmee**, - Salvation Army
das **Heim**, -(e)s, -e home (dwelling)
heim home, homeward
die **Heimat**, - homeland; home (place)
heimlich secret(ly)
das **Heinzelmännchen**, -s, - brownie, Santa's helper
heiraten to marry
heiß hot

heißen, heißt, hieß, geheißen to be called; mean, signify *(intr.)*
  es heißt *(impers.)* they say, it is reported
  das heißt that is (to say)
heiter cheerful
heizen to heat
die **Heizung,** –, –en heating system
die **Heldensage,** –, –n heroic saga *or* legend
helfen, hilft, half, geholfen *(+ indir. obj.)* to help
das **Hemd,** –(e)s, –en shirt
her (to) here, hither; since, ago; from
heraus out; forth
herausgehen, geht heraus, ging heraus, ist herausgegangen to go out, leave
herbei here, near
der **Herbst,** –es, –e autumn, fall
herein in (here); Come in!
herkommen, kommt her, kam her, ist hergekommen to come here; arise (from)
der **Herr,** –n, –en gentleman; master, sir; Mr.; the Lord
die **Herrenunterwäsche,** – men's underwear
die **Herrin,** –, –nen mistress, lady
herrlich magnificent, splendid, glorious
die **Herrlichkeit,** –, –en magnificence, splendor, glory
die **Herrschaft,** –, –en lady and gentleman; persons of high rank *(pl.)*
herrschen to rule, prevail, be the rule
herstellen *(sep.)* to produce, establish
herum around, near, about
hervorgehen, geht hervor, ging hervor, ist hervorgegangen to arise *or* grow out (of)
das **Herz,** –ens, –en heart
herzerfrischend (heart-)refreshing
herzlich cordial(ly)
heute today
  heute abend this evening
  heute morgen this morning
heutig of today
  der heutige Tag the present day
heutzutage nowadays
hier here
die **Hilfe,** –, –n help, support, relief
der **Himmel,** –s, – sky, heaven
himmlisch heavenly
hin (to) there, thither; gone, lost
hinausgehen, geht hinaus, ging hinaus, ist hinausgegangen to go out; exceed
hinausschauen *(sep.)* to look out
hindern to hinder, hamper, prevent
das **Hindernis,** –ses, –se hindrance, impediment
hineingehen, geht hinein, ging hinein, ist hineingegangen to go into; be contained
hineinragen *(sep.)* to project into
hinfallen, fällt hin, fiel hin, ist hingefallen to fall down, take a spill
hinfliegen, fliegt hin, flog hin, ist hingeflogen to fall down (with force)

sich hingeben, gibt hin, gab hin, hingegeben submit, resign oneself to
hinten in the rear, at the back
hinter *(+ dir. obj.* or *indir. obj.)* behind
hinuntersausen *(sep.)* to rush *or* whiz down
hinwegtäuschen *(sep.)* to deceive
hoch, höher, höchst– high, tall
hochformell very formal
das **Hochgebirge,** –s, – high mountain range
der **Hochsommer,** –s, – mid-summer
höchst very, most, extremely
höchstens at most
hochgezüchtet well-bred
der **Hof,** –(e)s, –̈e yard, court; farm
hoffen (auf *+ dir. obj.)* to hope (for)
hoffentlich it is to be hoped, hopefully
die **Hoffnung,** –, –en hope
höflich courteous, polite
die **Höhe,** –, –n height, altitude; amount
der **Höhepunkt,** –s, –e high point, culmination
holen to fetch, get
das **Holz,** –es, –̈er wood
der **Honig,** –s honey
hören to hear
der **Hörer,** –s, – hearer, listener
die **Hose,** –, –n (pair of) trousers
das **Hotel,** –s, –s hotel
hübsch pretty, fine; handsome
die **Hüfte,** –, –n hip
der **Hügel,** –s, – hill
der **Hund,** –(e)s, –e dog
hundert hundred
der **Hunger,** –s, – hunger
hungern to be hungry
hungrig hungry
hüpfen to hop
der **Hut,** –(e)s, –̈e hat
das **Hutgeschäft,** –s, –e hat shop

die **Idee,** –, –n idea
ideal ideal
der **Ignorant,** –en, –en stupid person
die **Illustrierte,** –n, –n illustrated paper
immer always, ever
  immer noch still
in *(+ dir. obj.* or *indir. obj.)* in, into
indem while
indes meanwhile; however
indessen meanwhile; however
die **Industrie,** –, –en industry
inmitten in the midst of
innen within, inside
inner interior, inner
innerhalb *(+ poss.)* inside, within *(prep. and adv.)*
der **Inhalt,** –(e)s, –e content(s)
insofern in so far
intelligent intelligent
intensiv thorough(ly), intensive(ly)
interessant interesting

das **Interesse**, -s, -n interest
interessieren to interest
  interessiert sein *(an + indir. obj.)* to have an interest in, be interested in
  sich interessieren (für) to be interested (in)
irgend any, some; at all
  irgend jemand anybody, somebody
  irgendwo somewhere
(das) **Italien**, -s Italy

ja yes; really, certainly
das **Jahr**, -(e)s, -e year
jahrelang for years
die **Jahreswende**, -, -n turn of the year, new year
die **Jahreszahl**, -, -en date, year
die **Jahreszeit**, -, -en season (of the year)
das **Jahrhundert**, -s, -e century
jahrhundertlang for centuries
jährlich yearly
der **Jahrmarkt**, -(e)s, ⁻e annual fair
das **Jahrzehnt**, -s, -e decade
jawohl yes, indeed; yes, sir
je ever; at every time; each
  je ... desto the ... the
  je ... nachdem according to ...
  je ... umso the ... the
jedenfalls in any case
jeder each; every *(pron. and adj.)*
jedermann each one, everyone
jedesmal each time, every time
jedoch however
jemals ever, at any time
jemand somebody
jener that *(adj.)*; that one; the former *(pron.)*
jenseit(s) *(+ poss.)* across, on the other side of *(prep. and adv.)*
jetzt now
jucken to itch
die **Jugend**, - youth, young people
die **Jugendherberge**, -, -n youth hostel
jugendlich youthful
jung young; new
der **Junge**, -n, -n boy

der **Kaffee**, -s, -s coffee
die **Kaffeetasse**, -, -n coffee cup
der **Kaiser**, -s, - emperor
der **Kalbsbraten**, -s, - roast veal
kalt cold
die **Kälte**, - cold, coldness
der **Kampf**, -es, ⁻e fight, struggle; contest
kämpfen to fight, struggle
die **Kappe**, -, -n hat, cap
kaputt broken
die **Karikatur**, -, -en caricature
die **Kartoffel**, -, -n potato
der **Käse**, -s cheese
das **Käsebrot**, -s, -e cheese sandwich
das **Kastell**, -s, -e fort, citadel
die **Katastrophe**, -, -n catastrophe

der **Kater**, -s, - tom cat
die **Katze**, -, -n cat
der **Kauf**, -(e)s, ⁻e purchase, buy
kaufen to buy
  sich kaufen to buy for oneself
der **Käufer**, -s, - buyer, purchaser
das **Kaufhaus**, -es, ⁻er store; warehouse
der **Kaufmann**, -s, Kaufleute merchant, businessman
kaum scarcely, hardly, not very much
der **Kavalier**, -s, -e gentleman
der **Kegelklub**, -s, -s bowling club
kehren to sweep, brush
kein no, not any, not a, not one *(adj.)*
keiner no one, not one, none
keineswegs by no means, not at all
der **Keller**, -s, - basement
der **Kellner**, -s, - waiter
  die **Kellnerin**, -, -nen waitress
die **Kemenate**, -, -n bower
kennen, kennt, kannte, gekannt to be acquainted with
kennenlernen *(sep.)* to become acquainted with, meet
der **Kenner**, -s, - expert
die **Kenntnis**, -, -se knowledge, information
der **Kern**, -(e)s, -e core
kerngesund thoroughly healthy, fit as a fiddle
die **Kerze**, -, -n candle
das **Kind**, -(e)s, -er child
die **Kinderlähmung**, - polio, infantile paralysis
kindisch childish
kindlich childlike
das **Kinn**, -(e)s, -e chin
das **Kino**, -s, -s cinema, movies
der **Kiosk**, -s, -s (newspaper) stand
die **Kirche**, -, -n church
der **Kirchturm**, -s, ⁻e church tower *or* steeple
das **Kissen**, -s, - pillow
die **Klage**, -, -n complaint
klagen to complain
klappen *(impers.: es klappt)* to work, work out all right
klar clear
die **Klasse**, -, -n class; classroom
das **Klassenzimmer**, -s, - classroom
der **Klatsch**, -es, -e gossip; slap
das **Klatschblatt**, -es, ⁻er gossip sheet
kleben to tape, paste, stick
das **Kleid**, -(e)s, -er dress
kleiden to dress, adorn; fit, become
die **Kleider** *(pl.)* clothes
der **Kleiderbedarf**, -s clothing requirement
der **Kleiderbügel**, -s, - clothes hanger
der **Kleiderschrank**, -s, ⁻e clothes closet
die **Kleidung**, - clothing
klein small, little
der **Kleinhandel**, -s retail trade
die **Kleinstadt**, -, ⁻e city of less than 20,000
klettern to climb, clamber

klingeln to ring (the doorbell)
klopfen to knock, rap
die **Klostergründung,** –, –en foundation of a monastery
der **Knabe,** –n, –n boy
die **Knackwurst,** –, ⁓e special kind of sausage
kneifen, kneift, kniff, gekniffen to withdraw, shirk; pinch
die **Kneipe,** –, –n tavern, bar, pub
das **Knie,** –s, – knee
der **Knochen,** –s, – bone
knurren to growl
der **Koch,** –(e)s, ⁓e cook *(m.)*
die **Köchin,** –, –nen cook *(f.)*
kochen to cook; boil *or* stew
der **Koffer,** –s, – trunk, suitcase
der **Kofferraum,** –s, ⁓ (car) trunk
komfortabel comfortable
kommen, kommt, kam, ist gekommen to come
kommen sehen to foresee, see it coming
kommentieren to comment on
der **Kommilitone,** –n, –n fellow student
die **Kommode,** –, –n chest of drawers
der **Kommunismus,** – communism
kommunistisch Communist
kompliziert complicated
komponieren to compose
die **Komposition,** –, –en composition
das **Kompott,** –s, –e dessert of stewed *or* preserved fruit
die **Konditorei,** –, –en confectioner's shop, pastry shop
die **Konferenz,** –, –en conference; discussion
der **Konflikt,** –s, –e conflict
der **König,** –s, –e king
der **Konjunktiv,** –s, –e subjunctive
konkret concrete
können, kann, konnte, gekonnt can, be able to; know, understand
die **Konsequenz,** –, –en consequence
der **Kontinent,** –s, –e continent
das **Konzert,** –s, –e concert; concerto
die **Konzerthalle,** –, –n concert hall
der **Kopf,** –(e)s, ⁓e head
die **Kopfbedeckung,** –, –en hat, headgear
die **Kopfhaut,** –, ⁓e scalp
der **Kopfschmerz,** –es, –en headache
der **Korb,** –(e)s, ⁓e basket
der **Körper,** –s, – body
kostbar costly, precious, valuable
kosten to cost; require
die **Kosten** *(pl.)* cost(s), expense(s)
köstlich precious; delightful; delicious
das **Kotelett,** –s, –e cutlet (with bones), chop
krabbeln to tickle, itch; crawl, creep
der **Krach,** –(e)s, –e noise
die **Kraft,** –, ⁓e strength, power
kräftig powerful, strong; nourishing
kräftigen to strengthen
der **Kraftwagen,** –s, – automobile

krank ill, sick
die **Krankheit,** –, –en illness, disease
die **Krawatte,** –, –n necktie
die **Krawattennadel,** –, –n tie clasp
die **Kreation,** –, –en creation
der **Kreis,** –es, –e circle
kreisen to circle
kreuchen *archaic form of* kriechen
die **Kreuzung,** –, –en crossing, cross-over
kriechen, kriecht, kroch, ist gekrochen to crawl
der **Krieg,** –(e)s, –e war
kriegen to get, obtain, gain
das **Kristall,** –s, –e crystal
der **Krug,** –(e)s, ⁓e jug
die **Kruste,** –, –n crust
die **Küche,** –, –n kitchen
der **Kuchen,** –s, – cake
der **Kuchenheber,** –s, – spatula, cake server
die **Kugel,** –, –n ball, globe, sphere
der **Kugelschreiber,** –s, – ballpoint pen
kühl cool
kühlen to cool, chill
kulturell cultural
der **Kummer,** –s grief, sorrow
sich **kümmern um** *(+ dir. obj.)* mind, pay heed to
die **Kunde,** –, –n information, news
der **Kunde,** –n, –n customer *(m.)*
die **Kundschaft,** – customers *(coll. noun),* clientele
künftig future
die **Kunst,** –, ⁓e art, skill
der **Künstler,** –s, – artist *(m.)*
die **Künstlerin,** –, –nen artist *(f.)*
künstlerisch artistic
künstlich artificial, synthetic
kurz short *(adj.);* shortly, briefly, in short *(adv.)*
vor kurzem a short time ago
die **Kürze,** – shortness, brevity
der **Kuß,** –sses, ⁓sse kiss
küssen to kiss

lächeln to smile
lachen to laugh
laden, lädt, lud, geladen to load
der **Laden,** –s, – *or* ⁓ store, shop; window shutter
der **Ladentisch,** –es, –e counter (in a store)
die **Lage,** –, –n situation; location, position
das **Lager,** –s, – storehouse; camp; couch, bed
die **Lähmung,** –, –en paralysis
die **Lampe,** –, –n lamp, light
das **Land,** –es, ⁓er land, country; the country; ground
landen to land
die **Landkarte,** –, –n map
die **Landschaft,** –, –en landscape
die **Landungsbrücke,** –, –n pier, dock
lang long; tall

lange a long time; by far
die **Länge**, –, –n length, size
längst long ago; a long while; by far
langsam slow(ly)
langweilig boring
lassen, läßt, ließ, gelassen to let, allow; leave; have (something done)
das **Laster**, –s, – wickedness, vice, depravity
lau mild, lukewarm
der **Lauf**, –(e)s, ⁻e course; current; race
die **Laufbahn**, –, –en career
laufen, läuft, lief, ist gelaufen to run, walk; flow
  laufen lassen to let go, set free
  laufend running, current
die **Laune**, –, –n mood, humour, temper
laut *(prep. + poss.)* according to (the text of)
laut loud *(adj.)*; aloud *(adv.)*
der **Laut**, –(e)s, –e sound
lauten to sound; read, run (of a text *or* passage)
läuten to ring, chime, peal
leben to live, be alive
das **Leben**, –s, – life; lifetime; living
lebendig live, alive; lively, vivid
das **Lebensmittelgeschäft**, –s, –e grocery store
die **Leberwurst**, –, ⁻e liverwurst
lebhaft lively, vivid
lecker delicious, tasty
leer empty
legen to lay, place, cause to lie
das **Lehrbuch**, –es, ⁻er textbook
lehren to teach
der **Lehrer**, –s, – teacher *(m.)*
  die **Lehrerin**, –, –nen teacher *(f.)*
der **Leib**, –(e)s, –er body
leicht light, easy
leichtgläubig gullible, easily led
das **Leid**, –(e)s, –e grief; injury, pain
  leid tun to be sorry for *or* about
  es tut mir leid I am sorry
leiden, leidet, litt, gelitten to suffer, bear, endure, tolerate
das **Leiden**, –s, – ailment
die **Leidenschaft**, –, –en passion
leider unfortunately
leihen, leiht, lieh, geliehen to loan, lend, borrow
leise low, soft (of sounds), slight
sich leisten to afford; treat oneself to
leiten to conduct, lead, manage
die **Leitung**, –, –en pipe; line (electricity); management
lenken to lead
der **Lerneifer**, –s zeal for learning
lernen to learn, study
das **Lesebuch**, –(e)s, ⁻er reader, reading book
lesen, liest, las, gelesen to read; lecture
der **Leser**, –s, – reader
das **Lesestück**, –s, –e reading selection
letzt last; latest, final; extreme

leuchten to light, shine
leugnen to deny, disavow, retract
die **Leute** *(pl.)* people
licht light; shining, bright; clear
das **Licht**, –(e)s, –er light, candle
  jetzt geht mir ein Licht auf now I begin to see
lieb dear, beloved; agreeable, nice
die **Liebe**, –, –n love
lieben to love, like
Lieblings– favorite
der *or* die **Liebste** dearest, most beloved
  am liebsten best
das **Lied**, –es, –er song
liegen, liegt, lag, gelegen to lie (prone); be situated
die **Linie**, –, –n line
link left *(adj.)*
links to the left, on the left *(adv.)*
die **Lippe**, –, –n lip
die **List**, –, –en trick; art
die **Liste**, –, –n list, register
das **Lob**, –(e)s, –e praise
loben to praise
lobenswert praiseworthy, commendable
das **Loch**, –es, ⁻er hole
die **Lochkarte**, –, –n computer card
der **Löffel**, –s, – spoon
lohnen to pay, reward
  es lohnt sich it's worth it
los loose; free, released
  was ist los? what's going on? what's wrong?
  losschrauben *(sep.)* to unscrew
losen to draw lots (for)
lösen to loosen; dissolve; solve; buy (a ticket)
die **Lösung**, –, –en solution
die **Luft**, –, ⁻e air
der **Luftpostbrief**, –es, –e airmail letter
lügen, lügt, log, gelogen to lie, deceive
der **Lump**, –en, –en bum
der **Lump**, –en, –e bum
die **Lunge**, –, –n lung(s)
die **Lust**, –, ⁻e desire, pleasure
lustig gay, funny, jolly

die **Machart**, –, –en style, kind, pattern
machen to do; make
  sich machen to do well, get on; happen
die **Macht**, –, ⁻e power, might, force
mächtig powerful, mighty, huge
das **Mädchen**, –s, – girl
das **Magazin**, –s, –e magazine
der **Magen**, –s, ⁻ stomach
  das **Magendrücken**, –s stomach pressure
  das **Magengeschwür**, –s, –e gastric ulcer(s)
die **Mahlzeit**, –, –en mealtime
die **Mahnung**, –, –en warning
das **Mal**, –(e)s, –e time; mark, sign
  einmal once **noch einmal** once more
  zum ersten Mal for the first time
malen to paint

der **Maler**, –s, –   painter, artist
die **Malerakademie**, –, –n   artists' academy
die **Malerei**, –, –en   (art of) painting
man   one; people; we; they; etc.
manch (**-er**, **-e**, **-es**)   many a; *(pl.)* some; much
   (pron. and adj.)
manchmal   sometimes
der **Mann**, –(e)s, ⸚er   man; husband
die **Männerfaust**, –, ⸚e   man's fist
männlich   manly; male, masculine
der **Manschettenknopf**, –es, ⸚e   cufflink
der **Mantel**, –s, ⸚   overcoat
die **Mark**, –   *(no pl.)*   mark (German coin)
die **Marmelade**, –, –n   jam
der **Maßstab**, –(e)s, ⸚e   ruler; measure; scale
die **Mauer**, –, –n   (masonry) wall
mehr   more; again
mehrere   several
meinen   to think, believe, suppose; intend,
   mean; say
die **Meinung**, –, –en   opinion
meist   most
meistens   for the most part; mostly
der **Meister**, –s, –   master; expert; champion
die **Meisterschaft**, –, –en   championship
das **Meisterwerk**, –s, –e   masterpiece
melden   to inform
   sich melden   to register, report (oneself)
melken   to milk
die **Menge**, –, –n   crowd; quantity
die **Mensa**, –, –s   student cafeteria
der **Mensch**, –en, –en   human being, person;
   man
menschlich   human; humane
das **Menschliche**, –n   that which is human
merken   to mark, note, notice
   sich *(indir. obj.)* **merken**   to remember; keep
   track of
merkwürdig   remarkable, strange, noteworthy
das **Messer**, – s, –   knife
die **Metzgerei**, –, –en   meat shop, butcher shop
die **Milch**, –   milk
das **Milchgeschäft**, –s, –e   dairy
mindestens   at least
mißtrauen   to distrust
das **Mißtrauen**, –s   distrust, mistrust
mißtrauisch   distrustful
mit *(+ indir. obj.)*   with; along
mitbringen, bringt mit, brachte mit, mitgebracht   to bring along
miteinander   together
miterleben *(sep.)*   to witness
das **Mitglied**, –s, –er   member (of an organization)
mitkommen, kommt mit, kam mit, ist mitgekommen   to accompany, come along
mitmachen *(sep.)*   to join, take part in
der **Mitmensch**, –en, –en   fellowman
mitnehmen, nimmt mit, nahm mit, mitgenommen   to take with one, take along
der **Mittag**, –s, –e   midday, noon

das **Mittagessen**, –s, –   noon meal, lunch
das **Mittagsmahl**, –s, –e *or* ⸚er   noon meal,
   lunch
die **Mitte**, –, –n   middle
mitteilen *(sep.)*   to inform, communicate;
   share
die **Mitteilung**, –, –en   information; announcement
das **Mittelalter**, –s   Middle Ages
der **Mittelpunkt**, –s, –e   center, central part
die **Mitternacht**, –, ⸚e   midnight
der **Mittwoch**, –s, –e   Wednesday
die **Möbel** *(pl.)*   furniture
das **Modell**, –s, –e   model, prototype
modern   modern
mögen, mag, mochte, gemocht   to like; like to,
   want to; may (possibility)
möglich   possible
die **Möglichkeit**, –, –en   possibility
der **Monat**, –s, –e   month
monatlich   monthly
der **Mond**, –es, –e   moon
der **Montag**, –s, –e   Monday
die **Moral**, –   morality, morals
der **Morgen**, –s, –   morning
morgen   tomorrow
morgen früh   tomorrow morning
morgens   mornings, in the morning
der **Motor**, –s, –en   motor
die **Motorhaube**, –, –n   car hood
das **Motorrad**, –s, ⸚er   motorcycle
müde   tired
die **Mühe**, –, –n   trouble, effort
mühsam   painful, laborious, difficult
der **Mund**, –(e)s, ⸚er   mouth
mündlich   oral(ly), verbal(ly)
das **Münster**, –s, –   cathedral
munter   lively
das **Museum**, –s, Museen   museum
die **Musik**, –   music; band
musikalisch   musical
der **Musiker**, –s, –   musician
der **Muskel**, –s, –n   muscle
müssen, muß, mußte, gemußt   must, have to
der **Mut**, –(e)s   courage
mutig   courageous
die **Mutter**, –, ⸚   mother
die **Mütze**, –, –n   cap

nach *(+ indir. obj.)*   after; to, toward;
   according to
nachäffen *(sep.)*   to mimic, imitate
der **Nachbar**, –s *or* –n, –n   neighbor
die **Nachbarschaft**, –, –en   neighborhood,
   neighbors
nachdem   after *(conj.)*; afterwards *(adv.)*
   je nachdem   according to . . .
nachdenken (über + *dir. obj.*), denkt nach,
   dachte nach, nachgedacht   to think about,
   consider
nachgucken *(sep.)*   to investigate, look into, check

nachher afterwards, later
nachherig subsequent *(adj.)*
der Nachmittag, –s, –e afternoon
nachprüfen *(sep.)* to check, examine
die Nachricht, –, –en news, information, report
nachsehen, sieht nach, sah nach, nachgesehen to check, investigate
nächst next, nearest
nächstens soon, shortly
die Nacht, –, ̈e night
der Nachteil, –s, –e disadvantage
der Nachtisch, –es, –e dessert
nächtlich nocturnal, nightly
nachts at night, nights
der Nacken, –s, – neck
nah(e), näher, nächst– close, near
die Nähe, – nearness; neighborhood, vicinity
(sich) nahen to approach, come up
nähen to sew
sich nähern to approach
das Nahrungsmittel, –s, – food supply
der Name, –ns, –n name
namens named, called
namentlich especially; by name
nämlich namely; that is (to say)
der, die, das Nämliche the same
die Nase, –, –n nose
   vor der Nase weg right under our very noses
der Nationaldenker, –s, – national thinker
die Natur, –, –en nature, disposition
natürlich naturally, of course
neben *(+ dir. obj.* or *indir. obj.)* beside, next to; besides
nebenan next door, close by
nebenbei close by; moreover, incidentally
der Neffe, –n, –n nephew
nehmen, nimmt, nahm, genommen to take
nein no
nennen, nennt, nannte, genannt to name, call
der Nerv, –s, –en nerve
nervös nervous
nett nice
neu new
neuartig new-fashioned, novel
der Neubau, –s, –ten new building
neuerdings recently
neugierig inquisitive
die Neuigkeit, –, –en news; novelty
das Neujahr, –s New Year
neulich recently; the other day
die Neuzeit, – modern times
nicht not
   nicht mehr not any more, no longer
   nicht wahr? isn't it?
nichts nothing
   nichts als nothing but
nie never
nieder down, low *(adv.);* base, mean *(adj.)*
niedrig low, humble, mean, base

niemals never
der Nikolaus Santa Claus, St. Nicholas
nimmer never
nirgend(s) nowhere, not anywhere
noch still, yet; besides, in addition
   noch einmal once more, again
   noch nicht not yet
   weder . . . noch neither . . . nor
   nochmal(s) once more, again
nördlich *(+ poss.)* to the north of
die Note, –, –n note; grade (in school)
null zero
die Nummer, –, –n number, numeral; part, issue, copy; size
die Nummernscheibe, –, –n dial (of a telephone)
nun now; well
nur only
nutzen to make use of

ob if, whether
   als ob as if
oben above; up; upstairs
ober upper; higher
der Oberbürgermeister, –s, – lord mayor
oberhalb *(+ poss.)* above
obgleich although
das Obst, –es, –arten fruit
das Obstgeschäft, –s, –e fruit shop
obwohl although
der Ochs(e), –en, –en ox
oder or
der Ofen, –s, ̈ stove, oven, furnace
offen open *(adj.)*
öffentlich public(ly)
öffnen to open
die Öffnung, –, –en opening
oft often, frequently
öfters often, frequently
oftmals often, frequently
ohne *(+ dir. obj.)* without
   ohne . . . zu *(+ inf.)* without *(+ gerund)*
ohnmächtig weak, helpless; unconscious
das Ohr, –(e)s, –en ear
der Oktober, –s, – October
die Ölfirma, –, –firmen oil company
die Ölheizung, –, –en oil heating system
der Öltank, –s oil tank
der Onkel, –s, – uncle
die Oper, –, –n opera; opera house
das Opernhaus, –es, ̈er opera house
das Orchester, –s, – orchestra
ordentlich orderly; decent; regular, according to plan; downright
ordnen to arrange, put in order
die Ordnung, –, –en order, arrangement; class, classification
die Organisation, –, –en organization
die Orgel, –, –n organ
der Ort, –(e)s, –e place, spot, site
die Ortschaft, –, –en village

der **Osten**, -s   the east
der **Ozean**, -s, -e   ocean

das **Paar**, -s, -e   pair
  ein **paar**   some, a few
das **Päckchen**, -s, -   small parcel, package
packen   to seize, grasp; pack, pack up
das **Paket**, -(e)s, -e   parcel, package
die **Palette**, -, -n   palette
die **Panne**, -, -n   flat tire, breakdown
der **Pantoffel**, -s, - or -n   slipper
das **Papier**, -s, -e   paper; (pl.) identification
  papers
die **Papierrüsche**, -, -n   paper ruche, frilling
der **Park**, -(e)s, -s   park
der **Paß**, -sses, -sse   passport
passen   to fit, suit, be convenient
passieren   to come to pass, take place, happen
pathetisch   solemn; expressive; pathetic(ally)
der **Pavillon**, -s, -s   pavilion
peinlich   embarrassing, distressing; painful
die **Perfektion**, -, -en   perfection
die **Person**, -, -en   person; character, part (in
  a play)
die **Personalien** (pl.)   particulars of a person
der **Personenbahnhof**, -s, -e   passenger station
der **Personenzug**, -s, -e   passenger train
persönlich   personal(ly), in person
die **Persönlichkeit**, -, -en   personality
der **Pfeffer**, -s, -   pepper
die **Pfeife**, -, -n   pipe, whistle
pfeifen, pfeift, pfiff, gepfiffen   to whistle
der **Pfennig**, -s, -e   German coin = 1/100 of a
  mark
der **Pfiff**, -(e)s, -e   whistle; sound of whistling
pflegen   to nurse, care for, take care of; be
  accustomed to, be in the habit of
das **Pfund**, -(e)s, -e   pound
das **Phantasiearrangement**, -s, -s   imaginative
  or fanciful arrangement; abstract design
der **Philosoph**, -en, -en   philosopher
die **Philosophie**, -, -n   philosophy
plagen   to torment, worry
der **Plan**, -s, -e   plan
planen   to plan
die **Platte**, -, -n   plate, dish; disk, record
der **Plattenspieler**, -s, -   record player
der **Platz**, -es, -e   (city) square; place, space,
  room; seat
  Platz nehmen   to sit down, take a seat
plaudern   to chat
plötzlich   sudden(ly)
die **Politik**, -   politics
der **Politiker**, -s, -   politician
politisch   political(ly)
die **Polizei**, -   police
der **Polizeibeamte**, -n, -n   policeman
die **Polizeibehörde**, -, -n   police authority
der **Polizist**, -en, -en   policeman
das **Portemonnaie**, -s, -s   change purse
der **Portier**, -s, -s   porter

die **Porzellanmanufaktur**, -, -en   chinaware or
  porcelain factory
die **Posse**, -, -n   farce; jest, joke, foolery
die **Post**, -   mail; mail delivery; post office
das **Postamt**, -(e)s, -er   post office
die **Postanweisung**, -, -en   money order
  (postal)
der **Postbote**, -n, -n   postman, mailman
die **Postkarte**, -, -n   post card
der **Postkasten**, -s, -   mailbox
die **Postleitzahl**, -, -en   zip-code
praktisch   practical
die **Praxis**, -, Praxen   clinic; practice
der **Preis**, -es, -e   price; prize; praise
preisen   to praise, commend
preiswert   praiseworthy; inexpensive(ly)
die **Premiere**, -, -n   first performance
pressen   to press, squeeze, strain
preußisch   Prussian
der **Privatdozent**, -en, -en   private teacher
  (m.)
  die **Privatdozentin**, -, -nen   private teacher
  (f.)
probieren   to try, test
das **Problem**, -s, -e   problem
das **Produkt**, -s, -e   product
der **Professor**, -s, -en   professor
profitieren   to profit
das **Programm**, -s, -e   program
das **Prozent**, -s, -e   percent, percentage
prüfen   to examine, test, check
die **Prüfung**, -, -en   examination
der **Psychiater**, -s, -   psychiatrist
das **Publikum**, -s   public
der **Pudding**, -s, -e or -s   pudding
der **Pullover**, -s, -   sweater, pullover
der **Punkt**, -(e)s, -e   point; dot, spot; period
pünktlich   punctual, on time
die **Puppe**, -, -n   doll, puppet
der **Putz**, -es   trimming, adornment
putzen   to clean, scour; dress, adorn
der **Pyjama**, -s, -s   pajamas

quer über   across

der **Rabe**, -n, -n   raven
das **Radio**, -s, -s   radio
der **Rahmen**, -s, -   frame
die **Rakete**, -, -n   rocket
der **Rand**, -es, -er   edge, verge; rim
der **Rasen**, -s, -   grass, lawn
raten, rät, riet, geraten   to advise; guess; solve
  (a puzzle, etc.)
das **Rathaus**, -es, -er   city hall
das **Rätsel**, -s, -   puzzle, enigma
der **Rauch**, -(e)s   smoke
rauchen   to smoke
der **Raucher**, -s, -   smoker
der **Raum**, -es, -e   room; space
räumen   to clear away, make room, evacuate
das **Raumschiff**, -s, -e   spaceship

rausgehen, geht raus, ging raus, ist rausgegangen to go out, leave

rausschmeißen, schmeißt raus, schmiß raus, rausgeschmissen to throw out

reagieren to react

realistisch realistic (ally)

recht right, righthand; correct, proper; just, lawful

recht haben to be right

die rechte Mitte happy medium

das Recht, –(e)s, –e right; privilege; justice; law

die Rechte, –, –n right hand; right side

rechtmäßig lawful, legitimate

rechts to, on, *or* at the right

der Rechtsanwalt, –s, ⸚e attorney, lawyer; counsel

die Rede, –, –n speech; conversation

reden to talk

die Redensart, –, –en expression; figure of speech

die Redeweise, –, –n saying

der Redner, –s, – speaker, orator

redselig talkative

rege active; in motion

der Regen, –s rain

der Regenbogen, –s, ⸚ rainbow

der Regenschirm, –s, –e umbrella

das Regierungshaus, –(e)s, ⸚er government building

regnen to rain

reich rich; abundant

reichen to reach, extend; pass, hand; be enough

reichhaltig abundant, plentiful

reichlich abundant, plentiful, copious

der Reichtum, –s, ⸚er riches, wealth

die Reichweite, –, –n range, reach

die Reifenpanne, –, –n flat tire

rein clean; pure; genuine

reingehen, geht rein, ging rein, ist reingegangen to enter, go into

reinigen to clean, purify

reinlich clean, neat, tidy

reinpacken *(sep.)* to pack in

die Reise, –, –n trip, journey, voyage

das Reisefieber, –s travel fever

reisen to travel, journey, go

der Reisende, –n, –n traveler; passenger; traveling salesman

der Reisepaß, –sses, ⸚sse passport

die Reiseroute, –, –n itinerary, trip route

reißen, reißt, riß, gerissen to tear, pull

der Reiz, –(e)s, –e charm, attraction

die Reklame, –, –n advertisement, commercial

der Religionskampf, –es, ⸚e religious war

die Reling, –, –s rail

resignieren to give up, be resigned

der Rest, –es, –e remainder

das Restaurant, –s, –s restaurant

restaurieren to restore, repair

die Reue, – regret; repentance

der Rhein Rhine River

rheinisch of the Rhine (area), Rhenish

der Rheumatismus, –, Rheumatismen rheumatism

der Rhythmus, –ses, Rhythmen rhythm

richten to judge; set straight, adjust; direct, address

der Richter, –s, – judge

richtig right, correct, accurate, true

die Richtung, –, –en direction

riechen, riecht, roch, gerochen to smell, scent

der Riese, –n, –n giant

der Riesenbaum, –s, ⸚e giant tree

der Ring, –(e)s, –e arena; ring; circle

rings around

ringsherum round about, all around, on all sides

die Ritterburg, –, –en knight's castle

der Rock, –es, ⸚e jacket *(men)*; skirt *(women)*

die Rodelbahn, –, –en toboggan run

der Rodelschlitten, –s, – toboggan

die Röhre, –, –n pipe, tube

die Rolle, –, –n role, part; roll, spool

romanisch Romance, Romanesque

romantisch romantic

der Römer, –s, – Roman

römisch Roman

das Röstbrot, –s, –e toast

rot red

der Rücken, –s, – back

rücken to move, change the place of, bring nearer

die Rückfahrkarte, –, –n round-trip ticket

die Rückkehr, – return, arrival home

die Rücksicht, –, –en consideration, regard, notice

der Ruf, –(e)s, –e cry, call; summons; reputation

rufen, ruft, rief, gerufen to call, shout; to summon

rufen lassen to send for

die Ruhe, – rest, calm, quiet, peace

laß mich in Ruhe! leave me alone!

ruhen to rest, sleep; stand still, be idle

ruhig calm(ly), quiet(ly)

der Ruhm, –(e)s fame

rühren to touch, move; affect

das Ruhrgebiet, –s the Ruhr valley (area)

die Ruine, –, –n ruin(s)

rund round; around; in round numbers

die Runde, –, –n round

die Rundfunkgebühr, –, –en radio fee *or* tax

der Ruß, –sses soot

der Rutsch, –es, –e slip, slide, fall

rutschen to slide, slip

die Sache, –, –n thing; affair, business; point, subject; *(pl)* things; clothes

sachlich objective, impartial; to the point

der **Sackbahnhof**, -s, ⁼e terminal station
die **Sage**, -, -n legend, myth
sagen to say, tell
die **Sahne**, - cream, whipped cream
der **Salat**, -s, -e salad
das **Salz**, -es, -e salt
sammeln to collect, gather
die **Sammlung**, -, -en collection
der **Samstag**, -s, -e Saturday
sarkastisch sarcastic(ally)
die **Satisfaktion**, - satisfaction
der **Satz**, -es, ⁼e sentence, clause; set; jump
sausen to whiz, rush, hurtle
das **Schach**, -s chess
der **Schachklub**, -s, -s chess club
das **Schachspiel**, -s, -e chess game
schade too bad, a pity
der **Schaden**, -s, ⁼ damage, injury; loss
schaden *(+ indir. obj.)* to harm, injure
schädlich harmful, detrimental, bad
die **Schallplatte**, -, -n record, album
der **Schalter**, -s, - (ticket) counter
die **Schanze**, -, -n ski jump
der **Schatz**, -es, ⁼e treasure; sweetheart
schätzbar valuable, precious; estimable
schätzen to value, estimate, esteem
die **Schätzung**, -, -en estimation, assessment
die **Schau**, -, -en show, review, exhibition
schauen to look (at)
das **Schaufenster**, -s, - shop window
das **Schauspiel**, -s, -e drama, play; spectacle
das **Schauspielhaus**, -es, ⁼er theater
die **Scheibe**, -, -n slice
scheiden, scheidet, schied, geschieden to separate, divide; divorce; take leave, part, depart
der **Schein**, -(e)s, -e appearance(s), semblance, shine, light; certificate; banknote; bill
scheinbar apparent(ly), likely; pretended
scheinen, scheint, schien, geschienen to appear, seem; shine
der **Scheinwerfer**, -s, - headlight; floodlight
schellen to ring (the doorbell)
schenken to give as a present; send
scherzhaft jesting, joking, playful
der **Schi**, *(or* Ski*)* -s, -er ski
Schi laufen (Ski laufen, schilaufen) to ski
schicken to send
schieben, schiebt, schob, geschoben to push, shove
die **Schiene**, -, -n rail
schießen, schießt, schoß, geschossen to shoot, fire
das **Schiff**, -(e)s, -e ship, boat
die **Schihütte**, -, -n ski lodge
der **Schilehrer**, -s, - ski instructor
schimpfen to scold; insult, abuse
der **Schinken**, -s, - ham
die **Schistunde**, -, -n ski lesson
die **Schlacht**, -, -en battle
der **Schlaf**, -(e)s sleep

schlafen, schläft, schlief, geschlafen to sleep
das **Schlafzimmer**, -s, - bedroom
der **Schlag**, -(e)s, ⁼e beat, stroke, blow; whipped cream
schlagen, schlägt, schlug, geschlagen to beat, strike; defeat
sich schlagen to take one's place *or* part; fight
die **Schlappe**, -, -n setback, loss
schlecht bad, poor, inferior
der, die, das **Schlechte**, -n the bad one
der **Schleier**, -s, - veil
schleifen to demolish, raze
sich schleppen to drag on, move slowly
schließen, schließt, schloß, geschlossen to shut, close, lock; conclude
schließlich finally; after all
schlimm bad, nasty; sore; serious
schlingen, schlingt, schlang, geschlungen to wind, twist; to gulp, gorge
der **Schlips**, -es, -e necktie
der **Schlitten**, -s, - sled
das **Schlittenfahren**, -s (act of) sledding
Schlittschuh laufen to skate
das **Schloß**, -sses, ⁼sser lock; castle, palace
der **Schluck**, -(e)s, -e gulp
schlüpfrig slippery
der **Schluß**, -sses, ⁼sse end, closing, conclusion
die **Schlußprüfung**, -, -en final examination
der **Schlüssel**, -s, - key
schlüssig resolved, decided
schmackhaft tasty
schmecken to taste (good); try (by tasting)
schmelzen, schmilzt, schmolz, geschmolzen to melt
der **Schmerz**, -es, -en pain; grief, sorrow
schmerzen to ache, hurt; grieve
schmerzhaft painful
schmerzlich grievous
schmuggeln to smuggle
der **Schnabel**, -s, ⁼e beak
der **Schnee**, -s snow
der **Schneepflug**, -s, ⁼e snowplow; a ski maneuver
die **Schneewehe**, -, -n snowdrift
schneiden, schneidet, schnitt, geschnitten to cut
der **Schneider**, -s, - tailor
schneien to snow
schnell fast, quick(ly)
der **Schnellzug**, -es, ⁼e express train
der **Schnitt**, -(e)s, -e cutting, cut; pattern
das **Schnitzel**, -s, - cutlet (boneless)
schnitzen to carve, cut
schon already; (as) yet; (the) very, even; certainly
schon (ein)mal ever
schön beautiful, handsome, nice, fine *(adj.)*; very well, all right *(adv.)*
die **Schönheit**, -, -en beauty

schöpferisch creative; productive
die Schöpfung, –, –en creation
der Schrank, –(e)s, ⁝e closet
schrauben to turn, screw
der Schraubenschlüssel, –s, – wrench
der Schraubenzieher, –s, – screwdriver
der Schreck, –(e)s, –e(n) scare; fright, terror
schrecklich terrible, dreadful
der Schrei, –(e)s, –e scream, cry
schreiben, schreibt, schrieb, geschrieben to write
die Schreibmaschine, –, –n typewriter
der Schreibtisch, –(e)s, –e desk
schreien, schreit, schrie, geschrieen to scream, shout, cry out
schreiten, schreitet, schritt, ist geschritten to stride, pace; proceed
die Schrift, –, –en writing; script
der Schriftsteller, –s, – author, writer
der Schritt, –(e)s, –e step, pace
die Schuld, –, –en guilt; debt
schuldig guilty; in debt
die Schule, –, –n school
der Schüler, –s, – pupil
der Schuhmacher, –s, – shoemaker
der Schuß, –sses, ⁝sse shot
die Schüssel, –, –n dish, bowl, basin
schütteln to shake
schütten to pour
schutz–(prefix) protective, protecting
der Schutz, –es protection, shelter
der Schütze, –n, –n marksman; (military) private
schützen to protect, shelter
schwach weak
die Schwäche, –, –n weakness
schwarz black
das Schwarzbrot, –s, –e rye bread
der Schweif, –(e)s, –e tail
schwellen, schwillt, schwoll, ist geschwollen to swell
schwer heavy; difficult; severe; grave
die Schwere, –, –n heaviness; difficulty; severity; gravity
die Schwerkraft, – (force of) gravity
der Schwerpunkt, –s, –e strongpoint
schwierig difficult; intricate
die Schwierigkeit, –, –en difficulty, trouble, problem
schwimmen, schwimmt, schwamm, ist geschwommen to swim, float
schwindelig dizzy, giddy
das Schwindeln, –s fraud
das Schwitzbad, –s, ⁝er Turkish bath
der Schwung, –(e)s, ⁝e swing; bound; flight
die Seele, –, –n soul; heart
die Seelenqual, –, –en agony of mind
sehen, sieht, sah, gesehen to see, look
sehenswert worth seeing
sehenswürdig worth seeing
sehr very; very much

die Seidentapete, –, –n silk tapestry or wallpaper
sein, ist, war, ist gewesen to be, exist
seit (+ indir. obj.) since; for (temporal)
seitdem since (conj. and adv.)
die Seite, –, –n side; page
seither since (then)
seitlich at the side
die Sekunde, –, –n second
selbst myself, yourself, etc.; even
selbstverständlich obvious(ly), of course
die Selbstverständlichkeit, –, –en matter of course, foregone conclusion
selten rare, unusual (adj.); seldom (adv.)
das Semester, –s, – semester
das Seminar, –s, –e seminary; teacher's college
der Senf, –(e)s, –e mustard
seriös serious
servieren to serve
der Sessel, –s, – armchair
setzen to set, place, put
  sich setzen to seat oneself, sit down
sicher certain(ly), sure(ly); secure, safe; steady
die Sicherheit, – safety; certainty; assurance; confidence
sicherlich surely, certainly
singen, singt, sang, gesungen to sing
sinken, sinkt, sank, ist gesunken to sink
der Sinn, –(e)s, –e sense; mind; meaning
die Sitte, –, –n custom; fashion; (pl.) manners, morals
der Sitz, –es, –e seat
sitzen, sitzt, saß, gesessen to sit (be in a sitting position); fit; adhere, stick
die Sitzung, –, –en session, meeting
so so, thus; such
so ... wie as ... as; so ... as
die Socke, –, –n sock
soeben just, just now
das Sofa, –s, –s sofa, couch
sofern thus far; as far as
sofort at once, immediately
sogar even
sogenannt so-called
sogleich at once, immediately
der Sohn, –es, ⁝e son
solange while, as long as
solch (–er, –e, –es) such (adj. and pron.)
sollen shall; be obliged to; be supposed to; be said to
der Sommer, –s, – summer
sommerlich summery, summerlike
sonderbar odd, peculiar, strange
sondern but, instead
der Sonnabend, –s, –e Saturday
die Sonne, –, –n sun
der Sonnenaufgang, –s, ⁝e sunrise, dawn
der Sonnenuntergang, –s, ⁝e sunset
der Sonntag, –s, –e Sunday
sonst otherwise, (or) else; formerly
sonstig other, additional

die **Sorge**, -, -n   care, worry, anxiety
sorgen   to take care (of); worry
sorgfältig   careful, painstaking; accurate
die **Sorte**, -, -n   kind, type, variety
sowas   something like that *(pron.)*
sowieso   anyhow, in any case
sozial   social
die **Spaltung**, -, -en   division, split
spanisch   Spanish
spannen   to strain, make tense
sparen   to save, economize
der **Spargel**, -s, -   asparagus
spärlich   meager, scarce, sparse, thin
sparsam   thrifty; sparingly
die **Sparsamkeit**, -   sparsity; thrift
der **Spaß**, -es, ⸚e   fun, amusement; joke
spät   late
spätestens   at the latest
spazieren   to walk
  spazieren gehen   to take a walk
der **Spaziergang**, -s, ⸚e   walk
  einen Spaziergang machen   to take a walk
die **Speise**, -, -n   food; meal, dish
die **Speisekarte**, -, -n   menu
sich spezialisieren (auf)   to specialize (in)
speziell   special, specific
der **Spiegel**, -s, -   mirror
das **Spiegelei**, -s, -er   sunny-side up egg
sich spiegeln   to be reflected
das **Spiel**, -(e)s, -e   game; playing; performance
spielen   to play; gamble; act; play the part of, pretend; take place
spielend   easily
der **Spielplatz**, -es, ⸚e   playground
das **Spielzeug**, -s, Spielsachen   toy
der **Spion**, -s, -e   spy
der **Sportanzug**, -s, ⸚e   sports suit
der **Sportsmann**, -s, Sportsleute   sportsman
die **Sprache**, -, -n   language, tongue; speech
sprechen, spricht, sprach, gesprochen   to speak
die **Sprechstundenhilfe**, -, -n   receptionist
das **Sprichwort**, -s, ⸚er   proverb
der **Springbrunnen**, -s, -   fountain
springen, springt, sprang, gesprungen   to jump, leap
der **Spruch**, -(e)s, ⸚e   saying, maxim
die **Sprungschanze**, -, -n   ski jump
der **Staat**, -(e)s, -en   state; government
der **Staatsminister**, -s, -   secretary of state
die **Stadt**, -, ⸚e   city, town
der **Stadtgraben**, -s, ⸚   town moat
städtisch   municipal
stammen   to originate, spring from
ständig   constant(ly), continuous(ly)
der **Standort**, -s, -e   station, position, location
starr   stiff, inflexible
die **Station**, -, -en   (railway) station
statt *(+ poss.)*   instead of
stattdessen   instead (of that)
stattfinden, findet statt, fand statt, stattgefunden   to take place

der **Staub**, -(e)s   dust
stecken, steckt, stak *or* steckte, gesteckt   to stick; put, place
stehen, steht, stand, gestanden   to stand; fit, suit
  wie steht's?   how about? how is it?
stehenbleiben, bleibt stehen, blieb stehen, ist stehengeblieben   to stop, come to a standstill
stehlen, stiehlt, stahl, gestohlen   to steal
steif   stiff
steigen, steigt, stieg, ist gestiegen   to climb
die **Stelle**, -, -n   place, spot; passage (in a book); position, job
stellen   to place, put, set
  sich stellen   to place *or* station oneself
stellenweise   in places, in spots
die **Stellung**, -, -en   job; position; stand
stempeln   to stamp
sterben, stirbt, starb, ist gestorben   to die
sterblich   mortal
stets   always, regularly, continually
das **Steuer**, -s, -   steering wheel
der **Stich**, -(e)s, -e   sting, prick; stab
stickig   stuffy
der **Stiefel**, -s, -   boot
still   silent
die **Stimme**, -, -n   voice; vote
stimmen   to be correct; agree (with); vote; tune, attune
  das stimmt   that is right, that is O.K.
die **Stimmung**, -, -en   mood, humor; atmosphere
die **Stirn(e)**, -, -(e)n   forehead
der **Stoff**, -(e)s, -e   subject matter, topic; substance; stuff; material
stolz   proud, arrogant, stately
der **Stolz**, -es   pride, arrogance
stören   to disturb, interrupt
die **Störung**, -, -en   disturbance, interruption
stoßen, stößt, stieß, gestoßen   to push, shove
die **Straße**, -, -n   street
die **Straßenbahn**, -, -en   streetcar
die **Straßenbahnhaltestelle**, -, -n   streetcar stop *or* station
die **Straßenkreuzung**, -, -en   crossroad, intersection
die **Strebe**, -, -n   brace, support, prop
das **Streben**, -s   endeavor, effort, struggle
streben (nach *+ indir. obj.*)   to strive, struggle, seek (after)
die **Strecke**, -, -n   route, road; distance
der **Streit**, -(e)s, -e   fight, quarrel, dispute
sich streiten, streitet, stritt, gestritten   to quarrel, fight
die **Streitigkeit**, -, -en   dispute, quarrel
der **Streusel**, -s, -   sprinklings; crumb topping
das **Stroh**, -s   straw
das **Stück**, -(e)s, -e   piece
der **Student**, -en, -en   student *(m.)*
  die **Studentin**, -, -nen   student *(f.)*

das **Studentinnenheim,** –s, –e   women's dormitory
das **Studentenzimmer,** –s, –   student's room
studieren   to study; go to the university
das **Studierzimmer,** –s, –   study room
das **Studium,** –s, Studien   study, subject; college education
der **Stuhl,** –(e)s, ⁼e   chair
die **Stunde,** –, –n   hour; lesson; period
das **Stündlein,** –s, –   hour, "short" hour
der **Sturm,** –(e)s, ⁼e   storm, gale
stürmen   to storm, take by storm
stürmisch   stormy
stürzen   to hurl, throw, plunge
  sich **stürzen**   to rush. dash; crash
suchen   to look for, seek; desire
der **Süden,** –s   the south
der **Supermarkt,** –s, ⁼e   supermarket
das **Symbol,** –s, –e   symbol
sympathisch   likeable, congenial

der **Tag,** –(e)s, –e   day
tagen   to dawn, get light; confer, meet
die **Tageszeitung,** –, –en   daily newspaper
täglich   daily
das **Tal,** –(e)s, ⁼er   valley
der **Taler,** –s, –   thaler (old German coin worth about 3 marks)
der **Talhang,** –s, ⁼e   valley slope
die **Talsenke,** –, –n   basin-shaped valley
der **Tand,** –(e)s *(no pl.)*   trifle, trinket, toy
tanken   to fill a gas tank
die **Tankstelle,** –, –n   gas station
die **Tante,** –, –n   aunt
der **Tanz,** –es, ⁼e   dance
tanzen   to dance
der **Tänzer,** –s, –   dancer *(m.)*
  die **Tänzerin,** –, –nen   dancer *(f.)*
die **Tapete,** –, –n   wallpaper, tapestry
der **Tarif,** –s, –e   tariff
die **Tasche,** –, –n   pocket; purse
die **Taschenlampe,** –, –n   flashlight
die **Tasse,** –, –n   cup
die **Taste,** –, –n   key (piano *or* organ)
die **Tat,** –, –en   act, deed
  in der **Tat**   actually, really
tätig   active, busy; effective
die **Tatsache,** –, –n   fact
tatsächlich   real, actual; in fact
tauchen   to dunk
taumeln   to reel, stagger
die **Taxe,** –, –n   taxi
technisch   technical
der **Tee,** –s, –s   tea
der **Teich,** –(e)s, –e   pond
der **Teig,** –(e)s, –e   dough; batter
der **Teil,** –(e)s, –e   part, portion, share
das **Teilchen,** –s, –   small part; sweet roll
teilen   to divide, separate; distribute
das **Teilgebiet,** –s, –e   branch, department
die **Teilnahme,** –   participation; sympathy

teilnehmen (an + *indir. obj.)*, nimmt teil, nahm teil, teilgenommen   to take part in, participate
der **Teilnehmer,** –s, –   partaker, subscriber
teils   partly
teilweise   partly
das **Telefon,** –s, –e   telephone
das **Telefonbuch,** –s, ⁼er   telephone book
telefonieren   to telephone
das **Telegramm,** –s, –e   telegram
der **Teller,** –s, –   plate
der **Teppich,** –s, –e   rug, carpet
teuer   expensive; dear
der **Teufel,** –s, –   devil
das **Theater,** –s, –   theater
theatralisch   theatrical
tief   deep, low
die **Tiefe,** –, –n   depth
tiefgründig   profound
das **Tier,** –(e)s, –e   animal
die **Tierfabel,** –, –n   animal fable
der **Tisch,** –(e)s, –e   table; meal, board
die **Tischsitte,** –, –n   table manners *or* customs
das **Tischtuch,** –s, ⁼er   tablecloth
die **Tochter,** –, ⁼   daughter
der **Tod,** –es, –e *or* Todesfälle   death
todernst   dead serious
todlangweilig   deadly boring
tödlich   deadly
der **Topf,** –(e)s, ⁼e   pot, jar
die **Torte,** –, –n   flat *or* fancy cake; tart
tot   dead
töten   to kill
die **Tour,** –, –en   tour, trip, excursion
die **Tracht,** –, –en   costume, (native) dress
die **Tradition,** –, –en   tradition
tragen, trägt, trug, getragen   to carry, bear; wear
der **Träger,** –s, –   carrier, bearer
der **Trank,** –(e)s, ⁼e   beverage, drink
die **Traube,** –, –n   grape, bunch of grapes; cluster
trauen *(+ indir. obj.)*   to trust
die **Trauer,** –   sorrow, mourning
trauern   to mourn, grieve; wear mourning
der **Traum,** –(e)s, ⁼e   dream
träumen   to dream
der **Träumer,** –s, –   dreamer
die **Träumerei,** –, –en   reverie
träumerisch   dreamy; dreamily
traurig   sad, dismal
treffen, trifft, traf, getroffen   to meet; hit; concern
treiben, treibt, trieb, getrieben   to drive, set in motion; urge, incite; do, engage in, carry on, work at *(tr.)*
  treiben (ist getrieben)   to drift, float *(intr.)*
sich trennen   to separate, part
das **Treppenhaus,** –(e)s, ⁼er   stairwell
treten, tritt, trat, getreten   to tread, trample; kick *(tr.)*

treten (ist getreten) to walk, step, tread *(intr.)*
der **Trick,** –s, –e *or* –s trick
trinken, trinkt, trank, getrunken to drink
das **Trinkgeld,** –(e)s, –er tip, gratuity
der **Tritt,** –(e)s, –e step; kick
der **Triumph,** –(e)s, –e triumph, victory
der **Tropfen,** –s, – drop
trotz *(+ poss.)* in spite of
der **Trotz,** –es stubbornness; defiance; insolence
trotzdem nevertheless
der **Trunk,** –(e)s, ̈e drink; alcoholism
die **Tulpe,** –, –n tulip
tun, tut, tat, getan to do; make; act; put
der **Tupfen,** –s, – dot, spot
die **Tür,** –, –en door
der **Turm,** –(e)s, ̈e tower
typisch typical

übel bad, evil; sick
die **Übelkeit,** –, –en sickness, nausea
über *(+ dir. obj. or indir. obj.)* over, above; across; about, concerning *(dir. obj. only)*
überall everywhere
das **Überbleibsel,** –s, – remains, ruins
überfliegen, überfliegt, überflog, überflogen to glance quickly over; pass swiftly across
überhaupt in general; *(neg.)* at all; altogether
überkreuzen to cross over
überlaufen, läuft über, lief über, übergelaufen to run *or* flow over
sich **überlegen** to think over, consider
übermorgen the day after tomorrow
übernachten to spend the night, stay overnight
übernehmen, übernimmt, übernahm, übernommen to take over, undertake
überqueren to cross
überraschen to surprise
die **Überraschung,** –, –en surprise
übersetzen to translate
die **Übersetzung,** –, –en translation
überstehen, übersteht, überstand, überstanden to endure, survive, get through
übervoll overcrowded
überwältigend overwhelming
überzeugen to convince, persuade
übrig left over, remaining, rest of
im **übrigen** otherwise
übrigens besides, moreover; by the way
die **Uhr,** –, –en watch; clock; time of day
um wieviel **Uhr?** at what time?
um *(+ dir. obj.)* around, about; for, in return for; at
um ... zu *(+ inf.)* in order to
(sich) **umdrehen** *(sep.)* to turn around
umgeben to surround, encircle
umgeben (von) surrounded (by)
die **Umgebung,** –, –en surrounding(s), environment, neighborhood

umgekehrt vice versa; quite the contrary
umgestalten *(sep.)* to transform
die **Umkehr,** –, –ungen complete change, turnabout
umkehren *(sep.)* (ist umgekehrt) to turn back, return
sich **umkehren** *(sep.)* to turn around
umknicken *(sep.)* to twist, snap off; bend over
der **Umschlag,** –s, ̈e cover; envelope (letter)
umschlingen, umschlingt, umschlang, umschlungen to embrace, entwine in
sich **umsehen** *(sep.)* to look around, look back
die **Umwandlung,** –, –en transformation, change
unabhängig independent
unangenehm disagreeable, unpleasant
unauffällig inconspicuous
unbedingt absolutely
unbegrenzt unlimited, boundless
unbekannt unknown
und and
undenklich immemorial
die **Unendlichkeit,** – infinity
unerhört unheard of; shocking, scandalous
ungeduldig impatient
ungefähr approximate(ly)
von **ungefähr** by chance, by accident
ungeschmälert undiminished
ungeschützt unprotected
ungetrübt untroubled
das **Unglück,** –s, –e misfortune; accident
unglücklich unfortunate, unlucky; unhappy
unglücklicherweise unfortunately
unhöflich impolite
die **Uniform,** –, –en uniform
die **Universität,** –, –en university
der **Universitätsprofessor,** –s, –en university professor
das **Unkraut,** –s, ̈er weed
unmöglich impossible
die **Unmöglichkeit,** –, –en impossibility
unschätzbar inestimable, invaluable
unschuldig faultless, innocent
der **Unsinn,** –(e)s nonsense, folly
unter *(+ dir. obj. or indir. obj.)* under, below; among
unterbrechen, unterbricht, unterbrach, unterbrochen to interrupt, stop
unterdrücken to oppress, suppress
untereinander among themselves, with each other
der **Untergang,** –s, ̈e downfall
untergehen, geht unter, ging unter, ist untergegangen to set, sink; perish
die **Untergrundbahn,** –, –en subway
unterhalb *(+ poss.)* below
unterhalten, unterhält, unterhielt, unterhalten to support, maintain; amuse, entertain *(tr.)*
sich **unterhalten** to converse; enjoy oneself
die **Unterhaltung,** –, –en support; conversation; entertainment, amusement

das **Unterhemd**, -es, -en undershirt
die **Unterhose**, -, -n underpants
der **Unterricht**, -s instruction, teaching;
lessons
unterrichten to teach, instruct; inform
unterscheiden, unterscheidet, unterschied,
unterschieden to distinguish, differentiate,
separate *(tr.)*
sich **unterscheiden** (von) to differ (from)
der **Unterschied**, -s, -e difference, distinction
unterschreiben, unterschreibt, unterschrieb,
unterschrieben to sign
unterstellen *(sep.)* to put under, put under
cover *or* shelter
unterstellen *(insep.)* to insinuate, impute
die **Untertasse**, -, -n saucer
die **Unterwäsche**, - *(no pl.)* underclothing,
underwear
unterwegs underway, on the way, en route
unterwerfen, unterwirft, unterwarf, unterworfen to subjugate, subject (to)
sich **unterwerfen** to submit, yield
untreu untrue, unfaithful
unverbindlich without obligation
unversehrt undamaged
unvorhergesehen unforeseen
unwichtig unimportant, insignificant
unzertrennlich inseparable
der **Urgedanke**, -ns, -n original thought
der **Urlaub**, -s, -e vacation
die **Ursache**, -, -n cause, origin; reason
ursprünglich original(ly)

die **Vase**, -, -n vase
der **Vater**, -s, ÷ father
Venedig Venice
verabreden to agree upon; appoint
sich **verabreden** to make an appointment;
come to an agreement
verabschieden to send away, dismiss, discharge
sich **verabschieden** to take leave, say good-by
verändern to change, vary
die **Veranlassung**, -, -en occasion, cause
auf **Veranlassung von** at the instance of
veranstalten to arrange; contrive, bring about
verantwortungslos irresponsible
verbinden, verbindet, verband, verbunden to
tie together, connect
verbrauchen to consume, use up
verbrechen, verbricht, verbrach, verbrochen
to commit a crime
verbreiten to spread, disseminate
verbrennen, verbrennt, verbrannte, verbrannt
to burn, scorch
verbringen, verbringt, verbrachte, verbracht
to spend (time)
verdienen to earn
der **Verdruß**, -(ss)es displeasure, annoyance
vereinigen to unite
die **Vereinigten Staaten von (Nord)amerika**
the United States of America

verfälschen to falsify, misconstrue
verfehlen to fail (to do), miss
der **Vergaser**, -s, - carburetor
vergehen, vergeht, verging, ist vergangen to
pass (of time), slip by
vergessen, vergißt, vergaß, vergessen to forget
vergleichen, vergleicht, verglich, verglichen
to compare
das **Vergnügen**, -s, - pleasure, enjoyment,
amusement
sich **vergnügen** to enjoy oneself
vergnügt cheerful; pleased, glad
das **Verhältnis**, -ses, -se relation, proportion
verhältnismäßig proportionate, relative(ly)
verheiraten to marry, get married
verhungern to starve, die of starvation
der **Verkauf**, -s, ÷e sale
verkaufen to sell
der **Verkäufer**, -s, - salesman, salesclerk
die **Verkäuferin**, -, -nen saleslady, salesgirl
der **Verkehr**, -s traffic; commerce, trade
die **Verkehrsampel**, -, -n traffic light
das **Verkehrsmittel**, -s, - means of transportation
die **Verkörperung**, -, -en personification
verlassen, verläßt, verließ, verlassen to leave;
desert, abandon *(tr.)*
sich **verlassen auf** *(+ dir. obj.)* to rely or
depend on
der **Verlauf**, -s, ÷e course (of time)
sich **verlieben** (in) to fall in love (with)
verlieren, verliert, verlor, verloren to lose
vermissen to miss
die **Vermittlung**, -, -en intervention, mediation
vermuten to suppose, imagine, suspect
verneinen to deny, say "no" to
vernichten to annihilate, destroy
veröffentlichen to publish
die **Veröffentlichung**, -, -en publication
verraten, verrät, verriet, verraten to disclose,
betray
verrückt crazy
versagen to deny, refuse; fail, flunk
der **Versager**, -s, - failure
versammeln to bring together, gather
sich **versammeln** to meet, assemble
die **Versammlung**, -, -en meeting, assembly
verschicken to send out, dispatch
verschieden different, distinct; diverse, various,
sundry
die **Verschiedenheit**, -, -en difference;
diversity, variety
verschleudern to waste
der **Verschluß**, -sses, ÷sse cap; closing; lock;
seal
das **Versehen**, -s, - oversight, mistake
versehentlich by mistake
versichern to assure, insure
versöhnen to reconcile
sich **verspäten** to be late

das **Versprechen**, –s, – promise
versprechen, verspricht, versprach, versprochen to promise
der **Verstand**, –(e)s mind; intellect; understanding; brains
verständig sensible, intelligent
verständlich understandable, intelligible; clear
das **Verständnis**, –ses, –se comprehension, understanding
verstehen, versteht, verstand, verstanden to understand, comprehend
verstellbar adjustable
verstopfen to plug up
der **Versuch**, –s, –e experiment, trial, test; attempt
versuchen to try, attempt; tempt
vertiefen to absorb
verursachen to cause
verwandeln to change, transform, convert
der *or* die **Verwandte**, –n, –n relative, relation
verwirklichen to realize, accomplish
Verzeihung! I beg your pardon! excuse me!
verzweifeln to despair
die **Viehzucht**, –stock-farming, cattle-breeding
viel, mehr, meist– much, a great deal
viele *(pl.)* many
vielfach manifold; often
vielleicht perhaps, maybe
vierkantig square, four-sided
das **Viertel**, –s, – fourth (part), quarter
die **Viertelstunde**, –, –n quarter of an hour
der **Vierzehner**, –s, – size 14 (mm.)(wrench)
das **Violett**, –s violet (color)
die **Vitalität**, – vitality
der **Vogel**, –s, ⁓ bird
die **Vokabel**, –, –n word; vocabulary
das **Volk**, – (e)s, ⁓er people; nation; masses; common people
die **Völkerverständigung**, – understanding between people
voll full; whole, complete
vollenden to complete
völlig complete(ly), total(ly)
vollkommen perfect; complete
vollständig complete, entire, total, whole
von *(+ indir. obj.)* from; of; by; about
vor *(+ dir. obj. or indir. obj.)* in front of; before; for; ago
voran onwards, forward
 mach' voran! hurry up!
voraus in advance, before, in front
vorbeikommen, kommt vorbei, kam vorbei, ist vorbeigekommen to pass, go past; drop in on someone
vorbereiten to prepare
die **Vorfreude**, –, –n pleasure of anticipation
vorgestern the day before yesterday
vorhaben, hat vor, hatte vor, vorgehabt to have in mind
der **Vorhang**, –s, ⁓e curtain

vorkommen, kommt vor, kam vor, ist vorgekommen to happen; come forward; seem
vorläufig preliminary, preparatory
vorlegen *(sep.)* to show; offer; put *or* lay before
vorlesen, liest vor, las vor, vorgelesen to read aloud; lecture
die **Vorlesung**, –, –en lecture
vorletzt last but one, next to the last, penultimate
der **Vormittag**, –s, –e forenoon, morning
vorn(e) in front; at the beginning
der **Vorname**, –n, –n first name, Christian name
vornehm fashionable; stylish
vornehmen, nimmt vor, nahm vor, vorgenommen to undertake, take in hand
 sich vornehmen to intend, resolve, make up one's mind
(von) vornherein from the start
vorrätig in stock, on hand
die **Vorrede**, –, –n prologue, words of introduction
der **Vorschlag**, –(e)s, ⁓e proposal, suggestion
vorschlagen, schlägt vor, schlug vor, vorgeschlagen to propose, suggest
vorschweben *(sep.)* to hover before, be in someone's mind
die **Vorsicht**, – precaution
 Vorsicht! Be careful!
vorsichtig cautious, careful
die **Vorsorge**, – foresight; provision, precaution
vorstellen *(sep.)* to introduce
 sich *(indir. obj.)* **vorstellen** to imagine, fancy
die **Vorstellung**, –, –en performance; introduction
vorüber over, past
die **Vorwahl**, –, –en area code (for telephoning)
der **Vorwurf**, –s, ⁓e reproach, rebuke, blame
 Vorwürfe machen to blame somebody
der **Vorzug**, –s, ⁓e advantage, good quality; excellence
vorzüglich excellent, superior

die **Wache**, –, –n police station
wachsen, wächst, wuchs, ist gewachsen to grow; increase
der **Wagen**, –s, – car
wägen, wägt, wog, gewogen to weigh; consider
der **Wagenschlüssel**, –s, – car key
die **Wahl**, –, –en choice, selection; election
wählen to choose; elect; dial
wahr true, real
 nicht wahr? isn't it? don't you think so?
während *(+ poss.)* during
 während *(conj.)* while
wahrhaftig true, truthful, real
die **Wahrheit**, –, –en truth

wahrscheinlich probably; probable, likely
die Wahrscheinlichkeit, –, –en probability,
  likelihood
der Wald, –(e)s, ⁼er forest, woods
die Wand, –, ⁼e wall (of a room)
wann when, at what time
die Wanne, –, –n tub
warm warm; hot
die Wärme, – warmth, heat, warmness
wärmen to warm *(tr.)*
warten (auf + *dir. obj.)* to wait (for)
das Wartezimmer, –s, – waiting room
warum why, for what reason *(adv. and conj.)*
was *(pron.)* what, whatever, which; something
die Wäsche, – wash, laundry; linens; underwear
waschen, wäscht, wusch, gewaschen to wash
  sich waschen to wash oneself, wash up
das Wasser, –s, – *or* ⁼ water
der Wasserfall, –s, ⁼e waterfall
der Wasserhahn, –s, ⁼e faucet
die Wasserleitung, –, –en water pipe
die Wasserorgel, –, –n water organ
das Wasserspiel, –s, –e water show
der Wechsel, –s, – change, alteration
das Wechselgeld, –(e)s change (money)
wechseln to change, vary, alternate
weder ... noch neither ... nor
der Weg, –(e)s, –e way; road, route, path
weg away; gone
  wegfahren, fährt weg, fuhr weg, ist wegge-
    fahren to drive away, sail away
wegen *(+ poss.)* because of, on account of
weh tun *(+ indir. obj.)* tut weh, tat weh, weh
  getan to ache; hurt *(tr. and intr.)*
das Weib, –(e), –er female, woman; wife
weibisch womanish, effeminate
weiblich female, feminine
weich soft; smooth; gentle, mild
(die) Weihnacht, – *or* (die) Weihnachten,–
  Christmas
(der) Weihnachtsabend, –s, –e Christmas Eve
der Weihnachtsbaum, –s, ⁼e Christmas tree
der Weihnachtseinkauf, –s, ⁼e Christmas
  shopping
die Weihnachtszeit, –, –en Christmas time
weil because
die Weile, – a while, space of time
der Wein, –s, –e wine
der Weinbauer, –s, – wine-grower
der Weinberg, –(e)s, –e vineyard
der Weingarten, –s, ⁼ vineyard
weinen to weep, cry
die Weise, –, –n manner; melody
weiß white
das Weißbrot, –s, –e white bread
weit far, distant; wide, broad; big
weiter further, farther
  weiter! continue! go on!
welch (–er, –e, –es) which, what; who; that;
  some, any *(adj. and pron.)*
die Welle, –, –en wave

die Welt, –, –en world
weltberühmt world famous
das Weltenall, –s the universe, cosmos
der Weltkrieg, –s, –e world war
weltoffen cosmopolitan, tolerant
weltweit worldwide, universal
wenden, wendet, wandte, gewandt (*or* wendete,
  gewendet) to turn, turn around
  sich wenden an to turn to
wenig little (in amount)
wenige *(pl.)* a few, few
wenigstens at least
wenn if, whenever; when
werden, wird, wurde, ist geworden to become
werfen, wirft, warf, geworfen to throw
das Werk, –(e)s, –e work; factory; works
die Werkstatt, –, ⁼en workshop
das Werkzeug, –s, –e tool
die Werkzeugtasche, –, –n tool kit
der Wert, –es, –e worth, value
das Wesen, –s, – being, creature; nature,
  disposition
wesentlich essential(ly); real; considerable
weshalb why *(adv. and conj.)*
der Westen, –s the west
weswegen why *(adv. and conj.)*
das Wetter, –s weather
wichtig important
wider *(+ dir. obj.)* against, contrary to
sich widersetzen *(+ indir. obj.)* to resist,
  oppose, disobey
wie *(adv.)* how
  wie *(conj.)* as, like
wieder again; back; in return
wiederholen to repeat; review
wiedersehen, sieht wieder, sah wieder,
  wiedergesehen to see again
  (auf) Wiedersehen until we meet again,
    so long, good-by
die Wiener Wurst, –, ⁼e special kind of sausage
die Wiese, –, –n meadow
wieso how *(question)*
wieviel how much
  wie viele how many
der wievielte what day of the month
der Wille, –ns, –n will
willkommen welcome, acceptable
der Wind, –es, –e wind
winden, windet, wand, gewunden to wind,
  twist
  sich winden to writhe; twist
die Windung, –, –en turn, twist; winding
winken to wave, beckon
der Winter, –s, – winter
winterlich wintery
der Wintermantel, –s, ⁼ winter coat
der Wintersport, –s winter sports
der Wintersportplatz, –es, ⁼e winter sports
  area *or* resort
wirbeln to whirl
wirken to work, do; produce, effect
wirklich real(ly), actual(ly); true; genuine

die **Wirklichkeit**, –, –en   reality, actuality
wischen   to wipe
wissen, weiß, wußte, gewußt   to know, be aware of, understand
die **Wissenschaft**, –, –en   science; knowledge, scholarship
dcr **Wissenschaftler**, –s, –   scientist
das **Witzblatt**, –es, ¨er   comic paper
wo   where, in what place *(adv. and conj.)*
die **Woche**, –, –n   week
das **Wochenblatt**, –es, ¨er   weekly paper
das **Wochenende**, –s, –n   weekend
woher   from where, from what place
wohin   where, to what place
wohl   indeed, surely; probably, perhaps; well
sich **wohlfühlen** *(sep.)*   to feel comfortable
wohlgesetzt   well-phrased, well-stated
wohnen   to live, reside, dwell
die **Wohnung**, –, –en   apartment, house, residence
das **Wohnzimmer**, –s, –   living room
wollen, will, wollte, gewollt   to want; want to, intend to
die **Wolke**, –, –n   cloud
das **Wort**, –es, –e   word (in context); expression; saying
das **Wort**, –es, ¨er   word (individually, as in a list)
das **Wörterbuch**, –es, ¨er   dictionary
wörtlich   literal(ly), verbatim
das **Wunder**, –s, –   miracle, wonder, marvel
wunderbar   wonderful; strange; miraculous
sich **wundern**   to marvel, wonder, be surprised
wunderschön   very beautiful
das **Wunderwerk**, –s, –e   wonder, miracle
der **Wunsch**, –es, ¨e   desire, wish
wünschen   to wish, desire
sich **wünschen**   to wish for, long for
die **Wurst**, –, ¨e   sausage
wütend   mad, furious

die **Zahl**, –, –en   figure, digit, numeral, number
zahlen   to pay
zählen   to count, number
der **Zahn**, –(e)s, ¨e   tooth
der **Zahnarzt**, –(e)s, ¨e   dentist
der **Zahnschmerz**, –es, –en   toothache
die **Zange**, –, –n   pliers
die **Zeche**, –, –n   bill; score
der **Zechpreller**, –s, –   one who evades paying a bill
der **Zeh**, –s, –en   toe
das **Zeichen**, –s, –   sign, symbol; evidence
zeichnen   to draw, sketch; mark, brand
die **Zeichnung**, –, –en   drawing, design
zeigen   to show, point out, indicate
der **Zeiger**, –s, –   pointer
die **Zeit**, –, –en   time
das **Zeitalter**, –s, –   time, age, generation
zeitlich   passing, temporary, periodic

die **Zeitschrift**, –, –en   magazine, periodical
die **Zeitung**, –, –en   newspaper
der **Zeitungskiosk**, –s, –s   newspaper stand
das **Zentrum**, –s, Zentren   center
zerbrechen, zerbricht, zerbrach, zerbrochen   to break, shatter
zerstören   to destroy
die **Zerstörung**, –, –en   destruction
ziehen, zieht, zog, gezogen   to draw, pull; raise, cultivate *(tr.)*
ziehen (ist gezogen)   to go, move, change residence *(intr.)*
die **Zigarette**, –, –n   cigarette
das **Zigarettenetui**, –s, –s   cigarette case
die **Zigarre**, –, –n   cigar
das **Zimmer**, –s, –   room
die **Zipfelmütze**, –, –n   tasselled cap
die **Zivilisation**, –, –en   civilization
der **Zollbeamte**, –n, –n   Customs official
die **Zollhalle**, –, –n   Customs building *or* hall
der **Zorn**, –s   anger
zu *(+ indir. obj.)*   to, toward
zu *(adv. and sep. prefix)*   too, overly; closed, shut
der **Zucker**, –s   sugar
zudrehen *(sep.)*   to turn off; turn toward
zuerst   firstly, at first
der **Zufall**, –s, ¨e   chance, accident; incident
zufrieden   content, satisfied
zufrieren, friert zu, fror zu, ist zugefroren   to freeze up, freeze over
der **Zug**, –(e)s, ¨e   train; pull, tug; feature, trait
zugegen   present
zuhören *(sep.)(+ indir. obj.)*   to listen(to)
die **Zukunft**, –   the future; future tense
zukünftig   future; in the future
zulassen, läßt zu, ließ zu, zugelassen   to permit; admit; leave closed
zuletzt   last of all, finally
zunächst   first of all, above all
die **Zündung**, –, –en   kindling; ignition
zunehmen, nimmt zu, nahm zu, zugenommen   to increase, grow
zurecht   in the right place, rightly, right
zurück   back, behind
zurückbekommen, bekommt zurück, bekam zurück, zurückbekommen   to get back, recover
zurückbleiben, bleibt zurück, blieb zurück, ist zurückgeblieben   to remain behind
zurückfahren, fährt zurück, fuhr zurück, ist zurückgefahren   to go back, drive back
zurückkehren *(sep.)* (ist zurückgekehrt)   to turn back, return *(intr.)*
zurückkommen, kommt zurück, kam zurück, ist zurückgekommen   to come back, return
zurückversetzen *(sep.)*   to put back, restore; go back (in one's mind)
zurufen, ruft zu, rief zu, zugerufen   to call to, shout to

zusammen together

zusammenbrechen, bricht zusammen, brach zusammen, ist zusammengebrochen to break down, collapse, break

zusammenfalten *(sep.)* to fold (up)

der Zusammenfluß, –sses, ⁼sse junction of two rivers

zusammenhalten, hält zusammen, hielt zusammen, zusammengehalten to hold together; support; compare

das Zusammensein, –s togetherness

zusehen, sieht zu, sah zu, zugesehen to see to (it); watch, look on

zustimmen *(sep.)* to agree

zutreffen, trifft zu, traf zu, ist zugetroffen to prove right *or* true; happen, occur

zuviel too much

zuvor before

zuvorkommend friendly, obliging

der Zwang, –(e)s compulsion, force, pressure

zwar indeed, to be sure, (it's) true

(und) zwar in fact; namely; that is; and what's more

der Zweck, –(e)s, –e purpose, end, point, object

zwecklos useless, aimless, purposeless

zweckmäßig suitable

zwecks *(+ poss.)* for the purpose of

der Zweifel, –s, – doubt

zweifellos undoubtedly

zweifeln to be in doubt

der Zweig, –(e)s, –e twig, branch

zweimal twice

zwicken to pinch

die Zwiebel, –, –n onion

zwiespältig divided; conflicting

zwingen, zwingt, zwang, gezwungen to compel, force

zwischen *(+ dir. obj.* or *indir. obj.)* between, among

der Zwischenfall, –es, ⁼e incident

ENGLISH-GERMAN VOCABULARY

able fähig
  be able to können, kann, konnte, gekonnt
about über; von; etwa; ungefähr
  talk about über etwas sprechen
above oben; über
absolutely durchaus
accept annehmen, nimmt an, nahm an,
  angenommen
accompany begleiten
according to nach
accustomed: become accustomed to sich
  gewöhnen an
across über; quer über
acquainted: be acquainted with kennen
  become acquainted with kennenlernen *(sep.)*
act handeln
activity der Betrieb, -es, -e; die Beschäfti-
  gung, -, -en
actual(ly) eigentlich
address die Adresse, -, -n; die Anschrift, -,
  -en
admit zulassen, läßt zu, ließ zu, zugelassen
adult der, die Erwachsene, -n, -n
advice der Rat, -s, die Ratschläge
advise raten, rät, riet, geraten *(+ indir. obj.)*
after nach; nachdem
afternoon der Nachmittag, -s, -e
afterwards nachher
again wieder; noch einmal
against wider; gegen
ago vor
air die Luft, -, ̈e
airplane das Flugzeug, -s, -e
airport der Flugplatz, -es, ̈e
all alle
  at all überhaupt; gar
  most of all besonders
  first of all zunächst; zuerst
  last of all zuletzt
allow erlauben *(+ indir. obj.);* gestatten
  be allowed dürfen, darf, durfte, gedurft
almost fast; beinahe
alone allein
along entlang
  come along mitkommen, kommt mit, ist
  mitgekommen
a lot viel
already schon
also auch

although obgleich; obwohl
always immer; stets
America (das) Amerika, -s
American der Amerikaner, -s, -; die Amerikanerin, -, -nen
and und
angry böse
  be angry sich ärgern
animal das Tier, -s, -e
another ander
  one another einander
answer antworten
answer die Antwort, -, -en
anxiety die Angst, -, ̈e
any irgend-
  not any kein
anything etwas
appear scheinen, scheint, schien, geschienen
apple der Apfel, -s, ̈
  apple cake der Apfelkuchen, -s, -
appointment die Verabredung, -, -en; die
  Sprechstunde, -, -n
  make an appointment (with) sich mit
  jemandem verabreden
approximate(ly) ungefähr
arm der Arm, -s, -e
armchair der Sessel, -s, -
around um
arrive ankommen, kommt an, kam an, ist
  angekommen
art die Kunst, -, ̈e
article der Artikel, -s, -
artist der Künstler, -s, -; die Künstlerin, -,
  -nen
as als; wie; so
ashamed: be ashamed sich schämen
ask fragen
  ask for bitten, bittet, bat, gebeten
asleep: fall asleep einschlafen, schläft ein,
  schlief ein, ist eingeschlafen
at an; auf; bei; um *(time)*
attend besuchen
  attend a lecture eine Vorlesung hören
attention: pay attention aufpassen *(sep.)*
aunt die Tante, -, -n
author der Schriftsteller, -s, -
automobile das Automobil, -s, -e; der Wagen,
  -s, -
  auto das Auto, -s, -s

available frei
away fort; weg

back der Rücken, –s, –
back zurück
  come back zurückkommen, kommt zurück,
    kam zurück, ist zurückgekommen
bad schlecht; böse; schlimm
bath das Bad, –es, ⸚er
bathroom das Badezimmer, –s, –
bathe (sich) baden
bathtub die Badewanne, –, –n
battle die Schlacht, –, –n
be sein, ist, war, ist gewesen
  be located sich befinden
  there is, there are es gibt
beat schlagen, schlägt, schlug, geschlagen
beautiful schön
because weil; denn
because of wegen
become werden, wird, wurde, ist geworden
bed das Bett, –s, –n
beer das Bier, –s, –e
before ehe; bevor; vor; vorher; schon einmal
begin anfangen, fängt an, fing an, angefangen;
    beginnen, beginnt, begann, begonnen
beginning der Anfang, –s, ⸚e; der Beginn, –s,
    –e
behind hinter
being das Wesen, –s, –
believe glauben *(+ indir. obj.)*
  believe in glauben an
belong (to) gehören *(+ indir. obj.)*
below unten
bend (sich) beugen
beside neben
besides übrigens; außer
best best–; am besten
better besser
between zwischen
beverage das Getränk, –s, –e
Bible die Bibel, –, –n
big groß
bind binden, bindet, band, gebunden
bird der Vogel, –s, ⸚
birth die Geburt, –, –en
birthday der Geburtstag, –s, –e
bite beißen, beißt, biß, gebissen
black schwarz
blackboard die Tafel, –, –n
body der Körper, –s, –; der Leib, –s, –er
bone der Knochen, –s, –
book das Buch, –es, ⸚er
border die Grenze, –, –n
boring langweilig
born geboren
both beide
bother stören
bottle die Flasche, –, –n
boy der Junge, –n, –n; der Knabe, –n, –n
bread das Brot, –s, –e

break brechen, bricht, brach, gebrochen
breakfast das Frühstück, –s, –e
  eat breakfast frühstücken
breast die Brust, –, ⸚e
breathe atmen
bridge die Brücke, –, –n
bright hell
bring bringen, bringt, brachte, gebracht
  bring up erziehen, erzieht, erzog, erzogen;
    aufbringen, bringt auf, brachte auf, auf-
    gebracht
broad breit
build bauen
  build in einbauen *(sep.)*
building das Gebäude, –s, –
burn brennen, brennt, brannte, gebrannt;
    verbrennen, verbrennt, verbrannte, verbrannt
bus der Autobus, –ses, –se; der Bus, –ses, –se
business das Geschäft, –s, –e
but aber
  but (on the contrary) sondern
butter die Butter, –
buy kaufen
  buy for oneself sich kaufen
by von; mit; bei

café das Café, –s, –s
cafeteria die Cafeteria, –, –s
cake der Kuchen, –s, –
  flat cake die Torte, –, –n
call rufen, ruft, rief, gerufen
  call (telephone) anrufen, ruft an, rief an,
    angerufen
  call for (order) bestellen
  be called heißen, heißt, hieß, geheißen
calm ruhig
  calm down sich beruhigen
camera der Photoapparat, –s, –e
can können, kann, konnte, gekonnt
car der Wagen, –s, –; das Auto, –s, –s
careful(ly) vorsichtig; sorgfältig
carry tragen, trägt, trug, getragen
case der Fall, –s, ⸚e
  in any case auf jeden Fall
castle das Schloß, –sses, ⸚sser
cat die Katze, –, –n
catch fangen, fängt, fing, gefangen
  catch cold sich erkälten
cathedral der Dom, –(e)s, –e
caution die Vorsicht, –
cease aufhören *(sep.)*
celebrate feiern
cellar der Keller, –s, –
century das Jahrhundert, –s, –e
certain(ly) sicher; gewiß; bestimmt
chair der Stuhl, –s, ⸚e
change wechseln; ändern
change (money) das Kleingeld, –(e)s
chat plaudern
cheap billig
cheerful heiter; fröhlich; lustig

cheese der Käse, –s, –
chess das Schach, –s
child das Kind, –es, –er
choose wählen; auswählen *(sep.)*
Christmas die Weihnacht(en), –
church die Kirche, –, –n
  church steeple der Kirchturm, –s, ⸚e
cigar die Zigarre, –, –n
cigarette die Zigarette, –, –n
city die Stadt, –, ⸚e
city hall das Rathaus, –es, ⸚er
class die Klasse, –, –n
  classroom die Klasse, –, –n
clean rein
clean reinigen; putzen
clear klar
cliff der Felsen, –s, –
climb steigen, steigt, stieg, ist gestiegen
close nah(e)
close schließen, schließt, schloß, geschlossen;
  zumachen *(sep.)*
closet der Schrank, –s, ⸚e
cloud die Wolke, –, –n
coat der Mantel, –s, ⸚; der Rock, –s, ⸚e
coffee der Kaffee, –s, –s
coffeehouse das Kafeehaus, –es, ⸚er
cold kalt
collect sammeln
college das Kolleg, –s, –s; die Universität, –,
  –en
color die Farbe, –, –n
colored bunt
come kommen, kommt, kam, ist gekommen
comfortable bequem
common allgemein; gebräuchlich
complain klagen
complete vollständig; vollkommen
concert das Konzert, –es, –e
condition der Zustand, –s, ⸚e
congenial gemütlich
contain enthalten, enthält, enthielt, enthalten
convenient bequem
conversation die Unterhaltung, –, –en
converse sich unterhalten, unterhält, unterhielt, unterhalten
cook kochen
cool kühl
corner die Ecke, –, –n
correct richtig
cost kosten
costly kostbar; teuer
counter der Schalter, –s, –
country das Land, –s, ⸚er
  native country das Vaterland, –s, ⸚er
couple: a couple of ein paar; einige
cover decken; bedecken
cross überqueren
crowd die Menge, –, –n
cup die Tasse, –, –n
Customs der Zoll, –s, ⸚e
cut schneiden, schneidet, schnitt, geschnitten

daily täglich
dance tanzen
dance der Tanz, –es, ⸚e
danger die Gefahr, –, –en
dangerous gefährlich
dare wagen
dark dunkel
darkness die Dunkelheit, –, –en
daughter die Tochter, –, ⸚
day der Tag, –es, –e
  good day guten Tag
dead tot
dear teuer; lieb
decide (sich) entscheiden, entscheidet, entschied, entschieden; sich entschließen,
    entschließt, entschloß, entschlossen
deep tief
definite(ly) bestimmt
delicious herrlich; köstlich
demand fordern
demand die Forderung, –, –en
describe beschreiben, beschreibt, beschrieb,
  beschrieben
desire wünschen
desire der Wunsch, –es, ⸚e; die Lust, –, ⸚e
desk der Schreibtisch, –es, –e
despite trotz
dessert der Nachtisch, –es, –e
develop entwickeln
development die Entwicklung, –, –en
devil der Teufel, –s, –
die sterben, stirbt, starb, ist gestorben
difference der Unterschied, –es, –e
different verschieden; anders
diligent fleißig
dinner das Abendessen, –s, –
direction die Richtung, –, –en
dirty schmutzig
disappear verschwinden, verschwindet, ver-
  schwand, ist verschwunden
distance die Ferne, –, –n; die Strecke, –, –n
distant fern
distinct(ly) deutlich
distinction der Unterschied, –es, –e
disturb stören
divide teilen
do machen; tun, tut, tat, getan
doctor der Doktor, –s, –en; der Arzt, –es, ⸚e
dog der Hund, –s, –e
door die Tür, –, –en
dormitory (women's) das Studentinnenheim,
  –s, –e
doubt der Zweifel, –s, –
down nieder; herunter
dozen das Dutzend, –s, –e
dreadful schrecklich
dream träumen
dream der Traum, –s, ⸚e
dress sich anziehen, zieht an, zog an, angezogen
dress das Kleid, –es, –er

drink trinken, trinkt, trank, getrunken
drink das Getränk, –s, –e
drive fahren, fährt, fuhr, ist gefahren
dry trocken
during während

each jeder
  each other einander
ear das Ohr, –s, –en
early früh
earn verdienen
earth die Erde, –, –n
east der Osten, –s
easy leicht
eat essen, ißt, aß, gegessen
egg das Ei, –(e)s, –er
either . . . or entweder . . . oder
empty leer
end beenden
end das Ende, –s, –n
enemy der Feind, –es, –e
England (das) England, –s
  English englisch *(adj.)*
  Englishman der Engländer, –s, –
  Englishwoman die Engländerin, –, –nen
enjoy genießen, genießt, genoß, genossen;
  sich erfreuen an
enough genug
entire(ly) ganz
enter eintreten, tritt ein, trat ein, ist eingetreten
enthusiastic begeistert
entrance der Eingang, –s, ⁼e
  main entrance der Haupteingang, –s, ⁼e
envelope der (Brief)umschlag, –s, ⁼e
equator der Äquator, –s
especially besonders
Europe (das) Europa, –s
  European europäisch
even sogar; eben
evening der Abend, –s, –e
ever je; jemals; schon
every jeder
everyone jeder
everything alles
everywhere überall
examine prüfen
examination die Prüfung, –, –en
example das Beispiel, –s, –e
  for example zum Beispiel
excellent hervorragend; ausgezeichnet; vorzüglich
except außer
excited aufgeregt
excitement die Aufregung, –, –en
excuse (sich) entschuldigen; verzeihen,
  verzeiht, verzieh, verziehen
exercise die Übung, –, –en
exist sein, ist, war, ist gewesen; existieren;
  bestehen, besteht, bestand, bestanden
expect erwarten

expensive teuer
experience die Erfahrung, –, –en; das Erlebnis,
  –ses, –se
explain erklären
explanation die Erklärung, –, –en
eye das Auge, –s, –en

face das Gesicht, –s, –er
fail durchfallen, fällt durch, fiel durch, ist
  durchgefallen
fall fallen, fällt, fiel, ist gefallen
fall (autumn) der Herbst, –es
false falsch
family die Familie, –, –n
famous berühmt
far fern; weit
farewell der Abschied, –s, –e
farther weiter
fast schnell
father der Vater, –s, ⁼
favorite Lieblings–
fear fürchten
fear die Furcht, –; die Angst, –, ⁼e
feather die Feder, –, –n
feel fühlen; empfinden, empfindet, empfand,
  empfunden
feeling das Gefühl, –s, –e
female das Weib, –s, –er
fetch holen
few wenig
  a few einige
fill füllen
fight streiten, streitet, stritt, gestritten;
  kämpfen
fight der Streit, –s, –e; der Kampf, –es, ⁼e
final(ly) zuletzt; endlich; schließlich
find finden, findet, fand, gefunden
fine fein
  I am fine es geht mir gut
finger der Finger, –s, –
fire das Feuer, –s, –
first zuerst; erst
fit passen
flake die Flocke, –, –n
floor der Boden, –s, – *or* ⁼
flow fließen, fließt, floß, ist geflossen
flower die Blume, –, –n
fly fliegen, fliegt, flog, ist geflogen
follow folgen *(+ indir. obj.)*
food die Speise, –, –n
foot der Fuß, –es, ⁼e
for für; denn
forest der Wald, –(e)s, ⁼er
forget vergessen, vergißt, vergaß, vergessen
fork die Gabel, –, –n
found gründen
fountain der Springbrunnen, –s, –
France (das) Frankreich, –s
  Frenchman der Franzose, –n, –n
  Frenchwoman die Französin, –, –nen
free frei

freeze   frieren, friert, fror, ist gefroren
Friday   (der) Freitag, –s, –e
friend   der Freund, – es, –e; die Freundin, –,
   –nen
friendship   die Freundschaft, –, –en
from   aus; von
   from there   daher
front: in front of   vor
fruit   die Frucht, –, ≔e; das Obst, –es, –arten
full   voll
further   weiter
future   die Zukunft, –

garden   der Garten, –s, ≔
   garden exhibition   die Gartenschau, –, –en
gather   sammeln
general   überhaupt; allgemein
   in general   im allgemeinen
gentleman   der Herr, –n, –en
German   deutsch *(adj.)*
German (person)   der *or* die Deutsche, –n, –n
Germany   (das) Deutschland, –s
get   bekommen, bekommt, bekam, bekommen;
   holen
   get up   aufstehen, steht auf, stand auf, ist
   aufgestanden
gift   das Geschenk, –s, –e
girl   das Mädchen, –s, –
give   geben, gibt, gab, gegeben
glad   froh; glücklich
   make glad   freuen
   gladly   gern(e)
glass   das Glas, –es, ≔er
go   gehen, geht, ging, ist gegangen; fahren,
   fährt, fuhr, ist gefahren
gold   das Gold, –es
good   gut
good-by   auf Wiedersehen
grasp   greifen, greift, griff, gegriffen; fassen
grass   das Gras, –es, ≔er; der Rasen, –s, –
great   groß
   a great deal   viel
green   grün
greet   grüßen
grow   wachsen, wächst, wuchs, ist gewachsen
guess   raten, rät, riet, geraten *(+ indir. obj.)*
guest   der Gast, –es, ≔e

hair   das Haar, –s, –e
half   halb
half   die Hälfte, –, –n
hand   die Hand, –, ≔e
hang   hängen, hängt, hing, gehangen
happen   geschehen, geschieht, geschah, ist
   geschehen; vorkommen, kommt vor, kam vor,
   ist vorgekommen; passieren
happy   glücklich
hard   hart; schwer
hardly   kaum
harsh   hart
hat   der Hut, –es, ≔e

have   haben, hat, hatte, gehabt
head   der Kopf, –es, ≔e; das Haupt, –es, ≔er
healthy   gesund
hear   hören
heart   das Herz, –ens, –en
   by heart   auswendig
heating (system)   die Heizung, –, –en
   oil heating   die Ölheizung, –, –en
heaven   der Himmel, –s, –
heavy   schwer
help   helfen, hilft, half, geholfen *(+ indir. obj.)*
help   die Hilfe, –, –n
here   hier
high   hoch
hill   der Hügel, –s, –
history   die Geschichte, –, –n
hold   halten, hält, hielt, gehalten
holiday   der Feiertag, –s, –e; die Ferien *(pl.)*
home   die Heimat, –; das Heim, –s, –e
   at home   zu Hause
   go home   nach Hause gehen
homework   die Hausarbeit, –, –en; die Hausaufgabe, –, –n
honey   der Honig, –s
hope   hoffen
hot   heiß
hotel   das Hotel, –s, –s
hour   die Stunde, –, –n
house   das Haus, –es, ≔er
how   wie
however   jedoch; aber
human being   der Mensch, –en, –en
hundred   hundert
hunger   der Hunger, –s
hungry   hungrig
hurt   weh tun, tut weh, tat weh, weh getan
hurry   sich beeilen

ice   das Eis, –es
idea   die Idee, –, –n
identification card   der Ausweis, –es, –e
if   wenn; ob
ill   krank
imagine   sich *(indir. obj.)* vorstellen *(sep.)*
immediately   gleich; sogleich; sofort
important   wichtig
impossible   unmöglich
include   einbegreifen, begreift ein, begriff ein,
   einbegriffen
industrious   fleißig
instead of   anstatt, statt
intelligent   klug; intelligent
interest   interessieren
   be interested in   sich interessieren für
interest   das Interesse, –s, –n
interesting   interessant
in (into)   in
inseparable   untrennbar
install   einbauen *(sep.)*
introduce   vorstellen *(sep.)*; einführen *(sep.)*
invite   einladen, lädt ein, lud ein, eingeladen

invitation   die Einladung, –, –en

jam   die Marmelade, –, –n
jelly   der Gelee, –s, –s
jump   springen, springt, sprang, ist gesprungen
just   eben; soeben; gerade

keep   behalten, behält, behielt, behalten
kill   töten
kind   die Art, –, –en
  all kinds of   allerlei
kind   freundlich; nett
king   der König, –s, –e
kitchen   die Küche, –, –n
knee   das Knie, –s, –
knife   das Messer, –s, –
know (fact)   wissen, weiß, wußte, gewußt
know (be acquainted with)   kennen, kennt,
  kannte, gekannt

lack   fehlen *(+ indir. obj.)*
lady   die Dame, –, –n
  young lady   das Fräulein, –s, –
land   das Land, –es, ⁼er
landscape   die Landschaft, –, –en
language   die Sprache, –, –n
large   groß
last   dauern
last   letzt
late   spät
later   später
laugh   lachen
law   das Gesetz, –es, –e
lay   legen
lazy   faul
lead   führen
lead-pouring   das Bleigießen, –s
learn   lernen; erfahren, erfährt, erfuhr, erfahren
least: at least   wenigstens
leave   verlassen, verläßt, verließ, verlassen
lecture   die Vorlesung, –, –en
left   link-
  on *or* to the left   links
  left over   übrig
leg   das Bein, –s, –e
lesson   die Stunde, –, –n; die Klasse, –, –n; die
  Aufgabe, –, –n
let   lassen, läßt, ließ, gelassen; erlauben
letter   der Brief, –es, –e
library   die Bibliothek, –, –en
lie   liegen, liegt, lag, gelegen
lie   lügen, lügt, log, gelogen
life   das Leben, –s, –
lift   heben, hebt, hob, gehoben
light   das Licht, –s, –er
light   anzünden *(sep.)*
lighten   blitzen
like   gern haben; mögen
  would like   mögen
  I like it   es gefällt mir
likewise   gleichfalls; ebenfalls

lip   die Lippe, –, –n
list   die Liste, –, –n
listen   zuhören *(sep.)*
little   klein; wenig
  a little   etwas
live   leben; wohnen
long   lang
  for a long time   lange
look   blicken; schauen; gucken
  look (appear)   aussehen, sieht aus, sah aus,
  ausgesehen
  look for   suchen
  look forward to   sich freuen auf
loose   los
loosen   lösen
lose   verlieren, verliert, verlor, verloren
loud   laut
love   lieben
love   die Liebe, –, –n
lovely   lieblich; schön
low   niedrig
luck (good)   das Glück, –s
luggage   das Gepäck, –(e)s, –e
lunch   das Mittagessen, –s, –

magnificent   herrlich
mail   die Post, –
  mailman   der Briefträger, –s, –
  mailbox   der Briefkasten, –s, ⁼
main   Haupt-
make   machen
man   der Mann, –es, ⁼er
manner   die Weise, –, –n
many   viel
  how many   wie viele
  many a   mancher
map   die Landkarte, –, –n
mark (German coin)   die Mark, –
married   verheiratet
material   der Stoff, –s, –e
meal   die Mahlzeit, –, –en; das Essen, –s, –
matter   die Sache, –, –n
may   dürfen, darf, durfte, gedurft
meadow   die Wiese, –, –n
mean   meinen; bedeuten
meat   das Fleisch, –es
mechanic: auto mechanic   der Automechaniker, –s, –
meet   begegnen (ist begegnet) *(+ indir. obj.);*
  treffen, trifft, traf, getroffen
mention   erwähnen
midday   der Mittag, –s, –e
middle   die Mitte, –, –n
milk   die Milch, –
minute   die Minute, –, –n
miss: be missing   fehlen *(+ indir. obj.)*
mistake   der Fehler, –s, –
moment   der Augenblick, –s, –e
Monday   (der) Montag, –s, –e
money   das Geld, –(e)s, –er
month   der Monat, –s, –e

moon der Mond, –es, –e
morals die Moral, –
more mehr
morning der Vormittag, –s, –e
most meist; am meisten
mostly meistens
mother die Mutter, –, ‥
motor der Motor, –s, –en
mountain der Berg, –s, –e
mouth der Mund, –s, ‥er
move bewegen
movies das Kino, –s, –s
much viel
  how much wieviel
museum das Museum, –s, Museen
must müssen, muß, mußte, gemußt

name der Name, –ns, –n
name nennen, nennt, nannte, genannt
  be named heißen, heißt, hieß, geheißen
namely nämlich
narrow schmal; eng
naturally natürlich; selbstverständlich
near nah(e)
necessary nötig
necessity die Not, –, ‥e
neck der Hals, –es, ‥e
need brauchen
neither . . . nor weder . . . noch
nephew der Neffe, –n, –n
nervous nervös
never nie; niemals
nevertheless dennoch; trotzdem
new neu
New Year das Neujahr, –s
newspaper die Zeitung, –, –en
next nächst–
  next to neben
nice nett; hübsch; artig
night die Nacht, –, ‥e
no nein; kein
nobody niemand
noon der Mittag, –s, –e
nose die Nase, –, –n
not nicht
nothing nichts
notice merken; bemerken
now jetzt; nun
  just now eben
number die Nummer, –, –n

observe beobachten
of von
offer anbieten, bietet an, bot an, angeboten
office das Büro, –s, –s
official der Beamte, –n, –n
often oft
old alt
  old-fashioned altmodisch
  old part of the city die Altstadt, –, ‥e
on auf; an

once einst; einmal
one man *(pron.)*
  one another einander
only nur; einzig
open öffnen; aufmachen *(sep.)*
open offen
opera die Oper, –, –n
  opera house das Opernhaus, –es, ‥er
opportunity die Gelegenheit, –, –en
opposite gegenüber
or oder
order bestellen
order die Ordnung, –, –en
  in order that damit
  in order to um . . . zu
organ die Orgel, –, –n
  water organ die Wasserorgel, –, –n
other ander
otherwise sonst
out (of) aus
outside draußen
over über
own eigen
own besitzen, besitzt, besaß, besessen

pack einpacken *(sep.)*
page die Seite, –, –n
paint malen
painter der Maler, –s, –
painting das Gemälde, –s, –
pants die Hose, –, –n
paper das Papier, –s, –e
parents die Eltern *(pl.)*
park der Park, –s, –s
part der Teil, –s, –e
passport der Paß, –sses, ‥sse
past die Vergangenheit, –
pastry das Gebäck, –s, –e
pay zahlen
  pay for bezahlen
  pay attention (to) aufpassen (auf) *(sep.)*
peace der Friede(n), –ns
peaceful(ly) friedlich
pencil der Bleistift, –s, –e
people die Leute *(pl.);* das Volk, –(e)s, ‥er
  the German people das deutsche Volk;
    die Deutschen
performance die Vorstellung, –, –en
perhaps vielleicht
permit erlauben *(+ indir. obj.);* **be permitted
  to** dürfen, darf, durfte, gedurft
person die Person, –, –en; der Mensch, –en,
  –en
philosophy die Philosophie, –, –n
pick up abholen *(sep.)*
picture (photo) die Aufnahme, –, –n
piece das Stück, –es, –e
place stellen
place der Ort, –es, –e; die Stelle, –, –n
  take place stattfinden, findet statt, fand
  statt, stattgefunden

play spielen
play das Spiel, –s, –e; das Stück, –s, –e
pleasant angenehm
please bitte
please gefallen, gefällt, gefiel, gefallen *(+ indir. obj.)*
pleasure das Vergnügen, –s, –
pocket die Tasche, –, –n
poem das Gedicht, –s, –e
poet der Dichter, –s, –; die Dichterin, –, –nen
point der Punkt, –s, –e; die Spitze, –, –n
point out zeigen
police die Polizei, –
policeman der Polizist, – en, –en
polite höflich
politics die Politik, –
pond der Teich, –(e)s, –e
poor arm
popular beliebt
possess besitzen, besitzt, besaß, besessen
possible möglich
post office das Postamt, –s, –er; die Post, –, –en
potato die Kartoffel, –, –n
pound das Pfund, –s, –e
pour gießen, gießt, goß, gegossen
power die Macht, –, –e; die Gewalt, –, –en
praise loben
present (time) die Gegenwart, –
present schenken; vorstellen *(sep.)*
present das Geschenk, –s, –e
press drücken
pretty hübsch
price der Preis, –es, –e
prize der Preis, –es, –e
probably wahrscheinlich
problem das Problem, –s, –e; die Schwierigkeit, –, –en
professor der Professor, –s, –en
profession der Beruf, –s –e
promise versprechen, verspricht, versprach, versprochen
promise das Versprechen, –s, –
protect schützen
proud stolz
pudding der Pudding, –s, –s
pupil der Schüler, –s, –
pull ziehen, zieht, zog, gezogen
purpose der Zweck, –s, –e
push stoßen, stößt, stieß, gestoßen
put legen; stecken; stellen
  put on (clothes) anziehen, zieht an, zog an, angezogen

quantity die Anzahl, –
question die Frage, –, –n
quickly schnell
quite ganz
quiet ruhig; still
  keep quiet schweigen, schweigt, schwieg, geschwiegen; ruhig sein; still sein

radio das Radio, –s, –s
railway die Eisenbahn, –, –en
railway station der Bahnhof, –s, –e
rain regnen
rain der Regen, –s
raise heben, hebt, hob, gehoben; erhöhen
rare(ly) selten
rather *verb +* lieber
rather eher; ziemlich; etwas
reach reichen; erreichen
read lesen, liest, las, gelesen
ready bereit; fertig
real(ly) wirklich
reason der Grund, –(e)s, –e
receive empfangen, empfängt, empfing, empfangen; bekommen, bekommt, bekam, bekommen; erhalten, erhält, erhielt, erhalten
receptionist der Empfangschef, –s, –s
recognize erkennen, erkennt, erkannte, erkannt
recommend empfehlen, empfiehlt, empfahl, empfohlen
record die Schallplatte, –, –n
red rot
regard achten; ansehen, sieht an, sah an, angesehen
register sich eintragen, trägt ein, trug ein, eingetragen
relate erzählen
relation das Verhältnis, –ses, –se
remain bleiben, bleibt, blieb, ist geblieben
remember sich erinnern an
remind erinnern
repeat wiederholen
reply antworten
reply die Antwort, –, –en
report berichten
report der Bericht, –s, –e
represent darstellen *(sep.)*
resemble ähneln *(+ indir. obj.)*
reside wohnen
residence die Wohnung, –, –en
rest die Ruhe, –
restaurant das Restaurant, –s, –s
return zurückkehren (ist zurückgekehrt) *(sep.)*
rich reich
ride fahren, fährt, fuhr, ist gefahren; reiten, reitet, ritt, ist geritten
right richtig; recht
  be right recht haben
  on *or* to the right rechts
right das Recht, –s, –e
ring klingeln
rise aufstehen, steht auf, stand auf, ist aufgestanden
  the sun rises die Sonne geht auf
river der Fluß, –sses, –sse
rocket die Rakete, –, –n
roll (hard) das Brötchen, –s, –
  sweet roll das Teilchen, –s, –

roof   das Dach, -s, ⸚er
room   das Zimmer, -s, -; die Stube, -, -n
  double room   das Doppelzimmer, -s, -
  single room   das Einzelzimmer, -s, -
room (space)   der Raum, -s, ⸚e
roomy   geräumig
round   rund
round   die Runde, -, -n
rule   die Regel, -, -n
run   laufen, läuft, lief, ist gelaufen; rennen,
  rennt, rannte, ist gerannt

sad   traurig
salad   der Salat, -s, -e
saleslady   die Verkäuferin, -, -nen
salt   das Salz, -es, -e
same   derselbe; gleich
satisfied   zufrieden
Saturday   (der) Samstag, -s, -e; (der) Sonnabend, -s, -e
sausage   die Wurst, -, ⸚e
save   sparen; retten
say   sagen
scarcely   kaum
school   die Schule, -, -n
season   die Jahreszeit, -, -en
seat   der Sitz, -es, -e; der Platz, -es, ⸚e
  take a seat   Platz nehmen
second   die Sekunde, -, -n
secure   sicher
see   sehen, sieht, sah, gesehen
seem   scheinen, scheint, schien, geschienen
seize   greifen, greift, griff, gegriffen
seldom   selten
sell   verkaufen
send   senden, sendet, sandte, gesandt;
  schicken
sense   der Sinn, -es, -e
sentence   der Satz, -es, ⸚e
separate   trennen; scheiden, scheidet, schied,
  geschieden
separate   getrennt
serious   ernst
serve   dienen *(+ indir. obj.)*
service   die Bedienung, -, -en
set   setzen
settle   entscheiden, entscheidet, entschied,
  entschieden
several   mehrere
shake   schütteln
shall   sollen, soll, sollte, gesollt
sheet   das Blatt, -es, ⸚er
shine   scheinen, scheint, schien, geschienen
ship   das Schiff, -s, -e
shirt   das Hemd, -es, -en
shoe   der Schuh, -(e)s, -e
shoot   schießen, schießt, schoß, geschossen
shop: go shopping   einkaufen *(sep.)*
shop   der Laden, -s, ⸚; das Geschäft, -s, -e
short   kurz
should   sollen, soll, sollte, gesollt

shoulder   die Schulter, -, -n
show   zeigen
show   die Vorstellung, -, -en; die Schau, -, -en
shut   schließen, schließt, schloß, geschlossen
sick   krank
side   die Seite, -, -n
sign   das Zeichen, -s, -
similar   ähnlich
simple   einfach
since   seit; da; seitdem
sing   singen, singt, sang, gesungen
single   einzeln
sit   sitzen, sitzt, saß, gesessen
  sit down   sich setzen
skate   Schlittschuh laufen *(see* laufen)
ski   Schi laufen, schilaufen, Ski laufen
ski   der Schi (Ski), -s, -er
sky   der Himmel, -s, -
sleep   schlafen, schläft, schlief, geschlafen
slow(ly)   langsam
small   klein
smell   riechen, riecht, roch, gerochen
smile   lächeln
smoke   rauchen
snow   schneien
snow   der Schnee, -s
so   so; also
soap   die Seife, -, -n
society   die Gesellschaft, -, -en
soft(ly)   weich; leise
solve   lösen
some   einige; manche; etwas
somebody   jemand
something   etwas
sometimes   manchmal
somewhere   irgendwo
son   der Sohn, -(e)s, ⸚e
song   das Lied, -(e)s, -er
soon   bald
  as soon as   sobald
soot   der Ruß, -sses
sorry: I am sorry   es tut mir leid
sound   der Ton, -s, ⸚e
south   der Süden, -s
speak   sprechen, spricht, sprach, gesprochen
speech   die Sprache, -, -n; die Ansprache, -,
  -n
spend (time)   verbringen, verbringt, verbrachte,
  verbracht
spirit   der Geist, -es, -er
spite: in spite of   trotz
splendid   herrlich
spoon   der Löffel, -s, -
square (city)   der Platz, -es, ⸚e
square   viereckig
stairs   die Treppe, -, -n
stamp   die Briefmarke, -, -n
stand   stehen, steht, stand, gestanden
start   anfangen, fängt an, fing an, angefangen
  start the motor   den Motor anlassen, läßt an,
  ließ an, angelassen

state der Staat, -es, -en
station der Bahnhof, -s, ⁼e
stay bleiben, bleibt, blieb, ist geblieben
step treten, tritt, trat, ist getreten
stick stecken
still noch
stomach der Magen, -s, ⁼
stone der Stein, -s, -e
stop stehen bleiben, bleibt stehen, blieb
  stehen, ist stehen geblieben; aufhören *(sep.)*
store das Geschäft, -s, -e; der Laden, -s, ⁼
story die Geschichte, -, -n
strange fremd; merkwürdig
street die Straße, -, -n
streetcar die Straßenbahn, -, -en
strong stark
student (university) der Student, -en, -en;
  die Studentin, -, -nen
  fellow student der Kommilitone, -n, -n;
    die Kommilitonin, -, -nen
study studieren
stupid dumm
subject das Fach, -(e)s, ⁼er
succeed gelingen, gelingt, gelang, ist gelungen
  (+ indir. obj.) I succeed es gelingt mir
success der Erfolg, -s, -e
such solcher
sudden(ly) plötzlich
suffer leiden, leidet, litt, gelitten
suggest vorschlagen, schlägt vor, schlug vor,
  vorgeschlagen
sugar der Zucker, -s, -
suitcase der Koffer, -s, -
summer der Sommer, -s, -
sun die Sonne, -, -n
Sunday (der) Sonntag, -s, -e
support stützen
supposed: be supposed to sollen, soll, sollte,
  gesollt
sure sicher; gewiß
  to be sure allerdings; zwar
surprise überraschen
surprise die Überraschung, -, -en
sweet süß
swim schwimmen, schwimmt, schwamm,
  ist geschwommen

table der Tisch, -es, -e
  table manners die Tischsitten *(pl.)*
take nehmen, nimmt, nahm, genommen
  it takes . . . hours es dauert . . . Stunden
take off ausziehen, zieht aus, zog aus, ausgezogen
talk reden; sprechen, spricht, sprach,
  gesprochen
tank der Tank, -s, -s
taste schmecken
taste der Geschmack, -s, ⁼e
tavern die Kneipe, -, -n
taxi die Taxe, -, -n
tea der Tee, -s

teach lehren; unterrichten
teacher der Lehrer, -s, -; die Lehrerin, -, -nen
tear reißen, reißt, riß, gerissen
telephone telephonieren; anrufen, ruft an, rief
  an, angerufen
telephone das Telefon, -s, -e
television das Fernsehen, -s
television set der Fernsehapparat, -s, -e
tell erzählen; sagen
terrible schrecklich
than als
thank danken *(+ indir. obj.)*
that das; jener; daß
the . . . the je . . . desto
theater das Theater, -s, -
then dann
there da; dort
  to there hin; dahin
  there is, there are es gibt
therefore deshalb; darum; also
thick dick
thin dünn
thing das Ding, -s, -e; die Sache, -, -n
think denken, denkt, dachte, gedacht; meinen;
  glauben
thirst der Durst, -es
thirsty durstig
this dies; dieser
thought der Gedanke, -ns, -n
through durch
throw werfen, wirft, warf, geworfen
Thursday (der) Donnerstag, -s, -e
thus also
ticket die Karte, -, -n; die Fahrkarte, -, -n
tie die Krawatte, -, -n
time die Zeit, -, -en; das Mal, -(e)s, -e
  at that time damals
  at the same time zugleich
  for a long time lange; lange Zeit
  what time is it? wieviel Uhr ist es? wie spät
    ist es?
tired müde
to zu; an; nach
today heute
together zusammen
tomorrow morgen
top der Gipfel, -s, -
too auch
tooth der Zahn, -s, ⁼e
toothache die Zahnschmerzen *(pl.)*
tower der Turm, -s, ⁼e
town die Stadt, -, ⁼e
traffic light die Verkehrsampel, -, -n
train der Zug, -es, ⁼e
transform verwandeln
translate übersetzen
travel reisen; fahren, fährt, fuhr, ist gefahren
tree der Baum, -s, ⁼e
trip die Reise, -, -n
  take a trip eine Reise machen
trouble stören

trouble die Mühe, –, –n; die Schwierigkeit,
  –, –en
trousers die Hose, –, –n
true wahr
trunk der Koffer, –s, –
trust trauen *(+ indir. obj.)*
truth die Wahrheit, –, –en
try versuchen; probieren
Tuesday (der) Dienstag, –s, –e
turn (sich) drehen; wenden, wendet, wandte,
  gewandt
  turn off abstellen *(sep.);* ausschalten *(sep.);*
    ausdrehen *(sep.)*
  turn on anstellen *(sep.);* einschalten *(sep.);*
    andrehen *(sep.)*
typical typisch

umbrella der (Regen)schirm, –s, –e
uncle der Onkel, –s, –
under unter
understand verstehen, versteht, verstand,
  verstanden
unfortunate unglücklich
unfortunately leider; unglücklicherweise
United States die Vereinigten Staaten
university die Universität, –, –en
unpleasant unangenehm
until bis
  not until erst
up, upstairs oben
use gebrauchen
usual(ly) gewöhnlich; meistens

vacation die Ferien *(pl.)*
valley das Tal, –s, ⁼er
value der Wert, –es, –e
vegetable das Gemüse, –s, –
very sehr; gar; ganz
village das Dorf, –s, ⁼er
visit besuchen
visit der Besuch, –s, –e
  for a visit zu Besuch
voice die Stimme, –, –n

wait (for) warten (auf)
waiter der Kellner, –s, –
waitress die Kellnerin, –, –nen
wake up aufwachen (ist aufgewacht) *(sep.)*
walk treten, tritt, trat, ist getreten; laufen,
  läuft, lief, ist gelaufen
  take a walk spazierengehen, geht spazieren,
    ging spazieren, ist spazierengegangen
wall die Wand, –, ⁼e; die Mauer, –, –n
want wünschen
want to wollen, will, wollte, gewollt
wash (sich) waschen, wäscht, wusch, gewaschen
wash die Wäsche, –
watch beobachten
watch die (Armband)uhr, –, –en
water das Wasser, –s, –
way der Weg, –s, –e; die Weise, –, –n

weak schwach
wealth der Reichtum, –s
wear tragen, trägt, trug, getragen
weather das Wetter, –s, –
Wednesday (der) Mittwoch, –s, –e
week die Woche, –, –n
well gut
well-known bekannt
welcome willkommen
west der Westen, –s
wet naß
what was
  what kind (sort) of (a) was für (ein)
wheel das Rad, –s, ⁼er
  steering wheel das Steuerrad, –s, ⁼er
when wann; als; wenn
where wo; wohin
whether ob
which welcher
while während; indem
white weiß
who wer
whole ganz
whose wessen
wife die (Ehe)frau, –, –en; das Weib, –s, –er
why warum; weshalb; weswegen
win gewinnen, gewinnt, gewann, gewonnen
wind der Wind, –es, –e
window das Fenster, –s, –e
  ticket window der Schalter, –s, –
wine der Wein, –s, –e
winter der Winter, –s, –
wise weise; klug
wish wünschen
wish der Wunsch, –es, ⁼e
with mit
without ohne
woman die Frau, –, –en
wonder sich wundern
wonderful wunderbar
wood das Holz, –es, ⁼er
woods der Wald, –es, ⁼er
word das Wort, –s, ⁼er
work arbeiten
work die Arbeit, –, –en; das Werk, –s, –e
world die Welt, –, –en
worth: be worth gelten, gilt, galt, gegolten
write schreiben, schreibt, schrieb, geschrieben
writer der Schriftsteller, –s, –
wrong falsch

yard der Hof, –s, ⁼e
year das Jahr, –s, –e
yellow gelb
yes ja
yesterday gestern
yet doch
  not yet noch nicht
young jung
youth die Jugend, –
youthful jugendlich

Index

active voice, 167
adjectives: comparative form, 239-240; demonstrative adjectives, 223-224, 447; direct object case endings, 191; indirect object case endings, 207; plural endings (all cases), 193; possessive adjectives, 159, 448; possessive case endings, 207; predicate adjectives (superlative), 255; subject case endings, 191; superlative form, 225-226; used as adverbs, 256; used without articles, 254-255; weak, mixed, strong adjective endings (summary), 451
adverbs, 256; of time, 360; word order, 256. *See also* interrogative adverbs
als: with comparatives, 240; as conjunction, 271-272
als daß, 315
aus: compared with von, 101
brauchen, 334
capitalization, 19
cardinal numbers, 49, 65, 134
-chen ending, 24
commands, 131-132
conditional sentences, 286, 290
conjunctions, 196. *See also* coordinating conjunctions; subordinating conjunctions
contrary-to-fact statements, 286, 290
coordinating conjunctions, 197, 209; denn, 232-233
da-compounds, 105-106
damit (conjunction), 315
daß, 196-197; ohne daß and als daß, 315
dates, 181
days of the week, 181
definite articles: contracted with prepositions, 87; in the direct object case, 38-39; in the indirect object case, 55; in the possessive case, 57-58; in the subject case, 24; summary of all cases, 23, 447
demonstrative adjectives, 223-224, 447
demonstrative pronouns, 270, 450
denn, 232-233
der: *See* definite articles; as demonstrative pronoun, 270, 450; as relative pronoun, 194-195, 213, 253, 450
dieser, 223-224, 447
diphthongs, 5-6

direct object (case): with certain prepositions, 85, 106, 449-450; changed to subject in passive voice, 167; defined, 39
doch nur, 302
double infinitives, 164, 197
durch: with passive voice, 167
dürfen, 162-163; subjunctive of, 288-289
ein. *See* indefinite articles
ein-words, 191 (note)
familiar address (du & ihr), 29; imperative, 131-132
formal address (Sie), 29, 112, 127; imperative, 131-132
future tense, 114-115; passive voice, 227; present tense to describe future action, 32
future perfect tense, 128-129; passive voice, 242
ge-: omitted in past participle, 61, 75, 199, 210, 285
gebrauchen, 334
gefallen, 164
gehören: wem gehört, 72
gerunds, 275, 449
glottal stop, 9
haben: as auxiliary verb, 61; as subjunctive auxiliary, 287-288, 454; summary conjugation, 453-454
-ieren verbs, 285
in: compared with zu, 101
imperative, 131-132
indefinite articles: in the direct object case, 41; in the indirect object case, 55; omitted with predicate nouns, 27; in the possessive case, 57; in the subject case, 26; summary of all cases, 25, 448; in was für ein, 157-158
indicative mood, 286
indirect discourse, 286, 301
indirect object (case): with certain prepositions, 85, 101, 449; with certain verbs, 123, 252; of irregular nouns, 55
infinitives, 32; double infinitives, 164; to form future tense, 114-115; with modal auxiliaries, 164; with um . . . zu, 333; used as nouns, 275, 449
inseparable-prefix verbs, 61-62, 75
interrogative adverbs: warum, weshalb, weswegen, 84; wie (geht es Ihnen?), 100; wieviel, wie viele, 99; wo, wohin, woher, 73

interrogative pronouns, 450; was, 22, 32; wem, 53, 72; wen, 37; wer, 22; wessen, 53, 72
inverted word order, 131, 143, 272, 290, 302
irregular nouns, 42-43, 60, 260 (note), 449
irregular strong verbs, 64, 274, 457
jener, 223-224, 447
jemand, 450
kein, 29-30, 41, 447
können, 162-163; subjunctive of, 288-289
-lein ending, 24
modal auxiliaries, 162-164, 455; subjunctive of, 289
mögen, 162-164; subjunctive of, 163-164, 288-289
monophthongs, 1-5
months of the year, 181
müssen, 162-163; subjunctive of, 288-289
nach: compared with zu, 101
negation, 29-30, 87-88. *See also* nicht; kein
nicht, 29; word order with nicht, 29, 62, 87-88, 256, 291
niemand, 450
nouns: infinitives as nouns, 275, 449; plurals of, 42-43, 60, 448; predicate nouns used without articles, 27; possessive of proper nouns, 71
ohne daß, 315
passive voice, 167; summary conjugation, 453. *See also* various verb tenses
past participle: of -ieren verbs, 285; of inseparable-prefix verbs, 61; of regular verbs, 61-62; of separable-prefix verbs, 75; of strong verbs, 62-64; of strong-weak verbs, 63-64, 273
past perfect tense, 91-92; passive voice, 210-211
past tense, 45-47; passive voice, 178; of separable-prefix verbs, 75
perfect tense, 61-64; passive voice, 199; of separable-prefix verbs, 75
personal pronouns: es, 113; dich, 124; dir, 122-123; euch, 125; ich, du, er, *etc.*, 29; ihm, 109; ihn, 109; ihnen, 126-127; Ihnen, 112,

499